"十二五"国家重点图书出版规划项目

四川建设西部文化强省重点项目

章玉钧　谭继和　主编

巴蜀文化通史

巴蜀文化研究论著索引【三】

李敬洵　编

四川人民出版社

巴蜀文化研究论著索引［三］ **目录**

1109 第六章　宗教文化

一、道教 / 1111

二、佛教 / 1126

三、苯教与藏传佛教 / 1140

四、景教、基督教、伊斯兰教 / 1149

五、其他宗教及信仰 / 1152

六、秘密会社 / 1177

1181 第七章　巴蜀文学

一、一般论著 / 1183

二、赋 / 1229

三、诗 / 1246

四、词、散曲 / 1435

五、文 / 1513

六、民间文学 / 1592

第六章 宗教文化

一、道教

篇、书名	著(译)编者	出处	卷、期	年月日
四川道教史话	李远国	四川人民出版社		1985
道教论稿	王家祐	巴蜀书社		1987
蜀中八仙考	王家祐 任启臻	四川文物	5期	1991
道教発祥の地：四川	中村璋八	駒澤大學外國語部論集	42号	1995
四川地区与盐业有关的道教遗迹研究	白彬	宗教学研究	2期	1998
《华阳国志》中国最早的道教史	蔡运生	中国道教	5期	2000
有关道教发源于四川的几个问题	卿希泰	世界宗教研究	4期	2001
漫谈巴蜀道教文化	刘时和	巴蜀史志	2期	2003
道教在巴蜀初探（上）（下）	卿希泰	社会科学研究	5、6期	2004
道教之源	王家祐 冯广宏	巴蜀书社		2005
四川民间道教信仰与结社调查	陈汝宽等	巴蜀史志	5期	1995
道教在江油	肖定沛	中国道教	3期	1996
洪雅瓦屋山道教与蜀中少数民族	张泽洪	宗教学研究	3期	2000
瓦屋山道教文化考察刍议	卿希泰	社会科学研究	4期	2000
鱼雕·鱼符·太极图——试论洪雅瓦屋山符咒的主要特征和实用价值	魏明生	宗教学研究	4期	2000
洪雅瓦屋山与道教	周冶	中国道教	6期	2000
瓦屋山道教文化	李后强	四川民族出版社		2000
洪雅地名与道教的关系——兼说异名车冈	李振华	2002中国未来与发展研究报告		2002
道教源流	傅代言编译	中华书局		1927
天师道与滨海地域之关系	陈寅恪	中研院史学所集刊3本4分册		1933
太平道与五斗米道	中一	北平华北日报·史学周刊	2期	1934.9.13
张天师与道教	谢兴尧	逸经	9期	1936
道教史上より観たる三张の性質	酒井忠夫	中国佛教史学	1卷4号	1937
三張の道教と西蔵	酒井忠夫	史潮	7年1号	1937
"汉天师世家"跋（藏园群书题记）	傅增湘	中和	1卷3期	1940

续表一

篇、书名	著(译)编者	出处	卷、期	年月日
太平道の発生と五斗米道	大淵忍爾	加藤繁博士還暦記念東洋史集説		1941
蜀中道教先声	钱穆	责善半月刊	2卷16期	1941
张道陵与黄巾	钱穆	责善半月刊	2卷16期	1941
张道陵天师世家	吴宗慈	江西省文献委员会		1947
太平道五斗米道那个在先 张修张道陵是一个人或两个人	郭人民	史学月刊	11期	1953
关于张鲁及五斗米道	蒋文杰	解放	2期	1959
《太平经》的作者和思想及其与黄巾和天师道的关系	熊德基	历史研究	4期	1962
五斗米道与五斗米	陈昌远	江汉学报	9期	1962
"太平道"与"五斗米道"	万绳楠	历史教学	6期	1964
貴族・豪族と道教——三張道教の再考察	宫川尚志	歴史教育	14卷5号	1966
天师教渊源略述	孙克宽	景风	14期	1967
後漢末の宗教的農民反叛——黄巾の乱と五斗米道	松崎つね子	駿台史学	29号	1971
道教圣地与天师世家	金惠	东方杂志复刊	9卷11期	1976
张天师修道	王家祐 李远国	旅游天府	1期	1980
有关五斗米道的几个问题	卿希泰	中国哲学	4期	1980
道教史琐谈	蒙文通	中国哲学	4期	1980
天师道的创立及其沿革	郭树森	江西社会科学	5、6期	1981
丰都"鬼城"考	王家祐 李远国	四川史研究通讯	1期	1983
张陵	赵宗诚	宗教学研究	2期	1983
五斗米道	赵宗诚	宗教学研究	2期	1983
龙虎山上清宫沿革建置初探	周沐照	中华文史论丛	3辑	1982
张天师	赵宗诚	宗教学研究	2期	1983
前期天师道史略论	钟国发	中国史研究	2期	1983
张陵五斗米道与西南民族	王家祐	贵州民族研究	4期	1983
张修在道教史上的地位	李刚	宗教学研究论集——四川大学学报丛刊	第25辑	1984
天师道名称小议	曾召南	宗教学研究		1985
後漢末五斗米道の組織について	大淵忍爾	東方宗教	65号	1985

续表二

篇、书名	著(译)编者	出处	卷、期	年月日
何谓"五斗米"		文史知识	8期	1986
题免得龛藏汉天师世系赞卷	柳存仁	明报月刊	250、251、253－255期	1986－1987
张陵与养生	郝勤	宗教学研究		1986
关于早期正一道的几个问题	丁培仁	宗教学研究		1986
五斗米道命名的由来	张泽洪	宗教学研究	4期	1988
天师道	郭树森	上海社会科学出版社		1990
天师道史略	张继禹	华文出版社		1990
五斗米道之始末	郭荣章 冯岁平	成都大学学报（社科）	1期	1994
道教与黄帝、老子及张道陵	钱顺清	中国道教	4期	1994
汉水文化与五斗米道	梁中效	唐都学刊	3期	1995
试论早期道教在巴蜀发生的文化背景	江玉祥	道家文化研究	7辑	1995
天师道的文化渊源及宗教特征	商庆夫 陈虎	文史哲	5期	1996
张陵蜀地创道初探	汤其领	徐州师范大学学报（哲社）	2期	1997
早期五斗米道的诸首领及他们之间的关系	杨皑	华南师范大学学报（社科）	5期	1997
蜀方志中有关张道陵的几则资料	定阳子	宗教学研究	2期	1998
两汉"巴"地的黄老风尚与黄老道的形成	阮荣华	湖北三峡学院学报	4期	1999
张修应为五斗米道初期的真正首领——张鲁之道承诸父祖说质疑	龚小平	四川教育学院学报	增刊1	1999
张陵"客蜀"创道新解	魏峡	宗教学研究	3期	2000
早期天师道的神学化"道论"	郑信平	江西社会科学	10期	2001
"天师道"名实论	赵益	古典文献研究		2002
张鲁五斗米道的历史地位及影响	李凤兰	汉中师范学院学报（社科）	2期	2003
张陵养生思想片论	黄永锋	中华文化论坛	3期	2004
五斗米道	濮文起	中国民族报		2004.5.18
天师张陵族系及里籍考辨	唐建	宗教学研究	3期	2005
张脩与五斗米教	泽章敏	福井文雅博士古稀・退職記念論集 アジア文化の思想と儀礼		2005

续表三

篇、书名	著(译)编者	出处	卷、期	年月日
敦煌六朝写本、张天师道陵著：老子想尔注校笺	饶宗颐	香港大学		1956
		上海古籍出版社		1991
"想尔"老子道德经敦煌残卷论证	陈世骧	清华学报	新1卷2期	1957
"老子想尔注校笺"与"五千文的来源"	严灵峰	民主评论	15卷16期	1964
		中华杂志	2卷9期	1964
再论老子的"想尔注"与"五千文"	严灵峰	中华杂志	2卷12期	1964
老子"想尔注"写本残卷质疑	严灵峰	大陆杂志	31卷6期	1965
五斗米道の教法について（上）（下）——老子想爾注を中心として	大淵忍爾	東洋学報	49卷3号	1966
			49卷4号	1967
老子想爾注の成立	大淵忍爾	岡山史学	19号	1967
老子想爾注考——校笺を主題として	福井康順	早稻田大学大学院文学研究科紀要	13辑	1967
老子想爾注と河上公注との関係について	大淵忍爾	山崎先生退官紀念東洋史学論集		1967
老子想尔注续论	饶宗颐	福井博士颂寿纪念东洋文化论集		1969
老子想尔注考略	饶宗颐	选堂集林·史林		1982
《老子想尔注》与五斗米道	李养正	道协会刊	2期	1983
老子想爾注索引	麥谷邦夫	朋友书店		1985
从《想尔注》看汉儒对早期道教的影响	贺绍恩	江西社会科学	4期	1987
《想尔注》与道教	柳存仁	第二届敦煌学国际研讨会论文集		1991
老子想尔注校证	饶宗颐	上海古籍出版社		1991
《老子想尔注》：道教祖师宣道的金科玉律	唐明邦	宗教学研究	1、2期	1995
《老子想尔注》及其思想	钟肇鹏	世界宗教研究	2期	1995
试论《老子想尔注》的理想人格	尹志华	宗教学研究	4期	1995
论《老子想尔注》中的黄容"伪伎"与天师道"合气"说	刘昭瑞	道家文化研究	7辑	1995
敦煌写本《老子想尔注》之思想特色与架构	郑灿山	中国文化月刊	192期	1995
《老子想尔注》教育思想简论	瀚青	世界宗教研究	1期	1996

续表四

篇、书名	著(译)编者	出处	卷、期	年月日
从《老子想尔注》看道家思想的神学化	张运华	人文杂志	3 期	1996
"想尔"释义——《老子想尔注》与《四十二章经》之关系	马承玉	道教研究	4 期	1998
		世界宗教研究	4 期	1998
道家哲学向宗教神学理论的切换——《老子想尔注》道论剖析	梁宗华	哲学研究	8 期	1999
《老子想尔注》之年代和作者考	吴相武	道家文化研究	15 辑	1999
道家人格美到道教"仙格"美的嬗变——《河上公章句》与《想尔注》美学思想综论之一	潘显一	宗教学研究	2 期	2000
"道美":妙不可言——论道教美学思想从《河上公章句》到《想尔注》的转变	潘显一	四川大学学报(哲社)	4 期	2000
"道美大之":《想尔注》美学史价值探讨	潘显一	社会科学研究	6 期	2000
从《老子想尔注》看神仙思想的宗教化理论化	雷健坤	北京行政学院学报	6 期	2002
华夏性文化史上的两块里程——《老子》与《老子想尔注》	钟来因	东南文化	7 期	2000
从《太平经》与《老子想尔注》看早期道教神仙思想的形成	曾维加	求索	5 期	2003
道者,天下万事之本——《老子想尔注》形上思维	赵中伟	第三届先秦两汉学术国际研讨会会议论文集		2003
《老子想尔注》养生智慧管窥	曹剑波	宗教学研究	2 期	2004
最早的异端蜀学——《老子想尔》	冯广宏	西华大学学报(哲社)	4 期	2004
《老子想尔注》杂考	刘昭瑞	敦煌研究	5 期	2004
试论《太平经》及《老子想尔注》有关持戒在得道过程之作用的思想渊源	薛明生	东方论坛	5 期	2005
早期道教"文"的阐释的多维视角——《老子想尔注》的邪文观	蒋振华	中州学刊	6 期	2005
论《老子想尔注》中的养生思想	李远国	中国道教	6 期	2005
祖天师立教要义述略——读《老子想尔注》随笔	张继禹	中国道教	6 期	2005
《老子想尔注》之政治思想试论	林俊宏	政治科学论丛	26 期	2005
符箓	曾召南	宗教学研究	2 期	1983
中国道教の祭りと信仰	劉枝万	桜楓社		1983

续表五

篇、书名	著(译)编者	出处	卷、期	年月日
道坛作法符箓咒语总集	峨嵋居士	逸群书局		1984
正一道经箓义理略论	张继禹	中国道教	1期	1990
道教符、箓、咒探原	萧登福	鹅湖	16卷12期	1991
道符溯源	刘仲宇	世界宗教研究	1期	1994
《正一法文天师教戒科经》成书年代考	张松辉	世界宗教研究	1期	1994
天师道的符、箓、斋、醮初探	张金涛 张青剑	江西社会科学	4期	1994
		中国道教	增刊	1994
斋醮科仪与神仙信仰	张凤林	中国道教	4期	1994
步罡踏斗——道教祭礼仪式	张泽洪	四川人民出版社		1994
文物所见中国古代道符述论	王育成	道家文化研究	9辑	1996
道教符箓派诸宗概述	李远国	中国道教	2期	1997
道教符箓派诸宗概述(二)	李远国	中国道教	3期	1998
道教符箓派诸宗概述(三)	李远国	中国道教	1期	1999
道教斋醮科仪精义	王家祐	四川文物	5期	1997
道教涂炭斋法初探	汪桂平	世界宗教研究	4期	2002
《正一法文天师教戒科经》的教育思想	于珍	中国道教	3期	2001
《正一法文天师教戒科经》的时代及与《老子想尔注》的关系	马承玉	中国道教	2期	2005
《太上三五正一盟威修真玉经》注	曾广亮 徐才金	中国道教	4期	2003
考古所见道教简牍考述	王育成	考古学报	4期	2003
略谈道教"三官"	石衍丰	宗教学研究		1987
天地水三官と洞天	宫川尚志	東方宗教	78号	1991
鱼凫图腾与道教的三官崇拜	尹邦志	宗教学研究	3期	1999
新津老子庙	郭梧	成都日报		1981.5.27
稠粳治所在地——稠粳山老子庙	颜开明	宗教学研究	1期	1990
略谈稠粳山老子庙	颜开明	中国道教	3期	1990
平盖治小议	卫复华	宗教学研究	1期	1990
道教平盖治与新津观音寺	颜开明	宗教学研究	1期	1993
平盖治治地考	龙腾	成都文物	4期	2004
丰都宗教习俗调查	卫惠林	四川乡村建设学院研究实验部		1935

续表六

篇、书名	著(译)编者	出处	卷、期	年月日
仙踪鬼迹话丰都	王家祐 李远国	文史知识	9期	1985
平都山道教史迹	王卡	世界宗教研究	2期	1995
丰都宗教文化与圣迹的调查报告——兼及道教与丰都地方文化的关系	李远国	遗迹崇拜与圣者崇拜		2000
本竹治小考	王纯五	宗教学研究	2期	1996
本竹山本竹治略考	龙腾	成都文物	3期	2005
天师道二十四治考	王纯五	四川大学出版社		1996
天师道"蒙秦治"考	龙腾	四川文物	3期	1997
天师道"平冈治"考	龙腾	四川文物	1期	1998
天师道24治之苍溪云台山	周承瞻	政协苍溪县委员会文史资料委员会		1999
三张"二十四治"与东晋南方道教"静室"之关系	赵益	东南文化	11期	2001
二十四治和早期天师道的空间与科仪结构	Franciscus Verellen（吕鹏志）	法国汉学	7辑	2002
汉宋巴蜀道家思想介述	黄海德	巴蜀史志	3期	2003
李蜀与天师教	砚思	中和	6卷2期	1945
少数民族与道教	钱安靖	西南民族学院学报（哲社）	3期	1982
试论西南少数民族与道教的关系	钱安靖	贵州民族研究	4期	1983
陈瑞"鬼道"与农民起义	陈运炎	文史杂志	5期	1992
范长生的易学思想	唐明邦	宗教学研究	4期	2001
古賨人与道教	蔡运生	中国道教	1期	1995
汉晋时期西南地区天师道的发展	吴荣发	道教学探索	9号	1995
中国南方少数民族与道教关系初探	张泽洪	民族研究	6期	1997
天师道主要支派考略	郭树森	江西社会科学	8期	1997
论两晋至隋唐的巴蜀道教	李豫川	成都文物	4期	2005
魏晋南北朝时期少数民族与道教——以南蛮、氐羌族群为中心	张泽洪	中南民族大学学报（人文）	6期	2005
祀梓潼神之无谓	黄天	广益丛报	84号	1905
文昌帝君考	贺次君	逸经	9期	1936
谈文昌帝君	苏雪林	四川文献	71期	1968
文昌前身为蛇及其喜姓张之谜	苏雪林	四川文献	73期	1968

续表七

篇、书名	著（译）编者	出处	卷、期	年月日
梓潼文昌神之社会史的解说	陶希圣	食货月刊（复刊）	2卷8期	1972
《文昌帝君阴骘文》	羊华荣	宗教学研究	2期	1983
文昌帝君の成立——地方神から科挙の神へ	森田宪司	中国近世の都市と文化		1984
张亚子为何被追封为"文昌帝君"	谢焕智	四川文物	2期	1994
《文昌帝君阴骘文》试析	李刚	宗教学研究	3期	1987
梓潼神历史探微	王家祐	中国道教	3期	1988
道教文昌帝君述略	张泽洪	文史杂志	4期	1993
A God's Own Tale: the Book of Transformations of Wenchang, the Divine Lord of Zitong	Terry F. Kleeman	State University of New York Press		1994
试论梓潼神在宋代的发展	唐代剑	中国道教	4期	1995
四川剑阁的文昌帝君	蔡运生	中国道教	4期	1996
试论《阴骘文》的德福观	沈亦军	中华文化论坛	2期	1996
文昌信仰源流与文昌文化	龙吟	中华文化论坛	2期	1996
四川剑阁的文昌帝君	蔡运生	中国道教	4期	1996
《文昌帝君阴骘文》的论理观浅析	李刚	中国道教	4期	1996
文昌帝君的信仰及其神仙思想的道德决定论	卿希泰 姜生	江西社会科学	6期	1996
两大文化 交辉联璧	梁旭仲	四川文物	4期	1999
文昌《阴骘文》与梓潼民间美德	仇昌仲	中华文化论坛	2期	1997
《文昌孝经》的道教孝道观	肖群忠	道德与文明	6期	1997
文昌文化在国外	王兴平	中华文化论坛	1期	1999
文昌文化在日本的传播和影响	王兴平	中国道教	2期	2000
清代的文昌诞节——兼论明代文昌信仰的发展	常建华	清史论丛		2000
文昌祭祀与梓潼民俗	姚光普	绵阳市文艺创作办公室、梓潼文昌民俗文化旅游区		2000
文昌帝君何许人也——中国"人造神"著例之	郭祝崧	重庆师专学报	2期	2001
文昌文化在西方社会的传播和研究	王兴平	中国道教	2期	2001
文昌文化在日本的传播和影响	王兴平	中国道教	2期	2002
文昌文化在朝鲜半岛的传播和影响	王兴平	中国道教	3期	2002

续表八

篇、书名	著(译)编者	出处	卷、期	年月日
文昌帝君劝善思想探析	李桂红	中国道教	5期	2002
文昌帝君的发祥地——梓潼七曲山大庙	李豫川	中国道教	6期	2002
刘安胜与文昌经	王兴平	中国道教	5期	2003
文昌祖庭探秘	黄枝生	中国三峡出版社		2003
明道藏有关文昌梓潼帝君文献考述	丁培仁	宗教学研究	3期	2004
文昌文化的儒学内核——孝友、仁德	杨旭升	天府新论	5期	2004
		先秦两汉文学论集		2004
文昌圣地——梓潼		神州	11期	2004
文昌文化：鲜为人知的斑斓	张珏娟等	四川日报		2004.4.30
清代四川文昌碑文与文昌信仰研究	文廷海	四川文物	1期	2005
文昌文化的现代价值	蒋志	绵阳师范学院学报	3期	2005
文昌圣迹	政协越西县委员会	编者刊		2005
赵昱散论	干树德	乐山师范学院学报	1期	1997
李荣及其《老子注》考辨	黄海德	世界宗教研究	4期	1987
李荣二道论蠡测	黄海德	社会科学研究	3期	1988
伦敦不列颠博物院藏敦煌S.二〇六〇写卷研究	黄海德	四川师范大学学报（社科）	3期	1992
敦煌写卷李荣《老子注》及相关问题	朱大星	常书鸿先生诞辰一百周年纪念文集		2004
王玄览道体论和修道思想的浅析	卿希泰	宗教学研究	1期	1982
王玄览	邱坤	宗教学研究	2期	1983
简论王玄览的道论	朱森溥	社会科学研究	3期	1986
浅析王玄览对《老子》几处文字的解说和发挥	朱森溥	四川大学学报（哲社）	2期	1987
玄珠录校释	朱森溥	巴蜀书社		1989
王玄览论"道物"	李刚	中国道教	2期	1991
从司马承祯、王玄览看唐代道教对宋明理学的影响	陈澍	中国道教	2期	1996
王玄览融佛入道的道教学说	黄开国	天府新论	2期	1997
唐高、武朝道教重玄美学的嬗变——以王玄览为例	陈晗光 雷小鹏	四川行政学院学报	1期	2002
司马承祯、王玄览思想对宋明理学的影响	陈澍	中国道教	1期	2005

续表九

篇、书名	著(译)编者	出处	卷、期	年月日
王玄览道教重玄美学思想简论	雷晓鹏	中国道教	6期	2005
唐代四川"三宝窟"道教神像与"三清"之由来	黄海德	道教神仙信仰研究		2000
杜光庭对道教象征之见解	楚紫气	东洋学丛编	1册	1934
《真诰》と《墉城集仙录》	石井昌子	东洋学术研究	15卷 3、4期	1976.5, 1976.7
杜光庭小考	今枝二郎	道教研究论集——吉冈博士还历纪念		1977
杜光庭	卿希泰 赵宗诚	宗教学研究	2期	1983
杜光庭の思想について——道德・古今・寰宇の中で	砂山稔	集刊東洋（東北大学）	54号	1985
『道教霊験記』について	宫泽正顺	三康文化研究所年报	18号	1986
杜光庭和张伯端	严振非	中国道教	4期	1988
Du Guangting（850-933）: taoiste de cour à la fin de la Chine medieval	Franciscus Verellen	Collège de France, Institut des hautes études, En vente, De Boccard		1989
傅飞岚著《杜光庭（850-933）——中古中国末叶的皇家道士》评介	梅尼尔等	宗教学研究	2期	2002
杜光庭《灵化二十四》的一些特点	赵宗诚	宗教学研究	1、2期	1990
杜光庭及其著作考	李大华	上海道教	1、2期	1990
杜光庭的生平及学术成就	严振非	东南文化	6期	1990
		中国道教	1期	1991
论杜光庭道教理论的思辨性质	李大华	宗教学研究	1期	1991
《道教霊験记》語彙索引稿	遊佐昇	中国学研究	10号	1991
杜光庭事迹考辨	王瑛	宗教学研究	1、2期	1992
杜光庭蜀中著述考略	王瑛	成都大学学报（社科）	3期	1993
虬髯客传传道心	伍伟民	道教文学三十谈		1993
杜光庭入蜀时间小考	王瑛	宗教学研究	1、2期	1995
杜光庭《虬髯客传》的流传与影响	长虹	中国道教	1期	1997
杜光庭著述叙录	张亚平	四川文物	6期	1999
道教の教典を読む（8）《道教霊験记》——中国社會と道教信仰	遊佐昇	月刊しにか	10卷12号	1999
蜀——杜光庭《录异记》里的"圣地"	傅飞岚	允晨出版公司		1999

续表一〇

篇、书名	著(译)编者	出处	卷、期	年月日
洞天福地岳渎名山记全译	杜光庭著,王纯五译注	贵州人民出版社		1999
论道教女仙崇拜的特点——从杜光庭的《墉城集仙录》谈起	孙亦平	中国道教	1期	2000
杜光庭的"经国理身"思想初探——兼论道教的终极理想及其现代意义	孙亦平	南京大学学报（哲社）	2期	2000
墉城中的西王母——以《墉城集仙录》为基础的考察	杨莉	道教神仙信仰研究		2000
墉城中的西王母——以《墉城集仙录》为基础的考察（续）	杨莉	宗教学研究	4期	2000
Shu as a Hallowed Land: Du Guangting's Record of Marvels	Franciscus Verellen	遗迹崇拜与圣者崇拜		2000
《太上老君說常清淨經》考——杜光庭注との關連において	麥谷邦夫	唐代の宗教		2000
杜光庭《道教靈驗記》の應報觀について	荒尾敏雄	東方宗教	总97期	2001
道教视野中的社会史：杜光庭（850-933）论晚唐和五代社会	傅飞岚	香港中文大学		2001
杜光庭两度入蜀考	罗争鸣	宗教学研究	1期	2002
论杜光庭的道德教育思想	刘蔚金易	船山学刊	1期	2002
杜光庭生平的几个问题的考证	罗争鸣	宗教学研究	4期	2002
汉唐《道德经》注疏与老学思想的发展——以杜光庭《道德真经广圣义·序》为中心	孙亦平	中国哲学史	4期	2002
杜光庭笔下的女仙世界——从《墉城集仙录》探析道教女仙崇拜的特点	李莉	中国道教	5期	2002
杜光庭获赠师号、紫衣及封爵、俗职阶品考	罗争鸣	宗教学研究	3期	2003
《墉城集仙录》采自《列仙传》篇目探析——兼论杜光庭对房中术之态度	罗争鸣	古籍整理研究学刊	3期	2003
总结者的美学之思——简论杜光庭美学思想	李裴	宗教学研究	4期	2003
杜光庭的心境论初探	孙亦平	中国道教	4期	2003
杜光庭的重玄学思想初探	孙亦平	南京大学学报（哲社）	4期	2003
关于杜光庭生平几个问题的考证	罗争鸣	文学遗产	5期	2003

续表一一

篇、书名	著(译)编者	出处	卷、期	年月日
杜光庭与蜀中道教的发展	尤 佳	文史杂志	6期	2003
杜光庭与天台山道教	孙亦平	浙江社会科学	6期	2003
杜光庭道教仪范之研究	周西波	新文丰出版公司		2003
杜光庭与钟吕内丹道	孙亦平	世界宗教研究	1期	2004
论杜光庭对"道生"、"德畜"思想的理论阐发	孙亦平	玉溪师范学院学报	1期	2004
论杜光庭对蜀地道教的贡献	孙亦平	宗教学研究	2期	2004
杜光庭及其对蜀中道教发展的推动	尤 佳	巴蜀史志	2期	2004
试论杜光庭的生死观	孙亦平	中国道教	3期	2004
杜光庭著述考辨	罗争鸣	宗教学研究	4期	2004
杜光庭与青城山	尤 佳	乐山师范学院学报	11期	2004
杜光庭思想与唐宋道教的转型	孙亦平	南京大学出版社		2004
《云笈七籖》卷113（上）所收14则仙传归属置疑	罗争鸣	古籍整理研究学刊	2期	2005
《录异记》性质探析	罗争鸣	宗教学研究	2期	2005
杜光庭《录异记》宗教本质探析	罗争鸣	中国道教	4期	2005
《虬须客》与《虬髯客传》	孙亦平	中国道教	6期	2005
风尘三侠	杜光庭	广智书局		
杜光庭与云南道教	张泽洪	西南民族大学学报（人文）	10期	2005
杜光庭评传	孙亦平	南京大学出版社		2005
杜光庭《道德真经广圣义》的道教哲学研究	金兑勇	巴蜀书社		2005
杜光庭道教小说研究	罗争鸣	巴蜀书社		2005
论彭晓的"还丹"说及其数论	李大华	世界宗教研究	2期	1996
《周易参同契》外丹炼制探幽	曹剑波	宗教学研究	1期	2002
《雲笈七籖》の諸本について——道藏本・清真舘本・輯要本	中嶋隆藏	集刊東洋学（東北大学）	56号	1986
道教类书《云笈七签》	朱越利	文史知识	5期	1989
《雲笈七籖》卷6諸問題——"七部・四輔"訳注	福井文雅	日本中国学会創立五十周年紀念論文集		1998
日本道教研究的新成果——中嶋隆藏所著《云笈七签的基础研究》	李 庆	中国典籍与文化	4期	2005

续表一二

篇、书名	著(译)编者	出处	卷、期	年月日
陈抟的故乡在哪里	李远国	历史知识	3期	1983
陈抟籍贯小考	李远国	中国史研究	2期	1984
陈抟的故乡在哪里	白中培 滕惠兰	四川文物	4期	1985
陈抟里籍考	胡昭曦	四川文物	3期	1986
试论陈抟的生平及其学术渊源	李远国	中国道教	2期	1987
陈抟生平大事考	王家祐	道教论稿		1987
关于陈抟的籍贯	羊华荣	世界宗教研究	2期	1988
陈抟是河南省鹿邑县人	潘又全 张景志	中州今古	4期	1991
高道陈抟	汪毅 周维祥	四川大学出版社		1993
陈抟、张守真事迹考	唐代剑	中华文化论坛	2期	1996
陈抟故里考证综述——兼与唐代剑先生商榷	刘联群	中华文化论坛	2期	1997
再谈陈抟里籍	陈广忠	中国道教	4期	1997
《宋史·陈抟传》旁考	徐兆仁	史学月刊	1期	1999
明著名道士张三丰住鹤鸣山年代及其他	卫复华	宗教学研究	1、2期	1995
张三丰在大邑县鹤鸣山天谷洞修炼考	余至琴	中国道教	2期	1996
清代道教西派命名、活动及道统考	黄兆汉	中国文化研究所学报	12卷	1981
李涵虚与西派丹诀刍议	盛克琦	气功	11期	1999
李西月内丹思想及其特色浅析	张晓粉	宗教学研究	1期	2000
李涵虚与西派	陈毓照等	气功	9期	2000
乐山恢复重建紫霞宫	张忠荣	中国道教	6期	2002
内丹法西派始祖——李涵虚	张忠荣	中国道教	3期	2003
性命双修："仙佛圣凡同具同证"——陆西星、李西月三教思想探析	唐大潮	宗教学研究	4期	2004
清代雍正至道光年间武侯祠道士事迹考评	梅铮铮	四川文物	4期	2003
《阴符发秘》养生智慧之管窥	曹剑波	中国道教	5期	2003
《阴符发秘》、《玄门戒白》思想浅析	唐大潮	宗教学研究	2期	2004
重庆的道士与坛门	于飞	民俗	11卷85期	1929

续表一三

篇、书名	著(译)编者	出处	卷、期	年月日
再谈重庆的道士与坛门	于飞	民俗	11卷85期	1929
川滇道士	林超	地理	1卷1期	1941
近代成都道教活动管窥——从《八字功过格》说起	丁培仁	四川大学学报（哲社）	6期	2001
绵阳西山观	吴一峰	成都日报		1956.9.5
绵阳仙云观	唐光孝	四川文物	3期	1994
綦江白云观的来历		重庆日报		1982.3.31
概谈青城山道教	王家祐 李远国	成都文物	2期	1984
道教圣地青城山	戴盛昌	文物天地	3期	1985
青城道教仙源录	付元天 王家祐	中国道教	18期	1986
		道教论稿		1987
第五洞天青城山	逸山	中国道教	3期	1987
青城山道教的宗派和现状	王纯五	宗教学研究		1987
仙境の地・青城山——道教寺院の修行と生活	池上正治	平河出版社		1992
青城山道教论述	张泽洪	道教学探索	9号	1995
从史籍诗文看青城山道教	李豫川	中国道教	4期	2000
道教与青城山	郝勤	文史知识	7期	2001
蜀中道教名胜——青城山	张泽洪	世界宗教文化	1期	2004
成都青羊宫・青城山及び四川における道教研究の现状	遊佐昇	東方宗教	68号	1986
青城山与鹤鸣山	李骏名	宗教学研究	2期	1989
鹤鸣山今昔谈	王纯五	中国道教	2期	1987
中国道教（五斗米道）发源地鹤鸣山	卫复华	宗教学研究	1期	1989
鹤鸣山的回顾与展望	卫复华	中国道教	4期	1990
大邑鹤鸣山道观沿革初探	卫复华	宗教学研究	2期	1992
鹤鸣山论文集	卫复华	大邑县政协会、大邑县图书馆		1993
鹤鸣山诗书画集	卫复华	大邑县政协会、大邑县图书馆		1993
道教的发源地——剑阁鹤鸣山	蔡运生	宗教学研究	3、4期	1993

续表一四

篇、书名	著（译）编者	出处	卷、期	年月日
鹤鸣山志	卫复华	大邑县图书馆		1994
鹤鸣山道士王明月	卫复华	宗教学研究	1 期	1994
道教发源地新考	蔡运生	四川文物	1 期	1994
道教祖廷鹤鸣山考	袁庭栋	四川文物	3 期	1995
增补鹤鸣山志	卫复华	大邑县鹤鸣道观、大邑县图书馆		1999
道教发源地鹤鸣山资料汇编	卫复华	大邑县鹤鸣道观、大邑县图书馆		1999
鹤鸣山道教考察述略	龚晓康	宗教学研究	3 期	2001
道教发源地鹤鸣山	郑守铭	巴蜀史志	6 期	2003
蜀中著名的道观——云台观	周香洪	四川文物	1 期	1990
雾中山与南丝绸之路资料集	卫复华	大邑县雾山乡政府、大邑县图书馆		1996
雾中山志	卫复华	大邑县雾山乡政府、大邑县图书馆		1997
剑阁县鹤鸣山道教探微（一）	母学勇	剑阁县文管所		1994
道国仙都探秘	母学勇	四川大学出版社		1995
杜甫为何不咏青羊宫	陶元甘	成都风物	4 辑	1982
青羊宫与吕洞宾	莫树清 邱跃全	旅游天府	2 期	1982
青羊宫杂记	吴鼎南	文史杂志	1 期	1985
成都青羊宫是唐玄宗行宫	吴鼎南	龙门阵	9 辑	1982
成都青羊宫二像碑示意说	古元忠	四川文物	3 期	1991
成都青羊宫、二仙庵史略	马景全	成都大学学报（社科）	2 期	1992
青羊宫二仙庵志	李合春 丁常春	四川宗教事务局		2005
成都道教宫观	沙铭寿	海峡两岸道教文化学术研讨会论文		1996
张献忠与梓潼大庙	王代升	四川文物	4 期	1984
梓潼大庙是祭祀谁的	王代升	文史杂志	3 期	1986
七曲山大庙	姚光普	四川文物	5 期	1991
文昌宫里的宋代丹桂	黄森木	国土绿化	2 期	1994
		中国林业	5 期	1998

续表一五

篇、书名	著(译)编者	出处	卷、期	年月日
梓潼七曲山大庙铁铸文昌像的断代及文化内涵	谢焕智 高文	四川文物	4期	2000
文昌帝君的发祥地——梓潼七曲山大庙	李豫川	中国道教	6期	2002
白云观的来历不容歪曲	梁仲恒等	重庆日报		1985.5.14
重庆老君洞	傅克芳	中国道教	2期	1991
金华山道观印象记	袁志鸿	中国道教	4期	1991
西昌泸山道观	张泽洪	中国道教	4期	1993
都江堰神祠与道教	丁若木	宗教学研究	4期	1994
新津纯阳观的黄钟	童汝锷	成都文物	2期	1985
新津纯阳观忠孝二亭原貌考	李兴玉	四川文物	2期	1993
新津纯阳观艺文集萃	新津县文物管理处	编者刊		1994
江津朝元观	王家祐	中国道教	4期	1995
		四川文物	1期	1997
四川金堂县道观略考	薛玉树	宗教学研究	2期	2004
洞天福地——道教宫观胜境	沙铭寿	四川人民出版社		1994
宜宾真武山佛道史迹考略	杨曦	四川文物	3期	2001
川南道教名山——真武山		中国道教	3期	2005

二、佛教

篇、书名	著(译)编者	出处	卷、期	年月日
Some Studies in the Buddhism of Szechwan	C. F. Wood	Journal of the West China Border Research Society	Vol. 9	1937
四川佛教文化	四川佛教文化编纂委员会	四川人民出版社		1997
四川佛教特色蠡测	向世山	文史杂志	6期	1998
四川佛教的模式、特点及其历史地位	向世山	中华文化论坛	4期	1999
四川地区文殊菩萨信仰述论	孙修身	敦煌研究	4期	1997
四川少数民族地区的佛教遗迹	杨健吾	文史杂志	3期	2000

续表一

篇、书名	著(译)编者	出处	卷、期	年月日
巴蜀禅灯录	冯学成等	成都出版社		1992
锦江禅灯	释慧海	四川大学出版社		1998
释"菎苴"——兼论四川禅学的特色	龙晦	中华文化论坛	2期	1999
四川禅宗的开放性格	向世山	文史杂志	6期	2002
四川禅僧的叛逆性格	向世山	文史杂志	5期	2003
Notes on the Kiating Caves and Buddha, with Suggestions in Origin of Litholatry	J. H. Edgar	Journal of the West China Border Research Society	Vol. 1	1922-1923
西南川滇缅印古道探论——兼述早期佛教之南传入蜀	史占扬	东南文化	3、4期	1991
四川早期佛教遗物辨识	唐长寿	东南文化	5期	1991
四川忠县三国铜佛像及研究	赵殿增 袁曙光	东南文化	5期	1991
四川凉山早期佛教遗迹考	刘世旭	东南文化	6期	1991
佛教蜀身毒道传播说质疑	吴焯	东南文化	5期	1992
四川早期佛教探源	雷玉华	四川文物	5期	1998
"早期佛教初传中国南方之路"质疑	温玉成	四川文物	2期	2000
忠县涂井M5与蜀地早期佛教传播	吴桂兵	四川文物	5期	2002
汉代佛教入川途径新探	李豫川	成都文物	1期	2003
从考古遗存引发关于南北两路佛教初传问题的思考	宋晓梅	西域研究	2期	2003
汉代佛教入川之途	郑祯诚	成都文物	3期	2003
汉魏时期蜀汉、孙吴墓葬中的佛教遗物——兼谈长江流域的佛教传播	杨秋莎	四川文物	5期	2003
乐山崖墓佛像与佛教传入问题	向玉成	四川师范大学学报（社科）	3期	2004
佛教传入巴渝地区的时间和路线	胡昌健	四川文物	3期	2004
"仙佛模式"和"西王母+佛教图像模式"说商榷——再论佛教初传中国南方之路	何志国	民族艺术	4期	2005
论中国西南地区早期佛像	罗二虎	考古	6期	2005
蜀汉至隋代的四川佛教	温玉成	重庆师范大学学报（哲社）	1期	1991
慧遠と慧持	小笠原宣秀	竜谷大学佛教史学論叢		1939
慧持与峨眉山的普贤崇拜	千树德	中华文化论坛	3期	1998
畺良耶舍入蜀年代考	能令寰圍	中国佛教史学	4卷3号	1940

续表二

篇、书名	著(译)编者	出处	卷、期	年月日
梁武帝の蜀地経略と佛教——益州刺史の任免を中心として	諏訪義純	大谷史学	12号	1970
六世紀後半の巴蜀と佛教	石田徳行	東方宗教	48号	1976
魏晋南北朝隋唐佛教传播与"西南丝路"	蓝 勇	西南师范大学学报(社科)	2期	1992
成都萬佛寺址出土佛像と建康佛教——梁中大通元年銘のインド式佛像について	吉村怜	佛教芸術	240卷	1998
成都地区在南北朝佛教史上的重要地位	雷玉华	四川文物	3期	2001
梁初入蜀的康居国僧释明达	向世山	文史杂志	6期	2001
《高僧传》所见部分东晋南朝巴蜀地区僧人事迹及推论	李文才	河北大学学报(哲社)	2期	2002
吐谷渾の教	後藤勝	山崎先生退官記念東洋史学論集		1967
吐谷渾と成都の仏像	山名伸生	仏教芸術	218卷	1995
吐谷浑佛教论考	姚崇新	敦煌研究	1期	2001
吐谷浑佛教考	梁 丰	中国历史文物	5期	2002
自唐至清四川地方官员与佛教关系述评	向世山	世界宗教研究	2期	2005
唐玄奘法师年谱	刘汝霖	女师大学术季刊	1卷3期	1930
			2卷1期	1931
唐玄奘法师年谱	陈 思	东北丛镌	17、18期	1931
玄奘法师年谱	曾了若	中山大学文史学研究所月刊	3卷1期	1934
		东方杂志	21卷7号	1934
玄奘法师年代考	罗香林	东方文化	3卷1期	1956
		香港佛教	1—3期	1960
玄奘大师年代之论定	印 顺	海潮音	42卷4期	1961
玄奘三藏生平年代考	东 初	佛教文化	1卷4期	1966
对"玄奘生平年代考"之商榷	朱洁轩	佛教文化	1卷6期	1967
唐僧在成都出家前后	一 卉	旅游天府	1期	1980
玄奘在成都	石 湍	成都日报		1982.2.8
藏经楼的秘密——文殊院故事之一	李金彝	成都风物	2辑	1981
玄奘顶骨的纠葛——文殊院故事之二	王治平	成都风物	3辑	1981

续表三

篇、书名	著(译)编者	出处	卷、期	年月日
玄奘顶骨播迁考释	骆永寿	四川文物	6期	1990
玄奘遗骨今何在	杨泽本	成都文物	1期	2002
玄奘在成都受戒寺庙存疑	吴世先	巴蜀史志	4期	2004
馬祖大師の禅	伊藤古鑑	禅学研究	26号	1936
马祖禅要	乃光	现代佛学	5期	1959
馬祖道一禅師の禅法	中川孝	印度學佛教學研究	13卷1期	1965
馬祖禅の諸問題	柳田聖山	印度學佛教學研究	17卷1号	1968
仮説・禅宗は恵能と壇経以後に——馬祖語録より考察して	长嶋孝行	宗教研究	209期	1971
馬祖禅形成の一側面	石川力山	宗教研究	13号	1971
馬祖像の変遷過程	石川力山	印度學佛教學研究	20卷2号	1972
江西における馬祖とその門下——年次考	铃木哲雄	印度學佛教學研究	28卷1号	1980
马祖禅师石函题记与张宗演天师圹记	陈柏泉	江西历史文物	4期	1981
		文史	14集	1982
马祖道一——八世纪的中国禅宗大师	多米尼克·瓦泽（冯韵文）	哲学研究	4期	1982
《辞海》"马祖"条辨正	韩振飞	赣南师范学院学报	2期	1984
此"道一"正是马祖	童晓佳	扬州大学学报（人文）	1期	1988
马祖道一评传	何云	世界宗教研究	1期	1989
马祖禅法大义要述	洪修平	禅	2期	1990
禅思想史的大变局——中唐马祖禅考	葛兆光	中国文化	2期	1992
马祖道一——洪州宗禅学及其在禅宗美学思想史上的意义	皮朝纲	四川师范大学学报（社科）	2期	1993
道一禅师的佛学贡献	明栋	江西社会科学	10期	1994
马祖道一禅师和平常心是道	陈德和	鹅湖月刊	226期	1994
马祖道一大师在赣弘法圣迹述略	明栋	禅	3期	1996
道一禅师与中晚唐福建禅宗南岳禅系	王荣国	厦门大学学报（哲社）	2期	1997
马祖道一的禅法思想	伍先林	禅	2期	2002
马祖道一的禅学地位与思想特色	郭树森 赖功欧	宜春学院学报	3期	2002
马祖道一的禅法宗旨与求证方法	苏树华	禅	3期	2002
马祖道一"平常心是道"的禅道理念	赖功欧	中国哲学史	4期	2002
试论马祖道一禅师对中国佛教的建树	释纯一	佛学研究	11期	2002

续表四

篇、书名	著(译)编者	出处	卷、期	年月日
马祖道一禅法评析	刘元春	中华禅学	1卷	2003
浅谈马祖道一之教化思想	赵改萍	五台山研究	3期	2003
马祖的即心即佛思想	邱环	佛学研究	13期	2004
试论马祖道一禅法思想特色及其现代启示	韩坤	天府新论	2期	2005
马祖禅法三境界释论	方满锦	五台山研究	3期	2005
若即若离：马祖道一禅法别说	段玉明	宗教学研究	4期	2005
马祖道一禅语分析	文豪	五台山研究	4期	2005
马祖道一与丛林建设	温金玉	禅	6期	2005
马祖的主要禅法思想探析	唐思鹏	法音	11期	2005
还马祖禅本来面目——由宗密对洪州宗的批判说起	杨俊	西南民族大学学报（人文）	11期	2005
马祖道一与后期禅宗	赖永海	佛学研究	14期	2005
马祖道一禅法之探讨	向学	佛学研究	14期	2005
马祖禅风述略	吕有祥	佛学研究	14期	2005
马祖与《楞伽经》《二入四行论》	石井公成	佛学研究	14期	2005
关于马祖的"磨砖作镜"	石井修道 林鸣宇	佛学研究	14期	2005
马祖道一与弟子	冲本克己	佛学研究	14期	2005
野鸭子飞到哪里去了——马祖禅与石头禅	小川隆	佛学研究	14期	2005
马祖的思想与时代精神	伊吹敦	佛学研究	14期	2005
马祖与中国禅宗文化学术研讨会论文集	中国佛教文化研究所、什邡马祖禅文化研究会	编者刊		2005
马祖道一研究资料集	什邡市学习文史委员会、什邡马祖禅文化研究会	编者刊		2005
宗密的哲学	孙道昇	文哲月刊	1卷7期	1936
圭峯宗密の研究——法系、行状、著作、弟子等に就いて	古田绍钦	中国佛教史学	2卷2号	1938
禅教一致の可能性についての疑义——圭峯宗密の禅源诸诠集都序を中心にして	钉宫武雄	佛教研究	4卷2号	1940

续表五

篇、书名	著(译)编者	出处	卷、期	年月日
宗密の原人論に就いて	加地哲定	密教文化	13号	1951
宗密の絶対知論——知之一字衆門之妙について	荒木見悟	南都佛教	3号	1957
圭峯宗密の「知」の思想について	小林圓照	禅学研究	49号	1959
圭峯宗密考	山崎宏	竜谷史壇	56、57号	1966
跋裴休的唐圭峰定慧禅师传法碑	胡 适	"中研院"历史语言研究所集刊	34本	1962
宗密における孝論の展開とその方法	岡部和雄	印度學佛教學研究	15卷2期	1967
宗密の綜合教學の論成について	小林实玄	印度學佛教學研究	16卷2号	1968
唐宋佛教史上に於ける圭峯宗密の地位	高雄義堅	竜谷史壇	30册	1973
圭峯宗密の法界観	鎌田茂雄	平川彰博士還暦記念論集		1975
圭峯宗密の教判論	鎌田茂雄	佛教研究論集		1975
無住と宗密——頓悟思想の形成をめぐって	柳田聖山	花園大学研究紀要	7号	1976
朝鮮および日本佛教に及ぼした宗密の影響	鎌田茂雄	佛教學部論集	7号	1976
简介密宗大师释一行的著述与贡献	陈祚龙	中华佛教文化史散策初集		1978
宗密著《道俗酬答文集》的研究	冉云华	华冈佛学学报	4期	1980
宗密和他的禅学	李富华	世界宗教研究	1期	1983
宗密大师学风研究	杨政河	华冈佛学学报	6期	1983
温庭筠从宗密禅师结社事考	徐匋	文史	28辑	1987
宗密禅教一致说的实质	张春波 李曦	五台山研究	1期	1991
宗密禅学思想的历史地位浅析	董 群	世界宗教研究	1期	1995
宗密的佛学思想	伍先林	宗教学研究	3期	1995
宗密的灵知与王阳明的良知的比较研究	吴汝钧	佛教与中国文化国际会议论文集	中辑	1995
宗密的三教观——以《原人论》为中心	鎌田茂雄	世界宗教研究	2期	1996
禅宗顿渐之统一——圭峰宗密的一个观点	董 群	安徽大学学报（哲社）	4期	1996
中国佛教教义时代的殿军——圭峰宗密述评	向世山	中华文化论坛	4期	1996
宗密在川遗迹探秘	向世山	文史杂志	1期	1997

续表六

篇、书名	著(译)编者	出处	卷、期	年月日
宗密所述北宗及洪州宗教说的探讨	黄绎勋	法光学坛	2 期	1998
论宗密的方法论模式	向世山	中华文化论坛	4 期	1998
宗密之三教会通思想于中国佛教思想史上的意义	黄国清	中华佛学研究	3 期	1999
宗密是禅教一致的弘法先驱	徐湘灵	五台山研究	4 期	1999
"夫一心者，万法之总也"——唐宗密禅师调合三教思想略析	唐大潮	社会科学研究	2 期	2000
神会与宗密	聂 清	中国哲学史	3 期	2000
融合的佛教——圭峰宗密的佛学思想研究	董 群	宗教文化出版社		2000
天下百虑而一致，殊途而同归——宗密判教简论	陈荣庆	西安电子科技大学学报（社科）	4 期	2005
成都万佛寺（净衆寺）の開基と新羅国僧無相について	大西修也	美術史研究	9 册	1972
唐代净众——保唐禅派概述	黄燕生	世界宗教研究	4 期	1989
有关禅宗史的几个问题	闵泳圭	四川文物	3 期	1993
净众、保唐禅与杜甫晚年的禅宗信仰	谢思炜	首都师范大学学报（社科）	5 期	1995
唐代成都府净众寺历史沿革考	张子开	新国学		1999
新罗无相与剑南保唐禅	曾其海	佛学研究	11 期	2002
地方文献中的净众保唐禅派	冯 志	巴蜀史志	6 期	2004
史志中的无相禅师行迹杂考	刘时和	巴蜀史志	6 期	2004
知玄と圓仁——《入唐求法巡礼行記》研究の一節	小野勝年	東洋史研究	15 卷 2 号	1956
唐末蜀地の浄土教について	小笠原宣秀	印度學佛教學研究	10 卷 2 号	1962
唐末佛教の一齣——知玄とその周邊	野上俊野	結城教授頌寿記念佛教思想史論集		1964
唐代劍南禅宗における戒律の問題	椎名宏雄	印度學佛教學研究	18 卷 2 号	1970
早期来蓉的日本留学僧	李树雄	成都日报		1980.5.5
客居成都的日本僧人能光	戴德源	历史知识	2 期	1981
唐代成都寺观考	严耕望	大陆杂志	63 卷 3 期	1981
唐代巴蜀佛教与文学	孙昌武	社会科学研究	5 期	1993
中国晚唐、五代时期敦煌和四川地区"毗沙门天王"之研究	姜杨德	艺术论坛	5 期	1995
梓州慧义精舍南禅院四证堂相关问题考述	左 启	佛学研究	13 期	2004
		四川文物	5 期	2005

续表七

篇、书名	著(译)编者	出处	卷、期	年月日
唐宋禅宗之地理分布	李洁华	新亚学报	13卷	1979
柳本尊与密教	王家祐	乐山市志资料	3期	1983
		宗教学研究	2期	2001
唐末宋初の華嚴と密教——安岳石窟を手がかりとして	鎌田茂雄	国際仏教大学院大学研究	43号	2001
宋の張商英について——佛教関係の事蹟を中心として	安藤智信	東方学	22辑	1961
張商英の護法論とその背景	安藤智信	大谷學報	42卷3号	1963
北宋の張商英と仏教	阿部肇一	宗教学論集（駒沢大学）	14号	1989
护法丞相张商英	萧 瑶	五台山研究	1期	1992
张商英护法的历史意义	黄启江	中华佛学学报	9期	1996
		庆祝潘石禅先生九秩华诞敦煌学特刊		1996
张商英《护法论》中的历史思维	蒋义斌	佛学研究中心学报	3期	1998
张商英《续清凉传》与文殊法门	蒋义斌	佛学研究中心学报	5期	2000
北宋丞相张商英与九莲山观音寺	李豫川	禅	6期	2001
关于赵宋西蜀高僧释道隆	陈祚龙	中华佛教文化史散策初集		1978
川籍华侨对日本的贡献——南宋高僧兰溪道隆的不朽业绩	应 骥	八桂侨史	4期	1996
此土他邦头头合辙 寒岩幽谷面面回春——兰溪道隆的东游传道及其对日本文化之影响	李 胜	涪陵师范学院学报	1期	2005
从"圆觉经变"石刻造像论宋代四川民间佛教信仰的特征	向世山	中华文化论坛	1期	1995
香林澄远在青城山	李豫川	禅	2期	1997
香林澄远	印 心	禅	5期	2001
四川天台山"和尚衙门"即两宋时"宗教法庭"	张秋明	人民政协报		2001.6.2
受苏黄影响的净岩大师与禅宗文化	李朝正	江西社会科学	7期	2002
冯楫的仕宦生涯和崇佛活动	胡昭曦	中华文化论坛	1期	2004
试论唐宋以后三峡地区寺庙文化及其旅游开发价值	李勇先 毛丽娅	宋代文化研究		2000
自宋至清四川民间建寺兴佛活动初探	向世山	中华文化论坛	3期	2004
明清川僧修建寺庙述评	向世山	文史杂志	6期	2004
蜀鄙之僧		文史知识	7期	1985

续表八

篇、书名	著(译)编者	出处	卷、期	年月日
"顾不如蜀鄙之僧哉"试解	叶培祥	中学语文	11期	1985
"人之立志,顾不如蜀鄙之僧哉"句义辨	张光富	语文学习	2期	1994
中国明代高僧:无际禅师	安岳县历史名人研究会等	安岳县佛教协会		2001
著名禅师无际明悟法嗣的新发现	向世山	巴蜀史志	6期	2002
双桂禅派和聚云禅派——明清之际四川的两大禅宗法派	冯学成	文史杂志	5期	1989
明末清初的文化生态与破山海明的意义	熊少华	重庆三峡学院学报	1期	2001
破山流寓石柱事略	马培汶	涪陵师专学报	1期	2001
破山传	王伟民	重庆出版社		2003
破山禅师评传	熊少华	宗教文化出版社		2003
破山禅师与双桂堂——释读《破山禅师评传》	张占斌	西南师范大学学报(人文)	5期	2004
大朗禅师导众开渠	薛遂良	法音	2期	1984
莲月印正禅法综论	张新民	佛学研究	8期	1999
明末清初贵州禅宗大师丈雪和尚评传	王路平	贵阳师范高等专科学校学报(社科)	1期	2003
南翁和尚	明树	中国三峡出版社		2004
二十年来之四川佛教	广文	海潮音	20卷1期	1939
记清浮和尚——芋园读书杂录	鲁生	成都晚报		1962.3.10
空林闲话	释隆莲	文明	1期	1980
能海法师和近慈寺	徐伯荣	成都风物	4辑	1982
近代藏汉文化交流的使者——能海法师	石世梁 克珠群佩	西藏民族学院学报(社科)	2期	1990
能海法师	玉卿	五台山研究	1期	1991
五台山上的密法传人——能海法师	辛补堂 郑计怀	五台山研究	2期	1996
一代高僧能海法师	赵可	民国春秋	4期	1997
爱国高僧能海法师	徐伯荣	四川统一战线	11期	1999
能海塔苑的朝圣	安建华	五台山研究	3期	2002
能海法师戒律思想研究	温金玉	佛学研究	12期	2003
能海法师在崇州的一次演讲	刘光全	文史杂志	6期	2004

续表九

篇、书名	著(译)编者	出处	卷、期	年月日
西南和平法会特刊	张心若	（重庆）西南和平法会		1931
抗战中的重庆僧众	李里	重庆晨报		1998.12.30
Omei Hsien to the Temple of the Holy Treasure	D. L. Phelps	Journal of the West China Border Research Society	Vol. 5	1932
峨眉山志	印光	弘化社		1934
		佛学书局		1937
		福建莆田广化寺		1992
		江苏广陵古籍刻印社		1997
峨眉山志补	杜洁祥	明文书局		1984
Recent Changes among the Temples of Mt. Omei	D. D. Grahan	Journal of the West China Border Research Society	Vol. 8	1936
峨眉山寺宇述略	文守仁	四川文献	158 期	1976
峨眉伽蓝记略	峨眉山文管所	编者刊		1979
佛教胜地话峨眉	中璞	西藏日报		1981.1.17
峨眉山宗教历史初探	骆坤琪	宗教学研究	5 期	1984
读峨眉山纯阳殿碑文札记	骆坤琪	宗教学研究	6 期	1985
漫游峨眉话道佛	骆坤琪	文史杂志	4 期	1986
五台山与峨眉山	文山	五台山研究	5 期	1986
蒋超与《峨眉山志》	刘仿澜	文史杂志	4 期	1986
译峨籁	胡世安	四川省乐山市市中区编史修志办公室		1988
《聊斋志异》中蒋太史其人其事	朱弼	蒲松龄研究	2 期	1989
峨眉山书目	王文才	乐山师范学院学报	1 期	1992
峨眉山佛教文化	骆坤琪	世界宗教研究	2 期	1992
禅宗在峨眉山的足迹	李豫川	禅	4 期	1992
峨眉山与巴蜀佛教文化论文集	四川省峨眉山佛教协会等	编者刊		1992
峨眉山与五台山佛教	崔正森	五台山研究	1 期	1993
论秦巴山区佛教的几个特点	王亚荣 李利安	陕西社会主义学院院刊	2 期	1993
峨眉山继业三藏西域行程略笺释	王邦维	南亚研究	2 期	1993
峨眉山与巴蜀佛教文化	黄夏年	法音	2 期	1993
峨眉山佛教在中国佛教中的地位和作用	黄夏年	宗教学研究	3、4 期	1993

续表一〇

篇、书名	著（译）编者	出处	卷、期	年月日
佛教与文学结缘的媒介——峨眉山佛教文化现象管窥	何火任	乐山师专学报（社科）	4 期	1993
峨眉山普贤道场的形成		文史知识	6 期	1993
峨眉山为何称仙山	王远明	人民论坛	4 期	1994
普贤铜像探疑	干树德	四川文物	6 期	1994
峨眉山与藏传佛教	尕藏加	青海社会科学	1 期	1995
普贤道场峨眉山	骆坤琪	中国宗教	1 期	1995
学政蒋超弃官为僧及其对佛教文化的影响	李朝正	宗教学研究	1 期	1996
峨眉山与佛教文化	章叔和	福建税务	3 期	1996
峨眉山佛、道关系试探	骆坤琪	宗教学研究	2 期	1997
峨眉宝刹万年寺	干树德	文史知识	12 期	1997
峨眉山志	《峨眉山志》编纂委员会	四川科学技术出版社		1997
慧持与峨眉山的普贤崇拜	干树德	中华文化论坛	3 期	1998
关于峨眉山普贤菩萨信仰的哲学诠释	鲁东	佛学研究	8 期	1999
佛教圣地	孙旭忠	风景名胜	9 期	2000
峨眉山文史散论	干树德	四川省乐山市社科联、社科院乐山分院		2000
略论峨眉山与藏传佛教	陈黎清	中华文化论坛	1 期	2002
峨眉山佛教的起源和传承	李豫川	成都文物	3 期	2003
布金满地——神秘的峨眉山佛门传奇与揭秘	徐杉	四川大学出版社		2003
峨眉山佛教志	峨眉山佛教志编纂委员会	编者刊		2003
蒋超与《峨眉山志》	李豫	成都文物	2 期	2004
峨眉山僧兵	年先春	四川统一战线	7 期	2004
佛光 圣灯 兜罗绵——峨眉山"金顶三相"	向世山	中国宗教	9 期	2004
峨眉山与巴蜀佛教——峨眉山与巴蜀佛教文化学术讨论会论文集	永寿	宗教文化出版社		2004
论峨眉佛教传入时间问题	向玉成	西南民族大学学报（人文）	4 期	2005

续表——

篇、书名	著(译)编者	出处	卷、期	年月日
缙云山志	释尘空	汉藏教理院		1942
古刹缙云寺	刘昌贵	文史杂志	2期	2004
一千二百年之古罗汉寺	又信等			1944
石经寺记	郭祝崧	旅行杂志	20卷12期	1946
"肉身成佛"的石经祖师	杨明辉	龙门阵	6辑	1981
石经寺始创年代新考	叔平	四川文物	4期	1992
邛崃大佛院为唐龙兴寺考	成恩元	华西文物	创刊号	1951
西川的明代庙宇	刘致平	文物参考资料	3期	1953
大慈寺	王仁泉	成都日报		1956.7.29
大慈寺	肖辰	成都晚报		1963.2.1
大圣慈寺的名画与铜佛	朱寄尧	龙门阵	6辑	1981
殿宇巍峨的大慈寺	石湍	成都日报		1982.5.13
大圣慈寺	黎家	四川日报		1982.7.25
著名古刹——大慈寺	昔珍	成都晚报		1984.3.18
千古名刹大慈寺	刘时和	巴蜀史志	2期	2002
成都大慈寺考述三则	冯修齐	成都文物	2期	2004
从大慈寺看中韩日三国合作交流	刘时和	巴蜀史志	2期	2004
成都大慈寺的方位及其他	胜成	文史杂志	3期	2004
昭觉寺	苏凤	成都日报		1956.10.14
一休与成都昭觉寺	辛夷	成都晚报		1985.1.1
张大千与成都昭觉寺	杨诗云	成都文物	2期	1985
成都昭觉寺诗僧丈雪通醉	胡昌健	四川文物	2期	1996
川西第一禅林——昭觉寺	李豫川	禅	2期	1994
安乐寺史话	蔡应同	成都日报		1957.7.25
宁静肃穆的文殊院	雷履平	成都晚报		1961.10.7
西天文物萃斯楼	石湍	成都日报		1979.7.9
一千多年前的真珠舍利宝幢		四川日报		1979.11.12
文殊院的窗花	赵有珍	成都日报		1980.5.29
能海法师和近慈寺	徐佰荣	成都风物	4辑	1981
伽兰胜迹文殊院	晓流	四川日报		1983.3.2

续表一二

篇、书名	著(译)编者	出处	卷、期	年月日
成都文殊院	梁玉文	成都文物	2 期	1991
成都文殊院碑刻考述	古元忠	四川文物	2 期	1992
万佛寺	曾缄	成都晚报		1962.6.21
古迹繁多的三学寺	浅草	成都日报		1979.11.15
龙护寺	江道桁	成都日报		1980.8.28
我所了解的成都二仙庵	杨锡民	宗教学研究	5 期	1984
城南铁像寺	广复	金牛文物	3 期	1983
漫话金华寺	凤文	金牛文物	3 期	1983
北郊金华寺	郑光福	成都晚报		1983.3.3
当今四川第一禅林——宝光寺	李豫川	禅	3 期	2001
大佛寺	殷树林	重庆日报		1957.2.9
广德寺	丁祖春	历史知识	6 期	1981
漫话灵皈寺	刘仁铸	龙门阵	5 期	1982
凌云寺与乌尤寺	遍能	地名知识	3 期	1983
凌云乌尤史略	遍能	四川人民出版社		1988
千年古刹鹤林寺	肖文清	邛崃市人民政府民族宗教科		2001
金华寺	李文郁 张凤翔	成都文物	1 期	1984
崇庆县大明寺	肖岩	成都文物	4 期	1984
崇庆县古寺	周之鹄	成都文物	4 期	1984
石塔寺释迦如来真身宝塔	罗哲文	四川文物	4 期	1984
九莲胜景观音寺	罗永祚	成都晚报		1984.1.14
通往蜀地首府的旅程——川北纪行(之二)	马平	风景名胜	7 期	1999
古刹云顶寺	魏仲云	重庆日报		1984.10.21
罗汉寺	许世和	重庆市中区史志	创刊号	1985
罗汉寺	彭伯通等	重庆地方志	创刊号	1986
新都龙藏寺石狮	冯修齐	成都晚报		1985.4.8
新都历史文化丛书：龙藏古寺	冯修齐	四川人民出版社		2001
新都历史文化丛书：宝光禅院	冯修齐	四川人民出版社		2001
万源黄龙寺古钟	廖杨凯 程前林	四川文物	1 期	1985

续表一三

篇、书名	著(译)编者	出处	卷、期	年月日
始阳大悲寺述异	任乃强	文史杂志	2期	1985
华岩寺的韦驮	湛卢	重庆晚报		1985.10.16
重庆华岩寺与圣可大师	胡昌健	四川文物	4期	1990
华岩寺——巴山灵境	崔保华	重庆市九龙坡区政协文史学习委员会		2001
屏山县万寿寺与万寿观	丁天锡	四川文物	3期	1986
造型奇特的古浮图——三学寺的释尊无量宝塔	薛玉树	四川文物	4期	1986
华蓥褒先寺	张玉成	四川文物	5期	1988
松潘黄龙寺的宗教融合现象	朱越利	宗教学研究	4期	1988
西南佛教祖庭——双桂堂	邓显皇	四川文物	2期	1989
佛门圣地双桂堂	李向东	四川美术出版社		1991
寻访双桂堂	李宪余	今日四川	2期	1996
川东名胜双桂堂	李宪余	四川统一战线	9期	1996
佛门胜地 双桂堂	李宪余	重庆与世界	1期	1997
西南佛门圣地双桂堂	曾信祥	新重庆	1期	2004
西南古刹·双桂堂——中国佛教寺院艺术浅探	唐思风 刘管平	古建园林技术	1期	2005
广德寺志	四川省遂宁市《广德市志》编纂委员会	编者刊		1988
遂宁广德寺	彭高泉	四川文物	6期	1989
遂宁广德寺	陈澍	四川文物	4期	1993
广德寺开山祖师克幽禅师法名考	郑祯诚	四川职业技术学院学报	1期	2003
绵竹三溪寺	宁志奇	四川文物	2期	1990
遂宁天上宫	彭高泉	四川文物	6期	1990
什邡龙居寺	李江	四川文物	2期	1991
三台尊胜寺	景竹友	四川文物	6期	1991
三台琴泉寺	景竹友	四川文物	3期	1991
三台琴泉寺	唐德明	四川文物	4期	1997
华蓥山光明寺简介	冯义银	法音	12期	1992
遂宁灵泉寺	庄文彬	四川文物	3期	1992
灵泉寺志（581-1992）	灵泉寺志编纂委员会	编者刊		1994

续表一四

篇、书名	著（译）编者	出处	卷、期	年月日
绵阳市鱼泉寺	孙华	四川文物	2期	1992
阆中铁塔佛顶尊胜陀罗尼经序拓片介绍	郝承琳	四川文物	3期	1991
四川江油窦圌山云岩寺飞天藏	江油县文保所	文物	4期	1991
江油窦圌山云岩寺	曾昌林	四川文物	3期	1992
遂宁毗卢寺	彭高泉	四川文物	5期	1992
酉阳永和寺	冯农光	四川文物	5期	1992
达县真佛山庙群	马幸辛	四川文物	1期	1993
达川市发现佛法僧宝	任超	四川文物	5期	1996
高堂山兜率寺	卫复华	四川文物	4期	1993
高堂寺志	卫复华	大邑县图书馆		1999
开江金山寺	孙仁良	四川文物	3期	1993
什邡佛缘——什邡罗汉寺	四川省什邡县罗汉寺	编者刊		1993
内江般若寺与丈雪禅师	雷建金	四川文物	1期	1995
蓬溪鹫峰寺	李全民	四川文物	1期	1995
蓬溪鹫峰寺考释	刘新尧	四川文物	5期	1995
潼南大佛寺建筑与环境	张兴国	四川建筑	1期	1995
绵阳碧水寺	赵义元	四川文物	1期	1995
华岩寺——巴山灵境	崔保华	重庆市九龙坡区政协文史学习委员会		2001
青白江区明教寺觉皇殿	张诚毅	成都文物	1期	2004
能海法师与彭州龙兴寺塔	周述烈	成都文物	1期	2004
普照寺传奇（上）（下）	黎民泰 张大川	龙门阵	11、12期	2004
乐至报国寺	袁圆	新疆人民出版社		2004
蒙山佛教文化——蒙山施食仪探源	琛明	四川人民出版社		2004

三、苯教与藏传佛教

篇、书名	著（译）编者	出处	卷、期	年月日
阿坝藏区钵佛二教考略	阿旺	西南民族学院学报（哲社）	4期	1983

续表一

篇、书名	著(译)编者	出处	卷、期	年月日
阿坝藏族自治州宗教史概况	阿坝藏族自治州宗教事务局宗教史研究小组	编者刊		1985
阿坝地区宗教史要	燕松柏 崔丹	成都地图出版社		1993
阿坝州宗教通览	阿坝州宗教局	编者刊		1999
康藏之宗教	(龙腾渊)	海潮音	13卷10期	1932
西康宗教分黄黑之由来		蒙藏周报	18期	1930
西康宗教概述	郭沅卿 杨仲华	康导月刊	5卷6期	1943
论明末康区的"佛本斗争"	尹邦志	西南民族学院学报(哲社)	12期	2001
川西南藏族宗教文化述论	廖杨	贵州民族研究	1期	2002
钵教源流	马松舲	民族学研究集刊	3辑	1943
		藏事论文选·宗教集	上卷	1985
释钵	李民	康导月刊	6卷 2、4期	1945
四川藏族地区的本波教	杨明	藏学研究论丛	2辑	1990
Sun and Moon worship in the Chin Chwan	J. H. Edgar	Journal of the West China Border Research Society	Vol. 7	1935
释林	李民	康导月刊	6卷 2、4期	1945
		藏事论文选·宗教集(下)		1985
浅谈阿坝藏区的本教	陈士果	西南民族学院学报(哲社)	4期	1982
川西北藏族地区本教的历史及其特点初探	李家瑞	世界宗教研究	3期	1984
川西北牧区藏族游牧部落的本教	杨明	世界宗教研究	4期	1986
川西本教调查报告	郭卫平 国庆	藏学研究	6集	1990
雍仲本教大藏经目录	刘立千	四川藏学研究	3辑	1995
嘉绒藏区的"哈瓦"	多尔吉	四川藏学研究	4辑	1997
藏族本波教与傩文化——四川阿坝自治州藏族原生态文化鸟瞰	马成富	中国梵净山傩文化研讨会论文集		2003
跳神——记松潘跳神会	曹江	风土杂志	1卷 2、3期	1944
		藏事论文选·宗教集	下卷	1985
松潘本教神舞简介	白玛措	西藏研究	1期	1998

续表二

篇、书名	著(译)编者	出处	卷、期	年月日
松潘本教寺庙——尕咪寺调查报告	石硕 张建世	藏学研究论丛	2辑	1990
松潘县尕咪寺现状调查	徐铭 陈新福	四川藏区典型寺院及学校调查		1992
松潘本教寺院旅游调查分析	白玛措	云南社会科学	5期	2004
雍仲本教圣地曼尔多山	达尔基	西藏民俗	1期	1997
墨尔多神山——神秘的大自然群雕遗产	李茂 杨先朗布	成都经纬测绘局		1997
墨尔多神山及嘉绒藏族的山神崇拜	张昌富	西藏艺术研究	2期	2003
转经之路 朝圣川西墨尔多神山	谢伟文	中国西部	2期	2005
嘉绒藏族：神秘的山神崇拜	藏民	中国民族报		2005.5.10
斯古拉神山溯源	赞拉·阿旺措成、李学琴	四川藏学研究	4辑	1997
A Note on the Bons Lama Sect	J. H. Edgar	Journal of the West China Border Research Society	Vol. 3	1926–1929
Om Ma Dre Mu Ye Sa Le N'Dug: And Bon worship	J. H. Edgar	Journal of the West China Border Research Society	Vol. 5	1932
An Idol Festival in Tanpa Hsien	J. H. Edgar	Journal of the West China Border Research Society	Vol. 5	1932
冕宁藏族本教送魂九路初探	陈宗祥	西南民族学院学报（哲社）	1期	1987
清代及其以后的四川藏传佛教	冯学成	文史杂志	6期	1991
四川理番县之喇嘛教与人民生活	金鹏	责善半月刊	2卷9期	1941
阿坝藏族羌族自治州藏传佛教史略	《史略》编辑委员会	四川民族出版社		1990
川西北高原的藏传佛教现状	张利和	中国西藏	1期	1998
他空见——藏传佛教觉囊派的佛性论	佘万治	西南民族学院学报（哲社）	2期	1991
藏传佛教觉囊派简介	陈兴华	西北民族研究	1期	1992
中观他空思想述略	多罗那他 许得存	西藏民族学院学报（社科）	1期	1992
藏传佛教觉囊派哲学思想初探	佘万治 刘俊哲	西藏研究	2期	1992
觉囊派综探	杨伯明	四川藏学研究	1辑	1993
觉囊派他空思想浅论	许得存	西藏研究	1期	1993
觉囊派思想浅析	许得存	世界宗教研究	2期	1993
觉囊派通论	蒲文成 拉毛扎西	青海人民出版社		1993

续表三

篇、书名	著（译）编者	出处	卷、期	年月日
觉囊派"他空"思想在壤塘地区传播情况概述	次仁桑珠	中国藏学（藏文）	1期	1995
藏传佛教史上的"他空见"与"自空见"——藏传佛教的思想特点及理论渊源	班班多杰	哲学研究	5期	1995
藏传佛教史上的"他空见"与"自空见"（续）——藏传佛教的思想特点及理论渊源	班班多杰	哲学研究	6期	1995
简论觉囊派的佛教思想	瞿存明	青海民族学院学报	1期	2001
藏传佛教觉囊派的哲学思想	乔根锁	西藏民族学院学报（哲社）	4期	2001
藏传佛教觉朗派的独特教义"他空见"考	班班多杰	哲学研究	9期	2001
觉囊派"他空见"在藏传佛教史上的地位	达宝次仁	西藏研究	3期	2004
The Devil Dance at Tachienlu	G. A. Combe	Journal of the West China Border Research Society	Vol. 2	1924–1925
The Wheel of Life or the Wheel of the Law	A. J. Brace	Journal of the West China Border Research Society	Vol. 2	1924–1925
西康人民祈禳略述		蒙藏周报	34期	1930
喇嘛求雨咒人		蒙藏周报	34期	1930
A suspected Manicheistic Stratum in Lamaism	J. H. Edgar	Journal of the West China Border Research Society	Vol. 6	1933–1934
西康之喇嘛	重庆中国银行调查组	川边季刊	1卷1期	1935
康藏的喇嘛和妇女	菊民	申报月刊	4卷1期	1935
康定城区八喇嘛调查		川边季刊	1卷2期	1935
Moni（Mani）	J. H. Edgar	Journal of the West China Border Research Society	Vol. 7	1935
西康佛教势力		蒙藏旬刊	108期	1935
西康喇嘛调查		川边季刊	2卷2期	1936
The Wheel of Life	R. Cunningham	Journal of the West China Border Research Society	Vol. 8	1936
白玉德格喇嘛封山祈祷		四川月报	1卷4期	1937
The Lama's Cosmology	R. Cunningham	Journal of the West China Border Research Society	Vol. 9	1937
"Om Ma Ni Pad Me Hum"	R. Cunningham	Journal of the West China Border Research Society	Vol. 9	1937

续表四

篇、书名	著（译）编者	出处	卷、期	年月日
Origins in Lamaism and Lamaland	R. Cunningham	Journal of the West China Border Research Society	Vol. 10	1938
康藏に於ける喇嘛教徒の動向	橋本光寶	善隣協会調査月報	76号	1938
喇嘛求雨	梅	康导月刊	2卷2期	1939
毛丫之祀神山	鸿登	康导月刊	2卷9期	1940
Concerning Aum Mani Padme Hum Hri	Alexandra David-Need	Journal of the West China Border Research Society	Vol. 12	1940
A Lamasery in Outline	李安宅	Journal of the West China Border Research Society	Vol. 14A	1940
Lamaism	R. Cunningham	Journal of the West China Border Research Society	Vol. 12A	1940
		Journal of the West China Border Research Society	Vol. 13A、B	1941
论康藏喇嘛制度	胡翼成	边政公论	1卷3、4期	1941
		藏事论文选·宗教集	下卷	1985
康区佛教之整理	涂仲山	康导月刊	6卷2-4期	1945
		藏事论文选·宗教集	上卷	1985
国人对于康藏佛教应有之认识	刘文辉	康导月刊	6卷2-4期	1945
		藏事论文选·宗教集	下卷	1985
佛教与康藏人民之生活方式	张为炯	康导月刊	6卷2-4期	1945
		藏事论文选·宗教集	下卷	1985
西藏宗教源流简史	功德海（刘立千）	康藏研究	26-29期	1949
		藏事论文选·宗教集	上卷	1985
石渠牧区的藏传佛教漫叙	骆朝隆	四川民族史志	4期	1988
甘孜州噶举派简介	杨毅	甘孜州史志	2期	1990
论佛教在康区何时兴起	降白彭措	中国藏学（藏文）	4期	1991
德格佛教文化中心的形成原因及其特征	根旺	西南民族学院学报（哲社）	1期	1992
德格土司辖区独特的宗教格局	杜永彬	西南民族学院学报（哲社）	1期	1992
顿楚（Ston-tshul）：萨斯迦主权在康区的出现	L.毕达克	西北民族研究	2期	1993

续表五

篇、书名	著(译)编者	出处	卷、期	年月日
藏传佛教在甘孜州德格地区的历史、现状与对策——德格地区藏传佛教的调查和分析	胡升昌	宗教学研究	2期	2002
1959年前的木里黄教	约瑟夫·爱弗洛克（曾钰、文代）	民族	2期	1993
木里活佛	徐彬	民族	7期	1994
流传于滇川结合部的藏传佛教	韩丽霞	民族	2期	1996
康藏喇嘛寺之组织		蒙藏旬刊	97期	1935
藏传佛教寺院资料选编——四川藏传佛教调查研究丛书之一	四川省民族事务委员会	编者刊		1989
四川西部藏区寺院	丁未	今日中国	4期	1998
四川的藏区寺院	丁未	对外大传播	5期	1998
阿坝州著名寺院简介	冯岩	西藏研究	2期	1996
川青两省藏区觉囊派寺院调查	许得存	世界宗教研究	3期	1991
壤塘曲尔基寺简介	余万治 阿旺	中国藏学	3期	1991
觉囊道场，垂鉴后世——阿坝州"中土让塘寺"述略	刘德贵	西藏艺术研究	1期	1998
中壤塘寺庙简介	庄春辉 李瑞琼	西藏研究	3期	1998
格尔底寺与麦桑土司	勒热·格尔玛	西南民族学院学报（哲社）	4期	1991
藏族地区寺庙与所在社区关系的个案调查——松潘县山巴村与山巴寺及学校教育的关系	张建世 石硕	西藏研究	2期	1992
若尔盖藏传佛教寺院		人民日报（海外）		1992.6.18
阿坝各莫寺（藏文）	云丹嘉措	民族出版社		2000
嘎尔足神山下的大藏寺	达尔基	西藏民俗	4期	2001
马尔康大藏寺概况	达尔基·尕让他			2001
马尔康藏传佛教寺院——大藏寺		四川统一战线	5期	2002
西康各属喇嘛寺庙调查表	西康临时政务处	边政月刊	5卷	1931
康藏寺庙调查	佚名	新亚细亚	3卷4期	1932
		藏事论文选·宗教集	下卷	1985
康定等十六县喇嘛寺统计		四川月报	9卷6期	1932

续表六

篇、书名	著(译)编者	出处	卷、期	年月日
西康各县喇嘛寺调查	西康特区政务会	开发西北	2卷1期	1934
		藏事论文选·宗教集	下卷	1985
西康喇嘛寺庙统计		西陲宣化	1卷6期	1936
康定等16县喇嘛庙调查		蒙藏月报	6卷3期	1936
西康各县喇嘛寺调查表		西康建省委员会公报	1卷1期	1937
西康十六县喇嘛寺庙数调查	康民	边事研究	5卷2期	1937
		藏事论文选·宗教集	下卷	1985
西康的喇嘛和喇嘛寺	李培芳	康导月刊	1卷9期	1939
		藏事论文选·宗教集	下卷	1985
西康之土司喇嘛庙	孤僧	边事研究	9卷3、4期	1939
西康各县喇嘛寺庙调查表		边疆通讯	2卷5、6期	1944
寺院与喇嘛生活	夺节	康导月刊	6卷2-4期	1945
发给西康增则寺募捐执照		西陲宣化	1卷6期	1936
贡嘎各寺探奇记	洛克	康藏前锋	4卷12期	1936
理化喇嘛寺之面面观	贺觉非	新西康	1卷1期	1938
理化喇嘛寺之跳神会	惠	康导月刊	1卷6期	1939
理化喇嘛寺之摆花	惠	康导月刊	1卷6期	1939
理化喇嘛寺之经营组织	贺觉非	西康经济季刊	14期	1947
理化喇嘛寺也闹纠纷	河炎	藏事论文选·宗教集	下卷	1985
西康道孚灵雀寺一瞥		康藏前锋	10、11期	1934
康巴灵雀寺的酥油花	央金	今日四川	2期	1994
炉霍寿灵喇嘛寺辩论会记	茂森	康藏前锋	2卷8期	1935
		藏事论文选·宗教集	下卷	1985
炉霍圣僧	瘦梅	康导月刊	6卷2-4期	1945
霍尔十三寺及其创建者霍尔却杰昂翁彭措	格勒	藏学研究文选		1989
康北"霍尔"及霍尔十三座寺院	噶玛降称泽仁邓珠	中国西藏	2期	1999
塔弓寺及其神话	任乃强	康导月刊	5卷2、3期	1943

续表七

篇、书名	著(译)编者	出处	卷、期	年月日
风景这边独好——塔公寺	聂光荣	四川气象	4期	2002
木雅塔公寺金刚神舞法会	胡昂	西藏研究	3期	2004
6月13日·木雅跳神面具	胡昂	西藏旅游	3期	2004
记竹箐寺之柳林山院	李鉴铭	康藏研究	10期	1947
德格八邦寺一瞥	邓子琴	西南民族研究		1983
白教圣地——八邦寺	仁真洛色	贡嘎山	4期	1988
德格五大寺文化概观	骞仲康	康巴文苑	2期	1989
八邦寺暨历代司徒活佛	通拉泽翁 杨健吾	西藏民族学院学报（社科）	2期	1989
司徒·却吉久勒传略	郑勒	康巴文苑	12期	1991
著名藏传佛教高僧司徒曲吉迥乃	杜永彬	菩提	62期	1991
著名藏传佛教高僧降央钦则汪波	杜永彬	菩提	66期	1991
噶玛噶举派的司徒活佛世系与八蚌寺	房建昌	西藏民族学院学报（社科）	2期	1992
司徒活佛世系简介	周敦友	西藏民族宗教	4期	1994
八邦寺简介	嘎玛坚赞	中国藏学（藏文）	1期	1994
从八邦寺文物看噶玛噶举派在康区的兴衰	任新建	康定民族师专学报	4期	1995
		中国西藏	4期	1996
		四川藏学研究	4辑	1997
噶玛噶举师徒与八邦寺	噶玛降村	四川民族出版社		1997
西康甘孜县大小喇嘛寺一览	佚名	蒙藏周报	31期	1930
甘孜县甘孜寺现状调查	袁晓文	四川藏区典型寺院及学校调查		1992
甘孜寺历史简述	晋美桑珠（陈庆英）	藏学研究论丛	8辑	1996
历世甘孜那仓活佛略传	那仓·清净讲修昌隆院	编者刊		2000
乾宁惠远寺	邓廷良	四川文物	1期	1987
果亲王惠远寺之行	刘俊才	康定民族师专学报		1988
莲花山里的惠远寺	张琦	中国民族报		2004.12.17
从美女辈出的丹巴到莲花宝地惠远寺	许辉	绿色视野	3期	2005
话说安章寺源流	朱巴活佛等（格桑）	四川民族史志	4期	1988
康定安觉寺	来作中	民族	3期	1989
红教寺庙——金刚寺	来作中	民族	12期	1989

续表八

篇、书名	著(译)编者	出处	卷、期	年月日
康定金刚寺简介	布楚	中国藏学（藏文）	2期	1991
		贡嘎山（藏文）	2期	1991
巴塘丁宁寺及宗教舞蹈	白登曲批	贡嘎山（藏文）	2期	1990
色达大佛塔详述	贡洛	西藏佛教（藏文）	2期	1990
协庆寺演变浅谈	嘎玛坚参	民族（藏文）	2期	1990
康区著名宁玛派寺庙——协庆寺简史	嘎玛降村	甘孜州史志	2期	1990
康区古刹噶玛丹萨寺	扎西	西藏民族宗教	3期	1992
木雅森格寺简志	洛加 却尼恰扎	民族（藏文）	1期	1994
德格贡庆寺简介	嘎玛坚村	西藏研究（藏文）	3期	1994
德格江热寺简史	当却次仁	民族（藏文）	3期	1995
德格土司辖区独特的宗教格局	杜永斌	西南民族学院学报（哲社）	1期	1992
我国藏区的第一个宁玛派大寺——呷拖寺	杨环	西藏民俗	3期	1999
噶陀故事 神奇地缘	陈莉莉	中国报道	7期	2005
古寺新貌	木里县委宣传部	民族团结	增刊	1989
木里县寺院群落简介	益西旺秋	西藏民族宗教	4期	1995
新龙的佛教寺庙	毓丰	四川藏学研究	4辑	1997
普陀·五台·峨眉——蒙藏佛徒对三山的信仰	于式玉	藏事论文选·宗教集	下卷	1985
		于式玉藏区考文集		1990
藏传佛教高僧仲钦·咯觉巴与峨眉山	桑德	西藏旅游	1期	1993
峨眉山与藏传佛教	朵藏加	青海社会科学	1期	1995
略论峨眉山与藏传佛教	陈黎清	中华文化论坛	1期	2002
成都市藏传佛教尼众寺院——铁像寺调查	妮玛娜姆	康定民族师专学报		2003
藏文大藏经——丽江-里塘版甘珠尔经述略	王尧	中央民族学院学报	3期	1986
德格大藏经版本勘核者楚臣仁钦的事迹	嘎玛坚赞	民族（藏文）	3期	1994
德格萨琼旺姆主持编写的《宁玛派密乘经集》概述	土登曲达	中国藏学（藏文）	3期	1999
康地圣迹志（藏文）	嘎玛降村	民族出版社		2005

四、景教、基督教、伊斯兰教

篇、书名	著(译)编者	出处	卷、期	年月日
南诏来袭与成都大秦景教之摧残	刘铭恕	边疆研究论丛	1933-1934年度	1945
成都の石筍と大秦寺	榎一雄	東洋学報	31卷2号	1947
成都大秦寺位置考	黄世炎	成都文物	3期	1984
张献忠入川与耶稣会士	徐宗泽	东方杂志	43卷13期	1947
圣教入川	古洛东	四川人民出版社		1981
张献忠与耶稣会士	王薇	文史知识	5期	1984
李自成、张献忠与传教士	王春瑜	文史知识	3期	1999
晚清时期基督教在四川省的传教活动及川人的反应——1860-1911	吕实强	四川文献	160期	1976
最早到四川旅行的外国传教士	赵夏	旅游天府	4期	1981
清前期天主教在川活动与清政府的查禁	冉光荣	社会科学研究	4期	1985
清代外国教会在川势力简述	林顿 刘君	四川大学学报（哲社）	4期	1985
英国传统教士马建忠在凉山彝族地区传教的经过	张现洲	云南民族民俗和宗教调查		1985
Clandestine Catholics and the State in Eighteenth Century Szechwan	R. E. Entenmann	American Asian Review	Vol. 5, No. 3	1987
		中国近代政教关系国际学术研讨会论文集		1987
鸦片战争前的四川基督教	杜懋圻	宗教学研究	3、4期	1993
Catholics in Society in Eighteenth-Century Sichuan	R. E. Entenmann	Christianity in China: From the Eighteenth Century to the Present		1996
Christian Virgins in Eighteenth-Century Sichuan	R. E. Entenmann	Christianity in China: From the Eighteenth Century to the Present		1996
简析天主教在康区受阻的原因	冉翚	四川藏学研究	4辑	1997
18世纪四川的中国籍天主教神职人员	顾卫民	当代宗教研究	2期	1998
清代四川天主教史拾遗（一）	秦和平	西南民族学院学报（哲社）	2期	1998
清代四川天主教传教史拾遗（二）	秦和平	西南民族学院学报（哲社）	5期	1998
清代四川天主教传教史拾遗（三）	秦和平	西南民族学院学报（哲社）	3期	1999

续表一

篇、书名	著(译)编者	出处	卷、期	年月日
清代四川天主教传教史拾遗(四)	秦和平	西南民族学院学报(哲社)	3期	1999
清代中叶四川官绅士民对天主教认识之认识	秦和平	宗教学研究	1期	2000
清季四川民众敌视天主教的历史考察	秦和平	近代中国	10辑	2000
清代中叶四川天主教传播方式之认识	秦和平	世界宗教研究	1期	2002
清代四川外国教会述论	刘 君	历史档案	4期	2002
关于清代川黔等地天主教童贞女的认识	秦和平	四川大学学报(哲社)	6期	2004
近代外国传教士入侵巴塘面面观	国 庆	藏学研究	7集	1993
近代四川天主教会述论	刘 斌	重庆师院学报(哲社)	2期	1994
梅玉林事件地望考释	王 炎	四川藏学研究	4辑	1997
基督教对近代四川的影响	邓卫中	社会科学研究	1期	1999
外人教堂及教会学校棋布全康		蒙藏周报	9期	1929
法天主堂在西康建癞子医院		蒙藏周刊	54期	1931
The Romans of the Szechwan Marches	J. H. Edgar	Journal of the West China Border Research Society	Vol. 5	1932
民国时期基督教在华慈善事业——以成都中西组合慈善会为例(1921-1940)	谭绿英	宗教学研究	1期	2003
我在南充市天主教"慈幼院"的经历和见闻	傅廷英	信鸽	3期	1964
黔滇川边区苗族信仰基督教试析	韦启光	贵州社会科学	4期	1981
重庆约瑟堂史话	欧昌礼	重庆市中区史志	1期	1986
天主教、基督教在川南苗族地区传播述略	郎 伟	中央民族学院学报	6期	1989
康区外国教会览析	刘 君	西藏研究	1期	1991
四川基督教	刘吉西等	巴蜀书社		1992
天主教的中国乡土化——四川省通江县回林乡天主教个案研究	周 勇	西南民族学院学报(哲社)	3期	1993
大邑县天主教志	卫复华	大邑县政协会、大邑县图书馆		1993
中华基督教会在西南少数民族地区的文化传播活动	李慧宇	中国西南的古代交通与文化		1994
基督教华西浸礼会在四川地区的传教活动	陈建明	西南民族学院学报(哲社)	5期	2001

续表二

篇、书名	著(译)编者	出处	卷、期	年月日
川滇黔彝族同基督教的冲突与调适	东旻	毕节师范高等专科学校学报	2期	2003
中国西南偏远山区农村基督徒的宗教生活素描（上）——以李子教点信徒为个案	徐世强	西南民族大学学报（人文）	12期	2003
基督宗教在西南民族地区的传播史	秦和平	四川人民出版社		2003
四川传教士档案	张丽萍	四川档案	1期	2004
宗教传播的适应与变革——评《基督宗教在西南民族地区的传播史》	李锦	中华文化论坛	2期	2004
基督教在四川藏族地区的传播	杨健吾	宗教学研究	3期	2004
近代天主教在康区的传播探析	徐君	史林	3期	2004
西部一颗璀璨耀眼的明珠——宝兴邓池沟天主教堂		中国天主教	1期	2005
基督教滇黔川边传教士的民族及阶级归属	东人达	云南师范大学学报（哲社）	2期	2005
"采中补洋"的四川基督教领袖——四川圣公会会督宋诚之伦理观述评	张丽萍	四川大学学报（哲社）	5期	2005
四川伊斯兰教史述略	张泽洪	宗教学研究	1、2期	1991
略述四川清真寺及其经堂教育	张泽洪	中国穆斯林	5期	1992
四川伊斯兰教及清真寺	张泽洪	巴蜀史志	5期	1994
四川伊斯兰教历史文物述略	张泽洪	四川文物	1期	1995
略述重庆伊斯兰教	金文明	中国穆斯林	4期	1995
广元穆斯林记事	广元伊斯兰教协会	编者刊		1989
广元伊斯兰教考略	周传斌	回族研究	4期	1996
四川阿坝地区伊斯兰教的历史与现状	张泽洪	中国穆斯林	4期	1994
成都清真寺	刘致平	中国营造学社汇刊	7卷2期	1944-1945
鼓楼南街清真寺	皋南	成都文物	1期	1983
西御街清真寺	武丁	成都文物	3期	1984
成都皇城清真寺	哈文宗	中国穆斯林	4期	1990
成都清真寺	古成吾	成都文物	2期	1991
土桥清真上寺和下寺	张凤翔 李文郁	金牛风物	3期	1983
重庆清真寺史实简述	温少鹤	月华	16卷1、3期	1946
伊斯兰教和重庆清真寺	丁笃周	重庆市中区史志	1期	1986

续表三

篇、书名	著(译)编者	出处	卷、期	年月日
嘉陵江沿线各清真寺	马以愚	月华	16卷13-15期	1946
巴巴寺修葺一新	黄益堃	中国穆斯林	1期	1984
伊斯兰教圣墓与巴巴寺	阿依先	世界宗教文化	1期	1997
神秘肃穆的巴巴寺	黄益堃	四川统一战线	5期	2002
平武县回族来源及清真寺沿革	伍绍清	中国穆斯林	3、4期	1987
红军长征革命遗址——金川清真寺	马云竹	中国穆斯林	6期	1990
红军长征革命遗址——金川县城关清真寺	杨宏渊	中国穆斯林	5期	2004
郫县回民和清真寺	马光德	中国穆斯林	5期	1993
奉节县清真寺	寺管会	中国穆斯林	5期	1993
郎木寺清真寺	敏志俊	中国穆斯林	4期	1995
叙永清真寺	唐联盟	民族	4期	1996
小金县清真寺简介	曹世镛	中国穆斯林	6期	1997
小金县清真寺重建落成	郭蒿明	中国穆斯林	5期	2000
小金清真寺	万晓玲	阿坝日报		2003.3.28
从帐篷清真寺到高原明珠——记阿坝县穆斯林及清真寺的源流和发展	马建耀	中国穆斯林	6期	1999

五、其他宗教及信仰

篇、书名	著(译)编者	出处	卷、期	年月日
Notes on the Primitive Religion of the Chinese in Szechuan	D. C. Graham	Journal of the West China Border Research Society	Vol. 1	1922-1923
Hawk-Cuckoo (hierococcyx sparveroides) In Chinese Tradition and Belief	林名钧	Journal of the West China Border Research Society	Vol. 8	1936
Tree Gods in Szechwan Province	D. C. Graham	Journal of the West China Border Research Society	Vol. 8	1936
四川的树神	戴维·克罗克特·格雷厄姆(江玉祥)	文史杂志	2期	1990

续表一

篇、书名	著(译)编者	出处	卷、期	年月日
金杖神树与古蜀祖先崇拜	邱登成	四川文物·三星堆古蜀文化研究专辑		1992
试论树神崇拜	徐君	宗教学研究	2、3期	1994
从"神树"到"钱树"——兼论"树崇拜"观念的形成与发展	赵殿增 袁曙光	四川文物	3期	2001
四川西南山地盐源盆地出土的战国秦汉青铜树	林向	华夏考古	3期	2001
巴虎与开明兽	刘弘	四川文物	4期	1988
巴蜀氏族——部落集团的共同图腾是竹	屈小强	四川师范大学学报（社科）	3期	1992
西南各民族先民竹图腾崇拜及其遗存	屈小强	贵州文史丛刊	4期	1992
巴蜀竹崇拜透视	屈小强	社会科学研究	5期	1992
古代巴蜀的虎崇拜	杨甫旺	四川文物	1期	1994
巴蜀古族水中转生观念及伴生的宗教事象	李炳海	世界宗教研究	1期	1995
巴族蜀族彝族之虎考辨	钱玉趾	四川文物	4期	1996
论巴蜀树神崇拜——兼论司马相如等人的"赋家之心"	钟仕伦	社会科学研究	4期	1998
鸟图腾与巴蜀族徽	苏宁	中华文化论坛	4期	2005
巴人的图腾——兼论图腾的并存	邓廷良	四川史学通讯	2期	1983
白虎神话的源流及其民族学价值	黄柏权	鄂西大学学报（社科）	1、2期	1987
巴人图腾信仰——兼论土家族的族源	黄柏权	贵州民族研究	4期	1988
廪君神话的巫术内涵	彭荣德	民族论坛	2期	1989
巴族图腾辨析	姜孝德	重庆师院学报（哲社）	1期	1992
从巴蛇到白虎——巴人图腾的转换	向柏松	湖北民族学院学报（哲社）	1期	1992
巴、越图腾文化之比较	姜孝德	西南师范大学学报（人文）	2期	1992
巴族图腾辨析	姜孝德	重庆师范学院学报（哲社）	1期	1992
"巴蛇"辨	吴法乾	湖北民族学院学报（社科）	2期	1992
巴族崇蛇考（上）（下）	杨华	三峡学刊	3、4期	1995
试论巴人鬼（神）信仰脉络	雷乐中	三峡学刊	1期	1996
盐巴人神	胡继明	三峡学刊	4期	1996
巴族崇"虎"考	杨华	华夏考古	4期	1997
论巴人的白虎武神崇拜	曾超	涪陵师范学院学报	4期	1997
论白虎图腾文化的源流	林琳	中华文化论坛	1期	1998

续表二

篇、书名	著（译）编者	出处	卷、期	年月日
虎图腾崇拜	林琳	文史杂志	2期	1998
巴人"白虎"的文化意蕴	曾超	重庆大学学报（社科）	2期	1998
巴人"白虎"的文化意蕴及其精神	曾超	天府新论	3期	1998
巴人廪君系先民及其部分后裔"人祀"习俗考论	白俊奎	西南民族学院学报（哲社）	增刊3	1998
三峡远古巫文化管窥	敬世群	四川三峡学院学报	1期	1999
巫溪与古老的巫文化	冉瑞铨	四川三峡学院学报	1期	1999
三峡巴人崇拜太阳和使用贝币的实证	冯恩学	中华文化论坛	1期	2000
巴人与崇拜图腾	谭优华	华夏文化	2期	2001
巴蛮图腾文化之比较	姜孝德	重庆师范大学学报（哲社）	3期	2001
廪君神话传说与清江流域土家族的原始宗教	向柏松	民族文学研究	2期	2005
青铜人像与古蜀鬼道	范小平	人民日报（海外版）		1988.3.24
蚕、竹与蜀的图腾	季智慧	文史杂志	6期	1990
古羌－蜀人的虎－鱼－蚕崇拜	屈小强	西南民族学院学报（哲社）	5期	1993
说尸：兼论"夏耕之尸"与"鳖灵之尸"	任桂园	三峡学刊	4期	1996
道教鸟母与昆仑山文化的探索	王家祐	成都文物	1、2期	1996
鸟母与古蜀文化——读王家祐先生文后有感	冯广宏	四川文物	3期	1997
蜀巫与滇巫	刘弘	中华文化论坛	2期	2001
试论古蜀人的神性思维与中央意识	吴维羲	四川文物	1期	2002
早期蜀文化遗物中的眼形和眼形器初探	高大伦	考古与文物	4期	2003
蜀人的圣树崇拜：从乌木到建木	贾雯鹤	中华文化论坛	2期	2004
古蜀先民大石崇拜现象的再认识	邹礼洪	西华大学学报（哲社）	2期	2004
早蜀文化中的日月神	高大伦	文物天地	7期	2004
论古蜀人的环境观、宗教信仰和祭祀礼仪	肖先进	2004年安阳殷商文明国际学术研讨会论文集		2004
古蜀的神仙崇拜及其影响	陈效亮	康定民族师专学报	6期	2005
商人礼仪艺术中的萨满教特征及对四川广汉三星堆新发现的推测	伊利莎白·C.约翰逊（石应平）	南方民族考古	2辑	1989
三星堆遗址所反映的蜀人一些宗教问题的研究	巴家云	四川文物·广汉三星堆遗址研究专辑		1989

续表三

篇、书名	著(译)编者	出处	卷、期	年月日
关于三星堆出土青铜人面神像之探讨	徐学书	四川文物·广汉三星堆遗址研究专辑		1989
四川广汉青铜人与傩神	李世亨	中国文物报		1991.7.7
三星堆器物坑研究笔记（一）铜树——太阳栖息的扶桑和若木	孙华	中国文物报		1992.5.17
三星堆器物坑研究笔记（二）凸眼铜面像——蜀人的尊神烛龙和蚕丛	孙华	中国文物报		1992.5.24
三星堆器物坑研究笔记（三）铜立人像——瞎眼巫史的总管	孙华	中国文物报		1992.5.31
三星堆器物坑研究笔记（四）铜菱形饰——具有特别含义的眼睛	孙华	中国文物报		1992.8.2
三星堆器物坑研究笔记（五）铜鸟——蜀人天神与祖神联系的使者	孙华	中国文物报		1992.9.13
三星堆·巫文化·夏文化	季智慧	文史杂志	1期	1993
从三星堆遗存看巴蜀文化中的祭祀巫术	肖平	文物考古研究		1993
三星堆宗教文化初探	汤清琦	宗教学研究	1期	1994
面具眼睛的辟邪御敌功能——从泛太平洋文化之视角看三苗、饕餮、吞口、蚩尤、方相以及三星堆"筒状目睛"神巫的类缘关系	萧兵	淮阴师范学院学报（哲社）	4期	1994
广汉三星堆一号、二号祭祀坑所反映的祭祀内容、祭祀习俗研究	李安民	四川文物	4期	1994
论三星堆文化的原始宗教习俗及其社会意义	骆永寿	先秦史与巴蜀文化论集		1995
转形期图腾与三星堆文化	范小平	中华文化论坛	1期	1996
从"眼睛"崇拜谈"蜀"字的本义与起源——三星堆文明精神世界探索之一	赵殿增	四川文物	3期	1997
从"手"的崇拜谈青铜雕像群表现的"英雄"崇拜——三星堆文明精神世界探索之二	赵殿增	四川文物	4期	1997
三星堆蜀文化与三苗文化的关系及其崇拜内容	俞伟超	文物	5期	1997
原始宗教象征代码的世界——三星堆文化美学研究（下）	王政	民族艺术	1期	1998
封禅考——兼论三星堆两坑性质	樊一 陈煦	四川文物	1期	1998
三星堆文明原始宗教的构架特征	赵殿增	中华文化论坛	1期	1998

续表四

篇、书名	著(译)编者	出处	卷、期	年月日
谈三星堆出土神树的性质	冯恩学	中华文化论坛	1期	1998
若木·神树·鸡杖	刘 弘	四川文物	5期	1998
三星堆傩文化探谜	冯广宏	成都文物	4期	1998
三星堆神祺文化探秘	谭继和	四川文物	3期	1998
中国西南地区出土的青铜树研究——从三星堆青铜树说起	林 向	铜鼓和青铜文化研究		1998
三星堆青铜神树探讨	黄剑华	四川文物	2期	1999
三星堆宗教内含试探	李复华 王家祐	成都文物	1期	2000
三星堆青铜造像与古蜀祭祀活动探讨	黄剑华	中华文化论坛	3期	2000
三星堆假面考	林 向	寻根	6期	2000
三星堆太阳崇拜探讨	黄剑华	中华文化论坛	2期	2001
三星堆文化太阳崇拜浅说	邱登成	四川文物	2期	2001
皇皇蜀祀众昭穆——三星堆文明宗庙制度蠡测	庞永臣	文史杂志	2期	2001
我看三星堆先民的眼	曾燕伶	文史杂志	3期	2001
姬蜀尊俎祭轩辕——三星堆文明禘祭管窥	庞永臣	文史杂志	3期	2001
面具、神器及其他——三星堆文明的郊祀之礼	庞永臣	文史杂志	3期	2001
三星堆农副业与神祺文化探讨	黄剑华	四川文物	4期	2001
古代蜀人的通天神树	黄剑华	四川大学学报（哲社）	4期	2001
心手文·鱼凫·颛顼	冯广宏	四川文物	4期	2001
三星堆青铜神坛赏析	赵殿增	文物天地	5期	2001
试论三星堆眼形器的内涵	朱亚蓉	四川文物	1期	2002
三星堆宗教内涵试探	李复华 王家祐	四川文物	1期	2002
三星堆文化的重要特色——神	赵殿增	中华文化论坛	1期	2002
试论三星堆宗教的内涵	苏 宁	西南民族学院学报（哲社）	1期	2003
三星堆神坛考	樊 一 吴维羲	四川文物	2期	2003
三星堆方国的巫——青铜立人像与跪坐人像研究	张肖马	四川文物	5期	2003
从三星堆文化看古蜀人的原始宗教观	孙亚樵 胡昌钰	中华文化论坛	2期	2004

续表五

篇、书名	著(译)编者	出处	卷、期	年月日
三星堆青铜器巫觋因素解析	韩佳瑶 陈 淳	文物世界	3 期	2004
三星堆青铜立人冠式的解读与复原——兼说古蜀人的眼睛崇拜	王仁湘	四川文物	4 期	2004
三星堆青铜直目人面像的历史文化意义研究	黄永林	武汉大学学报（哲社）	5 期	2004
广汉三星堆早期蜀文化仪仗用具研究	李健民	中国社科院古代文明研究中心通讯	8 期	2004
三星堆二号坑 296 号青铜神坛复原研究	王仁湘	东亚古物	A 卷	2004
从青铜器看三星堆的"巫"与殷商的"礼"	陈 淳 韩佳瑶	中国文物报		2004. 2. 13
三星堆神树与岷江上游羌族释比神树的比较	赵 洋	中华文化论坛	2 期	2005
三星堆青铜树象征性研究	陈 淳	四川文物	6 期	2005
神鸟是日神祝融	胡昌健	重庆历史与文物	2 期	2002
太阳神鸟的绝唱——金沙遗址出土太阳神鸟金箔饰探析	黄剑华	社会科学研究	1 期	2004
说战国时魏秦蜀为水神娶妇之俗	祥 春	中国历史地理论丛	1 期	1997
汉代画像石中巴蜀祖神像窥探	崔 陈	四川文物	4 期	1990
四川汉墓中的四神功能新探——兼谈巫山铜牌上饰上人物的身份	刘 弘	四川文物	2 期	1994
汉代羽化意志及其墓葬图像构造	杨孝鸿	四川文物	4 期	1995
四川汉代画像与汉代信仰民俗	陈云洪	成都文物	2 期	2002
四川汉墓画像中的死亡与生命	唐长寿	四川文物	2 期	2004
西王母考	朱芳圃	开封师范学院学报		1957
西王母研究	下斗米晟	大東文化大學漢學會誌	9 号	1971
西王母的变迁及其启示	林祥征	山东师院学报（哲社）	1 期	1980
释郫县东汉画像西王母图中的三株树	汤 池	考古	6 期	1980
四川宜宾出土西王母陶俑	金沙等	文物	9 期	1981
东汉崖墓石棺上的西王母像	干树德	四川文物	5 期	1992
西王母题材画像石及其相关问题	李锦山	中原文物	4 期	1994
试析西王母神话与羌族社会	荣 宁	青海民族研究	1 期	1995
西王母昆仑山与西域古族的文化	王家祐	中华文化论坛	2 期	1996
西王母原型探	沈天水	延边大学学报（哲社）	2 期	1997

续表六

篇、书名	著（译）编者	出处	卷、期	年月日
中印神话中乌摩与西王母之关系	莉杜·巴玛	中外文化与文论	2期	1997
论西王母图像及其与印度艺术的关系	巫 鸿（李 淞）	艺苑（美术）	3期	1997
论西王母图像及其与印度艺术的关系（续）	巫 鸿（李 淞）	艺苑（美术）	4期	1997
汉代西王母的图像志研究（上）（下）	简·詹姆斯（贺西林）	美术研究	2、3期	1997
西王母的源变	邢 莉	中国道教	4期	1997
中亚羌种女王西王母——兼论华夏、羌戎与西域—中亚的血肉之情	萧 兵	淮阴师范学院学报（哲社）	1期	1998
两汉时期的西王母信仰	周 静	四川文物	6期	1998
西王母与早期道教神仙信仰	樊光春	道教神仙信仰研究		2000
西王母形象演变详考	张松辉	道教神仙信仰研究		2000
道教乐神——西王母考略	蒲亨强	道教神仙信仰研究		2000
墉城中的西王母：以《墉城集仙录》为基础的考察	杨 莉	道教神仙信仰研究		2000
论汉代艺术中的西王母图像	李 淞	湖南教育出版社		2000
汉画像石刻中的西王母文化剖读	曾 琳	2000年青海海峡两岸昆仑文化考察与学术研讨会论文集		2000
四川汉代西王母崇拜现象透视	魏 崴	四川文物	3期	2001
试论西王母与道教、彝族的关系	蔡 华	贵州民族研究	4期	2002
西王母图像的品类和分布地域——西王母神话与西王母图像	李锦山	故宫文物月刊	233期	2002
西王母神话产生的时代——西王母神话与西王母图像（二）	李锦山	故宫文物月刊	234期	2002
汉代崇道求仙及祀祭西王母之风——西王母神话与西王母图像（三）	李锦山	故宫文物月刊	235期	2002
西王母神话的演变——西王母神话与西王母图像（四）	李锦山	故宫文物月刊	236期	2002
关于东王公——西王母神话与西王母图像（五）	李锦山	故宫文物月刊	237期	2002
关于仙境昆仑墟——西王母神话与西王母图像（六）	李锦山	故宫文物月刊	238期	2003
西王母图像诸名物考释——西王母神话与西王母图像（七）	李锦山	故宫文物月刊	239期	2003

续表七

篇、书名	著(译)编者	出处	卷、期	年月日
西王母图像反映的道教思想——西王母神话与西王母图像（八）	李锦山	故宫文物月刊	240期	2003
西王母图像蕴涵的佛教因素——西王母神话与西王母图像（九）	李锦山	故宫文物月刊	241期	2003
西王母图像艺术风格简述——西王母神话与西王母图像（完）	李锦山	故宫文物月刊	242期	2003
《走进西王母》系列之一——王母情结	李晓伟	柴达木开发研究	1期	2003
《走进西王母》系列之二——女王影子	李晓伟	柴达木开发研究	2期	2003
《走进西王母》系列之三——圣母偶像	李晓伟	柴达木开发研究	3期	2003
《走进西王母》系列之四——关于古史	李晓伟	柴达木开发研究	4期	2003
《走进西王母》系列之五——《山海经》辩	李晓伟	柴达木开发研究	5期	2003
《走进西王母》系列之六——图腾时代	李晓伟	柴达木开发研究	6期	2003
东汉"西王母+佛教图像"模式的初步考察	仝涛	四川文物	6期	2003
胡人俑、有翼神兽、西王母图像的考察与汉晋时期中国西南的中外文化交流	霍巍	九州学林	1卷2期	2003
西王母神话的本土渊源	刘宗迪	湖北民族学院学报（哲社）	1期	2004
画像石中的西王母	张从军	民俗研究	2期	2004
西王母神话地域渊源考	刘宗迪	民俗研究	2期	2005
四川汉代"龙虎座"西王母图像初步研究	王苏琦	四川文物	2期	2005
谈"摇钱树"	王子刚	四川大学学报（哲社）	3期	1975
东汉铜枝陶座摇钱树	沈仲常 李显文	人民中国（日文）	12期	1980
记彭山出土的东汉铜摇钱树	沈仲常 李显文	成都文物	1期	1986
稀世宝物——铜铸"摇钱树"	天照 文书	四川日报		1986.3.27
四川西昌高草出土汉代"摇钱树"残片	刘世旭	考古	3期	1987
试谈汉代摇钱树的赋形与内涵	钟坚	四川文物	1期	1989

续表八

篇、书名	著(译)编者	出处	卷、期	年月日
浅谈广汉市出土摇钱树的修复	杨晓邬	四川文物	6期	1989
桃都、天鸡、摇钱树	王寿芝	中国文物报		1990.9.13
四川渠县出土的东汉石辟邪钱树座	王建纬	考古与文物	4期	1994
渠县出土东汉石辟邪钱树座及相关问题	王建纬	四川文物	5期	1994
汉代摇钱树与汉墓仙化主题	邱登成	四川文物	5期	1994
中国古代における《樹神伝説》の源流	徐朝龍	日中文化研究	6号	1994
彭山汉代钱树座与民间年画中的摇钱树	郑岩	中国文物报		1994.1.9
绵阳发现汉代铜摇钱树佛像	唐光孝	中国文物报		1999.4.18
摇钱树铜佛像刍议	何志国	故宫文物月刊	138期	1994
论早期道教遗物摇钱树	鲜明	中国道教	4期	1995
		四川文物	5期	1995
再论早期道教遗物摇钱树	鲜明	四川文物	4期	1998
摇钱树为早期道教遗物说质疑	周克林	四川文物	4期	1998
汉代"摇钱树"的形状及内涵	王永红	中国历史博物馆馆刊	2期	1996
东汉钱树的图像及意义——兼论秦汉神仙思想的发展、流变	贺西林	故宫博物院院刊	3期	1998
四川汉画及摇钱树所反映的中国早期佛教艺术	范小平	中华文化论坛	3期	1998
成都凤凰山《太玄经》摇钱树初探	张善熙等	中华文化论坛	3期	1998
成都凤凰山出土《太玄经》摇钱树探讨	张善熙等	四川文物	4期	1998
三台胡家扁摇钱树考述	钟治	四川文物	5期	1998
摇钱树和摇钱树座考	高文 王建纬	四川文物	6期	1998
		中国钱币	4期	2000
合江出土东汉石蟾钱树座	王庭福	四川文物	6期	1998
陕西城固出土的钱树佛像及其与四川地区的关系	罗二虎	文物	12期	1998
绵阳市出土摇钱树述考	何志国等	四川文物	2期	1999
四川古代摇钱树及其一般性文化内涵	史占扬	四川文物	6期	1999

续表九

篇、书名	著（译）编者	出处	卷、期	年月日
关于摇钱树起源及内涵的研究	巴家云 李军	中国钱币	4期	2000
摇钱树内涵溯源	何志国	中华文化论坛	4期	2000
关于考古出土的"摇钱树"研究中的几个问题	江玉祥	四川文物	4期	2000
摇钱树内涵溯源	巴家云 李军	中国钱币	4期	2000
武隆出土汉代摇钱树		文汇报		2000.7.5
"摇钱树"的定名、起源和类型问题探讨	张茂华	四川文物	1期	2002
四川安县文管所收藏的东汉佛像摇钱树	何志国等	文物	6期	2002
摇钱树文化内涵新探	文明	青年考古学家	14期	2002
中国古代明器"摇钱树"浅探	张涵语	饰	1期	2003
论汉魏时期民间艺术——摇钱树	何志国	装饰	10期	2003
安县与城固摇钱树佛像的比较研究	何志国	敦煌研究	4期	2004
论汉魏摇钱树的格套化与商品化	何志国	中国汉画学会第九届年会论文集（上）		2004
四川汉代神话图像中的象征意义——浅析陶摇钱树座与陶灯台	霍巍	华夏考古	2期	2005
郫县出土东汉摇钱树座考析	代自明	成都文物	4期	2005
高禖画像小考	陈长山	考古与文物	5期	1987
《高禖画像小考》一文商榷	贺福顺 寻铁男	考古与文物	1期	1992
"女娲、媒神、高禖"商榷	贺福顺等	四川文物	5期	1996
四川汉代高禖图画像砖初探	陈云洪	四川文物	1期	1995
汉代高禖图画像砖之民俗学思考	陈云洪	成都文物	1期	2005
四川汉代"高禖图"画像砖的再探讨	唐光孝	四川文物	2期	2005
对四川汉画"天门"图像考释之我见	李卫星	四川文物	3期	1994
记大邑"天门迎揖"画像石棺	郭仕文	四川文物	1期	1998
"天门"图像钱树初探	张善熙 李清裕	中华文化论坛	3期	1999
古代蜀人的天门观念	黄剑华	中华文化论坛	4期	1999
古蜀天门观念与蜀楚关系探讨	黄剑华	贵州社会科学	4期	2004
		楚文化研究论集	6集	2005

续表一〇

篇、书名	著(译)编者	出处	卷、期	年月日
长宁"七个洞"崖墓"社稷""玄武"神符的有关问题	罗伟先	四川文物	2期	1989
四川盐源县出土的人兽纹青铜祭祀枝片考释	刘世旭	四川文物	5期	1998
诸葛亮崇拜与古代蜀汉地区的民间信仰	马强	成都大学学报（社科）	2期	2002
四川治水者与水神	林名均	说文月刊	3卷9期	1943
古神话中的水神	程仰之	说文月刊	3卷9期	1943
家乡的水与水神	毛一波	四川文献	29期	1965
李二郎的传说	樊缜	民俗	47期	1929
二郎神的转变	樊缜	民俗	61、62期	1929
二郎神考	容肇祖	民俗	61、62期	1929
灌口水神考	陈志良	新垒月刊	5卷1-3期	1935
二郎神伝説について——伝説の傾向	内田道夫	漢学会雜誌	8卷3号	1940
"李冰与二郎神"自序	杨向奎	责善半月刊	1卷19期	1940
灌口二郎伝	沢村幸夫	満蒙	22年11、12号	1941
二郎神故事的演变	谭正璧	大众	2期	1943
二郎	卫聚贤	说文月刊	3卷9期	1943
二郎神的故事——一个中国历史上的大工程师	南仲	科学大众（中学）	2期	1947
二郎庙即二王庙	毛一波	"中央日报"		1947.8.12，1947.8.13
二郎神与梅山七怪，封神演义与西游记	周燕谋	公论报		1965.8.5 - 1965.8.9
谈二郎神	苏雪林	四川文献	63期	1967
二郎神与猎人星	苏雪林	四川文献	64期	1967
三谈二郎神	苏雪林	四川文献	65期	1968
二王庙非二郎庙辨	吕佛庭	四川文献	61期	1967
"二王庙非二郎庙辨"之辨	王元辉	四川文献	61期	1967
二王庙何以被称为二郎庙	王元辉	四川文献	65期	1968

续表——

篇、书名	著(译)编者	出处	卷、期	年月日
二郎神考	吉田隆英	集刊東洋学	33号	1975
李冰与二郎	杨瑞文	成都日报		1978.12.14
		灌县风物	1期	1981
二郎究竟是谁	瞿域文	旅游天府	4期	1981
二郎神小考		文史知识	1期	1982
《封神演义》漫谈	张政烺	世界宗教研究	4期	1982
二郎神传说补考	王秋桂	民俗曲艺	22期	1983
灌口拨云话二郎	郭发明	文史杂志	5期	1989
灌口神考异	杨继忠	阿坝师专学报	12期	1990
二郎神崇拜和二郎戏	于一	文史杂志	2期	1993
二郎神信仰的嬗变	干树德	文史知识	6期	1995
也谈二郎神信仰的嬗变	干树德	宗教学研究	2期	1996
三目神与氐族渊源	赵逵夫	文史知识	6期	1997
二郎神考	李耀仙	四川师范学院学报（哲社）	1期	1998
灌口二郎神的演变	焦杰	四川大学学报（哲社）	3期	1998
		中国语言文学资料信息	1期	1999
漫议杨二郎神话的演变	干树德	乐山师专学报（社科）	4期	1998
二郎神信仰及其周边考察	康保成	文艺研究	1期	1999
宋代"二郎神"二题	陈国堂	文史杂志	3期	2001
宋代的二郎神崇拜	胡小伟	世界宗教研究	2期	2003
二郎神之祆教来源——兼论二郎神何以成为戏神	黎国韬	宗教学研究	2期	2004
二郎神是李冰之子？	祁少华	北京科技报		2004.8.11
四川二郎神信仰在闽台及东南亚地区的传播与嬗变	彭维斌	南方文物	2期	2005
安多藏区的二郎神信仰	贾伟 李臣玲	民族研究	6期	2005
二郎神修了都江堰？	萧易	成都日报		2005.9.12
川主考	周开庆	四川文献	19期	1964
川主辨	毛一波	四川文献	148期	1974
李冰成仙	胡长江 杨本福	旅游天府	4期	1982
杜主·土主·川主祠祀的演变	王善生	文史杂志	6期	1987

续表一二

篇、书名	著（译）编者	出处	卷、期	年月日
川主管窥	遊佐昇	明海大學外國語學部論集 2 集		1989
试论都江堰修建与李冰崇拜	周九香	中国史研究动态	1 期	1994
读吴大勋《川主庙记》	陈春勤	阿坝师专学报	1 期	1998
简论"川主"信仰及其历史影响	干鸣丰	西南民族学院学报（哲社）	5 期	2003
镇江王爷姓氏初探	罗成基	盐业史研究	4 期	1991
自贡地区镇江王爷为赵昱的确证	罗成基	盐业史研究	4 期	1992
赵昱散论	干树德	乐山师专学报（社科）	1 期	1997
简论嘉州水神赵昱	干鸣丰	乐山师范学院学报	5 期	2001
杜诗"乌鬼"、"黄鱼"考	钟来因	中华文史论丛	1 辑	1980
说"乌鬼"	蒋先伟	四川师范大学学报（社科）	6 期	1990
"乌鬼"小解	李明晓	杜甫研究学刊	1 期	2005
张仙	苏雪林	四川文献	66 期	1968
四川方志中之张仙	蜀侠	四川文献	66 期	1968
中国古典文学中的丰都鬼城与但丁《神曲》的亡灵世界之比较	邓阿宁	重庆师院学报（哲社）	4 期	1997
丰都"鬼城"地狱十王信仰的考察	李丽等	敦煌学辑刊	2 期	1999
宗教杂糅的酆都鬼城文化	邓阿宁	重庆师院学报（哲社）	3 期	2001
丰都"鬼城"形成中的文化内涵	刘瑞明	四川大学学报（哲社）	6 期	2001
清末四川の宗教運動—扶鸞・宣講型宗教結社の誕生	武内房司	（學習院大）文學部研究年報	37 号	1992
清末四川的宗教运动——扶鸾・宣讲型宗教结社的诞生	（颜芳姿）	明清以来民间宗教的探索——纪念戴玄之教授论文集		1996
四川梁平"儒教"之考察	于一	民间宗教	2 辑	1996
清代四川天后宫考述	刘正刚	汕头大学学报（人文）	5 期	1997
清代四川邪教"鸿均教"的覆灭	刘君	四川档案	4 期	2002
四川迷信之影响与破除	康兴璧	四川地方实际问题研究会		1940

续表一三

篇、书名	著(译)编者	出处	卷、期	年月日
北碚的请坛	郭豫才	采风	7期	1946
四川的跳端公	素存	台湾新生报		1957.8.2
四川的求雨风习	迪凡	四川文献	44期	1966
家神	毛一波	四川文献	134期	1973
四川民间邪教组织的起源与消亡	良友	巴蜀史志	4期	2000
三峡石崇拜的文化内蕴及文化特征阐论	王作新	三峡大学学报（人文）	1期	2001
中国古代环境文化的"活化石"——绵阳山区少数民族崇拜自然的信仰及习俗	蒋志	绵阳师范学院学报	1期	2003
从观音信仰说起——兼及遂宁市对观音民俗文化资源的开发	刘长久	中华文化论坛	2期	2004
中国观音——妙善公主的故乡在遂宁	郑祯诚	巴蜀书社		2004
重庆磁器口信仰文化调查	许思悦	广西民族学院学报（哲社）·人类学研究增刊		2004
The Ceremonies of the Ch'uan Miao	D. C. Graham	Journal of the West China Border Research Society	Vol. 9	1937
川南雅雀苗的祭仪	管东贵	"中研院"历史语言研究所集刊	36本	1966
川苗原始宗教述论	郎维伟	宗教学研究	1期	2001
土家族原始宗教信仰略论	游俊	吉首大学学报（社科）	4期	1991
土家族白虎图腾崇拜	彭官章	民族论坛	3期	1991
清江盐神与巫山女神	张应斌	东南文化	1期	1993
论土家族白虎崇拜的起源与表现功能	朱世学	湖北民族学院学报（社科）	1期	1996
论土家族原始宗教	钱安靖 汤清琦	宗教学研究	1期	1996
论土家族原始宗教的巫师与巫术	钱安靖 汤清琦	宗教学研究	2期	1996
土家族原始宗教述略	彭继宽	民族论坛	3期	1996
土家族白虎图腾崇拜溯源	廖从刚	湖北方志	3期	1997
土家族"梅山菩萨"信仰的几个问题——长江三峡人类学田野研究之一	潘守永	民族艺术	1期	1998
土家族祖先崇拜略论	游俊	世界宗教研究	4期	2000
白虎不是鄂西、湘西土家先民——虎巴的图腾	邓身先	中南民族大学学报（人文）	4期	2000

续表一四

篇、书名	著(译)编者	出处	卷、期	年月日
巴土家族神崇拜的演变与历史文化的变迁	向柏松	中南民族学院学报（人文）	6期	2001
白虎不是土家族先民的图腾	邓身先	三峡文化研究丛刊		2001
土家族民间信仰与文化	向柏松	民族出版社		2001
重庆土家族巫文化初探	汪增阳	涪陵师范学院学报	6期	2002
论土家族民间文化信仰的特征	丁世忠 蒋玉斌	宜宾学院学报	6期	2003
土家族、苗族祭祀仪式中的体育文化解读	卢兵	成都体育学院学报	3期	2004
信仰体现民族性格——土家族民间信仰漫谈	李云华	中国宗教	4期	2005
畏惧与崇拜——从后溪镇土家族民间文学看白虎神崇拜	白俊奎	重庆社会科学	12期	2005
渝东南酉水流域土家族民间文学中的白虎神崇拜研究——以重庆市酉阳县酉水流域后溪镇为例	白俊奎	西南民族大学学报（人文）	12期	2005
What the Gods Say in West China	H. G. Brown	Journal of the West China Border Research Society	Vol. 3	1926-1929
The White Stone	J. H. Edgar	Journal of the West China Border Research Society	Vol. 1	1922-1923
The Basic Spiritual Conceptions of the Religion of the Ch'iang	T. Torrance	Journal of the West China Border Research Society	Vol. 6	1933-1934
The Use of Stones in Primitive worship	T. Torrance	Journal of the West China Border Research Society	Vol. 8	1936
羌族之信仰与习为	胡鉴民	边疆研究论丛	10卷	1941
萝蔔寨羌民的端公	张宗南	边疆服务	1卷2期	1943
四川西部羌人之信仰	王文萱	旅行杂志	18卷1期	1944
神道世界之萝蔔寨	刘思兰	文化先锋	3卷8期	1944
四川西部羌人之信仰	王文萱	旅行杂志	18卷1期	1944
Incantations and Exorcism of Demons Among the Ch'iang	D. C. Graham	Journal of the West China Border Research Society	Vol. 12	1945
The "Sacred Books" or Religious Chants of the Ch'iang	D. C. Graham	Journal of the West China Border Research Society	Vol. 16A	1945
The Customs and Religion of the Ch'iang	D. C. Graham	City of Washington: The Smithsonian Institution		1958

续表一五

篇、书名	著(译)编者	出处	卷、期	年月日
解放前羌族原始宗教之管见	陈汛舟 曾文琼	西南民族学院学报（哲社）	1期	1981
羌族原始宗教考略	曾文琼 陈泛舟	世界宗教研究	2期	1981
从考古资料看羌族的白石崇拜遗俗	沈仲常	考古与文物	6期	1982
羌族的宗教习俗和文化艺术	矢工 卞文	阿坝师范高等专科学校学报	1期	1983
羌族的祭山会	钱安靖	宗教学研究	4期	1983
从羌族的释比经及神话传说看白石崇拜	赵曦	（阿坝师专）教学与研究	2期	1984
羌族巫师经典四则	钱安靖	宗教学研究论集——四川大学学报丛刊	25辑	1984
汶川县雁门公社 羌族端公部分经典	钱安靖整理	汶川县文化馆		1984
从羌族的"释比"经及神化看白石崇拜——岷江上游河谷羌族文化调查之一	赵曦	（阿坝师专）教学与研究	1期	1985
白石崇拜遗俗考	沈仲常 黄家祥	文博	5期	1985
从羌族祭山会看原始宗教的基本特征	钱安靖	宗教学研究	6期	1985
论羌族巫师及其经咒	钱安靖	宗教学研究	2期	1986
四川岷江上游羌族释比经调查	赵曦	中国社科院民间文学论坛	5期	1986
羌族宗教习俗调查四则	钱安靖	宗教学研究	3期	1987
BLUHPI崇拜之族构指向思考	赵曦	阿坝师专学报	1期	1988
羌族的勒色与释比教考略	赵曦	阿坝师专学报	2期	1988
试论以白石崇拜为表征的羌文化	钱安靖	宗教学研究	4期	1988
羌族的祭天、祭山、端公与神灵	孟铸群 马廷森	西南民族问题新论	1集	1988
羌民族的宗教信仰与外来影响	李家骥	四川民族史志	1期	1989
羌族，"白色"的民族	杨吉生	中国民族	2期	1989
"木比塔"考释	赵曦	阿坝师专学报	11期	1989
论羌族原始宗教与北方民族萨满教相类	钱安靖	宗教学研究	3、4期	1990
羌族白石崇拜渊源探	李鉴踪	文史杂志	4期	1990
论羌族原始宗教	钱安靖	社会科学研究	5期	1990

续表一六

篇、书名	著（译）编者	出处	卷、期	年月日
羌族神话与民间信仰——兼序《神秘的白石崇拜——羌族信仰习俗之研究》	袁 珂	文史杂志	6期	1990
试论羌族的民间占卜	王 康	西南民族学院学报（哲社）	6期	1990
羌族的泽——俄鲁劈原型与中国美之新考	赵 曦	阿坝师专学报	12期	1990
羌族神灵信仰	李鉴踪	民族	1期	1991
略论羌族的配偶神信仰	李鉴踪	中央民族学院学报	4期	1991
		中南民族学院学报（哲社）	1期	1992
从释比经典探索与羌族社会经济的关系	赵 曦	阿坝师专学报	13期	1991
羌族释比经典中的神灵系统与社会历史	赵 曦	阿坝师专学报	2期	1992
羌族普米族宗教巫术文化比较	杨照辉	云南社会科学	3期	1992
羌村人的宗教	徐 平	世界宗教研究	3期	1992
石神与石崇拜	何星亮	西藏民族学院学报（社科）	3期	1992
神秘的白石崇拜——羌族的信仰和礼俗	李鉴踪 汪青玉	四川民族出版社		1992
羌族的祭坛、神树及其信仰观	汪青玉	中南民族学院学报（哲社）	3期	1993
羌族原始宗教信仰	杨永忠	民族	11期	1993
羌族的生活环境与宗教信念	徐 铭	西南民族学院学报（哲社）	2期	1994
羌族原始宗教今昔	钱安靖	宗教学研究	4期	1994
羌族石文化论谈	郑俊秀	民族学博物馆学散论		1994
论羌族宗教的伦理道德	马廷森	西南民族学院学报（哲社）	5期	1995
羌族释比（许）文化研究	中国人民政治协商会议茂县委员会	编者刊		1995
羌族原始宗教祭司"释比"唱经研究	金绥之	宗教学研究	4期	1996
理县蒲溪乡羌族原始宗教调查	钱安靖	宗教学研究	1期	1997
羌族的树神崇拜	倪 震	文史杂志	4期	1997
羌民族原始拜物初探	周毓华 彭陟焱	西藏民族学院学报	4期	1997
羌族原始宗教遗俗及其社会影响	杨健吾	青海社会科学	4期	1997
羌族原始宗教祭司"释比"咒语拾零	金绥之	宗教学研究	4期	1997

续表一七

篇、书名	著(译)编者	出处	卷、期	年月日
黑虎女神	邓廷良	四川文物	1 期	1998
羌族原始宗教与羌族社会教育	杨健吾	宗教学研究	3 期	1998
羌族白石神信仰解析	徐 铭	西南民族学院学报（哲社）	3 期	1999
羌族白石崇拜与汉字"白"的构形	曾永成	文史杂志	3 期	1999
羌族原始宗教中的"释比"	周毓华	西藏民族学院学报（哲社）	4 期	2000
羌族的图腾崇拜与释比文化	毕玉玲	戏曲研究	60 辑	2002
神秘的羌族大祭司——释比	余耀明 陈 轲	中国西部	2 期	2002
古老、神秘的白石祭	于 一	2000 年青海海峡两岸昆仑文化考察与学术研讨会论文集		2000
		四川戏剧	3 期	2001
羌族的牛崇拜与美术特征	彭代明	贵州大学学报（艺术）	1 期	2001
羌人的宗教及民族渊源考	R. Covell（焦玉琴）	宗教与民族	1 辑	2002
目击黑虎羌寨祭山大典	余跃明	阿坝师范高等专科学校学报	3 期	2003
羌人白石神信仰与祭山会	杨光成	阿坝师范高等专科学校学报	3 期	2003
释比——羌文化的《大百科全书》	余跃明	阿坝师范高等专科学校学报	3 期	2003
神奇的羌族《释比图经》	李家骥	阿坝师范高等专科学校学报	4 期	2003
羌族释比文化探秘	于一等	中国戏剧出版社		2003
论氐羌民族火崇拜与祖先崇拜"叠合"现象形成的原因	周蔚蔚	云南消防	12 期	2003
羌族的宗教信仰与"释比"考	邓宏烈	贵州民族研究	4 期	2005
试论川西北牧区部落的原始宗教	杨 明	西南民族问题新论	1 集	1988
川西藏区的民间宗教形式	石 硕	宗教学研究	4 期	2002
嘉绒藏族、羌族的白石崇拜	张昌富	民族艺术	2 期	1999
"阿尼郭东"——嘉绒藏族图腾崇拜英雄	张昌富	西藏艺术研究	4 期	1996
嘉绒藏区的图腾崇拜	张昌富	西藏艺术研究	2 期	1997
嘉绒藏族的吉祥物与自然崇拜	张昌富	西藏艺术研究	2 期	2000
康区藏族村寨宗教信仰：承传与变异——丹巴县梭坡乡莫洛村的宗教人类学考察	徐 君	宗教学研究	2 期	2002

续表一八

篇、书名	著(译)编者	出处	卷、期	年月日
女儿国的女神崇拜	杨学政 刘 婷	寻根	3 期	2003
嘉绒藏区神秘的"哈瓦"世界	多尔吉	西藏大学学报	4 期	2003
"白马藏人"的宗教信仰	王家祐	世界宗教研究	3 期	1981
		西藏研究	2 期	1982
		道教论稿		1987
白马藏族宗教观念初述	姚 安	四川民族史志	3 期	1989
（白马）藏族信仰习俗现状调查研究	杨冬燕	西北民族研究	3 期	2001
试析石棉藏族的原始信仰和崇拜	徐定远	西南民族学院学报（哲社）	6 期	1990
四川石棉县尔苏人宗教习俗调查	钱安靖	宗教学研究	2 期	1997
川西南藏族尔苏人宗教习俗一瞥	金绥之	宗教学研究	1 期	1998
四川省冕宁县庙顶藏族的原始宗教调查	陈明芳	四川民族史志	3 期	1988
论冕宁县庙顶藏族的原始宗教	陈明芳	藏学研究论丛	1 辑	1989
冕宁等县藏族的白石崇拜辨析	刘世旭	西南民族学院学报（哲社）	4 期	1989
康民祀神之种类		川边季刊	1 卷 1 期	1935
康定县鱼通区贵琼人宗教习俗		宗教学研究	3 期	1998
泸定县岚安乡贵琼人宗教习俗	金绥之	宗教学研究	2 期	1999
倮苏民族的神权思想	黄万民	新宁远	1 卷 8、9 期	1941
罗倮的道场图说（附图）	徐益棠	边疆研究论丛	30 期	1941
黑夷做斋礼俗及其与祖筒之关系	马学良	边疆人文	1 卷 5、6 期	1944
倮倮的神权思想	王成圣	边疆通讯	4 卷 3 期	1947
倮族的巫师"呗耄"和"天书"	马学良	边政公论	6 卷 1 期	1947
倮倮的宗教和他们的巫师	白 荻	京沪周刊	1 卷 21、22 期	1947
从倮倮氏族名称中所见的图腾制度	马学良	边政公论	6 卷 4 期	1947
倮民的祭礼研究	马学良	学原	2 卷 2 期	1948
		毕摩文化论		1993
倮族的招魂与放蛊	马学良	边政公论	7 卷 2 期	1948
倮倮的宗教	陈宗祥	边政公论	7 卷 2 期	1948
凉山彝人的巫术信仰	唐家弘	工商导报		1951.5.3

续表一九

篇、书名	著（译）编者	出处	卷、期	年月日
彝族的"毕摩"	尤 中	云南日报		1962.7.16
八卦起源	汪宁生	考古	4 期	1976
罗罗的宗教研究序篇	郭永玉	珠海学报	9 期	1976
彝文经典和彝族的原始宗教	马学良	世界宗教研究	2 集	1980
彝族毕摩简论	余宏模	凉山彝族奴隶制研究	1 期	1981
彝族的原始宗教	宋恩常	世界宗教研究	1 期	1981
彝族的图腾与宗教的起源	何耀华	思想战线	6 期	1981
凉山彝族的原始宗教信仰	岭光电 余宏模	贵州民族研究	3 期	1982
		毕摩文化论		1993
彝族的自然崇拜及其特点	何耀华	思想战线	6 期	1982
试论彝族的贝玛及其他	陶学良	少数民族文学论集	1 集	1983
彝族"近祖崇拜"	于锦绣	世界宗教研究	2 期	1983
明代彝文金石文献中所见的彝族宗教信仰	马学良	世界宗教研究	3 期	1983
试论彝族的祖先崇拜	何耀华	贵州民族研究	4 期	1983
彝族原始宗教的系统性	普 真	世界宗教研究	1 期	1985
凉山毕摩浅谈	黄承宗	贵州民族研究	2 期	1985
凉山州昭觉县宗教和迷信活动调查	李延良	西南民族学院学报（哲社）	1 期	1986
"毕摩"刍议	夷吉·木哈 阿乍·窝芝	贵州民族研究	2 期	1987
彝族原始宗教调查报告	马学良	贵州民族研究	1 期	1988
彝族社会中的毕摩	何耀华	云南社会科学	2 期	1988
		毕摩文化论		1993
凉山彝族的鬼神观念	徐 铭	西南民族学院学报（哲社）	4 期	1988
凉山彝族的宗教蜕变——今日凉山彝族宗教信仰与体验调查探析	魏明德	当代宗教与社会文化——第一届当代宗教学学术研讨会论文集		1988
凉山彝族毕摩法具考释	马尔子	四川文物	2 期	1989
凉山彝族的"晓补"反咒仪式——彝族巫术、宗教现状调查报告之一	巴莫·阿依 吉克·合千	世界宗教研究	3 期	1989
		毕摩文化论		1993
攀枝花市迤沙拉村宗教历史及现状		民族论丛	7 辑	1989
凉山彝族祖先崇拜及其社会功能	徐 铭	西南民族学院学报（哲社）	2 期	1990
彝语数词"七"、"九"与生殖崇拜	郑成军	民族学	2 期	1990

续表二〇

篇、书名	著(译)编者	出处	卷、期	年月日
彝族竹崇文化初探	罗曲	西南民族学院学报（哲社）	2期	1990
凉山彝族马都崇拜渊源之我见	马尔子	民俗研究	4期	1990
彝族毕摩教简论	王四代	世界宗教研究	4期	1990
彝族的招魂习俗	朱文旭	民俗研究	4期	1990
我在神鬼之间——一个彝族祭司的自述	吉克·尔达·则志	云南人民出版社		1990
彝族竹崇拜文化探源	罗曲	中国民间文化	1期	1991
濮、彝与竹崇拜文化	罗曲	民俗曲艺	72、73期	1991
		中南民族学院学报	1期	1992
凉山彝族的占卜	徐铭	凉山民族研究		1992
浅谈彝族民俗中的巫术文化	赵国庆	山茶	1期	1993
彝文vyxtu（vuxtu）与楚语"於菟"——彝经考释之一	陈士林	中国民族古文字研究	2辑	1993
彝族の家支制度と祖先崇拜	樱井龍彦	中国研究集刊	12号	1993
毕摩文化研究三题	巴莫阿依	凉山民族研究		1993
经书、法事、毕摩管见	马海汉呷蒽	凉山民族研究		1993
中国西南彝族毕摩文化	左玉堂	毕摩文化论		1993
毕摩文化概说	徐铭	毕摩文化论		1993
彝族的羊骨卜——再论古代甲骨占卜习俗	汪宁生	毕摩文化论		1993
四川凉山彝州甘洛县境众神普	沙光宋等	彝族文化		1993
彝族祖先崇拜的生活化	王丽珠	彝族文化		1993
彝族原始宗教调查报告	马学良等	中国社会科学出版社		1993
彝族文化研究鸟瞰——兼谈毕摩文化	陶学良	民俗艺术研究	4期	1994
四川凉山布拖县彝族的原始宗教	阿措色子	彝族文化		1994
彝族巫文化研究三题	巴莫阿依	彝族文化		1994
八十年代以来毕摩文化研究综述	李世康	彝族文化		1994
彝族祖灵信仰研究——彝文古籍探讨与彝族宗教仪式考察	巴莫阿依	四川民族出版社		1994
试论彝族毕摩阶层的特征	巴莫阿依	凉山民族研究		1995
彝族祖先崇拜研究	王丽珠	云南人民出版社		1995
四川省凉山彝族自治州喜德县李子乡保纠村的灵姆	王康、吉克·则伙·史伙	民俗曲艺丛书	4辑	1995

续表二一

篇、书名	著(译)编者	出处	卷、期	年月日
浅论彝族的信仰与禁忌	王富慧	贵州民族学院学报（社科）	1期	1996
论彝族的自称和图腾及其关系	罗洪蓉芝	西南民族学院学报（哲社）	1期	1996
彝族信仰的毕教	普同金	云南民族学院学报（哲社）	3期	1996
彝族石崇拜与生殖文化初探	杨甫旺	四川文物	6期	1996
彝族信仰民俗文化初探	莫色日吉	西南民族学院学报（哲社）·中华彝学增刊		1996
阿苏拉则论	摩瑟磁火	西南民族学院学报（哲社）·中华彝学增刊		1996
彝族传统文化与《易经》破译	马啸	西南民族学院学报（哲社）·中华彝学增刊		1996
美姑彝族毕摩调查研究	美姑彝族毕摩文化研究中心办公室	编者刊		1996
论凉山彝族毕摩阶层的特征	巴莫阿依	中国彝学	1辑	1997
彝族毕摩占卜	陈国光	中国彝学	1辑	1997
论太极图起源与交媾崇拜——兼论彝族生殖器崇拜与黑白崇拜	普学旺	中国彝学	1辑	1997
彝族的水崇拜	蔡富莲	贵州民族研究	2期	1997
浅析彝族竹崇拜的文化意蕴	李光辉	楚雄师专学报	2期	1997
关于彝族毕摩文化研究的几个问题	巴莫阿依	凉山彝学		1997
		中国彝学	2辑	2004
彝族巫文化中的苏尼	李正文 罗曲	西南民族学院学报（哲社）	5期	1997
彝族蛙崇拜与生殖文化初探	杨甫旺	民族艺术研究	6期	1997
毕摩及毕摩经文散议	巴且日火	凉山民族研究		1997
		中国彝学	2辑	2003
毕摩信仰的社会功能	徐铭	凉山民族研究		1997
彝族葫芦崇拜与生殖文化略论	杨甫旺	四川文物	6期	1997
凉山彝族文物"擒克"	黄承宗	四川文物	2期	1998
论彝族的黑虎图腾	吴恺	贵州文史丛刊	6期	1998
关于凉山地区诺苏宗教的九项论证	魏明德	凉山民族研究		1998
彝族原始宗教毕摩法器	杨甫旺	中国文物报		1998.5.27
彝族图腾的分裂和流变形式	马林英	宗教学研究	1期	1999
彝族的竹崇拜文化——从彝族祭竹词说开去	罗曲	西南民族学院学报（哲社）	3期	1999

续表二二

篇、书名	著(译)编者	出处	卷、期	年月日
彝族古代原始宗教信仰浅论	马廷中	贵州文史丛刊	1期	2000
中国凉山彝族社会中的毕摩	巴莫阿依	西昌师范高等专科学校学报	2期	2000
"吉尔"考——凉山彝族灵物崇拜综观	巴莫曲布嫫	民族艺术	3期	2000
凉山毕摩及毕摩文化研究	巴且日火	凉山大学学报	4期	2000
论凉山彝族毕摩经典	摩瑟磁火	凉山大学学报	4期	2000
毕摩艺术形态的特征概述	摩瑟磁火	凉山大学学报	4期	2000
毕摩文化在彝族史学中的地位和作用	龙倮贵 师有福	凉山彝学		2000
凉山彝族生育魂崇拜观念	蔡富莲	凉山民族研究		2000
凉山彝族传统文化和宗教信仰对生物多样性的保护	马尔子	凉山民族研究		2000
论凉山彝族的魂鬼崇拜观念	蔡富莲	西南民族学院学报（哲社）	增刊3	2000
凉山彝族的宗教蜕变	魏明德	国外学者彝学研究文集		2000
有关凉山地区彝族诺苏支系宗教的六项论题	魏明德	国外学者彝学研究文集		2000
彝族的家支制度与祖先崇拜	樱井龙彦	国外学者彝学研究文集		2000
回归凉山	巴莫阿依	民族艺术	1期	2001
凉山彝族毕摩的源流	吴其果果 吉尔体日	凉山大学学报	2期	2001
浅谈凉山毕摩文化	黄承宗	凉山大学学报	3期	2001
大小凉山彝族杀年猪的祭祖仪式及象征意义	昂自明	思想战线	4期	2001
彝族竹崇拜与生殖文化初论	杨甫旺	楚雄师范学院学报	2期	2002
凉山彝族宗教起源的考察——以彝文典籍为中心	吉尔体日	宗教学研究	3期	2002
试论甘孜彝族毕摩的宗教活动	尼克吴且	康定民族师专学报	4期	2002
彝族宗教文化的传承与流变	马锦卫 曹晓蓉	西南民族学院学报（哲社）	12期	2002
美姑彝族毕摩文化调查研究·艺术专辑	中国美姑彝族毕摩文化研究中心	编者刊		2002
彝族原始宗教与文化	朱文旭	中央民族大学出版社		2002
凉山彝族的招魂仪式及灵魂崇拜	蔡富莲	宗教学研究	1期	2003
凉山彝族的祭祀仪式——以"尼牡措毕"为中心	马锦卫	宗教学研究	1期	2003

续表二三

篇、书名	著(译)编者	出处	卷、期	年月日
凉山彝族的疾病信仰与仪式医疗（上）	巴莫阿依	宗教学研究	1 期	2003
凉山彝族的疾病信仰与仪式医疗（下）	巴莫阿依	宗教学研究	2 期	2003
		凉山彝学		2003
关于彝族毕摩文化研究的几个问题	巴莫阿依	中国彝学	2 辑	2003
传统宗教与凉山彝族文化认同	巫达	宗教、社会与区域文化——华南与西南研究		2003
盐源平川访著名毕摩吉克涅杜——凉山彝族宗教田野考察散记	巴莫阿依	宗教与民族	2 辑	2003
彝族毕摩的职能及贡献	张德元	凉山大学学报	4 期	2003
毕摩及彝族原始宗教		四川日报		2003.10.17
美姑彝族毕摩文化调查研究·论文专辑	中国美姑彝族毕摩文化研究中心办公室	编者刊		2003
彝族毕摩文化研究	孟慧英	民族出版社		2003
信仰的灵光	起国庆	四川文艺出版社		2003
毕摩宗教与生态互动	巴且日火	凉山大学学报	3 期	2004
		人类生存与生态环境——人类学高级论坛2004卷		2004
彝族羊骨卜初探	俄比解放 王孟辉	凉山大学学报	3 期	2004
论凉山彝族传统羊文化	马史火 罗布合机	凉山大学学报	4 期	2004
四川凉山彝族生育魂崇拜观念	蔡富莲	宗教学研究	4 期	2004
试论甘孜州彝族宗教的特点与演变	苏静	康定民族师专学报	4 期	2004
论凉山彝族的传统鸡文化	沈补几	凉山大学学报	4 期	2000
彝族送祖灵仪式略述	利布 贾司拉核	凉山彝学		2004
马边彝族悬佛之谜	廖大康	中国民族报		2004.10.26
彝人的信仰世界——凉山彝族宗教生活田野报告	巴莫阿依	广西人民出版社		2004
源远流长的彝族毕摩文化	博什拉洛	寻根	1 期	2005
浅析甘孜彝族毕摩的职能与特点	苏静	康定民族师专学报	2 期	2005
凉山彝族祖灵祭文化内核探究	李正文	西南民族大学学报（人文）	3 期	2005
试述毕摩及其历史地位的演变	尹正安	乐山师范学院学报	3 期	2005

续表二四

篇、书名	著(译)编者	出处	卷、期	年月日
彝族毕摩祭祀用词研究	普忠良	民族语文	5期	2005
生命、团结与繁荣的庆典——凉山诺苏祭祖仪式考察	刘小幸	民间文化论坛	5期	2005
从毕摩祭祀词汇看彝族的宗教信仰理念	普忠良	凉山民族研究		2005
彝族原始宗教活动"尼"与"傩"渊源关系问题	朱文旭	凉山民族研究		2005
西康粟粟、水田民族之图腾制度	陈宗祥	边政公论	6卷4期	1947
			7卷1期	1948
记彝、羌、纳西族的"羊骨卜"	林声	考古	3期	1963
论纳西族东巴和彝族毕摩的仪礼传统——以送葬仪礼为中心	丸山宏 张泽洪	西藏民族学院学报（哲社）	4期	2001
纳西族和彝族的超度亡灵仪礼	丸山宏 张泽洪	宗教学研究	1期	2002
彝族"毕摩"与纳西族"东巴"的比较研究	王薇	贵州民族研究	6期	2005
藏族、纳西族的人与自然观以及神山崇拜的初步比较研究	杨福泉	西南民族大学学报（人文）	12期	2005
The Origin of the Tso-la Books, or Books of Divination of the Na-Khi or Mo-so Tribe	J. F. Rock	Journal of the West China Border Research Society	Vol. 8	1936
Ha-la or the Killing of the Soul as Practiced by Na-Khi Sorcerers	J. F. Rock	Journal of the West China Border Research Society	Vol. 8	1936
摩梭人和普米族、藏族的女神崇拜	杨学政	世界宗教研究	2期	1982
永宁半月谈——摩梭人古代宗教考察漫笔	彭耀	世界宗教研究	2期	1984
摩梭达巴文化	拉木	云南民族出版社		1999
格姆女神与摩梭文化	周建清	云南艺术学院学报	3期	2005
摩梭原始宗教图纹考察研究	刘遂海	美术	9期	2005
盐源公母山——人类生殖崇拜的活化石	胡小平	中国西部	5期	2004

六、秘密会社

篇、书名	著(译)编者	出处	卷、期	年月日
Some Secret Societies in Szechwan	A. J. Brace	Journal of the West China Border Research Society	Vol. 8	1936
白莲教与四川的农民起义	黎邦正	明清史国际学术讨论会论文集		1982
清代四川红灯教研究	林顿	成都大学学报（社科）	3期	1992
辛亥革命时期之四川会党初探	孔路原	天府新论	2期	1986
下川东帮会习俗的踪迹与特点	雷乐中	民俗研究	3期	1992
近代四川会道门研究	贺善锋	四川省宗教局等		1993
啯噜子	戴玄之	庆祝朱建民先生七十华诞论文集		1978
啯噜试探	张力	社会科学研究	2期	1980
Kuo-lu: A Sworn-Brotherhood Organization in Szechwan	Liu, Cheng-yun	Late Imperial China	Vol. 6, No. 1	1985
乾隆四十六年清政府镇压啯噜史料选编（上）（下）	王澈	历史档案	1、2期	1991
清代啯噜新研	常建华	清史论丛		1993
从啯噜到哥老会	吴善中	扬州大学学报（人文）	4期	1997
川江航运与啯噜消长关系之研究	秦和平	社会科学研究	1期	2000
西人所述哥老会之历史	甘作霖	东方杂志	14卷11号	1917
四川的哥老会	嵩高	中央日报（武汉）·副刊	97期	1927.7.2
哥老会组织一瞥		四川月报	7卷6期	1935
四川之哥老会	沙铁帆	四川月报	8卷5期	1936
四川哥老会的透视	卓侑	孟姜女	1卷4号	1937
四川的哥老会	陆曼炎	大风半月刊	80期	1940
四川省の哥老会	石川滋	中国研究所所报	7号	1947
明矿徒与清会党——四川哥老会考证	黄芝冈	历史教学	1卷5期	1951
哥老会起源初探	胡珠生 陈湛若	新史学通讯	12期	1952
反清的秘密结社	来新夏	历史教学	10期	1956
四川之哥老会	迪凡	四川文献	41、42期	1966
四川保路运动と哥老会	大野三德	東方学	50辑	1975

续表一

篇、书名	著(译)编者	出处	卷、期	年月日
清代档案中有关哥老会源流的史料	朱金甫	故宫博物院院刊	2期	1979
清代哥老会源流考	庄吉发	食货月刊复刊	9卷9期	1979
同盟会与川西哥老会	王蕴滋	辛亥革命回忆录（三）		1981
关于哥老会的源流问题	蔡少卿	南京大学学报（哲社）	1期	1982
余栋臣起义军与哥老会	胡汉生	西南师范学院学报（哲社）	3期	1982
辛亥革命时期的四川哥老会	后云	四川师院学报（社科）	1期	1983
论同盟会与四川会党	隗瀛涛 何一民	纪念辛亥革命七十周年学术讨论会论文集（上）		1983
论长江教案与哥老会的关系	蔡少卿	南京大学学报（哲社）	2期	1984
论余栋臣起义与哥老会的关系	蔡少卿 屠雪华	社会科学研究	3期	1984
哥老会与辛亥革命	邵雍	上海师范大学学报（哲社）	3期	1991
湘军与哥老会	吴善中	江海学刊	5期	1997
二十世纪初几则社会习俗及哥老会调查	岳小玉	近代史资料	总93号	
论哥老会之起源	吴善中	历史档案	3期	1999
晚清哥老会势力的分布及其产生的社会条件	祝碧衡	四川大学学报（哲社）	3期	2000
哥老会起源考	秦宝琦 孟超	学术月刊	4期	2000
哥老会起源问题研究综述	尹恩子	清史研究	1期	2002
四川袍哥与辛亥革命	陈书农	辛亥革命回忆录（三）		1981
袍哥唐廉江与辛亥重庆"反正"	陈攸序	辛亥革命回忆录（七）		1982
四川的袍哥	吴伯康	龙门阵	10辑	1982
西康雅属的袍哥	杨国治	文史资料选辑	47辑	1964
对《西康雅属的袍哥》的更正	高秉鑫	文史资料选辑	124辑	1992
回忆我在四川袍哥中的组织活动	范绍增	文史资料选辑	84辑	1982
四川袍哥组织初探	熊倬云 吴绍伯	文史杂志	1期	1989
袍哥礼俗	王纯五	民俗研究	3期	1992
清水袍哥	欧阳玉澄	红岩	6期	1994
我当袍哥大爷的沉浮	杜重石	世纪	4期	1997
对清季四川社会变迁与袍哥滋生的认识	秦和平	社会科学研究	2期	2001

续表二

篇、书名	著(译)编者	出处	卷、期	年月日
从袍哥说起——为王洪林《俗韵会通》作序言	流沙河	巴蜀史志	3期	2002
四川袍哥的片断见闻	陈书农	上海文史资料选辑	103期	2002
简论川渝袍哥的分布、切口及帮记	黄勇军	康定民族师专学报	4期	2004
近代中国乡村社会权势关系演变——以刘文彩与袍哥为个案	邵雍	上海师范大学学报（哲社）	5期	2004
略说袍哥	邓哲宗	巴蜀史志	1期	2005
旧重庆的丐帮	欧阳平	红岩春秋	3期	1993

第七章 巴蜀文学

一、一般论著

篇、书名	著(译)编者	出处	卷、期	年月日
巴蜀艺文五种	杨世明等	巴蜀书社		1992
试论古代巴蜀文学特征	李 凯	中华文化论坛	4期	1998
蜀中文章冠天下——巴蜀文学史稿	谭兴国	四川人民出版社		2001
巴蜀文学史	杨世明	巴蜀书社		2003
保护母亲河——四川江河诗词集	许增泽	四川科学技术出版社		2003
巴蜀文学与文化研究	李大明	商务印书馆		2005
大盆地生命的记忆——巴蜀文化与文学	邓经武	电子科技大学出版社		2005
巴蜀巫傩文化与文学	田 耘	社会科学研究	2期	1993
司马相如与巴蜀文学范式	李 凯	四川师范大学学报（社科）	2期	2005
吴蜀文学不兴的社会原因探讨	傅可航	社会科学研究	2期	1986
蜀汉文学与建安文学	李景焉	四川文物	4期	2003
论魏晋时期巴蜀地区本土文学的寂寥	胡阿祥	南京理工大学学报（社科）	6期	2003
唐代巴蜀佛教与文学	孙昌武	社会科学研究	5期	1993
诗词若干首——唐宋明朝诗人咏四川	刘开扬	四川人民出版社		1979
晚唐五代巴蜀文学论稿	房 锐	巴蜀书社		2005
论西蜀君主的文学	卢建曾	民主宪政	7卷5期	1954
从前蜀文化的世俗化看前蜀诗词	陶亚舒	理论与改革	2期	1990
嘉祐二年贡举事件的文学史意义	王水照	人文中国学报	2期	1996
蜀学派文学家与《庄子》	张爱民	兰州学刊	3期	2005
宋代巴蜀文学通论	祝尚书	巴蜀书社		2005
新文化运动在四川	孟 默	新文学史料	3期	1979
论现代巴蜀文学的生态背景	李 怡	西南师范大学学报（社科）	3期	1995
现代四川文学的巴蜀文化阐释	李 怡	湖南教育出版社		1995
现代四川文学研究的地域文化视野——中国现代文学与巴蜀文化之一	李 怡	宁德师专学报（哲社）	2期	1995
火辣辣的川妹子：一个典型的巴蜀意象——四川现代文学与巴蜀文学之二	李 怡	宁德师专学报（哲社）	3期	1995

续表一

篇、书名	著(译)编者	出处	卷、期	年月日
鸦片·茶馆·川味——四川现代文学与巴蜀文化之三	李 怡	宁德师专学报（哲社）	4期	1995
从移民到漂泊——现代四川文学与巴蜀文化之四	李 怡	宁德师专学报（哲社）	1期	1996
巴蜀派、农民派与中国现代文学——现代四川文学与巴蜀文化之五	李 怡	宁德师专学报（哲社）	2期	1996
巴蜀调笑传统与现代四川文学的幽默趣尚	李 怡	西南民族学院学报（哲社）	2期	1996
盆地文明·天府文明·内陆腹地文明——论现代四川文学的文化背景	李 怡	社会科学研究	2期	1996
论现代四川文学"洄水沱"景观的地域文化内涵——二十世纪中国文学与巴蜀文化之一	李 怡	赣南师范学院学报	2期	1996
地方志——龙门阵文化与现代四川文学的写实主义取向——二十世纪中国文学与巴蜀文化之一	李 怡	西南师范大学学报（社科）	1期	1997
现代四川文学中强势人物形象的地域文化内涵	李 怡	成都大学学报（社科）	1期	1998
来自巴蜀的反叛与先锋——20世纪中国文学与巴蜀文化片论	李 怡	西南师范大学学报（哲社）	2期	1998
从文化的角度看现代四川文学中的方言	李 怡	西南民族学院学报（哲社）	2期	1998
二十世纪巴蜀文学	邓经武	电子科技大学出版社		1999
20世纪巴蜀文学与西方文化	邓经武	社会科学研究	4期	2000
区域文化视野下的四川文学	张建锋	成都师专学报	1期	2002
20世纪巴蜀地域文化小说简论	石世明	中南民族学院学报（人文）	5期	2002
巴蜀近代诗词选	薛新力 蒲健夫	重庆出版社		2003
烽火八年记犹新——回顾四川抗战文学活动片断	李华飞	文史杂志	4期	1987
抗战文化、抗战文学与郭沫若研究	李 怡	涪陵师范学院学报	6期	2005
成都的通俗文学活动	探 马	文艺阵地	1卷4期	1938
成都文化和文学	李霁宇	文学自由谈	1期	1997
在地域和文化视界中的西蜀文学	冯 源	绵阳师范学院学报	6期	2005
平都诗联选	丰都县名山管理委员会	编者刊		1984
渝州诗词选	刘华伯	重庆出版社		1994

续表二

篇、书名	著(译)编者	出处	卷、期	年月日
巴渝文萃	金祥明等	四川文艺出版社		1994
桂林和重庆——大后方文坛的双璧	苏光文	社会科学家	1期	1997
抗战时期重庆的文学艺术	薛新力	渝州大学学报（哲社）	2期	1997
重庆文学史——一种可能性描述	易光	涪陵师范学院学报	1期	1999
重庆有文学史吗	蔡震	涪陵师范学院学报	2期	1999
不如改称"巴渝文学史"	熊宪光	涪陵师范学院学报	2期	1999
文化取向与空间定位——重庆文学史研究的几点思考	谭桂林	涪陵师范学院学报	2期	1999
重庆地域文化与重庆文学	李敬敏	涪陵师范学院学报	2期	1999
重庆抗战文学研究要有个性	秦弓	涪陵师范学院学报	2期	1999
重庆文学的"已然"存在	傅德岷	涪陵师范学院学报	3期	1999
重庆文学、地域文学与文学史	李怡	涪陵师范学院学报	4期	1999
20世纪中国文学版图中的重庆文学	周晓风	涪陵师范学院学报	4期	1999
曾经是三大文化中心之一——重庆与20世纪中国文学谈片	江锡铨	涪陵师范学院学报	4期	1999
重庆之于20世纪中国文学	孔范今	涪陵师范学院学报	4期	1999
"重庆与中国文学"名家笔谈反思的诗神文化的交响——重庆与40年代中国文学的现代化进展	黄曼君	涪陵师范学院学报	4期	1999
旧形式的复活——从一个角度谈抗战时期的重庆文学	刘纳	涪陵师范学院学报	4期	1999
重庆文学史研究的意义	张荣翼	涪陵师范学院学报	1期	2000
20世纪重庆文学运动与早期现代化	郝明工	涪陵师范学院学报	1期	2001
重庆文学发展与中国抗日战争——陪都文学运动形态解析	郝明工	涪陵师范学院学报	3期	2001
抗战时期重庆文学的战时性	靳明全	文学评论	4期	2002
深呼吸：巴渝文化与文学的现代理想	吕进	涪陵师范学院学报	4期	2002
略论抗战时期重庆文学的特点	薛新力	西南民族学院学报（哲社）	1期	2003
梁实秋与重庆文学	《重庆文学史》课题组	涪陵师范学院学报	2期	2003
重庆抗战文学论稿	靳明全	重庆出版社		2003
论重庆文学的主体意识	周晓风	涪陵师范学院学报	1期	2004
民族解放意识与文学现代化的双向突进——对抗战时期的重庆文学现象的思考	石世明等	重庆工商大学学报（社科）	4期	2004

续表三

篇、书名	著(译)编者	出处	卷、期	年月日
重庆文学史图鉴	伯牛	涪陵师范学院学报	6期	2004
巴渝诗词歌赋	熊宪光等	重庆出版社		2004
重庆抗战文学的通俗化与大众化——兼论中共南方局的文艺策略	张明平	重庆社会科学	1期	2005
论抗战时期重庆文学的现代语境	石世明	贵州社会科学	1期	2005
抗战时期重庆的文学中心地位	冯宪光	现代中国文化与文学	2期	2005
北京、上海文学中心的陷落与重庆文学中心的形成——略论抗战对中国现代文学格局的影响	张武军	现代中国文化与文学	2期	2005
重庆文学特质的重新发现	梁光焰	涪陵师范学院学报	3期	2005
现实主义理论的深化与重庆抗战文学	靳明全	重庆社会科学	6期	2005
抗战时期重庆文学理论批评概观	朱丕智	重庆社会科学	6期	2005
重庆抗战时期文学的文学史意义	易光	涪陵师范学院学报	6期	2005
论陪都重庆文化与文学的地理性	郝明工	重庆工商大学学报（社科）	6期	2005
抗日统一战线话语下的文学空间——重庆《新蜀报》副刊《蜀道》研究	孙倩	中国现代文学研究丛刊	6期	2005
重庆抗战文学理论	靳明全	重庆出版社		2005
红岩历史诗词十八篇		重庆师范大学学报（哲社）	1期	1980
红岩历史诗词十八篇（续）		重庆师范大学学报（哲社）	2期	1980
黑牢诗篇——白公馆、渣滓洞革命烈士诗文集	王庆华 历华	重庆大学出版社		1996
囚歌——白公馆、渣滓洞革命烈士诗文集	历华等	兵器工业出版社		1997
红岩云魂：铁窗下的心歌——白公馆渣滓洞烈士诗歌与书信选	重庆歌乐山纪念馆	解放军文艺出版社		2001
历代荣县诗词选	胡林	荣县文化馆、文协		1984
历代名人咏嘉州	乐山市文物管理所	编者刊		1985
历代名人咏宜宾	宜宾历史文化名城建设领导小组、宜宾市文化局	编者刊		1987
双桂山诗联选	四川丰都双桂山管理委员会	编者刊		1988
三峡文荟	谭传树	文津出版社		1990

续表四

篇、书名	著（译）编者	出处	卷、期	年月日
三峡文学作品选		重庆出版社		1992
历代名家咏三峡	黄节厚	四川人民出版社		1993
历代名人吟三峡	徐心贻			1994
忠州古诗词选	彭德承	重庆出版社		1994
三峡文学研究中面对的几对矛盾	张荣翼	重庆师范大学学报（哲社）	1期	2001
三峡文学与三峡旅游	曾文贵	中国三峡建设	5期	2004
北碚诗词	李萱华选注	西南师范大学出版社		1991
炉城文苑旧事	王梦天	康巴文苑	1期	1991
南江诗文选	中共南江县委组织部	编者刊		1992
雾中山艺文	卫复华	大邑县政协会等		1993
羌族文学史	林忠亮 王 康	四川民族出版社		1994
三台诗词选	杨重华	三台县文化局		1995
凉山州古诗文选释	蒋邦泽 武谊嘉	四川大学出版社		1997
南唐故家与西昌文学	饶龙隼	文学评论	4期	2005
历代名人咏南充	王绍康等	天地出版社		1999
历代名人咏广安	杨林由	四川文艺出版社		1999
"鬼城"诗词	张祖钊	西南师范大学出版社		1998
鬼城诗联选集	丰都名山管委会	编者刊		2001
钓鱼城诗词释赏	王利泽	四川人民出版社		2000
20世纪内江文学通论	孙自筠	四川人民出版社		1999
渝东南少数民族诗词的发展	冉景福	涪陵师范学院学报	4期	2001
Some Great Writers of Szechwan	F. F. Du	Journal of the West China Border Research Society	Vol. 12	1940
四川作家研究——四川大学学报丛刊第十二辑	四川大学学报编辑部	四川人民出版社		1982
四川作家研究		四川日报		1982.2.6
四川作家研究（第二集）——四川大学学报丛刊第十九辑	四川大学学报编辑部	四川人民出版社		1983
巴蜀文苑英华——四川历代文学家传	何崇文等	四川人民出版社		1984
四川作家对中国现代文学的贡献	刘志荣	西南民族大学学报（人文）	3期	1991

续表五

篇、书名	著(译)编者	出处	卷、期	年月日
"愿承班蔡李朱后"才女偏生会理多——会理历代几位女诗人简介	蒋邦泽	西昌师专学报（哲社）	4期	1996
巴蜀历代名媛著作考要	李朝正 李义清	巴蜀书社		1997
乐山古代文学家族性现象及其成因初探	张远东	乐山师范学院学报	1期	2002
略述司马相如与司马迁之文学	罗智强	民钟季刊	1卷4期	1935
司马相如著述考	郑嘉萧	东方文化（上海）	2卷5期	1943
论司马相如及其作品	刘开扬	江海学刊	9期	1962
文为世矩的司马相如	毛一波	四川文献	157期	1975
司马相如与司马迁	沈伯俊	天府新论	4期	1985
司马迁见过《司马相如集》吗	金德建	人文杂志	1期	1986
汉代文坛上的双星——司马相如和司马迁比较试论	刘振东	齐鲁学刊	3期	1989
司马相如集校注	金国永校注	上海古籍出版社		1993
论汉代文雄两司马	赵国玺	延安教育学院学报	2期	1996
司马相如集校注	朱一清、孙以昭校注	人民文学出版社		1996
巴蜀文学第一位大家司马相如	沈伯俊	今日四川	1期	1998
司马迁与司马相如论略	张新科	陕西师范大学成人教育学院学报	1期	1999
汉代文章两司马	韩兆琦	光明日报		1999.5.3
司马相如与司马迁创作道路之比较	周明侠	理论与创作	1期	2000
司马相如集校注	李孝中校注	巴蜀书社		2000
司马相如集编年笺注	张连科笺注	辽海出版社		2003
司马相如与巴蜀文学范式	李凯	四川师范大学学报（社科）	2期	2005
论司马相如的创作心迹	鲁红平	新疆师范大学学报（哲社）	2期	2005
西汉文章两司马——《史记·司马相如列传》考论	马予静	河南大学学报（社科）	6期	2005
		司马迁与史记论集——纪念司马迁诞辰2150周年暨国际学术讨论会论文集	7辑	2005
司马相如作品的新解读与定位——必须提升司马相如的文学地位	刘文刚	宋代文化研究	13、14辑（上）	2005
马扬文学思想同异论	许结	南京大学学报	1期	1989
扬雄の文学·儒学とその立场	冈村繁	中国文学论集	4号	1974

续表六

篇、书名	著(译)编者	出处	卷、期	年月日
扬雄的文学见解	郑 文	社会科学（甘肃）	2期	1979
扬雄文学思想述评	李庆甲	古典文学论丛		1980
扬雄文质副称说的美学意义	聂振斌	西北师院学报（社科）	2期	1983
扬雄著作系年	王以宪	湘潭大学社会科学学报	3期	1983
论扬雄融合儒道对其文论的影响	许 结	学术月刊	4期	1986
扬雄在文学上的模仿与开创——从文章体类发展的观点评估扬雄在文学史上的地位	简宗吾	黄金鳌先生八秩华诞论文集		1986
论扬雄与东汉文学思潮	许 结	中国社会科学	1期	1988
诗人之赋丽以则——扬雄文艺思想及其影响探析	徐宗文	江海学刊	2期	1990
扬雄的著述活动与著作	黄开玉	成都大学学报（社科）	2期	1992
扬雄集校注	张震泽校注	上海古籍出版社		1993
扬雄著述考略	王春淑	四川师范大学学报（社科）	3期	1996
扬雄文学思想新探	周 悦	中国文学研究	3期	1997
扬雄文学作品的美学评价	邵来文	武汉科技大学学报（社科）	3期	1999
古文家と扬雄	川合康三	日本中国学会报	52集	2000
扬雄身后褒贬评说考议——林贞爱《扬雄集校注》序	杨世明	四川师范学院学报（哲社）	2期	2001
扬雄集校注	林贞爱	四川大学出版社		2001
扬雄著作及其流传	刘保贞	山东大学学报（哲社）	1期	2003
从"九天"说看扬雄"文必艰深"论	刘怀荣	山西师大学报（社科）	4期	2003
试论扬雄对唐代文学的影响	刘保贞	山东大学学报（哲社）	2期	2004
扬雄沿波而得奇——论屈原创作对扬雄的影响	任先大	零陵学院学报	5期	2004
扬雄文集笺注	郑 文	巴蜀书社		2000
张载入蜀之年考辨	徐传武	文史	46辑	1999
初唐"四杰"与天府	钱文学等	四川大学学报（哲社）	4期	1980
初唐"四杰"在四川	钱 朴	成都日报		1980.10.6
王勃由剑南至南昌为什么会在马当阻风	言 咨	争鸣	2期	1982
试论王勃旅居蜀地之文	史 实	天府新论	2期	1996
王勃彭州创作述论	管遗瑞	成都行政学院学报	5期	2000

续表七

篇、书名	著(译)编者	出处	卷、期	年月日
王勃在彭州的创作	管遗瑞	成都师专学报	1期	2001
王勃、陈子昂文学主张异同论	韩理洲	文学遗产	1期	1982
王勃与陈子昂文学主张的异同	杨 林	文山师范高等专科学校学报	1期	2004
初唐四杰与陈子昂	沈惠乐 钱伟康	上海古籍出版社		1987
初唐"四杰"与陈子昂	傅正义	渝州大学学报	2期	1991
陈子昂和他的作品	王运熙	文学遗产增刊	5辑	1957
		汉魏六朝唐代文学论丛		1981
陈子昂集	陈子昂著, 徐 鹏校	中华书局		1960
论陈子昂的文学精神——纪念陈子昂诞生一千三百周年	刘大杰	文汇报		1961.3.8
		刘大杰古典文学论文选集		1984
谈陈子昂与韩愈在"古文运动"中的异同之处	曹文铨	光明日报		1962.10.21
初唐文学史における陈子昂の位置づけ	安东俊六	九州中国学会报	15卷	1969
论陈子昂	黄 天	中山大学学报（哲社）	5期	1978
陈子昂诗文编年补正	韩理洲	四川大学学报（哲社）	3期	1980
试论陈子昂在唐代诗文发展中的地位	唐逢尧	鞍山师专学报		1982
陈子昂诗文编年考	韩理洲	求是学刊	2期	1982
陈子昂诗文编年考辨点滴	陈剑锋	广西师范学院学报（哲社）	4期	1982
试论陈子昂的文艺思想	吴明贤	西南师范学院学报（哲社）	1期	1984
对《陈子昂诗文编年考辨点滴》一文的意见	韩理洲	广西师范大学学报（哲社）	4期	1984
陈子昂评价断想——陈子昂评价再质疑兼谈古典文学研究问题	秦绍培 苏 华	新疆大学学报（哲社）	2期	1989
隋唐历史文化与陈子昂的美学观	周清泉	成都大学学报（社科）	4期	1991
陈子昂的侠气与初唐文学革命——兼论陈子昂对前代文化的集成与改造	韩云波	重庆师范大学学报（哲社）	1期	1993
古雅同源　前后辉映——陈子昂与高适之比较	佘正松	四川师范学院学报（哲社）	2期	1993
文学价值与文学史价值的不平衡性——陈子昂评价的一个新角度	刘 石	文学遗产	2期	1994
		中国文化月刊	172期	1994

续表八

篇、书名	著(译)编者	出处	卷、期	年月日
陈子昂诗文选译	王岚	巴蜀书社		1994
初唐四杰与陈子昂诗文选注	王国安	上海古籍出版社		1994
陈子昂文学地位与历史贡献的重新审视	赵慧平	沈阳师范学院学报（社科）	5期	1999
一代唐音起射洪——论陈子昂在唐代诗文革新中的机遇问题	汪文学	唐代文学研究	8辑	1998
		贵州民族学院学报（哲社）	1期	2000
论陈子昂对屈骚的接受	孟修祥	云梦学刊	2期	2001
陈子昂的文学观	姜昌求	宁波大学学报（人文）	2期	2002
试论陈子昂对《楚辞》的认识和继承	姚圣良	阜阳师范学院学报（社科）	5期	2002
论经学对陈子昂诗文及诗论的影响	谢建忠	贵州师范大学学报（社科）	6期	2003
假如陈子昂在四川摔琴，文学中心：一种空间性观察	陈引驰 严明	文汇报		2004.11.31
一代唐音"起"射洪——重估陈子昂诗文革新的主张及意义	沈文凡 沈玉文	重庆三峡学院学报	6期	2005
李太白全集	王琦辑注	扫叶山房		1908
		中华书局		1912
		河洛图书出版社		1976
		华正书局		1979
		上海书店		1988
		四川人民出版社		1995
		中国书店		1996
李太白集（宋刊本影印）	李白	江左书林		1912
李太白文集	李白	文瑞楼		1914
李太白全集	李白	中原书局		1931
李太白集	李白	商务印书馆		1933
李太白全集	李白	世界书局		1936
李太白全集	江淹著，胡之骥注，李长路、赵威点校	中华书局		1977
李太白文集卷之初	刘心恺讲解	大伦绸缎局、国华广播电台		1935
李太白诗文集	杨齐贤集注，萧士斌补注	新兴书局		1956

续表九

篇、书名	著（译）编者	出处	卷、期	年月日
唐代研究指南9：李白的作品	平冈武夫	京都大学人文科学研究所索引编纂委员会		1958
		汲古书院		1977
		上海古籍出版社		1989
李太白文集	宋敏求 曾 巩	京都大学人文科学研究所		1964
		学生书局		1967
		巴蜀书社		1986
		上海古籍出版社		1994
《李白集校注》序例	朱金城	河北大学学报（哲社）	1期	1980
李白集校注	瞿蜕园 朱金城	上海古籍出版社		1980
		里仁书局		1981
		伟丰书局		1984
从《李白集校注》谈到新发现的李白诗	朱易安	河北大学学报（哲社）	4期	1981
李白诗歌简论——《李白集校注》前言	王运熙	汉魏六朝唐代文学论丛		1981
读《李白集》札记	朱金城	唐代文学论丛	2辑	1982
一部集大成的巨著《李白集校注》	彭黎明	世界图书	A辑10期	1982
《李白集校注》拾误	尹楚彬	古籍整理研究学刊	6期	1995
《李白集校注》校勘指瑕	江合友	景德镇高专学报	1期	2003
《李白全集编年注释》后记	阎 琦	西北大学学报（哲社）	1期	1988
李太白全集	李太白	上海书店		1988
李白全集编年注释	安 旗	巴蜀书社		1990
李白选集	郁贤皓	上海古籍出版社		1990
李太白集注	王琦注	上海古籍出版社		1992
读李白集散记	李子龙	谢朓与李白研究		1995
读《李白集》三题	李子龙	唐代文学研究	6辑	1996
我们是怎样整理《李白全集》的——《李白全集校注汇释集评》前言	詹 锳	中国文化研究	1期	1994
李白诗中的爱国情操——《李白全集校注汇释集评》前言（二）	詹 锳	中国文化研究	1期	1996
李白全集校注汇释集评	詹 锳	百花文艺出版社		1996
李白全集整理研究的集大成之作	阮堂明	文学遗产	4期	1997

续表一〇

篇、书名	著(译)编者	出处	卷、期	年月日
从《李白全集校注集释汇评》想到古籍整理的学术规范问题	郁贤皓	南京师大学报	1期	1999
也谈古籍整理的学术规范问题——与郁贤皓先生商榷	葛景春	河北大学学报（哲社）	2期	1999
《李白全集校注汇释集评》质疑	安旗	西北大学学报（哲社）	2期	1999
李白全集	王琦注，杨用成点校	珠海出版社		1996
李白全集	鲍方校点	上海古籍出版社		1996
李太白集	杨镰校点	辽宁教育出版社		1997
盛唐风韵——《李太白集》导读	陈文华 孙鸿亮	四川教育出版社		1997
李白全集	李白	中国文史出版社		1999
名家藏书：李太白集	郑福田等	远方出版社、内蒙古大学出版社		2000
李翰林集	李白	线装书局		2001
李白集	李白	远方出版社		2004
李翰林集	李白	黄山书社		2004
李白对于文学的概念	黄维藩	细流	5卷6期	1935
李白的文艺造诣与谢朓	李长之	晨报·文艺	16期	1937.4.26
李白和他的作品	李岩	读书月报	1期	1957
李白诗文系年	詹锳	作家出版社		1958
		人民文学出版社		1984
从刘禹锡、柳宗元谈到李白	章木	艺林丛录	1期	1961
李白の閲歴と作品——唐詩人の伝記と作品	鈴木修次	漢文教室	76号	1966
略论李白作品的精神	王书瑞	新加坡大学中文学会学报	7期	1966
唐代文学の研究——李白の思想と文学（上）（下）	山田勝夫	東洋学術研究	9卷1、2号	1970
李白诗文之研究（上）（下）	张永明	畅流	47卷2、3期	1973
胸中激情 笔底波澜 时代潮汐——略论李白的浪漫主义创作方法	安旗	西北大学学报（哲社）	3期	1979
李白与李白诗文札记四则	苏兴	东北师大学报（哲社）	3期	1981

续表一一

篇、书名	著(译)编者	出处	卷、期	年月日
李白是现实主义艺术大师吗	王德才 郭凤	文学报		1983.9.22
李白作品的现实意义和艺术特征	乔象钟	中国古典文学论丛	1辑	1984
李白在安陆十年诗文系年	郑崇德 陈建平	孝感师专学报	3、4期	1984
李白集整理与新编献疑	裴斐	古籍整理与出版		1984
		看不透的人生		1992
读李白诗文记疑	安陆县考证李白办公室	唐代文学论丛	7辑	1986
试论李白的文学观	杨海波	天津师大学报	3期	1987
李白待诏翰林时期作品探索	王定璋	天府新论	5期	1987
《夜泊牛渚怀古》与《横江词六首》考释	郁贤皓	南京师大学报（社科）	1期	1988
李白词诗文用语分析试论	坂井健一	日本大学人文科学研究所研究纪要	39号	1990
李白在山东诗文集注	郑修平	济宁市新闻出版局		1991
李白安徽诗文校笺	张才良	安徽文艺出版社		1992
李白艺术风格的文化渊源	王定璋	西南师范大学学报（哲社）	1期	1994
李白诗文中的鸟类意象	李浩	文学遗产	3期	1994
千秋万岁名，寂寞身后事——文学批评史上的李白	萧华荣	华东师范大学学报（哲社）	6期	1995
飘逸不群与空妙自然——李白与苏武的文化意义	王定璋	中华文化论坛	1期	1998
李白艺术风格的文化渊源	王定璋	西南师范大学学报（哲社）	1期	1994
李白诗文中的溧阳"投金濑"	吴新雷	古典文学知识	4期	1994
"今人不见古时月 今月曾经照古人"——论李白诗词中对月亮的咏叹	钮家琪 郑苏淮	南昌高专学报	1期	1995
论李白的文学思想及其历史地位	徐建顺	谢朓与李白研究		1995
李白的文学主张	杨志学	解放军外语学院学报	3期	1997
李白马鞍山诗文赏析	成浩	安徽文艺出版社		1999
李白诗词歌曲选：李白之声	吴丹雨	中国古琴艺术联谊中心		2000
李白文化总论	梁吉充 吴丹雨	中共四川省委省级机关党校学报	3期	2001
李白与屈原浪漫主义的比较	张芬	陕西师范大学学报（哲社）	增刊	2002
李白《忆秦娥》、《蜀道难》的文化发生学阐释	魏传宪	绵阳师范高等专科学校学报	1期	2002

续表一二

篇、书名	著(译)编者	出处	卷、期	年月日
李白文学思想的复古色彩	王运熙	沈阳师范大学学报（社科）	2期	2003
李白《与韩荆州书》《赠孟浩然》著年考论	吕华明 张文德	南京工业大学学报（社科）	2期	2003
李白的鄂州诗文界定	杨采华	鄂州大学学报	3期	2003
李白诗文的佛教描写	须藤健太郎	唐代文学研究	10辑	2004
异曲同工说愁怨——李白《菩萨蛮》与《玉阶怨》比较赏析	朱庆和	考试（高考语文）	1期	2005
《李太白集·杜工部集》前言	苏渊雷	长沙水电师院学报（社科）	2期	1989
李太白集·杜工部集	张式铭点校	岳麓书社		1989
孤独者的悲歌——杜甫漂泊西南时期孤独心态探微	杨映红	川北教育学院学报	1期	2002
陇蜀道上	胡嗣坤	南充师院学报（哲社）	2期	1980
杜甫入蜀原因析	杨欣	四川教育学院学报	1期	2003
杜少陵在蜀之流寓	朱偰	东方杂志	40卷8号	1944
记杜少陵浪迹西川	贺昌群	说文月刊	4卷	1946
杜少陵在梓阆间的生活	银化愚	中央日报		1947.7.7
杜子美流寓成都的生活	银化愚	中央日报		1947.9.29
杜甫传——从秦州到成都	冯至	文学杂志	3卷2期	1948
杜甫的草堂生活	冯至	民讯	1号	1948
杜甫在梓州阆州	冯至	新路周刊	1卷19期	1948
杜甫草堂营建始末诗解	吕佛庭	大陆杂志	3卷9期	1951
杜子美流寓成都的生活	叶耐霜	畅流	17卷10期	1958
杜工部及其草堂	陈友琴	温故集		1959
杜甫在夔州	包全万 刘继才	长春	4期	1962
杜甫在四川	缪钺	成都晚报		1962.11.9，1962.11.19，1962.11.29，1962.12.9，1962.12.21
杜甫 成都への旅	望月真澄	山梨縣立女子短大紀要	8期	1976
杜甫在四川	曾枣庄	四川人民出版社		1980
杜甫与中江	杨重华	草堂	2期	1982
杜甫在泸州忠州遗迹	石欣	成都日报		1982.3.29
杜甫为郎离蜀考	陈尚君	复旦学报（社科）	1期	1984

续表一三

篇、书名	著(译)编者	出处	卷、期	年月日
唐宝应元年杜甫行迹考	沈元林	社会科学研究	5期	1984
杜甫两川行踪遗迹初考	丁浩	成都文物	2期	1986
杜甫离成都至嘉、戎时间考索	陶瑞芝	杜甫研究学刊	3期	1989
久游巴子国——杜府流寓夔州行踪考	刘健辉	杜甫研究学刊	4期	1991
杜甫在夔州	刘瑞莲	杜甫研究学刊	2期	1992
高雅的情趣，细腻的审美——杜甫居草堂时精神风貌抉微	王启兴	杜甫研究学刊	3期	1992
谈云安严明府与杜甫流寓云安时的住地	谭文兴	杜甫研究学刊	2期	1994
杜甫去蜀下峡与客居云安杂谈	任桂园	重庆三峡学院学报	3期	1995
杜甫蓬溪之行初探	李全民	杜甫研究学刊	1期	1996
关于杜甫来蓬溪与否的史实考证	赖显荣	杜甫研究学刊	3期	1996
杜甫阆州行踪及创作	毛明文	杜甫研究学刊	4期	1997
杜甫在成都有几个草堂	董畅	文史杂志	4期	1998
杜甫筑屋浣花溪	李秋生	风景名胜	8期	1998
杜甫与涪江	赵长松	杜甫研究学刊	2期	1999
杜甫与白帝城	蒋先伟	杜甫研究学刊	4期	1999
杜甫夔州行止浅索	陈淑宽	涪陵师范学院学报	3期	2000
从重庆文学史角度研究杜甫	易光	涪陵师范学院学报	3期	2000
入蜀	曾枣庄	文史知识	7期	2001
杜甫去蜀原因探微	李良品 谭清宣	涪陵师范学院学报	2期	2002
杜甫居蜀时期的思想发展——兼论离蜀原因	李俊标	杜甫研究学刊	4期	2003
浅析杜甫夔州时期的社会关怀	封野	淮海工学院学报（人文）	2期	2004
从传播学角度论杜甫对诸葛亮人格形象定位的贡献	李兵	南昌大学学报（人文）	6期	2004
杜甫夔州高斋历代考察述评	王大椿	杜甫研究学刊	2期	2005
杜甫在新津	唐树根	巴蜀史志	5期	2005
杜甫与他的孩子	树梁	成都日报		1959.5.31
记杜甫有后于江津	王利器	草堂	2期	1981
		王利器论学杂著		1990
杜甫在四川的后裔	周子云	南充师院学报（哲社）	1期	1982
谈杜翊世——杜甫在成都的后裔	常思春	杜甫研究学刊	3期	1991

续表一四

篇、书名	著(译)编者	出处	卷、期	年月日
"吴郎"为杜甫女婿考辨	蒋先伟	重庆三峡学院学报	3期	2001
		杜甫研究学刊	4期	2001
杜甫与严武	霍松林	中央日报		1946.10.22，1946.10.23
杜甫退出严武幕府的原因——兼论杜甫的功名思想	曾枣庄	四川师院学报（社科）	1期	1980
杜诗论严武	高利华	绍兴师专学报（哲社）	1期	1995
杜甫、严武"睚眦"考辨	丁启阵	文学遗产	6期	2002
杜甫辞幕原因考	李良品	四川教育学院学报	7期	2002
从杜甫"赠严诗"看杜甫与严武的关系	李良品	四川教育学院学报	7期	2003
杜甫与严武关系考辨	傅璇琮 吴在庆	文史哲	1期	2004
杜甫、严武"睚眦"再考辨——与傅璇琮、吴在庆先生商榷	丁启阵	文史哲	4期	2004
杜甫、严武"睚眦"诗证及相关问题辨析	吴在庆	中国文化研究	3期	2005
杜甫与诸葛亮	群子	成都晚报		1962.4.9
苏轼和杜甫	张浩逊	杜甫研究学刊	1期	1998
"杜陵诗境在，寂寞古今情"——杜甫与张问陶	徐希平	杜甫研究学刊	4期	2003
论苏涣	曾枣庄	四川师院学报（社科）	3期	1979
"人民诗人苏涣"之说质疑——评郭沫若著《李白与杜甫》中的"杜甫与苏涣"一节	戴予篁	学术论坛	2期	1980
驱传及远蕃 忧思郁难排——对高适为官西川及其诗作的评价	佘正松	天府新论	3期	1987
岑参赴嘉州时事考——兼论杜甫《寄岑嘉州》诗系年	刘尚勇	成都大学学报（社科）	3期	1987
岑参刺嘉缘由考	王勋成	西北民族大学学报（哲社）	2期	1992
岑参入蜀未与杜鸿渐同行	李厚琼	内江师范学院学报	3期	2005
李贺入蜀为宰考	黄震云	江海学刊	5期	1995
《李贺入蜀为宰考》商榷	房日晰	江海学刊	2期	1996
贾岛墓的确在地	天冬	光明日报		1962.4.24
贾岛在四川的活动与遗迹	姚诚	南充师院学报（哲社）	1期	1981
贾岛墓前说贾岛	汪毅	四川日报		1981.12.20

续表一五

篇、书名	著(译)编者	出处	卷、期	年月日
安岳城外贾岛墓	聂念新 肖健卿	旅游天府	1期	1982
关于贾岛的"归葬"问题	阎慰鹏	文献	1期	1983
贾岛墓小考	周香洪	四川文物	1期	1988
贾岛生平故里丛考	杜景华	学术交流	5期	2000
贾岛的籍贯、墓地考	罗琴 胡问涛	西南民族学院学报（哲社）	8期	2002
巴山夜雨涨秋池——李商隐与三峡	孙善齐	中国三峡建设	2期	2001
李商隐姓氏、族属及心灵深层潜存的巴族因子——兼论巴楚文化南北流变、后世孑遗与潜藏	白俊奎等	渝州大学学报（社会科学版）	5期	2001
唐代诗人李洞入蜀考辨	胡筠	绵阳师范学院学报	4期	2005
晚唐诗人李远考略	梁超然	广西民族学院学报（哲社）	2期	1990
李远并非"《全唐诗》中唯一有诗作传世的巴渝籍作家"	李胜	文学遗产	6期	2004
唐代成都诗人雍陶	元祐	成都晚报		1962.9.5
试论晚唐成都籍诗人雍陶	王康平 曾智中	文谭	7期	1982
雍陶交游考	梁超然	贵州大学学报（社科）	4期	1986
雍陶寓居云南说辨析	房锐	社会科学家	4期	2005
简评唐代诗人唐求	张天健	社会科学研究	4期	1986
一瓢诗人——唐求	魏煜焜	文史杂志	6期	1991
唐末的隐逸诗人唐求	房锐	文史杂志	4期	2000
唐求初探	房锐	四川师范大学学报（社科）	4期	2001
贯休入蜀的时间及生卒年补证	马凌霄	文学遗产	4期	1981
五代前蜀诗书画家贯休	胡昌健	四川文物	2期	1995
诗僧贯休"得得来"	吴宝金	语文月刊	4期	1999
贯休入蜀考论	张海	四川师范大学学报（社科）	4期	2002
贯休官职考	王秀林	中国典籍与文化	1期	2005
唐诗僧可朋说略	李朝正	文史杂志	2期	1990
历代编辑列传（十八）赵崇祚	戴文葆	出版工作	6期	1987
花间词人研究	伊砥	元新书局		1936
"花间"词人事辑	陈尚君	俞平伯先生从事学术活动六十五周年纪念论文集		1992

续表一六

篇、书名	著(译)编者	出处	卷、期	年月日
花间词人事迹考辨三题	邓建	湖北大学成人教育学院学报	1期	2002
温庭筠入蜀考辨	徐匋	汉中师院学报（哲社）	2期	1984
韦庄墓在白沙	羊村	灌县风物	3期	1981
韦庄与杜甫草堂	李谊	四川史研究通讯	1期	1983
韦庄与前蜀政权	何汝泉 钟大群	西南师范大学学报（哲社）	2期	1990
欧阳炯	艾治平	经世日报·经世副刊	180期	1947.12.11
《十国春秋》欧阳炯生平考异	刘俊伟	文献	1期	2003
五代时的两位外国词人：李珣、李存勖	傅贤	中央日报		1935.1.18
波斯词人李珣	林水豪	中外文学	10卷3期	1981
杂谈西蜀词人李珣	魏尧西	重庆师院学报（哲社）	3期	1983
域外词人李波斯——五代词人李珣及其作品漫议	林松	中央民族学院学报	增刊	1988
前蜀词人李珣及其创作	李星奎	四川师范大学学报（社科）	3期	1994
波斯裔花间词人李珣生平考	李斌	乌鲁木齐成人教育学院学报	2期	1999
"土生波斯"李珣词学人格简论	许兴宝	西安联合大学学报	3期	1999
孙光宪	艾治平	经世日报·经世副刊	198期	1948.1.24
孙光宪生平及其著述	庄学君	四川师范大学学报（社科）	4期	1986
"花间词人"孙光宪生平事迹考证	刘尊明	文学遗产	6期	1989
孙光宪生年考断	拜根兴	中国史研究	1期	1998
孙光宪著述考	房锐	四川师范大学学报（社科）	5期	2002
孙光宪交游考	房锐	乐山师范学院学报	8期	2003
孙光宪江南、湖湘之行考述	赵晓兰	四川师范大学学报（社科）	4期	2004
花间集词人张泌	黄清士	光明日报		1957.4.7
张泌	周子瑜	天府新论	2期	1988
花间词人张泌与南唐张佖、张泌事迹作品考辨	方建新	文史	50辑	2000
南唐张原泌、张泌、张佖实为一人考	朱玉龙	安徽史学	1期	2001
南唐张原泌、张泌、张佖实为一人考补	顾吉辰	安徽史学	4期	2004
千年张泌疑案断是非——各家张泌考议平议与辨正	李定广	汕头大学学报（人文）	4期	2004
花间词人皇甫松	张以仁	文史哲学报	39期	1992

续表一七

篇、书名	著(译)编者	出处	卷、期	年月日
《十国春秋·冯涓传》考补	冯汉镛	成都大学学报（社科）	3期	1987
西蜀才女黄崇嘏	萧源锦	巴蜀史志	2期	2005
节杖与唐宋巴蜀文人	季智慧	文史杂志	4期	1988
试论田锡的文学思想	李 健	阜阳师范学院学报（社科）	1期	1989
试论宋初西蜀作家田锡	祝尚书	四川大学学报（哲社）	2期	1990
田锡文学思想的接受问题及其原因分析	李 健	阜阳师范学院学报（社科）	2期	1992
七诏不仕的张愈——《全宋文》编纂札记	曾枣庄	文史杂志	5期	1988
北宋西蜀隐逸诗人张俞考论	祝尚书	西华大学学报（哲社）	1期	2005
论张俞的治国思想	官性根	求索	1期	2005
苏舜钦籍贯及世系考	朱杰人	上海师范大学学报（哲社）	2期	1981
苏舜钦生卒、籍贯考	陈植锷	苏州大学学报（哲社）	2期	1985
三苏全集		扫叶山房		1921
		中文出版社		1986
三苏的改革文学意见	罗根泽	经世季刊	4期	1952
三苏的文学思想	苏 雨	建设	12卷7期	1963
三苏著述考	易苏民	大学文选社		1969
"三苏"文艺思想初探	曾枣庄	社会科学研究	3期	1982
三苏合著《南行集》初探	曾枣庄	文学评论	1期	1984
三苏文艺思想	曾枣庄	四川文艺出版社		1985
		学海出版社		1995
三苏选集	曾枣庄 曾 涛	黑龙江人民出版社		1993
眉山三苏	陈书良选注	岳麓社		1998
精注详析唐宋八大家诗文选：苏洵苏辙诗文选	冯克诚 田晓娜	青海人民出版社		1998
三苏全书	曾枣庄 舒大刚	语文出版社		2001
三苏名言佳句选	宋 奔 王国荣	三苏祠博物馆		2004
眉山苏氏三世遗翰	苏 洵	北平故宫博物院		1933
苏老泉全集	沈卓然	上海大东书局		1936
苏老泉选集	苏 洵	台湾东方书店		1956

续表一八

篇、书名	著（译）编者	出处	卷、期	年月日
苏洵集	苏洵	河洛图书出版社		1975
苏洵集	毋庚才等	中国书店		2000
中国古典文学名著百部：苏洵集	苏洵	中国戏剧出版社		2002
苏洵与北宋古文革新运动	曾枣庄	四川师院学报（社科）	1 期	1981
试论苏洵的革新主张	曾枣庄	西南师院学报（哲社）	4 期	1981
苏洵言论及其文学之研究	谢武雄	文史哲出版社		1981
苏洵诗文系年	曾枣庄	四川师范学院学报（社科）	3 期	1983
蘇洵とその文学	乾一夫	唐宋八大家文読本	4 号	1989
苏洵的文学理论考察	金钟燮	中国文学	31 辑	1999
苏洵的文学观念考察	崔在赫	中国文学研究	27 辑	2003
苏洵"杂学"特色及其文艺思想	李凯	四川师范大学学报（社科）	2 期	2004
苏李与文学	子美	京报副刊		1925.5.17，1925.5.25
Selections from the Works of Su Tung-po A. D. 1036－1101	Cyril Drummond	Jonathan Cape，Ltd Le Gros Clark		1931
评李高洁《苏东坡文选》	钱锺书	清华周刊	36 卷 11 期	1932
评李高洁《苏东坡集选译》	吴世昌	新月	4 卷 3 期	1932
		罗音室学术论著	3 卷	1996
苏东坡全集	苏轼	国学整理社		1936
苏东坡全集	崔龙	大东书局		1937
苏东坡集目录校勘记	傅琴心	中央日报		1948.3.1
苏东坡全集索引	佐伯富	世界书局		1950
		彙文（イブン）堂		1958
苏东坡集	苏轼	商务印书馆		1958
苏东坡诗词选	陈迩冬	人民文学出版社		1960
苏东坡诗词选注	陈蔚钧	大众书局		1962
校注苏东坡全集		庄严出版社		1982
苏东坡全集	陈继儒选，方松青校	新兴书局		1955
苏东坡诗词选	华兹生	哥伦比亚大学出版社		1965
东坡七集	苏轼	台湾中华书局		1970
中国詩文選 19：蘇軾	山本和義	筑摩书房		1973

续表一九

篇、书名	著(译)编者	出处	卷、期	年月日
蘇東坡集	小川環樹 山本和義	中国文明選2		1973
苏东坡全集	杨家骆	世界书局		1975
佳处未易识 当有来者知——苏轼咏徐州诗词选注（一）	冒炘 刘鹏	徐州师范学院学报（哲社）	3期	1980
到郡诗成集 民事要更尝——苏轼咏徐州诗词选注（二）	冒炘 刘鹏	徐州师范学院学报（哲社）	4期	1980
苏轼选集	刘乃昌	齐鲁书社		1980
东坡赤壁诗文选注	饶学刚	黄冈师专学报	2-4期	1981
			1、2期	1982
苏东坡诗词新译	许渊冲	香港商务出版社		1982
雪泥鸿爪：苏东坡诗词小品文选	朱昆槐选注，张敬校订	狮谷出版公司		1982
		时报文化出版事业公司		1983
苏轼文学	朱传誉	天一出版社		1982
苏轼文学理论	朱传誉	天一出版社		1982
《东坡选集》序	徐永年	甘肃社会科学	5期	1983
《苏东坡集》订误举隅	吴雪涛	河北师范大学学报（哲社）	2期	1984
东坡赤壁诗词选	丁永淮 吴闻章	湖北人民出版社		1984
苏东坡诗词文译释	郑孟彤等	黑龙江人民出版社		1984
苏轼选集	王水照	上海古籍出版社		1984
		群玉堂出版公司		1991
		万卷楼出版公司		1993
苏东坡全集	苏轼	中国书店		1986
苏轼文集	茅维纂集，孔凡礼点校	中华书局		1986
东坡选集	徐永年 曹慕樊	四川人民出版社		1987
蘇軾集	大野修作	二玄社		1988
苏轼咏赤壁的诗文	崔鹏	内蒙古电大学刊	9期	1989
苏东坡诗词选	郭明进	汉威出版社		1989

续表二〇

篇、书名	著(译)编者	出处	卷、期	年月日
《苏轼文集》收文补正两则	尹波	四川大学学报（哲社）	3期	1990
苏轼诗文词选译	曾枣庄 曾弢	巴蜀书社		1990
		锦绣出版社		1993
苏东坡文集导读	徐中玉	巴蜀书社		1990
苏轼诗词选注	王水照 王宜瑗	上海古籍出版社		1990
		建宏出版社		1996
苏轼海南诗文选注	海南师范学院古籍研究室	北京师范大学出版社		1990
《苏轼文集》点校失误举例	蔡正发	古籍整理研究学刊	4期	1992
苏轼诗文集	戴月芳	锦绣出版社		1993
苏东坡诗词精华	伍峰 李研尘	贵州人民出版社		1993
《苏轼文集》点、校失误举例	金诤	四川大学学报（哲社）	2期	1995
苏东坡全集	王文诰注	珠海出版社		1996
唐宋诗词十大家：苏轼诗词	张德杰	济南出版社		1995
苏东坡黄州作品全编	丁永淮	武汉出版社		1996
苏东坡全集	邓立勋编校	黄山书社		1997
苏东坡诗文选	戴丽珠	学海出版社		1997
百家书苏轼诗文选	周兴俊编，张圣洁注	国际文化出版公司		1997
苏东坡全集注译本	毛德富等	北京燕山出版社		1998
苏轼诗文选	苏轼	青海人民出版社		1998
苏轼及其作品选	王水照	上海古籍出版社		1998
精注详析唐宋八大家诗文选：苏轼诗文选	冯克诚 田晓娜	青海人民出版社		1998
苏轼陆游合集	余力	紫禁城出版社		1998
苏轼集	齐豫生等	延边人民出版社		1999
苏轼全集	苏轼	中国文史出版社		1999
苏轼诗词选（汉英对照 绘图本）	（杨宪益 戴乃迭）	中国文学出版社、外语教学与研究出版社		1999
苏轼诗词选	徐培均	山东大学出版社		1999
苏轼全集	傅成 穆俦标点	上海古籍出版社		2000
苏轼集	苏轼	远方出版社		2000

续表二一

篇、书名	著(译)编者	出处	卷、期	年月日
苏轼诗词选	迟乃鹏	巴蜀书社		2000
苏轼集	苏 轼	时代文艺出版社		2000
苏轼 陆游合集	苏 轼 陆 游	时代文艺出版社		2000
中国十大文豪全集：苏轼	王文诰注，于宏明点校	时代文艺出版社		2001
中国古典文学精品屋：苏轼	邱 健	黄山书社		2001
东坡集 东坡后集	苏 轼 陆 游	线装书局		2002
苏轼集	彭诗琅	中国戏剧出版社		2002
苏轼选集	张志烈	人民文学出版社		2002
东坡诗文选（中英对照）	林语堂	百花文艺出版社		2002
《苏东坡集》：诠释与解读	杨抱朴	中国少年儿童出版社		2003
苏轼集	苏 轼	中华书局		2004
苏轼集	苏 轼	黑龙江人民出版社		2005
插图本中国诗词经典：苏轼	杨义、郭晓鸿选注	岳麓书社		2005
东坡文学	张尊五	国专月刊	5卷4期	1937
东坡类稿	陈守实	新中华（复刊）	1卷12期	1943
苏轼的文学方法	罗根泽	西北文化月刊	1卷2期	1947
东坡禅学诗文要解	江谦注	灵峰正眼印经会		1947
蘇東坡の詩文用語の研究	小川環樹	各個研究及び助成研究報告集録——哲、史、文学編		1953
蘇東坡の文芸	小川環樹	書道全集月報	1号	1954
蘇東坡と国文学	早川光三郎	斯文	10号	1954
漫谈苏轼及其《前赤壁赋》、《水调歌头》、《念奴娇》	林 庚	语文教学	3期	1957
苏轼在岭南的吟咏	徐 续	作品	12期	1957
略论苏轼的文学主张	黄海章	光明日报		1958.6.22
关于苏轼及其作品评价的几个问题	徐振展等	福建师范学报	1期	1959
论苏轼和他的创作	中文系"中国文学史"宋元部分编写组	四川大学学报（社科）	1期	1959

续表二二

篇、书名	著(译)编者	出处	卷、期	年月日
关于苏轼的文学理论批评	复旦大学中文系1955级中国文学批评史宋元小组	学术月刊	4期	1961
论变法与苏轼作品评价的关系	廖仲安 高怀玉	光明日报		1961.3.12
东坡文学之分析研究	黎淦林	文学世界	45卷	1965
苏轼的文学批评	张 健	现代学苑	3卷3期	1966
蘇東坡の文章観の一側面	阿部兼也	漢文教室	77号	1966
Self and Landscape in Su Shih	A. L. March	Journal of the American Oriental Society	Vol. 86, nas. 4	1966
宋代文芸における俗の概念——蘇軾・黄庭堅を中心にして	合山究	九州中国学会報	13卷	1967
蘇軾の文学思想——性命自得と自然随筆	合山究	中国文芸座談会ノート	16号	1967
詩と詞とのあいだ——蘇東坡の場合	村上哲見	東方学	35辑	1968
苏东坡诗词偶得	禚梦庵	中华诗学	4卷4期	1971
苏轼的文学批评研究	张 健	文史哲学报	22期	1973
		宋金四家文学批评研究		1975
蘇東坡文学における卑俗の高雅化	合山究	中国文学論集	4号	1974
苏东坡的文学评论	陈宗敏	中华文化复兴月刊	7卷6期	1974
苏东坡文学研究及其周围问题与特质	洪瑀钦	工专文化（岭南工专）	7辑	1974
苏轼文学作品中尊儒反法思想	中共眉山县委革命大批判组	四川通讯	7期	1974
苏轼之"诗""书""画"	刘启华	古今谈	111期	1974
詩人における"狂"について——蘇軾の場合	横山伊勢雄	汉文学学会报	34号	1975
苏东坡全集七种、年谱	杨家骆	世界书局		1975
苏东坡的诗文与中国文化	禚梦庵	中外杂志	19卷4期	1976
苏轼《江城子·密州出猎》《念奴娇·赤壁怀古》《题西林壁》《石钟山记》		语文函授	1期	1977
On Such a Night: A Consideration of the Antecedents of the Moon in Su Shih's Writings	A. R. Davis	Journal of the Oriental Society of Australia	Vol. 12	1977
韩愈、苏轼文学的异同性研究	洪瑀钦	李贞浩博士退任纪念论文集		1978

续表二三

篇、书名	著(译)编者	出处	卷、期	年月日
苏轼诗词选讲	王淑均	语文学习	1期	1979
苏东坡文学之豪放性小考	洪瑀钦	国语教育研究（韩国社会事业大学）		1979
苏轼的文艺思想	顾易生	文学遗产	2期	1980
论苏轼"言必中当世之故"的创作思想	徐中玉	社会科学战线	3期	1980
苏轼创作思想中的数学观念	徐中玉	文学遗产	3期	1980
佳处未易识，当有来者知——苏轼咏徐州诗词选注	冒炘等	徐州师院学报（哲社）	3、4期	1980
苏轼教人如何作文	徐中玉	语文学习	5期	1980
论苏轼的文艺批评观	徐中玉	华东师范大学学报（哲社）	6期	1980
苏轼三诵赤壁	李玮	语文学习	7期	1980
略谈苏轼的文学主张	黄海章	光明日报		1980.6.22
苏轼诗词的理趣	吴熊和	名作欣赏	1期	1981
略论苏轼的创作理论	李壮鹰	浙江师范学院学报（社科）	1期	1981
关于苏轼的文学评价问题	王孟白	北方论丛	2期	1981
苏轼的文艺观	刘乃昌	文史哲	3期	1981
论苏轼的"自是一家"说	徐中玉	学术月刊	5期	1981
略论苏轼及其文学成就	刘乃昌	（曲阜师范学院）学术讨论会论文选		1981
论苏轼的创作经验	徐中玉	华东师范大学出版社		1981
苏轼的文学理论	游信利	学生书局		1981
东坡诗词设色	王树芳	青海师范学院学报（哲社）	2期	1982
姓名高挂在黄州——苏东坡文艺创作高峰在黄州初探	饶学刚	黄冈师专学报	3期	1982
苏轼创作思想中真有所谓"数学观念"吗——向徐中玉先生求教	易重廉	文学遗产	4期	1982
苏东坡文学的特色	洪瑀钦	中国语文学	5辑	1982
苏轼创作艺术论述略	刘禹昌	武汉大学学报（社科）	6期	1982
苏轼杰出的文学成就	昆仑客	南洋商报		1982.12.14
苏轼文学论集	刘乃昌	齐鲁书社		1982
中国古典文学第二十四讲：苏轼	霍松林	陕西教育	1期	1983
苏轼文学成就初探	吴子厚	广西大学学报（哲社）	2期	1983

续表二四

篇、书名	著(译)编者	出处	卷、期	年月日
苏轼创作论初探	赵永纪	淮北煤师院学报（社科）	2 期	1983
苏东坡文学之背景	洪瑀钦	岭南大学出版部		1983
从苏东坡看中国文学特色	董毓箴	工业技术研究出版社		1983
论苏轼创作的发展阶段	王水照	社会科学战线	1 期	1984
试论苏轼"绚烂之极，归于平淡"的文学思想	章亚昕	艺谭	1 期	1984
苏轼灵感论初探	金 诤	江淮论坛	1 期	1984
读苏轼文论札记	刘国珺	南开学报	2 期	1984
如画江山瑰丽诗——东坡赤壁诗词选前言	丁永淮 吴闻章	黄冈师专学报	2 期	1984
苏轼著述生前编刻情况考略	曾枣庄	中华文史论丛	4 期	1984
苏轼的书简《与鲜于子骏》和《江城子·密州出猎》	王水照	学术月刊	5 期	1984
苏轼诗词二题	吕晴飞	电大文科园地	11 期	1984
苏轼创作动力及源泉之探讨	曹思彬	惠阳师专学报	增刊	1984
苏轼及其作品	丛 鉴 柯大课	吉林人民出版社		1984
东坡赤壁诗词选	丁永淮 吴闻章	湖北人民出版社		1984
苏轼文艺理论研究	刘国珺	南开大学出版社		1984
略谈苏轼的创作观	许龙九	延边大学学报（社科）	3 期	1985
天涯何处无芳草——谈苏轼几首有关朝云的诗词	王汝涛	临沂师专学报（社科）	3 期	1985
苏轼的"士气"论	黄鸣奋	厦门大学学报（哲社）	4 期	1985
苏轼文学对李奎报文学之影响	洪瑀钦	古典文学	7 集	1985
克罗济的直觉说与苏轼的成竹在胸说之比较研究	徐贞姬	中国语文学	9 辑	1985
苏轼文学所表现之"高气大节"	洪瑀钦	中国语文学	10 辑	1985
苏轼的传神说	熊莘耕	古代文学理论研究	10 辑	1985
苏轼的文学思想	罗根泽	罗根泽古典文学论文集		1985
苏东坡的立身与论文之道	游信利	学生书局		1985
苏轼论文艺	颜中其	北京出版社		1985
苏轼的风格论	程千帆 莫砺锋	成都大学学报（社科）	1 期	1986
苏轼"文理自然"说评析	李泽民	语文学习	2 期	1986

续表二五

篇、书名	著(译)编者	出处	卷、期	年月日
似花非花 形神兼备——由苏轼的"形神观"谈起	陈炳	文艺评论	2期	1986
苏轼在宋代文学革新中的领袖地位	姜书阁	文学遗产	3期	1986
政治遭遇所形成苏轼之文学生涯略考	权镐钟	中国语文学	11辑	1986
苏轼文学的"法度"与"新意"考察	洪瑀钦	中国语文学	12辑	1986
韩国汉文学从苏东坡的接受样相	尹浩镇	中国语文学	12辑	1986
苏东坡文学的思想形成期背景研究	禹埈浩	论文集（忠南大学）	14卷1期	1987
苏轼文艺思想简论	滕咸惠	山东大学学报（哲社）	1期	1987
文学史上的多面手苏轼——纪念苏轼诞辰九百五十周年	杨明照	四川大学学报（哲社）	4期	1987
		文史知识	11期	2001
苏轼的风格论	程千帆 莫砺锋	中国古典文学论丛	5辑	1987
蘇東坡と屈原——荆州滞在時の作品を中心として	石本道明	国学院雑誌	88卷5号	1987
苏轼诗词研究——纪念苏东坡诞辰九百五十周年	四川省眉山三苏博物馆、四川师范大学学报编辑部	四川师范大学学报丛刊	11辑	1987
苏轼作品赏析	吴子厚	广西教育出版社		1987
论苏轼的文艺心理观	黄鸣奋	海峡文艺出版社		1987
苏轼的文艺创新精神	吴枝培	南京大学学报（哲社）	1期	1988
苏轼思想与文学成就管窥	吴国钦	汕头大学学报（人文）	1、2期	1988
苏轼的谪居时期文学考察	申铉锡	中国人文科学	7辑	1988
苏东坡诗文的韩国接受	许捲洙	中国语文学	14辑	1988
佛禅思想与苏轼文学理论	刘石	天府新论	2期	1989
苏轼论文艺创造的自由境界	张惠民	汕头大学学报（人文）	4期	1989
即数以得其妙——苏轼传神理论的科学基点	高岭	美术	11期	1989
蘇軾の河豚の詩文について	瀧本正史	漢文教室	163号	1989
蘇東坡文芸評論集	豊福健二	木耳社		1989
清词丽句写高标——读苏轼咏梅诗词两首	莫砺锋	古典文学知识	2期	1990
蘇東坡の文学——その多面性	小川環樹	書道研究	4卷11号	1990
苏东坡一生文章研究——苏文系年考略	吴雪涛	内蒙古教育出版社		1990

续表二六

篇、书名	著(译)编者	出处	卷、期	年月日
寒心未肯随春态：苏东坡诗词欣赏	戈登·奥赛茵（闵晓红、黄海鹏）	河南人民出版社		1990
苏东坡诗词欣赏	郑雅嫔	汉风出版社		1990
苏轼凤翔诗文赏析	祁念曾	陕西人民出版社		1990
浪迹东坡路	史良昭	汉欣文化公司		1990
		江苏古籍出版社、（香港）中华书局		1991
苏轼论文学抒情述意的审美特质	王世德	重庆师范大学学报（哲社）	2期	1991
试论苏轼文学思想的求新特点	张辉	中国人民大学学报	2期	1991
苏轼五篇名文订正	于景祥	辽宁教育学院学报	4期	1991
苏轼"寓意于物"论与儒佛道思想	王世德	求是学刊	5期	1991
论苏东坡对小说戏曲的影响	王利器	中国文化研究所学报	22卷	1991
苏轼论妙出法度的审美意味	王世德	徐州师范学院学报（哲社）	1期	1992
苏轼论"辞达"的审美表现	王世德	青海社会科学	1期	1992
苏轼论"身与竹化"的审美意象	王世德	西南师范大学学报（哲社）	4期	1992
从来佳茗似佳人——谈谈苏轼的咏茶诗词	周树斌	农业考古	2期	1992
苏轼诗文俗语词辑释	黄征	宁波师院学报	2期	1992
苏轼创作中与佛禅有关的几个问题	刘石	贵州社会科学	3期	1992
清旷之美——苏轼的创作个性、文化品格及审美取向	张毅	文艺理论研究	4期	1992
苏轼笔下的龙卷风	辛渝	西南民族学院学报（哲社）	4期	1992
佛教思想与苏轼的创作理论	陈晓芬	文艺理论研究	6期	1992
苏轼黄州诗文评注	梅大圣	华中师范大学出版社		1992
苏轼诗词名篇详析	张福庆	北京师范大学出版社		1992
试论苏轼诗词文会通的主要原因	曾子鲁	江西师范大学学报（哲社）	1期	1993
苏东坡的文学理论	柳种睦	中国文化研究（大邱大学）	2辑	1993
浅析苏轼的诗词成就及其创新	朱天禧	中国妇女管理干部学院学报	2期	1993
苏轼文艺思想的朴素辩证法特色	滕咸惠	山东大学学报（哲社）	3期	1993
苏轼文学创作与佛学	刘石	世界宗教研究	4期	1993
蘇軾の"窮"と"工"をめぐる理論について	高橋明郎	中国文化－研究と教育	51号	1993
千古风流人物：苏轼作品赏析	吴子厚	开今文化出版社		1993

续表二七

篇、书名	著（译）编者	出处	卷、期	年月日
儒道佛美学的融合——苏轼文艺美学思想研究	王世德	重庆出版社		1993
苏轼的"寓意于物论"与康德的非功利审美论	王世德	四川师范学院学报（哲社）	1期	1994
人生困境对苏轼后期创作的影响	徐丛丛	衡阳师专学报（社科）	2期	1994
苏轼文艺理论批评和创作思想的核心	郑荣基	中南民族学院学报（哲社）	4期	1994
试论苏轼咏叹人生作品的美学风格	王兰	济宁师专学报	4期	1994
庄子审美思想与苏轼文艺观	张瑞君	山西师大学报（社科）	4期	1994
苏轼"行云流水"说	耿琴	烟台大学学报	4期	1994
东坡的艺术论与白云的诗论考察	文贞子	汉文学论集（檀国大学）	12辑	1994
东坡诗文中道家道教思想之玄蕴	李慕如	中国学术年刊	18期	1994
蘇軾の怪石詩文について	瀧本正史	漢文教育	177号	1994
苏轼对韩国文学之影响	张尹炫	东方丛刊	1期	1995
苏轼文艺美学思想的系统总结	马驰	学术月刊	1期	1995
苏轼倅杭诗词	韩凌	杭州师范学院学报（社科）	1期	1995
苏轼文艺美学观述评	付明善	宁波师院学报（社科）	4期	1995
秀句出寒饿 身穷诗乃亨——苏轼的黄州时期与岭南时期创作之比较	周茂东	武当学刊	4期	1995
谈苏东坡以赤壁为题的一词两赋	侯惠娟	南都学坛	5期	1995
豪放·冲淡·自然·意境——论苏轼诗词的美学特色	聂爱平	求实	12期	1995
苏轼与文章之法	毕熙燕	海南师范学院学报（人文）	1期	1996
苏文系年补正	周裕锴	四川大学学报（哲社）	1期	1996
苏东坡的嘲讽艺术	王志	思维与智慧	2期	1996
苏轼、朱熹文艺观之比较	冷成金	中国人民大学学报	3期	1996
试论苏轼诗词艺术美的构成特点	王云飞	河南电大	4期	1996
论苏轼以道为主的美学理想	杨存昌	齐鲁学刊	4期	1996
苏轼"无意为文"说略论	祁海文	山东大学学报（哲社）	4期	1996
论苏轼的文艺观	苏利生	大理师专学报（社科）	4期	1996
苏东坡黄州作品全编	丁永淮 梅大圣	武汉出版社		1996
试论苏轼文学创新精神的成因	丁睿	贵州教育学院学报（社科）	2期	1997

续表二八

篇、书名	著(译)编者	出处	卷、期	年月日
苏轼黄州诗词的内在结构与文化定位论要——兼与日本学者吉川幸次郎先生商榷	颜邦逸	辽宁师范大学学报（社科）	2期	1997
苏轼文学研究述略	侯怡敏	中国文学研究	3期	1997
苏文系年补正（续）	周裕锴	四川大学学报（哲社）	3期	1997
苏轼文学研究述略	侯怡敏	中国文学研究	3期	1997
苏轼：中国古典文艺美学的一个典型	杨存昌 隋文慧	东岳论丛	4期	1997
由文体史的观点看苏轼的文艺理论与诗	吴台锡	中语中文学	21辑	1997
唐宋八大家书系：苏轼卷	王水照 聂安福	中国工人出版社		1997
超越人生的文学：《苏轼文集》导读	方笑一	四川教育出版社		1997
苏轼密州作品赏析	李增坡	齐鲁书社		1997
随缘自适 慎静处患——浅谈苏轼贬黄时期的二赋一词	何国栋	甘肃教育学院学报（社科）	1期	1998
苏轼的诗书画	江宏	书与画	1期	1998
苏轼文学实践初探	吴子厚	广西文史	1、2期	1998
苏轼作品初传日本考略	王水照	湘潭师范学院学报（社科）	2期	1998
《苏轼资料汇编》拾补举例	谢桃坊	文献	2期	1998
论苏东坡的诗词韵体寓言	朱靖华	中国人民大学学报	2期	1998
苏轼文艺美学思想蠡测	汤岳辉	惠州大学学报（社科）	2期	1998
苏东坡诗文中的高丽国	王振泰	当代韩国	2期	1998
苏轼美学思想浅论	刘艳丽	河北师范大学学报（哲社）	3期	1998
苏东坡诗文与宋代杀婴弃婴风俗	程伯安	咸宁师专学报	4期	1998
苏轼的艺术论研究——以道与文的紧张关系为中心	李廷焕	美学研究（首尔大学美学系）	5辑	1998
"苏学盛于北"的历史考察	胡传志	文学遗产	5期	1998
苏轼的传神论	李元燮	中国语文学论集	10辑	1998
苏轼的海南贬谪时期文学研究	成元庆	人文科学论丛（建国大学）	30辑	1998
東坡の芸術論と場の性格	高津孝	宋代社会のネットワーク		1998
苏轼及其作品选	王水照 王宜瑷	上海古籍出版社		1998
试论苏轼对司空图文学史地位之影响	李祚唐	徐州师范大学学报	2期	1999
二十世纪苏轼文论研究	程国赋	暨南学报（哲社）	2期	1999

续表二九

篇、书名	著(译)编者	出处	卷、期	年月日
民族文学交流的使者：苏轼——兼论民族文学交流史上的"精神互补"	邓敏文	民族文学研究	3期	1999
由"成竹在胸"说论苏轼的文艺创作观	谭好哲	淄博学院学报（社科）	3期	1999
关于苏轼的"辞达"说	孙民	沈阳教育学院学报	3期	1999
略说苏轼的传神论	周先慎	中国典籍与文化	3期	1999
试论苏轼诗词的模糊美	张光亚	中州学刊	4期	1999
论苏轼文学的豪放风格	洪瑀钦	河南大学学报（社科）	6期	1999
苏东坡和他的赤壁诗文	肖练武	语文教学与研究	6期	1999
学习苏轼艺术创作理论札记	张静	山东教育学院学报	6期	1999
苏轼命题：技道两进	蔡先金	中国书法	8期	1999
苏轼的辞达论	李元燮	中国语文学论集	12辑	1999
苏轼的形神论	李元燮	中国语文学论丛	12辑	1999
苏轼诗词专题论集	江惜美	万卷楼图书公司		1999
试论苏轼在宋代文坛上的地位	欧阳鹏	学术论丛	1辑	2000
三游古战场　词赋寄希音——从三游赤壁之作看苏轼思想倾向的流变	谢家顺	唐山高等专科学校学报	1期	2000
一个题材　两篇作品——《念奴娇·赤壁怀古》和《赤壁赋》比较赏析	宁强	广西广播电视大学学报	2期	2000
《念奴娇·赤壁怀古》和前《赤壁赋》比较研究	胡光梁	曲靖师专学报	2期	2000
苏东坡"辞达"新说	王启鹏	惠州大学学报（社科）	2期	2000
浅论苏轼文艺思想的辩证因素	陈维平	福建论坛（文史哲）	2期	2000
读苏轼描写徐州的诗词——优美的徐州田园风情画	刘金	徐州教育学院学报	2期	2000
浅析苏轼黄州时期的诗歌风格	冯红	黑龙江教育学院学报	3期	2000
苏轼审美标准探析	才彦平	吉林艺术学院学报	3期	2000
"苏学行于北"——论苏轼对金代文学的影响	曾枣庄	阴山学刊	4期	2000
苏轼"辞达"说的创造性	何玉兰	乐山师范学院学报	4期	2000
苏轼作品中的音乐世界	张志烈	乐山师范学院学报	4期	2000
《赤壁怀古》和《前赤壁赋》比较赏析	杜晓梅	甘肃教育	4期	2000
漫谈东坡徐州诗词的淑世精神	刘乃昌	文史哲	5期	2000

续表三〇

篇、书名	著(译)编者	出处	卷、期	年月日
抉择、自由、创造——试论苏东坡笔下的陶渊明	方 瑜	台大中文学报	12期	2000
苏轼诗词选	迟乃鹏	巴蜀书社		2000
论苏轼诗词中"鸿"与"鹤"意象的审美意蕴	方星移	黄冈师范学院学报	1期	2001
蘇軾の文学と印刷メディア——同時代文学と印刷メディアの邂逅	内山精也	新宋学	1輯	2001
		中国古典研究	46号	2001
"崇尚眉山之体"——苏轼对元代文学的影响	曾枣庄	阴山学刊	2期	2001
解脱与超越——论赤壁三咏的深层意蕴	喻世华	华东船舶工业学院学报(社科)	2期	2001
苏轼诗文注释商榷三则	秦存连	语文学刊	3期	2001
简论苏轼在传统文艺美学思想发展中的贡献	汤岳辉	惠州大学学报	3期	2001
一个题材两篇作品——《念奴娇·赤壁怀古》与《赤壁赋》之比较	唐科霞	承德民族师专学报	3期	2001
执着与旷达：苏轼诗词的还乡情结	喻世华	镇江师专学报(社科)	4期	2001
陶渊明对苏轼诗词创作的影响	陈义烈	九江师专学报	4期	2001
苏轼文学观念中的清美意识	张海鸥	学术研究	6期	2001
诗化现象：苏东坡的创作风格	狄 松	中共福建省委党校学报	12期	2001
旷逸绝俗的诗心雅韵——读苏轼的《浣溪沙》和《记承天寺夜游》	李恩夫	语文天地	20期	2001
苏轼的文学理论与禅宗	朴永焕	中国文学	36辑	2001
苏轼诗词艺术论	陶文鹏	上海古籍出版社		2001
《赤壁赋》与《赤壁怀古》	隋玉亮	班主任之友	1期	2002
评杨胜宽教授《苏轼与苏门人士文学概观》	赵章超	乐山师范学院学报	1期	2002
苏轼诗词文中的理趣阐释	于 芳	南平师专学报	1期	2002
神女：质疑与认同——苏轼诗词中巫山神女题材和典故体现的文化心态及其哲学根源	程地宇	重庆三峡学院学报	1期	2002
从《东坡易传》看苏轼文艺思想的基本特征——兼与朱熹文艺思想相比较	冷成金	文学评论	2期	2002
苏轼诗词中的俳谐情调	王燕飞	临沂师范学院学报	2期	2002
苏轼文学理论特征刍议	崔际银	沈阳师范学院学报(社科)	2期	2002

续表三一

篇、书名	著(译)编者	出处	卷、期	年月日
试论苏轼诗文的"奇趣"	何林军 代兴莉	郴州师范高等专科学校学报	4期	2002
闲者心境 自然成文——苏轼诗文创作特点一窥	李香珠	丽水师范专科学校学报	4期	2002
略论文艺的冲淡美及苏轼对其发展的贡献	王启鹏	广州大学学报(社科)	5期	2002
苏轼的文艺修养论	崔在赫	人文学研究(汉阳大学)	32辑	2002
东坡诗文选	苏 轼（林语堂）	百花文艺出版社		2002
略论苏轼诗书理论的内在契合及其成因	金 燕	乐山师范学院学报	1期	2003
谈苏轼文学中的幻变异化	俞士玲	南京大学学报(哲社)	2期	2003
苏轼诗文"因物赋形"精神探微	李显根	甘肃行政学院学报	2期	2003
在江流月影里寻找灵魂——试论苏轼笔下的水月形象	杨 仲	衡水师专学报	2期	2003
苏轼的陶渊明情结及其诗文创作	李显根	湖南广播电视大学学报	2期	2003
论苏轼"不求形似"的艺术观	曹洞颇	河南师范大学学报(哲社)	2期	2003
论苏轼诗文中的月意象	傅异星	云梦学刊	2期	2003
苏轼文论里所见的其作家修养论	崔在赫	中国文学理论	2辑	2003
论苏轼对屈原精神的承继与新变	邓莹辉	西南民族学院学报(哲社)	3期	2003
谈苏轼思想与其创作的关系	李宏丽	沧桑	3期	2003
从苏轼作品看其时代精神	朱梅芳	青海师专学报(教科)	3期	2003
论苏轼的"辞达"创作理论	王启鹏	绍兴文理学院学报(哲社)	3期	2003
苏轼"辞达"理论及其创作	高云斌	集宁师专学报	3期	2003
简论苏轼的文艺创作观	邓艳斌	郴州师范高等专科学校学报	3期	2003
二十世纪苏轼文学研究述略	饶学刚 朱靖华	黄冈师范学院学报	4期	2003
论苏轼诗文中的"东坡精神"	李显根	求索	4期	2003
从苏轼诗词中探究中国封建文人的"原型"意义	范颖睿	语文学刊	4期	2003
苏轼诗词点辑	秦怀茂	新疆职业大学学报	4期	2003
论苏轼的艺术辩证法	高林广	内蒙古社会科学(汉文)	4期	2003
达·芬奇的"镜子"说与苏轼的"随物赋形"说	赵 炜	文史杂志	4期	2003
论苏轼的"枯淡"说	徐凤玲 王爱玲	胜利油田职工大学学报	4期	2003

续表三二

篇、书名	著(译)编者	出处	卷、期	年月日
外枯而中膏 似淡而实美——试论苏轼的"枯淡论"	金灵芝等	伊犁教育学院学报	4 期	2003
雪泥鸿爪——浅谈苏轼作品的"理趣"	付成波	济南教育学院学报	6 期	2003
试论苏轼文艺思想中的审美思辨	张连举	零陵学院学报	6 期	2003
心物交溶 文与道俱——苏轼文艺本质论	李 斌	求索	6 期	2003
苏轼传神论美学思想论析	胡立新	乐山师范学院学报	8 期	2003
清隽的画卷 旷达的情怀——苏轼《浣溪沙》、《记承天寺夜游》赏析	罗秋霞	语文教学通讯	35 期	2003
从苏轼文论写作时期探讨其文艺创作理论	崔在赫	中国语文学	42 辑	2003
试论苏轼诗文中的"因物赋形"精神	李显根	求实	增刊 1	2003
Creativity and Convention in Su Shi's Literary Thought	Bi Xiyan	Edwin Mellen Press		2003
论苏轼文学创作的起萌	孙 植	内江师范学院学报	1 期	2004
水的特征：苏轼氏文艺美学的精髓	王启鹏	惠州学院学报	1 期	2004
将生命溶于对象之中——由"身与竹化"到"无我之境"	张福勋 贺松青	集宁师专学报	1 期	2004
论苏轼文艺思想的庄学渊源	王渭清 杨海明	青海师专学报（教科）	2 期	2004
自然率真——论庄子审美思想对苏轼文艺观的影响	赵彩芬	邢台学院学报	4 期	2005
苏轼寓赣诗文及其文化意义	陈小芒	西南民族大学学报（人文）	4 期	2004
苏轼的自然创作论	崔在赫	中国文学理论	4 辑	2004
"血脉则苏"——论公安派的文人传统及其他	丁俊玲	江汉论坛	4 期	2004
试论宋代词人享乐心理的雅俗分趋——以柳永、苏轼为例	杨海明	湖南文理学院学报（社科）	6 期	2004
畅游赤壁 吊古抒怀——试析《念奴娇·赤壁怀古》与《赤壁赋》所抒之情	齐东风	语文知识	7 期	2004
论苏轼文学创作与《庄子》之关系	王靖懿	韶关学院学报（社科）	10 期	2004
苏东坡文学作品的道学的分析	李千孝	论文集（东釜山大学）	23 辑	2004
苏轼的诗文论与书画论	洪光勋	人文论丛（首尔女子大学）		2004
士气文心：苏轼文化人格与文艺思想	张惠民 张 进	人民文学出版社		2004

续表三三

篇、书名	著(译)编者	出处	卷、期	年月日
苏轼赤壁词与赤壁赋的比较谈	戴新虹	齐齐哈尔师专学报	1期	2005
试论苏轼黄州诗文的情感定位	李美歌 薛智勇	陕西师范大学学报（哲社）	1期	2005
外似旷达而内蕴悲感——苏轼文学作品中情感状态浅论	王萍	淮南师范学院学报	2期	2005
博观约取，厚积薄发——苏轼的文学积学论	许外芳	长沙理工大学学报（社科）	2期	2005
苏轼诗文创作与佛经譬喻——兼论《日喻》之佛典渊源	李最欣	甘肃社会科学	3期	2005
《庄子》对苏轼文学创作的影响	王渭清	社科纵横	4期	2005
苏轼作品计数动量词研究	陈颖	乐山师范学院学报	4期	2005
论苏轼的"夜游"情结	龚红林	孝感学院学报	4期	2005
苏轼的传神创作论	崔在赫	中国文学理论	6辑	2005
高逸旷达的审美意象——读苏轼诗文	李永新	美与时代	9期	2005
通变与通才——从"水"意象看苏轼的文化品格	杨胜宽	乐山师范学院学报	9期	2005
雪泥鸿爪——浅析苏轼诗词之"理趣"	曹瑞娟	现代语文（理论研究）	10期	2005
传媒与真相——苏轼及其周围士大夫的文学	内山精也	上海古籍出版社		2005
柳永、苏轼、秦观与宋代文化	黎活仁	大安出版社		2001
苏轼、苏辙集拾遗——《永乐大典》诗文辑佚之三	栾贵明	文学评论	5期	1981
蘇軾の蘇轍に関する詩詞について	保苅佳昭	橄榄	13号	2005
苏辙佚著辑考	刘尚荣	文学遗产	3期	1984
苏辙对北宋文学的贡献	曾枣庄	四川师范学院学报（社科）	4期	1984
苏辙的文艺思想	曾枣庄	文艺理论研究	1期	1986
苏辙的文学思想和散文特色	王水照	三苏散论		1987
苏辙集	苏辙	中华书局		1990
《栾城集》考	李俊清	古籍整理研究学刊	2期	1991
文章力学谈苏辙	金固永	庄严出版社		1991
苏辙《栾城集》命名心态试析	段学红	社会科学论坛（学术研究卷）	3期	2005
栾城集	苏辙	吉林出版集团		2005
苏叔党的《斜川集》	曾枣庄	四川师院学报（社科）	2期	1982

续表三四

篇、书名	著（译）编者	出处	卷、期	年月日
《斜川集》再补遗	舒大刚	四川大学学报丛刊	27辑	1984
《斜川集》三补	舒大刚	宋代文化研究	6辑	1996
斜川集校注	苏过著，舒大刚等校注	巴蜀书社		1996
《斜川集校注》考古补注	荣远大 刘雨茂	宋代文化研究	8辑	1999
读《斜川集校注》札记	袁津琥	古汉语研究	2期	2000
苏过斜川之志的文化阐释	张海鸥	广东社会科学	2期	2000
惠、儋瘴地上的特殊逐臣——岭海时期之苏过论	李景新	海南大学学报（人文）	2期	2005
苏门弟子的事理文学说	罗根泽	中国杂志	1卷1期	1947
苏门四学士		文史知识	9期	1987
苏门、苏学与苏体——兼论北宋的党争与文学	薛瑞生	文学遗产	5期	1988
苏轼论"苏门四学士"——东坡诗话辑评之一	东麓	乐山师专学报（社科）	1期	1996
一桩历史的公案——《西园雅集》	衣若芬	中国文哲研究集刊	10期	1997
论欧苏文人集团对"文统"建设的贡献	罗立刚	中国文学研究	3期	1999
苏轼与苏门文人集团的形成	杨胜宽	乐山师范高等专科学校学报	1期	2000
论苏门门风	杨胜宽	乐山师范高等专科学校学报	2期	2000
论苏门之立	萧庆伟 陶然	浙江大学学报（人文）	2期	2001
苏轼与苏门人士文学概观	杨胜宽	四川文艺出版社		2001
苏轼与"苏门四学士"的相识与相知	崔铭	文史知识	10期	2002
追忆：一种特殊的潜在交往——"苏门"晚期交游考述	崔铭	中国韵文学刊	3期	2004
苏门六君子研究	马东瑶	北京大学出版社		2005
苏东坡与黄山谷诗文论谫析	林嵩山	花莲师专学报	13期	1982
苏黄关系论——以诗画书为中心	吴台锡	中国语文学	7辑	1984
评苏黄争名说	曾枣庄	中国古典文学论丛	5辑	1987
蘇軾と黄庭堅——自発主義と古典主義	横山伊势雄	中国の文学論		1987
苏轼与黄庭坚行谊考	杨庆存	齐鲁学刊	4期	1993
苏黄友谊与宋代文化建设	杨庆存	传统文化与现代化	1期	1995

续表三五

篇、书名	著（译）编者	出处	卷、期	年月日
苏轼与黄庭坚交游考述	杨庆存	齐鲁学刊	4 期	1995
苏轼黄庭坚诗词精选200首	霍松林 吴言生	山西古籍出版社		1995
苏黄之别	赵 圭	咬文嚼字	5 期	1999
基本人生取向与人格理想——论苏轼与黄庭坚的内在契合	崔 铭	南京师大学报（社科）	1 期	2002
	（種村和史）	橄榄	10 号	2002
苏、黄之风与金代文学	晏选军	学术研究	6 期	2003
迁客骚人 儋州宜州——苏、黄晚年贬谪心态与文学创作比较	石 艺	广西教育学院学报	1 期	2005
历时视域中的苏黄比较论	邱美琼	江南大学学报（人文）	4 期	2005
苏轼与黄庭坚的文学理论比较	金钟声	中国语文论译丛刊	16 辑	2005
黄庭坚与古戎州	熊明宣	历史知识	1 期	1982
大雅堂在四川	陈伯勋	四川师院学报（社科）	3 期	1984
黄庭坚与文学青年——兼谈黄庭坚在四川的文学活动	刘昭棠	西南师范大学学报（人文）	3 期	1984
涪翁山谷在川遗迹考	腾 越	九江师专学报（哲社）	2 期	1988
黄山谷の黔州流放について	大橋靖	文芸論叢（大谷大学）	37 号	1991
黄庭坚谪巴蜀年谱诗文尺牍文物考证	胡昌健	文献	1 期	2002
秦观与苏轼的交往	于翠玲	扬州师院学报（社科）	4 期	1985
试论秦观的政治思想和哲学思想——苏秦异同论之一	杨胜宽	绵阳师范高等专科学校学报	3 期	1999
试论"苏子瞻于四学士中最善少游"	崔 铭	唐都学刊	2 期	2002
改革与人生：苏轼、张耒的共同话题——兼论黄州之贬对二人的影响	杨胜宽	黄冈师专学报	1 期	1996
苏轼与张耒——兼论张耒的文艺理论与创作实践	杨胜宽	天府新论	6 期	1996
苏轼与张耒交谊考	马斗成 马 纳	泰安师专学报	1 期	2002
从少公之客到长公之徒——论张耒与二苏的关系	崔 铭	求是学刊	3 期	2002
晁补之与苏轼交游考	刘焕阳	江西师范大学学报（哲社）	2 期	1997
踵武东坡 自成一家——"苏门学士"晁补之	雷旭华	古典文学知识	3 期	2000
才气飘逸的苏门学士晁补之	诸葛忆兵	文史知识	5 期	2000
晁补之初入"苏门"论析——"苏门研究"系列之一	崔 铭	石油大学学报（社科）	5 期	2001

续表三六

篇、书名	著(译)编者	出处	卷、期	年月日
宗骚与慕陶：苏门学士之一晁补之论	杨胜宽	乐山师范学院学报	1期	2005
苏轼与齐鲁名士晁补之李格非的交游	刘乃昌	乐山师范学院学报	4期	2005
李之仪与苏轼	任连巨	春秋	5期	2000
李之仪与苏轼交谊散论	杨胜宽 黄永一	乐山师范学院学报	1期	2002
苏门的后起之秀——苏籀	周子瑜	天府新论	1期	1987
苏门学士廖正一考略	慈波	兰州学刊	5期	2005
唐庚诗文初探	陈伯勋	四川师院学报（社科）	3期	1985
唐庚	周子瑜	天府新论	4期	1986
唐庚年谱（寓惠部分）	吴定球	惠州大学学报（社科）	2期	2001
试论唐庚对苏轼的态度和评价	吴定球	惠州学院学报（社科）	4期	2002
江西派诗人谢逸、谢薖、韩驹生卒年考实	王兆鹏	文献	4期	1993
四川第一个状元冯时行	胡汉生	龙门阵	4辑	1982
冯时行考	胡汉生 唐唯目	史学月刊	5期	1984
略论冯时行及其作品	胡问涛 彭华生	四川师范大学学报（社科）	4期	1985
冯时行		重庆地方志	1、2期	1987
冯时行籍贯刍议	吴提方等	重庆地方志	5期	1987
四川第一个状元究竟是谁	钟利戡	文史杂志	2期	1988
冯时行及其《缙云文集》研究	胡问涛 罗琴	巴蜀书社		2002
冯时行是状元吗	萧源锦	巴蜀史志	6期	2004
		文史杂志	1期	2005
端为爱民解百忧——王十朋与三峡	孙善齐	中国三峡建设	10期	2001
王灼事迹考	谢桃坊	文献	1期	1992
王灼生平爵里考辨	李孝中 侯柯芳	西南师范大学学报（人文）	4期	1994
王灼集校辑	胡传淮 刘安遇	巴蜀书社		1996
王灼诗文辑佚	岳珍	南京师范大学文学院学报	3期	2003
王灼行年考	岳珍	词学	14辑	2003
陆游在四川	牟家宽	南充师院学报（哲社）	3期	1980

续表三七

篇、书名	著(译)编者	出处	卷、期	年月日
夜半挑灯更细看——陆放翁在成都	卉 子	龙门阵	4辑	1981
陆游在蜀州	傅德岷	旅游天府	2期	1981
蜀州和陆游	桑宽荣	成都风物	4辑	1982
东坡与放翁：隔代两知音——论陆游对苏轼思想和文艺观的全面继承	杨胜宽	西南师范大学学报（哲社）	2期	1995
陆游张缜交游考	黄锦君	宋代文化研究	5辑	1995
陆游与成都海棠	黄森木	中国林业	8期	1995
浊酒一尊和泪斟——陆游荣州诗词三题之一	李亮伟	自贡师专学报	1期	1996
暂还老子自由身——陆游荣州诗词三题之二	李亮伟	自贡师专学报	2期	1996
山城光景尽供诗——陆游荣州诗词三题之三	李亮伟	自贡师专学报	3期	1996
陆游：梦绕魂牵巴蜀情	沈伯俊	今日四川	1期	2000
陆游宦蜀期间佛道倾向的变化及其原因探微	赵万宏	汉中师范学院学报（社科）	2期	2001
平生万里心——陆游与三峡	孙善齐	中国三峡建设	4期	2001
陆游和一个四川姑娘的哀怨之歌	文伯伦	文史杂志	2期	2002
陆游蜀中文艺思想论	伍联群	菏泽师范专科学校学报	3期	2003
论陆游入蜀后的文艺创作思想	伍联群	达县师范高等专科学校学报	3期	2003
陆游与嘉州	何玉兰	巴蜀史志	5期	2004
陆游的入蜀之行	蒋 方	古典文学知识	5期	2005
论陆游在荣州的处境与悲情	李亮伟	西南民族大学学报（人文）	6期	2005
范成大纪游诗文简论	徐 立	四川师范大学学报（社科）	5期	1992
成都における陸游と范成大の交流	三野豊浩	日本中國學會報	48卷	1996
谈杨升庵的作品	梁容若	国语日报·书与人	133期	1970.4.18
杨升庵和明七子	王仲镛	光明日报		1984.9.11
杨慎的文学批评	邬国平	文学遗产	3期	1985
杨升庵在文学史上的地位	张祖涌	桂湖	1期	1986
杨升庵的咏柳诗词及其艺术造诣	李锡恩	大理师专学报（社科）	1期	1987
论杨慎的文学思想	贾顺先	四川师范大学学报（社科）	1期	1988
杨升庵对俗文学的贡献	张祖涌	文史杂志	5期	1988
杨慎的文学思想	贾顺先	国文天地	36期	1988

续表三八

篇、书名	著(译)编者	出处	卷、期	年月日
修辞：神、圣、工、巧——杨慎修辞理论再探讨	骆小所	云南师范大学学报（哲社）	4期	1994
杨慎的文学观及其对复古派的抗争	李朝正	社会科学研究	6期	1997
杨慎与明代中期的云南文学	陶应昌	云南民族学院学报（哲社）	1期	1998
杨慎的修辞观	曹晓宏	修辞学习	3期	1998
飘零数十载 题咏满苍山——大理感通寺与杨升庵诗文创作	李锡恩	大理师专学报	2、3期	1999
杨慎批点《文心雕龙》述要	汪春泓	文学前沿	2期	2000
新都历史文化丛书：升庵诗文	王文才	四川人民出版社		2001
《文心雕龙》杨批中的文思论研究——兼及杨批《文心雕龙》中的五色圈点	白建忠 白秀兰	内蒙古师范大学学报（哲社）	5期	2004
《文心雕龙》杨批中风骨含义之探讨	白秀兰	语文学刊	11期	2004
杨慎文学思想研究				
杨慎夫妇作家	苏文	文史散论		1898
家庭失和状态下女性心态的真切表现——李清照、朱淑真、黄峨诗词意蕴新探	阿洁	求索	1期	2003
赵贞吉诗文集（点校本）前言	官长驰	内江师专学报（社科）	2期	1989
赵贞吉与隆万革新	官长驰	内江师专学报（社科）	1期	1998
		社会科学研究	2期	1999
赵贞吉诗文集注	官长驰	巴蜀书社		1999
明代四川文人赵弼及其《效颦集》	陈国军	中华文化论坛	1期	2004
诗文双绝赞黄辉	吴丈蜀	龙门阵	5辑	1982
黄辉中进士时间考	邓小林	四川师范学院学报（哲社）	2期	2000
李长祥和他的《天问阁文集》	陈国衡	文史杂志	2期	1986
李长祥的著作	章继肃	达县师范高等专科学校学报	1期	1994
古籍整理报导		达县师范高等专科学校学报	1期	1999
三绝奇才吕孔昭	彭高泉	四川文物	6期	1993
三绝奇才吕潜	秦化江 胡传淮	成都文物	1期	2003
巴县杨芳诗文辑考	刘汉忠	史志文汇	4期	1994
清初蜀中父子诗人费密	胥端甫	四川文献	57期	1967
论唐甄的文学思想	戴峰	达县师范高等专科学校学报	4期	2005

续表三九

篇、书名	著(译)编者	出处	卷、期	年月日
彭端淑诗文注	李朝正 徐敦忠	巴蜀书社		1995
李调元著作总目	杨世民	南充师院学报（社科）	2 期	1980
李调元著述系年题要考略	孙震	四川图书馆学报	1 期	1985
詹著《李调元学谱》序	谢宇衡	成都大学学报（社科）	4 期	1996
李调元学谱	詹杭伦	天地出版社		1997
《韩客巾衍集》与清代文人李调元、潘庭筠的文学批评	金柄珉	外国文学	6 期	2001
清代诗人张问安行年简谱	胡传淮	川北教育学院学报	4 期	2000
张船山的文艺思想及其创作实践	蒋维明	重庆师范学院学报（哲社）	2 期	1981
张船山文艺思想浅探	羊玉祥	成都大学学报（社科）	2 期	1989
张问陶及其书画诗词艺术	彭高泉	四川文物	2 期	1996
孙桐生与《红楼梦》	夏顺均 张斯民	文史杂志	4 期	1988
四川早期红学家——孙桐生	濮实 刘长荣	红楼梦学刊	2 期	1991
晚清红学家孙桐生传略	杨培德 刘长荣	红楼梦学刊	2 期	1992
蜀中红学第一人——清末四川红学家孙桐生散论	胡邦炜	文史杂志	5 期	1992
旧红学索隐派的先驱——关于孙桐生红学研究的评估	胡邦炜	成都大学学报（社科）	1 期	1993
孙桐生与《红楼梦》	邓庆佑	红楼梦学刊	2 期	1993
甲戌本·刘铨福·孙桐生——兼与欧阳健先生商榷	杨光汉	红楼梦学刊	3 期	1993
孙桐生研究	王兴平 杨培德	巴蜀书社		1993
孙桐生与红学索隐——与胡邦炜同志商榷	曹学伟	成都大学学报（社科）	1 期	1994
孙桐生与甲戌本及其他	郑庆山	蒲峪学刊	1 期	1994
刘铨福致孙桐生书墨迹	冯其庸	红楼梦学刊	1 期	1994
息柯居士杨翰致绵州孙桐生的信	冯其庸	红楼梦学刊	3 期	1994
爱国文人赵熙诗文评述	邓经武	文史杂志	2 期	2001
清末土家族革命诗人温朝钟和席正铭	潘顺福	中南民族学院学报（哲社）	3 期	1988
曾懿与左锡嘉	胡昌健	四川文物	6 期	1993
民主革命先驱钟云舫	钟永毅	重庆社会科学	4 期	1999

续表四〇

篇、书名	著(译)编者	出处	卷、期	年月日
骆状元诗文注	骆成骧撰，官长驰、官国雄注	中国文联出版社		2004
张培爵文集——四川丛书第五种	台北市四川同乡会四川丛书编辑委员会	编者刊		1977
谢持文集——四川丛书第六种	台北市四川同乡会四川丛书编辑委员会	编者刊		1977
杨庶堪诗文集——四川丛书第七种	台北市四川同乡会四川丛书编辑委员会	编者刊		1977
四川现代作家研究集	四川省社会科学院文学研究所	四川省社会科学院出版社		1984
四川现代作家研究	伍加伦	四川大学出版社		1990
论现代巴蜀作家的文化品格	邓经武	内江师专学报	1 期	1993
		社会科学研究	4 期	1993
剪不断的文化脐带——四川现代作家给当代青年作家的启示	李明泉	社会科学研究	3 期	1994
青春的诗情与"年轻"的文化人——现代四川作家群之于中国现代文学的意义	李 怡	西南师范大学学报（哲社）	4 期	1998
地灵人杰 群星璀璨——四川新文学作家论	宋光成 周芳芸	四川省干部函授学院学报	3 期	2000
巴蜀文化与四川新文学作家	周芳芸	西昌师范高等专科学校学报	3 期	2000
"四川作家群"乡土小说的民俗学意蕴	张 永	南京师大学报（社科）	4 期	2003
上世纪30年代四川作家的文化构成	付金艳	乐山师范学院学报	7 期	2005
巴金在巴黎	高行健	当代	2 期	1979
怎样认识巴金早期的无政府主义思想	陈思和 李 辉	文学评论	3 期	1980
鲁迅、郭沫若、茅盾、巴金笔名的由来	邬怀真	湘图通讯	3 期	1980
巴金研究的回顾	李存光	中国现代文学研究丛刊	3 期	1980
巴金的名、笔名及著作的辨正	岑 光	文学评论	5 期	1980
巴金笔名考析	张晓云 唐金海	新文学史料	1 期	1981
对《巴金笔名考析》的补正	李存光	新文学史料	1 期	1981

续表四一

篇、书名	著(译)编者	出处	卷、期	年月日
《巴金笔名考析》再补正	李存光	新文学史料	4期	1981
论五四时期巴金的思想与活动	艾晓明	社会科学研究	2期	1981
论巴金早期的世界观	曼生	文学评论	3期	1981
巴金民主革命时期艺术探求的特点	岑光	宁夏大学学报（社科）	4期	1981
巴金民主革命时期的文学道路	李存光	学习与思考	5期	1981
论巴金前期的爱国主义思想	陈思和 李辉	齐鲁学刊	6期	1983
巴金故居考实	张耀棠	当代文坛	4期	1985
巴金抗战时期三次在桂林略览	邓祝仁	学术论坛	9期	1985
巴金在桂林的文学活动及其成就	杨益群	广西社会科学	1期	1986
新版《鲁迅全集》关于巴金的两条注释正误	靳丛林	四川大学学报（哲社）	4期	1986
试论鲁迅与巴金的交往及其对巴金的影响	贾玉民	郑州大学学报（哲社）	6期	1986
论巴金早期的人道主义	张学军	山东师大学报（社科）	1期	1987
巴金与《半月》		新闻研究资料	4期	1987
三十年代巴金的写作生活与对艺术问题的思索	艾晓明	华中师范大学学报（哲社）	5期	1987
巴金早期思想矛盾的根源及其表现	明心平	赣南师范学院学报	1期	1990
一个悲惨的人生与一位真诚的作家——论巴金大哥李尧枚对巴金创作的影响	左建国	怀化师专学报	4期	1990
也论巴金在中国民主革命时期思想的主导面	曾冬水	南昌大学学报（社科）	2期	1994
浅论抗日战争时期巴金在桂林的创作	梁卡琳 彭安文	学术论坛	4期	1995
巴金原名怎样读	郭向明	语文月刊	8期	1998
巴金的原名	李拴斌	中学语文教学	9期	1999
巴金的重庆情结——追忆对老作家巴金的一段采访	肖鸣锵	新闻导刊	4期	2000
寻找巴金的"家"	赵子勤	四川统一战线	5期	2000
《巴金的原名》补注	吕传友 于成芳	中学语文教学	7期	2000
巴金的"无技巧"和苏轼的"平淡"文学创作观	王启鹏	惠州大学学报（社科）	1期	2001
略论巴金解放前文学创作思想的演变	葛本成	烟台师范学院学报（哲社）	3期	2002

续表四二

篇、书名	著(译)编者	出处	卷、期	年月日
巴金旧居查考记	赵祖华	四川文物	6期	2003
巴金在重庆	石曼	红岩春秋	6期	2003
巴金与重庆	魏洪丘	涪陵师范学院学报	1期	2004
悠悠故乡情——巴金与成都	谭兴国	四川省情	1期	2004
巴金：革命年代的"五四"话语	阎浩岗	河北大学学报（哲社）	4期	2004
关于巴金的原名	田振	现代语文	6期	2004
巴金笔名的由来	严亮	现代语文	7期	2004
抗日救亡中的巴金	李济生	世纪	5期	2005
巴韵金声——巴金在重庆	甘犁	红岩	6期	2005
风霜雪雨巴金的"家"	赵子勤	四川统一战线	11期	2005
回忆我在"左联"的几件往事	艾芜	文学评论	2期	1960
探索人生的起点——《艾芜的生平和创作》之一章 一九一九——一九二五	谭兴国	当代文坛	6期	1984
艾芜漂泊始末	古光亮	云南教育学院学报	1期	1985
艾芜、陆万美与筇竹寺	孙晓芬	文史杂志	5期	1988
艾芜留在新都足迹	李义让 张德全	四川文物	2期	1994
艾芜少年时代的读书生活	汤继强	文史杂志	6期	1994
艾芜 祖籍·谱系·籍贯考释	张建锋	当代文坛	6期	2004
沙汀年谱（一九〇四——一九四九年）	田雨	南充师院学报（哲社）	3期	1983
沙汀年谱（一九〇四年——一九四九年）	官晋东 董剑	昆明师专学报（哲社）	1期	1984
沙汀的出生时间考订	官晋东 董剑	社会科学战线	1期	1985
沙汀谈他的一段重要经历	官晋东	南充师院学报（哲社）	3期	1983
沙汀是怎样走上文学道路的——《沙汀传论》之一章	官晋东 董剑	昆明师专学报（哲社）	2期	1986
"左联"时期的沙汀	王尔龄	徐州师范学院学报（哲社）	1期	1988
抗日战争时期的沙汀	陈兴荣	四川党史	4期	1998
先驱者的足迹——回族现代作家、翻译家、文学活动家马宗融生平散记	马旷源	楚雄师专学报（社科）	1、2期	1988
		民族文学	4期	1989
与巴金老人谈马宗融	李存光	新文学史料	2期	1992
走出皇城坝——父亲马宗融生平	马小弥	新文学史料	2期	1992

续表四三

篇、书名	著(译)编者	出处	卷、期	年月日
闪光的背影——马宗融先生在复旦大学二三事	邹荻帆	新文学史料	2期	1992
论马宗融——兼及现代民族文学史的若干问题	樊骏	民族文学研究	1期	1993
回族文化研究会、阳翰老和我的父亲	马小弥	民族艺林	3期	1993
回族进步教授马宗融	闪克行	回族研究	4期	1993
论马宗融对伊斯兰文化的翻译、介绍和研究	马丽蓉	回族研究	4期	2004
华阳词人乔大壮	胥端甫	四川文献	53期	1967
词人乔大壮先生遗事	黄墨谷	词学	5辑	1986
乔大壮与鲁迅	卜束	瞭望周刊	12期	1990
乔大壮诗词集	王无盐	读书	8期	1991
闲览琐掇（一）	劳柯	读书	10期	1993
"琐掇"之琐掇	冯炳昆	读书	1期	1995
学者、诗人乔大壮	方见肘	文史杂志	3期	2005
人间可哀乔大壮	李庶民	中国书画	5期	2005
《红楼梦》的作者	赵誉船	新民意报		1923.6.17
红楼梦中人的年龄考证	赵誉船	新民意报		1923.6.21
古文观止	赵誉船注	上海中原书局		1929
《详注文史通义》附录：章实斋先生年谱	赵誉船	上海真美书局		1929
赵誉船父子：三十年代的川籍作家	毛一波	四川文献	50期	1966
邓均吾、李劼人：三十年代的川籍作家	毛一波	四川文献	51期	1966
一个不应被忽略的创造社诗人——邓均吾	吕进 蒋登科	中国现代文学研究丛刊	3期	1999
邓均吾在创造社和浅草社的文学活动	邓颖	红岩	1期	1999
陈铨、敬隐渔：三十年代的川籍作家	毛一波	四川文献	52期	1966
《饮水词》与《红楼梦》之关系及其文艺	陈铨	清华周刊	314期	1924
重评陈铨抗战时期的文学创作	文天行	中国现代文学研究丛刊	4期	1987
评《重评陈铨抗战时期的文学创作》——兼论《野玫瑰》是宣扬法西斯主义美化汉奸的特务文学	秦川	中国现代文学研究丛刊	2期	1988
尼采对王国维与陈铨的影响	陈宁宁	时代与思潮	2期	1989

续表四四

篇、书名	著(译)编者	出处	卷、期	年月日
陈铨及其创作	潘显一	四川大学学报（哲社）	2 期	1993
陈铨的"民族文学"理论与创作	丁晓萍	上海交通大学学报（社科）	3 期	2002
论陈铨的民族主义文学思想	叶向东	云南师范大学学报（哲社）	5 期	2002
试论陈铨、林同济文化观的异同	李 红	山东大学学报（哲社）	2 期	2004
民族主义的政治正当——陈铨的政治抱负与文学理念	魏朝勇	开放时代	4 期	2004
救亡与沉潜——西南联大时代冯至、陈铨对歌德的诠释	叶 隽	外国文学评论	4 期	2004
寻找陈铨——从《学衡》走出的新文学家	沈卫威	徐州师范大学学报（哲社）	4 期	2005
陈铨的"民族文学运动"	王学振	重庆社会科学	7 期	2005
陈翔鹤：三十年代川籍作家	毛一波	四川文献	53 期	1967
卢剑波：三十年代川籍作家	毛一波	四川文献	55 期	1967
谦弟：三十年代川籍作家	毛一波	四川文献	56 期	1967
阳翰笙：三十年代川籍作家	毛一波	四川文献	57 期	1967
罗淑选集	罗 淑	四川人民出版社		1980
一颗早殒的新星——四川女作家罗淑点滴介绍	唐炳国	文谭	9 期	1982
罗淑年表	艾 以	成都大学学报（社科）	2 期	1983
一个不该被遗忘的女作家——罗淑	艾 以	社会科学研究	3 期	1983
罗淑小记	马小弥	新文学史料	3 期	1983
独具特色的乡土女作家——罗淑	张衍芸	宁夏大学学报（人文）	4 期	1985
罗淑年表	马小弥	中国现代文学研究丛刊	4 期	1985
论罗淑——兼及中国现代文学发展演变的若干轨迹	樊 骏	齐鲁学刊	1 期	1988
罗淑：左翼文坛一颗早陨的明星	蒋明玳	内江师范学院学报	3 期	1990
罗淑简论	游友基	江西师范大学学报	4 期	1991
罗淑在中国现代小说史上的地位辨	程 捷	河南师范大学学报（哲社）	4 期	1993
一位带咸味的女作家	云 踪	博览群书	11 期	1995
罗淑研究述评	王家伦	徐州师范大学学报（哲社）	4 期	1996
左翼文坛一颗早陨的明星——论罗淑的小说创作	蒋明玳	镇江师专学报（社科）	4 期	1997
流星虽逝 陨石仍在发光——罗淑创作特征论	邰科祥	商洛师范专科学校学报	1 期	2003

续表四五

篇、书名	著（译）编者	出处	卷、期	年月日
罗淑　巴金发现的成都才女	张义奇	成都日报		2004.12.1
寥落晨星——重庆女性作家片论	吴向北	重庆师范大学学报（哲社）	1期	1995
访问郑育之同志——关于周文同志和三十年代左联活动的一些情况	上海师大中文系鲁迅著作注释组	新文学史料	1期	1978
革命文学之星——周文	姚枫	文史杂志	1期	1987
大众化工作的杰出开拓者——周文	胡绩伟	新闻记者	6期	1987
鲁迅、周文与文艺大众化问题	黄乔生	鲁迅研究月刊	8期	1994
周文的大众化报纸实践活动	杨锦章	新闻知识	1期	1995
"他把血液喂养了我们"——鲁迅与周文	李浩	新文学史料	2期	1995
周文在成都的文艺活动	刘传辉	新文学史料	2期	1995
周文的文艺大众化的方向	车辐	新文学史料	2期	1995
周文对大众化报纸的杰出贡献	杨锦章	新文学史料	2期	1995
大众旗手——记周文同志	雷加	文艺理论与批评	3期	1995
周文论文艺大众化	周文	陕西师范大学出版社		1996
周文与左联	张小红	上海大学学报（社科）	5期	1997
周文与延安文艺大众化	刘建勋	人文杂志	6期	1997
周文在延安革命活动初探	牛兴华　窦红莉	延安大学学报（社科）	1期	1998
大众知音——周文同志在延安	姬乃军	新文学史料	3期	1998
大众文艺的开拓者周文	汪成明	世纪	4期	1998
周文与延安的文风改革	李可玉　陈国泳	党史文汇	6期	2000
续写大众文艺新篇章——重读周文有关文艺大众化问题的论述	张筱强	上海鲁迅研究		2002
简论周文的创新精神	郭林	上海鲁迅研究		2002
论周文文艺大众化思想的构成	袁盛勇	河北学刊	1期	2003
《我们在地狱》作者之谜——记英年早逝的四川作家刘涟清	刘传辉	文史杂志	2期	1987

二、赋

篇、书名	著(译)编者	出处	卷、期	年月日
历代巴渝赋选注	熊 笃 施懿超	重庆出版社		2001
《高唐赋》的源流与影响	钟来因	文学评论	4 期	1985
宋玉《高唐赋》中几处倒错	夏 羽	学术研究	4 期	1987
中国山水文学发轫于《高唐赋》的哲学思考	汤 冰	江汉论坛	12 期	1988
高唐语汇探微	黄吉昌 邓天玲	昭通师专学报	2 期	1994
《高唐赋》三解	高 钧	洛阳师专学报	4 期	1997
賦の形成期に於ける諷諭性について——《高唐賦》の場合	藤原尚	日本中国学会創立五十周年記念論文集		1998
关于《高唐赋》中巫山地望的再探讨	程地宇	重庆社会科学	3 期	2005
"襄王枕上原无梦"	杨牧之	读书	3 期	1979
宋玉《神女赋》的订讹和高唐神女故事的寓意	袁 珂	神话论文集		1982
浅谈《洛神赋》的形象塑造——兼论《神女赋》	郑训佐	云南教育学院学报	4 期	1992
也谈《洛神赋》和《神女赋》	李华年	贵州民族学院学报（社科）	3 期	1994
宋玉《神女赋》"王""玉"辨		殷都学刊	4 期	1997
《文选·神女赋》文本辨正	陈延嘉	长春师范学院学报	4 期	2000
是谁梦见了巫山神女——关于宋玉《神女赋》的异文	杨 明	中国文学研究	7 辑	2005
宋玉《神女赋》梦主考辨	吴广平	云梦学刊	2 期	2005
人间错洸高唐梦	魏 峡	文史杂志	5 期	1987
《高唐》《神女》的宗教分析与楚史研究	王澧华	湘潭大学社会科学学报	1 期	1991
中国古代梦幻主义文学的名作——论宋玉《高唐赋》《神女赋》的艺术成就及其影响	傅正谷	名作欣赏	6 期	1991
宋玉赋性因子觅踪——《高唐》《神女》二赋新探	龚维英	吉首大学学报（社科）	1 期	1993
宋玉赋《高唐》《神女》的底蕴	龚维英	贵州社会科学	4 期	1993
宋玉《高唐》《神女》创作因由	龚维英	社会科学辑刊	1 期	1994

续表一

篇、书名	著(译)编者	出处	卷、期	年月日
从性视角审视宋玉《高唐》《神女》赋	龚维英	长沙电力学院学报（社科）	1期	1994
宋玉《高唐》、《神女》二赋的主旨及艺术探微	褚斌杰	北京大学学报（哲社）	1期	1995
《高唐赋》、《神女赋》影响略论	胥洪泉	西南师范大学学报（哲社）	3期	1999
宋玉赋——《高唐》、《神女》二三考	刘刚	鞍山师范学院学报	3期	2003
宋玉《高唐》《神女》二赋之主旨新论	刘刚	鞍山师范学院学报	3期	2004
《高唐赋》《神女赋》的神女形象和主题思想	赵沛霖	社会科学战线	6期	2005
汉巴蜀赋家三题	贾卉	长春大学学报	4期	2002
		绥化师专学报	1期	2003
巴蜀与汉赋初探	毕庶春	丹东师专学报	4期	2002
从屈原到司马相如	沈伯俊	南充师院学报（哲社）	4期	1981
司马相如赋和楚辞	坚白	上海师范大学学报（哲社）	1期	1987
司马相如与汉赋	禺衡	齐大季刊	2期	1933
相如辞赋的评价	杨昌溪	中央日报		1942.11.20
司马相如赋论	万曼	国文月刊	55、56期	1947
司马相如及其赋（上）（中）（下）	田倩君	大陆杂志	15卷4、5、7期	1957
		学粹	2、4、6期	1973
论司马相如赋的本原和特点	刘开扬	文学遗产增刊	10辑	1962
司马相如与汉赋	胡启智	国魂	296期	1970
司马相如赋篇用韵考	简宗梧	中华学苑	10	1972
"卓绝汉代"的司马相如的赋	文史系73级乙班第四组	厦门大学学报（哲社）	1期	1976
司马相如赋注	万义昉	华夏学报	3期	1976
司马相如 赋	金学主	东亚文化	18期	1981
司马相如论——《汉赋研究》之一	龚克昌	社会科学战线	3期	1983
司马相如赋新论	颜昌新	内江师范学院学报	创刊号	1986
汉赋与汉政——论司马相如辞赋之鸣国家之盛	胡咏超	新亚学报	15卷	1986
司马相如及其赋	吴万刚	语文学习	1期	1987
司马相如对辞赋创作的贡献	曹明纲	社会科学战线	3期	1987

续表二

篇、书名	著（译）编者	出处	卷、期	年月日
从审美角度看司马相如的赋	黄广华 刘振东	文史哲	3期	1987
司马相如大赋新论	孙玉成	延安教育学院学刊	3、4期	1988
重论司马相如及其赋	汪涌豪	思想战线	4期	1989
司马相如赋论质疑	周勋初	文史哲	5期	1990
司马相如的代表作是什么	吴蓉章	文史杂志	2期	1991
司马相如赋的主体特征和模式作用	霍松林 尚永亮	陕西师范大学学报（哲社）	1期	1992
汉赋艺术论——（西汉）司马相如	阮 忠	华中师范大学出版社		1993
司马相如赋新论	颜昌新	内江师范学院学报		1996
试论司马相如辞赋的成就及其贡献	李金忠	沧州师范专科学校学报	4期	1997
司马相如——文的自觉追求者	胡华钢 金明生	浙江师大学报	2期	1998
梁苑辞赋集团简论	余 江	漳州师范学院学报（哲社）	3期	2001
浅论司马相如的骚体赋	杨 珺	高等财经教育研究	2期	2002
司马相如辞赋创作论中的修辞要求	曹建国 张玖青	修辞学习	4期	2002
司马相如赋论发微	汪文学	贵州民族学院学报（哲社）	1期	2003
司马相如赋作失志情感论	伍联群 刘剑秋	渝西学院学报（社科）	3期	2003
司马相如的拟作与汉赋之定型	陈恩维	南阳师范学院学报（社科）	1期	2004
司马相如的末代纵横家心态及其对汉大赋的影响	傅正义 王美红	重庆工商大学学报（社科）	5期	2004
司马相如赋的美学思想与地域文化心态	李天道	中国社会科学出版社、华龄出版社		2004
司马相如赋中人物命名方式的价值判断	刘朝谦	四川师范大学学报（社科）	2期	2005
司马相如辞赋美学思想的现代阐释	李天道	四川师范大学学报（社科）	4期	2005
司马相如与汉赋神话	周 涛	四川戏剧	6期	2005
子虚・上林の赋の源流	中島千秋	東方学	17辑	1958
司马相如《子虚》《上林》赋与枚乘《七发》的关系	何沛雄	人生	32卷12期	1968
《上林》、《子虚》赋研究	简宗梧	中华学苑	19期	1977
子虚・上林赋の修辞	藤原尚	广岛大学文学部纪要	43号	1983
《子虚赋》《上林赋》考辨——与龚克昌同志商榷	谌东飚	长沙水电师院学报（社科）	2期	1986

续表三

篇、书名	著(译)编者	出处	卷、期	年月日
《子虚》、《上林》实为一体辨	黄晓令	文学遗产	3期	1986
赤日经天 光耀寰宇——司马相如《子虚》、《上林》赋新探	顾绍炯	贵阳师专学报（社科）	2期	1987
《子虚》《上林》赋的得与失——读《赋史》札记	叶幼明	中国文学研究	1期	1988
《子虚》《上林》与《七发》的关系	何沛雄	文史哲	1期	1988
《子虚赋》、《上林赋》辨正	全秋菊	学术月刊	9期	1989
试论《子虚赋》《上林赋》的艺术特征	辛保平	内江师专学报（社科）	1期	1991
谈《子虚赋》、《上林赋》的矛盾艺术效应	王思文	广西师范大学学报（哲社）	2期	1994
"治人事天莫若啬"——析《七发》《子虚赋》《上林赋》的道家思想	黄蝶红	玉林师专学报	4期	1995
司马相如《子虚赋》、《天子游猎赋》小议	晓　明	四川师范大学学报（社科）	4期	2000
《子虚》《上林》的分合及其相关问题新探	富世平	天水师范学院学报	4期	2001
司马相如《子虚赋》与《天子游猎赋》辨	鲁红平	中国文学研究	1期	2003
《子虚赋》、《上林赋》：大一统思想的文学阐释	于春海	延边大学学报（社科）	3期	2003
《子虚》《上林》的创作背景与体制特征	谭淑娟	贵阳金筑大学学报	1期	2005
《子虚赋》、《上林赋》：艺术转型与新范式的确立	许志刚	文学遗产	3期	2005
『文選』の研究資料集『文選』李善注引「子虚賦」「上林賦」「西京賦」	富永一登	中国古典文学研究	3号	2005
浅谈《子虚赋》	秦训习	中州大学学报	1期	1994
《子虚赋》内容考略	金前文	渝西学院学报（社科）	3期	2004
别有《子虚赋》说不能成立	胡大雷	文学遗产	5期	2005
上林赋作于建元初年考	何沛雄	大陆杂志	36卷2期	1968
上林赋著作年代之商榷	简宗梧	大陆杂志	48卷6期	1974
《上林赋》注一例质疑	毕庶春	中国语文	5期	1983
司马相如的代表作是《天子游猎赋》	沈伯俊	四川师院学报（社科）	2期	1982

续表四

篇、书名	著(译)编者	出处	卷、期	年月日
《天子游猎赋》辨	龚克昌	文学遗产	3期	1983
也谈《天子游猎赋》——兼与龚克昌同志商榷	徐宗文	徐州师范学院学报（哲社）	1期	1985
从《七发》到《天子游猎赋》——脱离上古文学传统，确立汉赋表现世界	谷口洋	四川师范大学学报（社科）	5期	2005
《大人赋》试论	船津富彦	汉魏文化	4号	1963
《远游》与《大人赋》	苏雪林	文艺月刊	28卷2期	1970
《大人赋》的思想	陈嘉欣	畅流	42卷2期	1970
《大人赋》の思想の系譜——辞賦の文学と老荘の哲学	福永光司	東方学報（京都）	41册	1970
漢代辞賦の推移——「大人賦」の変貌を中心に	中村昌彦	中国文学論集	15号	1986
司马相如《大人赋》献疑	万光治	四川师范大学学报（社科）	3期	2005
楚辞「遠遊」と「大人賦」——天界遊行モティーフを中心として	矢田尚子	集刊東洋学	94号	2005
"长门赋"真伪辨	许世瑛	中德学志	6卷1、2期	1944
长门赋的写作技巧	叶庆炳	文学杂志	2卷2期	1957
		文学思潮	1期	1980
司马相如与长门赋	许世瑛	学术季刊	6卷2期	1957
长门赋辨证	简宗梧	大陆杂志	46卷2期	1973
宫怨体的滥觞——《长门赋》	沈伯俊	成都大学学报（社科）	1期	1982
《长门赋》出现的意义——兼论其非托名之作及其他	费振刚	光明日报		1982.11.2
《长门赋》赏析	康金声	名作欣赏	6期	1983
长门宫与《长门赋》	赵坚	上海师范大学学报（哲社）	3期	1985
从《长门赋》看司马相如的汉赋成就	张宏义	驻马店师专学报（社科）	1期	1994
千金纵买相如赋，脉脉此情谁诉	乐闻	古典文学知识	3期	1995
《长门赋》之作者考辨	力之	钦州学院学报	2期	1998
《长门赋》确系司马相如所作	孟彦	中华文化论坛	3期	1999
汉赋中的汉武帝——从《长门赋》到《李夫人赋》	包明明	古典文学知识	3期	1999
《长门》《自悼》考论	毕庶春	四川师范大学学报（社科）	5期	2004
《美人赋》辨证	简宗梧	大陆杂志	46卷1期	1973

续表五

篇、书名	著(译)编者	出处	卷、期	年月日
谈《美人赋》	林柏燕	中华文艺	11卷5期	1976
试谈赋与唐人传奇的关系——读《美人赋》偶得	应锦襄	厦门大学学报（哲社）	增刊	1982
美的企慕与欲的渲泄——屈原、宋玉、司马相如美人赋散论	伏俊连	社会科学（甘肃）	4期	1990
宋玉《讽赋》、《登徒子好色赋》与司马相如《美人赋》比较研究	刘刚	鞍山师范学院学报	1期	2004
《九歌》为司马相如所作辨误	吴明贤	四川师院学报（社科）	3期	1984
司马相如 扬雄辞赋之比较研究	简宗梧	中华学苑	18期	1976
扬马辞赋讽谏论	赵生群	文史哲	3期	1987
扬雄与司马相如赋风差异之比较	蒋文燕	海南师范学院学报（社科）	6期	2003
"斑彩文章"与"精敏""鬼黠"——从司马相如、扬雄散体赋看蜀人的文化个性	何玉兰	乐山师范学院学报	1期	2005
王褒辞赋用韵考	简宗梧	中华学苑	17期	1976
风骨学于诸子 华实化于骚赋——王褒赋简论	秦彦士	天府新论	6期	1989
论王褒赋的特点及贡献	徐宗文	社会科学战线	3期	1993
《文选·王褒〈洞箫赋〉》札记	王华宝	文教资料（初中）	3期	1998
附声测貌 泠然可观——论王褒《洞箫赋》的艺术成就	李丹博	山西师大学报（社科）	2期	2003
《洞箫赋》、《长笛赋》对两汉乐论的新突破	徐华	中国历史文献研究会第26届年会论文集		2005
王褒《四子講德論》について	上原尉暢	東北大学中国語学文学論集	6卷7号	2002
王褒《四子讲德论》之探讨	白承锡	辽东学院学报（社科）	6期	2004
The Han Rhapsody: A Study of the Fu of Yang Hsiung	D. R. Knechtges	Cambridge University Press		1976
扬雄赋新论	龚克昌	中国古典文学论丛	2辑	1985
试论扬雄在汉大赋上对司马相如的因革与发展	王以宪	江西师范大学学报（哲社）	1期	1985
扬雄薄赋辨	马夏民	信阳师范学院学报（哲社）	2期	1986
略论汉代大赋的讽谏艺术——兼谈扬雄的欲讽反劝说	刘树清	广西师院学报（哲社）	2期	1987
屈赋非扬雄所说"诗人之赋"辨	曹大中	中国文学研究	4期	1990
扬雄赋论	方铭	中国文学研究	1期	1991

续表六

篇、书名	著(译)编者	出处	卷、期	年月日
扬雄赋风的思想性	阮 忠	成都大学学报（社科）	2期	1992
護圏古文辞学と揚雄——熊阪台州・大田南畝を端緒として	高橋章則	文芸研究	141号	1996
扬雄赋论与清人的回应	詹杭伦	第三届汉代文学与思想学术研讨会论文集		2000
论扬雄赋	蓝 旭	青海师范大学学报（哲社）	1期	2001
追步前贤不乏创变——论扬雄赋	王 琳	山东师大学报（人文）	5期	2001
扬雄辞赋观简论	陈朝辉	成都师范高等专科学校学报	3期	2002
《汉志·诗赋略》"扬雄赋"绎释	俞纪东	复旦学报（社科）	3期	2002
试论扬雄赋的模拟与转型	陈恩维	中国韵文学刊	2期	2003
扬雄汉赋观刍议	踪 凡 冷卫国	陕西师范大学学报（哲社）	5期	2004
扬雄对诙谐赋品味的提高	徐可超 李 嘉	东方论坛	1期	2005
赋料扬雄敌——谈扬雄对杜甫赋作的影响	李凤玲	杜甫研究学刊	2期	2005
扬雄辞赋创作论	多洛肯	新疆师范大学学报（哲社）	3期	2005
扬雄赋的个性特征	辛小飞	和田师范专科学校学报	5期	2005
扬雄奏"甘泉""河东""羽猎""长杨"四赋的年代	唐 兰	学原	1卷10期	1948
扬雄"四赋"时年考	熊良智	四川师范大学学报（社科）	3期	2005
扬雄奏甘泉羽猎二赋在成帝永始三年考	施之勉	大陆杂志	4卷2期	1952
Two Fu On Sacrifices By Yang Hsung	Elma E. Kopetsky	东方文化	10期	1972
扬子云反离骚笺评	杨胤宗	建设	13卷5期	1964
扬雄的《反离骚》及其引起的争论	黄中模	江汉论坛	6期	1982
扬雄及其《反离骚》之再认识	郭建勋	求索	4期	1989
从模拟论扬雄《反骚》的范式意义	冯小禄	北京师范大学学报（社科）	3期	2003
绵里藏针，寓讽于颂——扬雄《长杨赋》新探	顾绍炯	贵阳师专学报（社科）	1期	1989
读扬雄太玄赋献疑	郑 文	争鸣	4期	1957
		中国哲学史论文集	2辑	1980
《太玄赋》非伪作辨	束景南	古籍整理研究学刊	5期	1993
扬雄の「逐貧賦」について——遊戯文学論（1）	福井佳夫	中京大学文学部紀要	353号	2001

续表七

篇、书名	著（译）编者	出处	卷、期	年月日
穷愁但有骨贫贱可安身——扬雄和他的《逐贫赋》	蒋文燕	名作欣赏	3期	2001
蜀都赋（片断）	左 思	旅游天府	3期	1982
《蜀都赋》所载川产道地药材考释	王家葵	基层中药杂志	1期	1993
洛阳纸贵《蜀都赋》	柴木达	四川财政	2期	1996
扬雄、左思《蜀都赋》比较	吴明贤	四川师范大学学报（社科）	1期	2005
左思练都考	陆侃如	北京大学五十周年纪念论文集		1948
左思の賦観——魏晋の賦に於ける写実精神	小尾郊一	広島大学文学部紀要	15号	1959
綦毋邃三都賦注辑	阮廷焯	大陸雜誌	33卷4期	1966
《三都の賦》の表現の特長について	藤原尚	中国中世文学研究	7号	1968
三都賦札記	狩野直禎	聖心女子大学論叢	34集	1969
			36集	1970
左思三都赋諸家注考証	狩野充德	中国中世文学研究	11号	1976
《三都赋》序注	游过恩	文史	5辑	1978
左思《三都赋》写作年代质疑——《晋书·左思传》等辩误	傅璇琮	中华文史论坛	2辑	1979
左思彩笔绘成都	雷履平	文明	2期	1982
《三都赋》与辞书	杨 村	辞书研究	3期	1982
洛阳纸贵未必佳作——论左思《三都赋》	王 辉	陕西师大学报（哲社）	1期	1984
皇甫谧与洛阳纸贵	龙江人	中医药学报	2期	1984
关于对左思《三都赋》的评价问题		编创之友	3期	1984
《三都赋》何时写成	张玉书	山东师大学报（社科）	2期	1985
左思发愤写《三都赋》	王则廷	人民教育	5、6期	1985
亦谈《三都赋》何时写成	方永耀	山东师大学报（社科）	6期	1986
洛阳纸贵		语文教学通讯	9期	1986
《三都赋》的撰年及其它	牟世金	文史哲	5期	1992
"洛阳纸贵"——说左思《三都赋》	王志民	文史知识	3期	1994
左思《三都赋》綦毋邃注发覆——《文选》旧注新探之一	罗国威	古籍整理研究学刊	6期	1994
左思《三都赋》新探	杨合林	吉首大学学报（社科）	2期	1995

续表八

篇、书名	著(译)编者	出处	卷、期	年月日
洛阳纸贵《蜀都赋》	柴木达	四川财政	2期	1996
左思《三都赋》及其辞赋观	冷卫国	西北师大学报（社科）	5期	1997
左思《三都赋》与西晋文坛风气	王志民	淄博学院学报（社科）	1期	1999
左思《三都赋》成功经验之研讨	周勋初	长春师范学院学报	3期	1999
关于皇甫谧《三都赋序》的真实性	徐传武	社科纵横	6期	1999
中韩《三都赋》比较	吴绍釚	延边大学学报（社科）	3期	2000
关于"洛阳纸贵"——《三都赋》轰动效应剖析	顾农	南通师范学院学报（哲社）	4期	2000
洛阳纸贵	韦俊海	中华散文	5期	2001
左思《三都赋》道德理想探析	李海燕	山东行政学院山东省经济管理干部学院学报	3期	2002
皇甫谧《三都赋序》之真伪及其价值趋向	梅运生	安徽师范大学学报（人文）	5期	2002
《三都赋》撰年疑案新断	姜剑云	北京大学学报（哲社）	6期	2002
「三都賦」における「両都賦」,「二京賦」の踏襲と発展について	戸高留美子	学芸国語国文学	35号	2003
洛阳纸贵	牧溪子 胡伟峰	青少年书法	17期	2003
左思使洛阳纸贵（上）（下）	吕鸿群 张新华	小雪花	33、36期	2003
皇甫谧《三都赋序》之真伪及其价值趋向之我见	梅运生	2003年安徽省文学学会学术会议论文集		2003
皇甫谧《三都赋序》辨析	任国学	社会科学（甘肃）	1期	2004
左思的才性与《三都赋》的艺术特色	叶枫宇	福建师范大学学报（哲社）	3期	2004
《三都赋》小考——都城賦制作意義の変容とその背景について	戸高留美子	お茶の水女子大学中国文学会報	23号	2004
左思《三都赋》及其序注综考	顾农	广西师范大学学报（哲社）	1期	2005
左思《三都赋》校勘补证	常思春	四川师范大学学报（社科）	3期	2005
李白古赋的艺术特色	刘忆萱	文学评论丛刊	9辑	1981
李白古赋初探	李戎	成都大学学报（社科）	3、4期	1988
读李白赋札记五则	谭优学	西南师范大学学报（社科）	3期	1990
浅析李白赋对前代赋作的继承与创新	曾竞艳	重庆师院学报（哲社）	4期	2000
论李白古赋的思想性及艺术性	张丽杰	齐齐哈尔大学学报（哲社）	3期	2003
李白辞赋观辨析	韩晖	广西师范大学学报（哲社）	2期	2004
《明堂赋》作于天宝初年	孟繁森	社会科学辑刊	3期	1986

续表九

篇、书名	著(译)编者	出处	卷、期	年月日
李白《大鹏赋》改订年代辨	周凤章	祁连学刊	1 期	1990
《大鹏赋》与《逍遥游》	葛景春	天府新论	5 期	1987
"辞欲壮丽 义归博远"——李白的《大猎赋》与马杨畋赋	杨栩生	绵阳师专学报	1 期	1990
关于李白《大鹏赋》的系年	邓元煊	成都师专学报	1 期	1991
谲辞云构 奇文郁起——李白《大鹏赋》品读	王许林	古典文学知识	3 期	1999
一曲豪气奔放的自我颂歌——我读李白的《大鹏赋》	董 武	高等函授学报（哲社）	5 期	2000
旷荡而纵适——从《大鹏赋》看李白的理想和性格	杨 明	文史知识	10 期	2001
超越有限的图腾——论李白《大鹏赋》与庄子《逍遥游》的继承关系	张瑞君	太原师范学院学报（社科）	4 期	2005
李白《大猎赋》系年新考	吕华明	徐州教育学院学报	1 期	2001
"诤臣"之赋却平易——田锡赋刍议	何玉兰	乐山师范高等专科学校学报	4 期	1999
论田锡辞赋的新变	刘 培	文史哲	4 期	2001
苏东坡的文学背景及其赋	钱锺书	学文月刊	1 卷 2 期	1934
The Prose-Poetry of Su Tung-p'o	Cyril Drummond Le Gros Clark	上海：Kelly and Walsh London：Kegan Paul		1935 1935
东坡赋考（1）	禹埈浩	中国语文学	6 辑	1983
东坡赋考（2）	禹埈浩	中国学研究（韩国外国语大学）	1 辑	1984
苏东坡文赋的特征	禹埈浩	中国语文学	10 辑	1985
关于苏东坡赋英译本的钱序	王依民	读书	3 期	1995
略论苏轼对赋体文学的发展	周慧珍	天津社会科学	5 期	1986
东坡赋的艺术特色	王文龙	天府新论	2 期	1987
苏东坡赋用韵考	禹埈浩	论文集（忠南大学）	15 卷 2 期	1988
试论苏轼赋的形象特征	孙 民	辽宁大学学报（哲社）	3 期	1989
苏赋新论	许 结	中国韵文学刊	2 期	1994
笔势仿佛《离骚》经——东坡赋考论	杨胜宽	西南师范大学学报（哲社）	2 期	1994
东坡赋译注	孙 民	巴蜀书社		1995
苏轼赋的散体特征及其形成	何国栋	兰州大学学报	2 期	1998
论苏轼赋体文学的特色和贡献	谭玉良	康定学刊	4 期	1998

续表一〇

篇、书名	著（译）编者	出处	卷、期	年月日
苏轼的楚辞观及其词赋创作	朴永焕	中国典籍与文化	1 期	1999
简论苏轼"变赋"的审美特征	胡立新	黄冈师专学报	2 期	1999
从苏轼赋看其人生哲学的内部构成	薛亚康	周口师范高等专科学校学报	4 期	2001
论苏轼的辞赋创作	王许林	江淮论坛	5 期	2001
一篇寓哲理于趣味之中的咏物赋——读苏轼《黠鼠赋》	王新勇	恩施师专学报	2 期	1982
由苏东坡作《黠鼠赋》的年龄问题引起的	吕叔湘	读书	7 期	1982
东坡少作《黠鼠赋》	臧克家	光明日报		1982.3.3
黠鼠赋	苏轼著，黄国秀注释	中学语文	1 期	1984
		新闻通讯	8 期	1985
苏轼《黠鼠赋》作年辨证	曾枣庄	艺文志	3 辑	1985
委婉多趣 说理透彻——简评苏轼少作《黠鼠赋》	黄国秀	新闻通讯	8 期	1985
《黠鼠赋》作时蠡测	朱运申	齐鲁学刊	1 期	1987
关于苏轼《黠鼠赋》的系年与题旨	周慧珍	阜阳师范学院学报（社科）	4 期	1990
因题发议 以小见大——释苏轼《黠鼠赋》	蒋介夫	阅读与写作	4 期	1996
黠鼠赋	苏 轼	语文教学与研究	2 期	2000
黠鼠赋	苏 轼	中文自修	2 期	2003
苏轼"前赤壁赋"	吴鹤九	语文教学通讯	6 月号	1957
佳作不厌百回读——重读《前赤壁赋》	臧克家	解放军文艺	1 月号	1962
苏东坡赤壁赋地名考	王 恢	人生	27 卷 2 期	1963
谈《前赤壁赋》	祁 尧	光明日报		1965.3.7
前后赤壁赋作意新解	吴鸿英	新亚生活	11 卷 8 期	1969
Thoughts Suggested by Su Shih's "Red Cliff I"	Poon, Ming-Sun	崇基校刊	48 期	1970
"徘徊于斗牛之间"考	中野均一郎	三重大学教育学部研究纪要	24 卷 1 号	1973
拨开《前赤壁赋》的迷雾	武汉粉末冶金厂工人等	长江日报		1974.12.15
Change and Continuation in Su Shih's Theory of Literature: A Note on His Ch'ih-pi-fu	陈幼石	Monumenta Serica	Vol. 31	1974－1975

续表一一

篇、书名	著(译)编者	出处	卷、期	年月日
苏轼的《前赤壁赋》	唐玲玲	语文教学与研究	2期	1979
笔健任挥洒 谈笑自旷达——《前赤壁赋》浅析	刘文刚	辽宁师院学报	6期	1979
苏轼的《赤壁赋》	臧克家	人民教育	9期	1979
"洗盏"辨	黄镇华	四川师院学报（社科）	3期	1980
		重庆师院学报（哲社）	4期	1980
《洗盏辨》证	邵则遂	四川师院学报（社科）	4期	1980
《前赤壁赋》赏析	瑞 华	淮北煤师院学报（社科）	4期	1980
读东坡《赤壁赋》漫记	左成文	锦州师范学院学报（哲社）	1期	1981
如何解释《前赤壁赋》中的"物"与"我"		文史知识	4期	1981
缜密的艺术构思——读苏轼的《前赤壁赋》	吴功正	长安	7期	1981
东坡《前赤壁赋》散论	叶百丰	华东师大学报（哲社）	1期	1982
也谈"洗盏更酌"	鲍不迟	四川师院学报（社科）	2期	1982
《赤壁》考	禹埈浩	论文集（忠南大学）	9卷2期	1982
前、后《赤壁赋》题旨新探	朱靖华	黄冈师专学报	3期	1982
黄州の蘇軾と《赤壁の賦》	山本和義	書論	20号	1982
构思缜密 形散神凝——谈苏轼的《前赤壁赋》	吴功正	中国古典文学名著赏析		1982
苏轼赤壁赋评析	朱传誉	天一出版社		1982
《后赤壁赋》考	禹埈浩	论文集（忠南大学）	10卷1期	1983
东坡赤壁赋榷议	陈冠英	天水师专学报	2期	1983
赤壁之游乐乎——试谈《前赤壁赋》的思想感情	祁子青	沈阳师院学报	3期	1983
苏轼《前赤壁赋》的写景	振 甫	旅行家	6期	1983
从《赤壁赋》看苏轼的为人与为文	方世教	学丛	4期	1984
如何理解《前赤壁赋》中的"溯流光"	徐家传	淮阴师专学报（社科）	4期	1984
《赤壁赋》的美	江 柳	中学语文	4期	1985
试析《前赤壁赋》的虚无思想	顾伟钢	名作欣赏	6期	1985
读《赤壁赋》札记	黄海鹏	黄冈师专学报	2期	1986
《后赤壁赋》探微	陈寅生	韩山师专学报（社科）	2期	1986

续表一二

篇、书名	著(译)编者	出处	卷、期	年月日
不要买椟还珠——前、后《赤壁赋》小议	王　路	湖北师范学院学报（哲社）	3期	1986
蘇東坡の赤壁賦とその周辺	高畑常信	国文研究（香川大学）	11号	1986
从《前赤壁赋》看苏轼与佛学	黄进德	扬州师院学报（社科）	1期	1987
"物与我"新释——兼议《前赤壁赋》的思想	段振良	贵阳师专学报（社科）	1期	1987
艺术虚幻美的追求——苏轼《前赤壁赋》探微	邹少雄	孝感师专学报（哲社）	1期	1987
前后《赤壁赋》是苏轼散文创作的双璧	陈友德	韩山师专学报（社科）	2期	1987
受迫害者的旷达——从苏轼《前赤壁赋》所表达的思想感情说起	杜存亭	新疆石油教育学院学报	2期	1987
吴宽的《赤壁诗》和苏轼的《赤壁赋》	文士丹	争鸣	2期	1987
"文学"与"哲学"完美结合的绝妙之作——读苏轼的《前赤壁赋》	杨海明	文史知识	3期	1987
乔仲常后赤壁赋图卷赏析	王克文	美术	4期	1987
笔落潇潇写寥廓——我读苏轼《前赤壁赋》	静　远	散文	5期	1987
闳中肆外，千古佳什——《前赤壁赋》内容剖析	宋书功	陕西中医函授	6期	1987
读苏轼《赤壁赋》	吴小如	古文精读举隅		1987
简说《前赤壁赋》的主题	陈鉴昌	成都师专学报	1期	1988
浅谈《前赤壁赋》的思想和艺术特色	李厚肃	中国文学研究	2期	1988
委婉曲折　自然流畅——苏轼《前赤壁赋》浅析	吴　戈	长江水利教育	2期	1988
《赤壁赋》·佛道儒·人生观	罗德荣	天津社会科学	4期	1988
乔仲常《后赤壁赋图卷》补议	万青力	美术	8期	1988
《前后赤壁赋》的绘画性	禹坡浩	湖西文学	14辑	1988
《前赤壁赋》旨趣探析	丁厚源	龙岩师专学报	1期	1989
"赤壁"二赋不是天生的姊妹篇	饶学刚	黄冈师专学报	3期	1989
《赤壁赋》赏述	洪瑀钦	岭南语文学	16辑	1989
《前赤壁赋》中情绪变化轨迹探幽——文学名篇艺术鉴赏之一	姜　云	浙江经专学报	1期	1990
试谈苏轼《赤壁赋》的美的建造	涂普生	江汉论坛	8期	1990

续表一三

篇、书名	著(译)编者	出处	卷、期	年月日
《赤壁賦》の主題とその基盤	波多野太郎	新しい漢文教育	12号	1991
野趣美的流光溢彩——苏轼《后赤壁赋》美之探微	涂普生	理论月刊	1期	1992
《前赤壁赋》的原型显现与文化意义	杨问富	名作欣赏	3期	1992
《前赤壁赋》哲理阐释	何全民	大连大学学报	1期	1993
《秋声赋》与《前赤壁赋》比较	杨凯毅	惠阳师专学报（社科）	1期	1993
苏轼前后《赤壁赋》之比较	任朝第	宝鸡师院学报（哲社）	2期	1993
释"流光"、"空明"	童勉之	佳木斯教育学院学报	3期	1993
《前赤壁赋》散论	胡金林	镇江师专学报（社科）	1期	1994
悠悠洞箫声 戚戚苏子心——《前赤壁赋》作者心态管窥	伍联群	达县师专学报（社科）	1期	1994
苏东坡和前后赤壁赋	张俊之	书画艺术	2期	1994
抑扬顿挫 驰骤纵横——谈苏轼《前赤壁赋》的气势美	刘崇国	名作欣赏	3期	1994
前赤壁赋	苏 轼	名作欣赏	3期	1994
《前赤壁赋》魅力探	张大计	中共浙江省委党校学报	3期	1994
一位哲人面对造物的诗意沉思——苏轼《前赤壁赋》赏析	王春鸿	青年文学家	8期	1994
一样心态 两般参悟——《始得西山宴游记》与《前赤壁赋》对读	贾文丰	河南电大	1期	1996
外示旷达内实忧患的《前赤壁赋》	吴宗海	井冈山师范学院学报	3期	1996
《赤壁赋》臆说	吴宗海	江海学刊	4期	1996
松江与东坡文学的比较考——以《关东别曲》与《赤壁赋》为中心	成元庆	人文科学论丛（建国大学）	26辑	1994
苏轼《后赤壁赋》中的儒道情结及其文化意义	朱秋德	丝路学刊	1期	1997
"渺沧海之一粟"当如何	易家言	学理论	7期	1997
从《前赤壁赋》谈苏轼的宗教思想	龙 晦	中华文化论坛	1期	1998
《前赤壁赋》本事说	吴月兰	南京高师学报	1期	1998
日付から考察した前後《赤壁賦》の主題について——特に《後赤壁賦》に焦点をあてて	正木佐枝子	中国文学論集	27号	1998
水月禅境 山鹤幽情——重读苏轼的前后《赤壁赋》	邓红梅	名作欣赏	2期	1999
清新优美的意境 深沉旷达的情怀——苏轼的《前赤壁赋》浅析	王晓瑜	六盘水师范高等专科学校学报	3期	1999

续表一四

篇、书名	著(译)编者	出处	卷、期	年月日
《前赤壁赋》解析中有待商榷的几个问题	王晓林	重庆大学学报（社科）	4 期	1999
苏轼赤壁二赋的意象化艺术探秘	胡立新	乐山师范高等专科学校学报	4 期	1999
《前赤壁赋》：旷达为表　忧患为实——关于《前赤壁赋》主题的教学探赜	赵乐人	克山师专学报	4 期	1999
解脱之后是潇洒——苏轼《前赤壁赋》解读	刘尚义　刘玉祥	名作欣赏	6 期	1999
情因景生　理缘情明——读苏轼《前赤壁赋》	张　帆	语文天地	11 期	1999
蘇軾《赤壁賦》小考	小林忠信	國學院中國學會報	44 号	1999
深邃的哲理　动人的情思——浅议《前赤壁赋》的艺术构思	卫云英	山西职工医学院学报	1 期	2000
生命的困惑与审美的超越——《逍遥游》与《赤壁赋》生命意蕴之比较	杨慧聪	新乡师范高等专科学校学报	3 期	2000
此"声"为何声，此"色"为何色——关于《前赤壁赋》的一滴之见	徐　英	语文月刊	3 期	2000
此"声"为风声，此"色"为月色——苏轼《前赤壁赋》释疑一则	释　名	语文月刊	6 期	2000
苏轼《前赤壁赋》的写作动机与艺术鉴赏	万　芬	景德镇高专学报	1 期	2001
《赤壁赋》备课三题	杨一吾	中学语文	11 期	2001
《赤壁赋》	田泽生	语文教学通讯	12 期	2001
《前赤壁赋》中"舞"字新解	韩法良	开封大学学报	3 期	2002
悦目·会心·畅神和超越——苏轼《前赤壁赋》自然美审美心理过程管窥	杨　桦	乐山师范学院学报	3 期	2002
从《前赤壁赋》看佛禅思想对苏轼的影响	范学琴	皖西学院学报	3 期	2002
融景、情、理于一炉的《赤壁赋》	增　燕	文教资料	6 期	2002
画意·诗情·哲理——苏轼《赤壁赋》艺术张力探幽	陆精康	阅读与鉴赏（高中）	9 期	2002
《赤壁赋》	乔　虹	语文教学通讯	16 期	2002
从《赤壁赋》看苏轼的超脱与旷达	燕　红	胜利油田师专科学校学报	1 期	2003
悦目、会心、畅神和超越——苏轼《赤壁赋》自然美审美心理过程管窥	杨　桦	名作欣赏	2 期	2003

续表一五

篇、书名	著(译)编者	出处	卷、期	年月日
谈《赤壁赋》的教学指导策略	韩雪松	学语文	3期	2003
苏轼《赤壁赋》与赵缵韩《反赤壁赋》	曹虹	古典文献研究	6辑	2003
《赤壁赋》中几个值得商榷的注释	项行龙	语文教学与研究	7期	2003
宠辱不惊 生死相安——苏轼《前赤壁赋》赏析	竺洪波	作文世界（高中）	9期	2003
《赤壁赋》微型教案	马锡刚 李百芹	中学语文教学参考	10期	2003
《赤壁赋》的悲音从何而来	吕锐章	语文教学通讯	36期	2003
苏轼《前赤壁赋》新解	詹珊	莆田学院学报	1期	2004
《前赤壁赋》美学分析	周福勇 薛强	语文教学与研究	1期	2004
真情写至文，名篇传千古——浅析苏轼《前赤壁赋》的思想内容及艺术特色	王忠芹	辽宁经济职业技术学院·辽宁经济管理干部学院学报	1期	2004
见解精辟 怀古情深——杜牧《赤壁》与苏轼《念奴娇·赤壁怀古》比较谈	凌宗伟 刘陈飞	语文世界（高中）	1、2期	2004
"知"与"不知"，驳难明旨——《前赤壁赋》文眼分析	刘启恕	名作欣赏	2期	2004
《赤壁赋》的叙述模式与中国传统文化思维的关系	邓莹辉	湖北民族学院学报（哲社）	4期	2004
赋体散文的杰作 诗文结合的典范——兼谈苏轼《前赤壁赋》在散文发展史上的地位	唐佳文	西江教育论丛	4期	2004
《前赤壁赋》的押韵与表情达意	谢增伟	语文教学与研究	5期	2004
试析中国传统农业文化对苏轼文化品格的影响——从《前赤壁赋》看	陈志平 王秀琴	西北农林科技大学学报（社科）	6期	2004
苏轼《前赤壁赋》、《后赤壁赋》之探微	韩丽君	作文世界（高中）	7期	2004
《赤壁赋》设疑赏析	韦汉阳	语文学刊	8期	2004
《前赤壁赋》与《沙滩上的脚迹》写作比较	龙厚雄	写作	14期	2004
《赤壁赋》教学设计	闫变梅	中小学教材教学	20期	2004
谈《赤壁赋》的哲理美	范晖	中学语文园地（高中）	20期	2004
逍遥之乐背后的隐微心曲——苏轼《前赤壁赋》主旨新探	李金松	古典文学知识	1期	2005
《赤壁赋》的哲学意蕴	陶承洛	滁州职业技术学院学报	1期	2005

续表一六

篇、书名	著(译)编者	出处	卷、期	年月日
《赤壁赋》中的"吹箫者"	张云江	文史杂志	2期	2005
由《赤壁赋》谈苏轼思想形成原因	范晓丽	现代语文	2期	2005
大江流日夜，千古赤壁情——读苏轼《前赤壁赋》	祝德纯	语文建设	2期	2005
苏轼的《前赤壁赋》与阮籍的《达庄论》	张　进	文史知识	3期	2005
一蓑烟雨任平生——解读《前赤壁赋》	侯文慧	理论界	3期	2005
《赤壁赋》中的"明月"意象略析	葛友民 李克全	语文教学通讯	3期	2005
感悟生命　张扬人格——苏轼《前赤壁赋》重新解读	廖健春	名作欣赏	4期	2005
《赤壁赋》中苏轼思想感情探微	王　艾	林区教学	4期	2005
从《前赤壁赋》看汉语典故的英译	黄亚慧	西华大学学报（哲社）	5期	2005
《赤壁赋》教学疑难十问	陆精康	中学语文教学	5期	2005
心境悠悠水榭无香——试论苏轼《赤壁赋》的哲学意蕴及人生启示	帅丽梅	乐山师范学院学报	6期	2005
《前赤壁赋》的景与情内在脉络	邓　珏	引进与咨询	7期	2005
关于生命的哲理对话——重读苏轼《前赤壁赋》	梁德林	阅读与写作	7期	2005
面对月亮的"受用"与"共食"——《荷塘月色》与《前赤壁赋》比较	甘春枝	甘肃教育	9期	2005
形貌各异　意气暗合——散谈苏轼前、后《赤壁赋》的异同及其内在联系	李新宇	名作欣赏	12期	2005
在凄苦中挣扎和超越——苏轼《前赤壁赋》情感解读	黄务海	中学语文	13期	2005
《滕王阁序》与《前赤壁赋》之"悲情"比较谈	袁　韵	名作欣赏	16期	2005
谈《前赤壁赋》中箫的艺术功力	张兰花	文教资料	18期	2005
山水人生——解读《赤壁赋》	徐西前	语文天地	21期	2005
一次为苏轼平反的宫廷书画合作——在马和之画、宋高宗题《后赤壁赋图》卷的背后	余　辉	紫禁城	增刊	2005
黄州谪居与苏东坡的人生磨砺——《前赤壁赋》多元思想的哲学思考	林成玉	青海教育	增刊2	2005
滟滪堆赋并序	苏　轼	旅游天府	3期	1981

续表一七

篇、书名	著(译)编者	出处	卷、期	年月日
与屈原灵魂对话：景仰与沉思——读苏轼的《屈原庙赋》	王许林	古典文学知识	3期	2001
苏轼对陶渊明《闲情赋》评价之正解	张子刚	延安大学学报（社科）	3期	2001
欧阳修苏轼辞赋之比较研究	陈韵竹	文史哲出版社		1986
苏轼、黄庭坚赋体文学比较	何玉兰	乐山师专学报（社科）	1期	1998
苏轼、黄庭坚的赋体文学	何玉兰	文史杂志	2期	1999
苏辙《超然台赋》赏析	乐牛	名作欣赏	3期	1989
论苏辙的辞赋创作	刘培	成都理工大学学报（社科）	2期	2005
李芝《盐井赋》初探	彭久松	文物	1期	1977
关于李芝的《盐井赋》	罗成基	盐业史研究	1期	1989
关于《盐井赋》中"鬲鬲鸣钩"注释的校正	罗成基	盐业史研究	3期	1990
武侯祠赋	罗开玉	四川文物	5期	2004
李调元和他的《雨村赋话》	詹杭伦	第二届国际赋学会专辑		1994
李调元《雨村赋话》对汤聘《律赋衡裁》的沿袭与创新	詹杭伦	《清代学术研讨会》论文集		2004

三、诗

篇、书名	著(译)编者	出处	卷、期	年月日
四川历代诗人六十家	梦渔等	星星	4、5月号	1980
巴山丰姿蜀水情——古诗咏天府	李金彝等	四川少年儿童出版社		1984
四川井盐诗采撷	宋良曦	井盐史通讯	2期	1985
历代四川山水诗选注	四川省社会科学院文学研究所	重庆出版社		1985
古诗咏巴蜀	胡鼎寒等	四川少年儿童出版社		1987
巴蜀诗人外传	刘知渐 鲜述文	重庆出版社		1988
《巴蜀古诗选解》序	龙晦	川北教育学院学报	4期	1997
巴蜀古诗选解	王朝谦 林惠君	四川大学出版社		1998

续表一

篇、书名	著(译)编者	出处	卷、期	年月日
四川近百年诗话——文史杂志增刊	朱寄尧 王淡芳	文史杂志社		1993
近代巴蜀诗钞	近代巴蜀诗钞编委会	巴蜀书社		2005
浣花诗坛点将录	钱仲联	草堂	2期	1982
老成都：历代诗人咏成都	成都市文联、成都市诗词学会	四川文艺出版社		1999
蜀诗总集	廖永祥	天地出版社		2002
渝州山水古诗中的民族意识	林惠君	重庆教育学院学报	4期	1997
略论古代巴渝地区邮驿诗的艺术特色	李良品	成都教育学院学报	9期	2002
巴渝诗鸟瞰	熊宪光 王广福	涪陵师范学院学报	2期	2004
重庆题咏录	彭伯通	重庆出版社		1985
重庆少数民族诗选	白新民等	重庆出版社		2002
20世纪重庆新诗发展史	吕进	重庆出版社		2004
试论陪都重庆现代诗歌发展的多样化	郝明工	涪陵师范学院学报	1期	2005
三峡诗海趣闻	吕红文	旅游天地	5期	1982
历代三峡诗歌选注		社会科学研究	5期	1982
历代三峡诗歌选注——《社会科学研究》丛刊	谷莺	社会科学研究丛刊编辑部		1982
三峡诗汇	颜其麟	西南师范大学出版社		1989
三峡古代诗歌导读	孟祥荣 闫泽平	陕西旅游出版社		1992
三峡诗歌地域风格略论	刘济民	湖北民族学院学报（社科）	3期	1995
三峡诗概说	林永仁	中国三峡建设	10期	1996
三峡诗歌与民俗文化	刘济民	中南民族学院学报（哲社）	3期	1998
三峡古诗的世界构成及文化意义	孟祥荣	湖北三峡职业技术学院学报	1期	2005
三峡茶诗散论——茶与文化名人的情节透视	龚永新	三峡大学学报（人文）	2期	2005
三峡诗歌与节日民俗文化	刘济民	中国三峡建设	6期	2005
剑门诗选	李光伟	剑阁县文教局		1983
剑门蜀道诗选	贾映彬等	剑阁县档案局		1986
晋原诗征	卫复华	大邑县政协会、大邑县图书馆		1984

续表二

篇、书名	著(译)编者	出处	卷、期	年月日
晋原诗征续集	卫复华	大邑县政协、大邑县图书馆		1993
白帝城,诗城	范亚湘	水利天地	6期	1988
钓鱼城诗选	秦立	四川人民出版社		1988
都江文存——诗选	灌县文物保管所	编者刊		1988
乐山大佛诗选	龙驹	四川文艺出版社		1988
绵阳市风光名胜诗选	王兴平	巴蜀书社		1989
绵州越王楼诗选	绵阳市文管所	编者刊		1990
中岩诗选注译	吴汉章 胡晋涛	四川省青神县中岩文物风景管理处		1991
泸州地方诗及其在历史上的地位	赵永康	成都大学学报（社科）	2期	1993
乐山历代诗集	乐山市市中区编史修志办公室	编者刊		1995
宣汉诗歌选——《县志编余》第四集	宣汉县地方志编纂委员会	编者刊		1996
绵竹诗颂	章肇源	四川人民出版社		1998
历代咏崇州诗选	黄道义	中国人民政治协商会议四川省崇州市委员会		1999
历代诗人咏金堂	薛玉树	金堂县文化体育局		2000
历代诗人咏罗江	刘良国	德阳市文联		2000
新都历史文化丛书:新都诗萃	曾顺达 倪宗新	四川人民出版社		2001
名人与合川——历代合川山水诗选注	池开智	合川市政协文史资料委员会		2001
送别诗城奉节	若谷	中外房地产导报	23期	2002
历代名人云阳留题诗选	政协云阳县委员会、云阳县地方志办公室	编者刊		2003
中江历代诗歌选	中江县人民政府地方志办公室	编者刊		2003
自贡百年诗存	朱承义	天马图书有限公司		2004
历代土家族文人诗选	湖南省少数民族古籍办公室	岳麓书社		1991
明清川东南土家诗人大观	白新民	西南师范大学学报（社科）	3期	1989
明清时期土家族汉文诗作述评	祝注先	民族文学研究	3期	1989

续表三

篇、书名	著(译)编者	出处	卷、期	年月日
晚清土家族陈汝燮和陈景星的诗歌创作	白新民	西南民族大学学报（人文）	3期	1988
试评晚清川东南土家诗人陈汝燮和陈景星的诗歌创作	白新民	湖北民族学院学报（哲社）	1期	1989
古蜀蒙山茶诗鉴赏	李家光	农业考古	4期	2004
蓬溪诗存	胡传淮	四川省蓬溪县政协文史学习委		2005
巴汉文学融合的最早产儿——《华阳国志·巴志》所录巴人诗作论析	祝注先	天府新论	3期	1988
说"耀歌"——巴蜀诗歌探源	文伯伦	文史杂志	1期	2004
文君曼歌白头吟	顾隽卿	风土杂志	1卷5期	1945
卓文君与"白头吟"疑案	祁和晖	历史知识	1期	1980
《白头吟》的著作权	罗文博	阜阳师范学院学报（社科）	6期	2000
卓文君妙诗讽夫	张黎明	工会博览	22期	2003
送葬詩小論——王褒の詩を中心として	後藤秋正	漢文学会会報	54号	1996
唐代咏怀诸葛亮的诗歌	陈翔华	文献	3辑	1980
简论历代咏怀诸葛亮的诗歌	田旭中	社会科学研究	3期	1986
咏诸葛亮诗歌选	李伯勋选注	陕西人民出版社		1987
历代咏赞诸葛亮诗选注	谭良啸选注	四川人民出版社		1988
歷代「詠諸葛亮詩」試論	濱田晋一	中国言語文化研究	3号	2003
诗歌别解二则	徐仁甫	社会科学研究	6期	1980
唐代诗学自叙——川人著叙述文选集	杨启高	四川文献	157期	1975
诗乡——唐代的成都	杨槐	成都日报		1979.6.21
"桐叶题诗"与成都紫桐	西禾	成都日报		1980.6.2
王勃在四川的创作活动——兼论唐初的士风与文风	王气中	中国古典文学论丛	2辑	1985
王勃和他的"送杜少府之任蜀州"	刘曜昕	语文学习	1期	1958
王勃：送杜少府之任蜀川	刘逸生	唐诗小札		1961
送杜少府之任蜀川	王勃 棠棣	教学参考（语文）	1期	1979
王勃的《送杜少府之任蜀川》	张仁祥	教学与进修	4期	1979
谈王勃的《送杜少府之任蜀州》	炳耀	安阳师专学报	1期	1980
王勃和他的《送杜少府之任蜀州》	韩楚森	教学与研究（社科）	2期	1980

续表四

篇、书名	著(译)编者	出处	卷、期	年月日
王勃和他的《送杜少府之任蜀州》	蔡斌芳	中学语文	3期	1980
《送杜少府之任蜀州》教学琐谈	史 旭	语文学习	12期	1980
王勃《杜少府之任蜀川》浅释	卢光耀	语文教学通讯	12期	1980
王勃：《送杜少府之任蜀州》	张仁祥	语文教学研究	1期	1980
别具一格的送别诗——谈王勃的《送杜少府之任蜀州》	陶尔夫	黑龙江青年	1期	1981
释王勃诗中的"儿女"	李文初	江汉论坛	1期	1981
谈王勃的《送杜少府之任蜀州》	赵炳耀	语文教学与研究	2期	1981
"五津"在哪里	敬末英	历史知识	6期	1981
不落窠臼的送别佳作——谈王勃的《送杜少府之任蜀州》	谷 白 雁 心	名作欣赏	4期	1982
蜀州，还是蜀川	张国举	文学遗产	4期	1982
《送杜少府之任蜀州》简析	张家琼	中学语文	9期	1982
王勃《送杜少府之任蜀州》分析	孙全生	语文教学通讯	11期	1982
也谈王勃《杜少府之任蜀州》诗	启 功	文学遗产	4期	1983
《送杜少府之任蜀川》考	沙先贵	贵州文史丛刊	2期	1986
悲凉慷慨 倾情尽志——王勃《送杜少府之任蜀川》意释	张大新	信阳师范学院学报（哲社）	3期	1987
"海内存知己，天涯若比邻"——王勃《送杜少府之任蜀川》赏析	齐昌人	今日中国	2期	1989
"无为在歧路，儿女共沾巾"的深层含蕴——谈王勃《送杜少府之任蜀州》诗	费鸿根	东疆学刊（哲社）	4期	1991
《送杜少府之任蜀州》考异	许嘉甫	文学遗产	4期	1992
"五津"小考	刘中文	北方论丛	6期	1997
谈《杜少府之任蜀州》的节拍	陈尚洛	中学语文	11期	1998
也谈王勃《杜少府之任蜀州》诗	启 功	启功丛稿（题跋卷）		1999
《杜少府之任蜀州》语法解读	周西云	陕西师范大学学报（哲社）	增刊2	2001
《送杜少府之任蜀州》赏析	张家坤	语文天地	2期	2002
王勃诗"风烟望五津"新解——兼论语法在古典诗歌鉴赏中的作用	金志仁	名作欣赏	3期	2002
丈夫非无泪 不洒别离间——王勃《送杜少府之任蜀州》赏析	吴友智	中学语文园地	15、16期	2002
相知的力量 友情的颂歌——《送杜少府之任蜀州》赏析	陈立钧	文教资料	6期	2003

续表五

篇、书名	著(译)编者	出处	卷、期	年月日
古代诗文地名人名异文考证	楚 瑶	台州学院学报	2期	2003
送杜少府之任蜀州	王 勃	当代小书画家	8期	2003
胸中磊魄有余地 语下飘萧无俗气——由《送杜少府之任蜀川》与《送纵宇一郎东行》看励志送别诗特征	侯小宝	晋中学院学报	2期	2005
蜀川与蜀州辨考——王勃《送杜少府之任蜀川》异文证释	胡正武	文学评论	6期	2005
高阔的胸怀 真挚的友情——读王勃《送杜少府之任蜀州》	宋会茹	阅读与鉴赏（教研）	6期	2005
另一种离别——王勃《送杜少府之任蜀州》赏读	微 微	中学生阅读（高中）	7、8期	2005
陈子昂和他的诗	王运熙	文学遗产增刊	4辑	1957
陈子昂的提倡风雅诗	罗根泽	中国文学批评史（二）		1957
试论陈子昂对唐代诗坛革新运动的贡献	曾文斌	中山大学学生科学研究	1期	1958
陈子昂的自由诗	沈鹤龄	新民晚报		1959.3.18
陈子昂与建安风骨——古代诗歌中的浪漫主义传统	林 庚	文学评论	5期	1959
关于陈子昂的时代及古代诗歌的浪漫主义特征问题的通信	梁超然 林 庚	文学评论	2期	1960
陈子昂诗风初探	牟世金	山东大学学报（语文版）	4期	1961
陈子昂的《修竹篇序》	华 文	文汇报		1961.8.25
陳子昂と詩の革新	高木正一	吉川博士退休紀念中国文学論集		1968
陳子昂の詩論と作品	安東俊六	九州中国学会报	14卷	1968
提倡风雅的陈子昂	毛一波	四川文献	160期	1976
陈子昂的诗篇及其产生背景	刘远智	研究生	16期	1977
陈子昂文学及其诗论研究	薛顺雄	东海学报	20卷	1979
陈子昂的《修竹篇》及《修竹篇序》	孔繁信	山东师大学报（哲社）	6期	1981
合著黄金铸子昂——略谈陈子昂对诗风的革新	韩黎范	语文学习	11期	1981
陈子昂诗注	彭庆生	四川人民出版社		1981
陈子昂振兴唐诗的主观因素	韩理洲	唐代文学论丛	1期	1982
论陈子昂对唐代诗人的影响	吴明贤	文苑纵横谈		1983
论陈子昂的诗	韩理洲	西北大学学报（社科）	2期	1983

续表六

篇、书名	著(译)编者	出处	卷、期	年月日
清新的源头，汹涌的洪流——试论陈子昂的边塞诗	唐逢尧	鞍山师专学报	2 期	1983
唐诗革新先驱陈子昂	彭庆生	文史知识	2 期	1982
与东方左史虬修竹篇序	陈果青	历代文论选注释		1983
试论陈子昂的文艺思想	吴明贤	西南师范学院学报（哲社）	1 期	1984
陈子昂诗歌理论新探	周刚	文史哲	2 期	1984
简论陈子昂诗歌的渊源	韩理洲	南充师院学报（哲社）	4 期	1984
陈子昂诗之上人及其他	祝尚书	中华文史论丛	4 辑	1984
国朝盛文章，子昂始高蹈——陈子昂的诗论、创作及其它在唐诗中的地位	王镇远	上海广播电视	11 期	1984
陈子昂提倡古诗的积极意义	徐寿凯	古代文艺思想漫话		1984
唐代边塞诗的先声——初唐四杰和陈子昂的边塞诗	金涛声	广西大学学报（哲社）	1 期	1985
《陈子昂诗注》的欠周密处	九夏人	内蒙古大学学报（哲社）	4 期	1985
唐人以时事入诗不始于杜甫	韩理洲	唐代文学论丛	总 6 辑	1985
关于对陈子昂及其诗歌创作的评价	吴明贤	四川师范大学学报（社科）	1 期	1986
武后时代与陈子昂的政治讽喻诗	周啸天	成都师专学报（文科）	1 期	1986
陈子昂与"风骨"	王永姬	南充师院学报	3 期	1986
略谈陈子昂在唐诗繁荣史上的功绩	王光浒	四川教育学院院刊	2 期	1988
试论陈子昂与汉魏乐府诗	单卫红	北京师院学报（社科）	2 期	1988
陈子昂——唐诗现实主义的先驱	黎懋雄	武汉教育学院学报（哲社）	1 期	1988
陈子昂新论	刘石	文学评论	2 期	1988
重新评价陈子昂	鲁克纳	文学遗产	3 期	1988
张九龄与陈子昂诗歌理论比较	陈建森	韶关师专学报	3 期	1988
浅谈陈子昂的诗风革新	阎毅	昭乌达蒙族师专学报（社科）	3 期	1988
论陈子昂对唐代近体诗的贡献	徐文茂	上海社会科学院学术季刊	3 期	1988
诗论偏于守旧 创作趋于追新——评陈子昂的诗论、诗作及与魏晋六朝诗歌的相互关系	周子瑜	西华师范大学学报（哲社）	1 期	1990
诗美的追求与诗论的选择——陈子昂诗歌理论探析	李明生	云南师范大学学报（哲社）	2 期	1990
论陈子昂诗歌理论的传统特质	毕万忱	文学遗产	3 期	1990
论陈子昂的边塞行与边塞诗	王婕	西北民族大学学报（哲社）	4 期	1990

续表七

篇、书名	著(译)编者	出处	卷、期	年月日
陈子昂张九龄诗歌比较论	房日晰	四川大学学报（哲社）	4期	1991
陈子昂的"兴寄"理论在唐诗发展中的地位	周嘉惠	青岛教育学院学报	1、2期	1992
论初唐诗的历史进程——兼及陈子昂、"初唐四杰"再评价	吴光兴	文学评论	3期	1992
潘德舆《养一斋诗话》历诋曹操、阮籍、陈子昂诸人原因试析	吴宗海	镇江师专学报（社科）	3期	1992
关于陈子昂历史作用的再思考	周祖譔	唐代文学研究	3辑	1992
岁寒霜雪苦 含彩独青青——陈子昂诗意寻摭	方晓明	山东师大学报（社科）	5期	1992
陈子昂诗观研究	林耀潾	孔孟学报	64期	1992
初唐诗弊与陈子昂革新	杨世明	四川师范学院学报（哲社）	2期	1993
古雅同源 前后辉映——陈子昂与高适之比较	佘正松	四川师范学院学报（哲社）	2期	1993
子昂"风骨"与盛唐诗学	陈良运	江西师范大学学报（哲社）	3期	1993
风骨兴寄的实践成果及其渊源影响——陈子昂诗论	许总	中国韵文学刊	2期	1994
陈子昂的诗和道家思想	周唯一	衡阳师专学报（社科）	4期	1994
陈子昂诗文选译	王岚	巴蜀书社		1994
初唐四杰与陈子昂诗文选注	王国安 王幼敏	上海古籍出版社		1994
陈子昂诗歌理论的时代意义	杨伟蓉 赖文	社会科学家	1期	1995
以孤独解构诗美——陈子昂、李煜比较一例	吕美生	文史知识	3期	1995
陈子昂的形上之思与诗	刘朝谦	四川师范大学学报（社科）	12期	1995
试论陈子昂的酬别诗	徐文茂	天府新论	2期	1996
论陈子昂"兴寄"说	张明非	唐代文学研究	7辑	1996
陈子昂的诗歌理论	万青	蒙自师范高等专科学校学报	3期	1997
谈陈子昂在张掖的诗歌创作	单芳	社科纵横	6期	1997
论陈子昂诗歌的使事用典	徐文茂	学术月刊	12期	1997
陈子昂诗文革新的主张及评价	倪雅男	黔南民族师专学报	增刊	1997
论陈子昂"兴寄"说	张明非	广西师范大学学报（哲社）	1期	1998
		唐代文学研究	7辑	1998
一代诗才：陈子昂及其送别诗	傅红	巴蜀史志	2期	1998

续表八

篇、书名	著(译)编者	出处	卷、期	年月日
陈子昂山水诗的审美价值试探	刘蔚	徐州师范大学学报（哲社）	2期	1998
陈子昂"兴寄"说新论	徐文茂	文学评论	3期	1998
矫赋为诗说兴寄——陈子昂的美学史意义	滕福海	广西大学学报（哲社）	3期	1998
漫谈陈子昂复古革新精神	李勤	福建论坛	4期	1998
论陈子昂的诗歌革新主张与诗歌创作	张采民	南京师大学报（社科）	4期	1998
试论陈子昂的"兴寄"说	陈卓	四川商业高等专科学校学报	1期	1999
浅论陈子昂的诗歌理论及创作	赵娟	山西青年管理干部学院学报	2期	1999
陈子昂诗歌理论略论	景遐东	湖北师范学院学报（哲社）	4期	1999
重论陈子昂诗	简恩定	空大人文学报	8期	1999
陈子昂《修竹篇序》的诗歌主张再评价	张侃	兰州大学学报（社科）	3期	2000
试论陈子昂的诗歌理论及其创作	刘伟	山东电大学报	4期	2000
独倡风骨唱大江	孙善齐	人民政协报		2000.8.31
论陈子昂人生心态与诗风演变	许总	四川大学学报（哲社）	2期	2001
陈子昂的"风骨"说与唐代诗学	严云受	安庆师范学院学报（社科）	4期	2001
标举风雅——陈子昂理论创作与唐诗形成	綦开云	黑龙江教育学院学报	5期	2001
"论"也"兴寄""风骨"，"诗"也"兴寄""风骨"——从人与现实的审美关系探析陈子昂美学理论的建构	祝峰	德宏教育学院学报	1期	2001
感受真正的"汉魏风骨"	林莹	唐山高等专科学校学报	2期	2002
论陈子昂的诗歌革新	郭彦君 孙美荣	忻州师范学院学报	2期	2002
试析陈子昂个性气质与其独特诗风的关系	霍明琨	牡丹江师范学院学报（哲社）	3期	2002
"复"与"变"的互动——论陈子昂诗歌理论和创作的创新	林邦钧	齐鲁学刊	3期	2002
论陈子昂的诗学观点	王静悦	哈尔滨学院学报（教育）	4期	2002
论陈子昂与白居易诗学的审美价值取向	刘健芬	新东方	5期	2002
陈子昂诗歌用韵考	罗立方	四川师范学院学报（哲社）	6期	2002

续表九

篇、书名	著(译)编者	出处	卷、期	年月日
论唐代"现实派"的诗歌美学——评陈子昂、白居易诗学的审美价值取向	刘健芬	唐代文学研究	10辑	2002
陈子昂《修竹篇序》的重新审视	高明峰 惠 旅	沙洋师范高等专科学校学报	1期	2003
初唐诗演进轨迹寻踪——兼及"初唐四杰"和陈子昂的评价问题	丹 枫	牡丹江师范学院学报(哲社)	4期	2003
《陈子昂》:引人入胜非戏说	阎 纲	内江师范学院学报	5期	2003
略评陈子昂的"兴寄"说	王志东	光明日报		2003.3.26
陈子昂"兴寄"说的实质及其历史地位	王志东	湖南工业职业技术学院学报	2期	2004
陈子昂诗论的历史意义	李 琨	沈阳农业大学学报(社科)	2期	2004
陈子昂的诗论、诗作及对盛唐诗歌的影响	王晓辉 黄金颖	齐齐哈尔大学学报(哲社)	2期	2004
初入诗坛的陈子昂	戴伟华	古典文学知识	3期	2004
论陈子昂诗歌理论的历史贡献	李 军	江淮论坛	4期	2004
陈子昂的"兴寄"说再探讨——兼论学术研究的基本理念	雷恩海	河南教育学院学报(哲社)	5期	2004
论陈子昂的风雅观	许 总	唐代文学研究	11辑	2004
试论陈子昂之"风骨"与"兴寄"	王 胜	潍坊学院学报	1期	2005
情感诗人陈子昂——试论陈子昂的山水诗	汪爱武	前沿	2期	2005
陈子昂诗的产生及其影响	王生雨	中国西部科技	20期	2005
陈子昂诗论的文学史价值	高玉洁	内江师范学院学报	增刊	2005
狂歌入楚来	熊礼江	长江日报		1980.7.7
陈子昂诗十首	马茂元	中华活页文选		1980
陈子昂诗析疑两则	韩理洲	重庆师院学报(哲社)	3期	1981
陈子昂诗全译	中共遂宁市老干局	遂宁市文化局		1990
送魏大从军	陈子昂	汉风	1辑	1907
和陆明府赠将军重出塞	陈子昂	汉风	1辑	1907
陈子昂的《感遇》诗和《登幽州台歌》	华 文	文汇报		1961.9.29
陳子昂の《感遇詩》を支える思想について	安東俊六	中国文芸座談会ノート	16号	1967
陳子昂の《感遇詩》の再評価	安東俊六	九州中国学会報	18巻	1972

续表一〇

篇、书名	著(译)编者	出处	卷、期	年月日
陈子昂《感遇》38首分析	陈启佑	中华文化复兴月刊	10卷4期	1977
陈子昂《感遇》第22首	陈启佑	中华文艺	20卷1期	1980
陈子昂《感遇》第3首	陈启佑	明道文艺	56期	1980
陈子昂《感遇》十七的主旨质疑	韩理洲	学术月刊	3期	1981
介绍陈子昂的《感遇》	王伟民	教学与研究	5、6期	1981
历代陈子昂《感遇》诗研究述评	韩理洲	人文杂志	2期	1982
陈子昂《感遇》诗陈沆笺释的质疑	吴明贤	四川师院学报（社科）	3期	1982
陈子昂《感遇》诗考辨	吴明贤	研究生论文选集（中国古代文学分册）	1期	1983
同情人民苦难，维护安定统一——谈陈子昂《感遇诗》"苍苍丁零塞""丁亥岁之暮"二首	黄保真	北京晚报		1983.2.6
陈子昂《感遇》其三、其三十七写于何时	周啸天	西南师范学院学报（哲社）	1期	1984
《咏怀》《感遇》《古风》诗辨	徐文茂	文学研究丛刊	1辑	1984
表心志 述胸怀——初论陈子昂的《感遇诗》	唐逢尧	鞍山师范学院学报	1期	1984
深刻揭露 无情鞭挞——再论陈子昂的《感遇诗》	唐逢尧	鞍山师范学院学报	2期	1984
时代的一面镜子——三论陈子昂的《感遇诗》	唐逢尧	鞍山师范学院学报	1期	1985
殊途而同归——四论陈子昂的《感遇诗》	唐逢尧	鞍山师范学院学报	3期	1985
读陈子昂的《感遇》诗	何琼崖 王美春	语文学刊	3期	1984
陈子昂和他的《感遇诗》	钱安琪	电大文科园地	9期	1984
陈子昂"汉魏风骨"说诗例一则——简析《感遇》第三十四首	王英志	名作欣赏	4期	1985
为生命忧与替社会悲——阮籍《咏怀》与陈子昂《感遇》比较分析	陶东风 陈燮卿	社会科学	9期	1985
陈子昂的思想和他的《感遇》诗	赵德润	商丘师范学院学报	1期	1986
高蹈者的时代最强音——陈子昂《感遇诗》浅论	羊玉祥	川北教育学院院刊	创刊号	1987
张九龄、陈子昂《感遇》诗比较	龙思谋	韶关师专学报	3期	1988
陈子昂《感遇》诗审美情趣初探	羊玉祥	天府新论	5期	1988
高蹈者的时代最强音——陈子昂《感遇诗》浅论	羊玉祥	佳木斯教育学院学报	1期	1990

续表一一

篇、书名	著(译)编者	出处	卷、期	年月日
陈子昂《感遇》诗主旨质疑	徐文茂	五邑大学学报（社科）	1期	1990
简论陈子昂《感遇》和李白《古风》对阮籍《咏怀》诗的继承和发展	葛晓音	汉唐文学的嬗变		1990
"陈子昂有《感遇》诗二十四首"质疑	路 健	西北大学学报（哲社）	4期	1991
终古立忠义，感遇有遗编——陈子昂感遇三十八首析义	何文汇	香港中文大学中国文化研究所学报	1期	1992
一曲感士不遇的动人哀歌——读陈子昂《感遇》之二	刘扬忠	古典文学知识	3期	1995
陈子昂《感遇诗》成因漫议	吴在庆	云南教育学院学报	4期	1995
论陈子昂《感遇》诗对阮籍《咏怀》诗的继承与革新	马国军	川北教育学院学报	2期	1997
陈子昂《感遇诗》的诗史意义	王 祥	沈阳师范学院学报（社科）	4期	1997
陈子昂的玄感和朱熹的理兴——《感遇》与《寓斋感兴》对读	王利民	中国韵文学刊	1期	1999
从感遇诗看陈子昂对武周王朝的态度	徐 茵	柳州师专学报	2期	2000
论陈子昂《感遇》诗对《古诗十九首》的继承与发展	江 瑛	钦州师范高等专科学校学报	3期	2003
陈子昂《感遇》诗中"道"的思想	郑红良	琼州大学学报	6期	2003
从陈子昂《感遇诗》中的意象看其对阮籍《咏怀诗》的继承与革新	董素贞	吕梁高等专科学校学报	2期	2004
解读陈子昂《感遇》之"明月楼"	赵永源	南京师范大学文学院学报	2期	2005
陈子昂和他的《登幽州台歌》	陈 廷	吉林日报		1961.11.22
读陈子昂的《登幽州台歌》	乔正康	扬州师院学报	12期	1961
陈子昂：登幽州台歌	刘逸生	唐诗小札		1961
《登幽州台歌》的情调	张 谷	广西日报		1978.1.16
悲歌慷慨——读陈子昂的《登幽州台歌》	梁德元	新疆日报		1979.9.6
陈子昂和他的《登幽州台歌》	邱裕强	函授学习	1期	1980
陈子昂的《登幽州台歌》	善 超	包头函授	1期	1980

续表一二

篇、书名	著(译)编者	出处	卷、期	年月日
悠悠天地独登台	孙梦渔	星星	4月号	1980
高歌一曲幽州台——读陈子昂的《登幽州台歌》	陶尔夫	黑龙江青年	2期	1981
论陈子昂《登幽州台歌》	郑临川	南充师院学报（社科）	4期	1981
读陈子昂的《登幽州台歌》	乔正康	扬州师范学院学报	12期	1981
我读《登幽州台歌》	琢之	江津师专	创刊号	1982
关于陈子昂的《登幽州台歌》	黄克定	读书	12期	1982
论陈子昂《登幽州台歌》	郑临川	南充师院学报（社科）	1期	1984
卓立千古 广启后世——读《登幽州台歌》并略论陈子昂及其诗	唐逢尧	鞍山师专学报	1期	1984
混沌凿窍看风姿——《登幽州台歌》辨析	高蓬洲	河北师大学报（社科）	3期	1984
愤激的呼喊——浅析陈子昂《登幽州台歌》	袁行霈	文史知识	11期	1984
悲歌一曲传千古——读陈子昂《登幽州台歌》	徐文茂	文学报		1985.1.17
一曲激荡千古的铜钟巨响——读陈子昂的《登幽州台歌》	杨志今	名作欣赏	1期	1985
情怀悲壮 境界博大——读陈子昂《登幽州台歌》	宋超成	语文园地	4期	1985
试论陈子昂《登幽州台歌》的超越意识	吴静平	丽水师专学报（社科）	2期	1987
"前不见古人"句非陈子昂首创	周本淳	江海学刊	2期	1987
慷慨悲歌 千古绝唱——陈子昂《登幽州台歌》赏析	张永芳	辽宁教育行政学院学报	2期	1987
略说陈子昂及其《登幽州台歌》	谢宇衡	成都大学学报（社科）	1期	1990
人类命运深沉的叹息声——陈子昂《登幽州台歌》新探	李珺平	名作欣赏	1期	1990
陈子昂《登幽州台歌》断想	季苗	电大语文	11期	1992
千古绝唱 魅力何在——陈子昂《登幽州台歌》探秘	曹阳	名作欣赏	3期	1995
陈子昂和他的《登幽州台歌》	李逸津	历史学习	1期	1996
感悟人生的大悲大痛——陈子昂《登幽州台歌》赏读	吴九成 张文秀	语文月刊	8期	1998
天地悠悠——从中国诗的人文精神看《登幽州台歌》	张皓	写作	12期	1998

续表一三

篇、书名	著（译）编者	出处	卷、期	年月日
跨越时空的孤独者之歌——陈子昂《登幽州台歌》赏析	周建成	名作欣赏	1 期	1999
一曲悲歌 三重意蕴——《登幽州台歌》的孤独感的审美内涵	周水涛	名作欣赏	1 期	1999
从陈子昂的《登幽州台歌》谈诗歌艺术的魅力和欣赏	刘成亮	平原大学学报	3 期	1999
伟大的孤独感——陈子昂的《登幽州台歌》	魏承焰	辽宁工学院学报（社科）	4 期	1999
一曲悲歌惊诗坛——陈子昂《登幽州台歌》赏析	庞晓丽	语文天地	18 期	1999
陈子昂何以悲歌幽州台	秦 吟	名作欣赏	5 期	2000
天地悠悠——读陈子昂《登幽州台歌》	莽 汉	皖西学院学报	1 期	2001
思接千载 视通万里——简论陈子昂《登幽州台歌》的意象美	岑 玲	安顺师专学报	2 期	2001
陈子昂的孤独感	张晓云	家庭与家教	4 期	2002
跨越时空的孤独者之歌——陈子昂《登幽州台歌》赏析	周建成	阅读与鉴赏（高中）	8 期	2002
《登幽州台歌》赏析	曹晶晶	语文教学与研究	20 期	2004
评《诗比兴笺》对《蓟丘览古》和《登幽州台歌》的歪曲	韩理洲	兰州大学学报（社科）	1 期	1981
陈子昂《蓟丘览古》黄金台等地理考	中岛敏夫	爱知大学文学论丛	69 号	1982
陈子昂《蓟丘览古》析论	陈德长	四川师范大学学报（社科）	4 期	1995
超越有限——读陈子昂的《登幽州台歌》	赵木兰	太原师范专科学校学报	3 期	2000
陈子昂何以悲歌幽州台	秦 吟	名作欣赏	5 期	2000
梁实秋说陈子昂《登幽州台歌》		名作欣赏	2 期	2003
知音难遇 慷慨悲歌——陈子昂《登幽州台歌》赏析	陶文捷	课外语文	9 期	2004
论陈子昂的《登幽州台歌》	赵 鲲	天水师范学院学报	1 期	2005
陈子昂《登幽州台歌》赏析	耿世诚	语文知识	8 期	2005
在孤独中体会人生——陈子昂《登幽州台歌》赏析	微 微	中学生阅读（高中）	11 期	2005
悲歌一曲撼人心——陈子昂《登幽州台歌》赏析	耿世诚	写作	12 期	2005

续表一四

篇、书名	著(译)编者	出处	卷、期	年月日
壮志难伸不平事　黄金台上有悲歌——陈子昂《登幽州台歌》赏析	鲁君	语文天地	13期	2005
赏陈子昂《登幽州台歌》	谢好	初中生辅导	18期	2005
陈子昂：酬晖上人秋夜山亭有赠	刘逸生	唐诗小札		1961
月露风泉静夜思	刘逸生	羊城晚报		1962.3.3
陈子昂：酬晖上人秋夜山亭有赠	棠棣	教学参考（语文）	2期	1979
抒被抑之愤懑　发思古之幽情——读陈子昂的《燕昭王》	傅经顺	唐宋文学欣赏		1982
陈子昂集《杨柳枝》证伪	蒋寅	学术研究	6期	1982
《杨柳枝》非陈子昂所作考	韩理洲	西南师范学院学报（哲社）	1期	1984
陈子昂北征与《西还》诗作年新考	王辉斌	渭南师专学报	1期	1995
从陈子昂、李白、杜甫到元结诗风的革新	加藤敏	中国文学论		1988
李太白：中国诗歌Ⅰ	奥托·豪塞尔	外国园地	1卷	1906
李太白：中国诗歌Ⅱ	奥托·豪塞尔	外国园地	7卷	1920
李太白诗醇	近藤元粹	青木嵩山堂		1909
天才诗人李白的散文诗	阿列克谢耶夫	俄罗斯东方古文献学会会刊		1911
李白诗选	胡云翼等	中国文化服务社		1921
李太白诗作四十首	布律诺·贝尔佩尔译著	（巴黎）国家印刷局		1921
The Works of Li Po, The Chinese Poet	Shigeyoshi Obata	E. P. Dutton&Co		1922
		J M Dent Publisher		1923
		The Hokuseido Press		1935
		Paragon Book Reprint Corp		1965
音注李太白诗	沈归愚选本、姚祝萱音注	文明书局、中华书局		1923
Translations of Poems of Li Po With Commentary	V. Alekseev	Vostok	Vol. 2	1923
The Poems of Li Po	H. A. Giles	China Journal	Vol. 2	1924
李太白古诗体的隐寓	察赫	大亚细亚	1卷2册	1924
Poems of Li Po, Translated With notes	V. Alekseev	Vostok	Vol. 5	1925
狂热的蝉：李太白诗译注誊写	让·玛丽·吉斯兰、姚昌复	（巴黎）阿尔贝·梅塞恩出版社		1925

续表一五

篇、书名	著(译)编者	出处	卷、期	年月日
李白及其诗	汪静之	晨报·副刊		1925.6.1 - 1925.6.18
英译的李太白	闻一多	晨报·副刊		1926.6.3
英译李太白诗	闻一多	唐诗杂论		1998
关于李白诗	朱自清	晨报·副刊		1926.6.23
答闻一多先生	Shigeyoshi Obata（徐志摩）	晨报·副刊		1926.8.7
李太白诗作	察赫	大亚细亚	3卷1册	1926
李白诗	傅东华	商务印书馆		1928
		台湾商务印书馆		1967
李白诗选	李太白著,曾国藩编纂,高铁郎点选	新华书局		1928
李白：咏华山诗	阿尔贝特·埃伦斯泰因	阿特兰提斯	1卷	1929
李白的诗	民生	鞭策周刊	1卷19期	1932
訳註李太白詩選	漆山又四郎	岩波書店		1932-1933
李太白诗集	Klabund	莱比锡岛社		
李白诗选	王学正	经纬书局		1935
英译"李白诗集"（小畑薰良译）	刘荣恩	大公报·文艺	149期	1936.5.22
李太白诗集	李太白著,崔俊夫校阅	文业书局		1937
李太白诗	沈归愚选	中华书局		1937
詳解李太白詩集	大槻徹心	京文社		1940
李白诗选	富兰克·阿肯布兰德	哈登海前·沃代伯恩出版社		1941
李诗辨伪	詹锳	东方杂志	41卷2期	1945
李太白所作镜子诗	卡尔·阿贝特·朗格	（韦德尔）阿尔斯特出版社		1946
李太白叙事诗	埃里希·冯·贝克拉特	（符藤堡）洛尔希布格尔出版社		1947
诗：不朽的李太白	汉斯·库贝尔胡尔特	（德）达姆施塔特出版社		1948
李白的诗作及其生平	阿瑟·韦理	（伦敦）艾伦&昂温出版社		1950
		（纽约）麦克米兰出版社		1950

续表一六

篇、书名	著(译)编者	出处	卷、期	年月日
李白的一封信及诗	康拉德·沃特·艾肯	牛津大学出版社		1955
李白的诗与生涯	小川环树 栗山稔	岩波书店		1957
李白诗选	草莓	文艺报	19期	1954
李白诗选	舒芜	人民文学出版社		1954
		大光出版社		1972
关于《李白诗选》及古典诗歌注释工作的商榷意见	胡国瑞	光明日报		1955.8.14
评右派分子舒芜所注释的"李白诗选"	张鹏 广平	光明日报		1957.10.20
李白抒情诗选（俄文）	吉托维奇			1957
李白歌诗索引	花房英树	京都大学人文科学研究所索引编集委员会		1957
		汲古书院		1977
		上海古籍出版社		1991
李白（上）（诗集）	武部利男注	岩波书店		1957
李白（下）	武部利男注	岩波书店		1958
李白的诗	陈飞之	学语文	3期	1959
李太白诗选	巴尔纳巴斯·宗喀尔	（布达佩斯）欧罗巴出版社		1961
李白诗选	复旦大学中文系古典文学教研组	人民文学出版社		1961
"李白诗选"略评	麦朝枢	光明日报		1962.1.14
李白诗选	京特·德博	（斯图加特）雷克拉出版社		1962
李白诗选	路易斯·恩里克·德拉诺	（智利）圣地亚哥大学出版社		1962
唐诗选本李白诗采选统计	凌子鎏	Chung Chi Journal	4卷1期	1964
《河岳英灵集》所収の李白诗	田口畅穗	中国古典研究	17号	1970
李太白诗集	李太白	人民文学出版社		1972
李白诗译	巴斯马洛夫	外国文学	3期	1973
李太白诗选	德麦尼·奥托等	（布达佩斯）欧罗巴出版社		1976
李白诗选	马尔塔·吕萨瓦	布拉格出版社		1976

续表一七

篇、书名	著（译）编者	出处	卷、期	年月日
李白诗选注	哈尔滨师范学院中文系73级工农兵学员李白诗选注组	黑龙江人民出版社		1976
敦煌所见李白诗四十三首的价值	黄永武	幼狮	46卷6期	1977
李白的诗歌	广东师院中文系《中国文学简史》编写组	新教育	8期	1977
李白诗选	胡云翼	庄严出版社		1977
试论李白诗的考辨工作	吴企明	江苏师院学报（社科）	2期	1978
《李白诗散绎》自序	傅庚生	西北大学学报（哲社）	4期	1978
关于《草书歌行》的作者	常林炎	光明日报		1978.5.28
李白诗选注	《李白诗选注》编选组	上海古籍出版社		1978
李白全诗集	久保天随	日本図書中心		1978
读《李太白的诗》后（续一）	罗联络	建设	27卷11期	1979
读《李太白的诗》后（续后）	罗联络	建设	28卷7期	1979
论李白《别内赴征三首》的真伪问题	吴企明	江苏师院学报（社科）	4期	1979
李白三首诗的系年及真伪考辨	黄瑞云	四川大学学报（哲社）	1期	1980
《草书歌行》是李白写的吗	吴企明	江苏师院学报（哲社）	1期	1980
李太白诗歌全解	大野实之助	早稲田大学出版部		1980
李白诗选读	李晖	黑龙江人民出版社		1980
李白诗选二百首	路易·艾黎	香港三联书店		1980
李白及他的诗	姜宗伦	云南教育	1期	1981
英译《李白诗选》序	赵朴初	读书	4期	1981
李白及其诗歌（朝鲜文）	朴忠禄	辽宁人民出版社		1981
读《李白集》札记	朱金城	唐代文学论丛	2辑	1982
李白《草书歌行》辨伪	胡济沧	书法	5期	1982
应加强古典诗的注释工作——以李白诗的几个注本为例	聂文郁	青海湖	8月号	1982
李白在当涂诗抄	李白墓管理所	编者刊		
分类补注李太白诗	郑振铎	西谛书话		1983
李翰林分类诗	郑振铎	西谛书话		1983
李白诗选	高伟　祁新	中国青年出版社		1983

续表一八

篇、书名	著(译)编者	出处	卷、期	年月日
李白《笑歌行》《悲歌行》真伪辨	王定璋	社会科学研究	6期	1984
李白及其诗歌	刘夜峰	安徽人民出版社		1984
李白诗选	刘逸生 马里千	广东人民出版社		1984
李白和他的诗歌	胥树人	上海古籍出版社		1984
敦煌写本李白诗刍议	杨雄	敦煌研究	1期	1986
李白诗选（汉英对照）	许渊冲译	四川人民出版社		1987
李白一首佚诗辨伪	胡迎建	文献	3期	1988
漢詩をよむ 李白	石川忠久	日本放送出版協会		1988
《李白诗选译》前言	詹锳	河北大学学报（哲社）	2期	1989
李白诗选注	刘开扬等	上海古籍出版社		1989
李白诗百首	何永炎 张才良	中国展望出版社		1989
分类补注李太白诗	李白	上海书店		1989
		国家图书馆出版社		2003
李白《草书歌行》真伪	何文元	社科纵横	1期	1990
李白《草书歌行》的真伪——读《张旭年考》小记	周本淳	读常见书札记		1990
《全唐诗·李白集》补佚一首	房日晰	西北大学学报（哲社）	4期	1990
李白诗选译	詹锳等	巴蜀书社		1991
山中问答：李白诗选（中韩文对照）	李炳汉译注	民音社		1991
李白诗精华	祝鸿杰 曹文彪	贵州人民出版社		1992
李白醉吟九华山	孙运伦	太白书堂		1992
李白抒情诗精华鉴译：不朽的诗篇	李延夫	成都科技大学出版社		1993
李白《草书歌行》非伪作辨	何书置	中国韵文学刊	2期	1994
李白诗	李航	长江文艺出版社		1994
李白诗四百首	张才良	安徽文艺出版社		1994
李白《草书歌行》诗的真伪问题	石云涛	信阳师范学院学报（哲社）	1期	1995
《河岳英灵集》《才调集》中的李白诗歌	张应松 朱子由	宁德师专学报（哲社）	3期	1995
《彰明逸事》所载李白诗考辨	王元明	许昌师专学报	2期	1996
"太白仙诗"辨伪	启功	传统文化与现代化	2期	1996
		启功丛稿（题跋卷）		1999

续表一九

篇、书名	著(译)编者	出处	卷、期	年月日
漫议李白诗的辑佚与辨伪	郁贤皓 尹楚彬	唐代文学研究	7辑	1996
The Selected Poems of Li Po	Li Bai (D. Hinton)	New Directions Publishing		1996
李白诗歌精选	韩盼山	花山文艺出版社		1996
李白诗精选精注	弘征	广西师范大学出版社		1996
李白选集	裴斐	人民文学出版社		1996
李白诗辨伪	何林天	山西师大学报（社科）	1期	1997
李白诗選	松浦友久編訳	岩波文庫		1997
李白诗歌全集	李白著，王琦注，刘建新校勘，汪龙麟审定	今日中国出版社		1997
李白诗选	吴明贤	四川文艺出版社		1997
李白诗全译	詹福瑞等	河北人民出版社		1997
李白诗选	王克俭	海南国际新闻出版中心		1997
李白诗集导读	安旗 阎琦	巴蜀书社		1998
漢詩をよむ：李白100選	石川忠久	日本放送出版協会		1998
李白诗读	赵櫄	云南民族出版社		1999
李白诗选	林海东	山东大学出版社		1999
李白诗选注	李力	吉林文史出版社		2000
太白诗传	张厚余	吉林人民出版社		2000
李白诗全集详注	栾睿	新疆人民出版社		2000
李白诗选	周沁影 迟乃鹏	巴蜀书社		2000
关于严羽著作几个问题的再考辨	张健	北京大学学报（哲社）	4期	2001
黑塞翻译李白诗	赵武平	中华读书报		2001.11.7
李白诗秘要	安旗	三秦出版社		2001
中国古典文学名著百部：李白集	李白	中国戏剧出版社		2002
李白佚诗文存目小辑	胡振龙	中国典籍与文化	1期	2003
"苏东坡谪惠州诗二首"辨伪	刘友竹	成都大学学报（社科）	3期	2004

续表二〇

篇、书名	著(译)编者	出处	卷、期	年月日
李白集	李白著,张瑞君解评	山西古籍出版社		2004
中国文学经典：李白诗选	刘晓红 付艳霞	南海出版社		2004
李白集	李白	黑龙江人民出版社		2005
李白诗	熊礼汇	人民文学出版社		2005
李白诗选	葛景春	中华书局		2005
李白蜀中诗选	李德书	四川省李白研究会		2005
李白	杨义 郭晓鸿	岳麓书社		2005
李白集	余力	故宫博物院紫禁城出版社		
诗界革命家李白作品的批评	非百	晨光	1卷5期	1923
李白底抒情诗	张汝洛	学灯		1924.10.21
李太白诗和他的生活	芮寿松	江苏学生	6号	1933
李太白诗中之"芙蓉""青莲"	何爵三	勷勤大学师范学院季刊	1期	1934
李白的作品之另一面观察	张暂我	学术季刊	1卷3期	1934
论李白诗之风格	杨胤宗	人生	27卷1期	1936
李太白の詩観	及川富吉	文化	8卷1号	1940
李太白模仿前人	唐钺	东方杂志	39卷1号	1943
论李太白诗	李之淦	中日文化	3卷11、12期	1943
李白之生平及其诗	詹锳	思想与时代	24期	1943
诗的奇葩——"李白的生活思想与艺术"的第四章	萧望卿	经世日报·文艺周刊	38-41期	1947.5.4,1947.5.11,1947.5.18,1947.5.25
李詩描寫の一考察	及川富吉	中国学	12卷5号	1947
李白の山	武部利男	Viking	32、33号	1951
李白の水	武部利男	Viking	35号	1951
李白诗歌中的现实主义的精神	谭丕谟	文史哲	12期	1954
		古典文学研究汇刊	1期	1955
诗人李白的伟大成就	许文雨	文史哲	3期	1955
李白诗歌的现实意义	胡国瑞	光明日报		1955.5.1
		文学遗产选集	1辑	1956

续表二一

篇、书名	著(译)编者	出处	卷、期	年月日
什么是李白诗歌的主要精神	裴 斐	光明日报		1955.7.24
李白诗歌的现实性及其创作特征	范 宁	光明日报·文学遗产	72 期	1955.9.18
		文学遗产选集	2 辑	1957
谈李白的诗歌	裴 斐	光明日报		1955.11.13，1955.11.20
		文学遗产选集	2 辑	1957
李白诗歌的人民性	胡国瑞	文学遗产增刊	2 辑	1956
试论李白诗的艺术成就	齐 云	中山大学学报（社科）	3 期	1956
李太白的五言古诗	茧 庐	畅流	13 卷 7 期	1956
简论李白的诗	左连城	草地	12 期	1956
谈李白诗歌讨论中的一些分歧意见	裴 斐	光明日报		1956.11.11
李白诗的韵系	鲍明炜	南京大学学报（人文）	1 期	1957
李白和他的作品	李 岩	读书月报	1 期	1957
李白诗歌的浪漫主义精神	谢善继	华中师范学院学报	2 期	1957
		唐诗研究论文集		1959
李白诗歌的创作倾向及其积极意义	吕晴飞	厦门大学学生科学研究	2 期	1957
李白反映妇女生活的诗篇	孙殊青	教学与研究汇刊（人文）	3 期	1957
论李白诗歌中的自然形象	孙殊青	教学与研究汇刊（人文）	4 期	1957
李白诗歌的浪漫主义精神及艺术特点	胡国瑞	文学遗产增刊	4 辑	1957
李白诗歌的浪漫主义精神	谢善继	华中师院学报	5 期	1957
		唐诗研究论文集		1959
论李白诗歌中的妇女形象	孙殊青	前哨	7 期	1957
论李白诗歌的积极浪漫主义精神	孙殊青	学术月刊	10 期	1957
如何理解李白诗篇中的"盛唐气象"	时 萌	光明日报		1957.3.17
李白诗论丛	詹 锳	作家出版社		1957
		人民文学出版社		1984
李白诗论及其他	孙殊青	长江文艺出版社		1957
驳李白诗的"盛唐气象"	姜进爱	文学研究批判专刊	1 辑	1958
论李白的诗歌	李万春等	文学研究批判专刊	2 辑	1958
简论李白的诗	连 城	文艺世纪	3 期	1959
李白怎样向汉魏六朝民歌学习	王运熙	文学遗产增刊	7 辑	1959
李白诗的幽婉与缠绵	白 颖	大学生活	7 卷 5 期	1961

续表二二

篇、书名	著(译)编者	出处	卷、期	年月日
从李白搁笔说起	黄益庸	解放军文艺	10期	1961
李白诗的幽婉与缠绵	白颖	大学生活	101号	1961
试论边塞诗与战争诗的评价问题——从对李白的几首诗的分析谈起	华东师大中文系57级唐诗组	解放日报		1961.1.22
李白诗歌的艺术概括力	刘知渐	重庆日报		1961.4.2
谈王维和李白的两首赠别诗	陶尔夫	黑龙江日报		1961.12.3
略谈李白诗歌的本质	吉金	文艺世纪	61期	1962
读书偶记——从李白诗谈"夸张"与"真实"	李文	云南日报		1962.2.19
李白诗中的日本布	瞿蜕园	文汇报		1962.5.25
李白欣赏"池塘生春草"	章梣秋	光明日报		1962.9.9
李白欣赏"池塘生春草"	陈友琴	长短集		1980
读者来信	戴鸿森	光明日报		1962.6.17
李白与月	梁超然	广西日报		1962.9.13
试再论"饭山"和"闲骨"——兼答戴鸿森先生	傅庚生	光明日报		1962.9.23
白也诗无敌,飘然思不群——纪念李白逝世一千二百周年	苏仲翔	黑龙江日报		1962.12.25
李白诗论丛	俞平伯等	香港文苑书屋		1962
论李白诗之风格	杨胤宗	人生	27卷1期	1963
在李白笔下的自然美	金学智	文学遗产增刊	13辑	1963
李白詩の傳承に關する一考察	鈴木修次	漢文學會會報	22号	1963
读《李白欣赏"池塘生春草"》一文后	余恕诚	光明日报		1963.3.3
李白诗歌的艺术成就	郭远钦	大专月刊	34期	1965
应该怎样评价李白的写景诗	乃彬	光明日报		1965.2.7
杜牧和李白的例子	大㭴	羊城晚报		1965.8.26
李白における謝朓の像——白露垂珠滴秋月	松浦友久	中国古典研究	13号	1965
李白の流水に託する詩情の構造——特に不断悠久の構建に現われる多様性の分析	片岡政雄	岩手大学学芸学部研究年報(人文)	24号	1965
略论李白作品的精神	王书瑞	中文学会会报	7期	1966
李白における別れのうた——送別留別考	松浦友久	中国古典研究	14号	1966

续表二三

篇、书名	著(译)编者	出处	卷、期	年月日
李白詩の奇想性——唐詩人的傳紀と和作品4	鈴木修次	漢文教室	77号	1966
从李白诗中褒贬人物分析李白的思想	陈 香	文坛	78期	1966
李白诗的缺点美	陈 香	中华日报		1966.10.16
李太白とドイツ近代詩	富士川英郎	比較文学研究	12号	1967
李白における心象と様式——李絶・杜律論を中心に	松浦友久	中国古典研究	15号	1967
泛论李白的诗	袁金书	大陆杂志	37卷5期	1968
谈李白诗	方满锦	文史学报	7期	1970
李白の諷諫詩について	小松忠志	紀要（長野県立短期大学）	24号	1970
李白：詩と心象（李白——诗歌及其内在心象）	松浦友久（张守惠）	社会思想社		1970
		陕西人民出版社		1983
李太白诗述评	陈宗贤	台湾师范大学国文研究所集刊	15号	1971
李白其人其诗	默 竹	今日中国	12期	1972
李白の作詩の年代	小川環樹	中国文学報	23册	1972
李白の晩年詩	小松忠志	紀要（長野県立短期大学）	26号	1972
李白の離別詩	渡部英喜	中国文学論考	2辑	1974
李白诗歌的尊法反儒思想	中文系评论组	华中师院学报	3期	1974
试论李白诗歌的尊法反儒倾向	李文治等	开封师院学报	4期	1974
笑骂孔儒的犀文，缅怀法家的讴歌——读李白的部分诗篇	柳平原 杨新我	河北师院学报	4期	1974
谈李白诗歌的尊法反儒倾向	范民生	朝霞	9期	1974
李白の詩における月の比喩	武部利男	入矢教授、小川教授退休記念中國文學語學論集		1974
一个"有强烈倾向的诗人"——试论李白诗歌中的尊法反儒倾向	稚 方	安徽劳动大学学报（哲社）	1期	1975
谈李白诗歌的尊法反儒思想	广州氮肥厂检修车间工人理论组等	广东师院学报	2期	1975
李太白及其诗	禚梦庵	中国诗季刊	6卷3期	1975
李白诗歌的反儒思想	吴永典	新教育	4期	1975
李白诗歌的法家思想倾向	刘忆萱 朱靖华	北京文艺	5期	1975
李白的阶级地位与诗歌艺术	刘大杰	学习与批判	11期	1975

续表二四

篇、书名	著(译)编者	出处	卷、期	年月日
李白の"贈"詩について	武部利男	福井大学教育学部紀要（人文科学）	24号	1975
李白の"寄"詩について	武部利男	福井大学教育学部紀要（人文科学）	25号	1975
李白の"別"の詩について	武部利男	福井大学教育学部紀要（人文科学）	26号	1976
李白诗的诗品研究	魏曼特	民主宪政	47卷10期	1976
倡复古风的李白	毛一波	四川文献	161期	1976
略论李白诗歌反儒的战斗精神理论组	北京卫戍区某部	光明日报		1976.3.13
李白研究：抒情の構造（李白诗歌抒情艺术研究）	松浦友久（刘维治）	三省堂		1976
		上海古籍出版社		1996
诗词与李白的诗格	陈 香	明道文艺	11期	1977
敦煌所见李白诗四十三首的价值（上）	黄翥武	幼狮月刊	46卷6期	1977
敦煌所见李白诗四十三首的价值（下）	黄翥武	幼狮月刊	47卷1期	1978
李白诗的欣赏	罗联添	建设	26卷7期	1977
李白诗说	夏敬观	中国诗季刊	8卷4期	1977
"李白研究——抒情の構造"補稿	松浦友久	中国文学报	28号	1977
"四人帮"歪曲李白诗歌的险恶用心	陶金雁	江西师院学报（哲社）	2期	1978
关于李白诗中秦始皇的形象——兼驳"四人帮"关于李白的谬论	林 深	天津师院学报	2期	1978
从李白鸟瞰学习民歌的重要性	陈 炳	吉林大学社会科学学报	2期	1978
试谈李白的诗歌的艺术特色	贾允修 倪以还	语文教学通讯	3期	1978
明窗数编在，长与物华新——谈李白诗歌的艺术特色与形象思维	李 晖	哈尔滨文艺	4期	1978
李白诗的悲愤	罗联添	建设	27卷4期	1978
李白与民歌	湛伟恩	中山大学学报（哲社）	4期	1978
李白绝句与民歌	王向东	语文学习	5期	1978
从李白的文学思想看他的诗歌创作	王运熙	语文学习丛刊	6期	1978
李白诗歌艺术风格散论	罗宗强	诗刊	9期	1978
谈二李的诗	王运熙	解放日报		1978.6.24
		汉魏六朝唐代文学论丛		1981

续表二五

篇、书名	著(译)编者	出处	卷、期	年月日
李白诗歌的艺术特色	刘夜烽	清明	创刊号	1979
李白诗中崔侍御考辨	郁贤皓	文史哲	1期	1979
《李白妇女诗集绘》说明	潘絜兹	战地增刊	2期	1979
李白论诗	萧文苑	天津师院学报	2期	1979
李白与民歌	安旗	西北大学学报（社科）	4期	1979
李白和他的诗歌	胡守仁	江西师院学报	4期	1979
浅谈李白的爱情诗	萧文苑	吉林大学学报（社科）	4期	1979
李白诗中的比喻	萧文苑	宁夏文艺	4期	1979
李白与谢灵运	黄涵铭	语文学习	4期	1979
李白诗歌与其前代的继承关系	胡国瑞	文艺论丛	9辑	1979
也谈"诗仙"	萧文苑	湘江文艺	10期	1979
李白和民歌	萧文苑	山西群众文艺	11期	1979
"不屑作人道过语"——李白李贺笔下的黄河	薛若邻	云南日报		1979.4.1
李白诗的野性美	黄永武	中国诗学思想篇		1979
李白诗歌渊源与特色	刘维崇	中国文学史论文选集		1979
与"卑贱者"同呼吸共命运——李白关于妇女的诗歌	安旗	西北大学学报（社科）	1期	1980
李白诗辨证拾遗两题	吴企明	河南师大学报（社科）	1期	1980
李白诗中的丹阳	马里千	中华文史论丛	1辑	1980
再论李白诗歌的现实意义	胡国瑞	武汉大学学报（哲社）	2期	1980
李白游仙醉问题初涉	薛天纬	西北大学学报（社科）	2期	1980
李白的月光曲	萧文苑	陕西师范大学学报（哲社）	2期	1980
谈李白的爱国立场兼及范老对他的评价问题	陈华	延边大学学报（社科）	2期	1980
李白和酒——李白诗歌学习札记	耿二岭	中山大学研究生学刊（文科）	3期	1980
李白荆州诗涯	张雪莲	艺丛	3期	1980
试论李白的五言律诗	房日晰	西北大学学报（哲社）	4期	1980
李白对屈原浪漫主义的继承和发展	杨庆华	津门文学论丛	5期	1980
谈李白的游仙诗	裴斐	江汉论坛	5期	1980
"淡扫明湖开玉镜，丹青画出是君山"——谈李白第二次游历湖湘的诗作	周冕章	湘江文艺	8期	1980

续表二六

篇、书名	著(译)编者	出处	卷、期	年月日
李白诗歌与其前代的继承关系	胡国瑞	文艺论丛	9辑	1980
试论李白对屈原诗歌艺术特点的继承和发展	黄炳辉 庄如顺	学术月刊	12期	1980
李白的狂放诗句	王学仲	天津日报		1980.8.6
月光长照诗章里——李白咏月琐谈	胡国华	湖北日报		1980.11.30
李白的边塞诗	松浦友久	唐代的边塞诗		1980
李太白诗歌欣赏	杜逸泊	吉林师范学院中文系		1980
李太白诗述评	陈宗贤	商务印书馆		1980
皎洁的象征,理想的寄托——略论李白诗中的月	杨盛龙	西南民族学院学报(哲社)	1期	1981
从李白登黄鹤楼无诗可题说起	乌鸣	广州师院学报(社科)	1期	1981
论李白的政治抒情诗	裴斐	文学遗产	1期	1981
"李白薄声律"说质疑	任金星	安阳师专学报	1期	1981
李白诗句杂议	钟贤培	语文辅导	1期	1981
李白论画诗中的艺术见解	王振德 赵沛霖	美术研究	2期	1981
论《文苑英华》中的李白诗	吴企明	文学评论	2期	1981
别有天地非人间——李白诗歌的浪漫主义特色之一	周绍恒	教与学	3期	1981
从李白饮酒诗看诗人性格及其思想矛盾	裴斐	语文园地	4期	1981
论李白诗歌的风格与意象	袁行霈	社会科学战线	4期	1981
李白嘲孔辨	葛景春	江汉论坛	6期	1981
李白诗歌简论	王运熙	汉魏六朝唐代文学论丛		1981
李白诗歌中的现实主义与浪漫主义相结合	胡国瑞	唐代文学论丛	1期	1982
李白的诗歌与神话	周静书	宁波师专学报(社科)	1期	1982
李白的诗论及其艺术实践(上、下)	乔象钟	唐代文学论丛	1、2期	1982
李白笔下的月亮	杨知秋	山花	2期	1982
李白诗歌的真与美	葛景春	河北大学学报(哲社)	2期	1982
一唱三叹——李白诗歌的一种手法	萧文苑	海鸥	3期	1982
论李白晚期诗风的转变	王玉璋	青海社会科学	3期	1982
李白诗歌的语言艺术	萧文苑	古典文学论丛	3辑	1982

续表二七

篇、书名	著(译)编者	出处	卷、期	年月日
论李白的政治态度及其政论诗	张啸虎	中南民族学院学报（哲社）	3 期	1982
欲上青天揽明月——读李白诗	晓 雪	滇池	3 期	1982
李白诗歌研究的几个问题	黄天骥	文学遗产	4 期	1982
语近情遥——小议李白七绝的艺术特色	治 芳	艺谭	4 期	1982
试论李白的自我形象在诗中的表现——李白诗歌的浪漫主义创作特征之一	何念龙	武汉大学学报（社科）	5 期	1982
李白诗中的"断肠草"小考	黄剑华	社会科学研究	5 期	1982
"乌纱帽"小考——从李白一首诗谈起	薛天纬	学林漫录	6 集	1982
李白对屈原浪漫主义的继承和发展	杨庆华	津门文学论丛	6 期	1982
李白写浙江的诗	蒋有为	西湖	7 月号	1982
涂抹高山见妙笔——读李白诗一得	草 云	滇池	9 期	1982
李白与月——兼论李白性格的叛逆性与平民性	裴 斐	文史知识	10 期	1982
		看不透的人生		1992
李白及其诗歌创作	霍松林等	陕西教育	9 期	1982
李白的人品与诗品	臧克家	诗刊	10 月号	1982
略论李白诗歌的用典艺术	添 汗	文艺论丛	15 辑	1982
试论李白的吟酒诗	王美春	四川大学学报丛刊	15 辑	1982
李白七言绝句艺术探微	房日晰	四川大学学报丛刊	15 辑	1982
试论李白的饮酒诗	何琼崖 王美春	四川大学学报丛刊	15 辑	1982
简论李白和他的诗	安 旗	光明日报		1982.10.5
"盛唐气象"再质疑	裴 斐	光明日报		1982.11.23
		看不透的人生		1992
李白诗的艺术成就	施冯雨	大安出版社		1982
李白留故里诗赏析——李白纪念馆丛刊之二	李白纪念馆	编者刊		1982
论李白诗歌艺术上对庄子散文的继承	韩式朋	求是学刊	1 期	1983
李白低首谢宣城	宋绪连	辽宁大学学报（哲社）	1 期	1983
陶潜、王维、李白的田园山水诗异同略探	陈 滢	广东教育学院学报	1 期	1983
玛勒的《大地之歌》和李白的诗		江苏音乐	1 期	1983

续表二八

篇、书名	著(译)编者	出处	卷、期	年月日
玛勒和中国唐诗——《大地之歌》初探	孙学武	乐府新声	1 期	1983
谈李白诗中的山水描写	孙连琦	锦州师院学报（哲社）	2 期	1983
李白对朝鲜古典诗歌的影响	朴忠禄 紫荆	延边大学学报（社科）	2 期	1983
社稷苍生 常系心怀——李白诗歌中的传统现实主义内容综述	薛天纬	新疆师范大学学报（哲社）	2 期	1983
李白诗歌崇高美与西方艺术崇高美的比较	杨铁原	求索	3 期	1983
并庄屈以为心——李白诗歌思想内容的一大特色	王运熙	苏州大学学报（哲社）	3 期	1983
李白初入长安的若干作品考索	谢思炜	西北大学学报	3 期	1983
论李白景物诗的"奇气"	向洁	求索	3 期	1983
李白旅游诗选介	洪宏	学丛	3 期	1983
论李白诗歌意象的跳跃性	房日晰	唐代文学论丛	3 辑	1983
"欲上青天揽日月"	朱金城	读书	4 期	1983
屈原与李白——谈李白诗笔写屈原	耿元瑞	郑州大学学报（哲社）	4 期	1983
同是名篇，格有高下——李白与元稹两首七绝的比较	吴汝煜	光明日报		1983.6.14
论李白诗歌的阴柔美	房日晰	唐宋文学论丛		1983
情趣、理趣——李白、王维山水诗比较	林继中	厦门大学学报	增刊	1983
李白诗新笺	安旗	中州书画社		1983
论李白的五言绝句	房日晰	中州学刊	1 期	1984
论李白诗歌创作的悲剧性	章继光	湘潭大学社会科学学报	1 期	1984
李白作品的现实意义和艺术特征	乔象钟	中国古典文学论丛	1 辑	1984
李白诗歌风格之我见	康怀远	教学与研究	2 期	1984
论李白诗歌中的阳刚美	房日晰	西北大学学报（哲社）	2 期	1984
题材·手法·体式·风格——漫论李白浪漫主义诗作的艺术特征（之一）	冶芳	安徽大学学报（哲社）	2 期	1984
题材·手法·体式·风格——漫论李白浪漫主义诗作的艺术特征（之二）	冶芳	安徽大学学报（哲社）	2 期	1985
李白山水诗的写意特征	韩式朋	求是学刊	3 期	1984

续表二九

篇、书名	著（译）编者	出处	卷、期	年月日
一生傲岸苦不谐　未尝一日低颜色——李白诗歌抒情主人公形象简析	王太阁	殷都学刊	3期	1984
盛唐期における歌行の展開——李白の一人称の歌行を中心にして	松原朗	中国詩文論叢	3辑	1984
李白的漫游与诗歌创作	白梅	南充师院学报（哲社）	4期	1984
试论李白诗歌中的自我形象	黄邦君	贵州文史丛刊	4期	1984
李白诗歌的时代特征榷议	王昌猷 梁德林	湖南师院学报（哲社）	4期	1984
为李白七律少一辩	房日晰	上海师范大学学报（哲社）	4期	1984
李白的梦境、仙境和诗境	金性尧	唐代文学论丛	5辑	1984
略论李白出蜀前所作诗歌及遇赦后的短期行踪	郑文	唐代文学论丛	5辑	1984
李白留故里诗析疑	丁稚鸿	唐代文学论丛	5辑	1984
读李白诗札记两则	房日晰	唐代文学论丛	5辑	1984
李白诗中的酒具与汉唐饮酒方式	初闻	文物天地	5期	1984
《李白诗中崔侍御考辨》质疑	李从军	文史哲	6期	1984
李白诗歌中的妇女群象	乔象钟	中州学刊	6期	1984
舒卷自如　金声玉振——谈李白杂言诗的音乐美	金志仁	名作欣赏	6期	1984
李白诗歌与庄子美学	葛景春	中州学刊	6期	1984
论李白妇女诗的社会意义	舒展	电大文科园地	10期	1984
李白诗中的月亮	林东海	唐诗探胜		1984
李诗咀华——李白诗名篇赏析	安旗等	北京十月文艺出版社		1984
奋起匡社稷　铁笔扫群奸——略论李白诗中反权贵精神的爱国内容	高瑞雪	西南民族大学学报（人文）	1期	1985
读李白长流夜郎途中的诗篇	毕熙燕	运城学院学报	1期	1985
浅论李白李贺浪漫主义特色的异同	关山	中国人民警官大学学报	1期	1985
并庄屈以为心——兼谈李白诗的自由主题	陈蝶沁 学会报	文史知识	2期	1985
李白律诗浅探	葛景春	文学论丛	2期	1985
李白诗歌中的明月	刘建禄	语文学刊	2期	1985
李白诗中的月亮	郑祖荣	云南师范大学学报（哲社）	3期	1985
论李白诗歌中感情表现的特色	房日晰	贵州大学学报（社科）	3期	1985

续表三〇

篇、书名	著(译)编者	出处	卷、期	年月日
李白诗在西方（上）	王丽娜	文献	3期	1985
李白诗在西方（中）	王丽娜	文献	4期	1985
李白诗在西方（下）	王丽娜	文献	1期	1986
李白诗中多地名	张 晨	广西师大学报（社科）	4期	1985
开拓李白研究的新局面	安 旗	天府新论	4期	1985
论李白绝句	郭久麟	重庆社会科学	4期	1985
李白诗选讲	刘忆萱 王玉璋	辽宁人民出版社		1985
李白诗歌与盛唐文化	袁行霈	文学遗产	1期	1986
李白笔下之月	王太阁	殷都学刊	1期	1986
李白七绝辨证二题	钟来因	淮阴师专学报	1期	1986
谈李白的"望"字诗兼及望怀美感的关系	葛楚英	孝感师专学报	1期	1986
李白诗中之"龙山"考	王辉斌	天府新论	1期	1986
李白与魏晋南北朝时期诗人	裴 斐	文学遗产	1期	1986
"都督马公"考索	黄振常	荆门大学学报	1期	1986
论民间文学对李白诗歌的影响	蔚家林	民间文学论坛	2期	1986
"元嘉之雄"与盛唐"诗仙"——谢灵运与李白山水诗之比较	高树森	苏州大学学报	2期	1986
李白诗传	明 程	读书	3期	1986
论李白的诗歌美学观	黄建宏	广西师大学报	3期	1986
李白王昌龄七言绝句之比较	房日晰	西北大学学报（哲社）	3期	1986
李白、王昌龄七言绝句比较	黄益元	铁道师院学报	3期	1986
李白における白色表现について——绝句を中心に	寺尾刚	中国诗文论丛	5集	1986
李白的审美敏感阈及其艺术表现	杨铁原	求索	6期	1986
五岳寻仙不辞远——漫谈李白的山水诗	倪其心	文史知识	7期	1986
"衡霍""庐霍"释义质疑	刘友竹	唐代文学论丛	7辑	1986
李太白诗别解	徐仁甫	唐代文学论丛	8辑	1986
李白诗在日本	王丽娜	唐代文学论丛	8辑	1986
李白诗歌赏析	毛水清	广西人民出版社		1986
李白、王昌龄的绝句艺术比较探索	张国伟	河北学刊	1期	1987
李白诗中的"碧山"小议	张 昕	荆门大学学报	1期	1987

续表三一

篇、书名	著(译)编者	出处	卷、期	年月日
李白诗歌现实主义精神之我见	宋心昌	河北师范大学学报（社科）	2期	1987
李白诗与盛唐气象	房日晰	西北大学学报（哲社）	2期	1987
论李白咏妇女的诗歌	王定璋	西华大学学报（哲社）	2期	1987
激荡千古的壮丽诗情——试论李白山水诗的感情美与王维山水诗比析	殷郁	盐城教育学院学刊	2期	1987
"长剑挂壁，时时龙鸣"——谈李太白诗中的剑	微元	宁夏教育学院学报	2期	1987
李白与李清照诗歌的共通处	金振华	苏州大学学报	4期	1987
伟大的宁静——歌德与李白的二首小诗	冬青	名作欣赏	5期	1987
李白诗歌与孙子兵法	葛景春	中州学刊	6期	1987
李白诗中的古人与李白的思想		文史知识	9期	1987
李白诗歌二题	陶新民	西南师范大学学报（哲社）·研究生专刊		1987
关于唐诗兴盛原因和"盛唐气象"的讨论	裴斐 车如舜	建国以来古代文学问题讨论举要		1987
		看不透的人生		1992
李白心象建构初探	陈节	东南学术	1期	1988
李白蜀中诗试探	梁吉充	成都大学学报（社科）	1期	1988
李白的思妇诗浅探	朱长芝	淮阴师范学院学报（哲社）	1期	1988
谈李白诗歌对读者心理的把握	宋诗文	内江师专学报（社科）	1期	1988
俊逸鲍参军——鲍照乐府诗对李白的影响	丘有舜	福建师大福清分校学报	1期	1988
李白李贺艺术比较论	杜承仪	古籍研究	1期	1988
阳春召我以烟景 大块假我以文章——论李白山水诗的宇宙意识	王许林	江淮论坛	1期	1988
也谈李白诗中崔侍御	倪培翔	唐代文学研究	1辑	1988
新发现的一批严羽评李白诗资料摭谈	刘跃进	文艺理论研究	1期	1988
"衡霍""庐霍"释义补正	刘友竹	绵阳师专学报	2期	1988
李白诗中的乌江考辨	谭优学	西南民族学院学报（哲社）	3期	1988
读李白诗札记二则	徐希平	西南民族学院学报（哲社）	3期	1988
月亮与太阳：李白和艾青诗歌的核心语象	朱玲 谭学纯	修辞学习	3期	1988
试论李白、王维创作倾向的分化		文史知识	3期	1988
李太白诗集严羽评点辨伪	詹锳	河北师范学院学报	4期	1988

续表三二

篇、书名	著(译)编者	出处	卷、期	年月日
李白诗歌的语言特色	房日晰	贵州师范大学学报（社科）	4期	1988
略论李白诗以意驱象的特点及其文化心理成因	卢燕平	天府新论	5期	1988
略论庄、屈对李白歌行诗的影响	陶道恕	四川师范大学学报（社科）	5期	1988
李白诗中的"巴东"究指何地	刘恺	文史杂志	5期	1988
谈李白诗歌中表现的白色	寺尾刚（陈云辉）	国外社会科学	5期	1988
关于李白诗的几点考证	刘恺	武汉大学学报（社科）	6期	1988
李白诗的艺术管见	张家琪	语文学刊	6期	1988
李白的色彩对比——以对表偶现为中心	寺尾刚	早大大学院文研纪要别册（文学艺术编）	14册	1988
论李白雀的象征	田中畅穗	鹤见大学纪要（国语·国文编）	25号	1988
李白诗歌二题	陶新民	西南师范大学学报（社科）增刊2		1988
李白诗歌赏析集	裴斐	巴蜀书社		1988
李白诗魂系青山	李昌志等	中国展望出版社		1988
李白诗中的百鸟世界	陈钧	盐城师专学报（社科）	1期	1989
"石门"考辨——兼与郁贤皓先生商榷	孟聚	河南师范大学学报（哲社）	1期	1989
试析李白诗歌风格的演变过程	张瑞君	河北大学学报	2期	1989
王维、李白山水诗的意境比较	郑群辉	韩山师范学院学报	2期	1989
崔颢《黄鹤楼》诗使李白敛手质疑	潘慎	晋阳学刊	2期	1989
忧患意识：个体和群体——从李白、拜伦诗的比较看中西诗人的不同心态	成松柳	长沙水电师院学报	2期	1989
天际白云自舒卷——李白五律艺术论	陈定玉	福建师大学报	3期	1989
要科学地评价李白、王维的山水诗	赵玉桢	齐鲁学刊	3期	1989
论李白的饮酒诗	孟修祥	中国文学研究	4期	1989
李白诗论一解	李戎	中国文学研究	4期	1989
李白如何崇尚孟浩然		文史知识	6期	1989
李白、李贺诗歌艺术比较论	房日晰	中国古典文学论丛	7辑	1989
李白诗歌鉴赏	霍松林 尚永亮	上海教育出版社		1989
李白诗歌与齐梁文风	陈正宏	上海文论	1期	1990

续表三三

篇、书名	著(译)编者	出处	卷、期	年月日
李白写月的艺术心理因素	吕崇龄	昭通师专学报	1期	1990
踯躅在姑孰山水的诗魂——李白在当涂的游踪及其诗作	王尔楷	合肥教育学院学报（社科）	1期	1990
论李白的咏月诗	刘天虹	赣南师范学院学报	1期	1990
李白山水诗的审美品性	吕相康	黄石教育学院学报	1期	1990
论太白诗"以情纬诗"的特殊性	胡兴萍	辽宁大学学报（哲社）	1期	1990
怎样读李白诗	裴斐	古典文学知识	2期	1990
		看不透的人生		1992
论李白七言古诗的艺术成就	王锡九	江苏教育学院学报	2期	1990
道教与李白诗歌的想象艺术	胡遂	中国文学研究	2期	1990
李白山水诗文的个性特征及时代意义	王定璋	青海民族学院学报	2期	1990
再谈关于评价李白王维山水诗的问题	张家骐	齐鲁学刊	2期	1990
李白七绝诗的思想意义和艺术构思	康怀远	祁连学刊	2期	1990
情景融意象　飘然思不群——浅谈庞德在《神州集》中对李白诗歌的翻译	聂翔	四川外语学院学报	2期	1990
李白饮酒诗论析——兼谈李白饮酒的原因	韩涛	山西师大学报（社科）	3期	1990
李白诗与妇人及酒——兼谈王安石评李白诗	马自力	南京社会科学	3期	1990
试论李白诗的气势	孙宝柱	黑龙江教育学院学报	3期	1990
李白诗中"巴东"考	毕宝魁	文学遗产	3期	1990
论李白诗歌的自然美及其渊源	继信	东岳论坛	4期	1990
李白的诗格与人格	孙功发	绥化学院学报	4期	1990
李白诗中的历史世界	孟修祥	荆州师专学报	4期	1990
二李诗歌的主观情调	贾靖 王浩然	锦州师院学报	4期	1990
论李白作品的时代特征及艺术特点	郁贤皓	天府新论	5期	1990
论李白的游仙诗	孟修祥	人文杂志	5期	1990
李白送别诗的浪漫主义	车秀武	辽宁大学学报（哲社）	5期	1990
李白诗歌的彩色意象	曲世川	潮流	6月号	1990
浅论李白对建安风骨的继承与发展	周晓佑	学习与探索	1期	1991
李白和李贺艺术风格的差异举隅	黄自强	华侨大学学报（哲社）	1期	1991
为李白一辩	陈泰琨	明报月刊	26卷1期	1991

续表三四

篇、书名	著(译)编者	出处	卷、期	年月日
五岳寻仙不辞远 一生好入名山游——试论李白的山水诗	倪建勇	自贡师专学报	3 期	1991
谈李白诗歌中的佛教意识	姜光斗	南通师专学报	4 期	1991
超脱之美与追求之美——陶潜与李白诗歌美学品格之比较	王敦洲	黄海学报	4 期	1991
东方诗仙与西方诗魔：李白与拜伦比较研究	葛景春	中州学报	6 期	1991
谪仙人的梦幻曲——漫谈李白诗歌的一种特色	倪其心	文史知识	7 期	1991
明月随李白 清辉照诗心	陶蔚南	中国典籍与文化	1 期	1992
自由与爱——李白诗的主旋律	张立伟	重庆师院学报（社科）	1 期	1992
李白诗中的女性群象	孟修祥	唐都学刊	2 期	1992
论李白反映唐蕃战争的边塞诗	吴逢箴	西藏民族学院学报	2 期	1992
天仙与鬼仙——李白与李贺诗之比较	周箴	淮阴师范学院学报（哲社）	2 期	1992
李白和德意志近代诗	富士川英郎（刘海章）	外国文学研究	2 期	1992
论李白诗中的游侠崇拜	孟修祥	九江师专学报	2、3 期	1992
李白自然诗风探胜	康怀远	祁连学刊	3 期	1992
李白五律艺术论略	宋心昌	河北师范大学学报（哲社）	3 期	1992
但愿长醉不愿醒——李白诗歌中的酒	员力	酿酒	3 期	1992
简谈李白诗的基调	张家骐	滨州师专学报	3 期	1992
Li Bai and Byron	许渊冲	外国语	3 期	1992
试论李白山水诗的艺术成就	黄敏	南昌职业技术师范学院学报	4 期	1992
李白诗中的逍遥境界	孟修祥	荆州师专学报（社科）	4 期	1992
论李白、王维山水诗艺术风格异同	赵国乾 靳青万	南都学坛（哲社）	4 期	1992
为美好的时刻活着——波斯文化与盛唐李白诗歌之关系	李文钟	昆明师专学报	4 期	1992
中国古代山水诗之冠——简论李白的山水诗	张家骐	齐鲁学刊	5 期	1992
笔底银河落九天——试论李白的写作与技巧	杨子才	新闻窗	5 期	1992
明月随李白，清辉照诗心	陶蔚南	语文月刊	10 期	1992
李白における武漢の意義——《詩の古跡》の生成をめぐって	寺尾刚	中国诗文论丛	11 集	1992
兰渡之梦：兰渡诗与李白诗的比较	葛雪	国外文学	2 期	1992

续表三五

篇、书名	著(译)编者	出处	卷、期	年月日
是"气节"过人,还是不知"义理"——从苏轼兄弟评价李白的分歧谈起	杨胜宽	四川师范学院学报(哲社)	1期	1993
试论李白诗中的流转型激情	蒋长栋	怀化师专学报	1期	1993
李白诗歌的意象特征	张瑞君	晋阳学刊	1期	1993
论李白的怀古咏史诗	王定璋	四川师范学院学报(哲社)	1期	1993
李白怀古咏史诗的超前意识与批判精神	王定璋	西南师范大学学报(社科)	2期	1993
李白与七言绝句	白敦仁	成都大学学报(社科)	3期	1993
散论李白诗歌之奇	江凤贤	抚州师专学报	3期	1993
读李漫笔(三则)	谢宇衡	成都大学学报(社科)	3期	1993
论李白的傲气及其诗歌创作	江凤贤	南昌大学学报(人文)	4期	1993
韵律和意象组合——李白诗歌形态论	朱易安	铁道师院学报	4期	1993
两极意象 合塑真身——浅议李白诗中酒·月之功用	崔际银	河北师范大学学报(哲社)	4期	1993
太白暮年老杜诗	刘士林	宜昌师专学报	4期	1993
陶渊明 李白饮酒诗之比较	周唯一	衡阳师专学报(社科)	5期	1993
李白诗句读解五则	康怀远	甘肃理论学刊	5期	1993
禅宗与马勒的《大地之歌》	查瓦茨卡娅	二十一世纪	20期	1993
李白诗歌艺术论	房日晰	三秦出版社		1993
李白艺术风格的文化渊源	王定璋	西南师范大学学报(哲社)	1期	1994
佛学对李白诗歌的影响	赵 星	南通教育学院学报	1期	1994
论李白的送别诗	孟修祥	吴中学刊	1期	1994
李白的咏史诗及其审美价值	王友胜	邵阳师专学报	1期	1994
		吉安师专学报	3期	1994
李白对高丽时期汉诗发展的影响	吴绍汜 宁 海	延边大学学报(哲社)	2期	1994
一代诗名谁与共 千秋酒态自堪怜——谈李白的饮酒诗	谭 伟	阿坝师专学报	2期	1994
李白诗歌的理想美与豪放美	牛春生 朱子由	宁夏大学学报(社科)	3期	1994
李白庐山诗作的道家色彩	唐厚纯	中国道教	4期	1994
李白笔下的妇女之歌	蒋景明	邵阳师专学报	3期	1994
震撼心灵的呐喊——李白笔下的"卑贱者"之歌	蒋景明	中国文学研究	3期	1994

续表三六

篇、书名	著(译)编者	出处	卷、期	年月日
论李白的游仙诗	贺秀明	福建学刊	4期	1994
论李白的咏侠诗	章继光	求索	6期	1994
李白歌诗的悲剧精神	林继中	文学遗产	6期	1994
李白诗中的仙话	邱燮友	中国唐代学会会刊	5期	1994
李白における宣城の影響	寺尾刚	中国诗文論叢	13集	1994
李白诗歌的魅力与影响	笕久美子（王辉斌）	宜春师专学报	1期	1995
李白诗歌理论二题	姜光斗	南通师专学报（社科）	1期	1995
读李白诗歌小札	董贵杰 李 唐	黑龙江教育学院学报	1期	1995
盛唐与中唐的浪漫奇葩——李白与李贺诗风之比较	王凤军	黑龙江农垦师专学报	1期	1995
论以李白为代表的盛唐诗人对自然美的追求	孟二冬	社会科学战线	1期	1995
简论李白对陶诗的学习与继承	房日晰	南昌大学学报（社科）	2期	1995
论李白对屈原的继承与发展	黄震云	江苏教育学院学报	2期	1995
论李白诗歌的法度	康怀远	天府新论	2期	1995
垂辉映千春——试论李白的边塞诗	华桂金	新疆职业教育研究	2期	1995
试说李白诗中的意识流	陈尚铭	宁波高等专科学校学报	2期	1995
李白诗歌与唐代绘画	葛景春	殷都学刊	2期	1995
李白诗歌与盛唐音乐	葛景春	文学遗产	3期	1995
浅谈李白诗中的黄河形象	曹文江	郑州大学学报（哲社）	3期	1995
对李白诗歌的文化审视——评《李白与唐代文化》	黄睿	绵阳师范高等专科学校学报	3期	1995
论李白自我中心意识及其诗境表现特征	许总	安徽大学学报（哲社）	4期	1995
李白诗歌纵横谈	邱鸣皋	徐州师范学院学报	4期	1995
空阔之景与送别之情——读李白的几首送别诗	黄忠顺	写作	5期	1995
李白推重谢朓诗	王运熙	谢朓与李白研究		1995
李白"一生低首谢宣城"析	周本淳	谢朓与李白研究		1995
谢朓李白山水抒情诗合说	陶道恕	谢朓与李白研究		1995

续表三七

篇、书名	著(译)编者	出处	卷、期	年月日
李白与谢朓的山水诗	葛景春	谢朓与李白研究		1995
论李白山水诗的生命情调	王兆鹏 孟修祥	谢朓与李白研究		1995
善游皆圣仙——李白山水仙游诗的兴象特征与文化底蕴	韩经太	谢朓与李白研究		1995
论李白诗歌理想美的双重建构	许总	谢朓与李白研究		1995
《本事诗》中李白论诗一段文字可信性的考察	邝健行	谢朓与李白研究		1995
太白古体诗散论	顾随	顾随诗文论丛		1995
全唐诗索引·李白卷	栾贵明等	现代出版社		1995
"白纻青山魂魄在，一生低首谢宣城"——李白与谢朓创作特色比较研究初探	许定国	湘潭大学学报（哲社）	1期	1996
试论李白诗歌中明月的意象建构	贺超	赣南师范学院学报	1期	1996
李白与王维山水诗艺术特色比较谈	王建新	克山师专学报	1期	1996
论严羽评点《李太白诗集》	陈定玉	文艺理论研究	1期	1996
李白诗歌修辞艺术论	邵京起	常熟高专学报	1期	1996
		辽宁师范大学学报	6期	1999
重估李白在唐代诗歌革新运动中的历史地位	王海峰	杭州大学学报（哲社）	2期	1996
李白山水诗的艺术精神	曾明	西南民族学院学报（哲社）	2期	1996
浅谈李白对屈原浪漫主义的继承发展	芮晓湘	高校图书馆工作	2期	1996
论李白题画诗文	王定璋	西南师范大学学报（社科）	3期	1996
李白诗歌的美学特征	李洲良	学术交流	3期	1996
纵笔挥洒形散神凝——论李白诗歌的散文化特色	刘亚林	外交学院学报	3期	1996
李白咏月诗概观	战克	职大学报	3期	1996
论李白诗中的月亮意象与哲人风范	傅绍良	陕西师范大学学报（哲社）	3期	1996
李白游仙诗与悲剧意识	傅明善 张维昭	宁波师院学报（社科）	5期	1996
何处是归程 长亭更短亭——李白诗中的流浪意识	董志强	文史杂志	6期	1996
一唱三叹 余音缭绕——试谈李白诗中文言虚词的节奏美	罗新华	语文知识	9期	1996
李白诗歌抒情艺术研究	松浦友久（刘维治）	上海古籍出版社		1996

续表三八

篇、书名	著（译）编者	出处	卷、期	年月日
李白诗歌赏析集	裴 斐	巴蜀书社		1996
李白诗歌的两种思想倾向和后人评价	王运熙	文学遗产	1期	1997
革命前辈题咏李白诗的启示	邓元煊	成都大学学报（社科）	1期	1997
李白"一生低首谢宣城"衍述	谢宇衡	成都大学学报（社科）	1期	1997
摇曳多姿 熠熠生辉——李白咏月诗琐谈	姜惠平	贵阳师专学报（社科）	1期	1997
从赠内诗看李白的爱情生活	张浩逊 史耀朴	阴山学刊	1期	1997
李白的漫游生活及其对诗歌创作的影响	周嘉惠	青岛教育学院学报	2期	1997
论李白的边塞诗	苏 华	新疆大学学报（哲社）	2期	1997
开拓视野 深入探求——李白诗歌艺术研究中的几个问题	韩式朋	中国韵文学刊	2期	1997
李白诗歌中的独立人格形象	康怀远	宝鸡文理学院学报（社科）	3期	1997
论李白诗歌创作中的艺术想象之方式	陆启中	南通教院学报	3期	1997
李白诗中对自我的仙化倾向	阮堂明	天津师范大学学报（社科）	3期	1997
李白诗歌的生命意识	詹福瑞	东方丛刊	3辑	1997
屈原、李白诗歌抒情艺术异同论	周小龙	南京师大学报	3期	1997
李白山水诗中的人文主义精神	曾 明	社会科学研究	4期	1997
李白斗酒缘由考	罗文进	西南师范大学学报（哲社）	4期	1997
太白诗与庄子文	杨旭升	重庆师院学报（哲社）	4期	1997
李白与陶渊明	梁 成	吴中学刊	4期	1997
李诗别笺	安 旗	文学遗产	4期	1997
略论李白山水诗的意象特征	姚 星	江西教育学院学报（社科）	5期	1997
酒与李白诗歌艺术	李福军	云南师范大学学报（哲社）	5期	1997
李白全面接受钟嵘《诗品》的原由探析	王发国	西南民族学院学报（哲社）	5期	1997
真率明朗 酣畅淋漓——李白诗歌的情感显示特征	何念农 刘正国	武汉教育学院学报	5期	1997
初盛唐诗人的另一种人生追求——兼探李白游仙诗、王维山水田园诗的内蕴	荆立民	汕头大学学报（人文）	5期	1997
李诗与陶诗的继承关系	房日晰	语文学习	7期	1997
李白诗赏析	韩结根	海南出版社		1997

续表三九

篇、书名	著(译)编者	出处	卷、期	年月日
试论谢灵运和李白山水诗的文化性格——兼谈李对谢诗的借鉴和超越	陈建华	辽宁师范大学学报（社科）	1 期	1998
"明窗数编在，长与物华新"——李白诗歌艺术特色再论	张欢喜	语文学刊	1 期	1998
李白歌行的散文笔法	章继光	中国韵文学刊	2 期	1998
李白与李奎报对月亮的审美意识之比较	林贞玉	中国比较文学	2 期	1998
浅谈诗圣李白诗歌的独特风味	殷培发	连云港职业大学学报	2 期	1998
山水同辉 风格迥异——李白、王维山水诗歌不同艺术风格比较	李晓婉	上海大学学报（社科）	2 期	1998
李白的咏笛诗	郝益军	齐鲁艺苑	3 期	1998
笔落惊风雨 诗成泣鬼神——李白诗风形成原因浅探	戴丽英	能源基地建设	3 期	1998
大地的情怀——马勒《大地之歌》及其演释	伦毅杰	音乐爱好者	4 期	1998
豪歌千古诗仙钓——李白诗中的垂钓掌故	徐伯鸿	中国钓鱼	4 期	1998
略论李白诗风蕴藉含蓄与任情率真的矛盾统一	姜光斗	南通师专学报（社科）	4 期	1998
李白诗与李奎报诗审美意识之比较	林贞玉	延边大学学报（社科）	4 期	1998
李白七言绝之自然风格	许清云	东吴中文学报	4 期	1998
悲怆：李白诗歌的主导风格	赵 谦	华中师范大学学报（人文）	5 期	1998
李白的明月意象思维	杨 义	中国社科院研究生院学报	5 期	1998
"众星罗青天，朗者独有月"——李白两首咏月讽喻诗及其诗中月刍议	李 暾	云南师范大学学报（教科）	1 期	1999
游仙访道对李白诗歌的影响	王友胜	船山学刊	1 期	1999
论李白诗学观的儒道兼融特色	邹尊兴	北方论丛	1 期	1999
李白诗歌的篇章学	杨 义	佳木斯大学社会科学学报	1 期	1999
李白的醉态诗学思维方式（上）（下）	杨 义	杭州师范学院学报	1、2 期	1999
五岳寻仙不辞远 一生好入名山游——李白及其山水诗散论	郑德开	楚雄师专学报	2 期	1999
惊鸿一瞥过，岂余泥上爪——说李白诗中的"飞动"	刘晓光	北京教育学院学报	2 期	1999
李白诗作的历史观探略	杨海波	天津师大学报（社科）	3 期	1999
论李白作品中的儒家色彩	韩长安	青海社会科学	3 期	1999

续表四〇

篇、书名	著(译)编者	出处	卷、期	年月日
李白越中诗的审美价值及其它	蒋 志	绵阳师范高等专科学校学报	3 期	1999
李诗金匮举隅	安 旗	北京社会科学	4 期	1999
李白山水诗艺术魅力探寻	柯素莉	武汉教育学院学报	4 期	1999
论李白咏月诗的哲理表现	蓝 冰	内蒙古社会科学	4 期	1999
直觉的魅力与流水用典——李白诗歌的诗学思维	杨 义	佳木斯大学社会科学学报	4 期	1999
李白诗歌用典的诗学谋略	杨 义	佳木斯大学社会科学学报	5 期	1999
试解《大地之歌》中两首唐诗的疑案	钱仁康	音乐爱好者	5 期	1999
李白诗中"帆"的意象	吕秀彬	语文天地	5 期	1999
李白诗中的"自然"意识	詹福瑞	文艺研究	6 期	1999
关于李白诗的"飞"意象	卢燕平	天府新论	6 期	1999
李白诗中的仙道思想	沈美庚	天中学刊	6 期	1999
欲上青天揽明月——李白的明月之诗	高永年	名作欣赏	6 期	1999
李白擅长夸张	张绍光	语文知识	12 期	1999
略论李白五言律诗之格律	韦金满	新亚学报	19 卷	1999
李白诗歌中的"自我形象"谈	黄永成	天中学刊	增刊	1999
回环往复 语出天然——谈李白诗语言的民歌风格	卢连斌 张春艳	迈向新世纪		1999
谁来破译这两首唐诗	陈秉安	深圳商报		1999.5.29
神行电迈 横绝六合——试论李白诗歌的超越之美	张昌余	中华美学学会第五届全国美学会议论文集		1999
清水出芙蓉 天然去雕饰——品味李白诗的感悟	张家骐	胜利油田党校学报	1 期	2000
唐人对李白诗歌风格的体认	刘 勉	荆州师范学院学报	1 期	2000
浅谈李白诗中的盛唐气象	薛艳群	运城高等专科学校学报	1 期	2000
李白诗源骚的文化审美依据	孟修祥	云梦学刊	1 期	2000
李白诗歌飘逸美浅探	黄金元	德州师专学报	1 期	2000
剡溪访戴典故在李白笔下——兼谈盛唐诗人对于魏晋风度的接受	余恕诚	古典文学知识	1 期	2000
李白诗中的"自然"意识		文艺理论研究	1 期	2000
从萧蒂岩与李白诗文的比较看浪漫主义文学嬗变（上）（下）	肖干田	西藏大学学报	1、2 期	2000
李白代言体诗的心理机制（一）（二）（三）	杨 义	海南师范学院学报（社科）	1-3 期	2000

续表四一

篇、书名	著(译)编者	出处	卷、期	年月日
《大地之歌》歌词溯源	钱仁康	音乐艺术	2期	2000
李白诗中的妇女形象	树 人	城乡建设	3期	2000
李白饮酒诗与酒神精神	刘 峰 肖国栋	佳木斯大学社会科学学报	3期	2000
试论李白的游仙诗	文伯伦	绵阳师范高等专科学校学报	3期	2000
浅析李白诗与屈原作品人格底蕴的异同	李林荣	名作欣赏	3期	2000
失意悲愤是李白诗歌的主旋律	张逸逦	辽宁教育学院学报	3期	2000
李白与陶潜诗风比较研究	赵睿才	文史哲	3期	2000
论李白诗歌的浪漫主义特色	郭世綖	兵团教育学院学报	4期	2000
醉月千古觅诗风——浅析李白诗歌艺术风格	张爱玲	承德民族师专学报	4期	2000
李白笔下的"剡溪访戴"	余恕诚	文史知识	4期	2000
《大地之歌》唐诗疑云未尽散——二、三乐章解题众说仍纷纭	孟文涛	黄钟	4期	2000
谈李白诗歌的抒情性	刁节木	昭乌达蒙族师专学报	6期	2000
《大地之歌》唐诗谜十七年前已解疑	钱仁康	光明日报		2000.3.23
论李白诗中的太阳意象	张炳蔚	西北大学学报（哲社）	1期	2001
王维、李白山水田园诗异同论	周文彗	咸阳师范学院学报	1期	2001
酒中人生——浅谈李白饮酒类诗的思想	徐泽娟	皖西学院学报	1期	2001
李白的月亮世界探幽	徐大贵	江苏广播电视大学学报	1期	2001
剪裁妙处非刀尺——李白诗用典概览	韩大伟	固原师专学报	1期	2001
唐诗与音乐之三——李白与笛子艺术	孙焕英	名作欣赏	1期	2001
李白的潇湘之情探微	郁贤皓	中国文学研究	2期	2001
李白诗歌的现实主义因素	赵 楠	南京晓庄学院学报	2期	2001
李白的诗美学思想及其盛唐特征	吴功正	学术交流	2期	2001
清水出芙蓉 天然去雕饰——李白咏月诗赏析	杜承南	重庆大学学报（社科）	2期	2001
盛唐李白的游仙诗	李永平	西安石油大学学报（社科）	2期	2001
论李白对唐诗形式美的贡献	马悦宁	青海师专学报	2期	2001
李白诗歌深层意蕴探微	李 萍	锦州师范学院学报（哲社）	2期	2001
李白诗歌的现实主义因素	赵 楠	南京晓庄学院学报	2期	2001

续表四二

篇、书名	著(译)编者	出处	卷、期	年月日
壮士怀远略 志存解世纷——由李白边塞诗看其对战争的态度变化	刘畅	南都学坛	2期	2001
李白的道诗	张振国	世界宗教文化	3期	2001
太白之月意象	吕华明	江西社会科学	3期	2001
论李白诗歌语言的夸张艺术	彭江虹	怀化师专学报	3期	2001
试论李白诗歌悲剧性的特殊审美涵义	张福庆	内蒙古社会科学	3期	2001
李白之诗天上来	云心	百合	3期	2001
浅论李白的诗与中国道家思想传承	杨晓峰	社科纵横	4期	2001
论李白山水诗的艺术风格	张小明	黄山高等专科学校学报	4期	2001
唐诗论札	舒芜	文学遗产	4期	2001
"秋""霜"中的李白	戴伟华	中国典籍与文化	4期	2001
试论李白诗歌中的英雄主义精神	吕祥华	济宁师专学报	5期	2001
论李白诗歌的悲剧意识	朱雪里	淮北煤师院学报(哲社)	5期	2001
试论李白的写景诗	陈存战等	渭南师范学院学报(综合)	6期	2001
陶潜——李白诗歌的一个文化情结	陈建华	青海社会科学	6期	2001
怎样读李白诗	薛天纬	文史知识	10期	2001
试论李白"纵酒""携妓"诗的用事与寄寓	刘和椿	成都教育学院学报	11期	2001
李白的醉态诗学思维	杨义	光明日报		2001.11.14
浅论李白诗歌中的女性形象	唐淑惠	武警工程学院学报	1期	2002
李白"一生低首谢宣城"解	张春丽	河南教育学院学报(哲社)	1期	2002
李白诗歌与道教哲学刍议	张春义	广西社会科学	1期	2002
李白饮酒诗的文化阐释	朱雪里	焦作工学院学报(社科)	1期	2002
崇高美的巍巍高峰——论李白诗歌艺术风格	彭晖	益阳师专学报	1期	2002
日、月意象与李白其人其诗	王德春	巢湖学院学报	2期	2002
从李白的咏月诗透视李白的宇宙境界	申华岑	焦作大学学报	2期	2002
李白与李贺游仙梦之比较	胡虹娅	北京科技大学学报(社科)	2期	2002
论李白诗歌的美学精神	朱雪洁	佳木斯教育学院学报	2期	2002
李白诗中的月亮意象	田千生	文史杂志	3期	2002
月下的沉吟——论李白诗歌的月意象	喻世华	华东船舶工业学院学报(社科)	3期	2002
诗仙诗鬼诗浪漫风格比较谈	梁小燕	南宁师范高等专科学校学报	3期	2002

续表四三

篇、书名	著(译)编者	出处	卷、期	年月日
论李白诗歌豪放飘逸的风格	李向阳	黄石教育学院学报	4期	2002
盛唐骄子 诗史巨人——试论李白及其诗作的时代高度	杨海波	天津师范大学学报（社科）	4期	2002
大气恢宏 境界超凡——论李白诗歌之气象	勾焕茹	河北工程技术职业学院学报	4期	2002
李白题画诗管窥——兼与杜甫题山水画诗之比较	杨学是	绵阳师范高等专科学校学报	4期	2002
论李白、王昌龄绝句意境之不同	綦开云 陈海燕	哈尔滨商业大学学报（社科）	5期	2002
《大地之歌》歌词解译研究的综述	毕明辉	音乐爱好者	6期	2002
李白诗的自我确认意识与表现——以"我"字使用为中心的讨论	罗时进	淮阴师范学院学报（哲社）	6期	2002
论诗歌语言的原生性与继生性——谈李白的诗歌语言	向卫国	前沿	8期	2002
超越李白：论北宋诗坛的文艺气象	黄坤尧	中国文化研究所学报	新11期	2002
李白诗歌中色彩字运用之艺术	杨国娟	唐代文学研究		2002
李白诗选评	赵昌平	上海古籍出版社		2002
李白游仙诗论	多洛肯、努尔赛依提·马米尔别克	喀什师范学院学报	1期	2003
宋代诗学批评视野中的李白论	邱美琼 叶克俭	江西教育学院学报（社科）	1期	2003
李白诗释义辨误	魏景波	陕西师范大学继续教育学报	1期	2003
李白饮酒诗文化意蕴诠析	朱雪里	青海社会科学	1期	2003
以心驭象，雄奇多姿——论李白的咏月诗	施常州	南京工程学院学报（社科）	1期	2003
论李白诗的速度感	赵鲲	甘肃广播电视大学学报	1期	2003
李白诗歌的运动感	罗彦民	成都师范高等专科学校学报	1期	2003
李白诗歌中的诗人自我形象及其演变	何敏	闽江学院学报	1期	2003
从剑侠气质看李白诗中的山水	段双喜	合肥教育学院学报	1期	2003
李白诗歌清新质朴的一面	董红梅	济源职业技术学院学报	1期	2003
从"水""月"意象中看李白的主体创造心态	郑晓	宁波职业技术学院学报	2期	2003
李白浪漫主义诗风探源	李连发	社会科学辑刊	2期	2003
试论李白诗歌的艺术特征	朱小玲	金华职业技术学院学报	2期	2003

续表四四

篇、书名	著(译)编者	出处	卷、期	年月日
五岳为词锋 四溟作胸臆——谈李白写景诗的抒情特色	任在喻	遵义师范学院学报	2期	2003
李白与九华山诗歌古迹化	寺尾刚（刘维治）	新疆师范大学学报（哲社）	2期	2003
李白王昌龄七绝艺术比较	毕士奎	苏州教育学院学报	2期	2003
李白的本体观与其诗作的审美关系考察	马国彦	开封教育学院学报	2期	2003
命运与性格的对话——李白诗中的牢骚	王珏	河南教育学院学报（哲社）	2期	2003
试论李白诗歌的忧患意识	严正道 綦开云	呼兰师专学报	2期	2003
浅论李白边塞诗中的民族观念	徐兴菊	乐山师范学院学报	3期	2003
苦痛和愉快之歌——谈李白山水诗的悲壮美	龙升芳	佳木斯教育学院学报	3期	2003
浅析李白诗水意象的审美境界	杨洁梅	伊犁教育学院学报	3期	2003
孤独者的寻觅形象——试论李白诗歌对现实世界介入的努力	吴要利	苏州科技学院学报（社科）	3期	2003
论李白对中国古典诗歌的继承与发展	李连发	沈阳师范大学学报（社科）	3期	2003
李白诗歌成就浅论	朱雪里	河西学院学报	3期	2003
神话与李白诗歌	王德宜 刘其荣	四川职业技术学院学报	4期	2003
王维李白边塞诗比较论	徐勇	抚州师专学报	4期	2003
唐五代人对李白诗歌的传播与接受	胡振龙	云梦学刊	4期	2003
试论李白饮酒诗的思想内涵	张华	珠海教育学院学报	4期	2003
李白论画诗中的艺术见解	马河	湖南社会科学	4期	2003
论李白诗歌的月亮意象及意蕴	李军	江苏广播电视大学学报	4期	2003
略论李白诗中的黄河意象	孙玉太	济南大学学报（社科）	4期	2003
李白论画诗中的艺术见解	马河	湖南社会科学	4期	2003
李白诗中的侠文化及其溯源浅析	刘训华	承德民族师专学报	4期	2003
"中夜四五叹，常为大国忧"——试论李白诗歌的忧患意识	严正道	晋东南师范专科学校学报	4期	2003
论李白的以文为诗——兼及李白韩愈豪放风格的不同	丁恩全	唐山师范学院学报	4期	2003
李白写月诗的情感解读	钱辉	语文学刊	5期	2003
谈李白送别诗的创新精神	赵云长	哈尔滨学院学报	5期	2003

续表四五

篇、书名	著(译)编者	出处	卷、期	年月日
宋代诗论对李白不公正评价的时代原因	袁晓薇	江淮论坛	6期	2003
李白诗中的西域文化考论	谢建忠	贵州大学学报（社科）	6期	2003
李白咏侠诗述论	侯长生	河北师范大学学报（哲社）	6期	2003
李白追《黄鹤楼》	王联兴	校园文苑	12期	2003
论李白山水诗在中国山水文学中的特殊地位	吴翔明	江西省文艺学会2003年年会论文集		2003
千年诗魂 蜀道李白——纪念李白诞辰一千三百年李白诗歌研讨会论文集	四川省江油市人民政府、四川李白研究学会	四川大学出版社		2003
试论李白的送别诗	万志	乐山师范学院学报	1期	2004
李白诗酒情趣浅论	傅香玲	牡丹江师范学院学报（哲社）	1期	2004
李白诗中的"哀愁"探析	冯利华	天府新论	1期	2004
以酒论诗——对李白诗风的解析	梁丽超	沈阳农业大学学报（社科）	1期	2004
李白诗中的女性生活习俗和命运新探	顾宝林 顾水林	长沙大学学报	1期	2004
李白诗歌中的悖论法则	胡梅仙	内蒙古社会科学	1期	2004
李白诗歌时空描写之管见	许泉	伊犁教育学院学报	1期	2004
李白诗歌中的心灵世界管窥	康怀远	光明日报		2004.2.25
		太原师范学院学报（社科）	2期	2004
李白五绝写作的继承与创新	潘慧琼	中国石油大学学报（社科）	2期	2004
对李白作品中月亮意象的解读	胡和平 郭慧英	船山学刊	2期	2004
李白七言歌行成就述要	于兵	社会科学辑刊	2期	2004
从王维与李白看儒释道三家对唐代诗歌创作的影响	侯勃	西安教育学院学报	2期	2004
谪仙长吉咏愁诗之比较	向文剑	青海师专学报（教科）	2期	2004
李白题画诗作的审美意趣	严俊	乐山师范学院学报	3期	2004
从李白的饮酒诗看诗人性格及其思想矛盾	蒋锦旗 华泽秋	辽宁农业职业技术学院学报	3期	2004
浅谈李白的现实主义诗歌	宋瑞芳 白艳玲	语文学刊	3期	2004
李白诗歌中的"一片奇气"的学理探析——兼论李白之奇与岑参、韩愈的异同	梁瑜霞	唐都学刊	3期	2004

续表四六

篇、书名	著(译)编者	出处	卷、期	年月日
从"落月摇情"到"把酒问月"——兼论唐人宇宙意识之沿陈	陈晓虎	阜阳师范学院学报（社科）	3 期	2004
一样的月光 别样的观照——李白与D.H.劳伦斯作品中的"月亮"意象比较	寇 加	湖州师范学院学报	3 期	2004
视野·形象·意境——李白山水诗艺术特征论	李荷蓉	信阳农业高等专科学校学报	3 期	2004
朱光潜说李白的两首送别诗		名作欣赏	3 期	2004
诗歌中意象跳跃的语言学认识——兼论李白诗歌中意象跳跃的特点	易匠翘	北京青年政治学院学报	4 期	2004
李白寓赣诗作及其迁谪情怀	陈小芒	江西师范大学学报	4 期	2004
论李白的边塞诗	张瑞君	太原师范学院学报（社科）	4 期	2004
略论李白的月亮情结	应克荣	淮南师范学院学报	4 期	2004
从李白的诗歌看唐诗中数字的翻译	杨彩玉 陈 琪	内蒙古农业大学学报（社科）	4 期	2004
以气为主 以自然为宗——李白诗歌艺术个性探析	朱瑜章 高少媛	河西学院学报	4 期	2004
略谈李白诗歌中的运动美感	罗彦民	嘉应学院学报	5 期	2004
李白与鲍照诗歌的继承关系	张瑞君	山西大学学报（哲社）	5 期	2004
李白五绝创作中的模仿与超越	潘慧琼	西南交通大学学报（社科）	6 期	2004
李白与孟浩然的山水诗	蒋 志	绵阳师范学院学报	6 期	2004
论李白和李贺的游仙诗	徐颖瑛	渭南师范学院学报	6 期	2004
论李白"杂言"诗及其诗学意义	刘方喜	文学遗产	6 期	2004
李白饮酒诗的文化内涵及积极意义	张少宁	科学中国人	6 期	2004
李白"清水出芙蓉"诗风新探	赵海菱	山东社会科学	7 期	2004
李白诗歌的独特艺术个性	曹贤平 曹春莲	语文教学与研究	8 期	2004
宋人对李白诗歌风格的辨析	刘 勉	唐代文学研究	10 辑	2004
诗乐合一——李白诗歌艺术论之一	梁惠敏 孟修祥	江汉论坛	11 期	2004
屈原李白之异论纲	何念龙	江汉论坛	12 期	2004
李白王维月亮情结之比较	惠夏云	渭南师范学院学报	增刊	2004
李白诗影	诸传中	湖北教育出版社		2004
口气大 力气大 才气大——论李白的山水诗	熊绍高	河南广播电视大学学报	1 期	2005
论李白怀乡诗	应克荣	安徽农业大学学报（社科）	1 期	2005

续表四七

篇、书名	著(译)编者	出处	卷、期	年月日
人性诗化表现的魅力——李白诗歌的人性展示和艺术特色	何念龙	江汉大学学报（人文）	1期	2005
论李白诗歌的人性特质	何念龙	淮海工学院学报（社科）	1期	2005
月色映青莲——浅析李白诗中月	石琛	沧州师范专科学校学报	1期	2005
道家政治智慧灵光的释放——李白诗歌中道家引退文化心理拆解	李萍	辽宁师范大学学报（社科）	1期	2005
屈原、李白诗歌的崇高美	张建福	语文知识	1期	2005
李白写实文学思想述论	戴伟华	清华大学学报（哲社）	2期	2005
试论李白大谢体的五古记游诗的字法	刘青海	文学遗产	2期	2005
李白李贺诗歌意象比较	阳建雄	巢湖学院学报	2期	2005
李白诗受后世诗评家贬抑冷落原因探论	伏涤修	南京师大学报（社科）	2期	2005
李白诗歌作为唐诗最高典范的被接受与遭贬抑	伏涤修	烟台大学学报（哲社）	2期	2005
李白诗中月意象的文化意蕴	杨朝红	郑州铁路职业技术学院学报	2期	2005
李白对中国山水诗水意象的创新与开拓	杨朝红	济源职业技术学院学报	2期	2005
论李白诗境创造的哲学精神与特征	张俊 孙超	黄山学院学报	2期	2005
关于李白诗歌体制研究的几点思考	郜晓芹	淮北煤炭师范学院学报（哲社）	2期	2005
李白诗中的安徽山川景物（上）	胡贯中	江淮文史	2期	2005
李白诗中的安徽山川景物（下）	胡贯中	江淮文史	3期	2005
试论李白诗歌中的"佳丽"形象	艾初玲	船山学刊	3期	2005
从李白诗中引用的事典看其人生追求	韩建永	信阳农业高等专科学校学报	3期	2005
论李白在皖南的诗歌创作——兼述宋人对李诗的评价	汪国林 王中举	贵阳金筑大学学报	3期	2005
李白诗歌风格分期论略	康怀远	西南政法大学学报	3期	2005
李白女性诗歌美简析	彭江虹	湖南社会科学	3期	2005
论李白山水诗对盛唐时代精神的个性化表达	杨朝红	三门峡职业技术学院学报	3期	2005
论李白饮酒诗的文化意蕴	杨文榜	乐山师范学院学报	4期	2005
李白景物诗中的生命意识	钱叶春	名作欣赏	4期	2005
李白的歌行	薛天纬	新疆师范大学学报（哲社）	4期	2005
试谈李白山水诗中的情景关系	李洪哲	陇东学院学报（社科）	4期	2005

续表四八

篇、书名	著(译)编者	出处	卷、期	年月日
20世纪李白诗学研究（上）	吴振华	周口师范学院学报	4期	2005
20世纪李白诗学研究（下）	吴振华	周口师范学院学报	6期	2005
李白是古典诗歌比兴意象的集大成者	段全林	中州学刊	5期	2005
李白"清真"诗风探源	梁 森	中州学刊	5期	2005
李白诗中"月亮"意象的诠释	蔡少华	现代语文（理论）	5期	2005
人的魅力与神的威严——李白诗歌的壮美与西方艺术的崇高之比较	陈丽英	湖北广播电视大学学报	5期	2005
考辨李白诗歌中"魂"与"魄"及其相关的复合词	黄 英	四川师范大学学报（社科）	6期	2005
李白诗的生命体验和文化分析	杨 义	文学遗产	6期	2005
阮籍和李白"诗酒风流"差异探微	张 俊	乐山师范学院学报	6期	2005
道教与李白诗风	黄好霞	南方论刊	7期	2005
李白闺情诗中女性形象的文化意蕴	孙艳红	戏剧文学	8期	2005
且从康乐游山水 何必风流入会稽——李白对谢客山水情怀的回应	刘青海	文史知识	8期	2005
浅析形成李白诗风的多重因素	高素霞 王肖菊	内蒙古电大学刊	10期	2005
李白饮酒诗的艺术	单永军	太原理工大学学报（社科）	增刊	2005
李白诗选评	赵昌平	上海古籍出版社		2005
李白の楽府について	島田久美子	中国文学报	9册	1958
李白の《東武吟》——楽府の流れにおける位置	大野実之助	中国古典研究	13号	1965
李白楽府詩考——表現機能の完成をめぐって	松浦友久	中国古典研究	16号	1969
李白の樂府	大野実之助	無限	22号	1969
李白的乐府民歌与形象思维	谢善继	华中师院学报（哲社）	2期	1978
从音乐角度看李白的乐府诗	胥树人	社会科学辑刊	2期	1979
李白乐府诗中感事篇试探	周振甫	厦门大学学报（哲社）	1期	1980
李白乐府诗的创造性成就	乔象钟	文学遗产	3期	1982
太白乐府举隅	裴 斐	国际政治学院学报	创刊号	1983
		诗缘情辨		1986
		看不透的人生		1992
李白乐府因革探	张 晶	中国古典诗歌论文集		1983
李白乐府诗的艺术美	陈 炳	上海广播电视	9期	1984

续表四九

篇、书名	著(译)编者	出处	卷、期	年月日
李白对乐府的继承与发展	赵怀德 赵晓霞	陕西师大学报	4期	1986
太白乐府述要	裴 斐	文史知识	8期	1987
俊逸鲍参军——鲍照乐府诗对李白的影响	丘有舜	福建师大福清分校学报	1期	1988
李白的乐府诗	崔 鹏	内蒙古电大学刊	9期	1988
李白乐府革新成就一例	邓元煊	中国文学研究	4期	1989
论李白乐府诗表现功能	松浦友久（刘维治）	辽宁大学学报（哲社）	4期	1991
谈李白乐府诗的思想内容	赵彩虹	内蒙古电大学刊	8期	1991
谈李白乐府诗的艺术成就	胡思文	内蒙古电大学刊	9期	1991
从五言乐府诗看李白革新诗歌的实绩	张明非	中国李白研究（1991年集）		1991
李白的乐府诗	杨志刚	江汉大学学报（社科）	1期	1992
李白诗用古乐府		文史知识	1期	1993
李白乐府论	傅如一	文学遗产	1期	1994
李白乐府论	魏晓虹	山西大学学报（哲社）	2期	1994
浅论李白与鲍照的乐府诗	江秀玲	陕西教育学院学报	2期	1994
论李白乐府的复与变	葛晓音	文学评论	2期	1995
		唐代文学研究	6辑	1994
李白乐府歌行的召唤结构	陈定玉	谢朓与李白研究		1995
略论李白乐府诗的特色	郭其云	广西社会科学	2期	1996
李白古题乐府诗创作演进轨迹	赵立新	零陵师范高等专科学校学报	1期	2000
文人拟作与民间创作的合与分——略论李白对乐府发展的贡献	汤 明	唐都学刊	1期	2000
李白乐府诗的章法	陈海燕	广东教育学院学报	2期	2000
太白的乐府小诗与词的关系	李 翰	古典文学知识	3期	2001
论李白乐府歌行"奇变"与"雄放"风格	彭善友	呼兰师专学报	1期	2003
李白乐府诗研究综述	王立增	云南艺术学院学报	2期	2003
李白乐府的类型化与个别化	蓝 旭	山东师范大学学报（人文）	2期	2004
论李白乐府诗的戏剧因素	张海沙 马茂军	中国文学研究	3期	2004
论李白乐府诗歌的娱情性	卢燕平	唐代文学研究	11辑	2004
李白乐府诗集	李 白	山东画报出版社		2004

续表五〇

篇、书名	著(译)编者	出处	卷、期	年月日
想象——李白乐府诗歌中的绝想	宇云平	临沧教育学院学报	2期	2005
规矩在我 恣意纵横——论李白乐府诗的自由性	贾丹丹	洛阳师范学院学报	4期	2005
试论李白乐府诗歌的思想风格	郭其云	武警学院学报	6期	2005
中国诗的灵魂——析乌栖曲、梦游天姥吟留别等四首	帕塞尔	上海别发洋行		1929
李白诗五首	鲁瓦耶	法国研究		1943
说李白诗"梦游天姥吟留别"等五首	施蛰存	语文教学	1期	1957
谈李白诗三首	朱光潜	语文学习	2期	1958
《长干行》和《江夏行》——古诗今谈	王运熙	文学遗产增刊	7辑	1959
"清水出芙蓉，天然去雕饰"——谈学习李白的《早发白帝城》和《静夜思》	陶尔夫	黑龙江日报		1961.10.8
唐人绝句臆评	稽 山	文汇报		1962.10.9
李白诗两首简析	广东师院中文系古代文学教研组	教育革命参考资料	8期	1973
李白诗二首译注	中文系《历代反儒诗选》编选小组	黑龙江大学学报（哲社）	1期	1975
李白：《大车扬飞尘》《梦游天姥吟留别》	刘国正	语言文学广播讲座	2期	1978
李白诗选讲	王国安	语文学习丛刊	5期	1978
古诗赏析——读李白诗二首	袁行霈	北京文艺	8期	1978
张惟一"祈雨"碑与李白诗《下江陵》《上三峡》	南 博 王少华	书评	2期	1979
赏析李白诗二首——根据文学理论对古诗之评价	段采华	幼狮	49卷5期	1979
分析李白的二首诗	颜元叔	中外大学	7卷9期	1979
谈李白诗二首	王 巍	欣赏与评论	2期	1980
李白《山人劝酒》《商山四皓》《过四皓墓》三诗考释	朱金城	河北大学学报（哲社）	4期	1980
谈李白诗三首	朱光潜	艺文杂谈		1981
李白《哭晁卿衡》《戏赠杜甫》散绎	傅庚生	唐代文学论丛	1辑	1982
李白诗三首散绎	傅庚生	唐代文学论丛	2辑	1982

续表五一

篇、书名	著(译)编者	出处	卷、期	年月日
"孤帆远影"与"桃花潭水"——读李白的两首赠别诗	宋谋瑒	名作欣赏	5期	1982
嘲讽腐儒辈 胸怀辅弼谋——介绍李白的《嘲鲁儒》和《永王东巡歌》其二	傅经顺	唐宋文学欣赏		1982
李诗今译三首	安 旗 戈壁舟	汉中师院学报（哲社）	2期	1984
《静夜思》《蚕妇》自学导读	蔡崇武	语文教学通讯	7期	1984
诗情与友情——李白三首赠别绝句赏析	娄元华 谢国平	语文园地	1期	1985
李白《早发白帝城》等四首诗的写作时间问题	陈化新	西南民族学院学报（哲社）	3期	1985
悲剧性的用世和出世之心——谈李白《行路难》和《梦游天姥吟留别》的思想倾向	雷顺桥	语文园地	5期	1986
李白的《永王东巡歌》与《上皇西巡南京歌》	中森健二	学林	5期	1986
"片"字一解	房日晰	西北大学学报（哲社）	2期	1989
《望庐山瀑布》《题西林壁》比照		湖南教育	8、9期	1989
李白《猛虎行》《草书歌行》新考	刘崇德	文学遗产	3期	1992
李白《古风五十九首》其三十四和《别内赴征三首》的本事及写作时间新探	乔长阜	江苏广播电视大学学报	3期	1997
说"疑是"	晋家泉	延边大学学报（社科）	3期	1997
李白的《静夜思》与《玉阶怨》	张福庆	文史知识	8期	1999
千秋谜案万代诗史——李白从军远征及其《塞下曲》《从军行》《关山月》等诗考	何树瀛	济宁师专学报	5期	2001
自由率真的诗仙风度——读《闻王昌龄左迁龙标遥有此寄》《行路难》	杨景龙	中学生阅读（初中）	4期	2002
《黄鹤楼送孟浩然之广陵》和《赠汪伦》意境赏析	袁见奇	云南教育	13期	2003
Litaipo's archaistische Allegorien	E. Von Zach	Asia Major	Band. 1	1924
李詩古風五十九篇の構成	及川富吉	文化	3卷11号	1936
李白古风之研究	朱 偰	图书月刊	1卷6期	1941
李白の古風五十九首	大野實之助	早稻田大學國文學研究	8号	1953
略论李白的《古风》五十九首	韩峄嵘	文学论文集	2集	1959

续表五二

篇、书名	著(译)编者	出处	卷、期	年月日
李白《古风》第一首解析	俞平伯	文学遗产增刊	7辑	1959
俯视胡兵满洛川——李白《古风》第十九首	刘逸生	羊城晚报		1961.11.23
		唐诗小札		1961
李白における思考の形態（上）——古风五十九首を中心に	松浦友久	中国古典研究	17号	1970
李白における思考の形態（下）——题材的観点を中心に	松浦友久	中国古典研究	19号	1973
李白的古风	方介	台湾大学中文学会新潮	33期	1976
从一首诗看唐代对南诏的用兵——读李白《古风·三十四》	陈力	下关师专	2期	1980
说李白的《古风》	黄瑞云	湘潭大学学报（哲社）	2期	1980
李白《西上莲花山》	朱宏恢等	滇池	10期	1981
论李白的《古风》	房日晰	西北大学学报（哲社）	3期	1983
李白《古风》考析	乔象钟	文学遗产	3辑	1984
丰富的想象 神奇的色彩——李白《登太白峰》和《古风·西上莲花山》赏析	房日晰	百花	8期	1984
试论李白《古风》	张明非	广西师范大学学报（哲社）	4期	1985
试论李白《古风》五十九首的继承与革新	田南池	唐代文学论丛	6辑	1985
李白古风诗補注稿（上）	森瀬寿三	関西大学中国文学会纪要	9号	1986
李白《古风》（其十九）浅析	雷应行	苏州教育学院学报	2期	1987
神游太虚境 心悲洛阳川——李白诗《古风》之十九赏析	安乃富	辽宁广播电视大学学报	2期	1987
李白《古风其一》篇中的两个问题	王运熙	天府新论	1期	1988
李白《古风》其八创作旨意辨	梁德林	广西师院学报	1期	1988
"好神仙非慕其轻举"——谈李白《西上莲花山》	施微	渭南师专学报	1期	1988
一曲怀才不遇的咏叹调——李白《碧荷生幽泉》（古风二十六）读后	祖志德	文艺学习	2期	1988
关于李白古风五十九首讽喻表现——以比喻论为中心	寺尾刚	中国诗文论丛	7集	1988
桃花的讽诗 苍松的赞歌——简析李白古风四十七《桃花开东园》	奉光洲	川北教育学院院刊	2期	1989
李白《古风》五十九首刍议	郁贤皓	中国文学研究	4期	1989

续表五三

篇、书名	著(译)编者	出处	卷、期	年月日
李白《古风五十九首》中的十二首创时作间之我见	郑　文	社科纵横	4期	1991
李白《古风59首》散论	康怀远	祁连学刊	2期	1992
李白《古风》59首的美学特征与古代文学传统	杨国安	解放军外语学院学报	1期	1993
论李白《古风五十九首》的用典	陶新民	大连大学学报	2期	1994
试论李白《古风》的批判意识	马道衡 王建华	晋中师专学报	2期	1998
《古风五十九首》的来源与集成	杨海健	北京图书馆馆刊	1期	1999
李白《古风》（其一）再探讨	袁行霈	文学评论	1期	2004
浅谈李白《古风五十九首》的形式美	韦金满	唐代文学研究	10辑	2004
争奇斗妍，各出机杼——李白《古风》（其三）和李贺《秦王饮酒》比较赏析	张中成	名作欣赏	3期	2005
Shu tao nan, or Difficulties on the road to Shu（Szechwan）	L. C. Arlington	China Journal	Vol. 3	1925
李白蜀道难本事说	詹　锳	学思	2卷8期	1942
谈李白的"蜀道难"	王运熙	光明日报		1957.2.17
		唐诗研究论文集		1959
		汉魏六朝唐代文学论丛		1981
《蜀道难》说	俞平伯	文学研究集刊	5册	1957
"蜀道难"的寓意及写作年代辨	樊　兴	文学遗产增刊	6辑	1958
李白《蜀道难》——新诗话	何其芳	文学知识	3期	1959
简论"蜀道难"	魏兴南	语文	4月号	1960
略谈李白"蜀道难"的思想和艺术	王运熙	语文教学	4月号	1960
		汉魏六朝唐代文学论丛		1981
简论《蜀道难》	魏兴南	语文	4期	1960
《蜀道难》的地方色彩	唐　木	新民晚报		1960.3.14
李白《蜀道难》解析	叶玉华	函授教学	4期	1961
李白《蜀道難》	高木正一	中国の名著		1961

续表五四

篇、书名	著(译)编者	出处	卷、期	年月日
不是"讽谕玄宗幸蜀"——关于"蜀道难"	岳无极	四川日报		1962.8.18
试谈"蜀道难"的寓意——关于是否"讽谕玄宗幸蜀"的问题	胡力三	四川日报		1962.9.1
对《蜀道难》寓意的理解	罗焕章 王济君	四川日报		1962.11.22
读李白的《蜀道难》	梁画	重庆日报		1962.12.5
李白蜀道难诗旨辨疑	麦朝枢	艺林丛录	4编	1964
蜀道难——《李白纵横探》中之一章	安旗	文艺百家	1期	1979
李白的《蜀道难》	孟彤	语文教学	1期	1979
综论李白《蜀道难》的作意问题	梁超然	广西民族学院学报（社科）	2期	1979
"李白《蜀道难》，羞为无成归"——《蜀道难》主题异说	乔长阜 黄志洪	教学与进修	2期	1979
谈《蜀道难》的思想与技巧——小议《蜀道难》的主题	许可权	教学与进修	4期	1979
《蜀道难》琐语	屈守元	四川师院学报（社科）	1期	1980
一首奇之又奇的古诗——读李白的《蜀道难》	任朝第	宝鸡师院学报（哲社）	1期	1980
《蜀道难》本事新考	聂石樵	北京师范大学学报（社科）	3期	1980
《〈蜀道难〉本事新考》质疑	傅如一	山西大学学报（哲社）	4期	1980
《蜀道难》新探	安旗	西北大学学报（社科）	4期	1980
介绍李白诗《蜀道难》	阎昭典	阅读与欣赏		1980
山水同辉，风采迥异——谈李白《蜀道难》与王维《山居秋暝》的不同艺术风格	郭秀彦 王鲁一	山东师院学报（哲社）	1期	1981
读《蜀道难》琐记	陈一凡	教学与进修	1期	1981
《蜀道难》的思想内容是什么——与安旗同志商榷	鲜述文	重庆师院学报（哲社）	2期	1981
《蜀道难》主题漫议	何文祯	语文教学之友	3期	1981
关于李白的《蜀道难》	王达津	社会科学研究	4期	1981
谈李白的《蜀道难》	王运熙	汉魏六期唐代文学论丛		1981
略谈李白《蜀道难》的思想和艺术	王运熙	汉魏六期唐代文学论丛		1981
读《〈蜀道难〉新探》质疑	杨栩生	绵阳师专学报	创刊号	1982
也谈《蜀道难》寓意——兼与鲜述文同志商榷	啸流	唐代文学论丛	1辑	1982

续表五五

篇、书名	著(译)编者	出处	卷、期	年月日
《〈蜀道难〉新探》质疑	王启兴	唐代文学论丛	1辑	1982
综论李白《蜀道难》的作意问题——与俞平伯、聂石樵等同志商讨	梁超然	唐代文学论丛	2辑	1982
《蜀道难》求是	安旗	唐代文学论丛	2辑	1982
《蜀道难》	裴斐	文史知识	4期	1982
《蜀道难》译注	陈泽延	恩施师专学报	3、4期	1982
《蜀道难》中之"避"当释为"譬"	高云充	宁夏大学学报（社科）	3期	1982
《蜀道难》译释	裴斐	文史知识	4期	1982
李白《蜀道难》中"峨嵋"考辨	孙顺霖	安阳师专学报	4期	1982
		河南师大学报（社科）	2期	1983
《蜀道难》本事——《李白传》片断	安旗	四川文学	6期	1982
《蜀道难》新探	仉凤峨	边疆文艺	8月号	1982
擅奇古今的诗章——李白《蜀道难》论析	杨炳校	荆州师专学报	1期	1983
试论李白《蜀道难》的思想性和艺术性	刘曦	惠阳师专学报	1期	1983
《蜀道难》主题新议	罗伏龙 黄焕勋	河池师专学报	2期	1983
关于"噫吁嚱"	王兴华	杭州大学学报（哲社）	3期	1983
《明皇幸蜀图》考疑——兼论李白《蜀道难》诗	高木森	新亚学术集刊	4期	1983
《蜀道难》浅析	麻守中	蓼花	6期	1983
说《蜀道难》的主题	柯昌贵	光明日报		1983.5.13
《蜀道难》新笺	安旗	光明日报		1983.5.17
一片惜别的深情——重读《蜀道难》札记	王拾遗	光明日报		1983.6.28
《蜀道难》是李白在蜀地时的作品	康怀远	社会科学研究	1期	1984
《蜀道难》作年与主题思想质疑	姜光斗 顾启	呼兰师专学报	1期	1984
《〈蜀道难〉求是》质疑	周韵春	内蒙古大学学报（人文）	2期	1984
也谈《蜀道难》的寓意	张仲华	宁夏教育学院学刊	3期	1984
李白《蜀道难》成立考——讽章仇兼琼说的再研讨	中森健二	学林	4期	1984
李白《蜀道难》欣赏	陈伯海	上海广播电视	4期	1984

续表五六

篇、书名	著(译)编者	出处	卷、期	年月日
《蜀道难》非作于蜀地辨	朱德慈	社会科学研究	5期	1984
我读《蜀道难》	安旗	中国古典文学鉴赏	创刊号	1985
略论《蜀道难》之有无寄托	袁宗一	宁夏大学学报（社科）	2期	1985
谈《蜀道难》的政治寓意	赵德润	商丘师专学报（社科）	2期	1985
壮伟瑰丽 激越雄奇——读李白《蜀道难》	刘伯阜	中医药文化	2期	1985
《蜀道难》探美	于朝贵	美的研究与欣赏丛刊	3辑	1985
《蜀道难》新辨	黄东黎	松辽学刊（社科）	4期	1985
李白《蜀道难》解	施蛰存	中文自学指导	4期	1985
对《蜀道难》主题的不同见解	钟文	语文导报	10期	1985
奇险壮美 兀傲峥嵘——李白《蜀道难》解析	李如鸾	古代诗文名篇赏析		1985
《蜀道难》别无寓意说补证	顾永华	湖州师专学报	2期	1986
"蜀道难"主题新探	罗伏龙	广西大学学报（哲社）	2期	1986
《蜀道难》——天宝治乱转关的缩影	钟元凯	铁道师院学报	2期	1986
蜀道莽苍 国步艰难——析李白《蜀道难》寓意	赵德润	信阳师范学院学报（哲社）	3期	1986
《〈蜀道难〉新笺》商榷——兼论诗歌寓意	黄圭	天府新论	1期	1987
为李白的《蜀道难》进一解	易朝志	烟台师院学报（哲社）	1期	1987
墨骑纵横飞霹雳 笔锋缥缈生云烟——李白《蜀道难》浅析	顾永华	湖州师范学院学报	2期	1987
《蜀道难》无寓意而有价值	余福智	佛山师专学报（社科）	3期	1987
释"蜀道难"的"难"字兼及词义主客观的相关性	刘如瑛	徐州师范学院学报	4期	1987
《〈蜀道难〉新笺》质疑	王启兴	天府新论	5期	1987
借百步九折之险 发一唱三叹之慨——浅谈李白《蜀道难》的结构艺术	王庆堂	娄底师专学报	3期	1988
李白《蜀道难》本义心解	华钟彦	河南大学学报（哲社）	2期	1989
析李白的《蜀道难》	贾云晞	中文自学指导	12期	1989
李白《蜀道难》诗的一处异文	王骧	镇江师专学报（社科）	2期	1990
《蜀道难》"自注"辨误	周本淳	读常见书札记		1990
从古蜀道看李白的《蜀道难》	刘刚	鞍山师专学报（社科）	2期	1990
李白《蜀道难》补议	乔象钟	文学遗产	4期	1990

续表五七

篇、书名	著(译)编者	出处	卷、期	年月日
驱神驭鬼 惊心动魄——李白《蜀道难》论析	初旭	电大语文	8期	1990
论李白《蜀道难》	丁毅 逢春	松辽学刊（社科）	2期	1991
李白《蜀道难》写作时间、地点及其主题刍议	康怀远	宝鸡师院学报（哲社）	2期	1991
李白《蜀道难》新论	丁毅	东北师大学报（哲社）	3期	1991
"居安思危，防险戒逸"的诗箴——李白《蜀道难》主题新解	顾永华	晋阳学刊	4期	1991
李白《蜀道难》主题新探	李家祥	贵州民族学院学报（哲社）	4期	1991
语象、文象与物象——李白《蜀道难》赏析	王富仁	名作欣赏	6期	1991
李白《蜀道难》政治讽喻性探赜	袁宝玉	中国人民大学学报	4期	1992
《蜀道难》主题新探	张秀传	中州学刊	6期	1992
论李白《蜀道难》的创作特色	张京霞	北京林业大学学报	S1期	1993
《蜀道难》的文学地理学解读	刘刚	社会科学辑刊	6期	1993
李白《蜀道难》主题考辨	何文祯	天津师大学报（社科）	3期	1994
李白《蜀道难》主题八说		西北师大学报（社科）	4期	1994
李白《蜀道难》寓意探讨	罗联添	唐代文学研究	5辑	1994
李白《蜀道难》主题评说	王辉斌	湖北电大学刊	1期	1995
警策心长 忧国情深——李白《蜀道难》主题新议	张光富	九江师专学报	2期	1996
《蜀道难》研究的四种态势述评（1949-1993）	王辉斌	重庆三峡学院学报	3期	1996
《蜀道难》研究述评（1949-1993）	王辉斌	黔东南民族师专学报（哲社）	4期	1996
"蜀道之难、难于上青天"	丁聪 东耳	瞭望	1期	1997
一首感慨仕途艰难的悲歌——谈李白《蜀道难》的主题	张学忠	牡丹江师范学院学报（哲社）	4期	1997
《蜀道难》主题异说考略	孙孟明	语文知识	1期	1998
古典诗歌的新鲜感——读李白《蜀道难》和袁枚《游栖霞寺望桂林诸山》	倪其心	文史知识	8期	1999
试析李白的《蜀道难》及其诗风	胡远鹏	武汉冶金管理干部学院学报	3期	2000
《蜀道难》开篇叹词音义句读解	蒋向东	文史杂志	3期	2000

续表五八

篇、书名	著(译)编者	出处	卷、期	年月日
《蜀道难》开头读辨	李凤能	文史杂志	5期	2000
《蜀道难》之"石栈"小议	敬永谅	四川文物	6期	2000
李白《蜀道难》时空解读	张红运 铁丽芳	天中学刊	4期	2001
李白《蜀道难》新解	何靖	文史知识	7期	2001
李白蜀道难新探	曾维益	李白研究会会馆		2001
《蜀道难》的写作年代和寓意	喻世华	重庆三峡学院学报	1期	2002
李白与盛唐山水诗——《蜀道难》再解读	谢思炜	北京工业大学学报（社科）	4期	2002
浅析李白《蜀道难》一诗的主题	梁吉充	中共成都市委党校学报（哲社）	5期	2002
《蜀道难》主旨争鸣及教学处理	陆精康	中学语文教学	9期	2002
关于《蜀道难》（一）	陆精康	语文学习	11期	2002
关于《蜀道难》（二）	寇安炳	语文学习	11期	2002
《蜀道难》	党红英	语文教学通讯	12期	2002
《蜀道难》教学指要	王旭	语文教学与研究	17期	2002
谪仙手笔 奇之又奇——《蜀道难》赏析	周卓敏 王仁明	语文教学通讯	20期	2002
略论李白《蜀道难》的演变过程——兼论《蜀道易》系列诗的政治意义	高桥良行（李寅生）	钦州师范高等专科学校学报	1期	2003
李白乐府诗歌《蜀道难》等三首同音重复的语言风格	黄英	北京化工大学学报（社科）	2期	2003
李白《蜀道难》若干诗句解析	王晓辉	黑龙江农垦师专学报	3期	2003
《蜀道难》似有脱漏	李凤能	文史杂志	4期	2003
千古奇诗《蜀道难》奇景奇情耐思量	陆精康	阅读与鉴赏（高中）	12期	2003
《蜀道难》"奇"在何处	陆精康	中学语文教学参考	8、9期	2003
漫话李白《蜀道难》之"难"	王义孝	语文教学通讯	33期	2003
《蜀道难》与李白浪漫	陈明舫	德阳教育学院学报	3期	2004
走进诗人的创作世界赏析《蜀道难》	陈淑冰	语文教学与研究	5期	2004
从《蜀道难》中学写作技巧	刘运国	现代语文	5期	2004
论李白《蜀道难》的艺术特征及其生成根源	尚代荣	理论月刊	8期	2004
再谈李白《蜀道难》的寓意	郁贤皓	唐代文学研究	10辑	2004

续表五九

篇、书名	著(译)编者	出处	卷、期	年月日
《蜀道难》:"谪仙"送别友人的咏叹	冷卫国	语文建设	12期	2004
《蜀道难》五美谈	王学华	中学语文园地(高中)	20期	2004
如椽大笔写风流——《蜀道难》与《将进酒》比较赏读	王学华	语文教学通讯	30期	2004
浅谈《蜀道难》的弦外之音	陈文举	福建教育学院学报	2期	2005
《蜀道难》魅力新解	陈友康	名作欣赏	3期	2005
蜀道难	李白	学语文	3期	2005
《蜀道难》并没有表达"热爱祖国河山的感情"	狄国虎	语文学习	3期	2005
走出"围城"的李太白——《蜀道难》题旨解析	李炳荣	学语文	3期	2005
一曲坎坷艰险的人生悲歌——李白《蜀道难》主题辨析	杜润章	中学语文园地	10期	2005
《蜀道难》寓意新解	刘海瑶 韩斌	语文教学通讯	27期	2005
《蜀道难》主题再辨	张国光	语文教学通讯	27期	2005
《蜀道难》的主旨探研	张佳霖	语文教学与研究	29期	2005
李白的《峨嵋山月歌》	平野彦次郎	大东文化	14期	1936
李白《峨眉山月歌》地点考释	周子云	南充师院学报(哲社)	3期	1980
"太白佳境"地域探	康鉴	四川师院学报(社科)	4期	1980
清溪·三峡·平羌江——关于李白《峨嵋山月歌》注释的质疑	宋东涛	四川日报		1980.1.6
关于"平羌江"及其它	刘开扬	四川日报		1980.1.20
李白《峨眉山月歌》考——李白的出蜀经历对其诗意的开阔眼界	冈村繁	荒木教授退休纪念中国哲学史研究论集		1981
"夜发"清溪与"向"三峡		文史知识	3期	1982
也谈《青溪·三峡·平羌江》	詹虎	四川师院学报(社科)	3期	1982
峨眉山月歌	李白	中学语文	9期	1982
李白《峨眉山月歌》浅析	裴芹	内蒙古民族师院学报(社科)	2期	1983
平羌三峡辨	凌樵	唐代文学论丛	6辑	1985
李白《峨眉山月歌》的意蕴	丁稚鸿	语文园地	1期	1986
试析李白之《峨眉山月歌》	顾刃	南开学报	3期	1988
沁人心脾的幽美境界——读李白《峨眉山月歌》	魏耕原	文史知识	7期	1989

续表六〇

篇、书名	著(译)编者	出处	卷、期	年月日
李白《峨眉山月歌》作于何地	唐长寿	长江文化论丛	1辑	2001
"平羌三峡"辨	宋东涛	乐山师范学院学报	1期	2003
"梁园"商榷	逸生	光明日报		1952.4.21
关于李白的"梁园吟"的创作年代问题	戊木	光明日报		1956.9.16
		唐诗研究论文集		1959
论李白《梁园吟》创作的时间前往梁园的路线及其它	郑文	社科纵横	4期	1990
试说李白《梁园吟》中的"盐"和"梅"	胥洪泉 吴晓棠	伊犁师范学院学报	2期	2000
李白乌夜啼——诗文举隅之二	糜文开	中国学生周报	41期	1953
对李落译的《登金陵凤凰台》的几点意见	百生	教学研究集刊	8期	1956
三山半落青天外——李白诗中地名	黄德佃	新民晚报		1963.11.6
李白登金陵凤凰台	江正治	鹅湖	1卷4期	1975
崔颢的《黄鹤楼》与李白的《登金陵凤凰台》	范会俊	海南师专学报	2期	1978
学习和独创——学习三首唐人七律想到的	祁向东	湖北日报		1979.6.17
使李白搁笔的《黄鹤楼》	周振甫	长江日报		1979.12.1
读李白《登金陵凤凰台》诗想起的	云帆	广州师院学报	1期	1982
登金陵凤凰台	李白	中学语文	9期	1982
		新闻通讯	1期	1984
		语文教学与研究	16期	2003
李白《登金陵凤凰台》赏析	傅庚生 钱惠彬	陕西教育	11期	1982
李白《登金陵凤凰台》是拟作吗	欧阳均	文教资料简报	3期	1983
李白咏凤凰台是好诗	蔡华同	北京晚报		1983.3.26
李白心折《黄鹤楼》	杨肇焱	云南日报		1983.9.25
凤凰台上凤凰游	虞澄	新闻通讯	1期	1984
有所师法 有所突破——崔颢《黄鹤楼》、李白《登金陵凤凰台》比较赏析	皇甫修	名作欣赏	6期	1984
黄鹤楼与凤凰台	施蛰存	名作欣赏	1期	1985
怀芹轩诗话：太白凤台题诗	严中	江南诗词	2期	1985
也谈《黄鹤楼》与《凤凰台》	傅毓衡	江南诗词	3期	1985

续表六一

篇、书名	著(译)编者	出处	卷、期	年月日
高情远意　声雄气健——读李白《登金陵凤凰台》	王镇远	文学报		1986.1.30
虚实正变　名臻妙境——《登金陵凤凰台》、《罗相》较评	许永璋	古典文学知识	5期	1988
崔颢"黄鹤楼"诗与李白"凤凰台"诗比较谈	易接道 甘久生	南昌大学学报（社科）	1期	1990
Text, Context and Intertext——Li Bai's "Ascending the Phoenix Terrace in Jinling"	Chan, Ping-leung	岭南大学中文系系刊	2期	1995
李白《登金陵凤凰台》和崔颢《黄鹤楼》诗的优劣	张孟麟	名作欣赏	3期	1996
李白与金陵凤凰台诗	沙元伟	南京史志	1期	1997
超越与征服的诗坛较量——《黄鹤楼》与《登金陵凤凰台》对读	张乃良	文史知识	12期	1997
风流岂甘他人后——读李白《登金陵凤凰台》	张国平	名作欣赏	1期	2000
李白《登金陵凤凰台》赏析	梁吉充	中共成都市委党校学报（综合）	4期	2000
评崔颢《黄鹤楼》和李白《凤凰台》	沙元伟	文学遗产	2期	2001
金陵凤凰台新考	刘宗意	江苏地方志	5期	2002
崔颢的《黄鹤楼》、李白的《登金陵凤凰台》与格律诗的格律	裴洪印	语文知识	12期	2002
李白《登金陵凤凰台》赏析	张开瑰	甘肃教育	1、2期	2003
登临凭吊　各见风采——读《黄鹤楼》和《登金陵凤凰台》	潘江红	阅读与鉴赏（高中）	7期	2003
李白·崔颢·黄鹤楼	程　光	成都大学学报（社科）	1期	2003
《黄鹤楼》、《凤凰台》和《龙池篇》——中国诗坛上的一段历史公案	宋德生	云梦学刊	3期	2003
《黄鹤楼》与《凤凰台》	佘玉梅	语文天地	21期	2003
气象壮丽　意旨深远——李白《登金陵凤凰台》赏析	袁行霈	课外语文	1期	2004
登临抒怀　同留绝唱——《黄鹤楼》《登金陵凤凰台》对赏	唐仕伦	初中生必读	1、2期	2005
"凤凰"自比"黄鹤"好——论李白《登金陵凤凰台》的超越性	王国巍	西华大学学报（哲社）	3期	2005
谈李白以《登金陵凤凰台》与崔颢竞诗	尹携携 冯　熹	长沙铁道学院学报（社科）	4期	2005

续表六二

篇、书名	著(译)编者	出处	卷、期	年月日
同中有异 各擅胜境——崔颢《黄鹤楼》与李白《登金陵凤凰台》诗比析	杨有山	名作欣赏	11期	2005
"故人西辞黄鹤楼"	博文	中国语文	12期	1956
"映"好还是"影"好——李白"孤帆远影"一句	阎简弼	辽宁日报		1961.11.2
读李白"送孟浩然之广陵"	黄清泉	湖北日报		1962.2.18
孟浩然論——王昌齡、王維、李白との連において	鈴木修次	漢文學會會報	24号	1965
帆影流水画离情	姜超	语言文学	5期	1979
诗贵含蓄	王黎	河北师范大学学报（哲社）	2期	1980
黄鹤楼送孟浩然之广陵		中学语文	4期	1981
送友怀乡 寓情于景——读《送孟浩然之广陵》和《泊船瓜洲》	家贵 晓牧	云南教育	2期	1982
《黄鹤楼送孟浩然之广陵》的艺术效果	林贤鉴	武汉教育学院学报	2期	1982
画家之目，作曲家之耳——读李白《黄鹤楼送孟浩然之广陵》	黄国彬	百姓	46期	1983
《黄鹤楼送孟浩然之广陵》新解献疑	温洪隆	华中师院学报（哲社）	3期	1984
《黄鹤楼送孟浩然之广陵》一解	王达津	光明日报		1984.1.31
一首送别歌 千载动人心——读李白的《黄鹤楼送孟浩然之广陵》	冯海荣	文学报		1985.12.19
景出眼前 情寄言外——李白《黄鹤楼送孟浩然之广陵》赏析	李雨丰	昭通师专学报	3期	1986
关于李白的《黄鹤楼送孟浩然之广陵》	中田仲一	中国文化	46号	1988
李白《黄鹤楼送孟浩然之广陵》赏析	胡国瑞	名作欣赏	1期	1989
《黄鹤楼送孟浩然之广陵》赏析	苏浙生等	中文自学导报	5期	1989
情与景合 意在言外——读李白《黄鹤楼送孟浩然之广陵》	郑孟彤	语文月刊	8期	1989
孤帆远影碧空尽 唯见长江天际流——李白诗《黄鹤楼送孟浩然之广陵》赏析	齐昌人	今日中国	2期	1990
《送孟浩然之广陵》的意境	赵忠义	小学教学研究	1期	1995
从李白送孟浩然联想到一篇东坡文	徐中玉	名作欣赏	4期	1996

续表六三

篇、书名	著(译)编者	出处	卷、期	年月日
《黄鹤楼送孟浩然之广陵》注释商榷	刘荣义	小学语文教学	5 期	1996
《送孟浩然之广陵》释疑二题	徐亚华	教师之友	7 期	1997
仙风逸气满江天——《黄鹤楼送孟浩然之广陵》新探	韩大伟	语文月刊	10 期	1998
说李白《黄鹤楼送孟浩然之广陵》	李中合	商洛师范专科学校学报	1 期	1999
《送元二使安西》与《黄鹤楼送孟浩然之广陵》比较赏析	曾卫维	中学语文	9 期	1999
诗人友情诗作证——李白《黄鹤楼送孟浩然之广陵》欣赏	吴 天	中华魂	6 期	2000
巧点妙拨领悟《送孟浩然之广陵》	杨雪霞	中国电化教育	7 期	2000
长江岸畔黄鹤楼边话离别——李白《黄鹤楼送孟浩然之广陵》解读	郭建平 邓 婕	开封教育学院学报	3 期	2001
同是"送别",各有千秋——两首唐诗的比较鉴赏	付明红	牡丹江教育学院学报	4 期	2001
情满江天——读《黄鹤楼送孟浩然之广陵》	何永康	文史知识	10 期	2001
同是送别两样情——《送元二使安西》与《黄鹤楼送孟浩然之广陵》比较赏析	陈晓龙	语文天地	17 期	2001
依依的惜别 深深的友情——《黄鹤楼送孟浩然之广陵》赏析	杨希水	云南教育	1、2 期	2002
送孟浩然之广陵		当代学生	7、8 期	2003
黄鹤楼送孟浩然之广陵	李 白	中小学作文教学（小学生）	10 期	2005
"北风行""长恨歌"及其它	任嘉禾	文艺报	13 期	1956
李白《北风行》再议	荆立民	临沂师专学报	2 期	1996
试论构成李白诗歌积极浪漫主义的因素	黄海章	中山大学学报（社科）	2 期	1960
试谈李白诗中的一些艺术形象	王尚文	光明日报		1960.1.24
既要肯定也要批判——与《试谈李白诗中的一些艺术形象》的作者商榷	白 云	光明日报		1960.5.1
（日）松原朗"梦游天姥吟留别"分析	施蛰存	语文学习	1 期	1957
谈李白的《梦游天姥吟留别》	孙 之	文学知识	3 期	1958
李白梦游处——天姥山	大 雁	新民晚报		1959.6.16
读李白的《梦游天姥吟留别》	孙 玄	文艺世纪	52 期	1961
李白《梦游天姥吟留别》简析	吴功正	北京师范大学学报（社科）	3 期	1978

续表六四

篇、书名	著(译)编者	出处	卷、期	年月日
李白的《梦游天姥吟留别》	陶今雁	语文教学	3期	1978
《梦游天姥吟留别》试析	胡晓明	语文函授	3期	1978
读李白的《梦游天姥吟留别》	王先沛	陕西教育	4期	1978
《梦游天姥吟留别》试析	魏福昌 宋安华	语文教学参考	4期	1978
李白《梦游天姥吟留别》译析	蔡义江	语文战线	5期	1978
谈谈《梦游天姥吟留别》的艺术特色	孙振平	中学语文	6期	1978
《梦游天姥吟留别》浅析	常育生	函授通讯	6期	1978
李白"梦游"中的惊险景象及其它	王志民	语言文学	1期	1979
《梦游天姥吟留别》浅析	郑庆笃	破与立	1期	1979
奇伟的境界 不阿的形象——读李白的《梦游天姥吟留别》	万永辉	泰安师专学报	2期	1979
《梦游天姥吟留别》别说	凌 云	教学与进修	2期	1979
《梦游天姥吟留别》简析	李萌章	语文教学	2期	1979
含英咀华奇葩吐艳 林壑风雷笔底波澜——漫话李白和《梦游天姥吟留别》	闵无己	书评	2期	1979
精心结撰的瑰丽诗篇——试谈李白《梦游天姥吟留别》的笔法	明 皓	徐州师范学院学报	3期	1979
说李白《梦游天姥吟留别》	张 耆	齐齐哈尔师院学报（社科）	3期	1979
读李白的《梦游天姥吟留别》	潘士林	语文月刊	4期	1979
《梦游天姥吟留别》浅析	王文沛	语文学习	4期	1979
《梦游天姥吟留别》的几点艺术特色	张建业	中学语文教学	5期	1979
自由豪放 傲岸不羁——读李白《梦游天姥吟留别》	粟 凰	青海湖	5期	1979
奇瑰的幻境 神妙的梦游——重读李白《梦游天姥吟留别》	赵璧仁	语文月刊	5、6期	1979
《梦游天姥吟留别》的艺术特色	赵璧仁	语文教学	5、6期	1979
是消极避世还是积极进取——也谈李白《梦游天姥吟留别》	郑文仲	语文教学	5、6期	1979
李白的《梦游天姥吟留别》	刘国正	人民教育	10期	1979
安能摧眉折腰事权贵——读李白的《梦游天姥吟留别》	世 明等	山西教育	12期	1979
关于李白《梦游天姥吟留别》诗中"天姥"属地的注释	郭耀华	教学参考资料	3期	1980

续表六五

篇、书名	著(译)编者	出处	卷、期	年月日
李白诗句"天台四万八千丈"辨	沈敬之	北京师范大学学报（社科）	4期	1980
对《梦游天姥吟留别》"熊咆龙吟"一句的看法	陈祖佑	云南教育	4期	1980
《梦游天姥吟留别》主题探讨	张汉青	语文教学	5期	1980
《梦游天姥吟留别》注释析	健飞	函授辅导	5期	1980
《梦游天姥吟留别》注释商榷三例	钟振振	江苏教育	5期	1980
《梦游天姥吟留别》今译	陈义	教学与研究	6期	1980
"天姥"究竟何处	郭耀华	教学与研究	6期	1980
李白为什么梦游天姥	周育德	语文战线	7月号	1980
《梦游天姥吟留别》浅说	田代祥	语文教学通讯	12期	1980
李白和他的《梦游天姥吟留别》	赵明	太原文艺	1期	1981
"天姥"之探索	林晖	台州师专学报	1期	1981
《梦游天姥吟留别》新探	安旗	诗探索	2期	1981
论《梦游天姥吟留别》的艺术美	中文系古典文学教研组	南宁师院学报（哲社）	4期	1981
兴酣落笔摇五岳——浅谈《梦游天姥吟留别》的积极浪漫主义	曙讯	教与学	4期	1981
"天姥山"在哪里	李丹	陕西教育	8期	1981
"天姥山"的方位及其它	张建业	语文学习	11期	1981
关于《梦游天姥吟留别》中的"谢公"及其宿处	蒋百灿	绍兴师专学报	2期	1982
"霓"字义释——和程千帆先生商榷	潘友梅	阜阳师范学院学报（社科）	3期	1982
李白《梦游天姥吟留别》别解	刘乾	人文杂志	3期	1983
《梦游天姥吟留别》教学随想	陈华民	南都学坛	1期	1984
关于《梦游天姥吟留别》中的"谢公"	蒋百灿	南京师大学报（社科）	2期	1984
天姥山与李白	陈百刚	绍兴师专学报	2期	1984
一曲悲歌 理的吟唱——《梦游天姥吟留别》主题思想异议	康怀远	教学与研究通讯	4期	1984
《梦游天姥吟留别》典故诠释	刘炳刚	语文月刊	9期	1984
《梦游天姥吟留别》参考三题	严如钺	语文教学通讯	12期	1984
梦游天姥吟留别	李白	名作欣赏	1期	1985
神奇的境界 壮丽的人生——读《梦游天姥吟留别》	张发光	名作欣赏	1期	1985

续表六六

篇、书名	著(译)编者	出处	卷、期	年月日
梦游天姥吟留别	乔桑	新闻与写作	2 期	1985
情壮思奇 条分缕析——试谈《梦游天姥吟留别》的浪漫主义精神	刘福琪	天津教育学院学报	4 期	1985
李白的《梦游天姥吟留别》诗义探疑	张业敏	唐代文学论丛	6 辑	1985
李白"天姥吟"探疑	张业敏	学术论坛	6 期	1985
《梦游天姥吟留别》梦境一解	刘志璞 王培远	语文教学与研究	8 期	1985
雄浑豪放 气度奇伟——《梦游天姥吟留别》赏析	李子建	江南诗词季刊	2 期	1986
说李白《梦游天姥吟留别》	郑临川	南充师院学报	2 期	1986
也谈《梦游天姥吟留别》的主旨	余恕忠	台州师专学报	2 期	1986
迷离惝恍 变幻超忽——李白《梦游天姥吟留别》试析	徐培均	政工学刊	9 期	1986
说李白《梦游天姥吟留别》	吴小如	名作欣赏	5 期	1987
《梦游天姥吟留别》思想内容考辨——古代诗歌教学偶得	李可风	教学与管理	6 期	1987
《梦游天姥吟留别》的词语色彩	甘继明	语文教学与研究	12 期	1987
"海客"与"云之君"新探——李白《梦游天姥吟留别》的再思考	盛晟	孝感师专学报	1 期	1988
《梦游天姥吟留别》的浪漫主义特色	王永生	中学语文教学参考	4 期	1989
关于《梦游天姥吟留别》的主题	于本明	中学语文	5 期	1989
谈李白《梦游天姥吟留别》的艺术特色	马丕环	中学文科参考资料	12 期	1989
李白《梦游天姥吟留别》梦境别论——兼议几本文学史对此诗的评论	傅运里	江汉大学学报	增刊	1989
李白《梦游天姥吟留别》中的"谢公"新注	蒋百灿	浙江师大学报（社科）	1 期	1990
《梦游天姥吟留别》注释质疑	张志善	语文学刊	3 期	1990
是追求、向往，还是惊惧、鄙弃——关于《梦游天姥吟留别》诗中梦境	吴泓	语文教学通讯	12 期	1990
仙永仙兮，大梦觉——李白《梦游天姥吟留别》思想意义新探	王苑新	中学语文教学	12 期	1990
《梦游天姥吟留别》探美	彭华生	当代修辞学	4 期	1991

续表六七

篇、书名	著(译)编者	出处	卷、期	年月日
李白彩色情绪的张力圆弧——《梦游天姥吟留别》的情圈	方正已	名作欣赏	6期	1991
《梦游天姥吟留别》审美视角透视	张家骐	语文学刊	1期	1992
李白《梦游天姥吟留别》研究中的几个问题	张光富	九江师专学报（哲社）	2、3期	1992
论《梦游天姥吟留别》的主题脉络	姚华武	中学语文	4期	1992
只因无由谒明主，暂向瀛洲访金阙——也谈李白《梦游天姥吟留别》的思想意义	戚树人 微 云	浙江师大学报（社科）	4期	1992
关于"云霞明灭"	傅成角	四川师范大学学报（社科）	2期	1993
《梦游天姥吟留别》注商	周照明	语文学习	1期	1995
《梦游天姥吟留别》不是气功诗	张廷发	气功杂志	1期	1995
李白《梦游天姥吟留别》一诗的审美价值	王康艺	浙江师大学报（社科）	2期	1995
关于《梦游天姥吟留别》	朱新华	中学语文教学参考	4期	1995
《梦游天姥吟留别》深层结构阐释	白永中	青海师专学报（综合）	4期	1995
《梦游天姥吟留别》的夸张和想象	王功伦	中学语文	5期	1995
《梦游天姥吟留别》中两个"欲"字新解	程瑞君	阅读与写作	6期	1995
"梦游天姥吟留别"里有气功效应	杨中喜	气功杂志	3期	1996
功名梦幻灭 浩歌辞魏阙——《梦游天姥吟留别》指归揭秘	刘志璞	名作欣赏	4期	1996
"梦游天姥"本义解说——兼评高中语文第六册《唐诗三首》"自读提示"	王明析	名作欣赏	4期	1996
《梦游天姥吟留别》诗旨新解	竺岳兵	唐代文学研究	6辑	1996
谈李白《梦游天姥吟留别》的奇幻美	罗静霞	中文自修	9期	1996
是"乐土"，还是"恶梦"——浅谈《梦游天姥吟留别》一诗的梦境	陈章明	中学语文教学	11期	1996
追求·失望·决裂——浅谈李白诗《梦游天姥吟留别》的思想意义	张学忠	牡丹江师范学院学报（哲社）	1期	1997
《梦游天姥吟留别》两处注释质疑	陈鸿斌	语文教学通讯	6期	1997
《梦游天姥吟留别》的奇与美	胡承楷	语文教学与研究	11期	1997
《梦游天姥吟留别》创作主旨辨	周 明 胡 旭	江苏教育学院学报（社科）	1期	1998
《梦游天姥吟留别》赏析	马新红等	信阳农专学报	2期	1998

续表六八

篇、书名	著(译)编者	出处	卷、期	年月日
李白《梦游天姥吟留别》质疑	王向辉	语文教学通讯	4期	1998
李白《梦游天姥吟留别》的道教文化阐释	谢建忠	四川三峡学院学报	4期	1998
差异文本的艺术魅力——有感于李白《梦游天姥吟留别》	严同林	中文自学指导	6期	1998
相距千年的唱和——《涉江》与《梦游天姥吟留别》比较赏析	李玉红	中学语文教学参考	8、9期	1998
展示人生理想与黑暗现实矛盾的杰作——试论李白《梦游天姥吟留别》的主题	杨海波	江南学院学报	1期	1999
梦境，宫廷生活的投影——《梦游天姥吟留别》主旨寻绎	陆精康	语文学习	1期	1999
李白作品中的"梦"——从《梦游天姥吟留别》出发的考察	李浩	榆林高等专科学校学报	4期	1999
走出误区——试评有关《梦游天姥吟留别》的两种观点	彭松生	名作欣赏	5期	1999
谈《梦游天姥吟留别》的主题转变	邓小军	中学语文教学	6期	1999
读李白《梦游天姥吟留别》小记	王运熙	古典文学知识	2期	2000
		汉魏六朝唐代文学论丛（增补）		2002
从天姥山的闻名到李太白的梦游	吕洪年	浙江大学学报（人文）	1期	2000
梦，精神抗争的诗化——《梦游天姥吟留别》赏析	马小华	中学语文教学参考	1、2期	2000
		语文天地	1期	2000
人文主义意识的觉醒及其道学渊源——《梦游天姥吟留别》的审美追求与思想底蕴探索	江春萌	中学语文教学参考	1、2期	2000
借梦幻写理想——李白与陆游的两首梦幻诗比较	高明泉	固原师专学报（社科）	4期	2000
中国李白研究（1998－1999年集）——李白与天姥国际会议专辑	中国李白研究会等	安徽文艺出版社		2000
潇洒出尘李太白——《梦游天姥吟留别》写意	黄素文	常州技术师范学院学报	1期	2001
自由的呼唤 积极的精神——李白《梦游天姥吟留别》的主题探讨	王向辉	吕梁高等专科学校学报	2期	2001
《梦游天姥吟留别》主题别探	李文海	绥化师专学报	2期	2001
"梦游天姥"双重意象心解	羊刚	语文教学通讯	4期	2001
谈梦境诗的"虚与实"——从李白的《梦游天姥吟留别》说起	刘党桦	语文天地	17期	2001

续表六九

篇、书名	著(译)编者	出处	卷、期	年月日
《梦游天姥吟留别》主题新探	何文志	学语文	2期	2002
《梦游天姥吟留别》的对比艺术	陈侣白	中华诗词	3期	2002
《梦游天姥吟留别》的深远主题	曹贤平	语文教学与研究	5期	2002
《梦游天姥吟留别》奇异瑰丽的幻境	谢志军	文教资料	6期	2002
化腐朽为神奇——由《梦游天姥吟留别》看李白的仙道观	苗 霞	中学语文教学参考	7期	2002
"仙宫两无从"的曲折隐喻——李白《梦游天姥吟留别》主题新探	曹兴戈	现代语文	11期	2002
"笔落惊风雨，诗成泣鬼神"——《梦游天姥吟留别》赏析	何金刚	四川教育学院学报	12期	2002
试析《梦游天姥吟留别》的浪漫主义特色	邵 年	宿州师专学报	2期	2003
梦幻之美与心灵啸歌——李白《梦游天姥吟留别》新说	陆嘉明	苏州教育学院学报	3期	2003
理想与现实碰撞的火花——《梦游天姥吟留别》赏析	王玉良	潍坊学院学报	5期	2003
在现实与梦想之间穿行	郑 伟	中学语文	6期	2003
恍兮惚兮 扑朔迷离——谈《梦游天姥吟留别》的朦胧美	李朝林	学语文	6期	2003
《梦游天姥吟留别》探究性学习案例	雷冬梅	语文教学与研究	15期	2003
梦笔生花说浪漫——读李白《梦游天姥吟留别》	王松泉 曹颖群	中学语文	22期	2003
《梦游天姥吟留别》今译	杨国孚	语文教学与研究	23期	2003
浅谈《梦游天姥吟留别》的艺术美	江 云	四川省干部函授学院学报	1期	2004
自由精灵的飞翔——李白《梦游天姥吟留别》与普希金《致大海》之比较	高文艳	太原教育学院学报	1期	2004
回归自我的愿望达成——李白《梦游天姥吟留别》主题臆解	康怀远	名作欣赏	2期	2004
从《梦游天姥吟留别》看李白的思想	蒋文东	学子	4期	2004
		语文天地	8期	2004
现实的焦虑 灵境的启示——李白《梦游天姥吟留别》新解	施正荣	古典文学知识	4期	2004
美梦美诗写傲骨——读李白《梦游天姥吟留别》	周正贵	临沧教育学院学报	4期	2004

续表七〇

篇、书名	著(译)编者	出处	卷、期	年月日
从《梦游天姥吟留别》看李白出世思想	李会昌	语文教学与研究	20期	2004
《梦游天姥吟留别》梦境新探	李龙富	语文教学与研究	22期	2004
洞天仙景：世间行乐亦如此	贺学根	中国教师报		2004.1.7
李白《梦游天姥吟留别》评析	杨军	现代语文（语言研究）	10期	2005
傲然气分存天地——《梦游天姥吟留别》之梦的解析	刘维婷	青海教育	12期	2005
骑鹿寻仙　忘情高歌——《梦游天姥吟留别》导读	王惠兰	语文天地	15期	2005
虚实辉映　共铸华章——李白《梦游天姥吟留别》艺术手法赏析	董文静	语文教学通讯	30期	2005
谈《一夜絮征袍》	郝念劭	语文教学	6期	1957
夜捣戎衣无限情	燃桂	南宁晚报		1963.3.22
「搗衣」と「吹不盡」——李白「子夜吳歌秋」をめぐって	阿部兼也	東北大學教養部紀要	25号	1976
"捣衣"不是洗衣	陈绍仁	社会科学战线	2期	1981
关于李白《子夜吴歌》秋歌的创意	上田武	东书国语	274号	1987
李白的女性赞歌《子夜吴歌》	山崎纯一	国语通信	295号	1987
李白《子夜吴歌》（其三）赏析	林东海	文史知识	5期	1988
思妇的心愿　反战的呼声——李白《子夜吴歌》（二首）析	陶蔚南	语文学刊	11、12期	1988
析李白《子夜吴歌》（秋歌）	浚洲　王锋	绥化师专学报	2期	1989
谈谈"早发白帝城"	聂文郁	青海教育	7期	1957
说李白"早发白帝城"	吴小如	文汇报		1957.2.27
唐诗小札：李白《早发白帝城》	刘逸生	羊城晚报		1960.3.23, 1960.3.24
		唐诗小札		1961
浅析《早发白帝城》	龚祥	湖北日报		1962.3.4
说唐诗——早发白帝城	马茂元	新民晚报		1962.5.17
"还"	黄瑞云	语文教学与研究	1期	1979
谈李白诗《朝发白帝城》	李殿奎	辽宁师院学报（社科）	4期	1979
"千里江陵一日还"	宿宗	长江日报		1979.11.2
诗犹文也　忌直贵曲——读李白"早发白帝城"	叶康	牡丹江师院学报	3期	1980

续表七一

篇、书名	著(译)编者	出处	卷、期	年月日
李白的《朝发白帝城》	蔡绍文	旅游通讯	2期	1980
朝辞白帝彩云间		文史知识	5期	1981
千里江陵一日还	萧文苑	绵阳师专学报	创刊号	1982
《早发白帝城》写作时间质疑	康怀远	社会科学战线	4期	1982
"两岸猿声啼不住"新解	王碧山	江淮论坛	2期	1983
《早发白帝城》中的"一日还"	杨理	小学教学研究	6期	1983
《早发白帝城》中的对比	陆志平	小学教学研究	6期	1983
以虚拟实 喜中有悲——读《早发白帝城》	陈钧 宣啸东	唐代文学论丛	5辑	1984
奇丽的想象难描的快意——谈《早发白帝城》的虚实	梁伦邦	小学教学研究	6期	1984
关于《说李白〈早发白帝城〉》的一桩公案	吴小如	华声报		1987.3.10
《早发白帝城》琐议	顾冠华	盐城师专学报(社科)	3期	1988
读《〈早发白帝城〉琐议》后	孙望	盐城师专学报(社科)	3期	1988
"千里江陵一日还"小议	胡力三	文史杂志	2期	1989
语近情遥 含吐不露——读李白《早发白帝城》	沈伟富	杭州教育学院学报	1期	1991
李白《下江陵》与杜甫《收双河》之比较	王志青	中文自修	11期	1992
读诗散记：李白《早发白帝城》及其有关数诗的系年辨析	杨正苞	成都大学学报(社科)	3期	1994
《早发白帝城》的写作背景	王永海	教师之友	10期	1994
《早发白帝城》创作时间考释	周小龙	南京高师学报(社科)	3期	1995
三峡猿声辨	洪振快	文史知识	3期	1997
"两岸猿声啼不住"别解	赵丽婉	零陵师专学报(社科)	4期	1997
"三峡第一快诗"——李白《早发白帝城》赏析	黄士材	中华魂	8期	1999
"美"在速度——李白《早发白帝城》新解	文非	阅读与写作	11期	1999
《早发白帝城》写作年代的选择	覃兆福	广西教育	10期	2001
"美"在速度——读李白《早发白帝城》	文非	语文天地	13期	2001
《早发白帝城》中的"猿声"新解	杨虹	学语文	2期	2002
画与诗欣赏——早发白帝城		初中生辅导	6期	2002

续表七二

篇、书名	著(译)编者	出处	卷、期	年月日
汉诗英译的审美取向——浅议李白《早发白帝城》的六首译诗	谭荣璋	广州大学学报（社科）	10期	2002
李白二章	郭启宏	大舞台	4期	2003
壮志寄豪情 尽在山水中——读李白《早发白帝城》	陈淑英	林区教学	7期	2003
早发白帝城	李 白	中小学作文教学（小学生）	11期	2003
为什么"'轻心'已过万重山"就不行	孙绍振	中文自学指导	2期	2004
李白《早发白帝城》系年新考	吕华明	中国韵文学刊	3期	2004
《早发白帝城》与《闻官军收河南河北》对读臆说	王渭清	西安教育学院学报	4期	2004
浅议《早发白帝城》及其四篇译文	涂艳华	江南大学学报（人文）	1期	2005
《早发白帝城》写作系年考辨	李丽荣 孟盛彬	内蒙古民族大学学报	2期	2005
李白的静夜思	毛一波	"中央日报"		1957.5.6
李白の詩を読む——《静夜の思》について	柄松香	漢文教室	34号	1958
李白：静夜思	刘逸生	唐诗小札		1961
李白の《静夜思》について（关于李白的《静夜思》）	武部利男（刘海章）	吉川博士退休记念中國文學論集		1968
		唐代文学研究	3辑	1992
		中学语文	4期	1992
谈一首讹字最多的李白名诗——静夜思	薛盛雄	台湾日报		1980.6.19
"举头望明月，低头思故乡"之我见	朱洪国	语文教学通讯	12期	1981
清水出芙蓉——李白《静夜思》浅析	彦 均	武汉师院咸宁分院学报（文科）	2期	1982
谈谈李白的《静夜思》	炳 耀	安阳师专学报	3期	1982
说《静夜思》	周正举	徐州师范学院学报（哲社）	3期	1982
说《静夜思》	张宏生	名作欣赏	3期	1983
谈谈《静夜思》中的"床"	欧阳敏	语文教学与研究	7期	1983
月是故乡明——李白《静夜思》赏析	石延顺	语文教学与研究	1期	1984
浅淡李白《静夜思》两种英译文的得失	苏一汕	韩山师专学报（社科）	2期	1984

续表七三

篇、书名	著(译)编者	出处	卷、期	年月日
天仙口语　出水芙蓉——李白《静夜思》赏析	翟玉珂	朝阳师专学报	3期	1984
漫说《静夜思》	薛天纬	文史知识	4期	1984
如何理解《静夜思》诗的意境	金家年	学语文	4期	1984
"床"字小议	刘国成	语文月刊	11期	1984
也谈"床前明月光"中之"床"	王晓祥	信阳师范学院学报（哲社）	3期	1986
评李白《静夜思》英译	斯立仁	湖州师专学报	3期	1986
李白《静夜思》英译赏析	赵甄陶	外语教学与研究	4期	1986
"床前明月光"新解	王晓祥	浙江师范大学学报（社科）	4期	1986
二十字蕴藏无限意境——浅析李白的《静夜思》	孙平洋	新疆新闻界	5期	1986
"明月"与"山月"——李白《静夜思》异文辨	张永鑫	名作欣赏	6期	1986
咬文嚼字二则	季栋梁	宁夏教育	7、8期	1986
"疑"字别解	刘刈	古典文学知识	5期	1988
《静夜思》审美心理浅探	黄德生	语文月刊	7期	1988
李白《静夜思》诗异议定谳	元亮	学语文	2期	1989
李白《静夜思》刊刻之误	心言	江海学刊	4期	1989
床・井栏・辘轳架	朱鉴珉	北京师范大学学报	5期	1989
"疑"字注释浅见	张良修	语文教学通讯	7期	1989
李白《静夜思》——诗的解释与校定	森濑寿三	关西大学文学论集	38集	1989
"疑"作何解	陈梅文	小学教学研究	3期	1990
关于李白《静夜思》的两处异文	森濑寿三	文学遗产	3期	1990
也谈"疑"作何解	汤甦民	小学教学研究	9期	1990
再谈"疑"作何解	陈梅文	小学教学研究	4期	1991
《静夜思》中"床"的释辨	黄宏明	云南教育	12期	1991
释"床"——兼说"床前明月光"、"绕床弄青梅"	樊维纲	杭州师范学院学报	1期	1992
关于李白《静夜思》	森濑寿三	唐代文学研究	3辑	1992
从李白《静夜思》英译诗看翻译中"真"与"美"的统一	高桂莲	西北第二民族学院学报（哲社）	4期	1993
四种《静夜思》文本比较说	王辉斌	名作欣赏	5期	1993

续表七四

篇、书名	著(译)编者	出处	卷、期	年月日
李白《静夜思》的翻译与解说	武部利男（王辉斌）	绵阳师专学报	2期	1994
"床前明月光"中的"床"究竟为何物	沈光春	语文学习	2期	1994
李白的《静夜思》是摹仿之作	刘朝文	淮阴师专学报	3期	1994
《静夜思》解读	张春胜	名作欣赏	4期	1994
说《静夜思》中的"床"	李树通	河北教育（教学）	5期	1994
"床前明月光"的"床"	老丹	编辑之友	5期	1994
也谈《静夜思》	杨文彬	名作欣赏	6期	1994
明月朗照 游子思乡——李白《静夜思》赏析	孙晓明	中文自修	7、8期	1994
《静夜思》的情感体验	红兵	湖南教育	8期	1994
唐诗名篇词语新解五则	程瑞君	北京大学学报（哲社）	2期	1995
疑中求"疑"	刘春龙	语文知识	3期	1995
话说古诗中的"床"	羊玉祥	文史杂志	4期	1995
"床"字一解	刘金明	四川教育	5期	1995
释"疑"字之我见	王洪	四川教育	5期	1995
此"床"非坐卧之具	周向东	中学语文	7期	1995
"疑是地上霜"释义辨	郭明强	陕西教育	2期	1996
"床前明月光"的"床"字还是解释为"睡床"为好——与程瑞君先生商榷	鲁梁	北京大学学报（哲社）	5期	1996
"床前明月光"的"床"三解	周照明	语文知识	6期	1996
"床"辨	胡星林	语文知识	8期	1996
《静夜思》原貌小考	徐建林	教师之友	10期	1996
"床前明月光"新解	张连举	人文杂志	1期	1997
李白《静夜思》作年及作地新考	张一民 王彩琴	许昌师专学报	3期	1997
床之辨	沈卢旭	阅读与写作	6期	1997
		文史知识	7期	1997
李白的《静夜思》和艾兴多夫的《月夜》	顾彬（曹卫东）	关于"异"的研究		1997
李白《静夜思》考证——兼与张一民、王彩琴二先生商榷	孙宏亮	延安大学学报（哲社）	2期	1998

续表七五

篇、书名	著(译)编者	出处	卷、期	年月日
李白《静夜思》的民俗学阐释——兼论乐府传播的民俗机制	宣炳善	民间文学论坛	2 期	1998
论"床前明月光"的"床"	颜春峰 汪少华	中国典籍与文化	4 期	1998
见井思乡 望月怀人——李白《静夜思》的意象解读	宣炳善	中文自学指导	4 期	1998
重返结构——《静夜思》个案分析	王 宾	中国比较文学	2 期	1999
古诗《静夜思》英译赏析	王凤兰	江西电力职工大学学报	3 期	1999
对李白《静夜思》几种英译的推敲	王玉昭	宁德师专学报（哲社）	4 期	1999
重读《静夜思》	严 虹	语文月刊	4 期	1999
		语文知识	9 期	1999
也谈李白背井离乡——兼与严虹老师商榷	丁学军	语文月刊	8 期	1999
也谈"床前明月光"的"床"	倪传龙	语文月刊	8 期	1999
"床前明月光"的"床"究竟是什么床	颜春峰 汪少华	中国语言文学资料信息		1999
"望"与"思"和"上天"与"大地"——评述顾彬教授的《李白的〈静夜思〉和艾兴多夫的〈月夜〉》	杜 鹃	解放军艺术学院学报	1 期	2000
读另一版本的《静夜思》	吴勇前	语文月刊	6 期	2000
"床前明月光"的"床"是睡卧之"床"吗	蒋厚健	教师之友	8 期	2000
我对"明月"的理解	王 坤	小学教学研究	8 期	2000
"疑是"试解	贺年永	语文知识	12 期	2000
通过回译，对比《静夜思》的四种英译本——翻译课堂练习一例	李小琼	大学英语	12 期	2000
也说"床前明月光"的"床"	陆业龙	荆门职业技术学院学报	1 期	2001
此非"睡床"乃指"井床"	谢 辉 管立芹	小学语文教学	1 期	2001
异文化与译作原版选择的关系问题之我见——从中日读者选择李白《静夜思》的不同版本谈起	纪太平	日语学习与研究	2 期	2001
李白的"床"	刘献春	语文建设	5 期	2001
"明月"之意 不言苟同	周 萍	小学教学研究	11 期	2001
李白《静夜思》意境解	赵秀臣	中国审计	2 期	2002
"床前明月光"	举 人	南京理工大学学报（社科）	3 期	2002

续表七六

篇、书名	著(译)编者	出处	卷、期	年月日
易懂而难解的千古绝唱——李白《静夜思》赏析	刘 丽 陈金梅	遵义师范学院学报	3期	2002
疑是明月照井栏——再读李白《静夜思》	傅 业	惠州学院学报（社科）	5期	2002
睡床？井床？——"床前明月光"的"床"字新解	程玉庆	学语文	5期	2002
《静夜思》中的二元对立	苏雅勤	社科纵横	1期	2003
德国汉学家对李白《静夜思》的22种翻译	曹乃云	德国研究	2期	2003
李白《静夜思》的三种美学意蕴	吕华明	江西社会科学	2期	2003
语言辨析和诗歌鉴赏——从李白《静夜思》的争论引发的思考	董道声	涪陵师范学院学报	4期	2003
《静夜思》的英译比较与评论	张建佳	中南林学院学报	6期	2003
浅析李白的《静夜思》5种英译文	吴 萍	克山师专学报	2期	2004
李白《静夜思》英译文的经验分析	唐 炜	宁夏大学学报（人文）	4期	2004
李白《静夜思》"床"字新解考释	姜 同	黄河水利职业技术学院学报	1期	2005
"床前明月光"之"床"的意象体系阐释	杨向奎	伊犁教育学院学报	3期	2005
李白《静夜思》研究综述	胥洪泉	重庆社会科学	7期	2005
李白寄王昌龄的诗不是作于流放之后	孙进之	语文学习	6期	1958
深情满腔寄明月——李白《闻王昌龄左迁龙标遥有此寄》赏析	黄 刚	中文自修	6期	1958
"我寄愁心与明月"——浅说李白的一首绝句	王 镁	文史知识	7期	1983
杨花落尽子规帝——说李白《闻王昌龄左迁龙标遥有此寄》	哈孝忱	语文教学之友	12期	1983
构思精妙 情意深沉——读李白诗《闻王昌龄左迁龙标遥有此寄》	韦 思	教与学	1期	1984
李白"寄"心——《闻王昌龄左迁龙标遥有此寄》	贾文昭	大学语文	3期	1984
何处是龙标——王昌龄贬地考	杨再将	贵州文史丛刊	2期	1985
奇思异想 语近情遥——读李白《闻王昌龄左迁龙标遥有此寄》	王英志	文学报		1986.1.16
五溪·夜郎·龙标·王昌龄	吴恩荣	贵州文史丛刊	4期	1989
闻王昌龄左迁龙标，遥有此寄	李 白	语文世界	5期	2002

续表七七

篇、书名	著(译)编者	出处	卷、期	年月日
《闻王昌龄左迁龙标遥有此寄》简析	唐纯红	语文天地	24期	2002
《闻王昌龄左迁龙标遥有此寄》典故两则说由	倪培森	学生之友（初中）	15、16期	2004
《闻王昌龄左迁龙标遥有此寄》导读	侯守斌	语文天地	24期	2005
唐诗小札：李白《乌栖曲》	逸 生	羊城晚报		1959.12.13
		唐诗小札		1961
李白《乌栖曲》散绎	傅庚生 钱惠彬	唐诗探胜		1984
诗成缘何泣鬼神——李白《乌栖曲》读后	刘 宁	文史知识	6期	1999
大江万里送行舟	祁向东	长江日报		1959.12.15
乡水有情送行舟——李白《渡荆门送别》赏析	陆永品	文史知识	4期	1987
李白《渡荆门送别》简析	王 蕾	中文自学指导	4期	1990
好风凭借力，送我上青云——浅析李白的《渡荆门送别》的主题思想	廖楚珍	理论与创作	5期	2000
各露真情于景中——李白《渡荆门送别》与杜甫《旅夜书怀》两诗比较赏析	许水红	江海纵横	4期	2001
仗剑去国第一游——李白《渡荆门送别》赏析	张建中	语文天地	16期	2001
江天何辽朗，我心欲飞翔——漫谈李白的《渡荆门送别》	骆玉明	中学生阅读（初中）	12期	2002
桃花潭水深千尺	宋文源	新民晚报		1960.11.10
李白与汪伦	拾 翠	新民晚报		1960.11.14
"汪伦"小议	樊 斌	荆州师专学报	创刊号	1978
汪伦究竟是什么人	张炳嘉等	南宁师院学报	4期	1981
情浓意深 纯朴真挚——读《九月九日忆山东兄弟》和《赠汪伦》	彭 生	云南教育	8期	1981
李白和汪伦的友谊	元 瑞	北京晚报		1981.1.16
"踏歌"解辨	康怀远	陕西教育	1期	1982
汪伦不是农民	洪 达	随笔	1期	1983
试论李白《赠汪伦》诗的艺术性	万文武	武汉师范学院学报（哲社）	4期	1983
李白《赠汪伦》诗中的汪伦是农民吗	郭凡夫	社会科学战线	1期	1984

续表七八

篇、书名	著(译)编者	出处	卷、期	年月日
汪伦其人——兼谈文学研究中的庸俗社会学	许有为	合肥教育学院学报	1 期	1984
说李白《赠汪伦》	史巧芝	语文教学与研究	2 期	1984
浅议《说李白〈赠汪伦〉》	陆维翰	语文教学与研究	9 期	1985
汪伦与李白的友情	张剑鸣	四川教育	11 期	1986
有关《赠汪伦》的几个问题	徐斌 方庆霞	安徽教育	2 期	1987
别开生面的送别 不同凡响的赠诗——李白《赠汪伦》赏析	张连城	小学教学研究	7 期	1987
李白《赠汪伦》诗考辨	郑万青	杭州师范学院学报（社科）	4 期	1988
汪伦身份新探	益红等	阅读与写作	12 期	1988
评李白的《赠汪伦》诗	施华君	语文教学与研究	12 期	1988
也评李白的《赠汪伦》诗	宋怀斌	语文教学与研究	12 期	1989
汪伦小考	李子龙	唐代文学研究	2 辑	1990
踏歌是怎么一回事	张庆	读写月报	5 期	1990
汪伦与李白	谢文学	南都学坛	3 期	1991
《赠汪伦》辞格辨析	王军华	商洛师专学报	3 期	1995
《赠汪伦》三题	黄泽佩	阅读与写作	12 期	1997
是夸张还是比喻——浅谈《赠汪伦》一诗句的修辞手法	黄本胜	陕西教育	1 期	1999
是夸张、比喻，还是较物——由《赠汪伦》一诗句的修辞手法谈起	余云鹏	陕西教育	3 期	1999
《赠汪伦》诗的传说	侯怡	小学语文教学	10 期	1999
比较李白《赠汪伦》一诗的两种译文	刘瑞强	昌吉学院学报	2 期	2002
读《赠汪伦》	方浩	良师	13、14 期	2002
桃花潭水深千尺	李传玺	江淮	3 期	2004
潭水依旧 诗垂千秋——李白《赠汪伦》赏析	竺柏岳	语文天地	5 期	2004
关于《赠汪伦》的几个问题	万继允	教学与管理	35 期	2004
如何评价"丁督护歌"	陆侃如	光明日报		1961.11.26
李白《丁都护歌》"芒砀"解	程千帆	南京师院学报（社科）	2 期	1979
掩泪悲千古——说李白《丁都护歌》	潘裕民	安庆师院学报（社科）	2 期	1983
李白《丁都护歌》"石芒砀"解	赵翔	安顺师范高等专科学校学报	2 期	2005

续表七九

篇、书名	著(译)编者	出处	卷、期	年月日
李白：金陵酒肆留别	刘逸生	唐诗小札		1961
试共长江比友情——李白《金陵酒肆留别》	刘逸生	羊城晚报		1962.1.20
李白诗句"风吹柳花满店香"解	徐仁甫	社会科学研究	4期	1979
李白：玉阶怨	刘逸生	唐诗小札		1961
说李白的《玉阶怨》	吴小如	唐诗探胜		1984
字字关情 含蓄绵致——读李白的《玉阶怨》诗	林国爽	语文月刊	4期	1996
意到而笔不到——李白《玉阶怨》解读	王少梅	中文自学指导	4期	2000
李白：敬亭独坐	刘逸生	唐诗小札		1961
读李白的《独坐敬亭山》	范之麟	语文园地	2期	1981
李太白与敬亭山	罗宗涛	东方杂志	19卷7期	1986
移情入景 化景为情——李白《独坐敬亭山》赏析	马芒	文学报		1986.1.2
《敬亭独坐》探微	王念选	殷都学刊	3期	1992
读李白《独坐敬亭山》	王枚	民主与科学	4期	1993
两怀高洁 不厌相看——李白《独坐敬亭山》欣赏	刘坦宾	文史知识	7期	1994
李白《独坐敬亭山》欣赏	王玖	阅读与写作	10期	1996
独坐敬亭山（1）	李白	中文自修	9期	2002
《独坐敬亭山》导读	吴建南	良师	21期	2002
独坐敬亭山		当代学生	7、8期	2003
忘情山水，返璞归真——读《独坐敬亭山》	季文学	现代语文	16期	2003
新读《独坐敬亭山》	张伟光	长春师范学院学报（人文）	4期	2004
"独"为轴心 辐射全篇——《独坐敬亭山》赏析及教学	张汉清	云南教育	10期	2004
浅析《江雪》与《独坐敬亭山》的艺术特点	刘兆君	吉林工程技术师范学院学报（教研）	11期	2004
孤寂清幽静 孤高傲岸情——李白诗《独坐敬亭山》简析	章玮	华夏星火	6期	2005
诗情画意写江城——李白《秋登宣城谢朓北楼》浅析	李汉超	辽宁日报		1962.2.24
李白《秋登宣城谢朓北楼》教学参考	顾汉春	教学与研究（社科）	2期	1980
《秋登宣城谢朓北楼》浅析	宋松	旅大师专学报	2期	1980

续表八〇

篇、书名	著(译)编者	出处	卷、期	年月日
谁念北楼上，临风怀谢公——读李白《秋登宣城谢朓北楼》	朱应佩 周溶泉	语文教学	3期	1980
《秋登宣城谢朓北楼》讲析	刘崇德	文科教学	4期	1980
《秋登宣城谢朓北楼》赏析	文宇	函授通讯	4期	1980
读李白《秋登宣城谢朓北楼》	龚德芳	语文教学	5期	1980
《秋登宣城谢朓北楼》评说	姜光斗 顾启	语文战线	7期	1980
《秋登宣城谢朓北楼》试析	赵玉林	河北教育	9期	1980
"江城如画里"——读《秋登宣城谢朓北楼》	龚德芳	语文学习	12期	1980
试析李白《秋登宣城谢朓北楼》	苏学瞻	云南教育	1期	1981
李白《秋登宣城谢朓北楼》赏析	陶瑞芝	湖州师范学院学报	2期	1981
《秋登宣城谢朓北楼》语言分析	黄岳洲	教学与研究	10期	1981
凄怨清逸 诗情馥郁——读《秋登宣城谢朓北楼》	甄居	语文教学通讯	11期	1981
水夹明镜桥落虹——《秋登宣城谢朓北楼》赏析	钟法	语文教学通讯	11期	1981
"两水夹明镜"别解	杨强铭	固原师专学报	1、2期	1982
《秋登宣城谢朓北楼》读后	马茂元	艺谭	3期	1982
李白诗《秋登宣城谢朓北楼》赏析	程芳银	淮阴师专学报（社科）	4期	1983
对《秋登宣城谢朓北楼》注释的意见	刘河	贵州文史丛刊	1期	1985
《秋登宣城谢朓北楼》浅见——兼与刘河同志商榷	张启成	贵州文史丛刊	2期	1986
情景相生 意境浑成——李白《秋登宣城谢朓北楼》赏析	郭坚	语文天地	8期	2002
江城五月落梅花	稊山	文汇报		1962.4.22
关于"江城五月落梅花"	汪洋	文汇报		1962.5.13
陇头诗话：李白的《关山月》	陇人	甘肃日报		1962.12.4
传统主题 各有千秋——读徐陵、李白、陆游的《关山月》	郭象	名作欣赏	6期	1987
李白《关山月》诗义证	詹锳 丁立群	天府新论	5期	1988
李白《关山月》探微	顾绍炯	贵阳师专学报（社科）	1期	1990
"意与山川同廓"——李白《关山月》的空间描写艺术鉴赏	王振汉	名作欣赏	2期	1998

续表八一

篇、书名	著(译)编者	出处	卷、期	年月日
唐"月"犹照今时人——李白《关山月》赏析	林建新	语文月刊	6期	2003
李白诗中的天山明月	林建新	源流	11期	2003
拟古乐府的正与变——李白、陆游两首《关山月》对读	郑虹霓	皖西学院学报	1期	2005
清冷苍茫的月夜图——李白《关山月》赏析	朱庆和	考试（高考语文）	7期	2005
从"孤帆一片日边来"说起——答卿显华同志	柯杨	甘肃文学	11期	1963
读李白的《望天门山》	内蒙古丰镇一中高二语文组	语文函授	2期	1978
也谈李白的《望天门山》	杨北南	语文教研	1期	1979
关于李白《望天门山》	姜汉林	语文学习	1期	1979
分析两首诗词	郭小湄	语文教学通讯	1期	1979
关于李白《望天门山》一诗的几个问题	刘映华	学术论坛	2期	1979
关于李白的《望天门山》——同刘映华同志商榷	谭绍鹏	学术论坛	3、4期	1979
"孤帆一片日边来"质疑	方再耕	教学与研究	4期	1979
李白《望天门山》考证二题	姜光斗 顾启	书评	4期	1979
		辽宁师院学报（社科）	4期	1980
也谈李白的《望天门山》	郑心增	教学与研究	4期	1979
唐人绝句二首——读《登鹳雀楼》《望天门山》札记	张啬	语文教学	5期	1979
关于李白的《望天门山》	樊仪容 陶蔚南	语文学习	6期	1979
《登鹳雀楼》与《望天门山》分析	曾志华	中学语文教学参考	8期	1979
再谈《望天门山》——与谭绍鹏同志商榷	刘映华	广西民族学院学报（社科）	2期	1980
关于"孤帆一片日边来"——与刘映华同志商榷	陶瑞芝	广西民族学院学报（社科）	4期	1980
不是画而胜似画——李白《望天门山》分析	姜汉林	语言文学	4期	1980
读李白《望天门山》	黄建宏 金辉	语文教学通讯	5期	1980
"孤帆一片日边来"解释异议	高景山	中学语文教学参考	5期	1980

续表八二

篇、书名	著(译)编者	出处	卷、期	年月日
对李白《望天门山》诗的几点看法	钱文辉 温祖元	南京师院学报	4期	1981
天门山注释质疑	金家年	安徽教育	6期	1981
关于"日边"的一点补充解释	吴小如	语文教学通讯	6期	1981
谪仙何处望天门——与《读李白〈望天门山〉》一文的磋商	祁子青	语文教学通讯	6期	1981
天门山地望辨正	金鑫	安徽大学学报（哲社）	2期	1982
《关于望天门山》中的两个问题	晋岚	语文教学通讯	11期	1982
"孤帆""一片"的蕴意	金家年	安徽教育	11期	1982
《望天门山》注析	赖汉屏	湖南教育	11期	1983
天门山水李白诗	陶蔚南	语文园地	1期	1984
《望天门山》评释	丁身玮	韩山师专学报（社科）	2期	1984
尺幅千里 雄伟瑰丽——李白"望天门山"赏析	冯维铭	语文教学	4期	1984
《望天门山》的主题与表现手法	黄德生	绥化师专学报	3期	1986
李白接友诗《望天门山》探析	张光富	语文教学通讯	8、9期	1987
《望天门山》三思	顾汝中	语文月刊	11、12期	1988
唐詩の授業から——李白「望天門山」詩の場合	佐藤利行	中国国文論集（安田女子大学文学部日本文学科）	18集	1988
李白望天门山诗	郭进学	新闻爱好者	5期	1989
《望天门山》别解	诸定国	中学语文教学参考	12期	1995
"日边"新解	曾有赓	湖南教育	19期	2000
李白与《望天门山》探析	王雁雁	芜湖职业技术学院学报	1期	2002
关于《望天门山》教学中的两点探疑	邓衍胜	宿州师专学报	2期	2002
辨"日边来"——《望天门山》新解识"真太白"	韩大伟	文学遗产	1期	2003
望天门山	李白	小学生（低幼年级）	2期	2003
纵情点染 尽显丘壑——李白《望天门山》赏析	龙熙银	语文天地	16期	2004
李白是怎样望天门山的	何莉君	小学语文教学	12期	2005
说李白《将进酒》	张志岳	诗词论析		1963
李白《将进酒》系年	安旗	西北大学学报（哲社）	4期	1981
试说《将进酒》的思想倾向	杨庆华	天津社会科学	1期	1982
李白《将进酒》赏析	安旗	诗探索	4期	1982

续表八三

篇、书名	著(译)编者	出处	卷、期	年月日
读李白《将进酒》	向可语	写作学习	1期	1983
谈唐诗中的"五花马"	邓长风	黄石师院学报(哲社)	2期	1984
李白《将进酒》愁绪的引起与消释	胡亚明 严钊	荆州师专学报	1期	1986
A New Translated Version of LiBo's "Bottoms Up"	Wang Yaohua	英语知识	3期	1987
名著风采 同曲异趣——读李白、李贺的同名乐府诗《将进酒》	朱一飞	中文自修	12期	1987
创作个性之美——李白、李贺《将进酒》品评	郜莩	北方工业大学学报	1期	1988
一曲浩歌万古愁——李白《将进酒》赏析	靳极苍	名作欣赏	1期	1992
"五花马"是"马"吗	云秋 汉华	中学语文教学	2期	1994
《将进酒》的"将"字读音辨析	菖蒲 桂芳	北京成人教育	8期	1994
长醉不醒慨人生——李白《将进酒》简析	章晓军	中文自修	3期	1995
"五花马"是马	范金生	中学语文教学	8期	1995
"主人"究竟是谁——谈李白的《将进酒》及对"主人"的不同理解	陈石林	冀东学刊	2期	1996
李白《将进酒》	唐云	美术观察	4期	1996
重评李白《将进酒》	张振弼	阅读与写作	4期	1996
将进酒	陈钧润	突破	24卷6期	1997
《将进酒》的主人究竟是谁	陈石林	语文教学与研究	1期	1998
傲骨照神州、豪情传万代——谈李白《将进酒》的思想意义及艺术风格	张学忠 乔士新	牡丹江师范学院学报(哲社)	2期	1999
李白《将进酒》创作时地考	朱恩义 贺金峰	开封大学学报	3期	1999
《将进酒》的"将"应读"qiāng"	刘勇刚	江海学刊	6期	2000
李白《将进酒》详解	靳极苍	注释学刍议		2000
一回拈出一回新——重读李白《将进酒》	薛天纬	古典文学知识	1期	2002
试论李白《将进酒》一诗的狂放美	段志西	渭南师范学院学报	3期	2002
《将进酒》赏析	秦英	初中生辅导	3期	2002
关于《将进酒》的通信	子规	文史杂志	4期	2002

续表八四

篇、书名	著(译)编者	出处	卷、期	年月日
与尔同销万古愁——李白《将进酒》赏析	张春荣	河西学院学报	6 期	2002
天生我材必有用——李白《将进酒》赏析	瞿蜀琪	中学语文园地	20 期	2002
谈谈李白《将进酒》的乐感	王卉	徐州教育学院学报	3 期	2003
将进酒	李白	中文自修	3 期	2003
将进酒		中国翻译	4 期	2003
《将进酒》：矛盾成就的诗篇	柯贵文	文史知识	12 期	2003
狂放形骸 悲愤心情——读《将进酒》	黄汝华	现代语文	12 期	2003
玉树临风 独守心月——《将进酒》主题多样性探析	姜立	中学语文	3 期	2004
《将进酒》中的"主人"指谁	张国光	语文知识	5 期	2004
酒中寄予的心灵苦旅——李白、李贺诗歌《将进酒》对读	胡淑娟	湖州师范学院学报	6 期	2004
李白《将进酒》创作时地考	田留才	南阳师范学院学报（社科）	8 期	2004
《将进酒》赏析	于宁	阅读与鉴赏（初中）	10 期	2004
《将进酒》的文化精神和豪放风格	陆精康	语文天地	13 期	2004
李白《将进酒》探赏	杨静	语文教学与研究	17 期	2004
从《将进酒》看"太白遗风"	魏娜	古典文学知识	2 期	2005
《将进酒》的翻译对比研究	王静	河北理工学院学报（社科）	4 期	2005
"五花马"辨	王志明	名作欣赏	7 期	2005
《将进酒》三题	冷卫国	语文建设	9 期	2005
一曲生命昂扬的歌——李白《将进酒》赏读	高建山	现代语文	11 期	2005
李白《将进酒》解读	卢杰 永杰	文学教育	18 期	2005
从节奏看《将进酒》的抒情性	刘长锁	语文天地	23 期	2005
痛饮狂歌空度日 千秋酒态自堪怜——李白《将进酒》品读	寇安炳	语文教学通讯	27 期	2005
李白诗《嘲鲁儒》	李丹	语文战线	6 期	1974
向儒家的挑战书——读李白《嘲鲁儒》	费秉勋	陕西文艺	6 期	1974
从《嘲鲁儒》看李白的反儒立场	何大章	北京日报		1974.8.2

续表八五

篇、书名	著(译)编者	出处	卷、期	年月日
读李白的诗《嘲鲁儒》	武汉第二机床厂工人理论小组等	长江日报		1974.8.18
谈李白诗歌的尊法反儒倾向	范民声	朝霞	9期	1974
尊法批儒反潮流——读李白的《嘲鲁儒》	衣殿臣	黑龙江文艺	9期	1974
法家诗话	曹晓枝	文汇报		1974.11.3
从《嘲鲁儒》看李白的反儒精神	邹乐园	内蒙古日报		1974.12.14
谈李白的《嘲鲁儒》	史玉珍等	河北日报		1974.12.15
批判尊法读经的战斗檄文——读李白的《嘲鲁儒》	萧远新	广西民族学院学报	1期	1975
李白讽歌笑儒蠹——读《嘲鲁儒》	郑志远 柴加林	辽宁日报		1975.1.10
读李白的诗《嘲鲁儒》	王任陶	黑龙江日报		1975.2.2
李白的《嘲鲁儒》及其它	崔巍	河南日报		1975.2.23
读李白的《嘲鲁儒》	钟里	甘肃日报		1975.3.14
辛辣的讽刺，有力的抨击——读李白的《嘲鲁儒》	信真	天津日报		1975.8.18
决不做"鲁儒"式的书架子——读李白《嘲鲁儒》有感	宗闻	辽宁第一师院学报	1期	1976
从李白的《嘲鲁诗》说起	陈友琴	长短集		1980
炉火照天地——读李白《秋浦歌》第十四	葛洪扬 边秀卒	光明日报		1975.7.8
赧郎明月夜、石工巧如神——谈两首写工人劳动的唐诗	霜竹	语文学习丛刊	2期	1978
李白诗中"赧郎"释	徐清	淮北煤院学报	创刊号	1979
"赧郎"不是工人	赵明	陕西教育	3期	1979
李白赋诗赞工业劳动	黄希龄	工人日报		1979.9.8
"白发三千丈"新解	丁力	星星	8期	1981
《秋浦歌》	赵希真	锦州师院分校学报	1期	1983
"白发三千丈"和《秋浦歌》——唐诗纪行	松浦友久（张守惠）	每日新闻		1983.10.21
		艺谭	4期	1984
李白《秋浦歌》(其十四)索解	陈均 宣啸东	江海学刊	5期	1984
描写劳动人民的诗篇——李白的《秋浦歌》	孙民立	安徽教育	5期	1985

续表八六

篇、书名	著(译)编者	出处	卷、期	年月日
情理合情　出奇制胜——浅谈李白《秋浦歌》之十五	曾应怀	语文园地	11期	1986
《秋浦歌》(之十五)赏析	乔象钟	文史知识	11期	1986
李白《秋浦歌》中的"紫烟"	左见	史学集刊	1期	1987
鼓舞人心的第一首矿工诗	朱敦源	当代矿工	4期	1987
李白『秋浦歌』の解釈に関する幾つかの問題	松浦友久	中国詩人論：岡村繁教授退官記念論集		1987
简论李白《秋浦歌》十七首	王政学	贵州大学学报(社科)	2期	1988
一幅古代炼矿的油画——李白《秋浦歌》赏析	陶午亭	语文月刊	8期	1989
《秋浦歌》第十四首新探	杨玉忠	湖北大学学报(哲社)	3期	1996
《秋浦歌·炉火照天地》"旧解"	杨玉忠	四川师范学院学报(哲社)	1期	1997
李白晚年审美视角的变化——读李白《秋浦歌》(其十四)札记	张家骐	滨州师专学报	3期	1997
也论《秋浦歌》的构思、主旨及有关语词的阐释——兼与日本汉学家松浦友久先生商榷	张涤云	江汉论坛	4期	1997
《秋浦歌》第十四首新探	杨玉忠	西南师范学院学报(哲社)	1期	1998
《秋浦歌》中的"明镜"	吴昊	语文知识	4期	2000
秋浦歌	李白	现代家教	11期	2000
"无理之妙"和"大言欺人"——谈李白《秋浦歌》(其十五)的理解和评价	袁晓薇	安徽教育学院学报	4期	2002
李白《秋浦歌》(第十四首)赏析	万继允	语文天地	10期	2003
冶炼工人的千秋画像——读李白《秋浦歌》第十四首	王奎	车间管理	4期	2005
壮思·览月——读李白《宣城谢朓楼饯别校书叔云》	葛景春 佟培基	开封师院学报(哲社)	2期	1976
说李白《宣州谢朓楼别校书叔云》(上)(下)	齐幽兰	教与学	5、6期	1976
李白《宣州谢朓楼饯别校书叔云》应是《陪侍御叔华登楼歌》	詹锳	文学评论	3期	1983
忧愤深广　转折多姿	安旗	唐诗探胜		1984
挥斥幽愤情弥深——李白《谢朓楼饯别校书叔云》探微	周金声	喀什师范学院学报	4期	1987
李白《宣州谢朓楼饯别校书叔云》解诂	孙雍长	中国文学研究	1期	1988

续表八七

篇、书名	著(译)编者	出处	卷、期	年月日
李白《宣州谢朓楼饯别校书叔云》赏读	刘衍文	中文自修	6期	1990
李白《宣州谢朓楼饯别校书叔云》诗题争议的由来——兼论其诗的艺术风貌	李克和	中国韵文学刊	1期	1996
		古典文学知识	3期	1996
挥斥幽愤情弥深——李白《谢朓楼饯别校书叔云》探微	赵丽玲 金 声	名作欣赏	1期	2000
抒情诗创作的"一次性"——从李白《宣州谢朓楼饯别校书叔云》说起	花志红 周 献	西昌师范高等专科学校学报	4期	2001
宣州谢朓楼饯别校书叔云	李 白	语文世界（高中）	11期	2004
李白《宣州谢朓楼饯别校书叔云》剖析	陈飞龙	新疆师范大学学报（哲社）	4期	2005
「逸㛀」考——李白「長干行」釈	筧文生	立命館大学人文学會	386－390期	1977
痴稚热情的"长干女"——读李白《长干行》	刘逸生	文学知识	1期	1983
说《长干行》"绕床弄青梅"	王穆之	天津师专学报	2期	1983
李白"清真"说诗例一则——简析《长干行》	王英志	名作欣赏	5期	1985
一首不该被讥嘲的译诗——说庞德译李白《长干行》	张崇鼎	外国语文	2期	1986
"两小无猜"辨	鲍思陶	文史知识	10期	1994
一首优美的诗体小说——读李白《长干行二首（其一）》	段全林	阅读与写作	4期	1997
从《长干行》的英译谈中国古诗翻译	钱书华	徐州师范大学学报	4期	1998
长干行	林 倩	时代潮	8期	1998
青梅竹马	蓝 旭	文史知识	10期	2001
《长干行》其一	李 白	语文世界	2期	2002
试谈《长干行》的乐府精神和民歌手法	张辉成	甘肃教育学院学报（社科）	增刊	2002
两小无猜	文	古典文学知识	3期	2003
从《长干行》三译文看汉诗英译中的模糊美再现	谢 辉	重庆邮电学院学报（社科）	4期	2003
从《长干行》看庞德英译汉诗的意象派风格	党明虎	外语教学	5期	2003
《长干行·忆妾深闺里》作者探	王胜明	宜宾学院学报	1期	2004

续表八八

篇、书名	著(译)编者	出处	卷、期	年月日
再谈庞德对李白《长干行》的理解与翻译	高庆选	西安外国语学院学报	2期	2004
评庞德译李白名诗《长干行》	朱谷强	韩山师范学院学报	4期	2004
对李白《下途归石门旧居》诗的几点看法	苏 兴	吉林师大学报（哲社）	2期	1978
李白《下途归石门旧居》散绎	傅庚生	唐代文学	1期	1981
试论李白《下途归石门旧居》诗——兼评郭沫若等人的论点	刘华云	文学遗产	3期	1981
释李白《下途归石门旧居》	詹 锳	天府新论	4期	1989
李白诗《江夏别宋之悌》系年辩误	郁贤皓	南京师院学报（哲社）	3期	1978
"香炉峰"考	万 萍	江西师院学报（哲社）	4期	1978
李白和徐凝的庐山瀑布诗——唐诗考索之一	程千帆	长江丛刊	2辑	1979
介绍李白的诗《望庐山瀑布》	李伯齐	语言文学广播讲座	23期	1979
漫话李白的《望庐山瀑布》	闻 钟	中国青年报		1979.6.2
飞流直下三千尺	萧文苑	海鸥	6期	1980
日照何能生紫烟	苗 圩	唐代文学	1期	1982
《望庐山瀑布》浅析	郭祖耀 郭宝生	天津教育	7期	1983
读两首《庐山瀑布》诗	陈子健	写作	1期	1984
望庐山瀑布	李 白	江西水利科技	4期	1984
"日照香炉生紫烟"新解质疑	朱金城	唐代文学论丛	5辑	1984
古来唯有谪仙辞	叶钟华	唐诗探胜		1984
古来惟有谪仙辞	刘应同	新闻爱好者	5期	1987
情致·意境·审美——《望庐山瀑布》《枫桥夜泊》比较欣赏	谢若松	湖南教育	10期	1987
日照飞瀑壮山河——浅析李白《望庐山瀑布》	易光武	湖南教育	11期	1987
《望庐山瀑布》	谢若松 石 原	湖南教育	12期	1987
李白《望庐山瀑布》简析	杨晓红	中文自修	4期	1989
形貌、神韵和个性——读古今两首庐山瀑布诗	余 敏	阅读与写作	12期	1990
"疑"字怎么解	孙浩昭	教师之友	12期	1994
"川"当"河流"讲吗	曲 日	教师之友	4期	1995

续表八九

篇、书名	著(译)编者	出处	卷、期	年月日
徐凝"恶诗"与李白"敛手"	刘中桥	四川建材	6期	1998
李白咏庐山瀑布诗与香炉峰	李文初	语文月刊	6期	1999
李白诗《望庐山瀑布》(其二)解析	吴建广	安徽师范大学学报(人文)	1期	2001
望庐山瀑布	李 白 田国君	日语知识	2期	2001
画与诗欣赏——望庐山瀑布		初中生辅导	5期	2002
李白《望庐山瀑布》脱胎于前人诗作	邵春驹	语文知识	8期	2005
李白「春夜宴從弟桃花園序」	岡村貞雄	広島大学教育学部紀要(二部)	26号	1978
"秉烛夜游"与"为欢"、"对月"——重读李白的《春夜宴从弟桃花园序》	张自强	四川外语学院学报	4期	1992
春夜宴从弟桃花园序	李 白	课堂内外(初中)	2期	2005
"流觞曲水"抒幽情——李白《春夜宴桃李园序》与王羲之《兰亭集序》品析	朱庆和	中学语文园地(高中)	6期	2005
中日友谊 源远流长——读李白诗《哭晁卿衡》	刘绍汉	黑龙江日报		1978.10.22
中日友谊源远流长——读李白诗《哭晁卿衡》有感	马志毅	西安日报		1979.6.29
字里行间溢深情——读李白《哭晁卿衡》	刘张四	安徽日报		1979.10.7
明月呵,永存!——读李白哭日本友人晁卿诗	关雪柏	镜报		1980.2.10
李白"把晁衡比作远行的舜帝"吗	郑崇德	武汉师院孝感分院学报	1期	1981
"明月"释——读李白《哭晁衡》诗	周士琦	文史知识	6期	1981
李白与日本友人——晁衡——读《哭晁卿衡》	扈明钦	光明日报		1981.1.4
为李白的《雪谗诗》"雪谗"	徐国民	大学生	1期	1979
李太白诗"智者可卷愚者豪,世人笑我轻鸿毛"解	徐仁甫	中华文史论丛	3辑	1979
李白《梁甫吟》诗写于渭滨磻溪考	康怀远	宁夏教育学院学报	2期	1985
《梁甫吟》辨	李从军	社会科学研究	3期	1985
李白《梁甫吟》的创作时间	郑 文	天府新论	6期	1988
李白《梁甫吟》辨析	王顺岐	渭南师专学报(综合)	1期	1990

续表九〇

篇、书名	著（译）编者	出处	卷、期	年月日
梁甫吟	李　白	中文自修	11期	2003
李白「王昭君」詩における「払玉鞍」について	山内春夫	東方学	58辑	1979
《永王东巡歌》注释	金　平	新华日报		1979.11.30
永王东巡与《永王东巡歌》	寇养厚	山西大学学报（哲社）	3期	1984
谢安不可以比永王	周啸天	成都师专学报（文科）	2期	1987
		成都大学学报（社科）	3、4期	1988
跨海奇策与诗人李白——籍谈《永王东巡歌》等	甘运杰等	长沙水电师院社科学报	3期	1988
李白の永王東巡歌について	横須賀司久	二松学舍大学論集	31集	1988
《永王东巡歌》别解	张　之 刘宝和	殷都学刊	3期	1991
读李白的诗《游洞庭》	毛炳汉	湘图通讯	3期	1980
谈李白的一首诗	史铁良	文史哲	3期	1980
李白为什么要"划却君山"	安　旗	光明日报		1981.7.14
陪族叔刑部侍郎晔及中书舍人至游洞庭五首（其二）	李　白	语文世界	10期	2002
"汉水亦应西北流"试解	杨德豫	文学评论丛刊	5辑	1980
李白的《江上吟》	徐培君等	今昔谈	1期	1982
琴诗与琵琶诗——李白《听蜀僧濬弹琴》	储大涵	诗刊	3期	1980
"为我一挥手，如听万壑松"——读《听蜀僧濬弹琴》有感	谢宗良	音乐世界	8期	1995
余响入霜钟——李白《听蜀僧濬弹琴》赏读	黄井前	中学生阅读（高中）	12期	2005
李白《月下独酌》	袁行霈	文史知识	1期	1981
《李白诗意》题诗有误	王星琦	社会科学战线	1期	1981
浅谈汉诗英译中的意象再现——李白《月下独酌》英译文赏析	赵　霞	镇江市高等专科学校学报	1期	1998
飞鸿有响音——谈李白《月下独酌》诗境的超越美	李　利等	沈阳大学学报	1期	1999
《唐诗三百首疑难词句辨析》（一）：解"永结无情游，相期邈云汉"——兼谈李白的诗作与月亮	汪贞干	黄石教育学院学报	1期	1999
影子和醉意——读李白《花间独酌》	毛守仁	名作欣赏	4期	2000
		阅读与欣赏	7期	2000

续表九一

篇、书名	著(译)编者	出处	卷、期	年月日
李白《月下独酌》	郭英德 侯登峰	中学生阅读（高中）	2 期	2002
浅谈功能对等论对于英译诗策略的指导意义——以李白《月下独酌》的英译为例	杜 晔	江南大学学报（人文）	4 期	2003
《月下独酌》四种英译对比评析	张雪光	南京工业职业技术学院学报	4 期	2003
月下独酌	李 白 （徐伟民）（L. Laloy）	法语学习	4 期	2003
		法语学习	6 期	2004
月下独酌	李 白	当代学生	12 期	2003
月下独酌	郑娟娟	英语辅导（疯狂英语中学版）	43 期	2003
《月下独酌》赏析	肖 平	中国校园文学	1 期	2004
从李白《月下独酌》的英译看诗词翻译规律	崔素花 杜耀文	太原理工大学学报（社科）	3 期	2005
月下独酌	李 白	中学生英语（高一）	21 期	2005
《宿五松山下荀媪家》体现李白的进取精神	林 路	上海师范学院学报（社科）	2 期	1981
词非溢美见真情——读李白诗《赠孟浩然》	吴又蜀	布谷鸟	1 期	1981
"弃"之稳否辨——《赠孟浩然》与《岁暮归南山》之比较讨论	王志清	名作欣赏	3 期	2005
李白的《行路难》	牛梦瑱	语文学刊	3 期	1981
忧国忧民的《行路难》	王伯兴	盐城师专学报	5 期	1983
谈李白《行路难》的感情线索	史双元	江苏教育	9 期	1983
满腔悲愤情 高歌行路难——读李白《行路难》	黄建宏	中学语文	12 期	1983
唐诗二首浅析	崇 实	承德师专学报	增刊	1983
激昂慷慨诉衷情——李白《行路难》第一首赏析	娄元华 谢国平	宁夏教育学院学刊	1 期	1984
舒卷灭现 发想无端——读李白《行路难》（其一）	邓魁英	自修大学	2 期	1984
读李白的《行路难》	黄建宏	语文园地	6 期	1984
"多歧路，今安在"注释异议	严安政	教学通讯	10 期	1984
李白《行路难》试析	孙移泰	教学通讯	10 期	1984
李白《行路难》三首考	吹野安	国学院杂志	85 卷 12 期	1984

续表九二

篇、书名	著(译)编者	出处	卷、期	年月日
激情奔放 气象雄浑——读李白《行路难》	冯维铭	江南诗词季刊	2期	1985
李白为什么"行路难"——读李白《行路难》札记	李泽民	语文月刊	7、8期	1985
李白"直挂云帆济沧海"解	裴斐	文史知识	1期	1986
		看不透的人生		1992
重重辞格 种种情怀——李白《行路难》(其一)修辞特点试析	李金元	语文教学与研究	4、5期	1986
"直挂云帆济沧海"试解	陈子建 周维扬	天府新论	1期	1987
读李白的《行路难》	赵集	语文学刊	6期	1987
谈李白诗"直挂云帆济沧海"句	尚弘 聚葳	语文教学与研究	9期	1987
李白《行路难》异解初探	吴祁仁	宁夏教育学校学报	1期	1988
李白《行路难》——读后	彭伯通	文史杂志	4期	1988
试论李白《行路难》三首的主题	徐扬尚	驻马店师专学报(社科)	2期	1989
李白《行路难》评析	夏雨	中文自学指导	5期	1989
李白《行路难》系年新探	康怀远	荆门大学学报	1期	1990
"直挂云帆济沧海"句别解	吴泓 周格丽	青海师专学报	3期	1991
李白的自信——《行路难》写意	刘明华	名作欣赏	6期	1991
敦煌本《行路难》之再探讨	项楚	第二届国际唐代学术会议论文集		1993
"直挂云帆济沧海"解	钟银生 徐敏德	连云港教育学院学报	4期	1994
《行路难》的"神仙观念"与海洋意识	吕美生	东方丛刊	3辑	1997
任半塘教授の最近の研究——《行路難》校箋《敦煌歌辭集》	波多野太郎 (佟金铭)	東方宗教	51期	1978
		扬州师院学报(社科)	3、4期	1982
真情动天地 豪气满乾坤——李白《行路难》赏析	马清峰	阅读与鉴赏(高中)	11期	2002
李白"直挂云帆济沧海"新解	李善奎	济宁师范专科学校学报	1期	2003
李白《赠江夏韦太守》诗散绎	傅庚生	人文杂志	3期	1981
说李白《送友人入蜀》	霍松林	名作欣赏	4期	1981
《送友人入蜀》的主旨和意境	周小立	唐诗探胜		1984

续表九三

篇、书名	著(译)编者	出处	卷、期	年月日
以景传情 曲尽其意——读李白《送友人入蜀》	邓忠强	写作	1期	1997
《南奔书怀》中的"北寇"解	李协民	北京大学学报（哲社）	6期	1981
清新俊逸 韵味隽永——读《寻隐者不遇》和《夜宿山寺》	杨嘉谷	云南教育	9期	1981
《夜宿山寺》诗作者考辨——与王力先生商榷	子舟	河南大学学报（社科）	2期	1983
夜宿山寺	李白 李冀宏	大学英语	5期	1992
唐诗导读——《夜宿山寺》	郭金培	现代语文	10期	2005
"扶风豪士"是谁	何静	唐代文学论丛	1辑	1982
"徒希客星隐，弱植不足援"辨	唐异明	文学遗产	2期	1982
李白《长门怨》二首	陈邦炎	文史知识	3期	1982
从《庐山谣》看李白游仙出世思想之实质	安旗	人文杂志	4期	1982
去国远游的政治悲歌——李白《远别离》简析	安旗	名作欣赏	5期	1982
李白《远别离》诗考释	朱金诚	天府新论	1期	1987
三入长安的惊世悲歌——李白《远别离》系年	康怀远	人文杂志	2期	1992
		宝鸡师院学报（哲社）	2期	1993
"溪午"新解	祝注先	江汉论坛	7期	1982
虚实结合 情景交融——李白《访戴天山道士不遇》赏析	方道	阅读与写作	2期	1996
景如画 情似曲——李白《访戴天山道士不遇》赏析	金贝翎	学语文	5期	2005
访戴天山道士不遇	李白	学语文	5期	2005
李白《独漉篇》发微	冯宇 李民	求是学刊	1期	1983
"班马"试解	施景西	文学遗产	1期	1983
移情于景 情味不尽——读李白五律《送友人》	黄建宏	语文教学与研究	11期	1983
略说李白《送友人》诗的两个词义词题	孙风态	辽宁教育学院学报	2期	1984
班马萧萧赋离情——读李白《送友人》	姜光斗 顾启	语言文学	3期	1984
物我两化 曲尽情致——李白《送友人》的抒情艺术	赵伯英 沈彦	阜阳师范学院学报（社科）	3期	1984

续表九四

篇、书名	著（译）编者	出处	卷、期	年月日
李白《送友人》的抒情艺术	盛兆文	盐城师专学报	3期	1984
领异标新情更深——读李白《送友人》	米春秀	安徽教育	8期	1986
李白《送友人》一诗的英译研究	裘克安	外语教学与研究	3期	1991
再评李白《送友人》的几种英译——兼谈评论译诗的标准问题	高健	外国语	6期	1992
李白《公无渡河》新探	安旗	西北大学学报（哲社）	2期	1983
李白《公无渡河》浅论	郑文	成都大学学报（社科）	3、4期	1988
李白《公无渡河》诗诸说辨证	丁立群	河北大学学报（哲社）	2期	1993
《冬日归旧山》确为李白所作	丁稚鸿	南充师院学报（哲社）	3期	1983
李白《冬日归旧山》探微	敬永谅	文史杂志	5期	2004
李白《塞下曲》（六首之一）思想内容和艺术特色浅析	贺立华	文科教学	3期	1983
保卫边疆的战歌——谈李白的《塞下曲》	乔象钟	北京晚报		1984.4.1
李白《塞下曲》之五浅析	孙孟明	修辞学习	3期	1999
寄东鲁二稚子	良化	父母必读	8期	1983
从《寄东鲁二稚子》看李白的儿女亲情	闵尊蕃	南昌职业技术师范学院学报	3期	1997
《寄东鲁二稚子》新探——兼论李白寓家新泰及耕种龟阴田的时间	姜兴杰	泰安师专学报	1期	2000
李白《别匡山》诗考	陈广福	光明日报		1983.3.1
李白《夜宿峰顶寺》赏析	何庆善	大学语文	1期	1984
《寻雍尊师隐居》确为李白蜀中之作	吴丹雨	南充师院学报（哲社）	2期	1984
"珠帘"与"蛾眉"的英译	李贻荫	中国翻译	12期	1984
简淡传神 妙趣天成——李白《怨情》赏析	杨希武	文史知识	7期	1991
李白《夏日山中》論	今原和正	横浜商大論集	17号	1984
李白《庐山谣寄卢侍御虚舟》赏析	刘淦	济宁师专学报	1期	1985
托物言志——李青莲《咏石牛》诗试析	茆鸿森	江南诗词季刊	2期	1985
李白诗《望鹦鹉洲怀祢衡》析疑	谌紫箫	中州学刊	4期	1985
李白《秋下荆门》中的"荆门"考辨	吴一思	孝感师专学报	1期	1986
李白《秋下荆门》地点歧义	黄振常	荆门大学学报	2期	1988

续表九五

篇、书名	著(译)编者	出处	卷、期	年月日
难求轩冕 请惠金液——说李白的求仙诗《题随州紫阳先生壁》及其求仙思想	郑崇德	孝感师专学报	2期	1986
《秦州志·李白〈南山寺〉》一诗的发现初探	杜正兴	兰州教育学院学报	2期	1986
李白佚诗《傀儡》考辨	房日晰	绵阳师专教学与研究	2期	1986
李白《上李邕》写于蜀中	葛景春	社会科学研究	6期	1986
《上李邕》是李白早年蜀中所作	曹方林	成都师专学报(文科)	1期	1991
宣父犹能畏后生，丈夫未可轻年少	刘桂梅	语文月刊	5期	1998
李白《上李邕》献疑	凌文生	铁道师院学报	3期	1999
《饯任城六父》有伪	吴国柱	济宁师专学报	4期	1987
李白"任城六父"征略	许嘉甫	济宁师专学报	1期	1995
《僧伽歌》非伪作辨	刘友竹	天府新论	5期	1987
道教徒对高僧的礼赞——李白《僧伽歌》析论	范军	五台山研究	1期	2004
哲理与诗情的交融——说李白诗《日出入行》	钟元凯	文史知识	8期	1987
从《日出入行》看李白的科学宇宙观	李成蹊	光明日报		2001.9.28
谈李白《南陵别儿童入京》	詹锳	文史知识	12期	1987
南陵别儿童入京诗写作时地别考	李清渊	成都大学学报(社科)	3、4期	1988
被妻子所弃的诗人——《南陵别儿童入京》与李白的婚姻生活	章培恒	中国典籍与文化	1期	1992
李白《南陵别儿童入京》浅说	陶新民	安徽教育学院学报(社科)	3期	1994
李白诗句"会稽愚妇轻买臣"辨	邹光椿	济宁师专学报	2期	1997
巴蜀文化探求	古贺登	唐代史研究	1号	1998
亲见原是安期公——李白在崂山留下的一首诗	王宗芳	大众日报		1987.7.25
李白"三见秦草绿"辨	李清渊	天府新论	3期	1988
李白《江上答崔宣城》诗试解	丁立群	河北大学学报(哲社)	2期	1989
略论李白《临终歌》的深层意蕴	吕永	湘潭大学学报(社科)	3期	1989
论李白《与夏十二登岳阳楼》诗及有关问题	熊培庚	中国文学研究	4期	1989
《邺中赠王大劝入高凤石门山幽居》考索	安旗	中国文学研究	4期	1989
李白《邺中赠王大劝入高凤石门山幽居》探微	詹锳	文学遗产	1期	1992

续表九六

篇、书名	著(译)编者	出处	卷、期	年月日
古人任其关遣的佳例——李白《邺中赠王大劝入高凤石门山幽居》解读	王辉斌	名作欣赏	1期	1996
李白《赠任城卢主簿潜》新笺	郑修平	济宁师专学报	1期	1990
李白《苦雨》诗余年辨误	康怀远	甘肃教育学院学报	1期	1990
李白赠卫尉张卿诗别考	李清渊	文学遗产	6期	1992
李白诗中"卫尉张卿"续考	郁贤皓	南京师大学报（社科）	2期	1993
再谈李白诗中"卫尉张卿"和"玉真公主别馆"——答李清渊同志质疑	郁贤皓	南京师大学报（社科）	1期	1994
我读李白《苦雨》诗	安旗	人文杂志	5期	1998
壮丽河山的颂歌——李白《西岳云台歌送丹丘子》赏析	炳南	渭南师专学报	2期	1990
《西岳云台歌送丹丘子》析	丁广惠 陈延波	佳木斯师专学报	1期	1992
黄河如"丝"天际来	谢振信	语文天地	20期	2000
李白乐府诗《白头吟》考索	王步高	文学遗产	3期	1990
李白《白头吟》系年析辨	康怀远	甘肃理论学刊	5期	1992
李白的两首《白头吟》	何志强	大理师专学报（社科）	4期	1996
可笑而可悲的一幕	徐敏	阅读与写作	4期	1990
李白《与贾至舍人望灉湖》试析	王蒸民	云梦学刊	4期	1990
诗仙遗踪留黄山——李白《送温处士归黄山白鹅岭旧居》	郁贤皓 倪培翔	古典文学知识	2期	1991
古代月文化与李白《古朗月行》	刘刚	鞍山师范学院学报	4期	1991
		沈阳师范学院学报（社科）	2期	1994
古朗月行	曹霞	四川教育	6期	2001
古朗月行	李白	小学生	20期	2000
李白《久别离》发微	房日晰	求索	1期	1992
李白《留别金陵崔侍御十九韵》系年再辨	杨栩生	绵阳师专学报	1期	1992
李白《天马歌》系年辨微	康怀远	云梦学刊	1期	1992
李白的《天马歌》与中亚文化	O.E.艾龙	祁连学刊	2期	1992
李白《天马歌》赏析	杨永平	西北史地	3期	1994
李白诗"看朱成碧始颜红"新解	绿岛	阜阳师院学报（社科）	4期	1992
论李白乐府《杨叛儿》与"女神崇拜"	吕美生	复旦学报（社科）	2期	1995

续表九七

篇、书名	著(译)编者	出处	卷、期	年月日
明亮，所以美丽——读李白《杨叛儿》	檀作文	文史知识	12 期	2000
望庐山五老峰	李白	文史知识	1 期	1998
同咏庐山胜迹 各抒胸中块垒——李白《望庐山五老峰》与钱起《江行望庐山》之比较	乔根	黄山高等专科学校学报	1 期	2002
李白《望夫石》诗写作时地考	刘友竹	成都大学学报（社科）	2 期	1998
对李白送宋少府入三峡诗的理解	刘恺 刘锦红	文史杂志	1 期	1999
李白《自巴东舟行经瞿塘峡登巫山最高峰晚还题壁》新考	吕华明	船山学刊	3 期	2000
《黄鹤楼》与《鹦鹉洲》	李雁	文史知识	1 期	2001
读《夜泊牛渚怀古》	詹福瑞	文史知识	10 期	2001
李白《夜泊牛渚怀古》赏析	杨玉山	华夏星火	3、4 期	2005
历经苦难 痴心不改——谈李白《临路歌》的深层内蕴	王月梅	信阳师范学院学报（哲社）	4 期	2002
庐山"三石梁"瀑布小考	马孟龙	丹东师专学报	2 期	2003
李白的慕陶情与传世的伪陶诗——以《寻阳紫极宫感秋作》为中心	范子烨	文史知识	12 期	2004
慕陶情与伪陶诗——说李白《寻阳紫极宫感秋作》及与传世陶集《问来使》诗的关系	范子烨	中国古代文学文献学国际学术研讨会论文集		2004
詠陳後主における李白詩「金陵歌送別范宣」の位置	久保卓哉	東方学	107 輯	2004
杜甫在四川的诗歌创作活动——纪念杜甫诞生1250周年	刘开扬	四川文学	3、4 期	1962
		唐诗论文集		1979
论杜甫入蜀后的绝句	夏承焘	文学评论	3 期	1962
		唐诗论文集		1979
杜甫入蜀后诗歌中反映的唐代藩镇之祸	川师中文系中国古典文学研究室	成都晚报		1962.4.26
江山有巴蜀——读杜甫吟咏巴山蜀水的诗	李治华	重庆日报		1962.4.29
读杜甫的咏怀诸葛孔明诗	陈翔华	光明日报		1965.8.29
访蜀读杜札记	金声涛	中华文史论丛	4 辑	1980
谈杜甫对诸葛亮的咏赞	谭良啸	草堂	2 期	1983
论杜甫蜀中的排律	金启华	徐州师范学院学报（哲社）	1 期	1986

续表九八

篇、书名	著(译)编者	出处	卷、期	年月日
一往情深，千秋论定——谈杜甫吟咏诸葛亮的诗	钟树梁	成都大学学报（社科）	3期	1986
论杜甫成都以后排律的抒情化	[日]松原朗著 许总 译	草堂	2期	1987
愁极本凭诗遣兴，诗成吟咏转凄凉——从杜甫两川诗看杜甫在蜀的情绪	吴贤哲	齐齐哈尔师范学院学报（哲社）	2期	1994
杜甫咏诸葛武侯诗探微	吴仪凤	杜甫研究学刊	3期	1998
试论杜甫入蜀山水诗的双重超越	柯素莉	江汉大学学报	5期	1998
长使英雄泪满襟——论杜甫对诸葛亮的赞颂	莫砺锋	杜甫研究学刊	1期	2000
杜甫的诸葛亮情结	王琳琨 王占学	语文天地	7期	2002
试论杜甫"蜀道难"诗	陶喻之	杜甫研究学刊	4期	2002
杜甫入蜀前后家事诗创作简论	李世忠	咸阳师范学院学报	3期	2004
杜甫两川时期的酒诗——兼谈《李白与杜甫》中的有关论述	刘咏涛	成都大学学报（社科）	5期	2005
论杜甫从秦州入蜀诸诗篇中的自我形象	王 我	东北人大学报（人文）	11期	1956
万古云霄杜甫诗——论杜甫的纪行组诗《发秦州》《成都府》及杜甫后期思想的形成	高 文	开封师院学报	1期	1962
略谈杜甫自秦州入蜀山水记行诗的艺术特点	张秀芝	吉林大学学报（社科）	4期	1982
读杜甫自陇右赴成都纪行诗	钟树梁	成都大学学报（社科）	2期	1984
杜甫客秦州赴两当县考——关于杜甫由秦陇入蜀路线的质疑	孙士信	兰州大学学报（社科）	4期	1986
对杜甫自陇右赴成都纪行诗中排列顺序的质疑	何兴明	西南民族学院学报（哲社）	2期	1988
浅论杜甫离秦州赴蜀地纪行诗	陆玉才	辽宁大学学报（哲社）	4期	1989
试谈杜甫从秦州到成都的纪行诗词	胡守仁	江西师范大学学报（哲社）	1期	1993
谈杜甫由陇入蜀的两组纪行诗	李国丰	社科纵横	4期	1994
杜甫入蜀山水诗之风貌	胡继琼	杜甫研究学刊	2期	2002
浅论杜甫入蜀纪行诗歌特色	周 睿	杜甫研究学刊	1期	2003
		唐代文学研究	10辑	2004
杜甫诗中木皮岭的地理位置及其它	孙士信	兰州教育学院学报	1期	1988

续表九九

篇、书名	著（译）编者	出处	卷、期	年月日
杜甫"三阁"诗属地辨	谢开云	汉中师院学报（哲社）	1期	1991
试对杜甫《飞仙阁》诗的考订——兼谈杜甫自秦入蜀的路线	梁福义	西秦纵横	2期	1994
杜甫的《成都府》诗	平子 周玉清	成都日报		1979.9.20
谈谈《成都府》的注释	谭文兴	草堂	1期	1987
杜工部甫草堂诗年表	梁造今	文学丛刊	1卷	1929
工部浣花草堂考	吴鼎南	文学年报	1期	1932
		新新新闻馆		1944
读杜甫草堂景物诗	陈昌渠	四川日报		1962.4.18
浣花溪畔草堂间——论杜甫在四川的诗	方瑜	古典文学	2辑	1980
杜甫草堂诗选	李谊	四川人民出版社		1982
成都期の杜诗と庾信文学	加藤国安	日本中国学会报	37集	1985
杜甫草堂诗平淡自然的风格艺术	陈子建	成都大学学报（社科）	4期	1989
杜甫草堂诗选注	杜甫草堂博物馆	四川人民出版社		1989
不争好恶，不计细故——试说杜甫在成都的两首慨世诗	李炎	昆明师专学报	2期	1991
道家思想与杜甫成都诗作	丁浩 周维扬	杜甫研究学刊	2期	1992
诗史之外——论杜甫草堂诗风的丰富性	侯乃慧	台湾政治大学学报	68期	1994
略论杜甫对成都草堂内外景物的描写	杨君昌	三峡学刊	1期	1995
杜甫在成都的诗及其心态	卢燕平	中国文化论丛	4卷	1995
试论杜甫草堂时期山水诗的主体风格	傅明善	杭州师范学院学报	2期	1996
赋诗独流涕 乱世想贤才——蜀乱与杜诗述评	许世荣	杜甫研究学刊	4期	1996
万里桥西宅，百花潭北庄——杜工部自咏浣花溪草堂	岳生	文史杂志	5期	1998
生之逸兴 诗之阐微——论杜甫在成都的七绝组诗	金启华	江海学刊	5期	1998
于细微处见真情——从杜甫成都生活诗看其性格与其创作的关系	王丽群	杜甫研究学刊	4期	1999
杜甫成都诗选析	周啸天	巴蜀史志	5期	1999
杜甫寓居成都时的诗歌创作及其审美观照	杨亚娟	陕西师范大学学报（哲社）	增刊	2001

续表一〇〇

篇、书名	著(译)编者	出处	卷、期	年月日
杜甫草堂诗疏野风格的形成及其特征	陈子建	杜甫研究学刊	1期	2004
细推物理须行乐，何用浮名绊此生——谈杜甫"草堂诗"中对自然生命的关爱	沈利华	古典文学知识	6期	2004
杜甫寓居草堂时期诗歌面面观	王海英	山东省青年管理干部学院学报	1期	2005
论杜甫"草堂诗"中的生态意识	沈利华	江苏社会科学	6期	2005
重峦叠嶂中的一缕清溪——略论杜甫草堂诗的闲适心态	杨年丰	乐山师范学院学报	8期	2005
杜甫"卜居"诗中的主人指谁	濮禾章	四川师院学报（社科）	2期	1980
杜甫《卜居》中的"主人"指谁	刘尚勇	社会科学研究	3期	1983
读"蜀相"	钟尚钧	山花	4月号	1962
杜甫"蜀相"赏识	徐翰逢	长春	12月号	1962
鞠躬尽瘁，死而后已——读杜甫的《蜀相》	衣殿臣	黑龙江文艺	6期	1978
读杜甫诗《蜀相》	杨磊	昆明师院学报（哲社）	5期	1980
《蜀相》诗是壮歌还是悲歌——谈谈杜诗原旨与注释的矛盾	李祖祯	社会科学研究	2期	1981
万古云霄一羽毛——读杜甫诗《蜀相》	重木	草堂	1期	1982
出师未捷身先死，长使英雄泪满襟——杜甫《蜀相》赏析	萧涤非	唐诗鉴赏集		1981
杜甫诗《蜀相》赏析		文史知识	1期	1982
杜甫《蜀相》诗中的"空"字之我解	缪志明	社会科学研究	5期	1982
漫谈杜诗《蜀相》	马茂元	江海学刊	6期	1982
沉郁顿挫　统体浑成——杜甫《蜀相》赏析	李如鸾	名作欣赏	2期	1983
满腔忧国泪　深情《蜀相》诗——杜甫《蜀相》赏析	李淑华	湖州师专学报（社科）	2期	1984
沉郁顿挫　境高情笃——读杜甫《蜀相》	白夫	医古文知识	1期	1985
伤己怀古　触物寓情——对杜甫《蜀相》一诗欣赏异义	林钟美	河北师范大学学报（社科）	2期	1985
心念武侯的深衷隐曲——杜甫的《蜀相》赏析	周溶泉 徐应佩	语文学习	11期	1985
杜诗《蜀相》欣赏	尤兢生	青海民族学院学报（社科）	3期	1995

续表一〇一

篇、书名	著(译)编者	出处	卷、期	年月日
英雄赍志 千古同慨——读杜甫《蜀相》	张 澂	中文自修	7 期	1996
出师未捷身先死，长使英雄泪满襟	段学良	语文月刊	7 期	1998
撼人心魄的英雄悲歌——杜甫《蜀相》赏析	唐汉清	语文天地	22 期	1999
从读杜甫《蜀相》说开去	冀 恬	中国石化	8 期	2000
咏古抒怀的典范之作——杜甫《蜀相》新探	唐小鲁	佳木斯教育学院学报	4 期	2001
从《登高》《蜀相》看杜诗"沉郁顿挫"风格	陆精康	中学语文教学参考（教师）	7 期	2001
《登高》与《蜀相》比较赏析	曹达舟 阮泉兰	学语文	6 期	2002
谈谈《登高》《蜀相》的鉴赏指导	桑 莉	中学语文教学	10 期	2002
杜甫《蜀相》赏析	苏翠花	中学语文园地（初中）	21 期	2003
金圣叹的"分解"鉴赏法略说——以杜甫《蜀相》为例	尹缉熙	名作欣赏（鉴赏）	6 期	2005
凭谁揾 英雄泪——赏析杜甫《蜀相》诗的写景抒情艺术	刘毅卓	河北自学考试	8 期	2005
《江村》辨微——兼论杜甫初期草堂诗的思想情调	陈子建	成都大学学报（社科）	1 期	1991
平淡自然 含蕴沉深——杜甫《江村》赏析	陈子建	杜甫研究学刊	2 期	1994
"咫尺应须论万里"——介绍杜甫《戏题王宰画山水图歌》	何国治	学习与研究	5 期	1981
"十日画一水，五日画一石"	丁 聪 东 耳	瞭望周刊	1 期	1988
读古诗 话古图——杜甫《戏题画山水图歌》赏析	梁鼎瑑	地图	2 期	1996
"间丘笔"探实	张志烈	杜甫研究学刊	3 期	1996
《石笋行》与大秦诗	冯汉镛	杜甫研究学刊	4 期	1992
杜甫与桃花杂议	张天健	杜甫研究学刊	2 期	1998
杜甫《漫兴绝句九首》其七"稚子"一词辨证	刘瑞孙	四川教育学院学报	5 期	2005
杜甫《客至》的"言外之意"	徐体诚	语文学习	11 期	1956
杜甫"客至"赏析	李明武 文华顺	中学生读写	9 期	2002

续表一〇二

篇、书名	著（译）编者	出处	卷、期	年月日
客至记事　独具特色——《客至》赏析	陈祥书	阅读与鉴赏（高中）	12 期	2003
读杜诗《春夜喜雨》	刘瑞莲	教学与进修	3 期	1979
《春夜喜雨》赏析	王志清	昆明师范学院学报（哲社）	1 期	1980
杜甫的"春夜喜雨"	平子 周玉清	成都日报		1980.4.17
古典诗文评选工作一议——读《喜雨诗》《春夜喜雨》札记	张亚新	广西大学学报（哲社）	1 期	1981
杜甫笔下的春雨精神	蔡行端	群众文艺	2 期	1981
体物入微，摹刻传神——杜甫《春夜喜雨》赏析	王启兴	唐诗鉴赏集		1981
释"花重锦官城"	任昭坤	社会科学研究	6 期	1982
读杜诗《春夜喜雨》	史巧芝	中学语文	9 期	1982
《春夜喜雨》之"发生"辨	张汉清 方发	语文教学通讯	11 期	1982
《春夜喜雨》注析	蒋述 边石	湖南教育	11 期	1983
千锤百炼　出神入化——杜甫《春夜喜雨》简析	戈致中	名作欣赏	2 期	1984
笔端春夜雨　心头愉悦情——杜甫《春夜喜雨》赏析	李雨丰	昭通师专学报	2 期	1985
《春夜喜雨》谈屑	沈亦骐	语文学刊	3 期	1987
锦城一夜雨　红湿花枝重——杜甫《春夜喜雨》欣赏	姚庆瑞	唐都学刊	4 期	1993
怎样理解《春夜喜雨》	康甦	语文知识	3 期	1995
春夜喜雨	杜甫	甘肃教育	7、8 期	1996
说"当春乃发生"	周正举	杜甫研究学刊	4 期	1997
《春夜喜雨》新解——兼与《春晓》比较	穆薇	中学语文	3 期	1998
谈《春夜喜雨》的表现手法	汪德生	语文教学与研究	9 期	1998
喜为基调　情感崇高——杜甫《春夜喜雨》赏析	杨士奎	语文天地（高中）	11 期	2000
欣赏杜甫《春夜喜雨》的艺术真谛	书义	新疆石油教育学院学报	1 期	2001
功利意识与审美意识的统一——换个角度读《春夜喜雨》	海滨	昌吉学院学报	1 期	2001
《春夜喜雨》语法解析	匡吉	语文教学与研究	8 期	2001

续表一〇三

篇、书名	著(译)编者	出处	卷、期	年月日
《春夜喜雨》导读	北 雪	良师	13-15期	2002
浅谈《春夜喜雨》的语言特色	陈仁志	语文天地	12期	2003
《春夜喜雨》"重"的释义质疑	柯秋先	培训与研究	4期	2004
心系天下 咏雨寄情——读杜甫的《对雨》和《春夜喜雨》	唐嗣德	师范教育	4期	1993
杜甫吟得《春水》诗	中 阳	水利天地	4期	1990
"排闷强裁诗"——杜甫《江亭》再议	李 炎	成都师专学报	2期	1988
杜甫《江亭》等写作时间新探	乔长阜	杜甫研究学刊	4期	1999
细雨鱼儿出——读杜甫《水槛遣心》偶得	安 元	中国钓鱼	10期	2000
天然工巧 不着痕迹——杜甫《水槛遣心（其一）》赏析	陆可爱	写作	16期	2005
谈杜甫《江畔独步寻花七绝句》	刘开扬	文汇报		1962.4.11
《江畔独步寻花》注析	林白凡	湖南教育	10期	1983
独步寻花 别有情致——杜甫《江畔独步寻花七绝句》赏析	李 炎	昭乌达蒙族师专学报（哲社）	2期	1989
清狂野逸 沉醉东风——杜甫《江畔独步寻花七绝句》之五、之六赏析	陈邦炎	名作欣赏	1期	1991
《江畔独步寻花》的流动美	钟 顶	语文教学与研究	12期	1992
《江畔独步寻花》赏析及教学建议	黎寄梅	陕西教育	1、2期	1998
"恰恰"质疑	李年贵	教师之友	8期	1998
杜甫组诗《江畔独步寻花》结构研究	裘 寅	中文自学指导	5期	2001
		杜甫研究学刊	2期	2002
江畔独步寻花	周红漫	小学语文教师	10期	2001
浅析杜甫诗《江畔独步寻花七绝句》	张天惠	黑龙江教育学院学报	4期	2002
诗圣杜甫与《江畔独步寻花》	白 马	今日小学生（B版）	3期	2003
杜甫《野望因过常少仙》诗"齐"字新解	杨绪银	社会科学辑刊	4期	1991
谈杜甫绝句"两个黄鹂鸣翠柳"		文史知识	5期	1981
景语皆情语 景绝情不绝——杜甫《绝句·两个黄鹂鸣翠柳》新解	吴奔星	名作欣赏	1期	1987
草堂情思接千载——与吴奔星同志商榷	尚允康	语文教学与研究	1期	1988

续表一〇四

篇、书名	著(译)编者	出处	卷、期	年月日
两个黄鹂鸣翠柳——杜甫《绝句四首》赏析	齐昌人	今日中国	12期	1989
"两个黄鹂鸣翠柳"的"个"字用错了	宋国琴	小学青年教师	9期	2005
《茅屋为秋风所破歌》	刘净	语文学习	6期	1955
杜甫的《茅屋为秋风所破歌》	黄瑞云	语文教学与研究	3期	1978
杜甫《茅屋为秋风所破歌》试析	任朝第	宝鸡师院学报(哲社)	1期	1979
谈《茅屋为秋风所破歌》	霍松林	南京大学学报	3期	1979
怎样评价《茅屋为秋风所破歌》	曹思彬	中学语文	1期	1980
《茅屋为秋风所破歌》新探	祁和晖	草堂	2期	1981
"沉塘坳"的"塘"	梁如楠	语文教学与研究	3期	1981
《"雨脚如麻未断绝"句一解》的质疑	许子荣	语文教学	5期	1981
"雨脚如麻未断绝"句又一解	刘志宏	语文教学	5期	1981
试谈"床头屋漏无干处"	诸葛尚方	文学评论丛刊	9辑	1981
《茅屋为秋风所破歌》辨	陈贻焮	学习与研究	1期	1982
"沉塘坳"异释	施国良 陈一凡	教学与进修	1期	1982
关于《茅屋为秋风所破歌》的通信	慕樊	语文教学通讯	9期	1982
从实际出发话"雨脚"	姚相本	语文教学通讯	11期	1983
体现民族美德的诗篇——谈杜甫《茅屋为秋风所破歌》的前前后后	叶正猛	温州师专学报(社科)	1期	1984
也谈《茅屋为秋风所破歌》中的"寒士"	阮世辉	文史哲	3期	1984
民族美德的艺术体现——谈杜甫《茅屋为秋风所破歌》的前前后后	叶正猛	语文学刊	4期	1984
关于"沉塘坳"的商榷	宋今	社会科学辑刊	5期	1984
《茅屋为秋风所破歌》自学导读	秦田高	语文教学通讯	8期	1984
"床头屋漏"辨	陈耀 贾铭	云南师范大学学报(哲社)	5期	1985
山上忆良与杜甫——读《贫穷问答歌》与《茅屋为秋风所破歌》所想到的	王小林	外语教学	4期	1986
关于"雨脚"的注释	王粤汉	中学语文	1期	1987
释"屋漏"	孙玉洁	松辽学刊(社科)	1期	1987
关于"屋漏"一词的浅见	李一榕	青岛教育学院学报	1期	1988

续表一○五

篇、书名	著(译)编者	出处	卷、期	年月日
《茅屋为秋风所破歌》的逻辑思考	凌宏初	东吴教学	2期	1988
试释《茅屋为秋风所破歌》中的"长林梢"	陈孝达	四川师范大学学报（社科）	5期	1988
《茅屋为秋风所破歌》辩	陈贻焮	论诗杂著		1989
"向"和"屋漏"异解	任远	绥化师专学报	1期	1990
围绕《茅屋为秋风所破歌》的争论的反思	陶瑞芝	盐城师专学报（社科）	3期	1991
杜诗"屋漏"新解异议	靖徽	怀化师专学报	2期	1992
一个老年人的悲哀——杜甫诗《茅屋为秋风所破歌》赏析	王富仁	名作欣赏	4期	1993
如何理解"沉塘坳"	王和友	中学语文教学参考	4期	1994
"恶卧"注释质疑	郭征农	中学语文教学	4期	1995
《茅屋为秋风所破歌》探析	孙新	吉林师范学院学报	9、10期	1996
沉郁顿挫 曲尽其情——《茅屋为秋风所破歌》赏析	万秀凤	上海金融学报	3期	1997
"秋高"是指"秋深"吗	季世琪	中学语文教学	3期	1997
"沉塘坳"注释献疑	刘晓峰	语文知识	3期	1997
《茅屋为秋风所破歌》指瑕	万秀凤	阅读与写作	6期	1997
"娇儿恶卧踏里裂"异议	张景涛	语文知识	8期	1997
"雨脚如麻"句别解	程少芝	语文教学与研究	10期	1997
新颖可喜还是切合语言事实——也谈"坐行"与"屋漏"	汪少华	南昌大学学报（社科）	1期	1999
"雨脚如麻"之我见	乔秀荣	语文知识	2期	1999
走出《茅屋为秋风所破歌》解读的误区	吴瑛	皖西学院学报	3期	2000
《茅屋为秋风所破歌》异说集解	汤江浩	阜阳师范学院学报（社科）	3期	2001
杜甫《茅屋为秋风所破歌》试析	张粉琴	江海纵横	4期	2001
"屋漏"、"假寐"释义商榷	少华 王燕萍	中文自学指导	6期	2001
"雨脚如麻"如何理解	王文化	学语文	1期	2002
诗圣的兼济情怀——读《春望》《茅屋为秋风所破歌》	杨景龙	中学生阅读（初中）	7、8期	2002
忧国忧民 至仁至爱——谈《茅屋为秋风所破歌》的主题	张涛	语文天地（初中）	22期	2002
一个无法诗意地栖居的诗人——《茅屋为秋风所破歌》简析	郝晓波	山西教育	22期	2002

续表一〇六

篇、书名	著(译)编者	出处	卷、期	年月日
商解"恶卧"一词	牛致远 陶 雅	语文教学通讯	32 期	2003
《茅屋为秋风所破歌》中"庇"的读音	马凤芝	现代语文（初中读写）	1 期	2004
浅赏杜甫《茅屋为秋风所破歌》之美	吴兴荣	中国农村教育	5 期	2004
《茅屋为秋风所破歌》五步导读	潘长虹	语文教学与研究（大众）	10 期	2004
凄风冷雨愁煞人，伤国忧民传古今——《茅屋为秋风所破歌》和《十一月四日风雨大作》比较赏读	丁晓梅	语文世界（初中）	10 期	2004
"庇"应读"bì"	黎仕奇 王振刚	咬文嚼字	11 期	2004
如何看待"群童抱茅"	周先谋	语文教学通讯（初中）	11 期	2004
《茅屋为秋风所破歌》中"娇儿"的妙用	潘德高	语文教学之友	12 期	2004
"屋漏"探源	孙景涛	语言研究	4 期	2005
满目疮痍 诗中圣哲——从《茅屋为秋风所破歌》看"诗史"的特点和"诗圣"的人格魅力	王顺祥	甘肃教育	9 期	2005
写穷苦之言以抒愤——重读《茅屋为秋风所破歌》	左景仁	文史知识	10 期	2005
《茅屋为秋风所破歌》导读	陈谋韬	语文天地	22 期	2005
"拔树"、"卷茅"之风并非同一场	韩成武	文学遗产	1 期	2001
感叹老树 寄托情怀——杜甫《楠树为风雨所拔叹》浅析	高学忠	语文月刊	12 期	1999
楠树为风雨所拔叹	杜 甫	课外语文	1、2 期	2005
直抒胸臆 聊以解忧——略说杜甫的《百忧集行》	李 炎	零陵师专学报	2 期	1993
《赠花卿》主旨考辨	缪士明	河北师范大学学报（哲社）	1 期	1981
杜甫《赠花卿》析疑	郭世欣	四川师院学报（社科）	4 期	1983
杜甫《赠花卿》浅解	吴明贤	杜甫研究学刊	4 期	1998
杜甫与花卿——杜甫《赠花卿》《戏作花卿歌》解释商榷	户崎哲彦（陆建林）	杜甫研究学刊	3 期	1999
杜甫《赠花卿》诗意新说	左汉林	河北大学学报（哲社）	4 期	2005
赠花卿	杜 甫	小学生作文辅导（作文与阅读）	7、8 期	2005
少陵只为苍生苦，赢得乾坤不尽愁——读杜甫组诗《病柏》等四首	俊 鹏	太原文艺	1 期	1981

续表一〇七

篇、书名	著(译)编者	出处	卷、期	年月日
托物寄兴 忧国忧民——杜甫《病柏》《病橘》《枯棕》《枯楠》浅说	李 炎	渭南师专学报	1期	1990
瘦马・病橘・枯棕——略论杜诗表现"伤时忧世"主题的一组个人意象	赵晓兰	杜甫研究学刊	1期	2002
杜甫《戏为六绝句》研究大纲	李辰冬	燕大月刊	5卷1、2期	1930
杜甫《戏为六绝句》集解	郭绍虞	文学年报	1期	1932
		照偶丛书馆		1941
		杜甫和他的诗(上)		1971
杜甫《戏为六绝句》释义	阮廷卓	新中国评论	13卷1期	1957
从文学史观点及学诗方法试释杜甫《戏为六绝句》	徐复观	民主评论	14卷4期	1962
		中国文学论集		1966
论《戏为六绝句》与《论诗三十首》	郭绍虞	学术月刊	7期	1964
杜甫《戏为六绝句》研究	何三本	中华文化复兴月刊	6卷4期	1973
读杜甫《戏为六绝句》	魏炯若	四川师院学报(社科)	1期	1980
略说杜甫《戏为六绝句》	周振甫	文学遗产	3期	1980
浅谈杜甫的《戏为六绝句》	温金成	社会科学	2期	1981
《戏为六绝句》的主题和结构	翟相君	河南师大学报(社科)	5期	1981
杜甫《戏为六绝句》新探	傅昭生	汉中师院学报(哲社)	2期	1984
论杜甫《戏为六绝句》在中国文学批评史上的意义	蔡英俊	古典文学	6辑	1984
		唐诗论文选集		1985
《戏为六绝句》今译	刘 溶	驻马店师专学报(社科)	1期	1987
《戏为六绝句》为李杜之争	周凤章	宝鸡师院学报(哲社)	2期	1987
杜甫《戏为六绝句》探微	秦绍培	新疆大学学报(哲社)	3期	1991
杜甫《戏为六绝句》简论	杨 莅	曲靖师专学报	2期	1992
谈杜甫《戏为六绝句》的"当时体"	周振甫	晋阳学刊	1期	1993
"别裁伪体"见沉郁顿挫"转益多师"集诗之大成——从《戏为六绝句》看杜甫的诗学观	齐社祥	庆阳师专学报(社科)	1期	1994
《戏为六绝句》其二、三两首试解	顾永新	古籍整理研究学刊	2期	1994
反对好古遗近,提倡学习六朝——浅谈杜甫的《戏为六绝句》	胡大浚 杨晓霭	社科纵横	4期	1994
从《戏为六绝句》看杜甫文学观的辩证性	徐克瑜	青海师专学报	4期	1994

续表一〇八

篇、书名	著（译）编者	出处	卷、期	年月日
别裁伪体 多师为师——杜甫《戏为六绝句》论析	陈爱珠	兵团党校论坛	4、5 期	1994
从《戏为六绝句》看杜甫的诗观	朴均雨	北京大学学报（哲社）	1 期	1998
试论杜甫诗论的辩证思想——读《戏为六绝句》	何兴楚 上官涛	抚州师专学报	1 期	2000
以诗论诗 光辉千古——简评杜甫《戏为六绝句》	马双有	语文天地	5 期	2000
从《戏为六绝句》中的两个意象看杜甫的论诗宗旨	程建虎	淮阴师范学院学报（哲社）	2 期	2003
戏为六绝句之一	杜 甫	作文教学研究	10 期	2005
论小说体政治诗《遭田父泥饮美严中丞》	刘文刚	杜甫研究学刊	2 期	1995
杜甫《大麦行》赏析	李 炎	惠阳师专学报（社科）	1 期	1991
谈杜甫在成都作的一首即事诗	郭世欣	四川师院学报（社科）	1 期	1981
杜甫为何不咏青羊宫	陶元甘	成都风物	4 辑	1982
《花底》管窥	江忠俊	杜甫研究学刊	2 期	1998
杜甫《闻官军收河南河北》浅析	张广钧	天津日报		1962.4.19
杜诗《闻官军收河南河北》考	田中謙一	中国文学报	17 号	1962
杜甫《闻官军收河南河北》试析	陈志诚	人生	32 卷 3 期	1967
杜诗巴峡在哪里	蝉 厂	中国艺林丛论	7 期	1976
简析《闻官军收河南河北》	王宗堂	开封师院学报（社科）	6 期	1978
杜甫生平的第一首快诗——读《闻官军收河南河北》	衣殿臣	黑龙江日报		1978.10.8
《闻官军收河南河北》探析	吴忠诚	教学参考	2 期	1979
离乱倍觉安定好——读杜甫《闻官军收河南河北》	云 崖	昆明师院学报（哲社）	3 期	1979
说《闻官军收河南河北》诗中的"巴峡"	袁世硕	破与立	4 期	1979
谈《闻官军收河南河北》	廖仲安	中学语文教育	1 期	1980
读《闻官军收河南河北》	唐逢尧	鞍山师专学报	1 期	1981
谈杜甫《闻官军收河南河北》的艺术特色	张左军	社会科学	2 期	1981
杜甫和他的"春望"、"闻官军收河南河北"	吴佩珠	云南教育	2 期	1981
"从巴峡"解	蓝锡麟	西南师范学院学报（哲社）	4 期	1981
读《闻官军收河南河北》札记	史 玛	教学通讯	5 期	1981

续表一〇九

篇、书名	著(译)编者	出处	卷、期	年月日
情欢语快　淋漓酣畅——《闻官军收河南河北》的抒情特色	陈友冰	阜阳师范学院学报（社科）	2期	1982
仓卒·反振·逼真——杜甫《闻官军收河南河北》中的"快"意及其艺术表现	张逸群	淮阴师专学报（社科）	1期	1984
杜甫《闻官军收河南河北》赏析	曾祖荫	语文教学与研究	8期	1985
"即从巴峡穿巫峡"句之我见	侍向樵	西南师范大学学报（哲社）	4期	1986
对杜甫《闻官军收河南河北》一诗注释的两点意见	谭科模　陈德谦	贵州文史丛刊	1期	1987
巴峡、巫峡及其他	李士升	贵州文史丛刊	4期	1987
杜甫《闻官军收河南河北》诗中的"巴峡"辨	刘孔伏	青海民族学院学报	1期	1990
"青春"为酒名说	傅易	文史知识	1期	1990
《"青春"为酒名说》质疑	严军	杭州师范学院学报	4期	1993
谈梁实秋先生"剑外"新解	何跃祖	杜甫研究学刊	2期	1994
生平第一快诗——杜甫《闻官军收河南河北》赏析	王云庆	中学语文教学参考	6期	1997
谈小学课本古诗中的古今异义词——从《闻官军收河南河北》中的古今词说开去	张燕萍	语文知识	4期	1998
小议《闻官军收河南河北》的诗眼	顾金光	连云港教育学院学报	1期	1999
究竟是谁"愁何在"	黎剑	教师之友	3期	1999
"漫卷诗书喜欲狂"——《闻官军收河南河北》赏析	尚弓	中华魂	4期	1999
也说"愁何在"	禾青	教师之友	7期	1999
"巴峡"诸注辨析	朱筱鹏	贵州民族学院学报（哲社）	2期	2000
"青春"不是酒名	胥洪泉	杜甫研究学刊	3期	2001
生平第一首快诗——《闻官军收河南河北》简析	高扬	良师	15、16期	2002
冲破情感匣门　狂想鼓翼而飞——读杜甫《闻官军收河南河北》	王小玲	科学教育	5期	2005
《阆山歌》与《阆水歌》	刘文刚	杜甫研究学刊	1期	1996
且说戴望舒《雨巷》与杜甫《丁香》的渊源	邓达泉	杜甫研究学刊	4期	1999
从"所向无空阔"到"作意莫先鸣"——杜甫《江头五咏》初探	尹镐	杜甫研究学刊	4期	2001
杜诗《光禄坂行》作于何处	刘泰焰	文史杂志	2期	1987

续表一一〇

篇、书名	著（译）编者	出处	卷、期	年月日
"光禄坂"在盐亭县	刘泰焰	成都文物	3期	2000
杜甫在三台诗集	四川省三台县志办公室	编者刊		1983
杜甫《题玄武禅师屋壁》诗（上）（下）	柳存仁	明报月刊	8、9月号	1981
杜甫题壁"蓝池庙"——《题玄武禅师屋壁》所咏景点初探	左启 李智勇	杜甫研究学刊	4期	2001
杜甫《题玄武禅师屋壁》诗题咏处所考	左启	文史杂志	5期	2001
杜甫《喜雨》诗是反对农民起义的吗	王滋源	社会科学研究	3期	1979
关于杜甫的《喜雨》诗	咏生	文学评论	5期	1980
杜甫《喜雨》诗不是反对农民起义的吗	缪志明	社会科学研究	1期	1981
说杜诗"安得鞭雷公，滂沱洗吴越"	康学伟	松辽学刊（社科）	1期	1986
杜甫与农民起义关系求是	朱明伦	辽宁大学学报（哲社）	1期	1988
杜甫《喜雨》新论	韩成武	杜甫研究学刊	3期	1998
杜甫敌视袁晁暴动问题的再认识	韩成武	文学遗产	1期	1999
从《喜雨》等诗看杜甫是否"敌视"农民起义	鲜于煌	渝州大学学报（社科）	3期	2000
被误解的仁者情怀——杜甫《喜雨》诗再解读	王立波	河北建筑科技学院学报（社科）	3期	2005
杜诗《将赴荆南寄别李剑州》赏析	马茂元	名作欣赏	1期	1980
读杜甫的"登楼"诗	李谊	成都日报		1980.2.17
万方多难此登临——杜甫《登楼》赏析	龚爱蓉	西藏民族学院学报（社科）	1期	1990
关于《登楼诗》的作者及其他——与万先生商榷	文翰	杜甫研究学刊	1期	1994
语壮境阔 寄慨遥深——杜甫《登楼》赏论	李炎	咸阳师专学报	2期	1997
知人论世 披文入情——杜甫《登楼》诗新探	韩大伟	杜甫研究学刊	2期	2000
读《登楼》诗英译所想	方伟	杜甫研究学刊	2期	2002
谈《登楼》诗并与韩大伟先生商榷	刘越峰	辽东学院学报	增刊	2004
谈《丹青引赠曹将军霸》	李云逸	西北大学学报（哲社）	2期	1980
意匠惨澹经营中——介绍杜甫《丹青引·赠曹将军霸》	何国治	学习与研究	9期	1982

续表———

篇、书名	著(译)编者	出处	卷、期	年月日
"干惟画肉不画骨"臆解	孟向荣	文史哲	1 期	1988
先帝天马玉花骢 画工如山貌不同	东 耳 丁 聪	瞭望周刊	32 期	1988
从"画骨说"的辨诬探杜甫的审美倾向	祝德顺	艺术百家	3 期	1999
"画骨说"辨诬与杜甫的审美倾向	祝德顺	怀化师专学报	6 期	1999
文采风流今尚存——说杜甫《丹青引赠曹将军霸》(外一篇)	周汝昌	杜甫研究学刊	1 期	2000
杜严唱和诗笺	周一鸥	畅流	5 卷 5 期	1952
杜工部和严武军城早秋诗笺证	严耕望	华冈学报	8 期	1974
		严耕望史学论文选集		1991
杜甫书严公九日南山诗石刻考辨	于建章 高国芬	四川文物	5 期	1992
杜甫严武幕中诗作解读举要——兼论杜甫这一时期之生存状态及其价值取向	陈昌渠	杜甫研究学刊	2 期	2000
"莫令鞭血地,再湿汉臣衣"——杜甫《遣愤》诗试解	徐希平 孙卓虹	乐山师范学院学报	2 期	2001
杜甫《去蜀》浅说	李云逸	陕西教育	3、4 期	1980
杜甫路过重庆纪行诗一首	宋 芹	重庆市中区史志	3 期	1986
从成都到夔州——杜甫去蜀沿途诗作	范文质	沈阳师范学院学报(社科)	4 期	1990
杜甫"戎州诗"小议	高辅平	四川师范大学学报(社科)	5 期	1990
谈杜甫在渝万一带几首诗的注释和系年	刘友竹	杜甫研究学刊	2 期	1997
谈杜甫的《旅夜书怀》	王锡臣	教学与进修	4 期	1980
天涯冷落 壮志难酬——读杜甫《旅夜书怀》	马 芒	名作欣赏	2 期	1994
略论杜诗《旅夜书怀》两种英译	蔡耀坤	固原师专学报	3 期	1994
试论杜甫《旅夜书怀》诗的写作时期	松原朗	杜甫研究学刊	4 期	1994
境界壮阔 笔触工细——杜甫《旅夜书怀》诗浅析	钟尚钧	语文月刊	5 期	1996
回肠荡气今犹在——重读《旅夜书怀》	章志德	语文教学与研究	11 期	1998
杜甫《旅夜书怀》写作时间地点新解	罗 琴	四川师范学院学报(哲社)	6 期	2000
谈杜甫《旅夜书怀》中的对比	宋银华 刘红兰	现代语文	11 期	2002

续表一一二

篇、书名	著(译)编者	出处	卷、期	年月日
旅夜书怀	杜 甫 李先兰	语文教学与研究	14期	2002
叶维廉说杜甫《旅夜书怀》		名作欣赏	6期	2003
生命情怀的诗意表达——杜甫《旅夜书怀》的诗艺分析	李建国	写作	1期	2003
生命的顿悟——浅析杜甫《旅夜书怀》	张 俊	安顺师范高等专科学校学报	2期	2005
《旅夜书怀》赏析	李洪印	辽宁师专学报（社科）	4期	2005
《旅夜书怀》中的对比	宋银华 沈泾渭	中学语文园地	5期	2005
神来境异 错综幻化——杜甫名作《旅夜书怀》赏析	陆精康	中学语文教学参考	7期	2005
谈杜诗《地隅》《长江二首》的写作时地	杨君昌	杜甫研究学刊	1期	1994
春花不愁不烂漫——杜甫《十二月一日三首》赏析	陶瑞芝	杜甫研究学刊	3期	1994
杜少陵先生客居云安县交游诗考释（一）	任桂园	四川三峡学院学报（社科）	3期	1998
壮惜身名晚 衰惭应接多——杜少陵先生客居云安县交游诗考释（二）	任桂园	四川三峡学院学报（社科）	3期	1999
巴道此相逢，别颜始一伸——杜少陵先生客居云安县交游诗考释（三）	任桂园	四川三峡学院学报（社科）	6期	1999
杜甫云安诗论略	蒋先伟	重庆三峡学院学报	3期	2000
杜诗《黄草》系年考	许世荣	杜甫研究学刊	3期	1998
杜诗《黄草》系年辨	蒋先伟	四川三峡学院学报	1期	2000
杜甫夔州诗	赖恺元	新天地	1卷8期	1962
夔州における杜甫——その回想詩をめぐって	三宝政美	集刊東洋学	15号	1966
杜甫夔州诗	赖恺元	新天地	1卷8期	1962
论杜甫夔州诗	饶宗颐	中国文学报	17号	1962
		国语日报		1967.8.12
论杜甫夔州诗的艺术成就	王锡成	天津师院学报	3期	1981
杜甫在咏白帝城诗中是怎样看待公孙述的	王开富 黄中模	重庆师院学报（哲社）	3期	1981
谈杜甫的夔州景屋风俗诗	白 航	草堂	2期	1982

续表一一三

篇、书名	著(译)编者	出处	卷、期	年月日
杜甫的夔州歌与刘禹锡的竹枝词——兼论杜甫夔州诗的艺术特色及其形成原因	卞孝萱 乔长阜	草堂	2期	1983
杜甫夔州诗综述	缪钺	草堂	2期	1984
杜甫夔州诗中所反映的生活悲剧	张宏生	文学评论	6期	1984
巫山巫峡气萧森——论杜甫的夔州诗	曾枣庄	草堂	1期	1985
杜诗杂论——简论杜甫晚年一些回忆往昔的创作	冯钟芸	承德师专学报	2期	1985
彩笔今犹干气象——试论杜甫夔州诗作的社会政治内容	匡扶	西北师大学报(社科)	4期	1985
杜甫夔州诗析论	方瑜	幼狮文化事业公司		1985
论杜甫夔州诗的思想性	张步云	上海师范大学学报(哲社)	1期	1987
乃知盖代手 才力老益神——略论杜甫夔州诗的特点	成松柳	长沙水电师院学报(社科)	3期	1987
论杜甫夔州诗的艺术创新	梅俊道 谭耀炬	赣南师范学院学报(哲社)	3期	1989
杜甫夔州诗思想性之我见	梅俊道	九江师专学报	4期	1990
简论杜甫夔州诗的思想意义	梅俊道	江西社会科学	5期	1990
杜甫夔州诗"楚宫阳台"之现地研究	简锦松	文史哲	50期	1999
杜甫夔州诗所反映的唐代食盐问题	蒋先伟	成都师专学报(文科)	2期	1991
论杜甫夔州诗的山川形胜和风土人情描写	蒋先伟	四川师范大学学报(社科)	4期	1991
杜甫夔州诗初论	孙素琴	辽宁师范大学学报(社科)	4期	1992
山之灵与诗之魂——杜甫夔州诗研读札记	程地宇	社会科学研究	6期	1993
论杜甫夔州诗中的"江湖"	谭文兴	杜甫研究学刊	4期	1994
"客居愧迁次"——杜甫夔州诗述略之一	谢宇衡	杜甫研究学刊	4期	1994
杜甫夔州诗疏论	封野	东南大学出版社		1994
生命体验的诗化形态——杜甫夔州诗的生存论美学意蕴	程地宇	社会科学研究	2期	1995
杜甫描写夔州景物风俗诗的层次	杨君昌	三峡学刊	1期	1996
杜甫《八阵图》、《武侯庙》赏论	李炎	六盘水师专学报(社科)	3期	1996
杜甫在夔州诗中所反映的生活悲剧	程千帆	《程千帆选集》下册		1996

续表一一四

篇、书名	著(译)编者	出处	卷、期	年月日
晚年，回忆和反省——读杜甫在夔州的长篇排律和联章诗札记	程千帆	《程千帆选集》下册		1996
论杜甫的夔州山水诗	蒲惠民	西南民族学院学报（哲社）	4期	1997
试论朱熹对杜甫夔州诗的评价	沙先一	杜甫研究学刊	3期	1998
三峡少数民族"僚人"和杜甫诗歌创作之波澜	鲜于煌	民族文学研究	3期	1998
自适：当下日常生活的本真体验生命苦涩欢愉的诗意品味——试论杜甫夔州自适诗的生存论美学意义	沙先一	江苏师范大学学报（哲社）	3期	1998
试论杜甫"三峡诗"的艺术特色	鲜于煌	重庆教育学院学报	2期	1999
杜甫"三峡诗"在中国诗歌史上的重要贡献及影响	鲜于煌	四川三峡学院学报	2期	1999
杜甫生命晚年"三峡诗"的内容特色	鲜于煌	西南师范大学学报（社科）	6期	1999
杜甫夔州诗现地研究	简锦松	学生书局		1999
暮年诗赋动江关——杜甫夔州以来诗创作技巧浅析	周田青	杜甫研究学刊	2期	2000
试析杜甫夔州政治抒情诗的生存论美学意义	沙先一	徐州师范大学学报（哲社）	2期	2000
东屯、瀼西及其他——读《杜甫夔州诗现地研究》	谭文兴	杜甫研究学刊	4期	2000
对杜甫夔州诗的再认识	郭纪金	江西社会科学	5期	2000
试论杜甫的夔州回忆诗	沙先一	杜甫研究学刊	1期	2001
心忧社稷 喜庆家平——谈杜甫在夔州的两组七绝	金启华	盐城师范学院学报（人文）	2期	2001
从人类学的角度再识杜甫夔州诗中的"土风"	李祥林	杜甫研究学刊	2期	2001
"公孙述屯田"和"行官张望"考论	王灿	杜甫研究学刊	3期	2001
杜甫晚年心态及诗歌创作考辨	刘晓光	北京教育学院学报	3期	2001
论杜甫的夔州诗	安东俊六（李寅生）	杜甫研究学刊	4期	2001
杜甫夔州时期的审美观照及诗歌创作	吕蔚 滕春红	陕西师范大学学报（哲社）	增刊	2001
诗圣杜甫三峡诗新论	鲜于煌	重庆出版社		2001
杜甫三峡诗歌研究的新成果	郭久麟	重庆广播电视大学学报	2期	2002
如何评价杜甫夔州诗的风土人情描写	蒋先伟	杜甫研究学刊	3期	2002
杜甫夔州诗现地研究	简锦松	唐代文学研究		2002

续表——五

篇、书名	著(译)编者	出处	卷、期	年月日
杜甫夔州诗论稿	蒋先伟	巴蜀书社		2002
简论杜甫夔州诗	杨金国	南阳师范学院学报（社科）	2期	2003
壮心久零落　江山惟悴人——论杜甫夔州诗的生命意蕴	田劲松 夏金升	沧州师范专科学校学报	2期	2003
论杜甫夔州诗歌的孤独意识	杨金国	广州大学学报（社科）	5期	2003
《对杜甫夔州诗的再认识》指瑕	鲍远航 左汉林	杜甫研究学刊	2期	2004
谈杜甫夔州诗中的"赤甲白盐"	李江	杜甫研究学刊	3期	2004
杜甫《白盐山》与《晓望白帝城盐山》中之白盐山所指不是一个地方	谭光武	杜甫研究学刊	3期	2004
杜甫的夔州七律与盛唐气象	雷恩海 李天保	甘肃社会科学	5期	2004
奇崛雄浑　动人心魄——杜甫《白帝》论赏	李炎	昆明师专学报	2期	1994
杜诗"曾闪朱旗北斗殷"解	程千帆	学术月刊	7期	1979
		《程千帆选集》下册		1996
见愁汗马西戎逼——说杜甫《诸将》二首	周振甫	唐诗鉴赏集		1981
深浑苍郁　訏谟壮采——读杜甫的《诸将五首》	李炎	自贡师专学报	4期	1989
《诸将》第一首笺证一则	邓小军	杜甫研究学刊	1期	1996
杜甫《殿中杨监见示张旭草书图》等三诗受主探实	张志烈	杜甫研究学刊	4期	1999
杜甫的《夔州歌十绝句》	金启华	南通师范学院学报（哲社）	1期	2001
杜诗《壮游》语词笺探	张述铮	山东师大学报（哲社）	1期	1983
杜甫自传诗初探	曾子鲁	江西师范大学学报（哲社）	3期	1990
少陵一生的自我艺术写照——杜甫《壮游》试论	陶道恕	杜甫研究学刊	1期	1996
自传体诗歌的高峰——从《离骚》到《壮游》	钟建川	渝州大学学报·研究生论文专辑		1999
杜甫《秋兴八首》序说	黑川洋一	中国文学报	4号	1956
杜诗研究——秋兴八首	刘中和	中国语文	11卷6期	1962
			12卷1期	1963
论杜诗《秋兴八首》香稻碧梧句	李广由	文学遗产	430期	1962
《秋興八首》に表れる孤立感	川北泰彦	中国文芸座谈会ノート	14号	1963

续表一一六

篇、书名	著(译)编者	出处	卷、期	年月日
从"秋兴八首"看杜甫的诗律	彭泽陶	广西日报		1963.1.9
杜甫"秋兴八首"菀解	李丙畴	东国大学校论文集	1辑	1964
论杜甫七律之演进及其承先启后之成就——秋兴八首集说代序	叶嘉莹	大陆杂志	30卷1期	1965
杜甫秋兴八首集说	叶嘉莹	台湾编译馆中华丛书编审委员会		1966
		上海古籍出版社		1988
		河北教育出版社		1997
杜甫《秋日，夔府，詠懷，百韻》における"七祖禅"についての考察	黑川洋一	四天王寺女子大学纪要	1号	1969
杜甫の「秋興八首」について	星川清孝	東京中国学报	15号	1969
杜甫《秋興八首》札記	星川清孝	樱美林大学中国文学论丛	2-6号	1970.12 - 1976.12
分析杜甫的"秋兴"——试从语言结构入手作文学批评	梅祖麟、高友工（黄宣范）	中外文学	1卷6期	1972
与叶嘉莹教授论杜甫秋兴八首书——论诗小札	周策纵	大陆杂志	50卷6期	1975
彩笔干气象，诗赋动江关——读杜甫《秋兴》八首	姜光斗等	丹东师专学报	1期	1980
关于杜甫《秋兴》八首的评价问题	张志岳	求是学刊	3期	1980
杜甫的《秋兴八首》	鹭　山	文史知识	4期	1981
身在夔州，心怀长安——说杜甫《秋兴》八首	宋景昌	河南师大学报（社科）	5期	1982
外文绮交　内义脉注——说杜甫《秋兴八首》	高　蹈	河南师大学报（社科）	5期	1983
试解"香稻啄残鹦鹉粒，碧梧栖老凤凰枝"	李拓之	厦门大学学报（哲社）	1期	1984
"平居"解	王碧山	阜阳师范学院学报（社科）	2期	1985
杜甫诗二首浅析	王　玫	民主与科学	1期	1993
《秋兴八首》的时空结构与意境创造	董利伟	山东大学学报（哲社）	2期	1993
杜甫《秋兴》诗是述志诗	徐树仪	上海师范大学学报（哲社）	3期	1994
谈《秋兴》八首	赖春泉	杜甫研究学刊	4期	1994
给杜甫按脉——读《秋兴八首》	刘松林	长江文艺	8期	1995
浅论《秋兴八首》的沉郁顿挫美	朱学忠 朱雪里	焦作工学院学报	3期	1997

续表一一七

篇、书名	著(译)编者	出处	卷、期	年月日
从意象营构到脱略形似——读杜甫《秋兴八首》（其七）及韩垂《题金山》诗	王海远	古典文学知识	3期	1997
从"连章组诗"的视点看钱谦益对杜甫《秋兴八首》的接受与展开	长谷部刚（李寅生）	杜甫研究学刊	2期	1999
从《秋兴八首》所表现的杜甫心态说开去	段海蓉	杜甫研究学刊	2期	1999
关于《秋兴》八首英译等值的思考	杨天庆	杜甫研究学刊	2期	1999
浅谈《秋兴》的艺术价值	戴 月	辽宁广播电视大学学报	1期	2000
杜甫倒装诗句"香稻啄余鹦鹉粒，碧梧栖老凤凰枝"浅论	贺镇雄	中国韵文学刊	1期	2000
意象声律两相美——杜甫"香稻啄余鹦鹉粒"句赏论	李金坤	文史知识	11期	2000
杜甫秋意诗简论	牟瑞平	杜甫研究学刊	2期	2001
杜甫《秋兴八首》评议	陈增杰	温州师范学院学报（哲社）	5期	2001
《秋兴八首》与杜甫论诗思想的转变	王艳军 刘素萍	商丘师范学院学报	1期	2004
一本发于万殊，万殊归于一本——对杜甫《秋兴八首》的结构分析	龚 敏	中国韵文学刊	4期	2004
浅析杜甫《秋兴八首》的艺术成就	刘爱民	兵团教育学院学报	3期	2005
白先勇《台北人》与杜甫《秋兴八首》	何宗龙	安徽农业大学学报（社科）	4期	2005
钱笺《秋兴八首》发微	周生杰 韩召强	聊城大学学报（社科）	5期	2005
《九辩》作者是谁	陈子展	学术月刊	6期	1979
暮年诗赋动江关——说杜甫《咏怀古迹》三首	周振甫	唐诗鉴赏集		1981
杜甫《咏怀古迹》诗的题义和写作时间	王运熙	杜甫研究学刊	1期	1995
平庸议论话名篇——谈杜诗《咏怀古迹》五首	章 起	安庆师范学院学报（社科）	1期	1999
明妃思乡泪 诗圣忧国情——杜诗《咏怀古迹·明妃村》再解析	何刘新	杜甫研究学刊	3期	1999
"整体感知"绝不等于囫囵吞枣——从对杜甫《咏怀古迹》诗的误赏谈起	杨宝生	中学语文教学	6期	2002
可怜青冢已芜没 尚有哀弦留至今——杜甫《咏怀古迹·其三》赏析	张国栋	中学语文	9期	2003

续表——八

篇、书名	著(译)编者	出处	卷、期	年月日
情牵南北 怨遗古今——杜甫《咏怀古迹之三》阅读	甫 田	语文天地	12期	2003
"史""玄"之辨——从刘禹锡《荆门道怀古》和杜甫《咏怀古迹》谈起	高胂骅	中文自学指导	4期	2004
独留青冢恨绵绵——杜甫《咏怀古迹（三）》导读	宋银华 刘红兰	中学语文园地	4期	2005
杜诗"气酣登吹台"辨误	李正华	商丘师专学报（社科）	2期	1985
杜甫《遣怀》诗"吹台"辨	谢宇衡	文学遗产	3期	1991
《夔府书怀》"察眉"解	刘 琳	草堂	2期	1981
杜甫"遗恨失吞吴"之解释	潘铭燊	文讯	11期	1968
《八阵图》阐论	陈世骧	清华学报	新7期	1968
苏东坡注《八阵图》	一 波	社会科学	2期	1986
杜甫《八阵图》"遗恨失吞吴"辨说	汪少华	古典文学知识	2期	1995
亦歌亦叹 以诗论史——杜甫《八阵图》赏析	童友斌	语文知识	5期	1997
梦中的发明创造	海 纳	大科技	5期	1998
吞吴失策 遗恨千古——浅析杜诗《八阵图》所咏诸葛亮的"遗恨"	艾尚连	河北省社会主义学院学报	2期	2001
杜甫《武侯庙》赏析	陈邦炎	名作欣赏	6期	1990
从"霜皮溜雨四十围"谈起	刘子骧	语文教学与研究	1期	1979
夸张手法琐议	张德林	当代修辞学	3期	1982
杜诗沈评小议	景北记	社会科学	4期	1984
夸张的模糊法则与诗圣的审美失误	罗 漫	中南民族学院学报（社科）	4期	1986
夸张的故事	贡树铭	新闻爱好者	11期	1989
杜诗咏物范式补议——兼谈《古柏行》的意旨	张志烈	杜甫研究学刊	2期	1992
托物寄慨 自伤明志——杜甫《古柏行》赏论	李 炎	玉林师专学报	2期	1994
读诗不可拘泥具体数字——从沈括评诗犯错谈起	黄金山	语文天地	4期	2000
数学中的哲学	王子水	中学政治教学参考	Z1期	2005
读杜甫的《阁夜》	陈友琴	文学遗产	400期	1962
		长短集		1980
杜甫《阁夜》赏析	叶晓雯	广西民院学报（社科）	4期	1982
杜甫《阁夜》赏析	唐卫东等	语文园地	6期	1982

续表——九

篇、书名	著(译)编者	出处	卷、期	年月日
心头忧患 笔底波澜——杜甫《阁夜》赏析	魏 力	语文天地	23期	2003
"夷歌数处起渔樵"寓意之我见	詹 海	中学语文（教师）	9期	2004
"漫寂寥"别解	仇 桢	语文教学之友	10期	2004
"漫"字别解	杜春香 吴 峰	语文教学之友	12期	2004
《阁夜》中的"景"同"影"吗	李 冲	读写月报（高中）	4期	2005
品读"野哭千家"与"夷歌数处"产生的疑问和思考	米永民	中学语文（教师）	5期	2005
《阁夜》三疑	张作田	中学语文教学	12期	2005
略论《夔府咏怀一百韵》的立意和行气	白敦仁	杜甫研究学刊	4期	1994
净众、保唐禅与杜甫晚年的禅宗信仰	谢思炜	首都师范大学学报（社科）	5期	1995
杜甫《登高》诗写作时地商议	邓绍基	文史	12辑	1981
挥毫绘秋色 泼墨发诗情——《登高》赏析	姜汉林	宁夏大学学报（社科）	4期	1982
万里悲秋常作客——析论杜甫七律压卷作《登高》	沈 谦	中外文学	12卷1期	1983
英译杜甫《登高》兼谈体会	章学清	外国语	2期	1990
慷慨激越 动人心弦——杜甫《登高》浅说	李 炎	临沂师专学报	3期	1992
高远深重 悲壮苍凉——说杜甫《登高》诗"无边落木"二句意蕴	何锡光	杜甫研究学刊	1期	1995
杜诗《登高》五种英译比较——兼谈翻译方法多样性	郑延国	福建外语	1、2期	1995
杜诗《登高》英译商榷	杨天庆	杜甫研究学刊	2期	1997
词哀情婉 言简意丰——杜甫《登高》诗赏析	林国富	语文月刊	8期	1997
古今七言律诗第一——杜甫《登高》赏析	门立功	滨州师专学报	3期	1998
杜甫《登高》诗指瑕与写作时地考辨	金志仁	名作欣赏	1期	2000
《登高》辨析	余敬之	涪陵师范学院学报	3期	2000
壮志未酬身将死，笔蘸血泪话苍凉——谈杜甫的七律《登高》	杨冰心	邢台职业技术学院学报	1期	2001
崇高与悲剧之美——杜甫《登高》赏析	郭杨波 周 涛	巴蜀史志	1期	2002

续表一二〇

篇、书名	著(译)编者	出处	卷、期	年月日
情景交融 气象宏伟——杜甫诗《登高》赏析	陈立军	写作	12期	2002
沉郁顿挫 独步古今——谈杜甫诗《登高》	潘发义	安顺师范高等专科学校学报（综合）	1期	2003
潜气内转 沉郁顿挫——杜甫诗《登高》解读	张承鹄	六盘水师范高等专科学校学报	3期	2003
杜甫"悲诗"的文化底蕴——《登高》的再探索	梁 冰	语文学刊	10期	2004
由"浊酒杯"看杜甫的《登高》	李家玉	语文建设	10期	2004
满目哀景 一腔愁情——杜甫《登高》导读	姚永强	语文天地	15期	2004
境界壮阔 气势雄浑——杜甫《登高》赏析	王大藏	阅读与鉴赏（教研）	1期	2005
律切精深 传神入妙——杜甫《登高》语言学分析	路 伟 万 青	楚雄师范学院学报	2期	2005
头吟望苦低垂——浅析许渊冲译《登高》之美	章国军	长沙大学学报	6期	2005
入情入景 品味人生——杜甫《登高》赏析	汪 林	四川教育学院学报	增刊	2005
杜甫的八哀诗	朱东润	中国文学论集		1983
诗心驱史笔——杜甫《八哀诗》讨论	林继中	首都师范大学学报（社科）	5期	1993
《八哀诗》无房琯考辨	刘明华	杜甫研究学刊	1期	1995
杜甫《八哀诗》探源	谢建忠	四川三峡学院学报	增刊	1999
读杜甫《戏作俳谐体遣闷二首》杂记	迟乃鹏	杜甫研究学刊	4期	2001
杜甫《解闷》绝句——杜甫自述创作经验的一首诗	叶穆堂	杜甫研究学刊	1期	1998
杜甫《解闷十二首》三题	刘湘兰	中国韵文学刊	4期	2004
公孙大娘何曾舞剑	郑树荣	武汉体育学院学报	3期	1983
		体育文史	1期	1985
公孙氏舞剑辨	肖 冲	成都体院学报	4期	1985
观公孙大娘弟子舞剑器行并序	于 天	语文学习	3期	1986
公孙大娘不曾舞剑吗	肖 冲	体育文史	6期	1986
公孙大娘舞剑器	陈万鼐	故宫文物月刊	32期	1986
唐代"剑器"舞考	王永平	青海师范大学学报（哲社）	3期	1990
唐代公孙大娘剑舞器考辨	沈 寿	体育文史	5期	1990

续表一二一

篇、书名	著(译)编者	出处	卷、期	年月日
善舞剑器的公孙大娘	金瓯	历史教学	11期	1992
杜甫《观公孙大娘弟子舞剑器行》诗序"梨园二伎坊"考	迟乃鹏	杜甫研究学刊	3期	1995
关于"舞剑器"	山人	阅读与写作	1期	1999
"剑器与浑脱"	傅天正 徐庄	杂技与魔术	4期	2003
毕九水释杜诗	黄君坦	当代学生	18期	2005
杜甫《李潮八分小篆歌》阐论兼与苏轼诗比较——唐宋诗人论书诗札记之三	方爱龙	浙江广播电视高等专科学校学报	3期	1995
		杭州师范学院学报	2期	1998
杜子美论书"贵古贱今"辨析	李祥林	杜甫研究学刊	1期	1996
《李潮八分小篆歌》三重意蕴说	朱小鸿	杜甫研究学刊	2期	2002
书法小史见杜诗	江凌云	青少年书法	2期	2002
谈杜甫的《八分小篆歌》	张宇	淮北煤师院学报（哲社）	2期	2002
从《李潮八分小篆歌》看杜甫的美学观	翟景运	甘肃联合大学学报（社科）	4期	2004
试评旧注杜甫《鹦鹉》诗的得失	董味甘	重庆师范大学学报（哲社）	2期	2002
杜诗"五云高太甲"解	曾君一	四川大学学报（哲社）	3期	1979
赵次公的杜诗注	雷履平	四川师范大学学报（社科）	1期	1982
记成都杜甫草堂所藏赵次公杜诗注残帙	雷履平	草堂	2期	1982
北图所藏《杜诗先后解》明抄本残帙述略	林继中	文献	4期	1988
杜诗的赵次公注与宋代的杜诗研究	王学泰	首都师范大学学报（社科）	1期	1994
杜诗赵次公先后解辑校	林继中辑校	上海古籍出版社		1994
杜诗赵次公先后解辑校		古典文学知识	5期	1995
《杜诗赵次公先后解辑校》述评	廖仲安 王学泰	首都师范大学学报（社科）	6期	1995
史炳《杜诗琐证》中征引与驳议的赵次公注文	张寅彭	杜甫研究学刊	3期	1996
治杜如治经——评《杜诗赵次公先后解辑校》	王辉斌	天府新论	6期	1996
林继中《杜诗赵次公先后解辑校》增补	蔡锦芳	四川师范大学学报（哲社）	4期	1997
杜诗赵次公注所引《水经注》浅议	叶持跃	杭州师范学院学报	5期	1998

续表一二二

篇、书名	著(译)编者	出处	卷、期	年月日
杜诗《九家注》本引赵次公注有误	朱宝清	南京师范大学文学院学报	4期	2005
杜田考论	聂巧平	杜甫研究学刊	4期	1998
赵子栎未尝注杜考	蔡锦芳	四川师范大学学报（社科）	1期	2002
宋代蜀人论杜	杨胜宽	杜甫研究学刊	1期	1995
简牍仪刑在——谈苏轼的评杜与学杜	张志烈	草堂	2期	1981
东坡论杜述评	曾枣庄	贵州社会科学	6期	1984
说东坡论杜	王文龙	杜甫研究学刊	2期	1994
苏门论杜述评	杨胜宽	乐山师范学院学报	3期	1995
"雄豪"论杜及其与宋代诗歌的流变	梁桂芳	杜甫研究学刊	2期	2004
曹学佺《蜀中广记》中有关杜甫诗评论考述	沈时蓉	杜甫研究学刊	4期	1999
杜诗研究	刘中和	中国语文	13卷6期	1963
说杜甫赠李白诗一首——谈李杜之友谊与天才之寂寞	叶嘉莹	现代文学	28期	1966
杜甫寄李白诗	文叠山	中华诗学	8卷3期	1973
情亲意若，生死不渝——谈杜甫《梦李白》二首	郭石山	春风	4期	1980
杜甫《梦李白》	朱宏慎	滇池	2期	1981
依稀梦境魂如真——谈杜甫的《梦李白二首》	戎东贵 黄正瑶	语文园地	3期	1981
对杜甫《赠李白》（七绝）的质疑	王滋源	社会科学研究	4期	1981
感人肺腑，催人泪下——读杜甫的《天末怀李白》	刘继才	语文月刊	1期	1982
杜甫《赠李白》诗义辨	田世彬	草堂	2期	1982
谈李白、杜甫的友谊和天才的寂寞——从杜甫《赠李白》诗说起	叶嘉莹	北京师范大学学报	3期	1982
友谊的见证 难得的知音——读杜甫赠怀李白的诗歌	正谷	齐鲁学刊·古典文学专号		1983
论杜甫诗中之李白其人其诗	舒衷正	中华学苑	31期	1985
一首杜甫怀念李白的佚诗——《冬日有怀李贺长吉》考辨	房日晰	上海师范大学学报（哲社）	1期	1986
真诚相见，反躬自问——谈杜甫的两首《赠李白》	李炎	唐都学刊	3期	1991
千古友谊 至情至文——杜甫《梦李白二首》浅说	李炎	玉溪师专学报	4期	1992

续表一二三

篇、书名	著(译)编者	出处	卷、期	年月日
一曲催人泪下的怀友诗——天末怀李白	吴明贤	杜甫研究学刊	2期	1994
悠悠万古情——谈杜甫赠李白诗篇的友谊	金启华	杜甫研究学刊	2期	1996
论杜甫诗中的李白	高国藩	中国海洋大学学报（社科）	3期	1996
		固原师专学报	4期	1998
谈杜甫论李白诗和杜甫与李白间"剀切"及"疏旷"的对待关系	邝健行	杜甫研究学刊	2期	2002
杜甫《寄李十二白二十韵》发微	吕华明	杜甫研究学刊	1期	2003
杜甫《赠李白》诗别解	杨连民	杜甫研究学刊	1期	2004
天末怀李白	杜 甫	阅读与作文（高中）	7、8期	2005
李杜诗之比较	胡小石	国学丛刊	2卷2号	1924
读李杜诗集后的批评	白 璧	春笋	2卷2期	1930
李杜の詩に及ばす六朝文學の影響（六朝文学对李杜诗的影响）	豊田穣（姜时彦）	斯文	18编3号	1936
		天地人月刊	1卷10期	1936
評李杜詩（一）（二）	傅庚生	国文月刊	75、76期	1949
读李杜的诗	东月尧	大公报		1954.2.11
李杜诗选	苏仲翔	上海春明出版社		1955
		古典文学出版社		1957
		台北文明书局		1981
		浙江文艺出版社		1983
论李白杜甫诗篇中的思想性和艺术性	苏渊雷	华东师范大学学报	1期	1956
读杜诗杂记（一）：杜甫和李白	金启华	新华日报		1962.5.6
李白与杜甫交往相关之诗	曹树铭	台湾商务印书馆		1966
盛唐李杜及其诗风	钟仁杰	畅流	35卷11期	1967
李杜の諷諫詩	大野実之助	中国古典研究	16号	1969
评李杜诗	傅庚生	杜甫和他的诗（上）		1971
杜甫李白诗评中的几个值得商榷的问题	全 荃	云南大学学报	2期	1973
诗仙与诗圣	柳定生	四川文献	131期	1973
李杜诗艺比较论	高景鑫	幼狮学志	14卷2期	1977
唐诗散论：李杜比较观	叶庆炳	晚鸣轩文学论文集之一		1977
李杜诗艺术比较论	蔡玉兰	台南师专学刊	1卷	1979

续表一二四

篇、书名	著(译)编者	出处	卷、期	年月日
读李白和杜甫的两首论画诗	王伯敏	南艺学报	1期	1979
李杜诗之比较	胡小石	胡小石文录	1辑	1979
采石、当涂、青山	黄裳	收获	1期	1980
李杜诗论的比较	金启华	文艺理论研究	2期	1980
		徐州师院学报（哲社）	3期	1980
李白杜甫诗选译	高嵩	宁夏人民出版社		1980
论李杜诗歌的风格与意象	袁行霈	社会科学战线	4期	1981
李杜咏岱诗的分析——兼谈古诗研究的新方向	姜一涵	华学月刊	117期	1981
唐代历史转折时期的李、杜及其诗歌	裴斐	文学遗产	3期	1982
唐诗三首浅析——谈谈《春夜喜雨》、《静夜思》、《回乡偶书》的艺术特色	张左军	西北师大学报（社科）	3期	1982
李白の月と杜甫の月——李杜詠月詩論	竹村則行	德島大学教養部紀要	16卷	1982
李杜诗歌主张异同漫议	高起学	人文杂志	2期	1983
探李杜诗歌的创作问题——纪念李白逝世1220年杜甫诞生1270年	高嵩	新月	2期	1983
简论李杜诗	傅庚生	唐代文学论丛	4辑	1983
李白杜甫论画诗散记	王伯敏	西泠印社		1983
试谈李杜诗的比兴格	张步云	上海师范学院学报	1期	1984
试论三首反对玄宗开边的唐诗——李白《古风》第三十首、杜甫《兵车行》和白居易《新丰折臂翁》的比较	孙民	沈阳教育学院学刊	1期	1984
诗坛双璧 辉映千古——李白与杜甫创作特色之比较	张蔷	朝阳师专学报	2期	1984
同中见异 各有千秋——两首登岳阳楼五律比较分析	高树林	光明日报		1984.7.24
论李白杜甫诗歌创作的习尚	李蓁非	萍乡教育学院学报	1期	1985
李杜诗无敌 千古有知音	吴庚舜	草堂	2期	1985
李杜诗辨——成都杜甫纪念馆三十周年题辞	傅庚生等	草堂	2期	1985
李杜游鲁诗中地名方位辨疑	耿元瑞	文学论丛	3辑	1985
石门山别考	郑修平	天府新论	3期	1986
李杜诗论异同辨	萧瑞峰	社会科学研究	2期	1987

续表一二五

篇、书名	著(译)编者	出处	卷、期	年月日
李太白集　杜工部集	李　白 杜　甫	岳麓书社		1987
虚实正变　各臻妙境——《登金陵凤凰台》与《蜀相》较评	许永璋	古典文学知识	5期	1988
关于东鲁杜甫与李白的交友诗	上田武	中国文化	46号	1988
李杜优劣论和李杜诗歌的历史命运	马积高	长沙水电师院学报	2期	1989
李杜山水诗的特色及其异同	苏为群	北京大学学报	4期	1989
李、杜《忆旧书怀》《北征》二诗的比较研究	康怀远	宝鸡师院学报	2期	1990
李杜两首登临诗之比照赏析	周臣山	黑龙江财专学报	4期	1990
李杜交游诗述补	谢宇衡	成都大学学报	1期	1992
自由与爱——李杜诗的主旋律	张立伟	重庆师范大学学报（哲社）	1期	1992
李白杜甫诗意探究	高玉昆	国际关系学院学报	2期	1992
意象偶同，胜境各擅——李杜诗句比较之二	房日晰	杜甫研究学刊	4期	1992
以"女性学"观点试论李白杜甫寄内忆内诗	筧久美子	唐代文学研究		1992
盛唐气象与青春追求——略论李杜青年时代的诗歌	王定璋	社会科学研究	1期	1993
政治对李杜诗歌创作的正面推动作用——兼论中国诗歌高潮期的时代政治特征	余恕诚	江淮论坛	2期	1994
试论潘德舆《养一斋李杜诗话》	吴宗海	镇江师专学报（社科）	4期	1994
李杜咏月比较论	张浩逊	上海师范大学学报（哲社）	3期	1995
李杜诗论新探	肖瑞峰	杭州师范学院学报	4期	1995
诗坛飘逸两俊杰	王定璋	谢朓与李白研究		1995
李白杜甫诗全集	张式铭整理	北京燕山出版社		1995
论李杜对二谢山水诗的因革	莫砺锋	谢朓与李白研究		1995
		唐代文学研究	6辑	1996
李白杜甫诗精选	杜维沫等	山西古籍出版社		1995
李杜诗歌中人文思想的区别	袁立权	宜春师专学报	4期	1996
李杜歌行论	薛天纬	文学遗产	6期	1999
李白杜甫寄怀长诗选	金熙	学苑出版社		1996
李杜诗中的生命情调	简恩定	台湾书局		1996

续表一二六

篇、书名	著(译)编者	出处	卷、期	年月日
对严羽话语系统中"李杜话语"的思考	任先大	云梦学刊	3期	1997
李白、杜甫、韩愈的论诗史诗比较研究	李钟汉	中国语文学	32辑	1997
李白杜甫的文思差异对诗歌创作的影响	任晓勇	宝鸡文理学院学报（社科）	1期	1999
李白、杜甫诗歌的不同风格	钱学	衡阳师专学报（社科）	1期	1999
以诗代柬	黄昆尧	文采	4期	1999
鲍照对李白和杜甫诗歌的影响	吕寅彧	文史哲	5期	1999
李杜歌行论	薛天纬	文学遗产	6期	1999
同写友情，风格迥异——赏析李白、杜甫的两首诗	张锦鳌	读写月报（综合）	12期	1999
李杜之变是唐诗主潮之大变	葛景春	杜甫研究学刊	3期	2000
论李杜诗的清丽观	陈应鸾	文艺理论研究	3期	2000
李杜诗学：原理与方法论	杨义	中国文化研究	4期	2000
清新飘逸与沉郁顿挫——从李白、杜甫的两首诗说起	张锦鳌	读写月报（综合）	7期	2000
诗仙李白诗圣杜甫全集	张纯美等注释	国际文化出版公司		2000
道儒存心性 文坛两巨星——李白、杜甫不同诗风根源之探析	唐琦斯	广西广播电视大学学报	1期	2001
		社科与经济信息	2期	2001
诗文"惊天地"友情"动鬼神"	李玉红 陈国菊	甘肃教育学院学报（社科）	1期	2001
李杜诗歌中的女性题材及抒情特征三论——李杜诗歌女性观念的比较	刘明华 杨理论	社会科学研究	2期	2001
各露真情于景中——李白《渡荆门送别》与杜甫《旅夜书怀》两诗比较赏析	许水红	江海纵横	4期	2001
月映万川 各有境界——李白和苏轼两篇作品的对比分析	过常宝	文史知识	10期	2001
李杜诗学的当代价值	杨义	中华读书报		2001.6.4
		中国文化报		2001.8.2
李杜诗学	杨义	北京出版社		2001
博取众长 独树一帜——杨慎《升庵诗话》论李杜评析	徐希平	杜甫研究学刊	1期	2002
盛唐诗歌的"入神"与"入圣"——论许学夷的李杜诗歌"变而入神"说	方锡球	社会科学辑刊	1辑	2002

续表一二七

篇、书名	著(译)编者	出处	卷、期	年月日
浅析李白与杜甫诗歌的区别	陆文勤	苏州教育学院学报	增刊	2002
东方酒神精神与日神精神——李白、杜甫咏酒诗比较	胡革	辽宁师专学报（社科）	1期	2003
李白杜甫诗歌理论主张之比较	马守君	中国文化研究	2期	2003
《早发白帝城》与《闻官军收河南河北》对读臆说	王渭清	西安教育学院学报	4期	2004
李白和杜甫对诗歌创作的贡献与影响之比较	张艳辉	中南民族大学学报（人文）	增刊2	2004
李白杜甫诗歌艺术探赜	卢燕平	中央编译出版社		2004
论李白杜甫诗歌的盛世悲音	蔡燕 岳松	曲靖师范学院学报	2期	2005
李杜诗歌的审美差异及其原因	葛景春	中州学刊	3期	2005
异曲同话岳阳楼——《登岳阳楼》《与夏十二登岳阳楼》比较赏读	白新绘	语文知识	3期	2005
从"任情率真"到"兴寄讽喻"——论李杜诗歌创作思想的演绎发展	张成恩	涪陵师范学院学报	4期	2005
浅析李、杜诗篇中对音乐之咏诵	王志辉	河南大学学报（社科）	5期	2005
《望庐山瀑布》、《题西林壁》比照		湖南教育	8、9期	1989
李、杜、苏诗中的时间观念及其思想渊源	蒋寅	学人	1辑	1990
《望庐山瀑布》《题西林壁》的对比及教学浅见	黄宗量	小学教学参考资料	11期	1994
苏轼和李白	张浩逊	辽宁师范大学学报（社科）	4期	1997
李白的天姥之梦与苏轼的赤壁之思	李俊	名作欣赏	6期	2000
诗的画中态——试以李白、苏轼的诗作比较	刘穗艳	中山大学学报论丛	6期	2003
梦醒之后又如何——《梦游天姥吟留别》《念奴娇·赤壁怀古》结尾探微	曹茂昌	中学语文	21期	2003
李白和苏轼女性诗的差异及其文化意蕴	杨林夕	宁夏大学学报（人文）	4期	2004
杜甫与苏轼论书诗之比较	周本淳	淮阴师专学报（哲社）	2期	1988
论杜韩苏黄诗	曹慕樊	西南师范大学学报（社科）	1期	1990
高力士及其诗	刘法绥	龙门阵	3辑	1982
戎昱入蜀前后行踪及部分诗歌的系年	黄慕白	绵阳师范高等专科学校学报	1期	1994

续表一二八

篇、书名	著(译)编者	出处	卷、期	年月日
驱传及远蕃 忧思郁难排——对高适为官西川及其诗作的评价	佘正松	天府新论	3期	1987
岑参的蜀中写景诗	刘朝谦	四川师院学报（社科）	4期	1983
岑参诗"泸水南州远"小考	杨艳	四川师范大学学报（社科）	3期	2002
岑参在川诗文简论	何玉兰	西南民族大学学报（人文）	6期	2005
严武的两首佚诗	刘锦	重庆师院学报（哲社）	4期	1982
严武《巴岭答杜二见忆》系年新考	刘尚勇	社会科学研究	5期	1985
元稹在通州的诗歌理论及创作	屈小玲	四川师院学报（社科）	2期	1985
元稹通州诗歌编年——《元稹年谱》疏误举例	吴伟斌	中州学刊	4期	2000
元稹白居易通江唱和真相述略——《元稹年谱》献疑之十一	吴伟斌	苏州大学学报	2期	1988
元稹白居易通江唱和真相纵述	吴伟斌	南昌大学学报（人文）	2期	2002
白诗臆札（五一七）——自蜀江至洞庭湖口有感	吴小如	文汇报		1962.2.11，1962.2.23，1962.2.27
白乐天诗困巫山	岱宗	四川文献	148期	1974
白居易移忠州刺史诗	范昌灼	四川师院学报（社科）	1期	1982
白居易吟巫山诗	李栋 苏长仙	北大荒	3期	1995
试论白居易江州、忠州时期的诗歌特点	赵缈缈	玉溪师范学院学报	4期	2005
薛涛诗	薛涛	上海扫叶山房		1915
		一鸣书局		1956
薛涛诗	傅润华	光华书局		1931
		上海大光书局		1935
唐代名妓之诗	叶庆炳	台湾新生报		1948.8.31
薛涛诗赞海棠溪	杨钟岫	重庆日报		1980.5.8
薛涛诗笺	薛涛著，张蓬舟笺	四川人民出版社		1981
		人民文学出版社		1983
论薛涛的诗	胡荣锦	广州师院学报	3期	1984
唐女诗人集三种	陈文华	上海古籍出版社		1984
薛涛及其诗歌创作	董淑瑞	新疆师范大学学报（哲社）	1期	1985
《谒巫山庙》是薛涛的作品吗——与张蓬舟先生商榷	许永驰	温江师专学报	1期	1985

续表一二九

篇、书名	著(译)编者	出处	卷、期	年月日
薛涛诗《赠段校书》中段校书其人考略——与张蓬舟先生商榷	陈　垣	温江师专学报	1期	1985
论薛涛和她的《十离诗》	刘长耿 孙顺霖	殷都学刊	1期	1985
薛涛诗艺术风格摭谈	朱德慈	社会科学研究	6期	1985
语淡而味终不薄——薛涛《春望词》浅析	李玉娜 周燕妮	语文园地	6期	1985
薛涛诗中的"竹郎庙"考	季智慧	成都师专学报	1期	1986
细腻风光我独知——试论薛涛诗的主要艺术特色	刘和椿	四川教育学院学报	2期	1988
薛涛和她的诗歌	唐淑君	康定民族师范高等专科学校学报		1988
《薛涛诗笺》中几首诗真伪辨	邓剑鸣 胡国强	西南师范大学学报（社科）	2期	1989
情思·才调·风度——谈薛涛诗的审美魅力	张而今	贵州大学学报（社科）	2期	1990
大雅不群洪度诗——谈薛涛诗与唐妓女诗的区别	查洪德	殷都学刊	4期	1990
薛涛诗歌的"丈夫气"再议	赵松元	中国文学研究	2期	1991
薛涛诗的歌唱性小议	咸　力	文史杂志	6期	1992
薛涛诗臆说	郭祝崧	阿坝师专学报	1期	1993
是薛能？还是薛涛	喻学才	古典文学知识	2期	1994
薛涛诗意考辨	张洁云	四川师范大学学报（社科）	3期	1994
薛涛《送郑眉州》诗题辨正	刘天文	成都大学学报（社科）	1期	1995
薛涛诗赋海棠溪	老　谭	史志文汇	1期	1995
感于哀乐　缘事而发——读薛涛上蜀帅诗	周容良	成都大学学报（社科）	3期	1995
略论薛涛咏物诗的托物伸意	张洁云	四川师范大学学报（社科）	4期	1995
侬心犹道青春在　羞见飞蓬石镜中——读薛涛诗辨其享年与婚恋	任子立等	文史杂志	1期	1996
中外学者对薛涛《月》诗的译介	涂东霞	文史杂志	2期	1996
薛涛小诗系史实	郭祝崧	成都大学学报（社科）	3期	1996
四川海棠甲天下——读薛涛《海棠溪》	周容良	文史知识	3期	1996
论薛涛诗	夏春豪	河南大学学报（社科）	6期	1996
试析薛涛《寄旧诗与元微之》之谜	王　珏	都江学刊	3期	1997

续表一三〇

篇、书名	著(译)编者	出处	卷、期	年月日
从薛涛的《西岩》诗看李白是否游览过万县太白岩	谭文兴	三峡学刊	3期	1997
薛涛《别李郎中》诗新析	张正则 李国平	成都大学学报（社科）	1期	1998
薛涛诗考辨四题	朱德慈	成都师专学报	2期	1998
一任花笺写恨词——薛涛诗浅析	干天全	学术论丛	3期	1998
薛涛《筹边楼》诗与李德裕建筹边楼	张绍诚	文史杂志	4期	1998
薛涛其人其诗	姜 明	楚雄师专学报	4期	1998
诗咏边楼 心亲边关——薛涛《筹边楼》诗赏析	李 金	语文月刊	6期	1998
论薛涛及其诗歌	缪向勇 丁胜艳	江西教育学院学报	增刊	1998
自有兼材用那同众草芳——薛涛其人其诗	佟艳光	辽宁大学学报（哲社）	2期	2000
薛涛其人其诗	夏春豪	连云港职业技术学院学报	3期	2000
薛涛诗作的情感天地	夏春豪	淮阴师范学院学报（哲社）	3期	2000
薛涛咏物诗小议	张 宇	苏州教育学院学报	4期	2000
幽怨愁伤"女校书"——薛涛《十离诗》"诗格卑下"辨	刘铁峰	湖南人文科技学院学报	3期	2001
谈唐代女诗人薛涛的创作	李凡路	济宁师范专科学校学报	1期	2002
薛涛诗	薛 涛	北京图书馆出版社		2002
薛涛、鱼玄机诗用韵概况	陈 娟	淮北煤炭师范学院学报（哲社）	2期	2003
略论薛涛诗风"男性化"的成因及其表现	黄芸珠	中国文学研究	2期	2003
谈薛涛诗歌的情感魅力	李 红	中国矿业大学学报（社科）	4期	2003
薛涛及其诗歌解读	傅兴林	咸阳师范学院学报	5期	2003
论薛涛诗歌男性化审美形态的表现	王永波 黄芸珠	乐山师范学院学报	7期	2003
以须眉笔舌摹脂粉神情的"第一书"——读《和薛涛诗集》序	陈友山	文史杂志	5期	2004
发掘薛涛文史中真善美的诗意	王世德	文史杂志	6期	2004
虚中见实 实中求虚——薛涛《海棠溪》浅析	张 坤	中学课程辅导（初二）	12期	2004
薛涛诗——诗话薛涛	熊发学	成都薛涛研究会、薛涛纪念馆		2004

续表一三一

篇、书名	著(译)编者	出处	卷、期	年月日
薛涛诗四家注评说	刘天文	巴蜀书社		2004
《十离诗》：男性中心社会里女性的十声叹息	李涛	名作欣赏	3 期	2005
甄综百家　继往开来——简议刘天文先生《薛涛诗四家注评说》	朱德慈	成都大学学报（社科）	3 期	2005
从酬赠诗与诗品论李冶薛涛诗歌之优劣	李玉玲	太原师范学院学报（社科）	4 期	2005
薛涛《咏八十一颗》诗辨析	刘玉珊 杨正苞	文史杂志	6 期	2005
试析唐代女诗人薛涛和鱼玄机女性文学意识的成熟	朱柳敏 计颖	辽宁教育行政学院学报	9 期	2005
薛涛《朱槿花》诗句"司蒡芙蓉草录云"考释	吴柯	乐山师范学院学报	10 期	2005
从薛涛诗作观其创作心态	杨福俊	语文学刊	11 期	2005
琵琶花里和枇杷门巷	庞庄甫	文史杂志	1 期	1993
析王建《寄蜀中薛涛校书》	叶红	巴蜀史志	3 期	1998
"枇杷门巷"何从来　王建薛涛并蒙冤——读王建《寄蜀中薛涛校书》诗辨讹	刘玉珊 杨正苞	文史杂志	4 期	2001
论刘禹锡的民风民俗诗	刘欢	西北大学学报（哲社）	2 期	1997
刘禹锡与《畬田行》	郭永华	山东消防	6 期	1997
刘禹锡夔州诗词写作特色论略	傅驰	西南师范大学学报（哲社）	3 期	1999
刘禹锡的民歌体诗与巴楚文化	赵继红	运城高等专科学校学报	5 期	2000
巫山神女庙	刘禹锡	中国水力发电工程学会水文泥沙专业委员会第四届学术讨论会论文集		2003
刘禹锡与巴山楚水	贺秀明	厦门大学学报（哲社）	1 期	2004
却话巴山夜雨时——诗语とその语感	松浦友久	中国古典研究	21 号	1976
李商隐诗中的巴西	述闻	重庆师范学院学报（哲社）	1 期	1982
李商隐梓州诗今译	中国人民政治协商会议四川省三台县委员会文史资料委员会	编者刊		1994
谈谈李商隐的《夜雨寄北》	马群	唐代文学论丛	1 期	1982
思幽情溢　纤回缠绵——李商隐《夜雨寄北》赏析	李雨丰	昭通师专学报	2 期	1984

续表一三二

篇、书名	著(译)编者	出处	卷、期	年月日
谈《夜雨寄北》及其它	刘知渐	文史杂志	1期	1986
从李商隐的《夜雨寄北》看司空图"思与境偕"的美学韵味	吕美生	安徽大学学报（哲社）	2期	1986
君问归期未有期——李商隐诗《夜雨寄北》赏析	齐昌人	今日中国	10期	1990
秋夜雨丝共愁思——读李商隐《夜雨寄北》	夏学荣	杭州教育学院学报	1期	1991
李商隐《夜雨寄北》英译文赏析	孙传宏	外语与外语教学	6期	1991
夜雨寄北	（秋屏）李商隐	外国语	4期	1993
就李商隐《夜雨寄北》论诗的语言结构	倪素波	重庆师范大学学报（哲社）	4期	1995
夜雨寄愁情——李商隐《夜雨寄北》赏析	林国富	语文月刊	8期	1996
《夜雨寄北》新解	华建新	电大教学	4期	1997
关于李商隐《夜雨寄北》的理解——答丘汝腾先生	霍松林	河东学刊	1期	1998
		宝鸡文理学院学报（人文）	3期	1998
相思无限情，尽在不言中——读李商隐《夜雨寄北》	牟凤阁	语文天地	8期	1999
情深意远 思绪缠绵——李商隐《夜雨寄北》赏析	王艳荣	吉林广播电视大学学报	4期	2000
托儿女之情 言不尽之意——读李商隐《无题·相见时难别亦难》及《夜雨寄北》有感	赵成	赤峰教育学院学报	5期	2000
何当共剪西窗烛	朱镇华等	城市住宅	5期	2000
风飘调远 蕴味深长——李商隐《夜雨寄北》解读	邹立群	中学语文	3期	2001
夜雨寄北	陈晨	中文自修	5期	2001
读《夜雨寄北》	周学民	语文天地	18期	2001
《夜雨寄北》当寄连襟	朱宪云	理论观察	4期	2002
文人诗的抒情传统与《夜雨寄北》	诸葛忆兵	语文建设	10期	2002
《夜雨寄北》试解	黄蔼北	学语文	3期	2003
杜甫《月夜》与李商隐《夜雨寄北》对读	易喜平	语文知识	4期	2003
风雨如磐的夜晚——读《夜雨寄北》	王刊	今日中学生	9期	2003
《夜雨寄北》赏析	黄中敏	中学语文园地	11期	2003
《夜雨寄北》不是寄内诗	朱引玉	学语文	3期	2004

续表一三三

篇、书名	著(译)编者	出处	卷、期	年月日
楚雨含情皆有——李商隐《夜雨寄北》暨义山诗歌之读解	姜朝晖 田玉芳	兰州交通大学学报	5 期	2004
夜雨寄北	李商隐	阅读与作文（小学低年）	11 期	2004
《夜雨寄北》赏析	贾荣仙 詹少文	中学语文园地（初中）	19 期	2004
巴山夜雨：遥望幸福——读李商隐《夜雨寄北》	王春冰	中学生阅读（初中）	6 期	2005
		阅读与作文（初中）	7、8 期	2005
《送友人》和《夜雨寄北》比较赏析	钟小平	语文教学与研究	8 期	2005
"巴山夜雨"李义山——读李商隐《夜雨寄北》	刘学文	名作欣赏	24 期	2005
李商隐的侠诗	旭 光	重庆师院学报（哲社）	4 期	1982
也谈李商隐《利州江潭作》——试与杨柳同志商榷	刘国城	人文杂志	4 期	1982
李商隐的《利州江潭作》究竟在说什么	黄永年	中国典籍与文化	1 期	1995
李商隐的三峡诗	林永仁	中国三峡建设	6 期	1998
李商隐《别智玄法师》考	彭树欣	江西师范大学学报（哲社）	4 期	2005
读《咏壁鱼》有感	杨友秀	档案工作	5 期	1983
罗隐和他的《魏成逢故人》	平 子 周玉清	成都日报		1980.1.20
悠然嘻笑藏愤激——读罗隐的《自遣》诗	傅经顺	唐宋文学欣赏		1982
时空慨叹千古情——读罗隐《筹笔驿》	桂 平	阅读与写作	8 期	1994
几首晚唐诗 一段凉山史——读《全唐诗》札记之一	蒋邦泽	西昌师范高等专科学校学报	3 期	1999
薛逢蜀中诗简论	王红霞	四川师范大学学报（社科）	4 期	2005
略论晚唐巴渝诗人李远及其诗	熊 笃	重庆师范大学学报（哲社）	1 期	2004
唐雍陶哀蜀人为南蛮俘虏诗五章		康导月刊	6 卷 5、6 期	1945
雍陶生平及诗歌创作初探	周啸天	社会科学研究	5 期	1984
雍陶诗注	周啸天 张效民	上海古籍出版社		1988
视角有别 秀色各具——刘禹锡、雍陶、程贺"君山"诗比析	郭 象	古典文学知识	1 期	1999
构思新巧 各有千秋——雍陶《题君山》与方干《题君山》比较赏析	王美春	阅读与写作	4 期	2000

续表一三四

篇、书名	著(译)编者	出处	卷、期	年月日
情尽桥与折柳桥	尚 且	湖北师范学院学报（哲社）	4期	2002
才调集唐人小集合考	黄永年	东南日报		1947.8.13
冯简缘评才调集	冯 武	学术世界	2卷2期	1936
才调集	韦 縠	扫叶山房		1914
		新文丰出版公司		1980
		上海古籍出版社		1993
		黄山书社		1998
		北京图书馆出版社		2004
《才调集》考	傅璇琮 龚祖培	唐代文学研究		1994
唐末五代的"才调"观与《才调集》的选旨	顾玉文	三江学院学报（综合）	创刊号	2005
全五代诗	李调元	鼎文书局		1973
		新文丰出版公司		1984
		巴蜀书社		1992
前后蜀杂事诗	范 溶	华西学报	2期	1934
后蜀杂事诗二十七首	范 溶	华西学报	3期	1935
论西蜀派诗	汪 辟	四川文献	58期	1967
前后蜀讽谕诗初探	张 海	社会科学研究	2期	2005
贯休蜀中诗作系年考证	田道英	西南民族学院学报（哲社）	4期	2001
韦庄集	向迪琮校订	人民文学出版社		1958
关于《韦庄集》的编辑出版年代	林伯骥	同舟共进	2期	2003
韦庄《浣花集》卷次辨误	齐 涛	文献	1期	1988
论韦庄政绩及其诗作	天 健	社会科学研究	3期	1987
别有歌诗写升平——从韦庄蜀中诗看前蜀社会	刘蓉英	成都文物	1期	1992
僧可朋和《耘田鼓》	吴天墀	四川日报		1962.9.5
诗僧可朋及其《耘田鼓》	吴天墀	文史杂志	1期	1999
花蕊夫人宫词考证	浦江清	开明书局二十周年纪念文集		1947
		浦江清文录		1958
花蕊夫人の宮詞	原田淑人	月刊文化财	79号	1970
後蜀の花蕊夫人の「宮詞」	增田清秀	日本中国学会报	31集	1979
小议花蕊夫人宫女诗	缪志明	社会科学研究	6期	1982

续表一三五

篇、书名	著(译)编者	出处	卷、期	年月日
花蕊夫人《宫词》作者是谁	樊 一	光明日报		1983.6.14
也议花蕊夫人及其宫女诗	罗树凡	社会科学研究	1 期	1985
花蕊宫词笺注	花蕊夫人著，徐式文笺注	巴蜀书社		1992
花蕊夫人诗事新议	张天健	天府新论	2 期	1990
花蕊夫人和她的宫词	经美英	古典文学知识	6 期	1992
花蕊宫词笺注	徐式文	巴蜀书社		1992
满堤红艳立春风——花蕊夫人诗咏前蜀宫女生活	郭祝崧	文史杂志	4 期	1996
田中玉本《花蕊宫词》羼有他人作	迟乃鹏	成都师专学报	4 期	1997
花蕊夫人宫词的独特价值	李法惠	南都学坛	1 期	1998
蜀中女儿多志气——谈花蕊夫人和她的半阕词、一首诗	孙亚慧	牡丹江师范学院学报（哲社）	1 期	1998
吟咏宫女生活 堪补史籍缺载——谈花蕊夫人《宫词》的史料价值	郭祝崧	成都大学学报（社科）	2 期	2001
王建与花蕊夫人宫词之比较	王 伟	聊城大学学报（社科）	6 期	2002
试论花蕊夫人的宫词创作	曾晓梦	西安联合大学学报	3 期	2003
花蕊夫人诗歌用韵考	郭 莉	四川师范学院学报（哲社）	3 期	2003
王建花蕊夫人《宫词》之比较	李宝玲	台湾逢甲大学人文社会学报	6 期	2003
《全唐诗》中花蕊夫人《宫词》数量辨	董艳秋	西南民族大学学报（人文）	1 期	2004
从花蕊夫人《宫词》透视蜀地宫廷文化	周 涛	四川戏剧	4 期	2004
满堤红艳立春风——花蕊夫人诗注评	曹明纲	上海古籍出版社		2004
论唐宋蜀道诗的文化史意义	马 强	成都大学学报（社科）	3 期	1995
试论唐宋诗人"三峡诗"的乡土特色	鲜于煌	重庆师院学报（哲社）	4 期	2000
从苏黄论杜看宋诗风格的变化——兼论中国古代诗界的宗派门庭	杨胜宽	杜甫研究学刊	4 期	1992
宋京其人其诗及其考古新发现	刘雨茂 荣远大	四川文物	1 期	2000
赵抃其人及其所作三游洞、下牢溪诗	袁 瑾 袁在平	三峡大学学报（人文）	6 期	2002
陈尧佐诗辑佚注析	程瑞钊	巴蜀书社		1991
《全宋诗》作者正误	闻 则	宋代文化研究		2002
《陶者》《蚕妇》赏析及教学建议	彭仲凯 邓怒涛	湖南教育	11 期	1985

续表一三六

篇、书名	著(译)编者	出处	卷、期	年月日
《江上渔者》《陶者》《蚕妇》话异同	谢若松	云南教育	11期	1991
《陶者》和《蚕妇》比较谈	邵润阳	小学教学研究	10期	1995
"苦恨年年压金线,为他人作嫁衣裳"——杜荀鹤和张俞两首《蚕妇》诗赏析	谢巨涛	湖南税专学报	2期	1996
谁解蚕妇怨——关于剥削问题的讨论	刘正山	中华工商时报		2003.1.30
蚕妇	张俞	中小学作文教学(小学生)	6期	2003
《蚕妇》中"城市"注释辨误	邵春驹	小学教学研究	9期	2004
也谈《蚕妇》中"城市"注释	毕学清	小学教学研究	2期	2005
关于《蚕妇》的另一种解读	姚康康	小学教学研究	8期	2005
不是爱国,是派性	洪桥	读书	10期	1992
即属派性,何妨爱国	巩本栋	读书	7期	1993
苏洵佚诗辑考	刘尚荣	文学遗产	3期	1982
苏洵佚诗系年商榷	曾枣庄	文学遗产	3期	1983
"精深有味,语不徒发"——试论苏洵的诗歌创作	曾枣庄	贵州社会科学	4期	1983
蘇洵の水官詩について——蘇洵と道教	砂山稔	東洋学論集:中村璋八博士古稀記念		1996
文同诗选	何增鸾 刘泰焰	四川文艺出版社		1985
谈钱钟书的文同诗研究	罗琴	重庆师院学报(哲社)	1期	2001
苏诗选详解	土屋弘	明治书店		1917
国译苏东坡诗集	岩垂宪德等	国民文库刊行会		1928–1930
苏轼诗	严既澄	台湾商务印书馆		1930
读宋椠苏诗施顾注题跋记	顾廷龙	北平图书馆馆刊	7卷1期	1933
苏东坡、欧阳修、王安石话体诗选	陶乐勤	民智书店		1934
苏轼诗选	王学正	上海经纬书局		1935
音注苏东坡诗	王渔洋	中华书局		1937
詳解蘇東坡詩集	大槻徹心	京文社書店		1943
蘇東坡詩集	鶴田久作	東洋文化協会出版社		1957
苏轼诗选	陈迩冬	人民文学出版社		1957
		大光出版社		1981
太岳の翰苑遺芳と施注東坡詩	倉田淳之助	佛教史学論集:塚本博士頌壽記念		1961

续表一三七

篇、书名	著(译)编者	出处	卷、期	年月日
苏轼	小川環樹 山本和義	中国詩人選集	2、3	1962
东坡诗注述	黄君实	华国	4期	1963
東坡詩王状元集注本について	西野貞治	人文研究	15卷6号	1964
蘇東坡詩の源流について――とくに白楽天詩との関係をめぐって	西野貞治	日本中国学会報	16集	1964
施注苏诗——附苏诗补注	施元之注，翁方纲补注	广文书局		1964
Su Tung-p'o: Selections from a Sung Dynasty Poet	B. Watson	Columbia University Press		1965
东坡诗次公注について	仓田淳之助	お茶の水女子大学人文科学紀要	19卷	1966
论苏诗注本之长短得失		新亚生活	10卷9期	1967
漢詩選11：蘇軾	近藤光男	集英社		1967
苏文忠公诗集	纪昀	宏业书局		1969
宋刊施顾注苏诗	施元之 顾景蕃	艺文印书馆		1969
		汎美图书公司		1978
宋刊施顾注苏东坡诗概述	郑骞	"中央图书馆"馆刊	3卷1期	1970
宋刊施顾注苏东坡诗提要	郑骞	艺文印书馆		1970
苏轼	山本和義	中国诗文选19		1973
蘇東坡詩選	小川環樹 山本和義	岩波文庫		1975
集注分类东坡先生诗	王十朋注	艺文印书馆		1975
		台湾商务印书馆		1979
		上海书店		1989
苏诗补注	查慎行	新文丰出版公司		1979
增补足本施顾注苏诗	施元之、顾景蕃注，郑骞、严一萍编校	艺文印书馆		1980
苏轼诗篇有多少	孔凡礼	北京晚报		1981.1.19
苏诗知多少	邢淑贤	文献	3期	1981
《百家注分类东坡诗集》考	刘尚荣	社会科学战线	2期	1982
《平都天下古名山》——苏轼轶诗一首	李门	中州学刊	5期	1982

续表一三八

篇、书名	著(译)编者	出处	卷、期	年月日
苏轼诗集	王文诰辑注,孔凡礼点校	中华书局		1982
苏轼诗选注	吴鹭山等	百花文艺出版社		1982
读王文诰《苏诗总案》札记	曾枣庄	中华文史论丛	3 期	1983
关于苏轼"轶诗"的几个问题——与李门同志商榷	杨海中	中州学刊	4 期	1983
苏轼诗集	王文诰 冯应榴	学海出版社		1983
蘇東坡詩集 1-4 册	小川環樹 山本和義	筑摩書房		1983-1990
《吴江岸》非东坡所作	王振泰	苏州大学学报	4 期	1985
谈宋刻施顾东坡诗注	潘美月	故宫文物月刊	22 期	1985
苏文忠公诗编注集成总案	王文诰	巴蜀书社		1985
《苏轼诗集》点校失误举要	陈冠明	四川大学学报(哲社)	2 期	1986
苏轼诗选	徐续	三联书店香港分店		1986
		广东人民出版社		1987
		远流出版社		1988
《苏轼诗集》编次订误	孔凡礼	社会科学战线	4 期	1988
铜鼓发现眉州苏子瞻赠胡傅岩佚诗	杨方箴	宜春师专学报	1 期	1989
关于苏轼的佚诗《赠傅岩公》	杨方箴	文学遗产	3 期	1989
中华版《苏轼诗集》错误举例	周本淳	古籍整理研究学刊	3 期	1989
苏轼诗选	陈新雄	学海出版社		1989
苏轼佚诗真伪辨——关于苏轼的补编诗互见诗及其真伪的研究与评介	刘尚荣	宝鸡师院学报(哲社)	4 期	1990
苏轼诗集	王文诰辑注	庄严出版社		1990
苏轼游览诗注译	刘自献	中国商业出版社		1990
新版《苏轼诗集》断句标点纠误	吴雪涛	古籍整理研究学刊	4 期	1991
苏轼诗注举正——兼论《苏轼诗集》的校勘	郭天祥	古籍整理研究学刊	4 期	1991
苏东坡诗选	(安永旭)	太学堂		1993
Selected Poems of Su Tung-Po	B. Watson	Copper Canyon Press		1994
苏东坡民俗诗解	程伯安	中国书籍出版社		1994
苏诗查注补正	沈钦韩	上海书店		1994

续表一三九

篇、书名	著(译)编者	出处	卷、期	年月日
东坡笔下无此诗,"黎母"为题更不宜——《五公诗词选》"题黎母山"一诗探源	郑国辉	海南史志	1期	1995
钱塘太守例能诗——陈襄与苏轼唱和之佚诗二首	陈庆元	中华诗词	3期	1995
苏轼诗选注	王宇九	新疆人民出版社		1995
苏东坡诗集	王文诰注	珠海出版社		1996
中国诗苑英华·苏轼卷	徐培均	山东大学出版社		1997
中国古代十大诗人精品选集·苏轼	陶文鹏	大连出版社		1997
冯应榴《苏诗合注》平议	王友胜	武陵学刊	5期	1998
苏诗汇评	曾枣庄	台湾文史哲出版社		1998
		四川文艺出版社		2000
人间有味是清欢:苏轼诗选	陈明恩	朱雀文化事业公司		1998
评日本赖山阳《东坡诗钞》	曾枣庄	四川大学学报(哲社)	1期	1999
论纪昀的苏诗评点	王友胜	中国韵文学刊	2期	1999
清注苏诗述略	曾枣庄	中国韵文学刊	2期	1999
《施注苏诗》得失论	王友胜	中国典籍与文化	1期	2000
吕叔湘与《苏轼诗集》的不解之缘	刘尚荣 宁德伟	书品	1期	2000
《吴江岸》新考	王振泰	鞍山师范学院学报	1期	2000
查慎行的苏诗选评	王友胜	中国文学研究	2期	2000
冯应榴与《苏文忠诗合注》	王友胜	文学遗产	2期	2000
汪师韩的《苏诗选评笺释》	曾枣庄	文学遗产	3期	2000
莫友芳精读的《施注苏诗》管窥	李连昌	贵州文史丛刊	4期	2001
蘇軾《詩集伝》與朱熹《詩集伝》	石本道明	国学院雑誌	102号	2001
漢詩をよむ:蘇東坡100選	石川忠久	NHKライブラリ		2001
蘇東坡全詩集	岩垂憲徳等訳註	日本圖書センタ出版社		2000
纪昀评点东坡编年诗	纪昀	北京图书馆出版社		2001
苏轼诗集合注	冯应榴辑注,黄任轲、朱怀春校点	上海古籍出版社		2001
苏轼佚诗三首	吴宗海	江苏大学学报(社科)	1期	2002
苏轼佚诗辨正	马德富	文学遗产	5期	2002

续表一四○

篇、书名	著(译)编者	出处	卷、期	年月日
《李白集》中的苏轼诗——《上清宝鼎诗》作者考	阮堂明	天津师范大学学报（社科）	6 期	2002
苏轼诗选	李钟振	文以斋		2002
论清人注释、评点苏诗的特征与原因	王友胜	乐山师范学院学报	3 期	2003
苏轼佚诗考论	谢世洋	南昌大学学报（人社）	4 期	2003
《东坡诗集注》著者为王十朋考	卿三祥	宋代文化研究	12 辑	2003
苏轼及苏门诗人诗传	郭 鹏	吉林人民出版社		2003
苏轼诗注辨正	钟振振	陕西师范大学学报（哲社）	1 期	2004
苏轼被误判误编诗考论	谢世洋	南昌大学学报（人文）	2 期	2004
陈迩冬、金性尧先生苏诗名篇注释质疑	钟振振	文史哲	1 期	2005
施注苏诗	施元之注	吉林出版集团		2005
苏轼诗集（一）	柳仲睦译注	首尔大学校出版部		2005
苏诗的旁窥	凫 公	国闻周报	9 卷 21 期	1932
苏诗臆说	赵宗湘	国专月刊	2 卷 4 期	1936
东坡诗分期之检讨	严恩纹	责善半月刊	2 卷 1、2 期	1941
东城诗渊源之商榷	严恩纹	文史杂志	5 卷 1、2 期	1945
Su Tung-P'o and Sung Poetry	Wu, Shih-ch'ang	Oriental Art	Vol. 3, Nos. 3	1951
詩にける比喩の工拙と雅俗——蘇東坡の場合	小川環樹	中国文学報	2 册	1955
蘇東坡古詩用韻考	小川環樹	五十周年記念論集（京都大学文学部）		1956
略论苏轼及其诗	匡 扶	甘肃日报		1956.12.8
苏轼诗简论	匡 扶	文史哲	4 期	1957
苏诗的轮廓	陈迩冬	诗刊	11 期	1957
略论苏轼的诗	马 赫	文学遗产增刊	5 辑	1957
苏诗札记	程千帆	光明日报		1957.5.19, 1957.5.23
苏轼詩論稿	山本和義	中国文学報	13 册	1960
试论苏东坡的政治讽刺诗	赵继武	扬州师院学报	11 期	1961
東坡の詩画論について	船津富彦	東方学	21 辑	1961
苏轼的政治思想和苏诗的艺术成就	谢善继	江汉学报	3 期	1962

续表一四一

篇、书名	著(译)编者	出处	卷、期	年月日
中国大文豪苏东坡的诗与文学	丁来东	成均	16辑	1962
苏东坡之诗	李　里	自立晚报		1963.8.4
苏东坡（汉诗大系）	近藤光男	集英社		1964
蘇東坡詩論	倉田淳之助	東洋文化	复刊13号	1966
东坡诗中数事	杨胤宗	建设	15卷6期	1966
苏东坡诗的幽默	风　人	"中央日报"		1966.8.24
苏东坡诗中的色泽美	陈　香	"中央日报"		1966.8.13，1966.8.14
苏轼及其诗歌创作	黄勋吾	南洋大学学报	3卷	1969
由苏轼诗文谈到写诗	朱玖莹	中华诗学	3卷	1970
蘇軾の政治批判の詩について	横山伊势雄	漢文学会会報（東京教育大学）	31号	1972
東坡の戯詩	倉田淳之助	烏居久靖先生華甲記念論集（中国の言語と文学）		1972
苏轼活泼之诗风与诗人之新形象	漩　流	诗风	13期	1973
蘇軾の《南行集》の詩について	横山伊势雄	漢文学会会報（東京教育大学）		1973.6.32
蘇軾嶺外詩考	山本和義	入矢教授、小川教授退休記念中国文学語学論集		1974
苏东坡的投影——以高丽朝汉诗为中心的其材源研究	李昌龙	人文科学论丛（建国大学）	8辑	1975
东坡诗考	李鸿镇	中国	17辑	1976
评苏轼的政治态度和政治诗	王水照	文学评论	3期	1978
论苏轼同情人民的诗歌	朱靖华	文学论集	1辑	1979
论苏轼同情人民的诗篇——兼谈古代文学作品的人民性问题	刘乃昌	北京师大学报（社科）	3期	1979
"苏诗"和西湖	艾　陀	东海	8月号	1979
关于所引苏轼诗句的两点质疑		光明日报		1979.11.29
论苏轼的安边御敌思想和爱国诗篇	刘乃昌	齐鲁学刊	2期	1980
浅谈苏东坡在海南的诗歌创作	朱玉书	海南日报		1980.7.19
苏轼诗论	王士博	吉林大学学报（社科）	1期	1981
论苏轼诗的人民性	孙兰廷	内蒙古师院学报（哲社）	2期	1981
简牍仅刑在——谈苏轼的评杜与学杜	张志烈	草堂	2期	1981
苏东坡和他的西湖诗	池　边	西湖	2月号	1981

续表一四二

篇、书名	著(译)编者	出处	卷、期	年月日
试论苏东坡晚年诗作中的现实主义倾向	万 陆	赣南师专学报	3期	1981
论苏轼的"文理自然，姿态横生"说	徐中玉	社会科学战线	4期	1981
试论苏轼的岭南诗	张德昌 洪柏昭	学术研究	6期	1981
试论苏轼的山水诗	曹济平	文艺论丛	13辑	1981
苏东坡论画诗	洪毅然	活页文史丛刊		1981
替苏东坡论画诗翻案	洪毅然	活页文史丛刊		1981
对周振甫先生《苏诗艺术初探》一文的商榷	胡守仁	争鸣	1期	1982
苏轼对荔枝的赞与叹——从东坡在惠州贬所写的几首荔枝诗谈起	陈师旅	惠阳师专学报（社科）	1期	1982
论苏诗中的空间感	张三夕	文学遗产	2期	1982
试论苏轼在黄州的诗歌	黄海鹏	黄冈师专学报	2期	1982
苏东坡论诗人	颜中其	东北师大学报（哲社）	2期	1982
依画翻新意，诗抒画外情——苏轼咏画题画诗赏析	孙 民	社会科学辑刊	3期	1982
泛谈苏东坡的景物诗	余彦文	黄冈师专学报	3期	1982
试论苏轼诗中的"理趣"	侯孝琼	黄冈师专学报	3期	1982
苏轼议论诗中的理趣	杨树增	文科教学	4期	1982
略谈苏轼和韵诗的思想意义	陈遇春	青海师范学院学报（哲社）	4期	1982
苏轼山水诗的谐趣、奇趣和理趣	陶文鹏	江汉论坛	4期	1982
苏轼的写景小诗	晨 光	昆明师院学报（哲社）	4期	1982
论苏轼咏画诗	项郁才	黄石师院学报（哲社）	4期	1982
苏诗内容的评价	胡国瑞	武汉大学学报（社科）	6期	1982
南行記とその周邊——蘇詩剳記	山本和義	南山国文論叢（南山大学）	6号	1982
千古诗心：东坡诗赏析	龚鹏程	惠施出版社		1982
略论苏轼的杭州诗	章楚藩	杭州师院学报（社科）	2期	1983
苏轼诗的议论	赵仁珪	北京师范大学学报	5期	1983
万顷沧波没两鸥——谈苏轼赠和子由的诗	冒 炘 王林书	甘肃社会科学	5期	1983
苏诗例释	霍松林	文史哲	6期	1983
苏轼论诗歌创作	颜中其	求是学刊	6期	1983
南行集の蘇軾詩——蘇詩剳記	山本和義	南山国文論叢（南山大学）	7号	1983

续表一四三

篇、书名	著(译)编者	出处	卷、期	年月日
蘇軾詩に於ける桃花源と仇池	吉井和美	文芸論叢（大谷大学）	20号	1983
李退溪从苏东坡的接受样相	李昌龙	国语教育	44、45辑	1983
蘇軾における詩と名字	山本和義	ちくま	144号	1983
由诗话看苏东坡的投影	李昌龙	李志百教授华甲纪念论文集		1983
苏轼研究论文 第二辑：东坡诗论丛	苏轼研究学会	四川人民出版社		1983
清雄奇富，变幻飞动——论苏轼诗中的自然山水动态美	陶文鹏	中国古典文学论丛	1辑	1984
关于苏诗二则	子冉	齐鲁学刊	1期	1984
言虽浅卑鄙 自有深趣——读苏轼的理趣诗	吴枝培	南京大学学报（哲社）	1期	1984
苏轼晚年的爱国情怀——浅论苏轼的海南诗	朱玉书	华南师范大学学报（社科）	3期	1984
苏轼的题画诗	张忠全	四川师院学报（社科）	4期	1984
苏东坡的茶诗	胡坪 黄婺	中国茶叶	5期	1984
东坡论杜述评	棘园	贵州社会科学	6期	1984
水车秧马入诗来	虞澄	新闻通讯	8期	1984
读苏轼的题画诗	吴枝培	古代文学理论研究	9辑	1984
苏轼诗论研究	李永朱	中国文学	11辑	1984
关于苏轼的一首论诗论画诗	徐寿恺	古代文艺思想漫话		1984
略论苏轼题画诗	林从龙 范炯	江海学刊	1期	1985
苏轼岭南诗作的思想品格	林冠群	海南大学学报（社科）	2期	1985
东坡山水七绝艺术随谈	毛庆	贵州社会科学	2期	1985
苏轼北归度梅岭诗评析	王朝安 王集门	海南大学学报（社科）	2期	1985
		韶关师专学报	2、3期	1986
对仕宦人生的深刻反省——谈苏轼诗歌风格发展的三个阶段	孙民	沈阳师范学院社会科学学报	2期	1985
苏轼融画境入诗的成就	李碧传	艺谭	3期	1985
论苏轼晚年诗的积极意义	何风奇	齐齐哈尔大学学报（哲社）	4期	1985
苏轼诗的才气	赵仁珪	北京师范大学学报	6期	1985
苏诗与气候		文史知识	7期	1985
苏轼反青苗法诗的历史背景	苏宏潮	温州师专学报（社科）	1期	1986
苏轼诗歌的艺术特征与审美趣味	朱学群	华侨大学学报（哲社）	1期	1986

续表一四四

篇、书名	著(译)编者	出处	卷、期	年月日
哲理·情感·意象·议论——苏轼哲理诗之我见	王　洪	成都大学学报（社科）	1 期	1986
苏诗讽刺艺术及其渊源管窥	李　博	河南大学学报（社科）	2 期	1986
东坡黄州海棠诗漫谈	金　铮	文史杂志	2 期	1986
诗的说理与说理的诗——谈苏轼议论诗的得失	李正心	文史杂志	3 期	1986
略谈苏轼的诗歌理论	章楚藩	杭州师院学报（社科）	4 期	1986
论苏轼早期诗歌创作	谢桃坊	天府新论	5 期	1986
蘇軾の二度の杭州在任期に於ける詩に就いて——蘇軾詩論ノートⅠ	内山精也	中国詩文論叢	5 集	1986
苏轼诗所表现的思想	文明淑	中国语文学	11 辑	1986
苏轼诗源流考	朴宗喆	中国语文学	11 辑	1986
蘇軾の詩と年譜について	西野貞治	神田喜一郎博士追悼中国学論集		1986
论苏轼岭南诗及其他——苏轼研究学会全国第三次学术讨论会论文集	苏轼研究学会	广东人民出版社		1986
苏轼诗歌的艺术渊源	谢桃坊	西南师范大学学报（哲社）	1 期	1987
论苏轼题画诗的丰富想象	汤炳能	学术论坛	2 期	1987
论东坡诗的"新"和"妙"	白敦仁	成都大学学报（社科）	2 期	1987
从苏诗看苏轼的个性	曹方林	成都师专学报	2 期	1987
妙寄物外之理：谈苏轼的理趣诗	任亚民	百家论谈	4 期	1987
苏轼对意境论的贡献	阮国华	天津社会科学	6 期	1987
谈苏轼诗中的"理趣"	陈岳来 章跃一	学语文	6 期	1987
谈谈苏轼诗中的"理趣"	陈岳来	阅读与写作	8、9 期	1987
蘇軾の詩に表れた人生観——四川大学に於ける学術報告（草稿）	山本和義	青山国学論集（青山学院大学）	11 号	1987
苏轼的诗与禅	彭曼青	华声报		1987.9.25
苏轼诗研究	谢桃坊	巴蜀书社		1987
东坡诗小考	朴相淑	兰香中文（诚信女子大学）	1 辑	1988
也谈苏轼政治诗	毛永龄	乐山师专学报（社科）	2 期	1988
苏轼诗趣及其成因探微	俞浩胜	安庆师院学报（社科）	2 期	1988
"心闲诗自放，笔老语翻疏"——苏轼海南诗风新探	孙　民	沈阳教育学院学报	2 期	1988

续表一四五

篇、书名	著（译）编者	出处	卷、期	年月日
水光潋滟晴方好　山色空濛雨亦奇——苏轼山水诗的动态美探析	唐卿娴	广西师院学报	3期	1988
伫立望原野，悲歌为黎元——试论苏轼的"乌台诗"	牛振民	宁夏教育学院学报	3期	1988
苏东坡诗研究	李鸿镇	人文科学（庆北大学）	3辑	1978
苏轼"以议论为诗"考辨	张昌余	四川师范大学学报（社科）	4期	1988
读苏诗杂志二题	魏贤梅	徐州教育学院学报	4期	1988
融画技、诗法于一炉——简论苏轼写景咏物诗的美特色	夏　青	济宁师专学报	4期	1988
论苏轼的咏梅诗	姜兰宝	大庆师专学报	4期	1988
蘇軾次韻詩考	内山精也	中国詩文論叢（早稻田大学）	7集	1988
苏轼诗歌创作分期新论	方　然	曲靖师专学报	1期	1989
有触于中，而发于咏叹——柱谈苏轼早期诗歌创作	牛振民	宁夏教育学院学报	1期	1989
苏诗以意胜	马德富	文学评论	2期	1989
苏轼海南诗的艺术特色	钟　平	海南师范学院学报（社科）	2期	1989
元好问《论诗绝句》抉瑕——兼为苏轼诗一辩	瑜　琳　苍　宇	成都大学学报（社科）	2期	1989
苏诗以意胜	马德富	文学评论	2期	1989
"烏台詩案"前後の蘇軾の詩境——《楚辞》意識について	石本道明	国学院雑誌（国学院大学）	90卷2号	1989
深沉的哲理，隽永的趣味——苏轼哲理诗纵横谈	冯国凡	西部学坛	3期	1989
话说"坡诗百态新"	谢其祥	广西师院学报	3期	1989
苏轼凤翔诗作说略	张连举	宝鸡师院学报（哲社）	4期	1989
苏轼"以才学为诗"论	王　洪	江西社会科学	5期	1989
蘇軾次韻詩考——文学史上の意義を中心に	内山精也	早稻田大学大学院文学研究科紀要別册	15辑	1989
论苏轼的自然诗观	陶文鹏	中国文学史研究集		1989
苏轼诗中的茶文化	张连举	唐都学刊	1期	1990
苏轼题画诗与诗画艺术	张家英	黑龙江教育学院学报	2期	1990
东坡诗趣论	杨正祥	盐城教育学院学刊	2期	1990
苏轼"以文为诗"论	王　洪	江西社会科学	4期	1990
苏轼早期诗中的人生思考及其追求"高风绝尘"的审美趋向	朱靖华	宝鸡师院学报（哲社）	4期	1990

续表一四六

篇、书名	著(译)编者	出处	卷、期	年月日
走出自然——从苏轼的山水诗看自然诗化的走向及其意义	冷成金	中国人民大学学报	4期	1990
从苏诗的用典看苏轼晚年"忠君"思想的变化	张福庆	江汉论坛	7期	1990
The Road to East Slope: The Development of Su Shi's Poetic Voice	Michael Fuller	University of California Press		1990
试论苏轼理趣诗的审美特征	张连举	宝鸡师院学报（哲社）	1期	1991
略论苏轼海南诗歌的乐观主义特征	孟醒仁	贵州师范学院学报	2期	1991
试论苏轼诗中的"诗画合璧"	詹珊	湄州论坛	2期	1991
苏诗笺记四则	王义方	渤海学刊	2期	1991
苏诗与宋代文化	周本淳	淮阴师范学院学报（哲社）	3期	1991
		贵州民族学院学报（社科）	4期	1991
苏轼咏茶诗浅释	行一	农业考古	4期	1991
试论苏轼的"以文字为诗"	王洪	江西社会科学	5期	1991
苏轼所说的"元轻白俗，郊寒岛瘦"指的是什么	吴小如	文史知识	7期	1991
苏轼仕宦前期的抒情诗小考	曹圭百	首善论集（成均馆大学研究生院）	16辑	1991
别开生面 独树一帜——浅谈苏轼诗歌的艺术个性	蒲丽田	中山大学学报论丛	24期	1991
蘇軾の悼亡詩について	瀧本正史	漢文教室	168号	1991
从接受美学看苏轼对韩愈诗歌的评价	陈新璋	华南师大学报	2期	1992
盛衰阅过君应笑：试论苏轼诗的"幽默"	侯孝琼	湖北教育学院学报（哲社）	4期	1992
苏轼《凤翔八观》诗初探	祁念曾	宝鸡师院学报（哲社）	4期	1992
蘇軾詩における避諱韻字について——《礼部韻略》韻略條式を中心に	水谷誠	中国詩文論叢	11号	1992
"乞借春阴护海棠"不是苏东坡诗句	乔东黎	语文学习	11期	1992
東坡詠竹詩管窺——黄州期を中心として	石本道明	国学院中国学会报（国学院大学）	38号	1992
苏轼论诗重清境	杨胜宽	四川教育学院学报	1期	1993
苏东坡与泸州的诗缘	赵永康	乐山师范学院学报	1期	1993
论苏轼的"无象"之境——诗境与画境的结合	高岭	美苑	1期	1993

续表一四七

篇、书名	著(译)编者	出处	卷、期	年月日
苏轼诗学观平议	党圣元	延安大学学报（社科）	2期	1993
论苏轼诗歌的理趣	兰 翠	烟台大学学报（哲社）	2期	1993
寓理于景 各有千秋——苏轼陆游山水哲理诗对比	高忠新	殷都学刊	2期	1993
苏轼诗趣探微	俞浩胜	成都大学学报（社科）	3期	1993
苏轼的诗与唐代绘画	朱禹惠	文史知识	3期	1993
观民·悯民·爱民——读苏轼描写人民的诗作	林正龙	喀什师范学院学报（哲社）	3期	1993
苏轼诗趣补遗	陈长义	四川教育学院学报	4期	1993
苏轼的"意境"论及其"意境"诗	章楚藩	杭州师范学院学报	4期	1993
苏轼诗趣补遗	陈长义	四川教育学院学报	4期	1993
从"密州诗"看苏轼的儒家思想	孙兰廷	语文学刊	4期	1993
论苏轼诗风主流"高风绝尘"	朱靖华	文学遗产	5期	1993
蘇軾の自然描写——杭州通判期の詩をめぐって	湯淺陽子	中国文学报（京都大学）	46号	1993
苏轼诗歌研究	王 洪	朝华出版社		1993
论苏轼诗塑造人物形象的艺术	陶文鹏	文学遗产	1期	1994
盛衰阅过君应笑——试论苏轼诗的"幽默"	侯孝琼	中国韵文学刊	1期	1994
王维、苏轼山水诗中诗与禅相互交替现象	王志清	四川教育学院学报	1期	1994
苏轼政治讽喻诗内容新探	李寅生	河池师专学报	1期	1994
苏东坡百诗百俗解（婚丧寿诞部分）	程伯安	咸宁师专学报	2期	1994
苏轼诗琐谈	王惠民	商洛师专学报	2期	1994
说东坡论杜	王文龙	杜甫研究学刊	2期	1994
论苏轼性命义利观对其诗歌的意义	黄 杰	杭州大学学报（哲社）	3期	1994
试论苏轼的西湖诗	段小毛	中国文学研究	3期	1994
刘禹锡诗对苏轼诗的影响	朴寅成	顺天乡大学论文集	17卷3期	1994
苏诗的主体风神与生命律动	章尚正	安徽大学学报（哲社）	4期	1994
苏轼诗歌的理趣		文史知识	4期	1994
苏轼酒诗品赏（待续）	李德身	连云港教育学院学报	4期	1994
苏轼酒诗品赏（续完）	李德身	连云港教育学院学报	1期	1995
东坡诗歌美学探幽（上）	王文龙	盐城师范学院学报（哲社）	4期	1994
东坡诗歌美学探幽（下）	王文龙	盐城师范学院学报（哲社）	2期	1995

续表一四八

篇、书名	著(译)编者	出处	卷、期	年月日
苏轼在惠州贬谪时期诗的精神世界	曹圭百	中国文学研究	12辑	1994
		中堂丁镇范教授六秩颂寿纪念论丛		1995
《蘇軾詩における上・去通押について》訂補	水谷誠	中国詩文論叢（早稲田大学）	13号	1994
苏东坡民俗诗解	程伯安	中国书籍出版社		1994
苏轼与白居易比较研究	蔡正发	思茅师专学报	1期	1995
苏轼七言古诗的结构艺术	张智华	安徽师大学报（哲社）	1期	1995
苏轼禅诗之主题	朴永焕	宋代文学研究丛刊	1辑	1995
试论苏轼诗歌景物描写的绘画美	张连举 周玲	渭南师专学报（社科）	2期	1995
苏轼诗论与诗作的禅宗化特点	邝文	广西教育学院学报	2期	1995
略谈苏轼诗中的理趣	米军	阴山学刊（社科）	2期	1995
苏轼寓澄诗辨证	班石	海南史志	2期	1995
苏轼禅诗表现的艺术风格	朴永焕	佛学研究	2期	1995
《苏轼禅诗研究》序	任继愈	佛学研究	2期	1995
由苏轼田园诗看北宋的农村相	文宽寿	世明论丛	3辑	1995
略论苏轼的禅宗思想及对其诗论诗作的影响	邝文	华南师范大学学报（社科）	3期	1995
试论东坡关于诗歌鉴赏的理论与实践	王文龙	乐山师范学院学报	3期	1995
苏轼何以独好渊明之诗	张柱	山西大学学报（哲社）	3期	1995
茶诗谈趣（四）——苏东坡茶诗赏析	钱时霖	茶叶机械杂志	3期	1995
论苏轼诗文中的理趣——兼论苏轼推重陶王韦柳的原因	葛晓音	学术月刊	4期	1995
宋诗的地位与苏诗的地位	张尹炫	山东大学学报（社科）	4期	1995
"苏子作诗如见画"——从杜甫和苏轼的马诗看唐宋诗风	邓仕梁	中国文化研究所学报	4期	1995
苏轼的诗论	徐季子	文艺理论研究	6期	1995
东坡笑声蕴涵多——浅谈苏轼诗歌的幽默	桂平	阅读与写作	7期	1995
出仕与隐退之间的矛盾及其消解——苏轼诗的一断面	曹圭百	中国文学研究	13辑	1995

续表一四九

篇、书名	著(译)编者	出处	卷、期	年月日
苏轼的自然亲和诗考察（1）	曹圭百	论文集（济州专科大学）	16辑	1995
苏轼的自然亲和诗考察（2）	曹圭百	论文集（济州专科大学）	18辑	1997
苏轼的饮酒诗考察	曹圭百	中国语文学	25辑	1995
苏轼禅诗研究	朴永焕	中国社会科学出版社		1995
苏轼的诗歌理论	张连第	吉林大学社会科学学报	1期	1996
苏轼诗中的品格美	张尹炫	菏泽师专学报	1期	1996
苏轼的几首茶诗	罗家庆	农业考古	2期	1996
苏东坡一首茶诗中的疑问	汪从元	农业考古	2期	1996
苏轼"以议论为诗"溯源	丁睿	贵阳师专学报（社科）	3期	1996
论苏轼诗对芭蕉俳谐的影响	王海燕	解放军外国语学院学报	3期	1996
苏轼论诗味	黄钢	新疆社科论坛	3期	1996
欧、苏"禁体物语"及近古咏雪诗	王雪盼	南京师大学报（社科）	3期	1996
"苏诗始学刘禹锡多怨刺"辨	刘卫林	人文中国学报	3期	1996
得意忘象　形神兼备——浅谈苏轼题画诗的审美超越	王玉梅	辽宁教育学院学报	4期	1996
试论苏轼关于诗歌鉴赏的理论与实践	王文龙	文学遗产	5期	1996
苏轼的书画艺术诗考察	曹圭百	中国学研究（韩国外国语大学）	11辑	1996
美国汉学家厄根论苏轼和黄庭坚的题画诗	蓝玉等	文学研究参考	12期	1996
苏轼诗研究——以现实批判诗为中心	李鸿镇	中国语文学	27辑	1996
苏轼诗研究——以抒情诗为中心	李鸿镇	中国语文学	28辑	1996
苏轼诗从陶渊明诗的接受与同化样相	曹圭百	大东文化研究	31辑	1996
苏轼诗分期代表作研究	江惜美	华正书局		1996
东坡诗话全编笺注	王文龙	西南师范大学出版社		1996
简评赵翼的苏诗观	王友胜	湘潭师范学院学报（社科）	1期	1997
"无尽藏"再掘：读东坡诗文小记	郑秉谦	东方文化	1期	1997
从苏轼黄州、岭海诗的比较看苏轼晚年的情感变化	张福庆	外交学院学报	1期	1997
略论苏轼诗的"理趣"——宋代文学教学札记之一	祁兆珂	江苏广播电视大学学报	1期	1997

续表一五〇

篇、书名	著(译)编者	出处	卷、期	年月日
论苏轼的诗歌美学思想	文师华	南昌大学学报（社科）	2期	1997
苏轼诗歌感喟人生的哲理特征	张尹炫	文史哲	3期	1997
苏轼诗歌的至境——自然	安熙珍	文学遗产	3期	1997
苏轼诗歌创作的分期问题新探	方然	四川大学学报（哲社）	3期	1997
想见东坡居士 挥毫百斛泻明珠——苏轼以诗晓画以画入诗探寻（上）	胡俊林	内江师专学报	3期	1997
想见东坡旧居士 挥毫百斛泻明珠——苏轼以诗晓画轨迹探寻（下）	胡俊林	内江师专学报	3期	1998
苏轼诗赏析	甘末	都江学刊	4期	1997
苏诗比喻浅说	刘石	古典文学知识	5期	1997
苏轼诗语的开拓与制炼	安熙珍	中国学论丛（忠清中国学会）	6辑	1997
论苏轼的诗歌美学思想	文师华	南昌大学学报（社科）	6期	1997
论苏轼的文人品格与诗风	马茂军	学术研究	9期	1997
苏轼的两首寄题诗		文史知识	11期	1997
从道家思想探讨苏轼的诗论	安熙珍	道家文化研究	14辑	1997
苏轼的诗论	安熙珍	中国学研究	27辑	1997
苏轼的诗境	安熙珍	中国语文学	29辑	1997
苏轼诗所表现的与现实世界的乖离及其消解	曹圭百	濡园金喆洙教授退任纪念中语中文学论丛		1997
佐藤佐太郎の蘇軾の嶺海詩への欣慕——歌人の老境を支えた中国詩人の言葉	加藤国安	爱媛大学教育学部纪要·第Ⅱ部，人文·社会科学	31卷1号	1998
论苏轼诗歌的绘画美	严明	长沙大学学报	1期	1998
		攀枝花大学学报	2期	1998
东坡论"诗学"传统	王文龙	黄冈师专学报	3期	1998
东坡诗歌创作论概观	王文龙	盐城师专学报（哲社）	3期	1998
谈谈苏轼诗的艺术	李廷先	古典文学知识	3期	1998
随机变化 不主故常——谈苏轼两首论书七古	周本淳	淮阴师范学院学报（哲社）	3期	1998
禅机独运 意趣天成——简述东坡绝句中的禅理诗	杨明洁	内蒙古民族师院学报（哲社）	3期	1998
征鸿初起 势新蝉第一声——苏轼"南行诗"述评	张步中	淮阴师范学院学报（哲社）	3期	1998

续表一五一

篇、书名	著(译)编者	出处	卷、期	年月日
苏轼饮酒诗探微	张根云	内蒙古教育学院学报	5期	1998
谈苏轼诗中的自然山水动态美	沙雪莹	北方经贸	6期	1998
蘇軾の嶺海期の悟達の詩学	加藤国安	東洋古典學研究	6号	1998
论苏轼诗学的反常合道	安熙珍	中国学论丛（忠清中国学会）	7辑	1998
歌人・佐藤佐太郎の蘇軾贊歌——老境の日夕と喜びと	加藤国安	愛媛国文と教育	31号	1998
苏轼"以赋为诗"研究	郑倖朱	文津出版社		1998
缘物启悟　因情索隐——简论苏东坡绝句中的哲理诗	杨明洁	内蒙古民族师院学报（哲社）	1期	1999
试论苏轼诗歌中的古代科技美	韩丁	韩山师范学院学报	1期	1999
千江有水千江月——从苏轼诗中对水的描写透视东坡人格	冉红音	涪陵师专学报	1期	1999
苏轼密州诗作的特点	邱俊鹏	乐山师范高等专科学校学报	1期	1999
雪泥鸿爪　埃简书蠹——苏轼的两首诗	杨志才	外交学院学报	2期	1999
似非而是：神似之思——苏轼诗学片论	郭建平	开封大学学报	3期	1999
试论苏轼诗歌创作超尘脱俗的风格特色	褚英惠	北京联合大学学报	4期	1999
论苏轼的题画诗	张宝石	北京教育学院学报	4期	1999
苏轼咏茶诗与宋代茶俗	刘玉红	华夏文化	4期	1999
苏轼"以文为诗"在文学史上的意义	安熙珍	中国文化研究	4期	1999
论苏轼的题画诗	张宝石	北京教育学院学报	4期	1999
论苏轼七律的自我意识——兼及苏轼在七律上的地位	李贵	江西社会科学	6期	1999
苏诗旧注补正	马德富	文史	46辑	1999
蘇軾の詩における仏典受容について——《維摩經》《楞嚴經》を中心に	湯淺陽子	中国文学报	59号	1999
苏诗中雨疑字	启功	启功丛稿（题跋卷）		1999
读苏轼的两首题画诗	贲立人	语文天地	1期	2000
敏妙超脱，巧夺天工——试论妙理奇趣的苏轼山水诗	柯素莉	华中师范大学学报（人社）	1期	2000
东坡诗的禅缘情结	成宗田	宝鸡文理学院学报（社科）	1期	2000

续表一五二

篇、书名	著(译)编者	出处	卷、期	年月日
苏轼后期诗歌创作的感伤心理	张小明	黄山高等专科学校学报	2期	2000
苏诗的早期流播研究	王友胜	阴山学刊	3期	2000
浅析苏轼黄州时期的诗歌风格	冯红	黑龙江教育学院学报	3期	2000
明人对苏诗的接受历程及其文化背景	王友胜	南昌大学学报（社科）	3期	2000
论东坡诗的讽刺艺术	李瑞芬	东岳论丛	4期	2000
苏轼徐州诗作探析	邱俊鹏	天府新论	4期	2000
苏轼与李奎报禅诗的特征比较研究	朴永焕	人文科学研究	5辑	2000
自然性情的迂回归返——从王维到苏轼	王树海 王凤霞	东北师大学报（哲社）	6期	2000
由苏轼"论画"诗引起的论争	程自信	文史知识	7期	2000
苏轼禅诗所表现的空观考察	朴永焕	中国文学研究	21辑	2000
苏轼禅诗的神气	元钟礼	中国语文学	36辑	2000
蘇軾の詩論における詩僧の評価について——釈道潜を中心に	湯淺陽子	中国文學論集（興膳教授退官記念）		2000
苏诗研究史稿	王友胜	岳麓书社		2000
苏诗比喻形式举隅	胡鑫英	珠海教育学院学报	1期	2001
慧心灵性 明达深邃——从苏轼的两首哲理诗漫议其人生悟性	刘乃昌	齐鲁学刊	1期	2001
简评方回的苏诗评点	王友胜	云梦学刊	1期	2001
淡妆浓抹总相宜——浅谈苏轼诗的艺术功能	彭甦	南京广播电视大学学报	1期	2001
历代苏诗研究简述	王友胜	黄冈师院学报	1期	2001
苏轼的诗歌及其时代	顾易生	阴山学刊	2期	2001
论元好问评苏轼诗	杨松年	苏州大学学报	2期	2001
宋代的味论诗学与苏轼的诗味追求	张思齐	齐鲁学刊	2期	2001
平淡恬静与雄浑壮美——王维、苏轼山水诗的比较	吕琛	广西商业高等专科学校学报	2期	2001
简论清代的苏诗选录	王友胜	漳州师范学院学报（哲社）	3期	2001
清初文人论苏诗中的几个主要问题	王友胜	湘潭师范学院学报（社科）	3期	2001
苏东坡与五台山	赵林思	五台山研究	3期	2001
苏轼与江西诗学	邱丽梅	辽宁税务高等专科学校学报	3期	2001

续表一五三

篇、书名	著(译)编者	出处	卷、期	年月日
"比喻是天才的标识"——苏轼诗歌博喻浅说	熊江鹏 李建生	江西广播电视大学学报	4期	2001
苏东坡的诗与画	张冠印	聊城师范学院学报（哲社）	5期	2001
苏轼居黄期间诗作对"今我"的描写与表现	方星移	黄冈师范学院学报	6期	2001
苏东坡"孟郊论"发微	邵明珍	文艺理论研究	6期	2001
蘇軾の詩における禪語の受容について	吉田公平	東洋大学中国学會會報	9号	2001
蘇軾の詩における禪語の受容について	湯淺陽子	人文論叢（三重大学人文学部）	18号	2001
苏轼诗法不相妨说初探	刘卫林	新亚学报	21卷	2001
苏东坡的海南岛流配诗探索	曹圭百	中国文学研究	23辑	2001
蘇軾の"石芝"の詩について	瀧本正史	新しい漢字漢文教育	32号	2001
苏轼诗的"旷"——逍遥游的旷荡与无住清静的超旷神气	元钟礼	中国文学	36辑	2001
纪昀评点东坡编年诗	纪昀评点	北京图书馆出版社		2001
宋代诗话批评视野中的苏轼论	胡建次	南昌大学学报（人社）	1期	2002
东坡贬谪诗的意趣及表现特征	巨传友	怀化学院学报	1期	2002
苏轼诗的灵妙美	夏春豪	连云港职业技术学院学报	1期	2002
简论明代的苏诗选评	王友胜	惠州学院学报（社科）	1期	2002
试论苏轼的山水诗与自然诗化的走向	冷成金	文学前沿	1期	2002
略论苏轼理趣诗歌	段文林	浙江工贸职业技术学院学报	2期	2002
略论民间音乐对苏轼诗歌创作的影响	韩绍杰	河南师范大学学报（哲社）	2期	2002
独笑深林谁敢侮——说苏轼黄州咏花诗	张志烈	乐山师范学院学报	2期	2002
苏轼诗歌与北宋文化的议论精神和淡雅精神	陈才智	湛江海洋大学学报	2期	2002
"诗中有画"辨析	谭朝炎	宁波大学学报（人科）	2期	2002
说苏轼赞王维"诗中有画"	钱文辉	苏州教育学院学报	2期	2002
试论苏轼题画诗的写意性	陈春艳	广东广播电视大学学报	3期	2002
浅谈苏轼诗学理论及其创作	牛宝凤	哈尔滨商业大学学报（社科）	6期	2002
蘇軾における白居易の文化受容と詩学批判	張海鷗（阿部順子）	橄欖	11号	2002

续表一五四

篇、书名	著(译)编者	出处	卷、期	年月日
人言一点红 解寄无边春——苏轼题画诗解读	黄 海	五邑大学学报（社科）	1期	2003
论苏轼理趣诗的美学追求	张连举	番禺职业技术学院学报	1期	2003
论苏轼的赋画诗	周焕卿	周口师范学院学报	1期	2003
苏诗新解二题	杨罗生	中国文学研究	1期	2003
百年苏诗研究述评	叶帮义 余恕诚	安徽师范大学学报（人社）	2期	2003
论苏轼诗歌的佛禅底蕴	曹 军	宁波大学学报（人科）	3期	2003
南行诗，苏轼诗歌思想艺术灵蕴的发轫	孙 植	沧州师范专科学校学报	4期	2003
苏轼诗学批评之义理及其特点	党圣元	陕西师范大学学报（哲社）	6期	2003
绚烂之极，归于平淡——论苏轼"平淡"诗风与老庄道家辩证思想	刘春霞	新乡师范高等专科学校学报	6期	2003
评苏轼论孟郊诗	吴惠娟	文学遗产	6期	2003
诗歌理论的创新——谈苏轼的"以才学为诗"	王冬艳	学术交流	8期	2003
苏轼黄州时期诗的编年考察	金珍敬	中国语文学志	13辑	2003
蘇軾の詠画詩（1）——熙寧年間を中心に	和田英信	お茶の女子大学中国文学会報	22号	2003
论苏轼贬儋诗篇中蕴含的东坡精神	李显根	江西行政学院学报	增刊1	2003
苏诗思想艺术灵蕴的发轫之作——南行诗	孙 植	北京教育学院学报（社科）	1期	2004
"兴趣"与"境界"的分野——论严羽和王国维对苏轼诗歌的不同接受	邓艳林	中国文学研究	1期	2004
寄妙理于豪放之外——苏轼诗歌艺术特色散论	朱耀善	社科纵横	1期	2004
论苏轼诗歌景物描写的绘画美	张连举	湛江海洋大学学报（社科）	2期	2004
梅、欧与苏轼平淡诗美观诠释	张 进	唐都学刊	2期	2004
苏轼诗歌创作论新探	李 军	内蒙古大学学报（人社）	2期	2004
苏轼诗歌中的禅风禅骨	寇鸿顺	佛教文化	3期	2004
浅析苏轼的以议论为诗	陈冬梅	潍坊学院学报	5期	2004
论苏轼杭州游观诗中情感特质	高 智	四川教育学院学报	5期	2004
略论苏轼的岭海诗	张 建	求索	6期	2004
苏轼题画诗述论	陈才智	乐山师范学院学报	6期	2004

续表一五五

篇、书名	著(译)编者	出处	卷、期	年月日
苏轼诗中的书道观——解读苏轼三首论书诗	孙 民	乐山师范学院学报	6期	2004
执着人生、超然物外的生命范式——从三个层面观照苏轼诗中的苦乐哲学	王振彦	南阳师范学院学报	11期	2004
读苏轼诗札记		文史	68辑	2004
读《苏轼诗集》漫笔	陈祖美	潍坊学院学报	1期	2005
苏轼诗歌美学旨趣探析	魏永贵	集宁师专学报	1期	2005
苏轼诗中"归"意识探析	孙桂丽	河南工业大学学报（社科）	1期	2005
试论苏东坡岭南诗学成就	王启鹏	乐山师范学院学报	2期	2005
苏轼诗歌美学思想发微	李 军	江淮论坛	3期	2005
佛教"水观"与苏轼诗	梁银林	西南民族大学学报（人文）	3期	2005
解读苏东坡诗中的"河东狮子吼"——兼评王文诰为陈季常"畏内"鸣冤的得失	王琳祥	鄂州大学学报	4期	2005
韩诗之变与苏诗的变中之变——论苏轼对韩愈诗歌的承传创变与宋代新诗格的确立	谷曙光	四川大学学报（哲社）	5期	2005
苏轼与元祐初期诗坛——以苏轼知馆职试与贡举试为中心	唐春生	重庆师范大学学报（哲社）	6期	2005
苏轼诗中的"病兽"意象研究	高云鹏	乐山师范学院学报	7期	2005
苏轼诗赞一切：得到的，都是美好的	穆雨文	养生大世界	8期	2005
论苏诗散文化意象对纯诗意象的变革	木 斋	乐山师范学院学报	8期	2005
论苏轼的《诗》学观点	张 进	乐山师范学院学报	10期	2005
论苏轼"西湖诗"	倪春雷	现代语文	11期	2005
苏轼题画诗研究方法论序说	徐银淑	中国语文学论集	33辑	2005
论苏轼诗的比喻艺术	任 庆	陕西师范大学继续教育学报	增刊	2005
东坡和陶合笺	温汝能	扫叶山房		1928
东坡和陶诗		国学整理社		1936
蘇軾の和陶詩——陶淵明との繋がりについて	合山究	中国文芸座談会ノート	15号	1965
蘇軾の「和陶詩」について（关于苏轼的"和陶诗"）	横山伊勢雄（张寅彭）	漢文教室	93号	1969
		阴山学刊	2期	1998

续表一五六

篇、书名	著（译）编者	出处	卷、期	年月日
陶渊明的怨诗与苏东坡的和作	车柱环	渊坡车相辕博士颂寿纪念论文集		1971
Su Shih's "Following the Rhymes of T'ao Yuan-ming" Poems. A Literary or a Psy-chological Phenomenor	A. R. Davis of Australia	Journal of Oriental Society	Vol. 10, nos. 1 – 2	1975
东坡喜爱渊明诗	鲍 霖	书和人		1977. 11. 26
苏陶"杂诗"比较研究	鲍 霖	中国国学	8 卷	1980
和陶合笺：苏东坡和诗	温谦山	新文丰出版公司		1980
"质而实绮，癯而实腴"——论苏轼的和陶诗	棘 园	南充师院学报（哲社）	4 期	1981
论苏轼的《和陶诗》及其评价问题	朱靖华	特区文学	2 期	1982
宋刊《东坡和陶诗》略说	刘尚荣	文史	15 辑	1982
苏东坡和陶渊明诗之比较研究	宋丘龙	台湾商务印书馆		1982
试论苏轼和陶诗	林冠群	海南大学学报（社科）	1 期	1984
苏东坡的和陶诗	张宏生	徐州师范学院学报	1 期	1984
试论苏轼和陶诗	林冠群	海南大学学报（社科）	4 期	1984
揚州における蘇軾の《和陶詩》	今場正美	学林（中国芸文研究）	4 号	1984
东坡喜爱陶诗的原因	鲍 霖	中国国学	12 卷	1984
苏轼和陶诗初探	熊莘耕	常德师专学报	1 期	1985
惠州における蘇軾の《和陶詩》	今場正美	学林	5 号	1985
东坡之政治生涯及其文学关系试论——以和陶诗为中心	陈英姬	中国语文学	10 辑	1985
《和陶饮酒二十首》上的苏东坡与李退溪的情趣	张基槿	葛云文璇奎博士华甲纪念论文集		1985
论苏轼寓惠、儋"和陶诗"	王新勇	鄂西大学学报（社科）	3 期	1986
苏轼论陶渊明	龚 斌	九江师专学报（哲社）	4 期	1986
陶诗与苏轼《和陶诗》思想倾向比较	李 华	江西社会科学	12 期	1986
両足院本『東坡集』校勘記（一）——東坡和陶詩（上）	吉井和夫	文芸論叢	27 号	1986
両足院本『東坡集』校勘記（二）——東坡和陶詩（下）	吉井和夫	文芸論叢	30 号	1988
论苏轼谪居惠海时期的思想矛盾特性与其和陶诗的创作风格追求	谢祥深	中山大学研究生学刊	3 期	1987
苏轼的《和陶诗》研究	李 华	广东社会科学	4 期	1987
海南島における蘇軾の《和陶詩》	今場正美	学林	7 号	1987

续表一五七

篇、书名	著(译)编者	出处	卷、期	年月日
苏东坡的《哨遍》与陶渊明的《归去来兮辞》	金志仁	名作欣赏	6期	1989
豪华落尽见真淳——苏轼惠州和陶诗浅谈	王启鹏	惠阳师专学报(社科)	1期	1990
试论苏轼的"和陶诗"	王定璋	烟台大学学报(哲社)	3期	1990
苏东坡《和陶诗》研究	李鸿镇	论文集(庆北大学)	49辑	1990
重返大自然的欣喜——谈苏轼《和陶归园田居》之二	张福庆	文史知识	2期	1991
论苏轼的和陶诗	周招满	温州师范学院学报(哲社)	2期	1992
关于苏轼的《和陶诗》	诸章宜	论文集(陆军第三官校)	35辑	1992
论苏轼和陶诗的创作心态及旨趣	易朝志	华东师范大学学报(哲社)	5期	1993
"楼中老人日清新"——从《和陶咏三良》诗看苏轼晚年的思想变化	张福庆	文史知识	7期	1993
"脱笼鸟"与"笼中鸟"——陶渊明与苏轼的一种比较	柴剑虹	传统文化与现代化	4期	1994
略论苏轼的和陶诗	丁 睿	贵州社会科学	3期	1996
蘇軾の和陶詩について	末葭敏久	中国学研究论集	2号	1998
中朝诗人:苏轼与金时习《和饮酒二十首》之比较	吴 绍	延边大学学报(社科)	4期	1999
论苏轼的和陶诗	萧庆伟	中国韵文学刊	2期	2000
苏轼《和陶游斜川》诗系年考辨	吴定球	惠州大学学报(社科)	3期	2000
从《和陶诗》看苏轼晚年心态	韩国强	琼州大学学报	4期	2000
		盐城师范学院学报(人文)	1期	2001
苏轼《和陶诗》探因	李 星	社科纵横	3期	2001
描かれた蘇軾の姿——重ねられた陶淵明像	板仓圣哲	イズ(ポーラ文化研究所)	85号	2001
浅论《和陶饮酒》在苏诗中的独特地位	王士君	菏泽师专学报	3期	2002
苏轼《和陶诗》深层意蕴探论	李剑锋	九江师专学报	3期	2002
蘇軾《和陶詩》訳注	末葭敏久	中国学研究论集	10号	2002
论苏轼的《和陶诗》	安熙珍	中国学论丛(忠清中国学会)	13辑	2002
困惑与超脱——从"和陶"探索苏轼心灵轨迹	芦宇苗	彭城职业大学学报	1期	2003
论和陶诗及其文化意蕴	袁行霈	中国社会科学	6期	2003
试论东坡"和陶诗"的生命意识	王红丽	广西民族学院学报	6期	2003

续表一五八

篇、书名	著(译)编者	出处	卷、期	年月日
苏东坡"和陶诗"艺术风格论略	芦宇苗	彭城职业大学学报	1期	2004
论苏轼"和陶诗"之安贫固穷与饮酒主题	李欢喜	河套大学学报	1期	2004
		内蒙古大学艺术学院学报	4期	2005
从"和陶诗"看苏轼之民本与归隐思想	李欢喜	语文学刊（高教）	6期	2004
苏轼"和陶诗"二题	安熙珍	学术研究	7期	2004
覆宋刻『東坡先生和陶淵明詩』について	末葭敏久	中國中世文學研究	45、46号	2004
苏轼"和陶诗"艺术风格论略	李欢喜 亚琴	阴山学刊	1期	2005
苏轼《和陶诗》的创新价值	杨玲	阜阳师范学院学报（社科版）	5期	2005
《和归去来辞》所表现的苏东坡与李眉叟文学之比较	金周淳	韩中人文学研究	14辑	2005
苏东坡《荔枝叹》	邓云乡	新民晚报		1963.7.26
"民不为饥为上瑞"——读苏轼的《荔枝叹》	朱大成	芒种	1期	1981
苏轼《荔枝叹》的一条注释	陈庆元	福建论坛（文史哲）	1期	1984
讽政哀民，溢于表里——苏轼《荔枝叹》赏析	孙连琦	语文教学与研究	2期	1984
论苏轼政治抒怀诗《荔枝叹》的创作成就	顾之今	河北大学学报（哲社）	3期	1985
如五谷必可疗饥，药石必可伐病——浅析苏轼的政治讽喻诗《荔枝叹》	张廷木	宁夏大学学报（社科）	4期	1985
鉴古论今，直斥时弊——苏轼《荔枝叹》浅析	邬乾湖	语文学习	9期	1985
王安石的《河北民》和苏轼的《山村》	唐骥	宁夏文艺	5期	1974
学诗偶得	崔闽	河北师大学报（哲社）	3期	1979
苏轼禅诗代表作的个案研究	许外芳 廖向东	新疆大学学报（社科）	3期	2004
苏轼《琴诗》的佛禅解读	梁银林	文史杂志	1期	2005
摹画的诗	谢常青	承德师专学报	1期	1981
苏子作诗如见画——苏轼《李思训画〈长江绝岛画〉》赏析	张琦	文史知识	4期	1988
"舟中估客莫漫狂"诗为苏轼所写	王世杰	语文学习	9期	1989

续表一五九

篇、书名	著(译)编者	出处	卷、期	年月日
生活的真实与艺术的真实——从苏轼《惠崇春江晓景》谈起	王水照	文学遗产	2期	1981
诗如见面 画外生发——谈苏轼题画诗《惠崇春江晓景》	项郁才	黄石师院学报（哲社）	4期	1981
"诗传画外意，贵有画中态"——苏轼《惠崇春江晓景》浅析	程伯安	咸宁师专学报（哲社）	2期	1983
"苏子作诗如见画"——《惠崇春江晓景》浅说	伄 闻	语文学刊	2期	1983
新诗如洗出——《惠崇"春江晓景"》赏析	王岱英	天津教育	3期	1983
试析苏轼的题画诗《惠崇春江晓景》	李扬勇	语文教学与研究	4期	1983
诗画合璧 相得益彰——苏轼的题画诗《惠崇〈春江晓景〉》赏析	李扬勇	语文学刊	6期	1986
出新意于法度之中，寄妙理于豪放之外——苏轼题画诗赏析	孟 苓	黄河文学	6期	1999
快诗一绝——读苏轼的《百步洪》二首其一		百姓	11期	1981
但见流沫生千涡——漫话流体中的旋涡	王振东	科学	2期	2004
苏轼《百步洪》诗文本解读中的几个问题	钟振振	名作欣赏	3期	2005
仁山智水 悠游不迫——苏轼诗《百步洪二首》其一艺术赏析	李伟锋	牡丹江教育学院学报	4期	2005
谈苏轼在潍州写的一首诗	刘日诰	昌潍师专学报（社科）	1、2期	1982
鸿飞那复计东西——苏轼《和子由渑池怀旧》	曾敏之	湘江文学	9期	1982
"雪泥鸿爪"留渑池	上官更身	中州今古	1期	1995
一首咏写人生的名作——读苏轼《和子由渑池怀旧》诗	黄菊妹	语文月刊	7期	2001
人似飞鸿踏雪泥——读苏轼《和子由渑池怀旧》	钟尚钧	阅读与写作	9期	2002
鸿飞那复计东西——说苏轼《和子由渑池怀旧》	王冬艳	哈尔滨商业大学学报（社科）	1期	2003
苏轼《有美堂暴雨》赏析	白草	咸宁师专学报	1期	1983
《有美堂暴雨》诗题辨	成善楷	四川大学学报（哲社）	4期	1984
苏轼《有美堂暴雨》赏析	刘宗德	阅读与写作	11期	1996

续表一六〇

篇、书名	著(译)编者	出处	卷、期	年月日
妙喻连生，以文为诗——读苏轼《有美堂暴雨》	熊玲玲	巢湖学院学报	4 期	2003
苏轼《惠崇〈春江晚景〉》赏析	魏怡嗜	北京师范大学学报（社科）	3 期	1983
谈苏轼《惠崇春江晚景》	丁长和	语文教学与研究	6 期	1983
诗与来实：也谈"春江水暖鸭先知"	娄彦刚	中国青年报		1985.6.23
苏轼《惠崇春江晚景》的后两句	吴宗海	语文学习	9 期	1991
从《惠崇春江晚景》看苏轼题画诗的特点	叶成青	语文教学与研究	3 期	1994
春水欲共寒鸭语 诗画交融理趣浓——苏轼《惠崇春江晚景》赏析	车之光	文史知识	8 期	1997
写貌、传神与再创造——苏轼题画诗《惠崇春江晚景》之一赏析	彭万隆	古典文学知识	5 期	1998
活泼灵动 情趣盎然——苏轼《惠崇〈春江晚景〉》品赏	薛钰	古典文学知识	3 期	1999
生命跃动的青春美——苏轼《惠崇春江晚景二首》（其一）解读	郭建平	开封教育学院学报	1 期	2001
诗画交融春意浓——苏轼《惠崇〈春江晚景〉》赏析	张开瑰	甘肃教育	10 期	2003
惠崇《春江晚景》	苏轼	中小学作文教学（小学生）	10 期	2004
苏轼与西蜀海棠	谷莺	社会科学研究	6 期	1983
读苏二题	张福勋	名作欣赏	6 期	1985
《海棠》三题	王天化 肖盛英	语文教学通讯	11 期	1990
苏东坡与海棠花	赵兴华	花木盆景	1 期	1995
村妇与妃子媲美——说苏轼《海棠》诗与王淇《梅》诗	汤文熙	写作	3 期	1995
疑是太真谪人间——苏轼《海棠》解臆	郭象	渤海学刊	4 期	1995
好个"绿肥红瘦"	李邦云	国土绿化	4 期	1997
苏轼《海棠》赏读	彭宗林	中学生读写	11 期	2005
"参横斗转欲三更"也是指南斗	常生	徐州师范学院学报	1 期	1984
豪放中见含蓄 达观处露幽怨——重读苏轼《六月二十日夜渡海》	张崇琛	社科纵横	1 期	1997
《题西林壁》一诗中的哲理	陈西陵	福建论坛（文史哲）	2 期	1984
两首风格迥异的哲理诗——王安石的《登飞来峰》与苏东坡的《题西林壁》赏析	王志尧	河南师范大学学报（哲社）	2 期	1985

续表一六一

篇、书名	著(译)编者	出处	卷、期	年月日
《题西林壁》简析及教学建议	龚学文	小学教学研究	5 期	1985
绘景寓理 妙趣横生——简析苏轼《题西林壁》	李笑天	语文教学与研究	11 期	1985
话苏轼《题西林壁》诗	刘孔伏 潘良炽	教学与管理	1 期	1991
试谈理趣诗——《题西林壁》	陈家西	小学教学研究	8 期	1994
别有佳处惬人意——说《登飞来峰》与《题西林壁》	汤文熙	文史知识	2 期	1995
《登鹳雀楼》与《题西林壁》之比较	王永海	小学教学参考资料	7、8 期	1995
蘇軾の"廬山真面目"考——《題西林壁》の表現の意圖をめぐって	內山精也	中国詩文論叢	15 集	1996
说禅趣诗《题西林壁》	周正举	阅读与写作	3 期	1997
谈《题西林壁》的理趣	贺万鹏	教师之友	5 期	1997
文学的哲学阐释——解析《登鹳雀楼》、《题西林壁》	石 心	江海学刊	4 期	2000
视野与识见	陈德才	秘书工作	3 期	2001
《题西林壁》赏析	杨希水	云南教育	9 期	2001
诗句得活法 日月有新工——说苏轼的《题西林壁》	阎永利	名作欣赏	2 期	2002
《题西林壁》赏析及教学建议	江美利	云南教育	13 期	2002
苏轼《题西林壁》赏读	段绪民	小学生语文学习	15、16 期	2002
《题西林壁》诗及其诞生过程	黎烈南	文史知识	12 期	2003
题西林壁	王义杰 马少峰	启蒙（0-7 岁）	7 期	2003
《题西林壁》的审美情趣与人生感悟	黎烈南	南阳师范学院学报（社科）	5 期	2004
情深方能理趣——苏轼《题西林壁》中的哲理美	李建东	名作欣赏	3 期	2005
苏轼《江上值雪》当作于出峡以后	枣 庄	四川大学学报（哲社）	4 期	1984
苏东坡"鸡鸣歌"考证辨释	饶学刚	黄冈师专学报	2 期	1986
苏东坡"鸡鸣歌"考证辨释——兼谈田歌《秧歌》的源流	饶学刚	民间文艺季刊	5 期	1989
東坡詩劄記——《鄭州西門》について	村上哲見	集刊東洋学	55 号	1986
《西厢记·圣药王》与苏东坡	《春夜》	文史知识	2 期	1988
欣赏·再现·表现——说苏轼《韩干画马赞》	吴小平	名作欣赏	3 期	1988

续表一六二

篇、书名	著(译)编者	出处	卷、期	年月日
韩幹画马赞	苏 轼 罗治武	阅读与鉴赏（高中）	12 期	2002
新绎苏轼《饮湖上初晴后雨二首》	王振泰	鞍山师范学院学报	3 期	1988
除却淡妆浓抹句 更将何语比西湖——读苏轼《饮湖上初晴后雨》	车之光	语文教学与研究	4 期	1997
《饮湖上初晴后雨》导读	文 韬	良师	17 期	2002
西湖真西子——《饮湖上初晴后雨》赏析	李高斯	云南教育	4 期	2005
形神兼备 譬喻巧妙——苏轼诗《饮湖上初晴后雨》赏析	王 敬	阅读与鉴赏（教研）	6 期	2005
饮湖上初晴后雨	苏 轼	阅读与作文（小学低年级）	7、8 期	2005
信手拈来都成妙谛——苏轼的《六月二十七日望湖楼醉书》赏析	刘逸生	名作欣赏	4 期	1988
诗中有画 画中有志——苏轼《六月二十七日望湖楼醉书》（其一）赏析	米春秀	中文自修	10 期	1995
瞬息万变 变中有序——苏轼《六月二十七日望湖楼醉书》赏析	梁文宁	语文月刊	5 期	1999
信手拈来成妙谛——苏轼的《六月二十七日望湖楼醉书》	李 彦	初中生学习	2、3 期	2003
《六月二十七日望湖楼醉书》导读	陶云娥	良师	19 期	2003
六月二十七日望湖楼醉书	苏 轼	阅读与作文（小学低年级）	7、8 期	2004
漫说苏轼《纵笔》诗——兼谈诗人在惠、儋时期的创作心态、生活和思想	周先慎	北京大学学报（哲社）	5 期	1988
苏轼《次韵送张山人归彭城》诗决非作于黄州	周本淳	人民日报（海外）		1988.2.16
析苏轼《赠刘景文》	吴小如	名作欣赏	1 期	1989
诗学随笔（二则）	亦 恩	求索	6 期	1994
赠刘景文	许建华	语文世界	1 期	2002
醉意、画趣、诗情——《郭祥正家，醉画竹石壁上》诗注析	钟 陵	古典文学知识	5 期	1989
苏氏父子北入秦中路线与苏轼《书崇寿院壁》诗	郭天祥	宝鸡师院学报（哲社）	3 期	1990
读苏轼《书鄢陵王主簿所画折枝二首》	杨 林	张掖师专学报（综合）	1 期	1991
识入深妙 思含辩证——苏轼《书鄢陵王主簿所画折枝二首》赏析	裴惠楞	写作	1 期	1995

续表一六三

篇、书名	著（译）编者	出处	卷、期	年月日
谈诗论画　议论精深——读苏轼《书鄢陵王主簿所画折枝》诗	邝文	语文月刊	5期	1998
由苏轼"论画"诗引起的论争	程自信	文史知识	7期	2000
"神似"与"形似"——从苏轼《书鄢陵王主簿所画折枝二首》其一看其书画观	由兴波	乐山师范学院学报	4期	2005
赏读苏轼《自题金山画像》二十四字生平论	周楣昌	名作欣赏	3期	1993
苏轼《红梅》诗赏析	张靖明	语文学刊	4期	1993
莫把白梅错认红——苏轼《红梅》诗欣赏	黎烈南　陈洪	文史知识	8期	2002
一样题材两样情——评张舜民《渔父诗》和苏轼《渔蛮子》诗	谢巨涛	湖南税专学报	1期	1995
人与造物的感通——读赏苏轼《游金山寺》	张晶	文史知识	3期	1995
苏轼《丁公默送蝤蛑》品赏	钱仓水	文史知识	12期	1995
"诗画本一律"——读苏轼《韩干马十四匹》	赵景瑜	文史知识	2期	1996
传神文笔足千秋——略论苏轼诗《韩干马十四匹》	吴子厚	广西文史	1期	1999
平凡中见不平凡——析苏轼《刁景纯席上和谢生》（二首选一）	孔凡礼	文史知识	3期	1996
奇妙的戏笔　艺术的卓识——苏轼《次韵孔毅父集古人句见赠》赏析	谢桃坊	古典文学知识	5期	1997
欲返不尽　似往已回——苏东坡《书双竹湛师房二首》赏析	孟伟	文史知识	12期	1997
进入人生新境界——读苏轼《次韵郭功甫观予画雪雀有感》	孔凡礼	文史知识	7期	1998
		孔凡礼古典文学论集		1999
苏轼《汲江煎茶》诗应作于惠州	吴定球	惠州大学学报（社科）	3期	1999
苏轼《新年五首》释注七题	吴定球	惠州大学学报	1期	2000
从顿悟到超越——苏轼《答径山琳长老》赏析	薛亚康	名作欣赏	5期	2000
简论苏轼《中秋月》的母题及情境	刘凌	榆林高等专科学校学报	1期	2002
苏轼诗《赵阅道高斋》之"高斋"考	赵润金　刘敬	内蒙古农业大学学报（社科）	2期	2004
一腔孤寂　满纸悲凉——苏轼《寒食诗二首》赏析	余祖坤	古典文学知识	3期	2005

续表一六四

篇、书名	著(译)编者	出处	卷、期	年月日
简介宋代苏子瞻、子由昆仲之酬唱诗文	顾翊群	中华诗学	3卷	1970
		管艇书室学术论集		1973
从苏轼与苏辙的唱和诗词看苏轼的思想	姚学贤	信阳师范学院学报（哲社）	1期	1984
简介宋代苏子瞻、子由昆仲之酬唱诗文	顾许群	管艇书室学术论集		1984
"岐梁偶有往还诗"——二苏合著《岐梁唱和诗集》初探	曾枣庄	人文杂志	5期	1985
苏轼与苏辙嘉祐年间赠答诗简论	王连儒	聊城师范学院学报（社科）	4期	1990
苏轼苏辙唱和诗浅析	莫砺锋	中国典籍与文化论丛	2辑	1995
二苏论杜比较	李凯	内江师专学报	1期	1997
苏轼苏辙边塞诗之主题与风格	张高评	宋代文学研究丛刊	7期	2001
从二苏题画诗看元祐文人心态	郿波	苏州铁道师范学院学报（社科）	1期	2002
试论苏轼、苏辙唱和诗（一）	魏建嘉	昌吉学院学报	4期	2005
苏辙的鱼钓枕屏诗	祝书民	中国钓鱼	4期	1995
苏辙《韩干三马》及其次韵诗	衣若芬	宋代文学研究丛刊	3期	1997
苏辙的一首政治诗——《八玺》	孔凡礼	文史知识	1期	1999
少公峭拔千寻麓——熙丰变法时期的苏辙诗	唐骥	宁夏大学学报（社科）	3期	1999
苏辙题画诗	林秀珍	中国古典文学研究	7期	2002
淡静有味苏辙诗	詹刚	古典文学知识	4期	2003
苏辙诗思与意象运用	林秀珍	宋代文学研究丛刊	9期	2003
论苏辙的奉使诗	诸葛忆兵	江海学刊	3期	2005
论苏辙晚年诗	朱刚	文学遗产	3期	2005
论苏过的诗	陈中群	湖南工程学院学报（社科）	4期	2005
蘇軾とその門下の戯作詩	西野貞治	人文研究（大坂市立大学）	16卷5号	1965
"苏门四学士"诗歌特征论	金振华 沈星怡	吴中学刊	4期	1994
		常熟高专学报	1期	1999
苏门论杜述评	杨胜宽	乐山师专学报（社科）	3期	1995
苏轼论"苏门四学士"——东坡诗话辑评之一	东麓	乐山师专学报（社科）	1期	1996
苏门文人论苏诗的分歧及其原因	王友胜 彭文静	乐山师范学院学报	1期	2002

续表一六五

篇、书名	著(译)编者	出处	卷、期	年月日
诗意的交流——论苏门文人集团的唱酬之作	马东瑶	文学前沿	1期	2004
苏门酬唱与宋调的发展	马东瑶	文学遗产	1期	2005
虽获罪于君子而不辞——宋人怎样批评苏、黄的诗	敏泽	百科知识	2期	1982
苏轼黄庭坚诗歌理论之比较	周裕锴	文学评论	4期	1983
"苏黄"议诗	滢	人民教育	3期	1985
试论苏轼和黄庭坚的诗学理论	丁放 孟二冬	安徽教育学院学报（社科）	3期	1991
东坡诗 山谷诗	贯三校点	岳麓书社		1991
苏、黄诗比较论	韩经太	社会科学战线	5期	1993
论苏黄对唐诗的态度	莫砺锋	文学评论	2期	1994
元好问诗学对苏黄的批评与继承	张进	文史哲	2期	1996
性情率真 物我交融——读苏轼、黄庭坚的两首题画诗	邝文	语文月刊	5期	1997
议论、文字、才学——再论苏东坡、黄山谷诗格之异同兼及宋诗的发展	王守国	许昌师专学报	1期	1998
试论苏、黄齐名及苏黄诗歌优劣之争	郑永晓	第三届宋代文学国际研讨会论文集		2003
		重庆教育学院学报	5期	2005
意：张戒尊杜贬苏黄的利器	徐兴菊 陈捷	宁夏大学学报（人文）	5期	2004
论"以故为新、以俗为雅"——析苏黄创立"宋调"的一条作诗原则	杨胜宽	乐山师范高等专科学校学报	2期	1999
梦幻与真如——苏、黄的禅悦倾向与其诗歌意象之关系	周裕锴	文学遗产	3期	2001
论黄庭坚诗的艺术特征——兼与苏轼诗比较	张承凤	西南师范大学学报（人文）	4期	2005
宋代士大夫の詩歌観——蘇黄から江湖派へ	内山精也（朱刚）	橄榄	13号	2005
		第四届宋代文学国际研讨会论文集		2005
黄庭坚谪居宜宾时期的诗歌创作	刘昭棠	西南师范大学学报（人文）	3期	1983
凌云一笑见桃花——记黄庭坚的《凌云纪游》诗	李伏伽	文史杂志	3期	1986
黄庭坚《记梦》诗胤说	白敦仁	成都大学学报（社科）	2期	1988
山谷戎州诗三考	陈维国	宜宾学院学报	1期	1990

续表一六六

篇、书名	著(译)编者	出处	卷、期	年月日
读黄庭坚在彭水的抒情诗	刘昭棠	西南师范大学学报（人文）	2 期	1991
黄庭坚黔州诗论稿	郑泽黎	重庆社会科学	5 期	2002
试论晁补之的五古——兼论苏门文人的诗体选择	张 剑	中国文化研究	3 期	2005
"作诗当学杜子美"——谈唐庚对杜诗的评价和学习	李 凯	内江师范学院学报	3 期	1998
唐庚论诗——读《唐子西文录》	汤炳能	广西师范大学学报（哲社）	2 期	1990
论"小东坡"唐庚的诗	陶文鹏	第二届宋代文学国际研讨会论文集		2002
		南京师范大学文学院学报	1 期	2003
摘下一顶帽子和戴上一顶帽子——关于韩驹诗的两个评价问题	张福勋	南通师专学报（社科）	4 期	1993
论韩驹的诗歌创作	姚大勇	抚州师专学报	1 期	2001
韩驹对江西诗派的因袭与新变	谢卫平	求索	11 期	2005
从韩驹官样文章看江西诗派的文学品格	伍晓蔓	四川大学学报（哲社）	6 期	2005
任渊《山谷内集诗注》商榷一例	王 多等	古籍整理研究学刊	3 期	2001
论任渊及其《山谷诗集注》	张承凤	文学遗产	4 期	2005
任渊宋诗校释平议	慈 波	重庆社会科学	11 期	2005
《后山先生文集》和《后山诗注》	张志清	人民日报（海外）		2005.11.25
山到九峰静 云流一派闲——重庆缙云山诗话	刘友竹	文史杂志	6 期	1996
冯时行诗韵研究	胡 蓉	重庆三峡学院学报	5 期	2004
李壁和他的《王荆文公诗笺注》	赵晓兰	四川师范大学学报（社科）	3 期	1988
记日本蓬左文库所藏《王荆文公诗李壁注》	王水照	文献	1 期	1992
蔡上翔《王荆公年谱考略》及李壁《王荆文公诗笺注》勘误补正	高 文 高启明	河南大学学报（社科）	3 期	1996
试论李壁对诗歌笺释学的贡献	周焕卿	南京师大学报（社科）	5 期	2004
陆游咏蜀州	崇庆县文管所	编者刊		1985
陸游酔中吟初探——蜀在任中の詩と心情	石本道明	国学院雑誌	91 卷 4 号	1990
雨色寄情思——陆游《雨》诗及其他	周先慎	名作欣赏	4 期	1991
论陆游的蜀中诗	胡蓉蓉	四川师范大学学报（社科）	4 期	1994
		社会科学研究	4 期	1994

续表一六七

篇、书名	著(译)编者	出处	卷、期	年月日
东坡与放翁：隔代两知音——论陆游对苏轼思想和文艺观的全面继承	杨胜宽	西南师范大学学报（哲社）	2 期	1995
论陆游蜀中诗的尚武精神	高利华	绍兴文理学院学报（哲社）	1 期	1997
放歌尚武 情结川陕——陆游蜀中诗谈	高利华	古典文学知识	2 期	1998
陆游诗中的巴蜀情结	莫砺锋	社会科学研究	5 期	2003
		第三届宋代文学国际研讨会论文集		2004
陆游嘉州诗歌总论	何玉兰	巴蜀史志	2 期	2005
诗外工夫与杜甫门墙——以川中诗为例谈陆游学杜	曹栓姐	巢湖学院学报	2 期	2005
陆游在蜀"咏梅诗"刍议	何玉兰	内江师范学院学报	3 期	2005
试论陆游的巴渝诗	余 霞	重庆社会科学	12 期	2005
从《金错刀行》、《书愤》和《关山月》看陆游爱国诗篇的思想内容与艺术成就	梁鸿涛	甘肃广播电视大学学	1 期	1998
陆游《关山月》浅析	刘宗德	破与立	6 期	1978
激昂慷慨为国忧——读陆游的《关山月》	傅经顺	河北师范大学学报（哲社）	2 期	1980
陆游《关山月》诗"沙头"一解	赵承楷	晋阳学刊	5 期	1984
陆游《关山月》"和戎诏下十五年"的注释	迟乃鹏	成都师专学报（文科）	2 期	1987
传统主题 各有千秋——读徐陵、李白、陆游的《关山月》	郭 象	名作欣赏	6 期	1987
陆游《关山月》"按"字解释	尹 欣	中文自学指导	3 期	1997
开掘传统主题 直抒爱国情愫——论陆游的诗《关山月》	吕亚平	伊犁教育学院学报	2 期	2003
异曲同工军旅诗——陆游《关山月》与刘克庄《军中乐》比较谈	王美春	三角洲	5 期	2005
陆游诗句"二十里中香不断，青羊宫到浣花溪"解		社会科学研究	4 期	1979
锦城梅花陆游诗	李思桢 夏顺均	四川日报		1981.2.22
说陆游《剑门道中遇微雨》	霍松林	陕西师大学报（哲社）	2 期	1983
立象尽意 睹影知竿——陆游《剑门道中遇微雨》赏析	刘成锡	名作欣赏	3 期	1985
陆游《剑门道中遇微雨》别解	陈 新	文教资料	3 期	1994

续表一六八

篇、书名	著(译)编者	出处	卷、期	年月日
细处着笔　意蕴深邃——陆游《剑门道中遇微雨》诗赏析	李向阳　成少华	语文月刊	5 期	1997
细雨骑驴入剑门——陆游《剑门道中遇微雨》的文化内蕴	张乃良	文史知识	9 期	2001
陆游诗中的"玉局"	陈振鹏	棋艺（象棋）	12 期	1984
以刀喻人　才气豪健——简析陆游《金错刀行》	王英志	绍兴师专学报（社科）	1 期	1985
一首未引起重视的陆游诗——《宿武连县》介绍并赏析	刘川民　杨仕甫	川北教育学院院刊	创刊号	1987
说陆游《成都书事》其一	钟必琴	古典文学知识	2 期	1997
浅谈范成大诗一首	钟树梁	成都日报		1979.11.11
清新质朴　雅俗共赏——浅谈范成大游峨嵋山的行旅诗	顾刃	名作欣赏	6 期	1983
"蜀江流水贯吴城"——范成大诗中的巴蜀风物	王骧	镇江师专学报（社科）	2 期	1996
论魏了翁的诗学思想	石明庆	湖州师范学院学报	6 期	2005
邓文原《巴西集》诗歌部分校读初记	李文衡	重庆师范大学学报（哲社）	4 期	1986
邓文原题画诗略论	夏琴	社会科学研究	1 期	2000
谈杨慎批评杜甫	陈友琴	文汇报		1961.9.28
		长短集		1980
楊慎の詩論	横田辉俊	広島大学文学部纪要	20 号	1962
杨升庵诗里的云南风光	顾峰	云南日报		1962.11.15
读杨慎诗札记	王文才	四川师院学报（社科）	3 期	1978
杨慎和他的《升庵诗话》	聂索	昆明师院学报	4 期	1979
杨慎诗论著述考（上）（下）	张锡厚	四川师院学报（社科）	2、3 期	1981
天地为牢夜不收——谈唐寅、杨慎的两首咏物诗	雷涛	滇池	9 月号	1981
杨慎诗选	王文才	四川人民出版社		1981
杨慎杜诗学述评	王仲镛	草堂	1 期	1982
杨慎论李白评述	王仲镛	四川师院学报（社科）	1 期	1983
杨慎与杜诗	廖仲安	光明日报		1983.3.22
谈谈《历代诗话续编》本《升庵诗话》	常振国	许昌师专学报（社科）	2 期	1985
杨升庵诗歌创作中的人民性	李锡恩	大理师专学报（哲社）	2、3 期	1985
杨升庵的泸州山水诗	赵永康	西南师范大学学报（社科）	4 期	1985

续表一六九

篇、书名	著(译)编者	出处	卷、期	年月日
杨升庵泸州题苏东坡画考略	赵永康	四川地方志通讯	5期	1985
读杨慎游秀山的两首诗	张士儒	云南师范大学学报（哲社）	6期	1985
读杨升庵"出郊"诗	张德乐	桂湖	1期	1986
从《升庵诗话》看杨慎的诗论	陈长义	社会科学研究	2期	1986
杨升庵幼年写诗	正刚	康定民族师专学报		1986
杨慎、王夫之与"诗史之辨"	何楠	辽宁大学学报（哲社）	6期	1986
绝句衍义笺注	杨慎著，王仲镛、王大厚笺注	四川人民出版社		1986
杨升庵宜宾戎旅诗所展现的意境	赵永康	云南师范大学学报（哲社）	4期	1987
升庵诗话笺证	杨慎著，王仲镛笺证	上海古籍出版社		1987
杨升庵吟咏大理诗篇的艺术成就——纪念杨升庵诞生五百周年	李锡恩	大理师专学报（哲社）	1期	1988
杨升庵诗百首	杨升庵博物馆	编者刊		1988
略谈杨慎的《绝句衍义》	王仲镛	大理师专学报（哲社）	1期	1989
山村野岭论诗文——读《升庵诗话·与云南文人论诗》	李锡恩	大理师专学报（哲社）	1期	1989
杨升庵评点《草堂诗余》校后杂谈	白敦仁	天府新论	3期	1990
杨慎诗话校笺	杨文生	四川人民出版社		1990
杨升庵诗论初探	黄宝华	上海师范大学学报（哲社）	1期	1991
凿石辨剥泐 破冢出遗忘——简评《升庵诗话》中的金石诗	李锡恩	大理师专学报（哲社）	1期	1991
杨慎对《江南春》考证的得失	程烂	大理师专学报（哲社）		1991
从《升庵诗话》看杨慎研究"杜学"的方法及他提出的一些观点	周子瑜	杜甫研究学刊	1期	1991
《升庵诗话》斠理	朱学琼	台湾编译馆馆刊	20卷2期	1991
		大同商专学报	6期	1993
杨慎题苏轼《潇湘竹石画卷》考	赵永康	成都大学学报（社科）	3期	1992
杨慎诗话漫议	卢润祥	古典文学知识	1期	1993
杨升庵泸州山水诗余墨	赵永康	西南师范大学学报（社科）	2期	1993
杨升庵戎泸行旅诗的意境与特色	赵永康	宜宾师专学报	3期	1993
杨慎对诗歌体裁的创新	文伯伦	绵阳师专学报	1期	1994

续表一七〇

篇、书名	著(译)编者	出处	卷、期	年月日
杨升庵川黔戎旅诗的意境与特色	赵永康	贵州文史丛刊	2期	1996
杨慎和他的咏滇诗	张应松 朱子由	大理师专学报（社科）	3期	1996
杨慎描绘云南的诗歌	余嘉华	学术探索	3期	1996
妍媸肥瘦各有态 情韵风华并呈美——杨慎诗歌的艺术特色	朱家兴	文史杂志	4期	1996
杨慎《钓鱼城王、张二忠臣祠》《出嘉陵江》浅析	刘基灿	川东学刊	3期	1997
杨慎诗题海西海	杨玉藩	风景名胜	2期	1998
飘零数十载 题咏满苍山——大理感通寺与杨升庵诗文创作	李锡恩	大理学院学报（社科）	1期	1999
谐诗篇——杨升庵行酒令	雁寒	咬文嚼字	11期	1999
杨慎诗论的价值	蓝华增	云南文史丛刊	3期	2000
博取众长 独树一帜——杨慎《升庵诗话》论李杜评析	徐希平	杜甫研究学刊	1期	2002
杨慎《观火把节》诗考	孙德刚	凉山大学学报	2期	2002
杜牧与杨慎	赵健 刘名远	科学大观园	9期	2002
杨升庵杜诗观的时代诠释	余来明	南京工业大学学报（社科）	1期	2003
别张壁垒于"茶陵"——试论杨慎的诗歌理论及创作拔载自成一阵营	刘冠丽	天府新论	1期	2004
杨慎的"诗史"论	高小慧	北京大学学报（哲社）	1期	2004
风流蕴藉 柳之绝唱——杨慎《柳》诗评析	李薇	古典文学知识	5期	2004
杨慎对杜诗"诗史说"的批判及其批评史意义	邓新跃	杜甫研究学刊	1期	2005
杨慎诗歌体式论初探	郑家治 周邦君	西华大学学报（哲社）	2期	2005
杨升庵夫妇乐府	雷子震	成都晚报		1983.8.31
杨升庵陶情乐府浅注	付存源 曾广义	蒙自师专学报（社科）	1期	1990
陶情乐府	杨慎 黄峨	江苏广陵古籍刻印社		1999
黄峨《寄外》笺注	邓元煊	川北教育学院学报	1期	1994
黄峨《寄外》诗讲析	宋子尧	延安教育学院学报	1期	2004
佛学对赵贞吉诗歌的影响	曾良	内江师专学报（社科）	3期	1990

续表一七一

篇、书名	著(译)编者	出处	卷、期	年月日
浅谈赵贞吉七言歌行的艺术价值	景向锋	内江师专学报（社科）	3期	1992
李实诗四首疏解	羊玉祥	川北教育学院学报	2期	1991
诗僧丈雪	岱峻	巴蜀史志	5期	2005
国朝全蜀诗钞	孙桐生	巴蜀书社		1985
深沉悲惋的情调　鼎盛时期的哀音——彭端淑诗歌创作轨迹检视	李朝正	社会科学研究	1期	1995
童山诗集	李调元	商务印书馆		1936
试论《粤风》	杜士勇	学术论坛	2期	1982
《粤风·壮歌》的社会价值	梁庭望	中央民族学院学报	1期	1984
关于《粤风》偎壮歌的使用文字	西胁隆夫（曹阳）	学术论坛	7期	1985
《粤风·偎歌僮歌》音义	白耀天	广西民族研究	3期	1986
我对《粤风》研究中一些问题的认识	罗洪权	学术研究	2期	1987
《粤风》中的偎歌与壮歌的审美比较	欧宗启	广西民族学院学报（哲社）	5期	2000
岭表之风——《粤风》	梁庭望	广西民族研究	2期	2003
雨村诗论初探	陈红	四川师范大学学报（社科）	6期	1987
简论李调元《诗话》——《李调元诗话评注》序	霍松林	四川师范学院学报（哲社）	1期	1989
李调元诗话评注	吴熙贵	重庆出版社		1989
李调元诗百首	李调元	李调元故里管理所		1991
论李调元诗歌的人民性	罗焕章	四川师范大学学报（社科）	5期	1992
李调元诗注	罗焕章等	巴蜀书社		1993
李调元与韩国诗人交往叙论	詹杭伦	四川师范大学学报（社科）	增刊	1994
李调元咏薛涛诗述略	詹杭伦	薛涛与望江楼	3期	1996
李调元六游杜甫草堂诗考述	詹杭伦	杜甫研究学刊	4期	1996
韩国的《四家诗》与清朝李调元的《雨村诗话》	朴现圭	四川师范大学学报（社科）	4期	1998
李调元辑《全五代诗》选目正误	王小兰	杭州师范学院学报（社科）	6期	2003
李调元、张问陶与李白	吴明贤	四川师范大学学报（社科）	6期	1991
张船山自写诗册	张问陶	上海神州国光社		1909
张船山诗草	张问陶	扫叶山房		1910
张船山先生诗画册	张问陶	游艺图书社		1919
张船山诗	陆公大	人世间	34期	1935

续表一七二

篇、书名	著（译）编者	出处	卷、期	年月日
船山诗草选	张问陶	商务印书馆		1937
船山诗草	张问陶	台湾学生书局		1975
		中华书局		1986
张问陶诗选注	赵云中等	四川文艺出版社		1985
《船山诗草》和重庆	何崇文	重庆晚报		1986.6.20
船山诗选	周宇澂	书目文献出版社		1986
船山诗集	张问陶	兰州大学出版社		2003
读张问陶组诗《宝鸡县题壁十八首》	何国定	四川师院学报（社科）	2期	1980
张船山的政治诗和山水诗	蒋维明	四川大学学报（哲社）	3期	1980
张船山成都行吟	蒋维明	星星	5月号	1980
论张船山的诗	洪钟	社会科学研究	6期	1980
张问陶和他的《登焦山》诗	江慰庐	教学与进修	4期	1983
读张问陶《阳湖道中》	朱则杰	博览群书	10期	1986
张问陶与"性灵"说	赵伯陶	宁夏社会科学	3期	1987
张问陶及其诗歌创作	赵云中	西南师范大学出版社		1987
张船山的诗论及其创作实践	蒋剑书	西华师范大学学报（哲社）	1期	1988
张船山诗论美学思想初探	蒋均涛	川北教育学院院刊	1期	1988
张船山咏遂宁诗述评	羊玉祥	川北教育学院院刊	1期	1988
张问陶读苏诗简端记赘言	王利器	南充师院学报（哲社）	1期	1988
"性灵"巨擘张船山	丁集之	天津大学报（社科）	1期	1989
张船山诗歌中的"真善美"	何旭光	社会科学研究	4期	1989
张船山诗歌理论对性灵诗派的贡献	李朝正	贵州社会科学	10期	1989
从张问陶的两首佚诗谈起	赵伯陶	苏州大学学报	1期	1990
张问陶的爱情生活及爱情诗漫评	羊玉祥	川北教育学院学报	2期	1992
论张问陶诗的情志结构	沈金浩	广州师院学报（社科）	3期	1992
张船山与性灵派	蔡荣中 刘知渐	重庆师院学报（哲社）	1期	1994
张问陶时事诗刍议	羊玉祥	川北教育学院学报	3期	1994
张船山与性灵派——兼谈其诗歌创作的成就地位及影响	蔡荣中	川北教育学院学报	3期	1994
		四川教育学院学报	1期	1996
论张问陶的诗歌主张及其创作实践	张志良	铁道师院学报	4期	1994

续表一七三

篇、书名	著(译)编者	出处	卷、期	年月日
"搜尽山川奇句出,听残风雨客愁来"——论张问陶的记游诗(上)	羊玉祥	川北教育学院学报	1期	1996
"搜尽山川奇句出,听残风雨客愁来"——论张问陶的记游诗(下)	羊玉祥	川北教育学院院刊	3期	1996
张问陶性灵诗论略——性灵派研究之一	王英志	江苏社会科学	4期	1996
张问陶山水诗简论	王英志	临沂师范学院学报	5期	1996
张问陶诗学观略说	王英志	文史知识	11期	1996
对张船山诗歌评论者的几点质疑	李朝正	西南民族学院学报(哲社)	6期	1997
性灵派殿军张问陶	王英志	苏州大学学报(哲社)	4期	1998
张问陶的蜀道川江诗	羊玉祥 张喜全	攀枝花大学学报	4期	1998
论李白对张问陶的影响	于晓婷	内蒙古教育学院学报	1期	1999
张问陶诗论主旨及其创作实践初探	孙霞	徐州教育学院学报	2期	2002
船山情系古遂州	羊玉祥 陈元辉	川北教育学院学报	4期	2000
张船山美学思想与张诗美学特色	王世德	川北教育学院学报	1期	2001
		文史杂志	4期	2001
刍议张问陶诗论体系对诗人"自我"的强调	周子瑜	四川师范学院学报(哲社)	2期	2001
解读张问陶	李玫	解放军艺术学院学报	2期	2001
从张问陶的爱情诗窥其对"性灵说"的继承与发展	赵庆元 余丹	阜阳师范学院学报(社科)	2期	2001
清代性灵派诗人张问陶的连云栈道之行	冯岁平	成都大学学报(社科)	3期	2001
张船山诗论漫议	罗应涛	文史杂志	4期	2001
张问陶诗学的渊源与演变	刘健芬	重庆广播电视大学学报	4期	2001
真实性情的自然流露——论张问陶闺情诗的积极意义	孙卓虹	西南民族学院学报(哲社)	5期	2001
自磨碎墨写天真——船山的性灵诗说和性灵诗	高利华	绍兴文理学院学报	5期	2001
清人论张问陶绝句十八家考述	孙卓虹 詹杭伦	西南民族学院学报(哲社)	9期	2001
谁持万管玲珑笔——张问陶与三峡	孙善齐	中国三峡建设	12期	2001
张船山诗论美学思想简论	蒋均涛	川北教育学院学报	1期	2002

续表一七四

篇、书名	著(译)编者	出处	卷、期	年月日
张问陶晚年诗学思想透视——解读《题屠琴隖论诗图十首》	罗应涛	广西大学学报（哲社）	2期	2002
空灵沉郁的船山川江蜀道诗	张喜全	牡丹江师范学院学报（哲社）	2期	2002
九转金丹铸始成——张问陶的风格论及其诗歌风格	罗应涛	社会科学研究	3期	2002
万化无非一味真——论张问陶之"天真"说	罗应涛	内蒙古大学学报（人文）	4期	2002
张问陶诗学思想论纲	罗应涛	贵州大学学报（社科）	5期	2002
墨光都借性灵传——论张问陶的性灵说	罗应涛	社会科学家	6期	2002
论张问陶的性灵说	罗应涛	许昌师专学报	6期	2002
张问陶诗作的文化先导意义	郑杰文	文史哲	6期	2002
走出栈道之后——张问陶《出栈》赏析	萧传坤	阅读与写作	8期	2002
秦蜀驿道上的神韵与性灵——王士禛和张问陶的蜀道诗对读	王利民 查紫阳	中国韵文学刊	1期	2003
"杜陵诗境在，寂寞古今情"——杜甫与张问陶	徐希平	杜甫研究学刊	4期	2003
析张问陶的田园诗	张喜全	西南民族学院学报（哲社）	5期	2003
刍议张船山在清诗史上的地位	胡传淮	四川职业技术学院学报	2期	2005
		西华大学学报（哲社）	4期	2005
天籁自鸣天趣足——张问陶"趣"内涵初探	吴春玲	井冈山学院学报	4期	2005
张问陶与"性灵诗派"	苏虹	天中学刊	6期	2005
张问安诗选	胡传淮	四川省蓬溪县政协文史学习委		2002
介绍"妙香书屋诗草稿本"	程仲皋	人文杂志	4期	1957
蒋珊渔牛皮船诗	王登	康导月刊	5卷11、12期	1944
介绍几篇石达开的诗文	苏绍文	北平晨报·艺圃		1935.1.5，1935.1.7
太平天国名将石达开诗文之一	华君	政治月刊	3卷6期	1935
石达开假诗考	罗尔纲	太平天国史料辨伪集		1955
关于伪"石达开遗诗"	阿英	北京日报		1956.9.4
石达开与苗胞欢聚赋诗	朱抗胜	贵州日报		1980.12.13

续表一七五

篇、书名	著(译)编者	出处	卷、期	年月日
手抄本中的石达开《入川题壁诗》	杨德全	成都文物	1期	2002
清代蜀中诗人唐乐宇	蒋维明	历史知识	4期	1981
女诗人陶香九	陶元甘等	文史资料选辑	6期	1983
果亲王蜀中题咏	蒋维明	成都文物	4期	1984
海内孤页——杨锐出赠刘光第的诗幅	胡力三	四川文物	4期	1985
介白堂诗集	刘光第	上海商务印书馆		1917
评刘光第裴村介白堂诗集	胡先骕	四川文献	113期	1972
试论刘光第的爱国主义诗篇	刘昭棠	西南师范大学学报（社科）	4期	1988
文字自有真 愚为万人趋——试论刘光第《介白堂诗集》	张修龄 马卫中	宁夏大学学报（人文）	2期	1991
诗情浓郁的清凉世界——清代峨眉僧诗试析	骆坤琪	中华文化论坛	4期	1994
略论清代羌族诗人赵万寿及诗作	陈春勤	阿坝师范高等专科学校学报	2期	1998
清代钟状元留诗凉山州	蒋邦泽	西昌师范高等专科学校学报	4期	2002
香宋诗前集	赵熙著，文守仁校订	台湾学生书局		1977
香宋诗钞	赵熙	四川人民出版社		1986
赵尧生重庆诗抄	曾进	重庆出版社		1986
赵熙诗记"吃大户"	顾实	红岩春秋	3期	2002
邹容的诗	刘知渐	重庆日报		1961.10.6
《奴才好》不是邹容作品	杨天石	近代史研究	1期	1980
关于《有感》等诗的作者及其它	王发国	西南民族学院学报（哲社）	1期	1982
邹容的《涂山》诗	老谭	重庆日报		1983.5.1
长歌招国魂——读邹容《和西狩》诗	铣工	前线	2期	1984
抒为国捐躯的情怀——读邹容《涂山》诗	周勇	重庆日报		1985.7.27
沧白先生论诗绝句百首笺	杨庶堪著，彭伯通笺	四川人民出版社		1984
沧白先生论诗	彭伯通	重庆地方志	5期	1991
用心灵的眼睛和喉舌凝视世界——论邓均吾的早期诗歌	夏爵蓉	四川师范大学学报（社科）	4期	1993
白鸥——邓均吾早期诗选	邓颖	重庆出版社		1998
清醇的诗，清醇的人——序《白鸥》	陆棨	红岩	1期	1999

续表一七六

篇、书名	著(译)编者	出处	卷、期	年月日
邓均吾诗四首	黄兴邦	红岩	1期	1999
领略那心声的幽远——邓均吾的海涅译诗	吴晓樵	博览群书	5期	2001
成都顾先生诗集	顾印愚	著者刊		1932
波外诗稿	乔大壮	艺文印书馆		1959
乔大壮诗集	乔大壮	四川人民出版社		1990
幸存于世的张善孖诗稿手本	冯修齐	文史杂志	1期	1997
论郭沫若早期的诗	张光年	诗刊	1期	1957
试论郭沫若的早期思想和诗作	吴景和	延边大学学报	3期	1978
郭沫若第一次看见的白话诗	王锦厚等	新文学史料	4期	1981
郭沫若早期诗歌民族传统溯源	徐放鸣	徐州师范大学学报（哲社）	2期	1983
郭沫若早期诗歌的艺术美	吴开晋	文史哲	2期	1984
他找到了"喷火口"——简论惠特曼对郭沫若诗歌创作的影响	昶旭	楚雄师专学报	3、4期	1988
郭沫若第一次看见的白话诗	陈林	语文学刊	4期	1988
古典诗美规范的突破——郭沫若诗歌创作的一个重要历史贡献	马大康	广西大学学报（哲社）	4期	1988
1919与1920年之交郭沫若的诗创作	宋益乔	郭沫若研究	5辑	1988
闻一多郭沫若前期诗论比较	黄侯兴	郭沫若研究	5辑	1988
人·泛神论·浪漫主义艺术——郭沫若前期诗歌思想与艺术综论	黄曼君	郭沫若研究	5辑	1988
郭沫若与闻一多新诗建设思想的比较研究	陈丙莹	郭沫若研究	6辑	1988
我国新诗草创期的文学精神（上）——谈胡适与郭沫若	刘再复	百科知识	11期	1988
酒神精神与郭沫若早期诗论	聂国心	聊城师院学报（哲社）	增刊	1988
郭沫若初登诗坛的"伯乐"是谁	白木	扬州师院学报（社科）	1期	1989
郭沫若和惠特曼——二人诗歌男性美比较	罗凌	阅读与写作	2期	1989
人的"创造"——关于郭沫若早期诗作的思考	郝明工	万县师专学报	2期	1989
"要去创造个新的太阳"——"五四新文化运动"与郭沫若	胡邦炜	文史杂志	3期	1989
郭沫若早期诗歌美学理论及其历史意义	周巴沙	湖南科技大学学报（社科）	4期	1989

续表一七七

篇、书名	著(译)编者	出处	卷、期	年月日
郭沫若与惠特曼	戴维·罗伊 晨雨	郭沫若学刊	4期	1989
论郭沫若早期诗歌的楚文化意蕴	王泽龙	郭沫若学刊	1期	1990
年青生命力的喷发——郭沫若早期诗篇的语言风格	陈炯等	修辞学习	3期	1990
发现郭沫若的"伯乐"是谁		中国人才	7期	1990
古典诗美规范的突破——简论"五四"时期郭沫若诗歌的历史贡献	马大康	郭沫若研究	8辑	1990
郭沫若早期诗论的心理审视	林明华	郭沫若研究	8辑	1990
五四时期郭沫若创作的深层基因	王晖	乐山师范学院学报	2期	1991
惠特曼和郭沫若的诗歌意象论	廖彬	郭沫若学刊	3期	1992
表现·创造·变形——郭沫若前期诗歌艺术新论	黄曼君	中国现代文坛的双子星座——鲁迅、郭沫若与新文学主潮		1992
从原型现象看郭沫若前期诗歌及其"轰动效应"	邓继焦	中国现代文学研究丛刊	3期	1994
郭沫若早期"诗人的宇宙观"	元维社	湖北民族学院学报（哲社）	4期	1994
略论郭沫若早期诗歌中的泛神论	杨四平	重庆教育学院学报	3期	1996
中国新诗第一个伟大的综合者——论郭沫若五四时期新诗创作的成就	龙泉明	社会科学辑刊	4期	1996
郭沫若早期诗歌创作的启示意义	郭小聪	国际关系学院学报	4期	1996
"内发情感"的自然流露——郭沫若前期创作及文艺思想初探	宋彬玉	郭沫若学刊	3期	1999
郭沫若的初期文学论考	武继平	比较社会文化研究	5期	1999
郭沫若"泛神"的艺术思维方式与其前期新诗创作中的"返祖"意识	刘悦坦	东岳论丛	6期	2001
郭沫若早期诗作的未来主义倾向	田美丽	乐山师范学院学报	6期	2001
无政府主义与郭沫若前期的诗歌创作	赫学颖 蒋登科	淮南师范学院学报	1期	2002
论惠特曼对郭沫若诗歌创作的影响	齐揆一 高静芳	青岛大学师范学院学报	2期	2002
日本和歌与郭沫若早期诗歌	靳明全	文艺研究	3期	2003
福岡滞在期の郭沫若文学の背景とその他	岩佐昌暲	言語文化論究	17期	2003
在毁灭中再生——郭沫若早期诗歌创作的原型批评分析	涂鸿 彭秀坤	郭沫若学刊	3期	2004
郭沫若前期诗歌创作中的无政府主义	赫学颖	郭沫若学刊	4期	2004

续表一七八

篇、书名	著(译)编者	出处	卷、期	年月日
日本神道与郭沫若早期诗歌	宋嘉扬	重庆广播电视大学学报	2期	2005
郭沫若早期诗歌情感的个人化特征	袁国兴	郭沫若学刊	3期	2005
郭沫若早期的诗歌美学思想初探	邵金峰	青海民族大学学报（教科）	3期	2005
郭沫若早期诗歌创作中的"青春写作"特征	王元中	天水师范学院学报	3期	2005
日本茶道与郭沫若早期诗歌	靳明全	涪陵师范学院学报	4期	2005
郭老首次发表的新诗	范国华	社会科学战线	3期	1979
郭沫若の「女神」について	陣之内宜男	東洋文学研究	2期	1954
郭沫若の詩集「女神」についての私見	横山永三	山口大学文学会誌	13卷2期	1962
郭沫若詩集「女神」の成立過程	秋吉久紀夫	中国学論集目加田誠博士還暦記念		1964
「瓶」・「前茅」時代の郭沫若——抒情から政治へ	鈴木義昭	東洋文学研究	20期	1972
郭沫若「女神」——模索と到達点	鈴木義昭	早稲田実業学校研究紀要	9期	1974
郭沫若《女神》和惠特曼——以有岛武郎为中轴	鈴木義昭	中国古典研究	20期	1975
郭沫若「女神」とホイットが遅い——有島武郎を軸として	顾 炯	语文教学通讯	1期	1978
论郭沫若的诗集《女神》	黄曼君	华中师院学报（人文）	1期	1978
《女神》的积极浪漫主义特征	吴天霖	吉林师大学报（哲社）	3期	1978
悼念郭老 重读《女神》	黄曼君	语文教学与研究	5期	1978
略谈《女神》中的"自我"形象	稚 榕	西南民族学院学报（哲社）	1期	1979
略论《女神》的思想特色	赵 明	河南大学学报（社科）	2期	1979
论郭沫若的早期诗作《女神》	李 宁 秦兆基	扬州师院学报（社科）	2期	1979
试论《女神》	郭兆儒	郑州大学学报（哲社）	2期	1979
中国新诗的奠基石——《女神》	易新鼎	北京师院学报	2期	1979
《女神》中最早的诗篇究竟写于何时	艾 扬	社会科学战线	4期	1979
谈《凤凰涅槃》中的凤凰形象	莫玉复	渤海大学学报（哲社）	1期	1980
《女神》的艺术特色	王锡伦	西藏民族学院学报（哲社）	3期	1980
《女神》浅谈	崔仲华	鞍山师范学院学报		1980
重读《女神》的几点体会	高 兰	郭沫若研究论集		1980
《女神》的爱国主义精神	李昌陟	郭沫若研究论集		1980

续表一七九

篇、书名	著(译)编者	出处	卷、期	年月日
略论《女神》的社会主义倾向	傅世伦	天水师范学院学报	1期	1981
浅谈《凤凰涅槃》的艺术特色	爵 蓉	西南民族学院学报（哲社）	2期	1981
应当正确评价《女神》	朱光灿	齐鲁学刊	2期	1981
也谈《女神》与"泛神论"	芮必峰	江淮论坛	4期	1981
论《女神》的革命浪漫主义精神	胡 钢	河北学刊	4期	1982
论《女神》的艺术风格	刘 纳	中国现代文学研究丛刊	4期	1982
《女神》中的泛神思想与中国文化中的传统精神	任访秋	中国现代文学研究丛刊	4期	1982
《凤凰涅槃》中若干艺术形象征意义初探	陈瑞荣	武汉师范学院学报（哲社）	5期	1982
新诗歌运动的丰碑——《女神》——纪念郭沫若诞生九十周年	冯一健	语文教学通讯	11期	1982
丰富的辩证哲理 不朽的艺术形象——读《凤凰涅槃》	黄曼君	中国现代文学研究丛刊	1期	1983
论《女神》中象征性形象的创造	黄曼君	中国现代文学研究丛刊	4期	1983
"时代的肖子"——《女神》	邱 林	语文学刊	2期	1985
《郭沫若全集·女神》注释商兑	林恭寿	兰州大学学报（社科）	2期	1985
《女神》诗艺管窥	李昌陟	郭沫若研究	2辑	1986
"火"——大宇宙意志——试论郭沫若《女神》中"火"的形象	罗 田	云梦学刊	3期	1986
各具风采各寓情——从文学审美的不同层次比较《远村》与《天狗》	孔文杰	抚州师专学报	3期	1986
纯真的感触 有力的翅膀——《女神》中的两个问题	李化民	内江师专学报（社科）	1期	1987
论《女神》的主体意识与审美超越机制——从《凤凰涅槃》谈起兼论其他	李铁秀	齐齐哈尔大学学报（哲社）	2期	1987
《女神》是"没有直接表现反帝内容的作品"吗	卜庆华	呼兰师专学报（社科）	3期	1987
郭沫若和他的《女神》	治 芳	理论学习	3期	1987
论《女神》中的爱情诗	程景林	徽州师专学报（哲社）	3期	1987
《郭沫若全集·女神》校点商榷	孙席珍	唐山师专、唐山教育学院学报（社科）	4期	1987
"天狗"一诗中的"自我扩张"与"自我完善"——兼论郭沫若泛神论思想中的矛盾	玉 林	徽州师专学报（哲社）		1987
《女神》研究断想	王成果	求是学刊	5期	1987

续表一八〇

篇、书名	著(译)编者	出处	卷、期	年月日
论《女神》的哲学色彩	冯 齐	郭沫若研究	3辑	1987
试论《女神》对新诗美感经验的贡献	王邵军	齐鲁学刊	增刊	1987
略论《女神》的民族化	朱光灿	齐鲁学刊	增刊	1987
《女神》——一部表现主义的诗集	吴 康	郭沫若研究	5辑	1988
是一种"有意味的形式"——《女神》新探	陈维涟	郭沫若研究	6辑	1988
从《女神》到《前茅》——谈郭沫若留日期间思想和诗作的变化	邹水旺	江西师范大学学报	1期	1989
符号的认识——再读《女神》	姜力挺	郭沫若学刊	3期	1989
《女神》的"二律背反"现象初探	靳明全	郭沫若学刊	4期	1989
历史与自我——深隐在《女神》诗境中的一种困难	李振声	上海文论	5期	1989
女神再生：郭沫若的生命之歌	李继凯	"我的郭沫若观"学术讨论会论文集		1989
梵文化与《女神》时代的郭沫若	毛世全	郭沫若学刊	1期	1990
历史神话是浪漫主义《女神》的"克星"吗	林元辉	中国文学研究	3期	1990
中西文化交融的最初硕果——《女神》与《尝试集》文化价值比较	吴定宇	郭沫若学刊	3期	1990
强烈的爱国主义激情 浓郁的浪漫主义色彩——读《女神》	晓 梅	新疆师范大学学报（哲社）	4期	1990
《女神之再生》和《致李石岑信》究竟写于何年	黄淳浩	郭沫若学刊	1期	1991
论《女神》中"海"的意象	王少元	郭沫若学刊	2期	1991
《女神》不是革命浪漫主义作品	张洲平	丽水师专学报	2期	1991
女神再生：郭沫若的生命之歌——重读《女神》	李继凯	中国现代文学研究丛刊	2期	1991
郭沫若和《女神》中的爱情诗	程景林	阜阳师范学院学报（社科）	3期	1991
《呐喊》《女神》文化启蒙思想比较论	黄育新	求索	3期	1991
他扮演着时代恋人的角色——对于《女神》时期的郭沫若的一个理解	刘 纳	乐山师范学院学报	3期	1991
耀眼的丰碑——《女神》的艺术特色及成就——《郭沫若评传》之一	秦 川	郭沫若学刊	4期	1991
献给女性的赞歌——谈《女神之再生》中的"女神"意象	李继凯	郭沫若学刊	4期	1991
《女神》艺术价值的新认识	高恒文	河南大学学报（社科）	5期	1991

续表一八一

篇、书名	著（译）编者	出处	卷、期	年月日
从《女神》看"五四"时期郭沫若的生死变通意识	高 杰	郭沫若研究	9辑	1991
女神再生：郭沫若的生命之歌	李继凯	郭沫若研究	9辑	1991
试论《女神》雄放诗风的美学特征	邓达泉	成都大学学报（社科）	1期	1992
试论《女神》的思想内涵和时代特点	秦 川	郭沫若学刊	2期	1992
缪斯的"彷徨"——《女神》研究之二	池应智	福建师大福清分校学报	2期	1992
《女神》中的"五四"精神	安娜·布雅蒂 晨 雨	郭沫若学刊	3期	1992
《女神》，郭沫若心中的诗	徐越化	湖州师专学报	3期	1992
论屈骚与"女神"的文化意义	李 怡	郭沫若学刊	4期	1992
《女神》中的《火葬场》评析	黄泽佩	河池师专学报（文科）	4期	1992
《女神》与民歌——纪念《女神》出版七十周年	黄泽佩	文艺理论与批评	5期	1992
《女神》创作灵感试论	黄曼君	中国现代文坛的双子星座——鲁迅、郭沫若与新文学主潮		1992
略论《女神》的爱国主义思想	李 军	菏泽师专学报	1期	1993
"泛神"与《女神》	胡润森	西南师范大学学报（社科）	1期	1993
《女神》文本重释	杨洪承	郭沫若学刊	1期	1993
《女神》的意象主义色彩	黄 川	乌鲁木齐职业大学学报	1期	1993
对现代物质文明的历史召唤——谈对《女神》科学精神认识的历史分歧（《女神》研究之五）	王润龙	长春师范学院学报	2期	1993
论《凤凰涅槃》的浪漫主义特色	筠 涛	阜阳师学院学报（社科）	3期	1993
关于《女神》中自我抒情的主体形象的几个问题	陆耀东	求索	3期	1993
对诗集《女神》的再认识	肖崇素	郭沫若学刊	4期	1993
《女神》浪漫主义与象征主义交融	邹水旺	郭沫若学刊	1期	1994
开一代诗风的代表作品——读郭沫若的《凤凰涅槃》	李秀华	佳木斯师专学报	1期	1994
《女神》中的方言词语	黄泽佩	阅读与写作	2期	1994
《女神》中的爱情诗辨析	黄泽佩	广西大学学报（哲社）	3期	1994
《女神》三题	黄泽佩	牡丹江师范学院学报（哲社）	3期	1994

续表一八二

篇、书名	著(译)编者	出处	卷、期	年月日
《凤凰涅槃》中的"群鸟"形象新论	黄泽佩	阅读与写作	5 期	1994
《女神》中的方言词语补漏	黄泽佩	阅读与写作	6 期	1994
郭沫若《女神》的历史地位	李乐平 李旭雨	郑州工学院学报（哲社）	1 期	1995
郭沫若的《女神》与"泛神论"	郭心斌	江苏广播电视大学学报	1 期	1995
《女神》中的现代格律诗评议	黄泽佩	郭沫若学刊	2 期	1995
泛神论与《女神》中的疑难诗句	吴建波	高师函授学刊	3 期	1995
《女神》的现代意识	邹水旺	郭沫若学刊	3 期	1995
"《女神》之谜"的破解——略谈郭沫若《女神》时期的宇宙观与创作论	陈晓春	郭沫若学刊	4 期	1995
太阳意象：过去经验的回忆——《女神》研究之一	沈光明	湖南师范大学社会科学学报	5 期	1995
茅盾论郭沫若的《女神》及其它——纪念茅盾诞辰100周年	秦 川	郭沫若学刊	3 期	1996
《女神》与神话	黄泽佩	郭沫若学刊	3 期	1996
论《女神》的两重历史价值	蔡 震	郭沫若学刊	3 期	1996
论《女神》的"五四先锋派"艺术精神	张德厚	吉林大学社会科学学报	4 期	1996
意象奇警的《火葬场》——读《女神》中的一首爱情诗	黄泽佩	阅读与写作	4 期	1996
郭沫若的新诗「電火光中」論——ミレーの繪畫にふれつつ	藤田梨那	二松学舎大学人文論叢	56、57 期	1996
论《女神》的独特的艺术思想	程景林	阜阳师范学院学报（社科）	1 期	1997
平行与互补：中国新诗的两大源头——重评《女神》与《尝试集》在文学史上的地位	张全之	郭沫若学刊	1 期	1997
从《女神》看郭老的"世界乡情"	陈鉴昌	郭沫若学刊	2 期	1997
浅谈郭沫若《女神》中的自然抒情诗	何凤鸣	郭沫若学刊	2 期	1997
《女神》与郭沫若的太阳崇拜	沈光明	文艺研究	2 期	1997
论《女神》的抒情主人公	李玉明	山东社会科学	3 期	1997
《女神》中的乐山方言词语	黄泽佩	郭沫若学刊	4 期	1997
《女神》的泛神论与太阳意象	沈光明	长江大学学报（社科）	4 期	1997
男性的粗暴与女性的温婉——《女神》审美风格新解	沈光明	湖北大学学报（哲社）	6 期	1997
论郭沫若的诗集《女神》兼及其它	赵建磊	潍坊教育学院学报	1 期	1998

续表一八三

篇、书名	著(译)编者	出处	卷、期	年月日
《凤凰涅槃》琐议	黄泽佩	六盘水师范高等专科学校学报	1 期	1998
激情下的肤浅与脆弱——重读《凤凰涅槃》	李晓梅	泸州教育学院学报	2 期	1998
《凤凰涅槃》三题	黄泽佩	贵州文史丛刊	2 期	1998
时代的号角 新诗的奠基石——浅谈《女神》的时代色彩和在新诗发展中的地位	肖东平	南京理工大学学报（社科）	2 期	1998
爱国主义：《女神》的诗魂	黄泽佩	郭沫若学刊	3 期	1998
《女神》的青春性	刘玉贤	山东师大学报（社科）	4 期	1998
中国现代诗歌史上的高峰——论郭沫若《女神》的历史地位	李乐平	中州学刊	6 期	1998
《女神》与太阳崇拜——《女神》研究之一	沈光明	郭沫若与东西方文化		1998
《女神》与"俄狄浦斯情节"及其他	郝亦民	郭沫若与东西方文化		1998
异文化的冲突和融合——郭沫若的《女神》和那个时代	武继平	比较社会文化研究	3 期	1998
启蒙的"战叫"——论《女神》的悲剧精神	王卫国	郭沫若研究	12 辑	1998
《凤凰涅槃》新论	张建宏	郭沫若研究	12 辑	1998
《女神》：一卷壮丽的"宇宙诗"	税海模	贵州社会科学	1 期	1999
《女神》的个体性特征	景莹	南通大学学报（社科）	3 期	1999
西方浪漫派之于《女神》	秦丽萍	东岳论丛	4 期	1999
新诗源头的一座丰碑——郭沫若《女神》综论	钱小云 肖亮	常德师范学院学报	6 期	1999
中国现代诗歌史上的高峰——论郭沫若《女神》的历史地位	李乐平	中国语言文学资料信息		1999
独步诗坛的千古绝唱——《天狗》欣赏	税海模	郭沫若学刊	1 期	2000
一首不朽的时代颂歌——《凤凰涅槃》简析	邹海燕	山西煤炭管理干部学院学报	2 期	2000
"人的觉醒"之歌的最宏大之声——试论《女神》中个体意识与民族意识的矛盾运动及其审美表现形式	张鲁高	郭沫若学刊	2 期	2000
差异自有契合在——鲁迅《呐喊》和郭沫若《女神》创作风格之比较	李乐平	郭沫若学刊	3 期	2000
五四反叛精神的艺术写照	冯辉 马琳靖	中州大学学报	4 期	2000

续表一八四

篇、书名	著(译)编者	出处	卷、期	年月日
试论《女神》中个体意识与民族意识的矛盾运动及其审美表现形式	张鲁高	四川大学学报（哲社）	5期	2000
《凤凰涅槃》的"原型"解读	张建宏	江汉论坛	10期	2000
郭沫若と朝鮮——「狼群中一隻白羊」を中心に	藤田梨那	国士舘大学文学部人文学会紀要	33号	2000
《天狗》赏析	温海燕	语文世界	1期	2001
试论《浮士德》与《女神》中泛神论"大我"思想	卓玛	青海民族学院学报	2期	2001
互渗与消融——《女神》文本结构的重新解读	刘悦坦	山东师大学报（人文）	2期	2001
《女神》新论	曹艳红	郭沫若学刊	4期	2001
面对一种对《女神》等的新宣判	雷业洪	郭沫若学刊	4期	2001
郭沫若是时代的肖子而不是孝子——重读《女神》有感	牧野	三月风	8期	2001
重识《女神》	刘悦坦	华侨大学学报（哲社）	1期	2002
新时代的歌声——论《女神》的语言文化创造	袁红涛	郭沫若学刊	1期	2002
天狗·动词·我——郭沫若《天狗》一诗的三种解读方法	王元中	郭沫若学刊	4期	2002
论《女神》的现代性特征	彭玉斌	渝西学院学报（社科）	4期	2002
试谈《女神》的艺术成就	何文禹	黑龙江教育学院学报	5期	2002
试论《女神》的意象类型与构造	张清祥	南都学坛	6期	2002
浅析《凤凰涅槃》中象征手法的运用	陈安娜	文学语言理论与实践丛书——辞章学论文集（上）		2002
《女神》开一代诗风	宝吉	吉林日报		2002.12.14
论《女神》的意象世界	张清祥	郭沫若学刊	1期	2003
泛神论 中心形象 人生哲学——《女神》与《草叶集》比较谈（上）	陈永志	郭沫若学刊	2期	2003
《女神》与《草叶集》比较谈（下）	陈永志	郭沫若学刊	4期	2003
《女神》与《草叶集》	胡登全	郭沫若学刊	3期	2003
浪漫奇谲：《女神》与荆楚文化审美价值的趋同	罗昌智	荆州师范学院学报	3期	2003
康德的"二律背反"现象在《女神》中的体现	靳明全	东岳论丛	3期	2003
论《女神》的艺术特色	洪源	郭沫若学刊	4期	2003

续表一八五

篇、书名	著(译)编者	出处	卷、期	年月日
《女神》思想特色之再认识——以"自我"形象和"科学"精神为例	赫学颖	乐山师范学院学报	8期	2003
《女神复活》和鲁迅的《不周山》	武继平	言语文化论究	18期	2003
郭沫若の「天狗」论	藤田梨那	国士馆大学文学部人文学会纪要	36号	2003
《女神》表现主义,还是浪漫主义	陈永志	郭沫若学刊	1期	2004
以《女神》为代表看早期新诗的艺术成就	高国光	合肥工业大学学报（社科）	1期	2004
《野草》《女神》文学意象之比较	杨爱芹	青海师专学报	1期	2004
生命盛典的沉醉狂欢——《凤凰涅槃》综论	陈俐	郭沫若学刊	2期	2004
"动的泛神观"与"狂放"的文体——郭沫若《女神》新论	哈迎飞	郭沫若学刊	3期	2004
从《女神》看郭沫若对神话回归的态度	横打理奈	神话和诗	3期	2004
《女神》之日本文化背景	刘静	重庆工商大学学报（社科）	4期	2004
《女神》："五四"的时代旋律	黄红平	新余高专学报	4期	2004
我国的第一部新诗集——浅析《尝试集》与《女神》之别	包艺峰	阅读与写作	4期	2004
《女神》之日本文化背景	刘静	重庆工商大学学报（社科）	4期	2004
论《女神》中的虚词	富治平	郭沫若学刊	4期	2004
《女神》：青春期征兆与中国诗史的断裂	张有根	长春师范学院学报（社科）	9期	2004
从郭沫若《女神》看其对泰戈尔和惠特曼的影响	贾笑寒	EX ORIENTE（大阪外国语大学言语社会学会志）	11期	2004
郭沫若《女神之再生》和歌德《浮士德》	贾笑寒	现代中国	78期	2004
「女神」に见られる伝統詩形の伝承と乘離	武继平	言语科学	39期	2004
失落的女神——《女神》及其新诗的"现代性"问题	周海波	郭沫若与20世纪中国文化		2004
试论郭沫若《女神》中"火"的哲学意蕴	周薇	语文学刊	1期	2005
谈《女神》的爱国主义思想	路书体	宿州教育学院学报	1期	2005
人的发展：《浮士德》和《女神》	陈永志	郭沫若学刊	1期	2005
试论郭沫若《女神》中"火"的意象及其文化原型	周薇	四川职业技术学院学报	2期	2005

续表一八六

篇、书名	著（译）编者	出处	卷、期	年月日
一个新的空间的开拓——简论《女神》的时代精神	周玉英	安徽冶金科技职业学院学报	2期	2005
《女神》对大自然的诗性感悟与日本文化	蔡 震	郭沫若学刊	2期	2005
《女神》的"毁灭"与"创造"	苏雪莲	钦州师范高等专科学校学报	3期	2005
从女性创世神话走出的《女神》——《女神》与日本文化	蔡 震	钦州师范高等专科学校学报	3期	2005
郭沫若《凤凰涅槃》与莎士比亚《凤凰和斑鸠》	彭耀春	中国现代文学研究丛刊	4期	2005
《女神》与日本泰戈尔热	刘 静	江汉论坛	5期	2005
论郭沫若《女神》的思想内容	张 燕	兵团教育学院学报	5期	2005
《女神》与庄楚文化	凌受勋	西南民族大学学报（人文）	6期	2005
现代性的高峰体验与审美传达——郭沫若《天狗》赏析	张德明	名作欣赏	7期	2005
《女神》时代的新天地——读郭沫若《五四》时期的佚诗	李保均	社会科学战线	4期	1979
《女神》以后——试评郭沫若早期诗歌	李 志	南京师大学报（社科）	2期	1981
略论郭沫若的《恢复》	沈凯雄	高校教育管理	4期	1982
初期郭沫若詩「晴朝」の風景	岩佐昌暲	郭沫若研究会報	4号	2004
郭沫若「女神」創作期の逸詩文：作品の翻訳と解題	武継平	言語文化論究	19期	2004
谈郭沫若的《瓶》	江 潮	中国现代文学研究丛刊	1期	1982
《瓶》——一部应予重视的爱情诗集——纪念郭沫若诞辰九十周年	冯一健	山西师院学报（社科）	4期	1982
从《孤山的梅花》到《瓶》——郭老《瓶》思想艺术初探	冯望岳	吉林师范学院学报（哲社）	3期	1984
为《瓶》而鸣不平——郭老《瓶》思想艺术初探之四	冯望岳	丽水师专学报	3期	1984
为了失去的爱情歌唱——论郭沫若的诗集《瓶》	卜庆华	大理师专学报（哲社）	1期	1988
一个蕴蓄时代苦闷的爱情之《瓶》——也谈郭沫若诗集《瓶》	余 峥	内江师专学报	2期	1988
郭沫若和他的诗集《瓶》——兼谈郭沫若艺术个性的本质特点	陈冠英	天水师专学报	2期	1988
幻美的追求 苦闷的象征——对郭沫若诗集《瓶》的再认识	曾激波	赣南师范学院学报	4期	1992

续表一八七

篇、书名	著(译)编者	出处	卷、期	年月日
涅槃的爱神——论《瓶》的悲剧艺术	王卫国	郭沫若学刊	2期	1993
《瓶》：爱情中创造人格的杰作	陈鉴昌	成都师专学报	3期	1995
《瓶》：表现爱情的独创形式	陈鉴昌	四川教育学院学报	2期	1996
《瓶》：爱情中创造人格的杰作	陈鉴昌	郭沫若学刊	2期	1996
《瓶》：美化爱精心理的光辉诗篇	陈鉴昌	西南民族学院学报（哲社）	4期	1996
爱情之花在青春凋谢中枯萎——郭沫若《瓶》创作探源	王鸣剑	渝州大学学报（哲社）	4期	1997
试探析"瓶"的创作心理及其前后之变化	牛鸿英	郭沫若学刊	2期	1999
郭沫若诗集《瓶》与一位杭州女性——王映霞访谈录	沈飞德	档案与史学	2期	2001
爱情之花在青春凋谢中枯萎——试论郭沫若《瓶》的主题意蕴	王鸣剑	社会科学研究	2期	2002
如此缠绵为哪般——《瓶》的创作动机探秘	李 明	湘潭大学学报（哲社）	2期	2004
诗人·战士·赤子——读郭沫若的《战声集》	傅绍德	潍坊教育学院学报	1期	1988
从《战声集》看郭沫若新诗审美要求的变化	雷 锐	广西师范大学学报（哲社）	3期	1989
郭沫若の新诗诞生を探る——旧诗の考察から	横打理奈	東洋大学中国哲学文学科纪要	10号	2002
高歌吐气作长虹——论郭沫若抗战时期的旧体诗	华枕之	郭沫若研究	4辑	1988
旧形式的诱惑——郭沫若抗战时期的旧体诗	刘 纳	中国现代文学研究丛刊	3期	1991
抗战时期郭沫若诗歌风格浅谈	杨洪承	西南师范大学学报（社科）	1期	1988
论郭沫若抗战时期诗歌的艺术风格	吴小华	重庆社会科学	8期	2005
论郭沫若抗战诗歌及所谓抗战歌曲之艺术风格	郭云翔	文化与抗战——郭沫若与中国知识分子在民族解放战争中的文化选择		2005
郭沫若与吴芳吉友谊诗话	邓 颖	文史杂志	4期	1992
郭沫若与吴芳吉的诗话友谊	文 石 周仲初	四川政协报		2000.12.12
英译婉容词	吴芳吉（金尤史）	成都英语周刊社		1943
白屋诗稿	四川文献研究社	中华丛书编审委员会刊		1962
吴芳吉先生的著作	碧 岑	四川文献	102期	1971

续表一八八

篇、书名	著(译)编者	出处	卷、期	年月日
白屋诗选	吴芳吉	四川人民出版社		1982
吴芳吉诗文选	尹朝国	成都吴芳吉研究会		2004
白屋诗人的诗及其创作道路	金国永	社会科学研究	5期	1983
简论白屋诗人吴芳吉及其代表诗作《婉容词》	李玉麟	松辽学刊（社科）	1期	1985
《婉容词》及其作者吴芳吉	施幼贻	重庆师范大学学报（哲社）	1期	1986
白屋诗人吴芳吉的抗战诗作	王致中	文史杂志	4期	1988
《婉容词》与婉容墓	颜 林	重庆晚报		1988.7.4
吴芳吉诗名篇选	江津县政协文史资料委员会、江津县诗书画院	编者刊		1991
白屋诗人吴芳吉的诗歌和诗论	贺远明	文史杂志	1期	1992
吴芳吉译汤生诗（外一篇）	符家钦	博览群书	11期	1995
从《婉容词》到《白塔桥词》——纪念吴芳吉诞一百周年	余天潢	重庆师专学报	1期	1997
谁招故国魂 新诗知多少——读《吴芳吉集》	李伟民	文教资料	2期	1997
重新解读《婉容词》	石天河	重庆师专学报	1期	2001
白屋诗风（第一集）	成都吴芳吉研究会	编者刊		2001
白屋诗风（第二集）	成都吴芳吉研究会	编者刊		2002
白屋诗风（第三集）	成都吴芳吉研究会	编者刊		2003
白屋诗风（第四集）	成都吴芳吉研究会	编者刊		2004
吴芳吉研究80年——中国现代文学史杰出的"学衡派"诗人	李伟民	浙江万里学院学报	1期	2004
独树一帜的丰碑——论中国现代重要诗人吴芳吉	王彩蓉	文史杂志	4期	2004
略谈巴金早期的新诗	岑 光	中国现代文学研究丛刊	2期	1981
关于巴金早期的两首悼诗	岑 光	中国现代文学研究丛刊	2期	1985
杨沧白及其抗战诗歌	李畅培	四川文物	2期	1987
行知诗歌集	陶行知	大孚出版公司		1947
伟大人格的诗化——学习《行之诗歌集》并纪念陶先生96周年诞辰	高 缨	重庆晚报		1987.9.25

续表一八九

篇、书名	著(译)编者	出处	卷、期	年月日
珍贵的文献 高昂的战歌——介绍陈毅诗《赠勤工俭学同人》	陈潄渝	语文教学通讯	5期	1979
关于陈毅同志最早发表的诗作	雍桂良	社会科学战线	3期	1980
力挽狂澜岂为名——读大革命时期朱德同志的一组律诗	胡国强	文史杂志	4期	1987
芦山县红军题壁诗	董耀君 钟坚	四川文物	3期	1985
囚歌	叶挺等	重庆人民出版社		1963
		四川人民出版社		1978
		四川少年儿童出版社		1987
		兵器工业出版社		1997
忆"黑牢诗人"蔡梦慰	杜文博	重庆日报		1981.12.6
黑牢诗话	林彦	重庆出版社		1983
黑牢诗篇	王庆华 厉华	重庆大学出版社		1996
用生命写就诗篇——记蔡梦慰烈士	辛静	党史纵横	10期	1999
红岩英烈诗抄	重庆歌乐山烈士陵园	群众出版社		1997
红岩诗歌	穆仁 叶桦	重庆出版社		1998

四、词、散曲

篇、书名	著(译)编者	出处	卷、期	年月日
蜀词人评传	姜方锬	成都古籍书店		1984
《历代蜀词全辑》题记	缪钺	文献	3期	1990
历代蜀词全辑	李谊	重庆出版社		1992
四川古代词话略论	皮朝纲	四川师范大学学报(社科)	6期	1992
唐宋两代蜀词	唐圭璋	文史杂志	3卷5、6期	1944
		词学论丛		1986
		词学研究论文集		1988

续表一

篇、书名	著(译)编者	出处	卷、期	年月日
巴渝词鸟瞰	熊宪光 宁登国	重庆工商大学学报（社科）	2期	2003
忆秦娥	李太白	汉风	1期	1907
李白《菩萨蛮》《忆秦娥》词考	吴微铸	斯文	1卷2期	1940
评李白《清平调》	振雄	中国公论	1卷7号	1942
詞の創体期に就て——李白を中心として	伊藤喬	東洋大学論纂	2輯	1942
李白《菩萨蛮》《忆秦娥》词辨伪	詹锳	真理杂志	1卷1期	1944
词的讲解——李白："菩萨蛮""忆秦娥"	浦江清	国文月刊	28-30期	1944
			33期	1945
零墨新笺——李白与《菩萨蛮》	杨宪益	新中华复刊	3卷10期	1945
李白《清平调》词研究	叶芝生	畅流	5卷10期	1952
今传李太白词的真伪问题	俞平伯	文学研究	1期	1957
		论诗词曲杂著		1983
李白《清平调》三章的解释	王季星	吉林日报		1957.2.21
李白《清平调》三章的解释	俞平伯	光明日报		1957.2.24
		唐诗研究论文集		1959
		论诗词曲杂著		1983
与俞平伯先生商榷李白的《清平调》问题	罗蔗园 任二北	光明日报		1957.5.5
再谈《清平调》答任、罗两先生	俞平伯	光明日报		1957.6.2
		论诗词曲杂著		1983
《菩萨蛮》及其相关之诸问题	张琬	大陆杂志	20卷1-3期	1960
李白《菩萨蛮·忆秦娥》考	杨胤宗	大陆杂志	21卷12期	1960
李白《清平调》修辞与作法之分析	曹树铭	南大中文学报	12期	1962
李白的《菩萨蛮》词新赏	琦君	文坛	166期	1974
浅析李白的《清平调》	陈飞龙	"中央日报"		1978.10.6, 1978.10.7
读词偶笔二则	茂林	语文教学通讯	1期	1979
《忆秦娥》的时代与气象——读词随笔	王达津	河北日报		1979.10.7
李白《清平调》名试释1-3	寄庐	台湾日报		1979.12.15-1979.12.17

续表二

篇、书名	著(译)编者	出处	卷、期	年月日
李白《菩萨蛮》《忆秦娥》真伪之我见	璟 石	吉林师院学报	2期	1980
关于李白词两首的真伪问题	吴孟复	安徽大学学报（哲社）	3期	1980
李白《清平调》词三首辨伪	吴企明	文学遗产	3期	1980
《忆秦娥》评析	包根弟	益世杂志	2期	1981
《李白〈清平调词〉三首辨伪》商榷	李廷先	文学遗产	4期	1981
关于《横江词》的两个问题	李协民	郑州大学学报（社科）	4期	1980
李白《菩萨蛮》的真伪问题	庞石帚 魏 若	抖擞	44期	1981
记庞石帚先生谈李白《菩萨蛮》的真伪问题	魏炯若	龙门阵	1辑	1982
		探艺录		1984
谈《横江词》的写作背景——兼与李协民同志商榷	何庆善	郑州大学学报（哲社）	1期	1982
李白《横江词》新探	安 旗	唐代文学论丛	1辑	1982
李白两首词真伪之我见	黄 刚	浙江师范学院学报（社科）	2期	1982
再谈《横江词》的写作年代——兼答何庆善同志	李协民	郑州大学学报（哲社）	4期	1982
论李白《忆秦娥》	李汉超	文学评论	4期	1983
读李白词札记	施蛰存	华东师范大学学报（哲社）	1期	1984
李白《菩萨蛮》、《忆秦娥》词是伪作	罗元贞	晋阳学刊	5期	1984
"伤心碧"浅解	丁成泉	光明日报		1984.12.11
李白《忆秦娥》与铜人东徙事	王 木	四川师院学报（社科）	1期	1985
传世的李白词全系伪作		新华文摘	1期	1985
李白词二首主题论析——兼与"怀人"、"怀古"说商榷	张大新	信阳师范学院学报（哲社）	2期	1985
也论"伤心碧"	刘岸挺	扬州师院学报（社科）	2期	1985
李白不为"词祖"六证	罗元贞	学术文摘	2期	1985
李白词二首的真伪问题讨论综述	闻元馨	温江师专学报	2期	1985
闺情春恨在高楼——关于李白《菩萨蛮》的人称兼与唐圭璋夏承焘诸先生商榷	赵福增	广州师院学报（哲社）	4期	1985
李白作《菩萨蛮》、《忆秦娥》新证	刘继才	辽宁师范大学学报（社科）	5期	1985
百代词曲之祖——《忆秦娥》	陆永品	名作欣赏	1期	1986
李白忆秦娥词的作者及本事	周泳先	词学	5辑	1986

续表三

篇、书名	著(译)编者	出处	卷、期	年月日
李白词二首之我见	安旗	西北大学学报（哲社）	1 期	1987
西风残照 汉家陵阙——李白《忆秦娥》赏析	李萌	宁夏日报		1987.9.18
吟坛声苑的千古绝唱——析《忆秦娥》	周汝昌	名作欣赏	2 期	1988
李白二词"非伪托"说订补	黄翼	汕头大学学报	3 期	1988
问答尽情 妙趣横生——李白《横江词》六首之五赏析	郑崇德	江南诗词季刊	3 期	1989
花人浑融挥洒自如——说李白《清平调》之一	孙移泰	语文月刊	3 期	1989
李白《清平调词》寓意新探	康怀远	甘肃理论学刊	3 期	1989
李白词的真伪及其成就	何世华	中国文学研究	4 期	1989
关于李白词的辨伪	白润德	唐研究	7 辑	1989
近六十年来李白词真伪讨论综述	葛景春	文学评论丛刊	31 辑	1989
李白两首词的人物模特儿——兼谈其背景材料、创作时间、地点及其它	张书城	云梦学刊	1 期	1990
李白词真伪问题研究综述	章尚正	文史知识	2 期	1990
秦楼梦断何处是归程——李白《忆秦娥》《菩萨蛮》鉴赏	乐秀拔	国文天地	5 卷 12 期	1990
谈李白《清平调》三章诗的英译	谢卓杰 肖乙华	湖南大学学报（自然）	6 期	1991
横江词与横江疏笺	李子龙	唐代文学研究	3 辑	1992
《菩萨蛮》（平林漠漠）与《忆秦娥》（箫声咽）非李白所作	詹亚园	淮北煤师院学报（社科）	3 期	1992
李白《忆秦娥》的用韵范围	林水檺	书目季刊	27 卷 4 期	1994
百代词曲之祖——李白《菩萨蛮》《忆秦娥》	杨敏如	燕京学报	1 期	1995
归心似箭的天涯游子——李白《菩萨蛮》赏读	邵明珍	中文自修	12 期	1995
神在个中，音流弦外——《忆秦娥》主题臆说	兰保民 孙争春	烟台师范学院学报（哲社）	4 期	1997
李白的词	朱崇才	文史知识	10 期	2001
现实与历史交织的杰作——李白《忆秦娥》探析	王力坚	名作欣赏	1 期	2002

续表四

篇、书名	著(译)编者	出处	卷、期	年月日
李白《忆秦娥》、《蜀道难》的文化发生学阐释	魏传宪	绵阳师范高等专科学校学报	1期	2002
再论"伤心碧"——兼与刘岸挺先生商榷	兰朝霞	语文学刊	1期	2002
《菩萨蛮》词是否为李白作	吴艳玲	绍兴文理学院学报（哲社）	2期	2003
李白作《忆秦娥》辨	黄去非 马桂清	云梦学刊	3期	2003
李白词真伪证说	王辉斌	襄樊学院学报	6期	2003
李白《菩萨蛮》辨伪——兼及词的起源问题	王辉斌	乐山师范学院学报	8期	2003
李白《忆秦娥》证伪	王辉斌	太原师范学院学报（社科）	1期	2004
《忆秦娥》：柔美与苍凉的结合——词的一种表现方式	刘淑丽	古典文学知识	6期	2005
清吟一曲冠词史——李白《忆秦娥》赏读	张成恩	现代语文	7期	2005
五代的词人	梁之盘	红豆	1卷6期	1934
论五代西蜀词	杨海明	四川大学学报丛刊	21辑	1983
西蜀词风和南唐诗意	姜超	语文学刊	3期	1987
西蜀情词重估	赵谦	华中师范大学学报（哲社）	2期	1995
五代西蜀词题材处理的地域文化论析	韩云波	西南师范大学学报（哲社）	4期	1997
乱世情怀渐入词——王建时期的西蜀词	张兴武	西北师大学报（社科）	2期	1998
试论西蜀词与南唐词风格的异同	吴惠娟	上海大学学报（社科）	4期	1999
西蜀词与南唐词辨异	李红霞	渭南师范学院学报	3期	2000
五代西蜀词的地域文学特色	刘扬忠	文史知识	7期	2001
试论西蜀、南唐词的异同	王晋建	连云港职业技术学院学报	4期	2003
论五代前后蜀词风	何尊沛	西华师范学院学报（社科）	6期	2003
从西蜀艳情词看男性主体意识的演变	张帆	西南民族大学学报（人文）	12期	2005
花间集	赵崇祚辑，袁韬壶标点	扫叶山房		1926
花间集考	赵尊岳	中华图书馆协会会报	5卷5期	1930
花间集	李白英编校	光华书局		1933
论花间集确有五百首	邹啸	青年界	6卷1期	1934
论花间集不仅浓丽一体	邹啸	青年界	6卷1期	1934

续表五

篇、书名	著(译)编者	出处	卷、期	年月日
花间集注	华连圃	商务印书馆		1935
花间集评注	李冰若	开明书店		1935
		人民文学出版社		1993
		河北教育出版社		1999
评"花间集评注"（李冰若著）	张公量	国闻周报	13卷4期	1936
词籍提要：花间集	赵尊岳	词学季刊	3卷3号	1936
读花间集注书后	晶明	天津益世报·读书周刊	70期	1936.10.15
标点精校普及本：花间集	张咏青	上海中央书店		1936
花间集校记（附补校记）	冒广生	同声月刊	2卷2号	1942
		冒鹤亭词曲论文集		1992
花间集より——唐宋詞選その四	中田勇次郎	世代	6号	1946
		読詞叢考		1998
再从词的起原谈到"花间集"——中国文学名著讲话之七（续）	徐调孚	中学生	191期	1947
中国最早的词集：十世纪的花间词	Glen W. Baxter	哈佛大学出版社		1952
花間集抄	加藤大三	東海（東海高校文芸部）	4号	1953
从敦煌曲子词和《花间集》谈词的发展	宛敏灏	语文教学	9期	1957
花间集	赵崇祚	文学古籍刊行社		1955
花间集校	李一氓	人民文学出版社		1958
		商务印书馆		1960
花間集の提要をめぐって	近藤光男	東京中国学報	5号	1959
		清朝考証学の研究		1987
花间集之研究	祁怀美	台湾省立师范大学国文研究所集刊	4号	1960
花間集	中田勇次郎	中国の名著——その鑑賞と批評		1961
		倉石博士還暦記念——中国の名著		1961
		読詞叢考		1998
花间词体	夏承焘 怀霜	文汇报		1962.3.31
		唐宋词欣赏		1980
略谈《花间集》	邝利安	文学世界	34期	1962

续表六

篇、书名	著(译)编者	出处	卷、期	年月日
花间派的口语情趣	谷怀	联合报		1963.1.13
从《花间集》看晚唐五代词	吕景洲	新亚书院中国文学系年刊	3期	1965
花間集（解題並訳）	加藤大三	東洋文化	12号	1965
《花间集》中淡雅派词人	刘兆熊	台湾省立博物馆科学年刊	11期	1968
全訳花間集	花崎采琰	桜楓社		1971
花間集の詞（4）——花間集詞の形式について	青山宏	日本大学人文科学研究所紀要	16号	1974
		唐宋詞研究		1991
词与《花间集》	温世乔	台南师专学报	10卷	1977
萧继宗教授评点校注：花间集	萧继宗	台湾学生书局		1977
新译花间集	朱恒夫	三民书局		1977
		古籍出版社		1997
花间词人及其作品研究	谢武雄	台中师专学报	7卷	1978
花间词考	郑宪哲	中国文学	6辑	1979
《花间集》及其影响	叶如新	中国文学流派		1979
评述《花间集》暨其十八作家提要	廖学兰	华学月刊	86期	1979
花間集索引——東洋学文献センター叢刊21	青山宏	東京大学東洋文化研究所附属東洋学文献センター		1979
花间集	舍之	词学	1辑	1981
花间词简论（上）（下）	吴世昌	文史知识	10、11期	1981
Among the flowers: the Huachienchi	Loistr. Fusek	Columbia University Press		1982
花间集注	华钟彦	中州书画社		1983
论《花间词》的创作倾向	张式铭	文学遗产	1期	1984
评《花间集》	沈祥源 傅生文	固原师专学报（社科）	1期	1984
试论花间词派的表现手法和艺术风格	沈祥源 傅生文	深圳大学学报	1期	1984
《花间集》与《尊前集》比较研究	郑宪哲	论文集（庆尚大人文系）	23辑1号	1984
论花间集的月与柳	包根弟	辅仁学志	13期	1984
「花間集」における「昏・魂・痕」等について	沢崎久和	高知大国文	15号	1984
触觉文学的典范——花间集	高大鹏	"中央日报"		1984.11.22, 1984.11.29
《花间集》订律考	郑士元	魏晋南北朝研究论集		1984

续表七

篇、书名	著(译)编者	出处	卷、期	年月日
《花间集》韵谱	曹文安 沈祥源	南昌师专学报	1期	1985
「花間集」における「沿襲」（《花间集》的沿袭）	沢崎久和（马歌东）	高知大学学術研究報告（人文）	34号	1985
		词学	9期	1992
《花间集》所录词调之分析	丁惠英	文藻学报	1期	1986
儿女情多 风云气少——《花间集》内容新评	沈祥源 傅生文	武汉大学学报（社科）	4期	1986
花间集所录词调之分析	丁惠英	文藻学报	12期	1986
关于花间词的风格与流派	刘扬忠	光明日报		1986.8.26
不是园艺的书——花间集	黄文吉	中华日报		1986.10.15
花间集注释	李谊	四川文艺出版社		1986
花间集新注	沈祥源 傅生文	江西人民出版社		1987
花间集	陈庆煌	金枫出版公司		1987
花间词与宫体诗比较论	苏涵	山西师大学报（社科）	2期	1988
介绍《花间集》中两首边塞词	周朝生	抚顺教育学院学报	3期	1988
《花间词》评价质疑	张富华	新疆大学学报（哲社）	4期	1988
绮罗人物画与花间词	罗文中	零陵师专学报	2期	1989
从《花间集》看词的离合艺术	何尊沛	四川师范学院学报（哲社）	4期	1989
《花间集》叙录	吕明香	图书馆学刊	18期	1989
《花间集序》在传统词体观念形成过程中的意义	岳珍	社会科学研究	6期	1990
晏几道与《花間集》	荻原正樹	学林（中国芸文研究会）	14、15号	1990
花间十八家词研析	陈庆煌	晚唐的社会与文化		1990
花间词意象运用特点的社会文化学分析	王世达 陶亚舒	成都大学学报（社科）	2期	1991
论花间派在词史上的地位	张晶	辽宁师范大学学报	3期	1991
花间词兴盛的社会背景	陈如江	大公报（香港）		1991.11.22
花间集评注	李若冰	人民文学出版社		1991
花间词风格新论	欧明俊	绍兴文理学院学报（社科）	1期	1992
花间词艺术风格析论	陈如江	华东师范大学学报（哲社）	2期	1992
"花间"词为何"侧艳"	王利华	语文学刊	3期	1992
从女性主义文论看《花间》词之特质	叶嘉莹	社会科学战线	4期	1992

续表八

篇、书名	著(译)编者	出处	卷、期	年月日
论词学中之困惑与《花间》词之女性叙写及其影响	叶嘉莹	中外文学	8期	1992
		迦陵论词丛稿		1997
"花间"词平议	缪钺	俞平伯先生从事文学活动六十五周年纪念文集		1992
千秋功过话"花间"	陈惊昌	肇庆教育学院学刊	1期	1993
重新认识花间词	陈咏红	学术研究	4期	1993
从《花间》词之特质看后世的词与词学	叶嘉莹	文学遗产	4期	1993
略论花间词的宗教文化倾向	陶亚舒	贵州社会科学	1期	1994
花间词审美感知的表现特征	孙立	青海社会科学	1期	1994
论赵崇祚《花间集》的编辑经验	赵颖君	许昌师专学报	1期	1994
《花间集序》的词学观点及《花间集》词	贺中复	文学遗产	5期	1994
论"花间词"的题材类型	何尊沛	四川师范学院学报（哲社）	5期	1995
《花间集》中的月亮意象	涂昊	衡阳师范学院学报	5期	1995
花间集	毕宝魁 王素梅	春风文艺出版社		1995
论"花间派"产生的现实文化基因	鲍晓敏	军事经济学院学报	2期	1996
花间词与晚唐五代社会风气及文人心态	欧明俊	福建师范大学学报（哲社）	3期	1996
《乐章集》中的人性意识——兼与《花间集》比较	赵瑾	开封大学学报	3期	1996
肇发传统：论花间词的审美理想与功能取向	乔力	辽宁大学学报（哲社）	4期	1996
		江西社会科学	6期	1997
小议《花间集》的"诗客曲子词"特性	岳继东	四川师范学院学报（哲社）	4期	1996
论花间词中的鸟类意象	周建国	杭州师范学院学报（社科）	5期	1996
花间词论集	张以仁	"中研院"中国文哲研究所筹备处		1996
花间词抒写闺怨模式例说	冯庆凌	东北师大学报（哲社）	2期	1997
冯延巳词对花间词的发展	张毅	龙岩师专学报	2期	1997
花间南唐词风臆说	杨新民	内蒙古社会科学	3期	1997
《花间集》与《云谣集》	肖友群	文史知识	3期	1997
奇花初胎 生气远出——论《花间集》的艺术魅力	王晓骊	淮阴师范学院学报（哲社）	3期	1997

续表九

篇、书名	著(译)编者	出处	卷、期	年月日
《花间集》的采辑策略与编集体例	闵定庆	九江师专学报	4期	1997
花间词对"词为艳科"观念的影响及其意义	岳继东	河南师范大学学报（哲社）	6期	1997
《花间集》命名之由	王水照	新民晚报		1997.8.3
花间词：诗与乐的再度结合	高锋	镇江师专学报（社科）	1期	1998
《花间集序》与《玉台新咏序》比较谈	杨培森	中文自学指导	2期	1998
从《花间集序》看花间词之于六朝诗的理论认同	褚媛	新余高专学报	2期	1998
论《花间集》的特征及意义	王新霞	北京图书馆馆刊	2期	1998
从花间尊前到慷慨悲歌——词的特点及发展	蔡义江	文史知识	3期	1998
花间集中的非情词	张以仁	文史哲学报	48期	1998
五代花间词题材另说	刘古卓	邵阳师范高等专科学校学报	1期	1999
小山词借"花间之身"还"南唐之魂"	许金华	古典文学知识	1期	1999
论花间词在宋金元时的传播	欧明俊	福建师范大学学报（哲社）	2期	1999
《花间集》编纂背景及编纂原则探析	罗争鸣	天津大学学报（社科）	2期	1999
试论花间词中男女相思情有别	房开江	六盘水师范高等专科学校学报	3期	1999
从《花间集》到《花外集》——从词集名称看宋人词学观念的演进	张雁	文学遗产	4期	1999
花间集的主题与感觉	洪华穗	文津出版社		1999
《花间集》论稿	闵定庆	南方出版社		1999
论花间词人的咏史怀古词	闵定庆	中国韵文学刊	1期	2000
《花间集》内容新探	曹治邦	兰州大学学报	1期	2000
简论花间词派的艺术成就	曹治邦 魏洁瑛	甘肃社会科学	1期	2000
论《花间集》里的边塞词	闵定庆	深圳教育学院学报（综合）	1期	2000
从《花间集》看晚唐五代妇女的首服	王开桃	湛江师范学院学报	1期	2000
汤显祖评《花间集》及其它	吴文丁	抚州师专学报	3期	2000
《花间集》接受史分析	陈咏红	广州教育学院广州师专学报	3期	2000
论花间词的道教文化意蕴	杨子江	上海大学学报（社科）	3期	2000

续表一〇

篇、书名	著(译)编者	出处	卷、期	年月日
论五代西蜀的"花间词风"与"花间别调"	刘尊明	社会科学研究	6期	2000
女性形象的本色化和主体化——论花间词对"美人"意象的重塑及其意义	王晓骊	贵州社会科学	6期	2000
由《花间集》想起	李国文	光明日报		2000.5.25
自南朝之宫体 扇北里之倡风——论花间词对宫体诗的扬弃及其文化基础	王晓骊	海南师范学院学报（人文）	1期	2001
花间词派评辨	余传棚	武汉大学学报（人文）	2期	2001
女性：宫体与花间	傅蓉蓉	临沂师范学院学报	3期	2001
毛本《花间集》来源管见	罗争鸣	古籍整理研究学刊	5期	2001
毛本《花间集》来源续证	罗争鸣	文献	3期	2001
《花间集序》：一篇被深度误解的词论	彭国忠	学术研究	7期	2001
花间词艺术	艾治平	学林出版社		2001
花间词人事迹考辨三题	邓建	湖北大学成人教育学院学报	1期	2002
温柔的叛逆——《花间集》艳风新论	王鹂	苏州大学学报（哲社）	1期	2002
《花间集》采辑策略的文化阐释	闵定庆	中国文化研究	1期	2002
论《花间集》对宋词女性意识的奠定	杨雨	吉首大学学报（社科）	3期	2002
泪滴黄金缕——论花间词的意旨模式	赵楠	南阳师范学院学报	3期	2002
普希金爱情诗与《花间集》——与许宗元先生商榷	戴绍敏 齐雪冰	山西大同大学学报（社科）	3期	2002
词之为体如美人——从《花间集》看词的女性化特质	鞠泓	连云港师范高等专科学校学报	4期	2002
源于"花间"，超越"花间"——论冯延巳词的悲剧美感	邹华	云南民族学院学报（哲社）	4期	2002
试论"花间词"女性化特征之成因	谭广旭	湖南社会科学	6期	2002
花间词创作的情景模式	闵定庆	学术研究	7期	2002
中国古典文学名著百部：花间集	赵崇祚	中国戏剧出版社		2002
《花间集》的雅俗之辨	李冬红	齐齐哈尔大学学报（哲社）	1期	2003
		新疆大学学报（哲社）	2期	2003
论花间词的传播及南唐词对花间词的接受	赵晓兰	四川师范大学学报（社科）	1期	2003
论花间意象的图案化特征	闵定庆	南阳师范学院学报（社科）	1期	2003
论花间词的文化生成	张巍	中国韵文学刊	2期	2003

续表——

篇、书名	著(译)编者	出处	卷、期	年月日
《花间集》与宋词女性意识之论说	高文利	齐齐哈尔大学学报（哲社）	3期	2003
也论《花间集序》的主旨——兼与贺中复、彭国忠先生商榷	李定广	学术研究	4期	2003
花间词文化浅析	陈云芊	沈阳农业大学学报（社科）	4期	2003
论叶嘉莹对花间词美学特质成因之探讨	朱巧云	江苏社会科学	5期	2003
试论花间词对晏殊的影响	徐秀燕	济南教育学院学报	6期	2003
《花间集》的文化阐释	李冬红	齐鲁学刊	6期	2003
花间集（汉英对照）	傅 恩、张宗友	译林出版社		2003
《花间集序》的词学观	曲向红	枣庄师范专科学校学报	1期	2004
花间咏史亦自雄——论《花间集》咏史词	曹渝扬	重庆工商大学学报（社科）	2期	2004
《花间集》琐议	邹祖尧	合肥学院学报（社科）	3期	2004
浅笑含双靥 低声唱小词——《花间集》与五代四川唱词之风	黄全彦	文史杂志	3期	2004
囿于花间又出于花间的冯延巳词	周建华	昭乌达蒙族师专学报（哲社）	3期	2004
明代《花间集》接受史论	范松义 刘扬忠	中国社会科学院研究生院学报	4期	2004
汤显祖与《花间集》及其词学思想	罗 莹	辽宁广播电视大学学报	4期	2004
《花间集》评议	李亚峰	沈阳师范大学学报（社科）	5期	2004
论花间词对身体和欲望的书写	杨 柳	青海社会科学	5期	2004
略论温庭筠词景色意象	张 红	南开学报	6期	2004
花间丛里怀古声——简论《花间集》中咏史词	房开江	唐代文学研究	11辑	2004
从《香奁》到《花间》——晚唐五代词体文学发展演变的艺术轨迹	王小兰	甘肃社会科学	1期	2005
论花间体及温韦之异同	木 斋 李松石	天中学刊	1期	2005
祖述《花间》的《淮海词》	李冬红	赣南师范学院学报	1期	2005
也谈《花间集序》的词学观	冯晓莉	陕西教育学院学报	2期	2005
从《花间集》中女性形象的塑造看男性本位意识	刘佳宏	长春工程学院学报（社科）	2期	2005
《花间集》在明代的传播与接受	白 静	陕西师范大学学报（哲社）	3期	2005
对花间词审美特性的再认识	张燕玲	郑州大学学报（哲社）	3期	2005

续表一二

篇、书名	著(译)编者	出处	卷、期	年月日
论《花间集》中的花、月、鸟意象	戴文梅	四川戏剧	3 期	2005
宫体诗与花间词文本生成背景比较解析	厚 实 郭 彤	阿坝师范高等专科学校学报	4 期	2005
20世纪《花间集》研究的回顾与反思	刘尊明 白 静	南开学报(哲社)	6 期	2005
《花间》与《草堂》在明代的接受比较	丁建东	枣庄学院学报	6 期	2005
论清人对《花间集》的接受	范松义	南阳师范学院学报(社科)	7 期	2005
李煜和花间词	黄 光	成都教育学院学报	8 期	2005
花间词新解	鹿月华	现代语文(理论研究)	9 期	2005
温飞卿《菩萨蛮》词之研究	王志刚	孤兴	9 期	1926
学府之话:从温飞卿词说到"老女不嫁撞地呼天"	种 荻	十日杂志	19 期	1936
温庭筠《菩萨蛮》十四阕之表现法	金 鹏	中国文化	1 期	1945
温庭筠の金荃詞——唐宋詞選その一	中田勇次郎	世代	1卷1号	1946
		読詞叢考		1998
读温飞卿菩萨蛮	潘大白	文潮月刊	6卷2期	1948
温庭筠词八首	方祖燊	国语日报		1955.12.12
温飛卿の文学	村上哲見	中国文学报	5 号	1956
		宋詞研究——唐五代北宋篇		1976
温庭筠の詞	花崎采琰	アジア文化図書館開館記念論文集		1957
与夏承焘先生谈"斜晖脉脉水悠悠"	阮鲁人	语文教学	3 期	1957
温庭筠の「菩薩蛮」	小野忍	『中国詩人選集』第2卷付録		1958
论温庭筠词的艺术风格	胡国瑞	文学遗产增刊	6 辑	1958
温庭筠词概说	叶嘉莹	淡江学报	1 期	1958
论温庭筠词的艺术风格	江华清	中国古典作家论		1960
幽心曲折写离情	刘逸生	羊城晚报		1961.5.20
西溪词话之一——温庭筠的小令	夏承焘 怀 霜	浙江日报		1961.12.10
西溪词话之二——温庭筠的小令	夏承焘 怀 霜	浙江日报		1961.12.13
温飛卿詞についての一分析	柚木利博	漢文学会会报	26 号	1967
温庭筠其人其词	冯伊湄	幼狮	8 期	1970

续表一三

篇、书名	著(译)编者	出处	卷、期	年月日
温庭筠词的艺术风格	蒋 凤	（新亚书院）中国文学系年刊		1970
花間集の詞（1）——温庭筠の詞	青山宏	日本大学人文科学研究所紀要	12号	1970
		唐宋詞研究		1991
温飞卿詞論	村上哲見	宋詞研究——唐五代北宋篇		1976
温庭筠及其词	陈弘治	中华文化复兴月刊	3期	1977
温庭筠与"画屏金鹧鸪"	廉 锷	学术研究	3期	1978
谈温飞卿词札记	施蛰存	中华文史论丛	8辑	1978
温庭筠与词调的成立	赖桥本	国文学报	8期	1979
读温庭筠《菩萨蛮》	袁行霈	唐代文学论丛	1期	1981
读温庭筠《菩萨蛮》二首	王达津	唐代文学论丛	2期	1982
谈李商隐爱情诗与温庭筠恋情词艺术风格的亲缘关系	吴肃森	贵州社会科学	5期	1982
一声村落鸡——试析《更漏子》第五首兼探温庭筠词的特色	吴小如	名作欣赏	6期	1982
温庭筠《更漏子》（柳丝长）的艺术技巧	刘逸生	花城	增刊5	1982
鸾镜与花枝 此情谁得知——温庭筠的《菩萨蛮·宝函钿雀》	傅经顺	唐宋文学欣赏		1982
画屏金鹧鸪	蔡厚示	厦门日报		1982.1.15
画屏金鹧鸪——释温庭筠《更漏子》第一、六首兼论典型温词的特色	吴小如	名作欣赏	2期	1983
温庭筠詞の修辞——提喩を中心として	中原健二	東方学	65号	1983
温庭筠詞研究ノート「双双金鷓鴣」について	杉本繁昭	中国詩文論叢	3号	1984
温庭筠词色彩美论析	徐 匋	晋阳学刊	4期	1984
飞卿词艺术平议	邓乔彬	社会科学战线	4期	1984
风云气少，儿女情多——温庭筠词浅尝	邓乔彬	文科月刊	11期	1984
花間集と温庭筠	雫石鉱吉	関西外国語大学研究論集	40号	1984
淡妆浓抹总相宜——浅谈温庭筠词的特色	申 正	怀化师专学报（社科）	2期	1985
吟成意态在虚描——温庭筠词法一例	艾 岩	名作欣赏	4期	1985

续表一四

篇、书名	著（译）编者	出处	卷、期	年月日
温庭筠词中的巴洛克式因素	黄德伟	世界文学交流会议录		1985
鸾镜与花枝　此情谁得知——试析温庭筠《菩萨蛮》其十	马宝丰	山西师大学报（社科）	2期	1986
温词艺术研究——兼论温韦词风之差异	袁行霈	学术月刊	2期	1986
"心曲"的外物化和优美化——论温庭筠词	杨海明	文学评论	4期	1986
为无理得妙进一解	艾　岩	名作欣赏	6期	1986
温庭筠の文学の一側面——時間の流れの中の不安定な存在	山本敏雄	東方学	71号	1986
温庭筠"肠断白苹洲"寻绎	蔡中民	成都大学学报（社科）	3期	1987
温庭筠《菩萨蛮》词所传达的多种信息及其判断之准则	叶嘉莹	光明日报		1987.6.14
温庭筠の楽府歌行——形式の側面について	山本敏雄	愛知教育大学研究報告（人文）	36号	1987
"兴于微言"与"知人论世"	叶嘉莹	光明日报		1987.7.19
绮词丽句写闺情——读温庭筠《菩萨蛮》之一	魏运佳	辽宁广播电视大学学报	1期	1988
小山重叠金明灭——关于温庭筠一句词的注释	盛德忠	固原师专学报（社科）	4期	1988
怨情沉沉思绪绵绵——温庭筠《菩萨蛮》简析	曹克明	文史知识	9期	1988
缕金错彩精妙绝伦——温庭筠《菩萨蛮》艺术鉴赏	黄进德	古代文学作品鉴赏		1988
温庭筠与词	刘占东 赵秉璇	晋中师专学报	1期	1989
斜晖脉脉水悠悠——温庭筠词《梦江南》赏析	齐昌人	今日中国	6期	1989
香而软绮而靡——谈温庭筠词	陈如江	大公报		1989.11.5
温庭筠歌词について	芦立一郎	山形大学纪要（人文）	12卷1号	1990
抒情角度与温庭筠和柳永的词境	赵晓兰	四川师范大学学报（社科）	1期	1990
温词《梦江南二首》的两个问题	王穆之	山西师大学报（社科）	1期	1991
温庭筠《菩萨蛮》"小山重叠金明灭"考辨	艾　思	语文学刊	1期	1991
"诗词有别"与"诗词一体"——温庭筠诗歌与词的联系初探	成松柳	长沙水电师院学报（社科）	4期	1991

续表一五

篇、书名	著(译)编者	出处	卷、期	年月日
红香翠软寓真情——温庭筠《菩萨蛮》新析	程遥	松辽学刊（社科）	4期	1991
温庭筠词的修辞——以提喻为中心	中原健二	日本学者中国词学论文集		1991
论温庭筠对"词境"的开掘	李世英	兰州大学学报（社科）	4期	1992
中国第一位词人温庭筠	贾百卿	沧桑	2期	1993
异曲同工 各呈芳华——庞德《地铁站上》与温庭筠《菩萨蛮》意象营造之比较	金琼	怀化师专学报	4期	1993
"小山"何解	石矣	中国出版	10期	1993
谈谈温庭筠词中的女性形象	黎烈南	文史知识	2期	1994
画屏金鹧鸪——温庭筠词风说略	郑福田	内蒙古师范大学学报（哲社）	3期	1995
温庭筠《菩萨蛮》词新解	王宝金	名作欣赏	5期	1995
从温庭筠的创作看词"别是一家"	田芳	中国韵文学刊	1	1996
温庭筠及其词的思想内容	杨文柱	辽宁大学学报（哲社）	4期	1996
简论温庭筠的爱情词	王于飞	杭州大学学报（哲社）	2期	1997
"落红"亦是有情物——略析温庭筠词的情感定位	李静	牡丹江师范学院学报	2期	1997
温庭筠词概说	叶嘉莹	迦陵论词丛稿		1997
对温庭筠词的再思考	黎烈南	兰州大学学报（社科）	3期	1998
温庭筠词中的女性形象	杨艺	康定民族师范高等专科学校学报	1期	1999
稳思离情的形象描写——温庭筠《更漏子》词赏析	王力坚	古典文学知识	3期	1999
印象式的描绘与跳跃性的意象组接——读温庭筠《菩萨蛮》词十四首	叶华	安徽大学学报（哲社）	4期	1999
照花前后镜，花面交相映——温庭筠词与西方现代主义诗歌	成松柳	长沙电力学院学报（社科）	4期	1999
温庭筠词意象分析	花志红	西昌师范高等专科学校学报	4期	1999
词"别是一家"：古典诗词美学特质异趋论——以温庭筠的词与绮艳诗为中心	迟宝东	天津社会科学	5期	1999
古佳人寂寞心——温庭筠词浅论	梁文娟	濮阳教育学院学报	2期	2000
论温庭筠词意象的虚实	余意	五邑大学学报（社科）	1期	2001
温庭筠的词和传奇	王晓骊	东南大学学报（哲社）	2期	2001

续表一六

篇、书名	著(译)编者	出处	卷、期	年月日
论温词"类不出乎绮怨"与对绮怨心境的表现	余恕诚	陕西师范大学学报（哲社）	3期	2001
曲同题不同工——冯延巳与温庭筠两首小词之比较论析	陈志斌 苏 玲	南华大学学报（社科）	3期	2001
论温词景物描写的功能	毛燕敏	宁波高等专科学校学报	3期	2001
深密曲折 含蓄蕴藉——温庭筠《菩萨蛮》品赏	周文轩	语文月刊	5期	2001
试论温庭筠词的艺术成就与审美特色	刘尊明	湖北大学学报（哲社）	6期	2001
温庭筠《菩萨蛮（小山重叠）》的不同文化解读	张 煜 吴相洲	漳州师范学院学报（哲社）	1期	2002
论温词之"感伤"	王海东	西北大学学报（哲社）	2期	2002
永远的清泉——简论温庭筠的词创作	梁克隆	中华女子学院学报	3期	2002
温庭筠与李清照词中女性形象比较研究	丁恩全	社科纵横	4期	2002
温庭筠词与"词为艳科"之传统的关系	杨 雨	云梦学刊	5期	2002
论温庭筠词的"丽"	张幼良	甘肃社会科学	5期	2002
温庭筠词与唯美主义——解读温词的一把新钥匙	邓红梅 侯方元	南阳师范学院学报	5期	2002
传播与温庭筠的词史地位	刘尊明 张春媚	文学评论	6期	2002
从传播看温庭筠的词史地位	刘尊明 张春媚	唐代文学研究	10辑	2002
浅析温庭筠、柳永词中的女性形象	王宁宁	唐代文学研究	10辑	2002
温庭筠词《梦江南》赏析	徐晓梅	语文教学通讯	21期	2002
温庭筠词在晚唐五代的传播与接受	张春媚 刘尊明	齐鲁学刊	1期	2003
"花间鼻祖"成因补谈	曹明升 吴小洪	上饶师范学院学报	2期	2003
论温庭筠词的"隐"	张幼良	苏州大学学报	3期	2003
温庭筠词的用韵	于浩淼	南阳师范学院学报（社科）	5期	2003
开山导源 鞠育维周——试论温庭筠及其词作在中国诗歌发展史上的地位	王宇可	西南民族大学学报（人文）	8期	2003
女性主义观照下的他者世界——试论温词中的女性形象	薛青涛	中华女子学院山东分院学报	2期	2004

续表一七

篇、书名	著(译)编者	出处	卷、期	年月日
男词人的女性观照——论温庭筠词的女性书写	潘碧华	邢台职业技术学院学报	2期	2004
千古结情话闺思——温庭筠的闺情词及其影响	于 辉	牡丹江师范学院学报（哲社）	2期	2004
论温庭筠词象征手法的运用	毛燕敏	浙江工商职业技术学院学报	2期	2004
传统诗学的解构与颠覆——对温庭筠词的一种描述	成松柳	长沙理工大学学报（社科）	3期	2004
中晚唐诗风与温庭筠词的内在特质	成松柳	中国韵文学刊	4期	2004
略论温庭筠词景色意象	张 红	南开学报	6期	2004
温庭筠两阕《梦江南》的写作艺术	杨国娟	唐代文学研究	11辑	2004
试论温庭筠词的文化学特征	王笑梅	洛阳大学学报	1期	2005
"镂玉雕琼"下的寂寞心——从温庭筠《菩萨蛮》十五首词看其真本色	刘雪平	晋中学院学报	1期	2005
情切切，意绵绵，自然清丽——品读温庭筠《梦江南》	蒋宜贤	语文天地	1期	2005
温庭筠词"小山重叠金明灭"图解	王子今	四川文物	2期	2005
空朗疏荡 含思凄婉——对温庭筠《梦江南》的解读	李正兵 陈立宏	现代语文	3期	2005
谈温庭筠词中意象的运用	李国峰	陕西教育（教学）	3期	2005
梦窗词对温庭筠的继承与发展	赵立芳	河北理工学院学报（社科）	3期	2005
绵密浓丽，清疏淡远——论温庭筠词的艺术风格	吕相康	黄石教育学院学报	4期	2005
诗词嬗变的两极——试论长吉诗与飞卿词	张振谦	洛阳师范学院学报	4期	2005
论柳永羁旅词的抒情主体、抒情方式以及词境的开拓——以温庭筠的闺情令词作参照	吴清伙	长春工业大学学报（社科）	4期	2005
客观、纯美论温词——叶嘉莹对温庭筠词的跨文化解读	朱巧云	湘潭大学学报（哲社）	4期	2005
一以贯之，由俗而雅——温庭筠艳情诗对其词的影响	朱伊文	吕梁高等专科学校学报	4期	2005
闺阁女子的美容师——解读温庭筠词的审美意象	霍仙梅	内蒙古电大学刊	5期	2005
试论敦煌曲子词与温庭筠词抒情方式的比较	万薇薇	兰州学刊	5期	2005
背离与超越——论温庭筠词的意义	杨彭荔	理论导刊	10期	2005
韦庄词注	胡鸣盛	莲丰草堂石印本		1923

续表一八

篇、书名	著(译)编者	出处	卷、期	年月日
冯、韦词相似之点	邹啸	青年界	6卷1期	1934
浣花词与阳春词	吴烈	国民文学	1卷1期	1934
浣花词中的离情别绪	梁汉生	勤勤大学师范学院月刊	12期	1934
洛陽才子他郷老——詞人韋莊のことども	岡崎俊夫	中国文学月報	49号	1939
		天上人間——岡崎俊夫文集		1961
韦端己及其词	金麓滺	新民报	2卷4-6期	1940
韋莊の浣花詞——唐宋詞選その二	中田勇次郎	世代	1卷2号	1946
		讀詞叢考		1998
韦庄《菩萨蛮》五首	朱陈	安徽师范学院学报	2期	1957
读韦庄词	夏承焘	人文杂志	5期	1957
		词学研究论文集		1982
唐宋词谭：《思帝乡》	钱仲联	新民晚报		1961.12.6
张惠言《词选》中的韦庄《菩萨蛮》词笺存疑	黄清士	光明日报		1962.11.11
论浣花词的修辞	戴纯如	南洋大学中国语文学会年刊		1968
韦庄词欣赏	张梦机	自由青年	43卷1期	1970
韦庄及其词	黄兆汉	东方（香港大学）	20期	1970
		词曲论集		1990
情词高手韦庄	周宗盛	大华晚报		1972.1.31
花間集の詞（2）——韋莊の詞	青山宏	漢學研究	9号	1972
		日本学者中国词学论文集		1991
		唐宋詞研究		1991
Problems of Style in the Tz'u Poetry of Wei Chuang	Carpenter Bruce. E.	帝塚山大学紀要	12号	1975
清丽淡雅韦庄词	同宗盛	大华晚报		1975.6.29, 1975.7.6, 1975.7.13, 1975.7.20, 1975.7.27
韦庄的词——清澹秀雅	曾宪燊	艺文志	141期	1977
江南美景——析评白居易的《忆江南》和韦庄的《菩萨蛮》	包根弟	青年战士报		1979.1.6
韦庄菩萨蛮试析——一首浪漫抒情的交响诗	水晶	联合报		1977.7.21

续表一九

篇、书名	著(译)编者	出处	卷、期	年月日
韦庄自禁秦妇吟原因再析	黄广生	吉林大学社会科学学报	4期	1979
花間集と韋莊	中田喜勝	長崎大学教養部紀要（人文科学）	20卷2号	1980
韦庄的抒情词	夏承焘	词刊	7月号	1980
		艺丛	4期	1982
论韦庄词	夏承焘	唐宋词欣赏		1980
读韦庄词札记	施蛰存	词学	1辑	1981
		词学论稿		1986
韦庄词校注	刘金城	中国社会科学出版社		1981
一枝春雪冻梅花 满身香雾簇朝霞——韦庄的《浣溪沙·惆怅梦余》	傅经顺	唐宋文学欣赏		1982
论韦庄词	叶嘉莹	四川大学学报丛刊	15辑	1982
		灵溪词说		1987
疑真却梦，似梦还真——读韦庄女冠子	陈四益	唐宋词鉴赏集		1983
韦庄词的抒情艺术特点	林江玲	厦门大学学报（哲社）	1期	1984
韦端己词考	郑宪哲	中国语文学（韩国）	7辑	1984
韦庄词研究	柳种睦	中国文学（韩国）	11辑	1984
韋莊詞	山本敏雄	愛知教育大学研究報告	33辑	1984
韋莊詞小考	山本敏雄	愛知教育大学研究紀要（人文）	33号	1984
韦庄《菩萨蛮》赏析	包根弟	青年战士报		1984.2.18
韦庄词的结构和语言艺术	吴传骏	龙岩师专学报（社科）	1期	1985
词直意婉 语淡情真——试论韦庄词的艺术风格	古洁华	中山大学学报（哲社）	3期	1985
韦庄是"花间派"吗	羊春秋	光明日报		1985.12.17
韦庄不是花间派吗——与羊春秋先生商榷	张式铭	光明日报		1986.2.25
说韦庄思帝乡词一首——绿情造端以相感动	叶嘉莹	明报	21卷1期	1986
		名作欣赏	4期	1987
"弦上黄莺语"考释	蔡中民	南充师院学报	2期	1986
论韦庄词的艺术特色	王景亮	大庆师专学报（哲社）	4期	1987

续表二○

篇、书名	著(译)编者	出处	卷、期	年月日
两个少女，各具风韵——皇甫松采莲子与韦庄思帝乡之比较	刘继才	唐宋诗词论稿		1987
说韦庄词五首	叶嘉莹	名作欣赏	2 期	1988
韦庄《菩萨蛮》五首别笺	陈书良	衡阳师专学报（社科）	3 期	1988
两种不同风格的《小重山》词谱	钱仁康	中国音乐	4 期	1988
花间群贤殆鲜其匹——谈韦庄词	陈如江	大公报		1988.6.14
论晚唐五代词风的转变——兼论韦庄在词史上的地位	莫砺锋	文学遗产	5 期	1989
略论韦庄词的艺术特色	李军	盐城教育学院学刊	2 期	1990
读韦庄词札（一则）	罗应涛	成都师专学报（综合）	3 期	1990
韦庄词浅探	施言	陕西教育学院学报	1 期	1991
略谈韦庄词的特点	徐明	辽宁商专学报	4 期	1991
其中有人，呼之欲出——谈韦庄词劲直真挚的个性	叶嘉莹	诗馨篇（下）		1991
论韦庄词的创作手法	漆子扬	祁连学刊	2 期	1992
论韦庄词中的思妇形象	漆子扬	社科纵横	4 期	1994
韦庄词简论——语文教学笔记	张传进	函授教育	4 期	1995
别是一格韦庄词	黄长华	福州师专学报	4 期	1996
弦上黄莺语——韦庄词风说略	郑福田	内蒙古教育学院学报	3 期	1997
詞における構成——韋荘「謁金門」詞試釈	森博行	大谷女子大国文	27 号	1997
		詩人と涙——唐宋詩詞論		2002
说韦庄《思帝乡》词一首	叶嘉莹	迦陵论词丛稿		1997
韋荘「清平楽」詞について	森博行	大谷女子大国文	28 号	1998
		詩人と涙——唐宋詩詞論		2002
论韦庄"桃花春水绿，水上鸳鸯浴"摹景地点的归属——兼与叶嘉莹商榷	蔡明开 尹秋征	天中学刊	增刊	1998
略论韦庄词的艺术特色	李军	云南广播电视大学学报	2 期	1999
情蕴深厚 格调清扬——韦庄词析论	韦玲娜	广西大学学报（哲社）	增刊	1999
真情告白：韦庄词名篇欣赏	杜少春	学鼎出版公司		1999
江南之美与故园之思的艺术显现——韦庄《菩萨蛮》五首其二赏析	刘怀荣	古典文学知识	1 期	2001
质朴平白现真情——论韦庄词的意境构成与表现手法	张慧诚	昌吉师专学报	3 期	2001

续表二一

篇、书名	著(译)编者	出处	卷、期	年月日
韦庄"追念宠姬词"考辩	罗应涛	宜宾学院学报	4期	2001
		重庆教育学院学报	2期	2002
论韦庄词与"以诗为词"的源头	莫立民	甘肃社会科学	4期	2002
爱情的渴盼,心灵的诉求——韦庄《思帝乡》词新探	王娜	阿坝师范高等专科学校学报	1期	2003
韦庄词中的女性形象	李冬梅	济源职业技术学院学报	3期	2003
论韦庄词的情感特质	漆子扬	青海师范大学学报(哲社)	5期	2003
论韦庄词的"诗化"	白静	南阳师范学院学报	10期	2003
韦庄入蜀后多作词的原因探析	张美丽	学术交流	3期	2004
论韦庄诗对其词的影响	张美丽	北方论丛	4期	2004
韦庄词用典析论	翁淑芳	中国韵文学刊	2期	2005
韦庄《菩萨蛮》"洛阳城里春光好"新解	曹丽芳	名作欣赏	3期	2005
清新明丽的花间别调	鲁良	源流	4期	2005
温韦词之比较	唐圭璋	东南论衡	1卷26期	1926
温庭筠韦庄与词的创始	郑骞	读书青年	1卷4期	1944
		文学杂志	4卷1期	1958
论温韦冯三家词	郑骞	教育与文化	136期	1957
论温、韦词	唐圭璋 潘君昭	南京师院学报(社科)	1期	1962
不同风格的温、韦词	夏承焘 怀霜	文汇报		1962.3.11
续谈温、韦词	夏承焘 怀霜	文汇报		1962.3.15
温韦词研究	姜尚贤	著者刊		1971
温庭筠韦庄李煜词	Michaele E. Workman	中国文学中的讽刺诗		1976
唐五代词的发展趋势——兼论温、韦、冯、李词的内容与风格	陈弘治	中华文化复兴月刊	12卷第4期	1979
从《人间词话》看温韦冯李四家词的风格——兼论晚唐五代时期词在意境方面的拓展	叶嘉莹	迦陵论词丛稿		1980
花·月·水——浅谈温庭筠、韦庄、李煜的风格异同	薛崧云	淮阴师专学报(社科)	2期	1982

续表二二

篇、书名	著（译）编者	出处	卷、期	年月日
论温韦词	唐圭璋 潘君昭	词学研究论文集（1949-1979）		1982
温韦词	阮文捷校点	上海古籍出版社		1985
温韦词风异同论	邓二为	渤海学刊	2期	1987
《温韦冯词校订》前言	曾昭岷	湖北大学学报（哲社）	5期	1987
浓妆淡抹与粗服乱头——谈温庭筠、韦庄、李煜词的不同风格	程伯安	咸宁师专学报	1期	1988
淡妆浓抹总相宜——介绍温庭筠《菩萨蛮》和韦庄《女冠子》	蔡厚示	阅读和欣赏——古典文学部分（十二）		1988
温韦冯词新校	曾昭岷	上海古籍出版社		1988
花间派词人温庭筠、韦庄词比较	王晓萍	抚顺教育学院学报	4期	1990
温韦词的意象交迭与分流——两种审美模式比较	乔力	社会科学战线	2期	1991
温韦词评议	宋心昌	上海教育学院学报	1期	1993
论温韦词叙写感情的艺术性	高国藩	盐城师专学报（哲社）	3期	1993
论温韦词的写人写事与写景	高国藩	盐城师专学报（哲社）	3期	1994
温韦词简论	梁华	中山大学研究生学刊（社科）	4期	1994
韦庄、温庭筠词比较	戴明俊 潘蕴倩	牡丹江师范学院学报（哲社）	3期	1995
温、韦的创作实践与词的审美特质	黎烈南	首都师范大学学报	3期	1997
句秀、骨秀、神秀之我见——温、韦、李三家词说	柳文耀	上海师范大学学报（社科）	3期	1998
温庭筠韦庄词之比较	房日晰	唐诗比较论		1998
论韦庄词对温庭筠词的沿袭和创新	曹章庆	广东教育学院学报	5期	1999
王国维论温韦之别	顾农	江海纵横	1期	2001
貌离神合 殊途同归——论周济、王国维对温庭筠、韦庄、李煜词的评价	陈利娟	新乡师范高等专科学校学报	4期	2001
论温、韦、李词之影响——从王国维《人间词话》评语谈起	徐乐军	广东农工商职业技术学院学报	1期	2002
严妆佳 淡妆亦佳——温庭筠韦庄词风的比较	李慧玲	广西民族大学学报（哲社）	3期	2002
温韦词的不同风格及其形成原因	陈腊文	株洲师范高等专科学校学报	4期	2002
《人间词话》中一条注释的质疑——兼及李煜、温庭筠、韦庄词语言风格评析	柏秀娟	江淮论坛	4期	2002

续表二三

篇、书名	著(译)编者	出处	卷、期	年月日
温韦词风的形成及异同	李淑岩 张天惠	佳木斯大学社会科学学报	5期	2002
温庭筠、韦庄艺术风格比较	蒋永平	渝西学院学报（社科）	2期	2003
温庭筠、韦庄花间词风格异同谈	潘 丽	辽宁师专学报（社科）	2期	2003
浓艳婉约与清淡疏朗——花间派两位代表作家的不同风格	王旭民等	吉林广播电视大学学报	2期	2004
论"温韦"的生活遭遇及其词风差异	呙立军	岳阳职业技术学院学报	3期	2005
论正中词对温韦词的继承	刘立杰 赵雪沛	黑龙江社会科学	6期	2005
牛嶠の詞より	中田勇次郎	知慧（秋田屋）	3卷6号	1948
		読詞叢考		1998
论牛峤的词	雷树田	唐代文学	1期	1981
别具一格的婉约词风——论牛峤词中的劲气	张 帆	成都师专学报	1期	2002
牛希济《生查子》一解	王志迅	晋阳学刊	3期	1986
淡而有情浅而有致——牛希济《生查子》赏析	陈如江	大公报		1989.11.19
晚晴楼词话	刘尧民	词学		2001
"人间无路相逢"的悲哀——兼谈牛希济的七首《临江仙》词	吴夏平	贵州教育学院学报（社科）	1期	2003
论花间二牛词	高 锋	怀化师专学报	3期	1999
毛文锡《临江仙》	钱仲联	新民晚报		1962.8.2
"花间词"中的别调——毛文锡词作初探	诸葛忆兵	求是学刊	3期	1986
花间词中的别调——毛文锡边塞词《甘州遍》赏析	程郁缀	文史知识	6期	1989
欧阳炯及其词	肇 洛	北平晨报·学园	956期	1936.5.29
画境深寓规谏情——读欧阳炯的《江城子·晚日金陵》	傅经顺	唐宋文学欣赏		1982
何谓"脸边花"	杰	西南民族学院学报（哲社）	1期	1993
欧阳炯史料考辨	黄坤尧	第二届国际唐代学术会议论文集		1993
且向花间留晚照——论花间殿军欧阳炯	曹辛华	芹献集——河南师范大学中文系十年系庆论文集		1995
欲说还休的痴情心曲——欧阳炯《定风波》词赏析	白 静	古典文学知识	5期	2002

续表二四

篇、书名	著(译)编者	出处	卷、期	年月日
论花间词人欧阳炯的词论及其词	白　静 刘尊明	湖北大学学报（哲社）	6期	2002
欧阳炯《江城子》赏析	张东河	语文知识	2期	2005
哀悼感愤寄花月——五代鹿虔扆《临江仙》词赏析	李德身	连云港教育学院学报	1期	1994
		古典文学知识	4期	1995
顧夐の詞——唐宋詞選その三	中田勇次郎	世代	1卷4号	1946
		読詞叢考		1998
毛熙震の詞より	中田勇次郎	知慧（秋田屋）	2卷6号	1947
不着一字尽得风流——毛熙震《更漏子》	陈如江	大公报		1987.10.12
"廷秋门"的商榷	萧涤非	国文月刊	37期	1945
蜀の詞人李珣の瓊瑤集より	中田勇次郎	学海	3卷3号	1946
		読詞叢考		1998
花間集の詞（5）——李珣の詞について	青山宏	日本大学人文科学研究所紀要	19号	1977
		唐宋詞研究		1991
说李珣《巫山一段云》词	陈邦炎	大公报		1987.6.8
浅析李珣几首词	蒋　寅 蒋　欣	名作欣赏	1期	1988
江南风光与故国情怀——试析李南乡子与朱敦儒相见欢	王熙元	国文天地	5卷4期	1989
李珣词述评	林本樑	学术论文集（马来亚大学中文系）	4辑	1990
情真调逸思深言婉——读李珣词	陈如江	大公报		1990.5.20
李珣和他的词	祝注先	西南民族学院学报（哲社）	1期	1992
五代词人李珣及其词初探	程郁缀	北京大学学报（哲社）	5期	1992
晚唐五代穆斯林词人李珣词风考析	高人雄	甘肃民族研究	3期	1997
从主题分类看李珣词的独特品质	高人雄	咸宁师专学报	4期	1997
花间词人李珣词风的文化阐释	路成文 刘尊明	湖北大学学报（哲社）	5期	1997
简论李洵在词坛上的影响	许兴宝	运城高专学报	5期	1999
浓郁的生活气息　鲜活的人物画面——读李珣《南乡子》	青青草	陕西教育	11期	2000
遗世独立，风趣洒然——析李珣渔隐词	黄艳红	黔东南民族师专学报	5期	2001

续表二五

篇、书名	著(译)编者	出处	卷、期	年月日
略论回族先民李珣词作成就	许兴宝 李增林	中南民族学院学报（人文）	2 期	2002
波斯遗民李珣及其词风考析	高人雄 杨富学	宁夏社会科学	5 期	2003
论李珣词的价值取向	张 帆	西华大学学报（哲社）	2 期	2004
李珣的渔父词和《南乡子》组词	牛晓风	忻州师范学院学报	5 期	2004
花間集の詞（3）——孫光憲の詞	青山宏	漢学研究	10 号	1973
		唐宋詞研究		1991
孙光宪《风流子》剖析	陆永品	名作欣赏	4 期	1982
关于孙光宪的词及其生平的几个问题	吴金夫	韶关学院学报	2 期	1984
孙光宪词初探	于翠玲	人文杂志	4 期	1985
孙光宪词简论	吴德贵	文史杂志	1 期	1986
孙光宪及其词	蔡中民	成都师专学报（文科）	1 期	1986
别异温韦另一家——试论孙光宪的词	朱德慈	社会科学研究	6 期	1987
感情挚厚境界开阔——谈孙光宪词	陈如江	大公报		1988.10.4
来自"花间"，超出"花间"——论荆南词人孙光宪的创作成就	刘尊明	华中师范大学学报（哲社）	5 期	1993
片帆烟际闪孤光——孙光宪词风格说略	郑福田	内蒙古民族师院学报（哲社）	1 期	1996
孙光宪词论	庚光蓉	四川师范大学学报（哲社）	4 期	1996
以词见志 有为而作——试论五代词人孙光宪词的"诗性"特征	张美丽	延安教育学院学报	1 期	2001
论孙光宪词的时空意识	杨 柳	湖南城市学院学报	1 期	2004
气骨遒劲——论五代词人孙光宪词的审美风格	张美丽	大连大学学报	3 期	2005
略论孙光宪词对北宋词坛的影响	成松柳 严 可	长沙理工大学学报（社科）	3 期	2005
论孙光宪对花间词题材的开拓	张 帆	涪陵师范学院学报	5 期	2005
一只鸣髇云外，晓鸿惊——孙光宪词遒劲风格的量化分析	鲁 茜	乐山师范学院学报	7 期	2005
蜀主孟昶《玉楼春》伪讬考	陈奇猷	国文月刊	50 期	1946
		読詞叢考		1998
苏词札记	程千帆	光明日报		1956.12.23
苏轼的词	雷履平	成都日报		1957.1.19

续表二六

篇、书名	著(译)编者	出处	卷、期	年月日
苏轼词选	陈迩冬	人民文学出版社		1959
		三联书店		2000
评《苏轼词选》	马茂元	光明日报		1959.11.15
偏爱古人与批判接受——对《苏轼词选·前言》的意见	戴鸿森	光明日报		1960.6.26
苏轼东坡词	曹树铭	著者刊		1966
读曹树铭编「东坡词」	刘麟生	"中央图书馆"馆刊	2卷2期	1968
校注苏东坡词	曹树铭	上海印书馆		1968
东坡词	曹树铭	万有图书公司		1969
东坡词：编年校注及其研究	曹铭	华正书局		1975
《苏轼词选释》前言	叶柏村	浙江师院学报（社科）	1期	1981
苏东坡词选释	曾凡礼	内蒙古人民出版社		1981
校注苏东坡词全集	庄严出版社编辑部	编者刊		1982
苏东坡词	曹树铭校编	台湾商务印书馆		1983
苏东坡词选	于培杰 孙言诚	花山文艺出版社		1984
苏轼词赏析集	王思宇	巴蜀书社		1987
唐宋名家词赏析（4）：苏轼	叶嘉莹	大安出版社		1988
烟雨任平生：苏轼黄州词注评	黄海鹏等	武汉大学出版社		1989
苏轼词选析	熊朝东	四川人民出版社		1991
东坡词	刘乃昌 崔海正	浙江古籍出版社		1992
苏词索引	香港岭南学院中文系	编者刊		1992
东坡词索引	仇永明	华东师范大学出版社		1993
唐宋词：苏轼	张淑琼	锦绣出版社		1993
傅干注坡词	傅干注，刘尚荣校证	巴蜀书社		1993
东坡词编年笺注	薛瑞生	三秦出版社		1998
一蓑烟雨任平生：苏轼精品词鉴赏	张旭泉	大连理工大学出版社		1998
增订注释全宋词：苏轼词	朱德才	文化艺术出版社		1999
中国古典文学宝库第十八辑·宋词·苏轼	齐豫生 夏于全	延边人民出版社		1999

续表二七

篇、书名	著(译)编者	出处	卷、期	年月日
东坡词		中国文史出版社		1999
雄豪千古的吟唱：苏东坡词名篇欣赏	杜少春	鑪山企业出版社		1999
苏轼词选注	韩格平	吉林文史出版社		2000
苏东坡词编年考——薛注苏词编年商榷之一	保苅佳昭	宋代文化研究	9辑	2000
苏轼词选注	韩格平	吉林文史出版社		2000
几首苏东坡词编年考	保苅佳昭	四川大学学报（哲社）	4期	2001
豪放词·苏轼		北京燕山出版社		2001
东坡词笺注补正	陈永正	南京师范大学文学院学报	4期	2002
苏轼词编年校注	邹同庆 王宗堂	中华书局		2002
苏轼词选	刘石	上海古籍出版社		2002
三苏祠丛书：苏东坡词选	三苏祠博物馆	编者刊		2004
新近发现东坡词考辨补正	饶晓明	乐山师范学院学报	6期	2005
需"提倡一些文体分类学"——评《新近发现东坡词考辨补证》	曾枣庄	乐山师范学院学报	10期	2005
苏轼词	刘石	人民文学出版社		2005
东坡词注	吕观仁	岳麓书社		2005
苏东坡词选	曹圭百	文学与知性社		2005
东坡词意境	介西	新苗	1期	1936
苏东坡词研究	梅诚	中日文化	1卷3期	1941
苏词析微	蔡奇	协大艺文	16、17期	1944
苏东坡的才气词章	陈健夫	台湾新生报		1948.2.4，1948.2.12
浅谈苏东坡的词	李素	海澜	10期	1956
苏词札记	程千帆	光明日报		1956.12.23
苏轼在岭南的吟咏	徐绩	作品	12期	1957
东坡词的意境	程毅中	光明日报		1957.12.8
		文学遗产选集	3辑	1960
东坡词的欣赏	陈晓蔷	文学杂志	6卷4期	1959
论苏轼词与北宋词坛	陈志宪	光明日报		1960.4.3
苏轼在海南写的词及其墨迹	无仲	羊城晚报		1961.7.13
东坡词研究	金达凯	文学世界	35期	1962

续表二八

篇、书名	著(译)编者	出处	卷、期	年月日
苏轼的悼亡词	夏承焘 怀霜	文汇报		1962.6.17
解释苏词的一些问题	安泰	羊城晚报		1963.1.11
论苏轼对词境的扩大和提高	叶柏村	浙江师范学院学报（哲社）	1期	1964
评苏轼的词	陶唐	公论报		1965.8.20
词学浅论（十）：苏轼	韦金满	新亚生活	10卷1期	1967
论苏东坡词	陈宗敏	出版月刊	22期	1967
東坡の初期の送別詞	西紀昭	中国中世文学研究	7号	1968
各体俱备之东坡词	许绍焜	新亚生活	10卷15期	1968
再论东坡词	陈宗敏	醒狮	7卷2期	1969
东坡词之声律	冯裕明	新亚书院中国文学系年刊	9辑	1969
苏东坡词之特色	谢德莹	台北市立女子师范专科学校学报	3期	1973
词里看东坡	不系舟	文风	6期	1973
東坡詞論考——作詞の場と作品の分析	横山伊勢雄	国文学漢文学論叢（東京教育大学文学部紀要92）	18輯	1973
東坡詞札記二則	村上哲見	集刊東洋学	29号	1973
		宋詞研究・唐五代北宋篇		1976
	村上哲見（杨铁婴）	文学遗产	16期	1983
东坡词研究	车柱环	震檀	35辑	1973
苏东坡词之技巧	谢德莹	台北市立女子师范专科学校学报	5期	1974
蘇東坡の詞について	村上哲見	入矢教授、小川教授退休記念中国文学語学論集		1974
		宋詞研究・唐五代北宋篇		1976
苏东坡词论	戴丽珠	中华文化复兴月刊	4期	1977
苏轼与词乐	沈祖棻	徐州师范学院学报	1期	1978
谈苏词二首	韩兆琦	北京师范大学学报	1期	1978
東坡詞題注小考	野口一雄	中哲文学会报	3号	1978
东坡初期的送别词	西纪昭（孙康宜）	中外文学		1978
论苏轼词	唐圭璋等	群众论丛	创刊号	1979
苏轼词的风格	雷履平 罗焕章	社会科学研究	3期	1979

续表二九

篇、书名	著(译)编者	出处	卷、期	年月日
苏轼与北宋词风	林祖亮	自由谈	30卷5期	1979
苏词札记	朱德才	破与立	6期	1979
东坡词杂说	罗慷烈	海洋文艺	6卷6期	1979
豪放壮阔的苏轼词风	振甫	中国青年	11、12期	1979
东坡词韵研究	许金枝	台湾师大国文研究所集刊	23期	1979
东坡词研究	王保珍	长安出版社		1979
东坡词初论	左成文	辽宁大学学报（哲社）	3期	1980
苏轼和歌词创作	家浚	苗岭	4期	1980
千里共婵娟——谈苏词"月"	许总	雨花	4期	1980
人品·创作·风格——从宋词"豪放派"领袖苏轼谈起	朱捷	山西师院学报（社科）	4期	1980
苏轼词注释疑	张公弛	中华文史论丛	4辑	1980
《苏轼词选释》前言	叶柏村	浙江师范学院学报（社科）	1期	1981
试论苏词的诗人自我形象	傅治同	教与学	1期	1981
评苏轼对词的贡献	薛瑞生	陕西师大学报（哲社）	3期	1981
苏轼的婉约词	曾枣庄	文学评论	5期	1981
苏东坡词选释	曾凡礼	内蒙古人民出版社		1981
苏轼农村词赏析	何凤奇	齐齐哈尔师院学报（哲社）	1期	1982
试探苏轼词的清空之境	于翠玲	西北大学学报（哲社）	1期	1982
谈苏轼词的思想性	孙兰廷	文科教学	1期	1982
试论诗词的不同艺术特征与苏轼"以诗为词"的迹象	赵晶晶	西北师院学报（社科）	1期	1982
苏轼寓惠词注释	余荣盛	惠阳师专学报（社科）	1期	1982
略论苏词赏鉴问题	陈守元	重庆师院学报（哲社）	2期	1982
试论苏轼词的艺术风格	陈华昌	文学遗产	2期	1982
略论苏轼在宋词发展中所起的作用和影响	杨海明	重庆师院学报（哲社）	2期	1982
读苏轼词札记	马兴荣	华东师范大学学报（哲社）	3期	1982
苏轼"以诗为词"辨	邓玉阶	江汉论坛	3期	1982
苏轼对词的革新创造	陈书龙	黄冈师专学报	3期	1982
苏轼"以诗为词"臆探	秦惠民	黄石师院学报（哲社）	4期	1982
是所当是，非所当非——怎样看待苏轼词中时有流露的"人生如梦"的思想	康健常	安阳师专学报	4期	1982

续表三〇

篇、书名	著(译)编者	出处	卷、期	年月日
苏轼研究论文集 第一辑：东坡词论丛	苏轼研究学会	四川人民出版社		1982
谈苏轼黄州时期的词	吴 帆	吉林大学中文系		1982
苏轼词赏析	朱传誉	天一出版社		1982
苏轼婉约词初论	李庆皋	辽宁师院学报	1期	1983
关于苏轼词中的旷达和豪放问题	郭精锐	文学遗产	1期	1983
对读苏轼词札记的一点质疑	柏 峰	华东师范大学学报（哲社）	1期	1983
浅谈苏词的风格	鲍云涛	辽宁教育学院学报	1期	1983
苏轼转变词风的几个问题	施议对	学习与思考	1期	1983
苏轼的咏物词	刘崇德	河北大学学报（哲社）	1期	1983
如何评价苏词的不协音律	张金海	武汉大学学报（社科）	1期	1983
有关苏词的若干问题	吴世昌	文学遗产	2期	1983
苏轼——豪放婉约两擅其长	艾治平	语文教学与研究	2期	1983
"以诗为词"析——兼评苏词对词体革新的意义	何凤奇	齐齐哈尔师范学院学报	2期	1983
试论词人苏轼	孙 民	沈阳师范学院学报（哲社）	3期	1983
论苏轼对宋词的开拓与创新	朱德才	文史哲	4期	1983
东坡词的艺术成就	申建中	内蒙古师范大学学报（哲社）	4期	1983
从苏轼的文学主张看他的词风	王运生	云南社会科学	5期	1983
东坡词札记	村上哲见（杨铁婴）	文学遗产增刊	16辑	1983
苏东坡不是豪放派		解放军报		1983.11.24
简论有关苏词的一些问题——与吴世昌先生商榷	徐洪火	西南师范大学学报（人文）	1期	1984
苏轼豪放词风形成初探	柯大课	昭乌达蒙族师专学报	1期	1984
谈苏轼对词革新的意义	蓝哩岛	惠州教育学院学报	1期	1984
略谈苏轼的颍州词	周义敢	安徽大学学报（哲社）	2期	1984
苏轼豪放词派的含义和评价问题	王水照	中华文史论丛	2期	1984
论苏轼与南宋初词风的转变	方智范	华东师范大学学报（哲社）	2期	1984
略论苏词的风格	殷光熹	下关师专学报（社科）	3期	1984
苏词编年考	刘崇德	河北大学学报（哲社）	3期	1984
试论东坡词冲淡、旷达和飘逸的词风	韩楚森	丽水师专学报（社科）	3期	1984
苏轼词话	王仲厚	唐都学刊	4期	1984

续表三一

篇、书名	著(译)编者	出处	卷、期	年月日
苏轼初期词简论	高文翔	语文函授	4期	1984
谈苏东坡词	吴子厚	语文园地	5期	1984
说苏东坡的檃括词	唐玲玲	华中师院学报（哲社）	6期	1984
苏轼寓惠词选注	于阿力	惠阳师专学报·苏轼研究专辑		1984
从两首苏词看苏轼的婚姻观	王季思	光明日报		1984.12.4
苏轼的豪放词及其在词史上的地位	朱靖华	徐州师范学院学报（哲社）	1期	1985
略论苏轼对词发展的贡献	黄锐光	广州师院学报	1期	1985
苏词中的"三王"	殷光熹	思想战线	1期	1985
苏轼与北宋豪放词派地位辨——与吴世昌先生商榷	曾枣庄	四川大学学报（哲社）	1期	1985
论苏轼的婉约词	李从军	贵州文史丛刊	1期	1985
论苏轼的婉约词——苏词风格特色之一	殷光熹	云南社会科学	1期	1985
论苏轼的清旷词——苏词风格特色之三	殷光熹	云南社会科学	5期	1986
从政治角度理解苏轼词的部分名篇	杨蒁	曲靖师专学报	2期	1985
东坡词的基线及其多层次性	雷啸林	社会科学战线	3期	1985
论苏轼词	叶嘉莹	中国社会科学	3期	1985
《论苏轼的婉约词》之我见	傅卓寰	贵州文史丛刊	4期	1985
东坡的豪放风格词小考	申铉锡	中国人文科学	4辑	1985
		葛云文璇奎博士华甲纪念论文集		1985
怎样评价苏轼词		文史知识	8期	1985
东坡词的特色	柳种睦	中国语文学	10辑	1985
论苏轼词	唐圭璋 潘君昭	唐宋词学论集		1985
苏轼的豪放词不是偶尔即兴之作		文学遗产	1期	1986
关于东坡词的"基线"及"多层次性"	谷四月	文学遗产	2期	1986
论苏词内容的复杂性风格的多样性	宋景昌	河南大学学报（社科）	5期	1986
神话与历史的交融 天道与人道的合一——谈苏轼中秋词的深层结构	蒋海生	名作欣赏	6期	1986
东坡词之超脱的特性考	金庠浩	中国语文学	11辑	1986

续表三二

篇、书名	著(译)编者	出处	卷、期	年月日
蘇軾詞を論ず	葉嘉瑩（東英寿）	岡村繁教授退官記念論集		1986
苏词艺术风格的多样化	单长江	咸宁师专学报	1 期	1987
论东坡词的主题意识	蒋哲伦	上海师范大学学报（哲社）	2 期	1987
试论苏词中的政治家形象（上）（下）——兼论（辛弃疾以前）词史上抒情形象的推移	李生辉	丹东师专学报	1、3 期	1987
论苏轼词的"思想深度"	杨海明	苏州大学学报（哲社）	1 期	1987
苏词的总体风格	莫 莫	文学遗产	1 期	1987
一位天才词人的试笔——苏轼前期杭州词平议	王文龙	盐城师专学报（社科）	3 期	1987
杭州时期东坡词之内容与风格	柳种睦	中国语文学	13 辑	1987
東坡にとっての詞の意味——特に詩と比較して	保苅佳昭	漢学研究	25 号	1987
苏东坡词所表现的心路历程研究（1）——以密州时期为主	柳明熙	人文论丛（釜山大学）	32 辑	1987
苏东坡词所表现的心路历程研究（2）——以徐州与湖州时期为主	柳明熙	人文论丛（釜山大学）	33 辑	1988
苏轼词音律方面的特点	余毅恒	宜宾学院学报	1 期	1988
关西大汉与红牙檀板——试论苏轼豪放词的"要非本色"	易健贤	贵州教育学院学报	2 期	1988
苏轼词的思想与情感	陈筱芳	吕梁教育学院学报	2 期	1988
东坡词研究	车柱环	书目季刊	22 卷 2 期	1988
试论苏词在间律方面的革新	陈丽琳	阴山学刊	3 期	1988
苏轼词的词境扩大小考	宋兰教	中国学研究（韩国外国语大学）	4 辑	1988
论苏轼的以词言志	景 刚	华中师范大学学报（哲社）	5 期	1988
苏轼送别词探讨	唐玲玲	华中师范大学学报（哲社）	5 期	1988
苏词汇评	曾枣庄	文史哲出版社		1998
		四川文艺出版社		2001
苏词的人格形象与艺术风格	陈雅超	黑龙江财专学报	1 期	1989
论苏轼词的艺术直觉	陈 铭	浙江学刊	2 期	1989
论东坡词的主要风格：旷达	赵仁圭	新疆师院学报	2 期	1989
苏轼元祐杭州词的情感意向	张志烈	四川大学学报（哲社）	3 期	1989
苏轼词的内在形式与内容意蕴	王 祥	沈阳师范学院学报（社科）	3 期	1989

续表三三

篇、书名	著（译）编者	出处	卷、期	年月日
关于东坡词价值的再认识	龙建国	信阳师范学院学报（哲社）	3期	1989
为什么说苏轼创立了豪放派	卢晓华	语文学刊	4期	1989
试论苏轼词的充分"士大夫化"	杨海明	社会科学研究	4期	1989
苏词的物境与神境	申秀云	辽宁师范大学学报	4期	1989
苏东坡词话（上）	王仲侯	绥化师专学报	4期	1989
苏东坡词话（下）	王仲侯	绥化师专学报	1期	1990
论"东坡范式"——兼论唐宋词的演变	王兆鹏	文学遗产	5期	1989
论东坡的宦情词	崔海正	齐鲁学刊	6期	1989
苏轼开始创作词的动机辨析	谢桃坊	中国古典文学论丛	7辑	1989
蘇東坡の詞に見られる"狂"について	保苅佳昭	漢学研究（日本大学）	27号	1989
东坡词研究中几个问题的再思考	崔海正	齐鲁学刊	增刊	1989
东坡词新论与选释	李庆皋	黑龙江教育出版社		1989
东坡词研究评论述要	崔海正	文学遗产	1期	1990
浅论苏轼婉约词的思想创新	张富华	新疆大学学报（哲社）	1期	1990
苏轼婉约词的艺术特色浅析	姜惠平	贵阳师专学报（社科）	1期	1990
物我相忘、隐秀相词、虚实相生——苏词意境谈	何永清	文科教学	1、2期	1990
苏轼与南宋"婉约"派词	朱大成	沈阳师范学院学报（社科）	2期	1990
苏东坡不是豪放词人	顾全芳	山西师范大学学报（社科）	3期	1990
论苏轼词中的自我形象	杨艳梅	松辽学刊（社科）	3期	1990
东坡词的风格考	申鉉锡	中国人文科学	9辑	1990
浅论苏轼婉约词的艺术创新	张富华	新疆大学学报（哲社）	4期	1990
苏词意境交融的方式	吴凡	杭州师范学院学报（社科）	4期	1990
性灵与词风——苏词风格主观成因初探	宋培宪	聊城师范学院学报（哲社）	4期	1990
苏轼词"是曲子中缚不住者"辨析	张子良	中国学术年刊	11期	1990
苏轼词的用典	柳种睦	中国语文学	17辑	1990
关于苏轼词的诗形式	柳种睦	中国语文学	18辑	1990
苏轼词的音乐性	柳种睦	中国文学	18辑	1990
蘇東坡の詞に見られる"雨"——特に雨上がりの風景描写を中心にして	保苅佳昭	漢学研究（日本大学）	28号	1990

续表三四

篇、书名	著(译)编者	出处	卷、期	年月日
古代诗词语言艺术	高　蹈 王德保	江西教育出版社		1990
东坡在词风上的承继与创新	郭美美	文津出版社		1990
苏轼婉约词的重要地位不可忽略	王占馥	语文学刊	1 期	1991
"寄慨无端，别有天地"——论东坡词的心境传写（上）（下）	王文龙	盐城师专学报（社科）	1、3 期	1991
端庄杂流丽，刚健含婀娜——苏轼词风格管见	吴　帆	宝鸡师院学报	1 期	1991
苏轼词学思想再研究	杨佐文	长春师院学报	1 期	1991
苏轼词学思想研究	杨佐文	东北师大学报	2 期	1991
苏词"梦"说	丁艳敏	许昌师专学报（社科）	2 期	1991
气象峥嵘，变化万千——论苏轼词的审美追求	李元秀	重庆教育学院学报	4 期	1991
苏词形象和意境的文化意蕴	马厚生 张奎志	北方论丛	4 期	1991
苏轼词的渊源	柳种睦	外国语教育研究（大邱大学）	6 辑	1991
蘇東坡の詞に見られる"夢"の語について——特に彼のこの世に対する認識を中心にして	保苅佳昭	漢学研究（日本大学）	29 号	1991
怎样读东坡词	曾枣庄	古典文学知识		1991
东坡前壬子词考证——坡词编年考证之一	薛瑞生	西北大学学报（哲社）	1 期	1992
苏轼词主体意识的再认识	孙　立	社会科学研究	2 期	1992
苏词意象的有机组合	齐笑君	辽宁大学学报（哲社）	3 期	1992
论苏轼的词学观点	赵　梅	淮阴师专学报	3 期	1992
苏轼词评论	刘　石	文学遗产	4 期	1992
苏轼对婉约词的雅正	王利华	内蒙古师大学报（哲社）	4 期	1992
论苏轼的悼亡词——兼论古代悼亡诗词的创作	顾之京	河北大学学报（社科）	4 期	1992
是"豪放"还是"旷达"——试论东坡词的艺术风格	邵长山 焦宇伟	语文函授	6 期	1992
苏轼"以诗为词"内因说——兼论苏辛之别的一个问题	刘　石	文史哲	6 期	1992
芝談蘇軾詞の題序	肖　波	筑波中国文化論叢	12 号	1992

续表三五

篇、书名	著(译)编者	出处	卷、期	年月日
蘇軾次韻詞考——詩詞間に見られる次韻の異同を中心として	内山精也	日本中国学会報	44号	1992
		第三届唐宋诗词国际学术研讨会论文集		2004
苏轼词研究	刘石	文津出版社		1992
东坡词研究	崔海正	山东大学出版社		1992
赞苏轼的婉约词	解靖仁	国文天地	8卷6期	1992
略论苏轼的密州词	薛祥生	长沙水电师院社会科学学报	1期	1993
苏轼词新论	启功 刘石	文献	1期	1993
苏轼与冲淡美	姚建文	中国人民警官大学学报（哲社）	1期	1993
蘇東坡の詞に見られる"多情"の語について	保苅佳昭	商学集志人文科学編（日本大学）	25卷1号	1993
苏轼词风与释道思想	齐文榜	河南大学学报（社科）	2期	1993
唐に至るまでの詩に見られる"多情"の語について——蘇東坡の詞の"多情"の語を考察するために	保苅佳昭	商学集志人文科学編（日本大学）	22卷3号	1993
南宋词学的东坡论	张惠民	武汉大学学报	3期	1993
苏轼开创豪放派质疑——兼论苏词的特色	宾玉平	宜宾学院学报	3期	1993
论苏轼的"密州三曲"	张忠纲 董利伟	东岳论丛	3期	1993
苏词之自我表现手法论	饶毅	中国文学研究	3期	1993
苏轼对婉约词风的刷新	周子瑜	四川师范学院学报（哲社）	4期	1993
苏词编年考辨	王宗堂 邹同庆	河南大学学报（社科）	5期	1993
"冷美人"与"热美人"——谈苏轼洞仙歌兼及他对词风的雅化	杨海明	文学史话	51期	1993
密州、徐州时期的东坡词	柳种睦	中国诗与诗论		1993
苏轼词研究	柳种睦	中文出版社		1993
从化诗入词看苏轼的"以诗为词"	李笑野	克山师专学报	1期	1994
论苏轼词风发展的四个阶段	欧明俊 金奇超	绍兴师专学报（哲社）	1期	1994
"以意逆志"论苏轼	陈祖美	文史哲	3期	1994
苏轼密州词散论	韩国强	海南大学学报（社科）	4期	1994
苏轼黄州词意蕴发微	赵倬	学术论丛	5期	1994

续表三六

篇、书名	著(译)编者	出处	卷、期	年月日
蘇軾の婉約詞について——北宋の詞風との関連から	正木佐枝子	中国文学論集（九州大学）	23号	1994
苏轼咏物词研究	顾柔利	黄埔学报	28辑	1994
从人生超越到艺术超越——东坡词特质探源	姚曼波	江苏教育学院学报（社科）	1期	1995
苏词与北宋党争	汪小洋	江苏教育学院学报（社科）	1期	1995
东坡词与民俗文化	崔海正	中国文学研究	1期	1995
漫议苏轼的"新声"	孙连生	黑龙江教育学院学报	1期	1995
论唐宋词的心理描写——兼论苏轼词作的情感流程	杨海涛	内蒙古社会科学（文史哲）	1期	1995
试说苏轼词中的人生境界	何东平	萍乡高等专科学校学报（社科）	1期	1995
试论尊词与轻词——兼评苏轼词学观	刘石	文学评论	1期	1995
试论作为小词接受者的苏轼	蒋安全	中国韵文学刊	1期	1995
略论苏轼思想与宋词解放	祁光禄 祝彦	吉首大学学报（社科）	2期	1995
"只有名花苦幽独"——从东坡咏物词看其孤寂感	张承鹄	贵州教育学院学报（社科）	2期	1995
浅谈苏轼的婉约词	施开诚	淮北煤师院学报（社科）	2期	1995
清风浩气超旷颖雅——试论苏轼词风格	陶汝国	楚雄师专学报（社科）	2期	1995
"豪放"不是苏轼词的主要风格辨	王红霞	运城高专学报（社科）	2期	1995
苏轼词"正""变"之争的是与非	刘石	古典文学知识	4期	1995
论苏轼对柳永词的继承和发展——兼谈唐宋词的一个发展轨迹	杨清莲	河南大学学报（社科）	4期	1995
试论"以诗为词"的判断标准	刘石	中国文化研究所学报	新4期	1995
苏轼婉约词的创作特色	何文祯	南开学报（哲社）	6期	1995
关于苏轼的婉约词——兼论苏词与北宋词风的关系	正木佐枝子	杭州师范学院学报（社科）	1期	1996
东坡南迁词考辨	薛瑞生	人文杂志	1期	1996
苏轼词与毛泽东词中的风景美比较	朱平珍	云梦学刊	1期	1996
苏轼的密州词与豪放词风的创立	王洪 周季平	中国人民大学学报	1期	1996
近年东坡词研究述略	崔海正	文学遗产	1期	1996
论苏轼词的审美个性	吴帆	锦州师范学院学报（哲社）	2期	1996
苏轼初始作词时间考	刘焕阳	烟台师范学院学报（哲社）	2期	1996

续表三七

篇、书名	著(译)编者	出处	卷、期	年月日
苏轼"婉约"词风辨	杨新民	内蒙古大学学报(哲社)	2期	1996
论苏轼词的多样化艺术风格	赵解放	内蒙古民族师院学报(哲社)	2期	1996
苏词辨伪	邹同庆 王宗堂	中州学刊	2期	1996
论苏轼对词的变革	王兆鹏	黄冈师专学报	4期	1996
透视苏轼词风对南宋豪放派的影响	刘雅杰	东疆学刊	4期	1996
论苏轼词中的意象与理趣表达	李 琦	内蒙古工业大学学报(社科)	1期	1997
论东坡词的"雅化"及其对词史的影响	王 洪	中国人民大学学报	1期	1997
从"高处不胜寒"到"翻然归去"——浅谈苏轼的中秋词	岳淑珍	信阳师范学院学报(哲社)	1期	1997
谈苏轼对词的革新创造	汤岳辉	惠州大学学报(社科)	1期	1997
论苏轼咏物词的移情美	周云龙	九江师专学报	1期	1997
论禅宗对苏词的影响	杨罗生	云梦学刊	1期	1997
从缘情到言志 由类型化到个性化——论苏轼"以诗为词"的意义	郭自虎	江汉论坛	2期	1997
清旷：东坡词之美学风度	李康化	社会科学战线	2期	1997
苏轼判杭词创作的文化机制	沈松勤	浙江社会科学	2期	1997
论苏轼词的意象组合	李 琦 廖泓泉	语文学刊	2期	1997
试论苏轼词的艺术特色	周晓音	杭州大学学报(哲社)	3期	1997
佛老思想与苏轼词的创作	张玉璞	齐鲁学刊	3期	1997
论苏轼在密州和徐州时期的词创作	牛 睿	社会科学辑刊	3期	1997
从东坡词梦看其"入世"思想	王俊杰	许昌师专学报	3期	1997
苏轼词创作批评的批评	徐凤真	山东社会科学	3期	1997
指出向上一路——论苏轼在词史上的贡献	郑福田	语文学刊	4期	1997
似花还似非花——论苏轼咏物词的思想艺术特色	洪琴仙	浙江师大学报(社科)	4期	1997
东坡词的抒情性	田继平	山西大学师范学院学报(哲社)	4期	1997
也谈苏轼的"以诗为词"	蔡良俊	盐城师专学报(人社)	4期	1997
千江有水千江月——论苏轼词中的"月"意象	陈迎辉	内蒙古社会科学(文史哲)	4期	1997

续表三八

篇、书名	著(译)编者	出处	卷、期	年月日
论徽宗年间苏轼词的影响	诸葛忆兵	湖北大学学报（哲社）	5 期	1997
苏轼与韩国词文学的关系	柳基荣	复旦学报（社科）	6 期	1997
苏轼"豪放雅词"论	王 洪	天中学刊	6 期	1997
此"豪放"非彼"豪放"——苏轼词风格探微	赵俊成	文史知识	7 期	1997
論詞绝句箋評：蘇軾詞を論ず（上）	程郁缀	未名	15 号	1997
論詞绝句箋評：蘇軾詞を論ず（下）	程郁缀	未名	16 号	1998
第一次贬谪时期的东坡词	柳种睦	中国文学	27 辑	1997
第二次贬谪时期的东坡词	柳种睦	中国文学	31 辑	1999
苏轼的黄州时期词	李钟振	中国文学	28 辑	1997
从苏词的取材看他的创新风格	江惜美	台北市立师范学院学报	28 期	1997
苏词诠释驳议	吴雪涛	文史	42 辑	1997
行云流水无定质，淡妆浓抹总相宜——论东坡词的审美风貌	李群英	山东师范大学学报（人社）	增刊	1997
苏东坡词精选欣赏 第一辑	周华君	四川省眉山三苏博物馆		1997
浅谈苏轼婉约词的特点	韩红杰	伊犁师范学院学报	1 期	1998
试论苏词风格的多样化	周茂东	武当学刊	1 期	1998
论东坡词写景造境的艺术	陶文鹏	社会科学战线	1 期	1998
转一时之风气 示来者以轨则——试论苏东坡对宋词发展的贡献	李 月	平顶山师专学报	1 期	1998
论词的传统与东坡词定位及创作动因	梅大圣	华中师范大学学报（人文）	5 期	1998
论苏轼词的抒情范式	吴 帆	吉林大学社会科学学报	2 期	1998
自由之歌——论苏轼词的本质内核	杨罗生	云梦学刊	2 期	1998
东坡豪放词风的流变	张亚萍	华侨大学学报（哲社）	2 期	1998
在入世与出世之间——兼谈苏轼词风为"旷达"而非"豪放"	刘勤慧	晋阳学刊	2 期	1998
东坡通判杭州期间词作散论	梅大圣 尹吉凤	黄冈师专学报	3 期	1998
苏轼之黄州时期的词	李钟振	东方丛刊	3 期	1998
疏放旷达的苏词	关 晶	大连教育学院学报	3 期	1998
苏东坡词中的时空观照	王保珍	名作欣赏	3-5 期	1998
试论苏轼的写梦词	邹 煜	自贡师专学报	4 期	1998
说东坡艳词	孙 民	沈阳教育学院学报	4 期	1998
苏轼集句词四考	王伟勇	宋代文学研究丛刊	4 期	1998

续表三九

篇、书名	著(译)编者	出处	卷、期	年月日
东坡词与小说	崔正海	宋代文学研究丛刊	4期	1998
论词的传统与东坡词定位及创作动因	梅大圣	华中师范大学学报（人社）	5期	1998
一段心灵的挣扎史——苏轼黄州词文解读	王玉英	南京理工大学学报（社科）	6期	1998
蘇東坡と「詞」	中原健二	しにか（大修館書店）	11月号	1998
蘇軾檃括詞考——陶淵明「帰去来兮辞」の改編をめぐって	内山精也	中国文学研究（蘆田孝昭教授古稀記念）	24期	1998
評語"豪放"の発生について——蘇軾詞への評価を中心として	日野俊彦	新しい漢字漢文教育	27号	1998
一蓑烟雨任平生——苏轼精品词鉴赏	张旭泉	大连理工大学出版社		1998
略论苏轼的"以诗为词"	祁光禄	固原师专学报	1期	1999
浅论苏轼严正刚强超脱达观的人格在词中的体现	卢建平	电大教学	1期	1999
历代词论中的东坡论	马桂玲 胡建次	洛阳师专学报	1期	1999
试论苏轼的婉约词	解国旺	殷都学刊	1期	1999
苏轼的楚辞观及其词赋创作	朴永焕	中国典籍与文化	1期	1999
漫谈苏词对词史的贡献	刘菁	辽宁广播电视大学学报	1期	1999
苏轼词作与梦	张庆军	山东行政学院山东省经济管理干部学院学报	1期	1999
苏轼美人词与杭州密州词的寄意	谭玉良	达县师范高等专科学校学报	1期	1999
从苏词看苏轼的人生感悟与处世态度	杨海明	山西大学学报（哲社）	2期	1999
从赤壁词看苏轼革新词风的内涵及意义	张维民	西北第二民族学院学报（哲社）	2期	1999
苏轼哲理词研究	陈庆安	河南教育学院学报（哲社）	2期	1999
苏轼词人生意蕴蠡测	毛福明	江苏教育学院学报（社科）	2期	1999
苏轼咏物词篇目与艺术特色的重新定位	石云涛	许昌师专学报	2期	1999
东坡密州词文化品格蠡测	梅大圣	黄冈师专学报	2期	1999
独树一帜 不域于世——浅谈苏轼词在题材和内容上的革新	熊刚	阿坝师范高等专科学校学报	2期	1999
论苏词的超逸	王文龙	盐城师范学院学报（哲社）	3期	1999
苏轼"以诗为词"辨	王开元	新疆师范大学学报（哲社）	3期	1999
苏东坡"以诗为词"探因	徐礼节	安庆师范学院学报（社科）	3期	1999
略论苏轼词的艺术特色	于立杰	学术交流	3期	1999

续表四〇

篇、书名	著(译)编者	出处	卷、期	年月日
苏词所表现的人格美和艺术美	吴毓鸣	三明师专学报	3期	1999
苏轼词风简论	刘生良	陕西师大成人教育学院学报	4期	1999
论苏轼革新宋词之贡献	景退东	高等函授学报（哲社）	4期	1999
从苏轼的词论看他的词体革新	乔长阜	江苏广播电视大学学报	4期	1999
试析东坡词与音律变革	余晓莉	阜阳师范学院学报（社科）	4期	1999
东坡词中"柔情"探析	卢建平 陈朝霞	北京科技大学学报（社科）	4期	1999
试论苏东坡的女性词	迟宝东	天津大学学报（社科）	4期	1999
论苏词的反正之功	许伯卿 田素芬	辽宁大学学报（哲社）	5期	1999
论苏轼词始作于嘉祐初年	朱靖华	黄冈师范学院学报	5期	1999
论苏词主气	胡遂	文学评论	6期	1999
本世纪东坡词研究的定量分析——词学研究定量分析之一	刘尊明 王兆鹏	文学遗产	6期	1999
试论苏轼词的多重人格	韩晓玲	高等函授学报（哲社）	6期	1999
苏轼"以诗为词"说略	郭坚	阅读与写作	6期	1999
情感与现实的矛盾——谈苏轼悼亡词的艺术感染力	黄雅莉	国文天地	14卷12期	1999
坡词曲解	启功	启功丛稿（题跋卷）		1999
浮生若梦 为欢几何——论苏轼词中的"梦"	宁薇	湖北师范学院学报（哲社）	1期	2000
寄蕴藉于豪放之外 寓旷远于婉约之中——苏轼词风浅论	尹慧明	新疆教育学院学报	1期	2000
九十年代东坡词研究述论	徐礼节	安庆师范学院学报（社科）	2期	2000
苏词明体——论李清照《词论》对东坡词的批评难以成立	金志仁	南通师范学院学报（哲社）	2期	2000
论苏轼"寄至味于淡泊"的审美理想在词中的实现	李惠玲	玉林师范高等专科学校学报	2期	2000
浅析苏轼中秋词四阕	马茂洋 彭林峰	北京青年政治学院学报	2期	2000
苏词中的生命体验与超越	胡遂	文艺研究	3期	2000
苏轼创立新词派诸因素散记	赵志华	河北青年管理干部学院学报	3期	2000
浅析东坡词中的自我形象	段微观	云梦学刊	3期	2000
论苏轼与宋人的咏物词	吴帆	文学遗产	3期	2000
苏轼对咏物词的拓新	周晴	济宁师专学报	4期	2000

续表四一

篇、书名	著（译）编者	出处	卷、期	年月日
评"东坡词与苏轼词文同步说"——薛瑞生《东坡词编年笺注》商榷	曾枣庄	书品	5期	2000
东坡词的艳情本事	吴德岗	牡丹江师范学院学报（哲社）	6期	2000
谈苏词中的月光意象	徐永峰	古典文学知识	6期	2000
论苏轼词如何体现"要眇宜修"的文体特性	李 旭	培训与研究	6期	2000
论苏轼诗化之词	李孟君	建国学报	19期	2000
苏轼：词之意境的开拓者	叶嘉莹	长城	1期	2001
人生缺憾中的追求——苏轼词所展现的人生取向	薛 梅	河北民族师范学院学报	1期	2001
苏词研究中被误用的一则材料	刘 亮 田琳琳	九江师专学报	1期	2001
谈苏轼的"以诗为词"	虞晓伟	大同职业技术学院学报	2期	2001
试论苏轼词作的主体风格	陆业龙	孝感学院学报	2期	2001
苏轼的豪放词为何成熟于密州	王启鹏	惠州大学学报（社科）	2期	2001
东坡教坊与宋代宫廷演剧考论	张世宏	广东社会科学	2期	2001
地域文化与苏轼词的创作	吴德岗	文史杂志	2期	2001
试论苏轼词风与其性情的关系	张 伟	沈阳教育学院学报	3期	2001
一点浩然气 千里快哉风——解读苏轼词中之气	王庆生	郑州经济管理干部学院学报	3期	2001
中国古典词论中的东坡论	邱美琼	重庆三峡学院学报	3期	2001
苏东坡"梦"词新探	李杰虎	洛阳大学学报	3期	2001
苏轼咏物词浅议	江 灏	中国文学研究	4期	2001
气之积聚与词之豪放——论苏轼豪放词的形成	杨 忠	长春大学学报	4期	2001
从"伶工之词"到"士大夫之词"——论苏轼黄州词的创作	许黎英	绍兴文理学院学报	5期	2001
论苏轼黄州词的文化生命	梅大圣	黄冈师范学院学报	6期	2001
试论苏轼对婉约词风的刷新	施海勇	丽水师范专科学校学报	6期	2001
禅悟与苏词的创造性	吴洪泽	四川大学学报（哲社）	6期	2001
论东坡哲理词	陶文鹏	词学		2001
苏轼研究	保苅佳昭	线装书局		2001
天涯倦客，山中归路，望断故园心眼——谈苏轼的思乡念归词	郭伟玲	安康师专学报	1期	2002

续表四二

篇、书名	著(译)编者	出处	卷、期	年月日
论苏轼对欧阳修词的超越	张兆勇	江淮论坛	1期	2002
从黄州词看苏轼的精神品格	吉南	继续教育研究	1期	2002
"归心正似三春草"略论苏轼词中的"怀归"意蕴	杨海明	中国韵文学刊	1期	2002
酒与苏轼词作的豪放不拘	陈奕婷	杭州商学院学报	1期	2002
从苏词苏诗之异同看苏轼"以诗为词"	莫砺锋	中国文化研究	2期	2002
苏轼的婉约词探析	庞会香 宋方报	胜利油田师范专科学校学报	2期	2002
浅谈苏轼词的时空意境	韩宜中	天津成人高等学校联合学报	2期	2002
试论佛禅对苏轼词之影响	迟宝东	海南师范学院学报（人社）	3期	2002
词为诗裔与以诗为词——苏轼词体观念新论	陈广学	江苏社会科学	3期	2002
谈苏轼的两首隐括词	姜晓艳	广播电视大学学报（哲社）	3期	2002
词：一体两面——从宋人对东坡词的批评与东坡词论考察宋代的词体观	邓红梅	山东师范大学学报（人社）	3期	2002
论苏轼雅词及其审美特征	范晓燕	解放军艺术学院学报	3期	2002
"采唐诗融化如自己者"——浅析苏轼词对唐诗的采融	马丁良	苏州教育学院学报	3期	2002
浅谈苏词豪放之美	王湘	黑龙江农垦师专学报	4期	2002
苏轼密州三曲的艺术技巧	王启鹏	语文学刊（高教）	4期	2002
东坡词笺注补正	陈永正	南京师范大学文学院学报	4期	2002
试论苏轼的婉约词	陈开梅	齐齐哈尔大学学报（哲社）	6期	2002
谈苏轼的两首檃括词	李新宇	语文学刊	6期	2002
苏轼词的自然率真与通变	何敏怡 何素梅	中山大学学报论丛	6期	2002
苏轼词风新论	张丽杰	哈尔滨学院学报	9期	2002
苏词编年三则	保苅佳昭	宋代文化研究	11号	2002
苏轼月夜抒怀词意向探析	虎维尧	固原师专学报	4期	2002
苏轼词的几个问题的辨析——兼论苏轼的创作思想	苏培安	绵阳经济技术高等专科学校学报	4期	2002
试论苏轼的婉约词	李志鹏	黔东南民族师专学报	增刊	2002
以"格式塔"心理学看苏轼词的风格	黄一斓	湘潭大学社会科学学报	增刊	2002
从作词规则角度看苏轼词合律问题	汤川安	广西师范大学学报（哲社）	增刊	2002

续表四三

篇、书名	著(译)编者	出处	卷、期	年月日
从诗词分界看苏轼"以诗为词"革新路上的两重性	史素昭	中国文学研究	1期	2003
从东坡词看苏轼的人生思考	王文龙	光明日报		2002.10.9
东坡词阅读札记	王文龙	乐山师范学院学报	1期	2003
欧翁领路人，疏隽开子瞻——浅析欧阳修对苏轼词风的影响	韩珊珊	赣南师范学院学报	1期	2003
苏轼诗词的模糊美	周东斗	华夏文化	1期	2003
苏轼密州词及豪放词风谈片	朱秋德	兵团教育学院学报	2期	2003
苏轼的婉约词探析	高文利	佳木斯大学社会科学学报	2期	2003
苏轼词风解读	魏永贵	集宁师专学报	2期	2003
东坡词自度曲考述	王文龙	盐城师范学院学报（人社）	2期	2003
"以诗为词"与词体文学的雅化——论苏轼词与"雅词"的关系	田耕宇	西南民族大学学报（人社）	3期	2003
苏轼词的美学阐释	钟锦	河北学刊	3期	2003
苏轼豪放词风探因	孙民	乐山师范学院学报	3期	2003
苏轼"以诗为词"新论	苗菁	山东商业职业技术学院学报	3期	2003
张先主盟吴越词坛影响"东坡范式"考论	谢永芳 曾广开	周口师范学院学报	3期	2003
试论苏轼词的音乐性	车树昇	株洲工学院学报	3期	2003
宋代词论辨疑四则	高峰	南京师范大学文学院学报	3期	2003
读东坡词札记二题	王文龙	惠州学院学报	4期	2003
20世纪关于苏轼词的论辩	孙华娟	天中学刊	4期	2003
苏轼词"不应有恨事"、"小乔初嫁"及"多情应笑"试析	何文汇	中国文化研究所学报	新12期	2003
苏轼——词体的最初终结者	潘守皎	枣庄师范专科学校学报	4期	2003
哲学视域中的苏词"用世志意"	钟锦	陕西广播电视大学学报（综合）	4期	2003
从诗词意境解读苏轼毛泽东词风	李瑛	当代教师教育	4期	2003
磁州窑枕上的苏轼词	马小青	邯郸职业技术学院学报	4期	2003
苏轼和他的婉约词	李俊华	胜利油田职工大学学报	4期	2003
论唐宋词对传统文化的传承——以苏轼词的"士大夫化"为"切口"	杨海明	江海学刊	5期	2003
地域文化对苏轼词的影响	焦俊霞	青海师专学报	5期	2003
解读东坡词的人生蕴意	林高峰	福建广播电视大学学报	5期	2003

续表四四

篇、书名	著(译)编者	出处	卷、期	年月日
若即若离 亦艳亦雅——评苏轼的咏花词	潘红梅	湖北大学成人教育学院学报	5期	2003
苏轼"超旷"词风的哲学阐释	王嘉澍 钟锦	淮阴师范学院学报（哲社）	6期	2003
论苏轼的词学思想	高峰	怀化学院学报（社科）	6期	2003
蘇軾詞編年研究——中国古典文学研究における日本人の研究領域	保苅佳昭	日本大学精神文化研究所紀要	34号	2003
东坡词与《世说新语》	郭幸妮	词学		2003
苏词研究的重要成果	席根 刘芳	河南日报		2003.8.29
试论东坡词中的"理趣"之美和人生感悟	金昌华	芜湖师专学报	1期	2004
苏轼咏物词的审美追求	闫凤春	内蒙古电大学刊	1期	2004
浅说苏轼词"超旷中见忠厚"	林栋梁	黔东南民族师专学报	1期	2004
纵横中度 境皆天就——试论苏轼词意境的创造	郭筱筠	广西民族学院学报（哲社）	1期	2004
意象 典故 情绪——苏轼豪放词情感模式及对辛派词人的影响	华建新	宁波广播电视大学学报	1期	2004
两宋词坛的东坡论	周逸树	赣南师范学院学报	1期	2004
试论柳永、苏轼词的地位和影响	姚薇	辽宁行政学院学报	1期	2004
以诗为词与以赋为词——论东坡词之"破体"	仲冬梅	文学前沿	1期	2004
佛禅意趣与苏轼词风	段永强	西安教育学院学报	2期	2004
词之"本色"与苏轼的"以诗为词"	吴清伙	宜宾学院学报	2期	2004
苏轼词豪放风格辨析	饶晓明	黄冈职业技术学院学报	2期	2004
宋代词学批评中苏轼论的历史嬗变及其特征	邱美琼	喀什师范学院学报	2期	2004
论苏轼的词学观	张惠民	汕头大学学报（人社）	2期	2004
试论苏词在艺术上对庄子散文的继承	金燕	乐山师范学院学报	3期	2004
论苏轼的俳谐词	张丽华	阜阳师范学院学报（社科）	3期	2004
梅格即人格 契合两无间——谈苏轼的咏梅词	李锦煜	甘肃高师学报	3期	2004
从"自是一家"与"别是一家"略窥东坡、易安词学观之异同	何旭	四川师范大学学报（社科）	3期	2004
论东坡清峻词中刚柔成分之量化	陈满铭	毕节师专学报（综合）	3期	2004
苏轼与"词风转变"	曹明升	重庆师范大学学报（哲社）	4期	2004

续表四五

篇、书名	著(译)编者	出处	卷、期	年月日
自由——东坡词的本质内核	杨罗生	云梦学刊	4期	2004
论柳永词对苏轼的启示和影响	韩珊珊	赣南师范学院学报	4期	2004
从苏轼坎坷人生诠释其词的主体情性	马 跃 张 伟	长春工程学院学报（社科）	4期	2004
"人间如梦，一尊还酹江月"——东坡黄州词中的梦	金 鲜	中国文化研究	4辑	2004
东坡词的出世倾向浅析	赵维平	河南师范大学学报（哲社）	5期	2004
苏轼艳词三首辨正	张承凤	文学遗产	6期	2004
试论苏轼词的艺术风格	刘兴儒	零陵学院学报（教科）	6期	2004
论苏轼豪放词在北宋的尴尬	王辉斌	甘肃社会科学	6期	2004
照水红蕖细细香——品苏东坡咏荷诗词	邹 敏	文史杂志	6期	2004
论苏轼词中的时空描写	张连举	西南民族大学学报（人文）	8期	2004
论东坡体的形成历程	木 斋	乐山师范学院学报	11期	2004
论苏轼咏怀词的艺术成就	杨鹏飞	丝绸之路	增刊	2004
苏轼"以诗为词"浅析	敖显斌	遵义师范学院学报	1期	2005
此心安处是吾乡——从词看庄子对苏轼的影响	陈代湘	乐山师范学院学报	1期	2005
苏轼的灵感论	朱靖华	乐山师范学院学报	1期	2005
苏轼的灵感论（续）	朱靖华	乐山师范学院学报	2期	2005
浅论苏轼黄州词的多元生命情感意向	万 露	天中学刊	1期	2005
孤芳独幽，卓立不群——苏轼词中的人格美简析	高 华	河南商业高等专科学校学报	1期	2005
对人生的执着和超越——谈苏轼词的人生哲学	李红萍	福建广播电视大学学报	1期	2005
论苏轼两首词的意境复合	刘 册	牡丹江大学学报	1期	2005
苏轼词的诗化对词统的颠覆与重构	孙 虹	中国韵文学刊	1期	2005
论胡适对苏辛词的偏爱	朱惠国	中国韵文学刊	1期	2005
试论苏轼词主体意识的强化	杨 洋	皖西学院学报	1期	2005
论苏轼黄州时期的词	李钟振	中国韵文学刊	2期	2005
苏词中的艺术性"空白"	刘丽珈	成都大学学报（社科）	2期	2005

续表四六

篇、书名	著(译)编者	出处	卷、期	年月日
蘇軾の開封で作られた詞について	保苅佳昭	総合文化研究（日本大学商学研究会）	11卷2号	2005
苏轼"以诗为词"的文体价值与文本意义	宋先梅	天府新论	3期	2005
说东坡词中的"清"	郑园	文学遗产	3期	2005
试论苏轼词创作在词史上的重要地位	李熙庭	浙江教育学院学报	3期	2005
苏轼"词如诗"的原因探析——由宋人的"以诗为词"论谈起	张泽伟	太原师范学院学报（社科）	3期	2005
"以诗为词"与"北宋党争"	刘佳宏 姚泽慧	宜宾学院学报	4期	2005
论苏轼的以学问为词	王文龙	乐山师范学院学报	4期	2005
"自是曲子缚不住者"——东坡词论钩玄	张福勋 温斌	内蒙古师范大学学报（哲社）	4期	2005
论"以诗为词"的词学意义	余意	阴山学刊	5期	2005
论苏轼的词学观	杜宏记	河南大学学报（社科）	5期	2005
簸之揉之 高华沉痛——苏轼婉约词论略	姜朝晖	兰州交通大学学报	5期	2005
论苏轼词主体意识的强化	董媛	郑州航空工业管理学院学报（社科）	5期	2005
东坡词：雅词、范型、非应体——木斋的东坡词研究	万露 库万晓	乐山师范学院学报	6期	2005
新近发现东坡词考辨补证	饶晓明	乐山师范学院学报	6期	2005
需"提倡一些文体分类学"——评《新近发现东坡词考辨补证》	曾枣庄	乐山师范学院学报	10期	2005
论张先对苏轼词学思想的影响	孙维城	安徽文学论文集		2005
新兴与传统——苏轼词论述	保苅佳昭	上海古籍出版社		2005
苏轼"词似诗"新论	沈家庄	光明日报		2005.11.18
编年东坡乐府序	冯煦	国风报	16期	1911
		庸言	2期	1913
东坡乐府	苏轼著，林大椿校	商务印书馆		1928
东坡乐府笺	龙榆生	国立暨南大学		1931
东坡乐府笺序	夏承焘	词学季刊	2卷2号	1935
东坡乐府综论	龙沐勋	词学季刊	2卷3号	1935
东坡乐府笺序	叶恭绰	词学季刊	2卷3号	1935

续表四七

篇、书名	著(译)编者	出处	卷、期	年月日
东坡乐府笺	朱孝臧编年圈点，龙榆生校笺	商务印书馆		1936
	龙沐勋	台湾商务印书馆		1970
		华正书局		1974
		汉京文化事业公司		1974
		中华书局上海编辑所		1959
东坡乐府（影印本）（据元延祐七年南阜书堂刊本原式影印）	苏 轼	古典文学出版社		1957
		中华书局上海编辑所		1959
从《东坡乐府》里看苏轼和农民的情谊	唐圭璋	雨花	1月号	1958
东坡乐府		世界书局		1959
		广文书局		1960
东坡乐府校订笺注	郑向恒	台湾师大国文研究所集刊	14期	1970
		学艺出版社		1977
苏轼东坡乐府		广文书局		1970
东坡乐府笺讲疏	朱祖谋注，龙沐勋笺疏	广文书局		1972
东坡乐府	陈允吉校点	上海古籍出版社		1979
		木铎出版社		1982
《东坡乐府笺》斠补偶记	吴企明	杭州大学学报（哲社）	12卷2期	1982
关于东坡乐府研究的几个问题	陈新璋	华南师范大学学报（社科）	2期	1984
杭州时代东坡乐府的情境考	柳明熙	人文论丛（釜山大学）	26辑	1984
感觉上看东坡期乐府的情境考	柳明熙	人文论丛（釜山大学）	28辑	1985
东坡乐府	恒鹤校点	上海古籍出版社		1985
东坡乐府笺补正（一）	王松龄	上海师范大学学报（哲社）	3期	1986
东坡乐府笺补正（二）	王松龄	上海师范大学学报（哲社）	1期	1987
敲门都不应——读东坡乐府	黄文吉	中华日报		1986.11.5，1986.11.12
苏东坡词考释——兼补《东坡乐府笺》	崔海正	曲靖师专学报	4期	1988
谈谈《东坡乐府》中的婉约风格	邱 慧	重庆工商大学学报（社科）	2期	1989
东坡乐府编年笺注	石声淮 唐玲玲	华中师范大学出版社		1990

续表四八

篇、书名	著(译)编者	出处	卷、期	年月日
明代手抄《东坡乐府》残卷	孙 民	沈阳教育学院学报	1期	1991
东坡乐府的个性特征	唐玲玲	海南大学学报（社科）	1期	1991
对一本书的两种看法	周 禾等	读书	11期	1991
东坡乐府研究	唐玲玲	巴蜀书社		1993
关于十三首东坡乐府的编年	孙 民	辽宁大学学报（哲社）	2期	1994
苏词编年辨证——《东坡乐府编年笺注》献疑之一	吴雪涛	文史	40辑	1994
"长恨此身非我有"——《东坡乐府》中的梦、酒与归思	何 懿	安徽教育学院学报（哲社）	4期	1995
"归"与"不归"——从《东坡乐府》看苏轼的游子心态	姜 宇	国文天地	11卷7期	1995
关于十二首东坡乐府的编年	孙 民	西安教育学院学报	3期	1996
论《东坡乐府》中的归隐情愫	王晶冰	太原理工大学学报（社科）	3期	2002
从"豪放"之风到众风呈现——论黄州时期东坡乐府风格的嬗变	赵伟东	哈尔滨商业大学学报（社科）	1期	2003
"似花还似非花"——苏轼两首咏物词赏析	刘国安	语文学习	4期	1985
略谈苏轼词二首	陈 蕴	教学与管理	6期	1987
苏词四首系年商兑	吴雪涛	河北师范大学学报（社科）	1期	1988
苏轼小令赏析（五则）	蔡润田	名作欣赏	6期	1988
苏词五首作年考	王文龙	盐城师专学报（社科）	3期	1989
苏词五首杂考	吴雪涛	河北师范大学学报（社科）	3期	1989
林语堂英译六首苏轼词赏析	郭正枢	外语教学与研究	3期	1991
醉赏中秋月 醉墨谱心曲——读苏轼两首中秋词	周懋昌	语文学刊	5期	1995
意似之间：苏轼两首词的"真趣"	郑荣基	广州大学学报（综合）	4期	1998
几首苏东坡词编年考	保苅佳昭	四川大学学报（哲社）	4期	2001
苏词二首系年略考	张志烈	黄冈师范学院学报	1期	2002
东坡初夏词本事辨	刘永潜	东南日报		1948.2.4
东坡"卜算子"词考	任 鼐	中央日报		1948.5.10
东坡"卜算子"	樸 人	"中央日报"		1963.3.8
苏轼黄州时期思想初探——从《卜算子·黄州定惠院寓居作》谈起	张海滨	黄冈师专学报	3期	1982
格奇语隽——苏轼《卜算子·黄州定惠院寓居作》赏析	蔡厚示	艺谭	4期	1985

续表四九

篇、书名	著(译)编者	出处	卷、期	年月日
读苏轼《卜算子》	李倩	语文教学与研究	5 期	1987
苏轼《卜算子·黄州定惠院寓居作》发微	刘昭明	台湾编译馆馆刊	23 卷 1 期	1994
读苏轼《算子·黄州定惠院寓居作》	欧明俊	中文自修	5 期	1994
寂寞心曲 孤傲情调——读苏轼《卜算子·黄州定惠院寓居作》	刘宗德	文史知识	11 期	1995
物象比附与联类征引——从苏轼《卜算子》论宋词的注释方法	于翠玲	陕西广播电视大学学报	3 期	2002
借物咏怀 独具标格——苏轼《卜算子·黄州定惠院寓居作》词赏析	何敏怡	语文月刊	7、8 期	2002
苏轼的蝶恋花	王怡之	文艺月报	4 期	1954
"天涯何处无芳草"应作何解	朱治江	西南民族学院学报（哲社）	2 期	1982
感觉的复合——苏轼《蝶恋花·春景》赏析	王富仁	名作欣赏	3 期	1991
相同的调性与不同的境界——欧阳修、苏轼、赵令畤〔蝶恋花〕比较艺谭	徐培均	东疆学刊	1 期	1993
苏轼《蝶恋花》一词的写作年代与寄托意义蠡测	陈新雄	台湾编译馆馆刊	23 卷 2 期	1994
情意绵绵 余音袅袅——苏轼《蝶恋花·春景》词赏析	赵志伟	中文自修	2 期	1995
苏轼《蝶恋花》词中的体育活动	史兰	体育文史	2 期	2000
苏轼《蝶恋花》"花褪残红青杏小"赏读	姜晓云	古典文学知识	1 期	2001
析《蝶恋花·春景》兼论苏轼谪惠前后的情感世界	吴帆	长春大学学报	2 期	2001
欲说还休的羁旅愁思——苏轼《蝶恋花》赏析	张桂萍	语文月刊	4 期	2002
含激愤于婀娜之中 寄妙理于旷达之外——析《蝶恋花》探索苏轼谪惠前后的心路历程	吴帆 李海帆	惠州学院学报（社科）	5 期	2002
苏轼《蝶恋花·花褪残红青杏小》一词的写作年代与寄托意义蠡测	陈新雄	文学语言理论与实践丛书——辞章学论文集（下）		2002
苏轼《蝶恋花·花褪残红青杏小》禅宗思想理析	王燕	河西学院学报	6 期	2003
苏轼词蝶恋花	韦斯琴	青少年书法	11 期	2005
含激愤于婀娜之中 寄妙理于旷达之外——析蝶恋花探索苏轼谪惠前后的心路历程	吴帆 李海帆	词学		2005

续表五〇

篇、书名	著（译）编者	出处	卷、期	年月日
谈苏轼的《浣溪沙》	耿元瑞	语文教学通讯	2期	1956
苏轼《浣溪沙》词的一个问题	任梦兰	语文学习	4期	1957
浅谈苏轼词《浣溪沙·石潭谢雨》	戴予强	天津师专学报	1期	1981
休将白发唱黄鸡——苏轼游蕲水	柴曾恺	布谷鸟	4期	1981
苏轼写在徐州的一组《浣溪沙》	傅经顺	文史知识	2期	1982
与民同庆谢雨时——介绍苏轼的《浣溪沙》前二首	傅经顺	唐宋文学欣赏		1982
使君元是此中人——介绍苏轼的《浣溪沙》后三首	傅经顺	唐宋文学欣赏		1982
田园画镜，意切情真——苏词《浣溪沙》研读	赵伯英 沈彦	安阳师专学报	4期	1983
苏轼《浣溪沙》释疑	黄德生	语文教学	6期	1983
一曲清词咏农家——读苏轼《浣溪纱》	张其俊	中学语文	7期	1983
苏轼《浣溪沙》浅析	程杰	江苏教育	9期	1983
"平民知州"的抒怀——谈苏轼《浣溪沙·徐州石潭谢雨道上作》	张士魁 韩维钧	语文教学与研究	10期	1983
词平句淡　味同清泉——读苏轼《浣溪沙》	米春秀	安徽教育	11期	1984
东坡的《浣溪沙》小考	申铉锡	中国人文科学	5辑	1986
苏词"捋青捣䴬软饥肠"句正解	程芳银	读书	11期	1987
		淮阴师专学报（哲社）	1期	1989
乐民之所乐，情真复景直——读苏轼《浣溪沙》之四	曾宪燊	玉林师专学报	1期	1989
欲仕欲隐，似醒似醉——浅析苏轼《浣溪沙》词中的使君形象	言词	鄂东社会科学	1期	1990
《苏词"捋青捣䴬软饥肠"句正解》献疑		文史知识	10期	1991
沁人心脾　豁人耳目——试论苏轼《浣溪沙》徐门石谭谢雨道上作五首	徐房明	吉安师专学报	3期	1994
文医结缘轶事钩沉——苏轼浣溪沙词赏析	魏稼	医古文知识	2期	1996
深情的慰勉　旷达的襟怀——苏轼《浣溪沙·游蕲水清泉寺》词意抉微	闫笑非	台州学院学报	2期	2003
苏轼写在徐州的一组《浣溪沙》		初中生学习	10期	2003
苏轼《浣溪沙》	萧华荣 高月夏	中学生阅读（高中）	7期	2004

续表五一

篇、书名	著(译)编者	出处	卷、期	年月日
唐宋词"第一调"中"第一人"——论苏轼《浣溪沙》的创作成就	刘尊明	湖北大学学报（哲社）	2期	2005
另辟鸿蒙 沾溉百世——浅评苏轼的《浣溪沙》（五首之四）	徐卫东	语文知识	2期	2005
从用调与创意看苏轼的词史地位——以《浣溪沙》、《水调歌头》、《念奴娇》为例	刘尊明 陈欣	第四届宋代文学国际研讨会论文集		2005
论苏轼"念奴娇"词里的"羽扇纶巾"	唐圭璋	语文教学	12期	1956
关于苏轼《念奴娇》词"羽扇纶巾"之疑问	夏承焘	语文教学	2期	1957
"狂房"还是"樯橹"	赵秋帆	语文教学	3期	1957
是"樯橹"不应是"狂房"或"强房"	唐圭璋 金勤昌	语文教学	5期	1957
关于"羽扇纶巾"问题的讨论	钟仲联	语文教学	5期	1957
略谈苏轼的《念奴娇》	詹安泰	语文学习	5期	1957
谈苏轼的《念奴娇》词	胡国瑞	语文教学	8期	1957
苏东坡"大江东去"	陈迩冬	文学知识	12月号	1959
"狂房"和"樯橹"	夏钦祥	光明日报		1959.6.7
谈"羽扇纶巾"	翼谋	光明日报		1959.9.27
也谈《念奴娇》中的"樯房"	王世明	光明日报		1960.2.28
蘇東坡念奴嬌（赤壁懷古）	小川環樹	中国の名著——その鑑賞と批評		1961
"大江东去"与豪放派词	朱德才	大众日报		1962.1.6
谈苏轼的《念奴娇》	曲沐	贵州日报		1962.9.23
读东坡《赤壁怀古》	梁宜生	人生	27卷7-8期	1964
"大江东去"研究	黄兆汉	香港大学中文学会年刊	1965-1966年度	1966
苏轼和他的《念奴娇·赤壁怀古》	钟陵	南京师院学报	2期	1974
说苏轼《念奴娇·赤壁怀古》——兼谈苏轼豪放词风的理解	张志岳	文艺百家	1期	1979
大江东去千古诵——介绍苏轼和他的《念奴娇 赤壁怀古》	刘成东	攀枝花文艺	1期	1979
《念奴娇·赤壁怀古》讲解	方牧	语文战线	1期	1979

续表五二

篇、书名	著(译)编者	出处	卷、期	年月日
羽扇纶巾究是谁——兼谈苏轼《念奴娇·赤壁怀古》的题材结构和主题	陈玉麟	教学与研究	1期	1979
谈苏轼的《念奴娇·赤壁怀古》	唐玲玲	语文教学与研究	1期	1979
宋词小札（二）：苏轼：念奴娇	刘逸生	广州文艺	3期	1979
《念奴娇·赤壁怀古》分析	姜光斗 顾启	语文教学通讯	3期	1979
"羽扇纶巾"究是谁试释	耳东	江苏师院学报（社科）	4期	1979
横槊气概英雄本色——谈苏东坡《念奴娇·赤壁怀古》词	刘乃昌	破与立	4期	1979
《念奴娇·赤壁怀古》浅析	吴小秋	山西教育	5期	1979
"大江东去"与"孤鸿缥渺"	丁永淮	湖北日报		1979.11.25
谈苏词《念奴娇·赤壁怀古》	袁伯诚	宁夏大学学报（哲社）	1期	1980
苏轼和他的《念奴娇·赤壁怀古》	马之法	中学语文	1期	1980
似是一种失败的心理——就苏轼《念奴娇·赤壁怀古》的主题与刘乃昌同志商榷	段国超	齐鲁学刊	1期	1980
关于苏轼《念奴娇·赤壁怀古》的主题——与段国超同志商榷	颜中其	齐鲁学刊	2期	1980
苏轼词《念奴娇·赤壁怀古》浅析	杨效春	语言文学	2期	1980
谈谈苏轼词《念奴娇·赤壁怀古》	熊大权	江西大学学报（社科）	2期	1980
身处逆境，雄心未已——读苏轼《念奴娇·赤壁怀古》词	周子瑜	南充师院学报（哲社）	2期	1980
"似是一种失败的心理"吗——与段同志论旧史，为苏学士洗新冤	周本淳	淮阴师专学报（社科）	3期	1980
"故国神游"辨	叶金	学术研究	3期	1980
"雄姿英发"与"羽扇纶巾"	董清洁	沈阳师范学院学报	3期	1980
《念奴娇·赤壁怀古》注析		南宁师院学报	4期	1980
苏轼赤壁怀古词探讨	吴雪涛	河北学刊	创刊号	1981
苏轼《念奴娇·赤壁怀古》赏析	刘滋培	固原师专学报（社科）	1期	1981
《念奴娇·赤壁怀古》的赏析	谭行	广西民族学院学报（社科）	1期	1981
一曲清雄豪迈的壮歌——苏轼《念奴娇·赤壁怀古》浅析	丘树宏	惠阳师专学报（社科）	1期	1981
"羽扇纶巾"究竟指谁	周本淳	南京师院学报	2期	1981
"大江东去"和"晓风残月"——宋词二首浅析	张裕庚	语言学习	2期	1981

续表五三

篇、书名	著(译)编者	出处	卷、期	年月日
苏轼《念奴娇·赤壁怀古》"英发"一词辨析	张代敏	语文教学通讯	6期	1981
对《〈大江东去〉新解》一文的不同意见	晓钟	贵州日报		1981.6.6
波澜壮阔的历史画卷——读苏轼《念奴娇·赤壁怀古》	胡荣枢	春城晚报		1981.7.21
还是"小乔初嫁了"	古城生	安庆师院学报（社科）	1期	1982
苏轼《赤壁怀古》词异释述评	许志修	广州师院学报（社科）	2期	1982
苏轼《念奴娇·赤壁怀古》的结构与语言艺术	田怡	语文学刊	2期	1982
悲歌一曲——重读苏轼《念奴娇·赤壁怀古》	丁平	邵阳师专学报	3期	1982
未能报国惭书剑——漫话苏轼的人生观和他的《念奴娇·赤壁怀古》	王又村	黄石师院学报（哲社）	3期	1982
苏轼《念奴娇·赤壁怀古》勘误	冬子	求索	6期	1982
神游故国放豪情——读苏轼的豪放名篇《念奴娇·赤壁怀古》	傅经顺	唐宋文学欣赏		1982
大江东去绝唱千古——关于苏轼《念奴娇·赤壁怀古》探测笔记	程金阶	孝感师专学报（哲社）	2期	1983
登高望远 举首高歌——《大江东去》修辞赏析	林承璋	当代修辞学	3期	1983
赤壁怀古异文浅解	楚庄	河北师院学报	3期	1983
苏轼《念奴娇·赤壁怀古》词疑点综辨	金康祥	宁夏教育学院学刊	4期	1983
关于苏轼《念奴娇·赤壁怀古》几个问题质疑	童勉之	文学评论	6期	1983
滔滔江河志 耿耿报国心——介绍苏轼词《念奴娇·赤壁怀古》	梁硕	河南日报		1983.9.18
苏轼《念奴娇·赤壁怀古》辨析	彭秀模 吴广平	吉首大学学报（社科）	1期	1984
曲径通幽别有洞天——"小乔初嫁了"探胜	陈元勋	语文月刊	1期	1984
寻求解脱，达中含苦——苏词《念奴娇·赤壁怀古》臆说	李文秀	语文教学与研究	4期	1984
"羽扇纶巾"是指诸葛亮吗——读苏轼《念奴娇·赤壁怀古》一得	叶新源	赣南师范学院学报	4期	1984
"故国神游"解	王达津	光明日报		1984.9.4

续表五四

篇、书名	著(译)编者	出处	卷、期	年月日
人间之游 天上之想——漫谈苏轼的《念奴娇·中秋》	余 翎	名作欣赏	4 期	1985
热情的礼赞，深沉的思考——苏轼《念奴娇·赤壁怀古》赏析	蒋哲伦	中文自学指导	2 期	1986
苏轼《念奴娇·赤壁怀古》探幽	赵吉生	黑龙江财专学报	3 期	1986
浅谈苏轼《念奴娇·大江东去》的艺术美	涂普生	语文教学与研究	12 期	1986
关于《念奴娇·赤壁怀古》的两个问题	吴运娟	安庆师院学报（社科）	2 期	1987
"羽扇纶巾"之"继续研究"——兼评唐圭璋先生《论苏轼〈念奴娇〉词里的"羽扇纶巾"》	周云龙	辽宁广播电视大学学报（社科）	3 期	1987
谈《念奴娇·赤壁怀古》词的感情基调	石云涛	许昌师专学报	4 期	1987
《念奴娇·赤壁怀古》诠释中的几个问题	霍有明	唐都学刊	2 期	1988
谁识天风海涛曲，中多幽咽怨断音——苏东坡《赤壁怀古》词别解	杨有山	信阳师专学报	2 期	1988
苏词《念奴娇·大江东去》不是豪放之作	韩楚森 应 坚	北京师范大学学报（社科）	3 期	1988
谈苏轼《念奴娇·赤壁怀古》中的"赤壁"	王 灿 刘 鸣	许昌师专学报	4 期	1988
《念奴娇·赤壁怀古》几个问题的再质疑	胡忆肖	国际关系学院学报	4 期	1988
《念奴娇·赤壁怀古》主题新探	阎笑非	求实学刊	6 期	1988
浅析苏轼的《念奴娇》	肖敬之	内蒙古电大学刊	增刊 2	1988
周瑜乎 诸葛亮乎——析苏轼《念奴娇·赤壁怀古》之"羽扇纶巾"	贺远明	昭乌达蒙族师专学报（哲社）	4 期	1989
苏词"羽扇纶巾"究竟指何人	梦 雪	曲靖师专学报	1 期	1991
"羽扇纶巾"者究竟指何人——兼评傅经顺先生的解说	孟子皿	河北师范大学学报（社科）	1 期	1990
苏轼"大江东"词异文新证——太原永祚寺《苏长公大江东词》碑跋	马乃骝	晋阳学刊	3 期	1990
赤壁怀古的修辞艺术	郭开平	中文自修	5 期	1990
词之异意	李酉年	云南师范大学学报（哲社）	增刊	1990
欲将狂放换悲凉——苏轼《念奴娇·赤壁怀古》风格之我见	黄明忠	兵团教育与研究	1 期	1991
赤壁怀古的思想基调	廖化津	衡阳师专学报（社科）	2 期	1991

续表五五

篇、书名	著(译)编者	出处	卷、期	年月日
人间如梦≠人生如梦——读苏轼《念奴娇·赤壁怀古》札记	陈明华	语文月刊	4期	1991
《念奴娇·赤壁怀古》主旨我见	周陶富	语文学习	5期	1991
苏轼《念奴娇》赤壁词正格	何文汇	中国语文通讯	15期	1991
苏轼《念奴娇·赤壁怀古》意蕴探微	王　峰	淮北煤师院学报（社科）	1期	1992
苏轼《念奴娇·赤壁怀古》再议	王占复	语文学刊	3期	1992
大江东去：苏轼《念奴娇》正格论集后记	黄坤尧	中华诗学	9卷 3、4期	1992
《念奴娇·赤壁怀古》的结构美图画美语言美	曹济南	中学语文	4期	1992
读《苏轼念奴娇赤壁词正格》书后	缪　钺	中国语文通讯	19期	1992
关于苏轼《念奴娇·赤壁怀古》	钟树梁	中国语文通讯	19期	1992
苏轼《念奴娇》赤壁格律与原文试考	周策纵	中国语文通讯	20期	1992
也谈苏轼《念奴娇》赤壁词的格式	曾永仪	中国语文通讯	20期	1992
说苏轼《念奴娇·赤壁怀古》词	富寿荪	大公报		1992.10.25
大江东去：苏轼《念奴娇》正格论集	黄坤尧 朱国藩	吴多泰中国语文研究中心		1992
"拿灰盖着的炉炭"——苏轼"人生如梦"辨析	李兆群	抚州师专学报	1期	1993
《念奴娇·赤壁怀古》不能算豪放词	张金同	西北师大学报（社科）	3期	1993
形同而神异的诗歌意境——苏轼《念奴娇·赤壁怀古》与阿诺德《多佛海滨》比较研究	张晓萍	云南教育学院学报	3期	1993
苏轼《念奴娇》等豪放词和豪放派新论	黄震云	思茅师专学报	1期	1994
《念奴娇·赤壁怀古》中"了"字质疑	谢世魁	黄淮学刊（社科）	2期	1994
两样情思　一种闲愁——谈杜牧《赤壁》与苏轼[念奴娇]（大江东去）中对周瑜的抑扬	卞良君	文史知识	2期	1994
苏轼《念奴娇·赤壁怀古》主题辨	张光富	九江师专学报	3、4期	1994
浅谈苏轼《念奴娇·赤壁怀古》的艺术美	段福生	柴达木开发研究	5期	1994
境象寥廓　气势超旷——苏轼《念奴娇·赤壁怀古》赏析	孙　立	古典文学知识	6期	1994
"羽扇纶巾"与诸葛亮何干	桑文彬	语文教学通讯	12期	1994

续表五六

篇、书名	著(译)编者	出处	卷、期	年月日
试析苏轼《念奴娇·赤壁怀古》词中"酹江月"的含义	张福庆	外交学院学报	1 期	1995
再谈苏轼《念奴娇·赤壁怀古》中的"了"字句	吴广平	黄淮学刊（哲社）	1 期	1995
忧患意识和超脱心境——谈苏轼《念奴娇·赤壁怀古》中的间离效果	方智范	语文学习	3 期	1995
一樽还酹江月——析苏轼《念奴娇》的旷达时空观	何宗思	阅读与写作	12 期	1995
苏轼《念奴娇·赤壁怀古》格律异文及异议试析	何文汇	中国文化研究所学报	新 5 期	1996
苏轼《念奴娇·赤壁怀古》赏析	陈丽华 宋湛哲	咸阳师专学报	4 期	1997
对生命存在价值的苦恼——《念奴娇·赤壁怀古》的主题	郑荣基	广州大学学报（综合）	1 期	1998
"多情应笑我"别解	陆业龙	荆门大学学报（哲社）	2 期	1998
"人生如梦　一樽还酹江月"浅析——读苏轼《念奴娇·赤壁怀古》	彭笑远	集宁师专学报	2 期	1998
苏轼《念奴娇·赤壁怀古》探幽	刘荆陵	语文教学与研究	4 期	1998
从赤壁词看苏轼革新词风的内涵及意义	张维民	西北第二民族学院学报（哲社）	2 期	1999
说苏轼词中的"人生如梦"问题——兼非教参"消极"之说	李根赞	保山师专学报	3 期	1999
苏轼《念奴娇·赤壁怀古》句义辨析	尚志迈	张家口师专学报	4 期	1999
苏轼《念奴娇·赤壁怀古》五辨	徐乃为	文学遗产	6 期	1999
苏轼《念奴娇·赤壁怀古》三题	马茂书	中学语文教学	6 期	1999
无情流水多情客——再读《念奴娇·赤壁怀古》	王南	中学语文教学	11 期	1999
《念奴娇·赤壁怀古》和前《赤壁赋》比较研究	胡光梁	曲靖师专学报	2 期	2000
壮景高歌　浩气逸怀——《赤壁怀古》与《雪》之比较	贺佩中 魏金兰	中国文学研究	2 期	2000
寄蜉蝣于天地，渺沧海之一粟——苏轼《念奴娇·赤壁怀古》主旨探微	孙永亮	中学语文	3 期	2000
潇洒人生：《前赤壁赋》赏析	徐文军	自考·职教·成教	3 期	2000
就东坡赤壁词补充一点意见	吴雪涛	文学遗产	5 期	2000
走出"故国神游"的迷宫	黄崇浩	文学遗产	5 期	2000
"故国神游"尚不宜下"确解"	王振泰	文学遗产	5 期	2000

续表五七

篇、书名	著(译)编者	出处	卷、期	年月日
关于"我"和"故国"	蔡祥鲲	文学遗产	5期	2000
"阔视横行，雄迈无敌"——读苏轼《念奴娇·赤壁怀古》	北人	中国校园文学	5期	2000
"故垒"即东坡三证	贺亚先	黄冈师范学院学报	5期	2000
羽扇綸巾のひと——周瑜と諸葛亮	中原健二	中國文學論集（興膳教授退官記念）		2000
蘇軾と羽扇綸巾	中原健二	中国言語文學研究	1号	2001
苏轼《赤壁》词中"酹江月"一词的佛禅意义	张福庆	名作欣赏	1期	2001
对《念奴娇·赤壁怀古》"故国神游"之观照	王振泰	鞍山师范学院学报	2期	2001
独具一格的矛盾美——《念奴娇·赤壁怀古》浅析	王寒火	中学语文	3期	2001
"小乔初嫁了"试解	刘世杰	信阳师范学院学报（哲社）	4期	2001
		九江师专学报	1期	2002
东坡两首《念奴娇》的比较	刘雄	渝州教育学院学报	2期	2001
也谈苏轼《念奴娇·赤壁怀古》中的几个问题	赵逵夫	西北师大学报（社科）	5期	2001
苏轼的人生态度之我见——重读《念奴娇·赤壁怀古》	谭荣 王永烈	中学语文	5期	2001
苏轼修改《念奴娇·赤壁怀古》	张港	语文知识	9期	2001
层层铺垫 环环相扣——苏轼《念奴娇·赤壁怀古》的衬托艺术	陈元勋	语文天地	1期	2002
苏轼《念奴娇·赤壁怀古》英译比录	郑恩岳	浙江教育学院学报	2期	2002
《念奴娇·赤壁怀古》主题质疑	鲍跃华	开封大学学报	3期	2002
"人生如梦"——苏轼矛盾复杂的人生观的写照——谈对《念奴娇·赤壁怀古》中"人生如梦"的理解	王湘	白城师范高等专科学校学报	3期	2002
"三国周郎赤壁"的审美存在	周世伟	西南民族学院学报（哲社）	10期	2002
苏轼《念奴娇·赤壁怀古》之步韵词论略	刘飞滨 袁磊	兵团教育学院学报	3期	2003
苏轼《念奴娇·赤壁怀古》意旨新探	苏培安	西南科技大学学报（哲社）	3期	2003
望长江滚滚东逝水，抒英雄不志旷达怀——苏轼《念奴娇》（赤壁怀古）解读	张承鹄	黔西南民族师范高等专科学校学报	3期	2003
苏轼修改《念奴娇 赤壁怀古》	李莉 张港	语文天地（高中）	3期	2003

续表五八

篇、书名	著(译)编者	出处	卷、期	年月日
开豪放词派的一代先河——苏轼词《念奴娇·赤壁怀古》欣赏	王丽丽	牡丹江教育学院学报	3 期	2003
"小乔初嫁了"试解	刘 敏	古典文学知识	5 期	2003
"算黄州太守,犹输气概"——毛泽东《沁园春·雪》与苏轼《念奴娇·赤壁怀古》比较	谢传荣	语文天地	13 期	2003
苏轼《念奴娇·赤壁怀古》词中的几个问题	潘良炽 刘孔伏	达县师范高等专科学校学报	1 期	2004
豪放美、和谐美、映衬美——苏轼《念奴娇·赤壁怀古》评析	张立新	昭乌达蒙族师专学报	1 期	2004
词坛中的强音——苏轼《念奴娇·赤壁怀古》赏析	崔敬之	教育艺术	3 期	2004
也谈《念奴娇·赤壁怀古》词的本意——从苏轼谪黄心态说起	闫笑非	绥化师专学报	4 期	2004
见解精辟 怀古情深——杜牧《赤壁》与苏轼《念奴娇·赤壁怀古》比较谈	凌宗伟 刘陈飞	语文世界(高中)	1、2 期	2004
浅析《念奴娇·赤壁怀古》	谢 钦	太原城市职业技术学院学报	5 期	2004
欲知其诗先解其人——由《念奴娇·赤壁怀古》谈起	杜秋云 杜建军	卫生职业教育	16 期	2004
从《赤壁怀古》看苏轼的文化品格	项昉初	语文教学与研究	19 期	2004
历史和人生的自然生态观——重新解读苏轼《念奴娇·赤壁怀古》词	许金华	浙江树人大学学报	4 期	2005
沉郁中的苍凉 旷达中的沉郁——刘禹锡、苏轼诗词《西塞山怀古》《念奴娇·赤壁怀古》赏析	郭海音	语文学刊	2 期	2005
苏轼《念奴娇》		青少年书法	3 期	2005
人生如梦,一樽还酹江月——苏轼《念奴娇·赤壁怀古》解读	阮 忠	语文学习	5 期	2005
苏轼《念奴娇》的旷达时空观	陈宝花 张永年	教学与管理	9 期	2005
三篇"怀古"竞风流——《念奴娇·赤壁怀古》《永遇乐·京口北固亭怀古》《桂枝香·金陵怀古》比较赏析	阳江波	文教资料	30 期	2005
论苏轼"以诗为词"——以永遇乐、念奴娇为例	刘燕惠	辅大中研所学刊	5 期	1995
一转一深 一深一妙——苏轼《永遇乐》赏析	张晓明	文史知识	2 期	1997

续表五九

篇、书名	著(译)编者	出处	卷、期	年月日
苏轼《念奴娇》、《水调歌头》	开封市文学教学参考资料编写组	语文教学通讯（高中）	12、13期	1957
水调歌头	苏 轼 王世富	河北天津师范学院学报	1期	1957
谈苏轼的"水调歌头"	李白凤	语文教学通讯（高中）	6期	1957
讨论苏轼词《水调歌头》		文汇报		1961.6.29
"明月几时有"	夏承焘 怀 霜	文汇报		1962.6.21
苏词《水调歌头》九百周年	黄丽飞	中国时报		1976.9.8
东坡的《水调歌头》	费海玑	台湾日报		1977.5.26
千里共婵娟——读苏轼词《水调歌头》	高士品	沈阳日报		1979.10.5
从《水调歌头》论苏轼	包根弟	青年战士报		1979.12.23
《水调歌头·丙辰中秋》思想内容探讨	张海滨	宁夏大学学报（哲社）	1期	1980
构思奇妙的中秋词	胡 朱	春城晚报		1981.8.6
理趣深沉，意境空灵——略谈苏轼的《水调歌头》	于翠玲	陕西教育	5期	1982
苏轼《水调歌头》浅析	钟尚钧	语言文学	6期	1982
古典诗词的寄寓问题——再谈东坡中秋词及其他	徐翰逢	名作欣赏	6期	1983
东坡中秋词小议	陈正宽	光明日报		1983.1.18
也谈东坡中秋词——与陈正宽同志商榷	施蛰存	光明日报		1983.2.25
东坡中秋词榷议	徐翰逢	光明日报		1983.5.17
也谈东坡中秋词	靳极苍	光明日报		1983.5.24
东坡中秋词臆说	张志岳	光明日报		1983.6.7
东坡中秋词杂议	杨 燕	光明日报		1983.7.5
东坡中秋词刍议	黄海鹏	黄冈师专学报	1期	1984
痛饮从来有别肠——东坡《中秋词》探微	张海滨	宁夏教育学院学刊（文科）	2期	1984
说东坡中秋词——《水调歌头》	钱谷融	艺谭	4期	1984
人间之游 天上之想——漫谈苏轼的《念奴娇·中秋》	余 翎	名作欣赏	4期	1985

续表六〇

篇、书名	著(译)编者	出处	卷、期	年月日
精微超旷 豪气过人——苏轼《水调歌头》(黄州快哉亭赠张偓佺)赏析	陆永品	名作欣赏	4期	1985
対句とくりかえし——蘇軾《水調歌頭》"人有悲歡離合，月有陰晴圓缺"の手法	清水茂	古田敬一教授退官記念中国文学語言学論集		1985
但愿人长久 千里共婵娟——读苏轼《水调歌头·丙辰中秋》	刘伯阜	中医药文化	2期	1986
神话与历史的交融 天道与人道的合———谈苏轼中秋词的深层结构	蒋海生	名作欣赏	6期	1986
水调歌头(明月几时有)释译	乔桑	新闻与写作	3期	1987
东坡《水调歌头》旧说辨正——兼论古代诗词研究中的两种偏向	毛岫峰	盐城师专学报(社科)	2期	1988
明月几时有(水调歌头)(英文)	苏轼	英语知识	2期	1988
东坡中秋词《水调歌头》笺说	张而今	黑龙江教育学院学报	1期	1989
苏轼《水调歌头》新解	薛晓蔚	山西大学师范学院学报(哲社)	2期	1990
但愿人长久，千里共婵娟——苏轼词《水调歌头·中秋》赏析	齐昌人	今日中国	8期	1990
苏轼《水调歌头》("明月几时有")词主题新探	张淑良	开封教育学院学报	3期	1991
蘇東坡《中秋詞》訳	高畑常信	香川大学国文研究	18号	1993
千里共婵娟——赏析苏轼《水调歌头》的旷达思想	何宗思	名作欣赏	4期	1994
一曲《水调》觅知音——苏轼中秋词主旨索绎	高圣峰	文史知识	5期	1994
东坡《中秋词》臆说	李中南	萍乡高等专科学校学报	2期	1995
"但愿人长久，千里共婵娟"——苏轼《水调歌头·中秋》赏析	祖保泉	学语文	3期	1995
苏轼《水调歌头》——月魄诗魂解人生	彭莱	中文自学指导	1期	1996
苏轼《水调歌头·中秋词》的心理意蕴	周汝英	宝鸡文理学院学报(人文)	4期	1996
怎一个"醉"字了得——《水调歌头·明月几时有》的抒情线索	曹德斌	中学语文	9期	1996
从"高处不胜寒"到"翻然归去"——浅谈苏轼的中秋词	岳淑珍	信阳师范学院学报(哲社)	1期	1997
飘逸旷达 超然物外——苏轼《水调歌头·明月几时有》思想特点之我见	李长征	渤海学刊	3期	1997

续表六一

篇、书名	著(译)编者	出处	卷、期	年月日
苏轼中秋词发微	叶敦平 马茂洋	渤海学刊	4期	1998
人生如歌——从《水调歌头》看苏轼达观的人生态度	冯建国	高教自学考试	4期	1998
苏轼《水调歌头·明月几时有》的用典美	王向辉	太原师范专科学校学报	1期	1999
苏轼词《水调歌头·明月几时有》的文献背景	刘雅杰	古籍整理研究学刊	6期	1999
千里共婵娟——苏轼《水调歌头》赏析	尚弓	中华魂	9期	1999
《水调歌头·明月几时有》二题	岳厚发	中学语文	11期	1999
浅析苏轼中秋词四阕	马茂洋 彭林峰	北京青年政治学院学报	2期	2000
苏轼中秋词的还乡情结	马茂洋 彭林峰	邢台师范高专学报	3期	2000
浅析苏轼中秋词《水调歌头》	陈林俊	语文知识	9期	2000
《水调歌头·明月几时有》解读	张莉萍	中学语文教学参考	11期	2000
《水调歌头·明月几时有》疑难解答	岳厚发	中学语文教学参考	11期	2000
热爱人生 珍视情谊——略谈苏轼及《水调歌头·明月几时有》	彭联合	湖南教育学院学报	增刊2	2000
苏轼"把酒问青天"的诗性精神	张岳峰	中文自学指导	6期	2001
《水调歌头·中秋》的生命意识解读	金丽娜 谢群	湘潭师范学院学报（社科）	6期	2001
矛盾中痛苦奋进 想象中寄以慰藉——《水调歌头·明月几时有》词赏析	董春林	青海教育	1、2期	2001
苏轼《水调歌头》评析	颜丹	语文天地	9期	2001
月有阴晴圆缺	王筱鹏	山西经济日报		2001.9.22
A Comparative Study of Two English Versions Of Su Shi's "Prelude to Water Melody"	廖玲	乌鲁木齐成人教育学院学报	1期	2002
苏轼《水调歌头"明月几时有"》赏析	高公荣	徐州教育学院学报	2期	2002
苏轼中秋词的哲学意蕴	张海平	湖北广播电视大学学报	4期	2002
假如苏轼复活了……——对"起舞弄清影，何似在人间"的理解	袁冬华	语文建设	7期	2002
也谈苏轼《中秋词》	周秀娟	南平师专学报	3期	2003

续表六二

篇、书名	著(译)编者	出处	卷、期	年月日
人有悲欢离合——说苏轼《水调歌头·中秋》	周汝昌	语文世界（初中）	3期	2003
但愿人长久 千里共婵娟——苏轼"水调歌头"浅说	岫 蓝	云南师范大学学报（外教）	4期	2003
善处人生的智者心怀——苏轼和他的《水调歌头》"中秋词"	杨景龙	中学生阅读（初中）	5、6期	2003
		名作欣赏	10期	2004
有月亮的夜晚——谈苏轼《水调歌头》	骆玉明	中学生阅读（初中）	2期	2004
词汇语境分析与中诗英译（英文）——关于苏轼《水调歌头》英译译文的对比研究（二）	廖 玲	乌鲁木齐成人教育学院学报	3期	2004
出世与入世的矛盾统一——苏轼《水调歌头》赏析	李建新	初中生必读	6期	2004
旷达乐观的率真之作——从《水调歌头·明月几时有》看苏轼的词作风格	罗 平	井冈山师范学院学报	增刊	2004
句法语境分析与中诗英译（英文）——苏轼《水调歌头》英译译文的句法对比分析	廖 玲	乌鲁木齐成人教育学院学报	1期	2005
一曲澄净而旷达的千古绝唱——苏轼的《水调歌头（明月几时有)》赏析	张淑英	阅读与鉴赏（初中）	3期	2005
解析《水调歌头》与《把酒问月》	常 捷	课外语文	11期	2005
道尽千载离人之心——苏轼《水调歌头·明月几时有》赏读	余 俊	现代语文	12期	2005
词情、画意、气韵的融合——苏轼《水调歌头·黄州快哉亭赠张偓佺》赏析	李玲珑	青海教育	1、2期	2005
从《江城子》《水调歌头》看苏轼"以诗为词"	王 婕	西北民族大学学报（哲社）	1期	1993
谈苏轼的《江城子》	夏承焘	浙江日报		1957.2.15
苏轼出猎词不作于杭州	程济民	光明日报		1961.8.31
唐宋词谭：江城子	钱钟联	新民晚报		1962.1.23
苏轼最早的一首豪放词——《江城子·密州出猎》	夏承焘 怀霜	文汇报		1962.7.11
"西北望，射天狼"——谈苏轼《江城子 密州出猎》	陶尔夫	黑龙江日报		1979.3.25
读苏轼词《江城子·密州出猎》	霍松林	陕西教育	1期	1981

续表六三

篇、书名	著(译)编者	出处	卷、期	年月日
重壤永幽隔,双栖成一只——析苏轼悼亡词《江城子》	黄涵铭	语文园地	2期	1982
直赋其事,回肠荡气——读苏轼词《江城子·乙卯正月二十日夜记梦》	陈 钢	盐城师专学报(社科)	1期	1983
生死有界 爱情无涯——读苏轼《江城子·乙卯正月十日记梦》	张爱萍	承德师专学报	1期	1985
苏轼的两首《江城子》	辛建钦	临沂师专学报(社科)	3期	1985
苏轼《江城子·猎词》编年考辨	刘崇德	河北大学学报(哲社)	2期	1986
情真意挚 生死难忘——读苏轼《江城子·十年生死》	徐羽厚	语文学习	3期	1986
苏轼《江城子·密州出猎》辨惑——兼谈训诂与文学欣赏的关系	夏先培	长沙水电师院学报(社科)	2期	1989
"雕弓"直解	崔际银	河北师范大学学报(社科)	3期	1992
东坡《江神子》本事识疑	罗炕烈	西南师范大学学报(哲社)	2期	1994
层深而浑成——析苏轼《江城子·记梦》的结构特点	于钧佩	大连党校学报	3期	1994
东坡词《江城子·密州出猎》二议	孙永义	延边大学学报(哲社)	1期	1995
深挚的爱恋与歌哭——苏轼"江城子"词读赏	姜惠平	贵阳师专学报(社科)	3期	1995
挽雕弓 射天狼——读苏轼《江城子·密州出猎》兼论词意	杨子才	新闻与成才	3期	1996
悼亡怀妻诉衷情——苏轼《江城子》浅析	黄 旭	中文自修	7期	1996
流逝感、负罪感及其超越——苏东坡《江城子》和岳飞《满江红》比较	袁 静	黔南民族师专学报	增刊	1997
同是悼亡词,境界各不一——毛泽东苏轼陆游悼亡词赏析	蒋德均	四川党史	1期	1998
再论苏轼梦词《江城子·十年生死两茫茫》	肖妮妮	新余高专学报	3期	1998
词坛双绝,悼亡情深——苏轼《江城子》与贺铸《鹧鸪天》之比较	张 起	都江学刊	3期	1999
苏轼知密州时期的思想与其《江城子》词	闫笑非	北方论丛	4期	1999
一曲《江城子》,两样学士情	白灵阶	写作	4期	1999
抚存悼亡 感今怀昔——苏轼与弥尔顿悼亡诗比较	孙金杰	昌潍师专学报	4期	2000
柔情豪气总关情——苏轼和他的两首《江城子》	张 葳	内蒙古教育学院学报	5、6期	2000

续表六四

篇、书名	著(译)编者	出处	卷、期	年月日
东坡词与陶渊明——从一首《江城子》词谈起	陈满铭	国文天地	15卷9期	2000
此情可待成追忆——浅谈陆游《钗头凤》和苏轼《江城子》	刘 欣	德宏教育学院学报	2期	2001
苏轼悼亡词的情思境界	谭玉良	康定民族师范高等专科学校学报	4期	2001
魂牵梦萦 生死相依——苏轼《江城子》与贺铸《鹧鸪天》比较探析	李平权	温州职业技术学院学报	3期	2003
【忆友·思亲】——《江城子》《梦李白》赏读	原二军	语文世界（高中）	2期	2003
生与死的对话——苏轼《江城子·十年生死两茫茫》赏析	袁兆文	语文月刊	3期	2003
生死隔绝悠悠情——苏轼《江城子》赏析	简成茹	西昌农业高等专科学校学报	3期	2003
苏轼《江城子·密州出猎》新解	钟振振	名作欣赏	4期	2003
苏轼的《江城子·记梦》与弥尔顿的《致亡妻》	张志敏	广西社会科学	8期	2003
一曲哀歌不了情——苏轼《江城子》赏析	李雪梅	语文知识	11期	2003
梅须逊雪三分白，雪却输梅一段香——苏轼、贺铸祭妻词对读	陈爱红	张家口职业技术学院学报	1期	2004
绵长的情感 无尽的思念——读苏轼词《江城子（十年生死两茫茫)》	夏明霞	阅读与鉴赏（初中）	4期	2004
不知魂已断空有梦相随——爱伦·坡《安娜贝尔·李》与苏轼《江城子》比较	柳士军	信阳农业高等专科学校学报	4期	2005
无情未必真豪杰——苏轼《江城子·乙卯正月二十日夜记梦》浅析	王 斌	中学语文园地	9期	2005
豪情激越 壮志卫国——苏轼《江城子·密州出猎》赏析	孟凡国	语文教学通讯	14期	2005
一曲哀词摧肺肝——读苏轼《江城子·乙卯正月二十日夜记梦》	肖 波	名作欣赏	23期	2005
光洁的天地，优美的境界——读苏轼《西江月》	醒 黎	辽宁日报		1962.3.18
读词札记	方 牧	东海	9期	1982
苏轼《西江月》词臆说	吴雪涛	河北学刊	2期	1985
脱略尘世的孤吟低唱——苏轼《西江月》	李康化	中文自学指导	6期	1994

续表六五

篇、书名	著(译)编者	出处	卷、期	年月日
关于苏轼咏梅词《西江月》的编年和主旨	张绍卿 王元明	郑州工学院学报（哲社）	2 期	1995
梅格人品两奇绝——读苏轼《西江月·梅》	周懋昌	文史知识	7 期	1995
苏轼词《西江月》注释三辨	朱运申	语文学刊	1 期	1999
唐宋词谭：定风波	钱钟联	新民晚报		1963.3.15
隐而不露，余味曲色——苏轼《定风波》赏析	任小东 业辛平	语文月刊	7 期	1983
一蓑烟雨任平生——读苏轼《定风波》	碧 海	云南日报		1983.02.02
读苏轼的《定风波》	潘聚勇	绥化师专学报	1 期	1984
性格美的闪光——苏轼《定风波》赏析	王尚文	语文园地	5 期	1984
也无风雨也无晴：从《定风波》看苏轼词的旷达风格	赵仁圭	文史知识	1 期	1989
苏轼词《定风波》赏析	陈新璋	名作欣赏	1 期	1989
逸怀浩气，坦荡放达——苏东坡《定风波·莫听穿林打叶声》词评析	曾俊伟	黄冈师专学报	2 期	1990
从词的构成层次来欣赏苏轼《定风波》（莫听穿林）的艺术美	程伯安 余国良	咸宁师专学报	3 期	1990
从《定风波·莫听穿林打叶声》一词说苏轼的人格	孙大江	玉溪师专学报	4 期	1990
一蓑烟雨任平生——赏析苏轼《定风波》的旷达苦乐观	何宗思	名作欣赏	6 期	1995
可人柔奴——苏轼歌妓词《定风波》赏析	胡圣生	阅读与写作	1 期	1997
平淡的字句 深刻的哲理——苏轼《定风波》词赏析	王满新	语文月刊	6 期	1997
从苏轼《定风波》词看他的人生智慧	黄雅莉	人文及社会学科教学通讯	9 卷 1 期	1998
人生境遇与应对态度——苏轼《定风波·莫听穿林打叶声》解读	陈友康	名作欣赏	3 期	1999
苏轼《定风波》	郭英德	中学生阅读（高中）	3 期	2002
豪情·豪气·豪语——苏轼《定风波》词赏析	刘兆君	长春理工大学学报（社科）	4 期	2002
漠然自定任平生——苏轼《定风波·莫听穿林打叶声》解读	谭广旭	湖南税务高等专科学校学报	6 期	2002

续表六六

篇、书名	著(译)编者	出处	卷、期	年月日
洒脱的个性 超然的心境——苏轼《定风波》赏析	张长松	语文月刊	11期	2002
也无风雨也无晴——苏轼《定风波》赏析	许隽超	古典文学知识	1期	2003
		语文世界（高中）	7、8期	2003
旷达人生的写照——苏轼《定风波》赏读	诸定国	阅读与鉴赏（初中）	2期	2003
一蓑烟雨任平生——读苏轼《定风波》有感	关 耳	教育艺术	8期	2003
艰难的境遇 开阔的胸襟 从容的气度——苏轼《定风波 莫听穿林打叶声》解读	张 玮	河套大学学报	1期	2004
超然淡泊 寄寓遥深——读苏轼《定风波》	李树则	古典文学知识	1期	2004
苏轼词《定风波》解析——兼论苏词中的退隐情结	韩文革	华中科技大学学报（社科）	3期	2004
无奈的风雨中人——读苏轼《定风波》	王林晚	宜宾学院学报	5期	2004
一蓑烟雨任平生——评苏轼《定风波》	陈可辉	湖南科技学院学报	2期	2005
宣泄情感 展示心灵——论苏轼《定风波》的思想内蕴	竺建新	语文学刊	2期	2005
超然与执著铸就的达观——从《定风波》看"苏轼精神"	白葵阳	陇东学院学报（社科）	2期	2005
坦然入世 超然忘机——也谈苏轼的《定风波》（莫听穿林）及其行藏意指	钟云星	重庆社会工作职业学院学报	2期	2005
旷达胸襟 恬淡情怀——也谈苏轼《定风波》词	钟云星	重庆社会科学	6期	2005
从《定风波》看苏轼的人格魅力	葛继红	语文教学与研究	13期	2005
《南歌子》与《定风波》——略谈东坡两首小词所表现的人生态度	方 瑜	中国时报		1978.7.26
似花还非花——苏轼和章楶的《杨花词》试释	刘逸生	名作欣赏	1期	1980
苏轼《水龙吟》扬花词补注	山 雨	包头师专学报	2期	1983
融理入景，理与景化——谈苏轼《临江仙》词	方智范	文史知识	1期	1983
苏轼"杨花词"系年考辨	刘崇德	文学评论丛刊	18辑	1983
从艺术创作中的主客体关系看苏、章的两首咏杨花词	李子广	语文学刊	6期	1987

续表六七

篇、书名	著(译)编者	出处	卷、期	年月日
析苏轼《水龙吟·咏杨花》	张莉	学习与思考	4期	1984
行云流水，姿态横生——苏轼章质夫《水龙吟》析评	孔繁章	洛阳师专学报	1期	1985
"谁道是杨花 点点离人泪"——为苏轼《水龙吟》（咏杨花词）一辨	王鍈	贵州民族学院学报（社科）	1期	1987
妙在似与不似之间——浅谈苏轼"杨花词"中的用比	邢刚	祁连学刊	2期	1990
和韵而似原唱——苏轼《水龙吟·次韵章质夫杨花词》赏析	裘惠楞	写作	4期	1993
苏轼"杨花词"浅析	双林	阅读与写作	10期	1995
苏轼《杨花词》词意发微	张觉	晋阳学刊	5期	1996
苏、章《水龙吟》（杨花词）之比较	闵尊蕃	江西社会科学	11期	1997
似花还似非花：心和物的默契——苏轼《水龙吟》（次韵章质夫杨花词）解读	郭建平	开封教育学院学报	3期	1998
人和物的默契——苏轼《水龙吟》（次韵章质夫杨花词）解读	郭建平	许昌师专学报	3期	1999
兴寄题外 出神入化——简论苏轼《水龙吟》杨花词之寄托及其他	杨明洁	内蒙古民族师院学报（哲社）	2期	2000
杨花点点离人泪——苏轼《水龙吟·咏杨花》意象探析	郑亚芳	中文自学指导	6期	2000
似花非花迁客泪——苏轼《杨花词》题旨索绎	高圣峰	国文天地	7期	2000
从应目会心到迁想妙得——以"咏物词"特点看苏轼、章粢的《水龙吟》	李锡鹏	保山师专学报	1期	2001
苏轼《水龙吟》赏析	李成良	语文教学与研究	9期	2003
苏轼《水龙吟》赏析	顾红艳	语文知识	8期	2004
旷达豪放世闻名 婉约之作情亦浓——读苏轼《水龙吟》有感	孔静华	阅读与鉴赏（初中）	12期	2004
浅析苏轼的《水龙吟·次韵章质夫杨花词》的艺术构思及其它	石进明	现代语文	4期	2005
无情未必真豪杰——漫说苏轼的《水龙吟·次韵章质夫杨花词》	王用贤	眉山日报		2005.2.1
婉约之中显爽健——苏轼《贺新郎》赏析	吴小林	名作欣赏	4期	1981
苏轼《贺新郎·乳燕飞华屋》漫议	王树芳	湖州师专学报	3期	1990

续表六八

篇、书名	著(译)编者	出处	卷、期	年月日
前欢杳杳　后会悠悠——苏轼《贺新郎》赏析	邱桂德	名作欣赏	4 期	2000
一曲寂寞佳人之歌——析苏轼《贺新郎》词	周朝生	安徽农业大学学报（社科）	4 期	2005
论《贺新郎》词	邓元煊	四川师范大学学报（社科）	4 期	1997
中国历代词分调评注：贺新郎	邓元煊	四川文艺出版社		1998
说苏东坡词《行香子》	陈　初等	名作欣赏	2 期	1982
山光水色，情景交融——苏轼《行香子·过七里濑》鉴赏	蒋晓南	语文月刊	2 期	1992
"燕子楼"故事不关张建封事	李汉超	文学遗产	4 期	1982
说苏轼的燕子楼词	王汝涛	临沂师专学报（社科）	1 期	1984
挥雄健笔、摅不平怀——苏轼《满江红·寄鄂州朱使君寿昌》讲析	刘乃昌	中国古典文学鉴赏	4 期	1985
困境中的嘲笑与宽释——苏轼《满江红·寄鄂州朱使君寿昌》赏析	唐　骥	古典文学知识	5 期	2001
《洞仙歌令》的作者究竟是谁	白　丁	社会科学研究	4 期	1985
《洞仙歌》（冰肌玉骨）公案考索	吴洪泽	四川大学学报（哲社）	2 期	2002
苏轼《洞仙歌》杂考	闫小芬	商丘师范学院学报	6 期	2003
苏轼《何满子》词写作时地辨	崔海正	齐鲁学刊	1 期	1987
词二首赏析	叶嘉莹	名作欣赏	1 期	1987
苏轼《八声甘州·寄参寥子》词系年考辨	刘孔伏	青海社会科学	5 期	1988
骨重神寒——读苏轼词《八声甘州》	曾枣庄	古典文学知识	5 期	1990
苏轼《雨中花慢》是悼念朝云	高培华	文学遗产	6 期	1987
苏轼《雨中花慢》（嫩脸羞蛾）写的就是朝云	周云龙	锦州师院学报（哲社）	3 期	1989
新臆苏轼《沁园春·情若连环》	王振泰	鞍山师专学报	2 期	1990
如怨如慕　如泣如诉——新赏苏轼《沁园春·情若连环》	王振泰	名作欣赏	2 期	1999
苏轼《沁园春·情若连环》赏析——兼与王振泰先生商榷	赵瑞洁	大同职业技术学院学报	1 期	2001
直中见曲，寄慨深长——苏轼《满庭芳》赏析	周先慎	文史知识	7 期	1990
虚名微利，算来着甚干忙——赏析苏轼《满庭芳》旷达名利观	何宗思	阅读与写作	2 期	1996
		名作欣赏	3 期	1996

续表六九

篇、书名	著(译)编者	出处	卷、期	年月日
温馨苍凉的情怀 纵横交错的时空——解读《满庭芳·归去来兮》	喻世华	华东船舶工业学院学报（社科）	4期	2001
花乎,山乎?——读苏轼《踏莎行》	保苅佳昭	文史知识	11期	2001
苏轼词《南乡子》解读辨析	张志烈	乐山师范学院学报	5期	2003
浅探苏轼《减字木兰花》中"三意审美阶段"对当代审美的意义	郑晓韵	天府新论	6期	2005
苏词开篇红杏报春——解读苏轼《浪淘沙》词	刘尚荣	乐山师范学院学报	8期	2005
论张柳苏秦周李六家词	黄瑞珍	新亚书院中国文学系年刊	4期	1966
略谈苏轼对欧柳词的继承和开拓	倪胜先	安庆师院社会科学学报	1期	1993
宋四家词比较研究——柳永、秦观、周邦彦、苏轼	王淳美	中国文化月刊	160期	1993
欧阳修、苏轼、辛弃疾及毛泽东小令初探	王叶西	江西教育学院学报（社科）	3期	1994
从柳永、苏轼、李清照词看北宋词的审美取向	马继仁	甘肃教育学院学报（社科）	增刊2	2001
春宵一刻值千金——柳永、周邦彦、苏轼、吴文英词夜意象分析	许兴宝	广播电视大学学报（哲社）	3期	2002
宋代咏物词的创作姿态——以柳永、苏轼、周邦彦、辛弃疾为代表	路成文	第二届宋代文学国际研讨会论文集		2002
欧阳修、苏轼的双性人格与他们的爱情词	高曼霞	牡丹江师范学院学报（哲社）	1期	1994
论苏轼对欧阳修词的超越	张兆勇	江淮论坛	1期	2002
欧翁领路人,疏隽开子瞻——浅析欧阳修对苏轼词风的影响	韩珊珊	赣南师范学院学报	1期	2003
柳永苏轼与词的发展	郑骞	读书青年	1卷3期	1944
		文学杂志	3卷1期	1957
柳永苏轼与早期词发展的几个方面	Yuh Liou-yi	华盛顿大学出版社		1972
苏轼对于柳词的态度辨析	高培华	河南师范大学学报（哲社）	2期	1987
北宋词史上的两座里程碑——从柳词"晓风残月"说到苏词"大江东去"	徐敏	北京师范大学学报（社科）	2期	1988
发"怀古先声"引出"大江东去"——试论苏轼《念奴娇》对柳永《双声子》的继承与超越	徐伟	四川教育学院学报	1期	1989
苏轼婉约词对柳永俗词的批判继承及超越	周子瑜	天府新论	1期	1990
论词"扬柳抑苏"观辨证	黄清华	徐州教育学院学报	1期	1991

续表七〇

篇、书名	著（译）编者	出处	卷、期	年月日
市俗情欲的欢愉与道统信仰的危机——柳词"婉约"、苏词"豪放"说驳正	张寅彭	上海教育学院学报	2期	1992
柳永秋暮词与苏轼晴雨词比较	岑丽华	佛山大学学报	3期	1992
从高中语言教材中两首宋词的比较看古典文学风格	王钦法	教育评论	2期	1994
苏轼与柳永的关系问题——兼论苏词创作的心理因素	刘石	中国文化研究所学报	新3期	1994
论苏轼对柳永词的继承和发展——兼谈唐宋词的一个发展轨迹	杨清莲	河南大学学报（社科）	4期	1995
苏轼对柳永评价的复杂心态	闵军	黑龙江社会科学	3期	1998
蘇軾と柳永の詞について——特に雨上がりの風景描写と蘇軾の詞の小序をめぐって	保苅佳昭	橄榄	7号	1998
从"柳七风味"到"自是一家"——论柳永、苏轼词消息相通及其意义	袁晓薇	安徽师范大学学报（人文）	1期	2000
浅谈苏轼词与柳永词的历史地位	刘季	青岛职业技术学院学报	4期	2002
同写宦游感 意象各有别——苏轼、柳永的《满江红》词对读	任在喻	遵义师范学院学报	4期	2003
浅谈苏柳词中的深情	林秀惠	故宫文物月刊	2卷9期	1984
"大江东去"与"晓风残月"——苏、柳词比较兼论古诗词教学	吴益	镇江师专学报（社科）	1期	1994
苏柳词关系论	王昊	中国文学研究	1期	2002
略论苏轼对柳永的态度	唐民生	大同高等专科学校学报	1期	2000
浅谈苏轼词与柳永词的历史地位	刘季	青岛职业技术学院学报	4期	2002
婉约豪放 各擅其长——从苏轼《念奴娇·赤壁怀古》和柳永《雨霖铃》看豪放词和婉约词的区别	赵洪涛	甘肃教育	1、2期	2002
同写宦游感 意象各有别——苏轼、柳永的《满江红》词对读	任在喻	遵义师范学院学报	4期	2003
论北宋柳、苏词的雅俗对峙	范晓燕	湖南大学学报（社科）	6期	2003
试论柳永、苏轼词的地位和影响	姚薇	辽宁行政学院学报	1期	2004
论柳永词对苏轼的启示和影响	韩珊珊	赣南师范学院学报	4期	2004
论姜白石对周邦彦苏轼词的继承	张姝 杨丽	新疆大学学报（哲社）	2期	1996
从清旷到清空——苏轼、姜夔词学审美理想的历史考察	李康化	文学评论	6期	1997

续表七一

篇、书名	著(译)编者	出处	卷、期	年月日
苏词与姜、张词禅意清境比较	刘晓珍	山东师范大学学报（人文）	3期	2005
论苏辛词之异同	张鹤群	国学专刊	1卷2期	1926
苏辛词	叶绍钧	商务印书馆		1927
	叶 钧	台湾商务印书馆		1968
论苏辛两家之词同而不同	李 雄	反攻	150期	1956
东坡乐府、稼轩长短句	苏 轼 辛弃疾	古典文学出版社		1957
略论苏、辛词之同与不同	陈宗敏	中华文化复兴月刊	5卷5期	1972
古语古句在苏辛词里的运用	陈满铭	师大国文学报	6期	1978
苏东坡与辛稼轩的农村词	徐信义	幼狮	48卷1期	1978
读苏轼、辛弃疾的两首怀古词	胡澄志	安徽师范大学学报（人文）	1期	1979
刘熙载论词品及苏、辛词——词论札记	詹安泰（遗作）	文学评论丛刊	3辑	1979
苏辛词风异同辨	严迪昌	社会科学战线	1期	1980
苏辛词内容与风格比较研究	张垣铎	台湾师范大学国文研究所集刊	24期	1980
苏辛词比较研究	陈满铭	文津出版社		1980
试谈苏、辛词风的异同	刘乃昌	柳泉	2期	1981
苏辛词风小议——读苏词二首札记	董景尧	语文教学	5期	1981
《苏辛词风异同辨》辨	邱俊鹏 曹学伟	四川大学学报（哲社）	4期	1981
如何评价苏、辛的"以诗为词""以文为词"		文艺理论研究	4期	1981
苏辛词浅议	汪大勇	齐齐哈尔师院学报（哲社）	4期	1982
芬芳同馨情境略异——浅述苏轼《浣溪沙》和辛弃疾《清平乐》	董景尧	语文教学	1期	1983
苏辛词代表作对读——豪放词派管窥之一	季 续	宁波师专学报（社科）	3期	1983
词人换歌喉，田园句清新——苏辛两首田园词赏析	黄建宏	语文教研	8期	1983
《苏辛词说》小引	周汝昌	读书	12期	1983
论苏、辛词与《庄》、《骚》	缪 钺	四川大学学报（哲社）	1期	1984
略谈苏轼《浣溪沙》和辛弃疾《清平乐》	吴祁仁	宁夏大学学报（社科）	4期	1984
豪放词派的形成与苏辛词风	艾治平	中国语文教学	6期	1984

续表七二

篇、书名	著(译)编者	出处	卷、期	年月日
苏轼《临江仙》和辛弃疾《西江月》反映主体的个性特征辨	张晓西	东疆学刊	2 期	1985
苏、辛合乐歌词的评价问题	施议对	文学遗产	4 期	1985
一样醉酒两样情——苏轼《临江仙》和辛弃疾《西江月》艺术风格辨	张晓西	语文园地	9 期	1985
苏旷辛壮词风成因及其艺术表现	董天策	南充师院学报	1 期	1986
《宋词二首》精讲导读	周雪平	语文教学通讯	2 期	1986
苏辛词代表作商校	季学原	首届辛弃疾学术研讨会论文集		1987
苏辛词艺术风格比较	萧占鹏	渤海学刊	3 期	1988
苏辛词风之异同	孙兰廷	语文学刊	2 期	1989
苏辛农村词异趣浅探	黎烈南	江汉论坛	12 期	1989
苏辛词之异同辨	王岩森	宁夏大学学报（社科）	1 期	1990
略论苏轼、辛弃疾豪放词的含蓄美	胡 正	自贡师专学报	3 期	1990
揶揄与狂想的两种痛苦——从英雄观看苏辛词风	铁 民	朝阳师专学报（社科）	4 期	1990
文学流派与苏辛词派	傅承洲	宝鸡师院学报（哲社）	1 期	1991
苏轼与辛弃疾田园词创作风格异同简析	李 某 郭发云	青海民族学院学报	4 期	1991
"苏辛词派"辨	杨有山	信阳师范学院学报（哲社）	4 期	1992
苏轼"以诗为词"内因说——兼论苏辛之别的一个问题	刘 石	文史哲	6 期	1992
由时间、空间及自我谈苏、辛、毛词对词境的延拓	罗浩波	喀什师范学院学报（哲社）	2 期	1993
金声玉振 同工异曲——苏辛豪放词探异	熊大权	南昌大学学报（人社）	4 期	1993
苏辛词选字艺术之比较	沈荣森	山东师大学报（社科）	5 期	1994
简论苏辛词风之异同	王惠民	宝鸡文理学院学报（哲社）	4 期	1995
苏辛词同中之异初探	赵秀兰	黑龙江农垦师专学报	4 期	1995
苏、辛词风之异与《庄子》的关系	王延荣	绍兴师专学报	4 期	1995
论苏轼"以诗为词"与稼轩词"以文为词"之关系	方元珍	空大人文学报	4 期	1995
同是天涯沦落人——谈苏辛词共同的意念和感情	崔宝玲	语文学刊	5 期	1995
苏轼与辛弃疾的谐谑词	李东乡	中国语文论丛	9 辑	1995

续表七三

篇、书名	著(译)编者	出处	卷、期	年月日
《苏辛词选句解》序	阳海洲	金筑大学学报（综合）	3期	1996
苏辛词选句解	蒙季甫	编者刊		1996
豪放词派的"孪生兄弟"——苏轼和辛弃疾的词风简说	郑力彤	语文辅导	1期	1997
从《念奴娇》与《永遇乐》看苏辛词的差异	王前程	中学语文	11期	1997
论苏、辛词的不同建构	毛岫峰	盐城师专学报（哲社）	2期	1998
苏轼和辛弃疾的农村词看苏、辛对宋词的创新精神	马良信	郴州师范高等专科学校学报	3期	1998
试论宋代辛词与苏词色彩之差异	梁海明	江汉大学学报	4期	1998
"大江东去"怅逸怀"千古江山"悲壮志——浅析苏东坡与辛弃疾豪放词风的异同	杨友苏	中国企业政工信息报		1998.11.18
再论苏辛词的不同建构	毛岫峰	盐城师专学报（哲社）	1期	1999
苏轼与辛弃疾的农村词	李东乡	中国语文学	33辑	1999
苏东坡·辛弃疾词名篇赏析	杜少春	天际文化出版社		1999
苏辛词传	傅承洲	吉林人民出版社		1999
苏辛词风比较	辛晓玲	社科纵横	1期	2000
苏轼、辛弃疾词风之互鉴	王艳荣	吉林广播电视大学学报	2期	2000
人生追求与艺术胜境——苏、辛豪放词之比较	李建国	贵州社会科学	6期	2000
深广的内涵与炽烈的情感——论苏轼、辛弃疾豪放词风的区别	杨小青	重庆工学院学报	1期	2001
宋词别开生面之作——谈苏轼辛弃疾的农村词	陈增杰	苏州教育学院学报	1期	2001
"旷放清雄"与"粗直豪爽"——苏辛词风比较	薛国庆	宿州师专学报	3期	2001
试论苏辛的"以词还词"	叶帮义	苏州大学学报	1期	2002
苏轼、辛弃疾农村词浅议	周晴	济宁师范专科学校学报	1期	2003
苏轼、辛弃疾豪放词风之比较	张福庆	外交学院学报	4期	2003
苏轼辛弃疾豪放词风的异同	詹海菊	南都学坛	5期	2003
论张孝祥词对苏辛词风的过渡作用	张璐路	乐山师范学院学报	5期	2003
两篇怀古一缕情——《赤壁怀古》《京口北固亭怀古》艺术比析	施建忠	语文天地	19期	2003
也谈苏辛词派	朱靖华	2003中国上饶辛弃疾国际学术研讨会论文集		2003

续表七四

篇、书名	著(译)编者	出处	卷、期	年月日
试论苏词与辛词的"同工异曲"之处	詹文君	浙江师范大学学报（社科）	1期	2004
试论苏轼和辛弃疾在豪放词创作上的差异	李艳军	济源职业技术学院学报	1期	2004
论辛词对苏词的继承与发展	叶新源	赣南师范学院学报	4期	2004
试较苏辛词风的异同	钟家莲	牡丹江大学学报	6期	2004
论胡适对苏辛词的偏爱	朱惠国	稼轩新论		2004
		中国韵文学刊	1期	2005
苏辛词的不同艺术特征	李东方	益阳职业技术学院学报	1期	2005
苏辛词风比较研究	熊绍高	湖北广播电视大学学报	2期	2005
千古谁堪伯仲间——词学批评史中的苏辛词比较论	王昊 张秋爽	乐山师范学院学报	3期	2005
幻的浪漫 梦的真实——论苏、辛的梦幻词	李海帆 吴帆	乐山师范学院学报	3期	2005
词论家对苏辛词比较说略（续）	房日晰	咸阳师范学院学报	3期	2005
苏辛词风比较	阙子淞	高等函授学报（哲社）	增刊	2005
浅谈李清照与苏轼的词论	张文生	锦州师院学报（哲社）	2期	1988
苏轼李清照对词的不同观点的成因	马春明	吕梁学刊	3期	1991
东坡居士易安居士 审美情趣略相似——苏轼、李清照词学审美观简说	张惠民	汕头大学学报（人科）	2期	1995
论李清照词与苏东坡影响——兼论"易安体"的特征	朱靖华	中国人民大学学报	2期	2000
苏词明体——论李清照《词论》对东坡词的批评难以成立	金志仁	南通师范学院学报（哲社）	2期	2000
殊途同归——论苏轼、李清照提高词的地位的途径	王可喜	咸宁学院学报	5期	2003
"以诗为词"与"别是一家"——论苏轼、李清照词论的殊途同归	高峰	南阳师范学院学报	7期	2003
从"自是一家"与"别是一家"略窥东坡、易安词学观之异同	何旭	四川师范大学学报（社科）	3期	2004
苏门四学士的词	陈宗敏	醒狮	9期	1969
苏门四学士词研究	李居取	文史哲出版社		1973
苏门论词与词学的自觉	张惠民	文学评论	2期	1993
论"苏门"的词评和词作	王水熙	第一届词学国际研讨会论文集		1994
苏门四学士歌词特征论	金振华 沈星怡	常熟高专学报	1期	1999

续表七五

篇、书名	著(译)编者	出处	卷、期	年月日
自觉的批评 知音的言说——论北宋苏门学者的词学批评（上）	李 扬	陕西广播电视大学学报	4 期	2000
自觉的批评 知音的言说——论北宋苏门学者的词学批评（下）	李 扬	陕西广播电视大学学报	1 期	2001
论苏门四学士以诗为词的创作倾向	石志鸟	安阳工学院学报	5 期	2005
从苏轼、秦观词看词与诗的分合趋向——兼论苏词革新和传统的关系	王水照	复旦学报（社科）	1 期	1988
少游词"稍加以坡"浅议	朱苏权	广东职业技术师范学院学报	3 期	1994
试论苏轼与秦观用情的不同方式	杨胜宽	乐山师专学报（社科）	1 期	1996
		社会科学研究	6 期	1998
少游"词心"，深契东坡——苏轼、秦观词异同论	杨胜宽	西南师范大学学报（哲社）	1 期	1998
苏轼秦观的词与宋人的尊体意识	王 珏	河南大学学报（社科）	1 期	1999
苏轼与秦观各一首《南歌子》解读质疑	罗 琴	四川师范学院学报（哲社）	4 期	2001
秦观与苏门词学"诗化"运动之离合	傅蓉蓉	赣南师范学院学报	4 期	2001
苏轼与秦观词艺术风格比较	高 坡	吉林广播电视大学学报	4 期	2005
张志和的《渔歌子》和苏黄的改作	李则鸣	当代诗词	2 集	1982
论山谷词——兼与东坡词、淮海词比较	徐培均	上海社会科学院学术季刊	4 期	1987
入于苏而又出于苏之黄庭坚词	曾昭岷	湖北大学学报（哲社）	2 期	1988
苏轼与黄庭坚的词论	青山宏（范建明）	苏州大学学报（哲社）	3 期	1990
豪壮清雄——从苏轼、黄庭坚的作品看豪放词的出现与发展	李哲理	沈阳师范学院学报（社科）	1 期	2000
黄庭坚蜀中词简论	王红霞	四川师范大学学报（社科）	3 期	2003
试论苏、黄等词的同体异用现象	邓子勉	南京师大学报（社科）	3 期	2005
苏门意气 花间风情——李之仪词风初探	李婵娟	海南师范学院学报（社科）	1 期	2004
苏轼之后的北宋词坛	张叔宁	南京理工大学学报（社科）	4 期	2002
宋室南渡后的"崇苏热"与词学命运	沈松勤	第三届宋代文学国际研讨会论文集		2003
论王灼的词学观点	杨海明	四川师范大学学报（社科）	1 期	1983
传统观念与求实精神——王灼《碧鸡漫志》试论	李孝中 侯柯芳	南充师院学报（哲社）	期	1987

续表七六

篇、书名	著(译)编者	出处	卷、期	年月日
《碧鸡漫志》——南宋乐曲考古的发轫之作	王德埙	音乐艺术	2 期	1994
论王灼的诗乐观	杨保国	淮北煤师院学报（社科）	3 期	1994
唐代音乐诗的文化解读	李扬	东方丛刊	2 辑	1995
《碧鸡漫志》在宋代词论中的位置	段学俭	中国韵文学刊	2 期	1996
王灼《碧鸡漫志》词学思想探析	路成文	鄂州大学学报	4 期	1997
关于王灼一段话的理解	刘石	文史知识	10 期	1997
论《碧鸡漫志》的词学批评蕲向	李扬	克山师专学报	2 期	1999
中国古代音乐文学史的考察——《碧鸡漫志》简介	谢桃坊	古典文学知识	6 期	1999
《碧鸡漫志》的校改及其价值	岳珍	天府新论	6 期	2001
唐宋燕乐歌辞的历史考察——论《碧鸡漫志》的主旨及其意义	谢桃坊	社会科学研究	1 期	2002
论《碧鸡漫志》的词学思想	颜翔林	文学遗产	4 期	2003
王灼《碧鸡漫志》"中正"音乐思想探源	迟乃鹏	西华大学学报（哲社）	2 期	2004
借物寓言 妙合无垠——陆游《鹊桥仙·夜闻杜鹃》赏析	陆永品	名作欣赏	4 期	1987
从陆游蜀中词看其在川九年的心境	朱明秋	桂林市教育学院学报（综合）	2 期	1999
论魏了翁词	谢桃坊	天府新论	1 期	1996
杨慎词曲集	王文才辑校	四川人民出版社		1984
升庵词境说	刘锋晋	成都师专学报（文科）	3 期	1988
升庵词用韵考	邓兴峰	南昌职业技术师范学院学报	1 期	1997
论杨慎对花间词的沿袭与突破	郭杨波 周啸天	西南民族学院学报（哲社）	11 期	2002
渚山堂词话 词品	杨慎	人民文学出版社		1960
		河洛图书公司		1978
《词品》补正	唐圭璋	南京师院学报	1 期	1963
		中华文史论丛	5 辑	1964
		词学论丛		1986
		宏业书局		1988
谈《词品》	余青	青年战士报		1973.5.9
杨慎《词品》的审美情趣	金五德	长沙水电师院学报（社科）	2 期	1992

续表七七

篇、书名	著(译)编者	出处	卷、期	年月日
杨慎《词品》多纰漏	罗慷烈	重庆师院学报（哲社）	1期	1994
《词品》的词学贡献	龙慧萍	苏州大学学报（哲社）	2期	1999
二十五史弹词	杨升庵编著，孙德盛辑注，杨达奇增订	老古文化事业公司		1978
杨慎的《历代史略十段锦词话》	周咏先	云南图书馆	3期	1984
杨慎和他的《廿一史弹词·临江仙》	陈麟德	江海学刊	3期	1994
	刘兆清	文史杂志	4期	1995
把酒论英雄，傲然笑古今——杨慎《三国演义》卷首词赏析	朱正平	文史知识	7期	1995
杨慎和他的《临江仙》词	崔忠民	语文知识	2期	1996
痛古今之须臾，悲生死之倏忽——读杨慎词《临江仙》	杜治国	语文函授	4期	1996
奇藻天发 警绝莫及——读杨慎《临江仙》	徐同林	古典文学知识	3期	2004
饱含辨证哲理的《临江仙》	林之和	福建日报		2004.4.6
杨升庵"滇南月节词"注释	于光	滇池	1-4期	1980
流徙的啸歌——读杨升庵《月节词·滇中集》	闵子	个旧文艺	5期	1982
优美的田园诗，生动的风俗画——杨慎"滇南月节词"十二阕略析	董广文	云南民族学院学报	3期	1989
杨慎及其《滇南月节词》	胡文群	楚雄师专学报	2期	1994
杨慎与《罗甸曲》	罗绍书	贵州日报		1984.5.31
关于《升庵长短句》——读《杨慎词曲集》	张朝范	文学遗产	2期	1985
陶情于词曲 传咏于滇云——读《升庵长短句》及对它的争鸣	李锡恩	大理师专学报（哲社）	2期	1988
研究ノート：《升庵長短句》引典备要	林啸	学林	42期	2005
杨升庵夫妇散曲	祥	国立北平图书馆月刊	3卷6期	1929
杨升庵夫妇散曲	杨慎 黄娥	商务印书馆		1929
		中华书局		1934
		上海古籍出版社		1989
新都杨氏曲论	卢前	文史杂志	3卷5、6期	1944

续表七八

篇、书名	著(译)编者	出处	卷、期	年月日
杨升庵夫妇散曲三种	杨 慎 黄 娥	江苏广陵古籍刻印社		1980
杨朝英在散曲上的贡献	刘知渐	重庆日报		1961.6.2
论杨升庵的散曲	刘益国	四川师范大学学报（社科）	2期	1996
试论杨朝英的散曲学观——兼说曲学史上格律派与文学派的第一次论争	杨 栋	求是学刊	2期	2002
蜀词人评传	姜方锬	协美公司		1934
		成都古籍书店		1984
蜀三家词论序	姚蒸民	四川文献	2期	1962
近代蜀四家词	戴安常选编	四川人民出版社		1987
蜀雅·蜀雅别集	周岸登	上海中华书局		1931
蜀雅续稿	周岸登	著者刊		1933
香宋词	赵 熙	成都图书馆		1917
评赵尧生香宋词	胡先骕	学衡	4期	1922
		四川文献	110期	1971
宋育仁与《庚子秋词》	徐 溥	文史杂志	1期	1985
从"序录"看张祥龄词论的美学思想	戴冠青	泉州师专学报	1期	1996
乔大壮词集	乔大壮	四川人民出版社		1990

五、文

篇、书名	著(译)编者	出处	卷、期	年月日
巴蜀散文史稿	傅德岷	重庆出版社		2001
巴蜀散文研究的历史开掘——《巴蜀散文史研究》序	李敬敏	西南民族学院学报（哲社）	2期	2002
概说巴蜀古代散文及文学人才成长	罗应涛	西南民族学院学报（哲社）	10期	2002
巴蜀古文选解	罗应涛	四川大学出版社		2002
桐花万里丹山路——简论巴蜀与巴蜀古代散文	罗应涛	中国文学研究	1期	2003
巴蜀古代散文特色简论	罗应涛	四川职业技术学院学报	1期	2004

续表一

篇、书名	著（译）编者	出处	卷、期	年月日
乐山历代文集	乐山市市中区编史修志办公室	编者刊		1990
三峡古代散文导读	廖柏昂 郭超毀	陕西旅游出版社		1992
巴蜀先秦散文史稿	傅正义	重庆工商大学学报（社科）	1 期	1997
巴蜀秦汉散文史稿（下）	傅正义	重庆工商大学学报（社科）	3 期	1997
简论司马相如散文的特色	陶启君	四川师院学报（社科）	4 期	1982
司马相如文选译	费振刚 仇仲谦	巴蜀书社		1991
论张裕钊《辨司马相如〈封禅文〉》	丁有国	鄂州大学学报	2 期	2004
司马相如《封禅文》与汉武帝封禅	杨晓芳	成都教育学院学报	7 期	2005
关于《封禅文》、《剧秦美新》和《典引》的一点思考	蒋文燕	宁夏大学学报（人文）	2 期	2002
僮约研究	宇都宫清吉	名古屋大学文学部研究論集	5 卷 2 号	1953
略谈王褒的《僮约》	茗叟	茶叶季刊	3 期	1978
读《孤儿行》与《僮约》札记——兼谈胡适《白话文学史》有关论点	王进珊	徐州师范学院学报	1 期	1980
谈王褒《僮约》的经济史料价值	张华儒	云南财贸学院学报	4 期	1986
为西汉王褒及其"僮约"正名	照山	茶叶	3 期	1989
从王褒《僮约》看汉代川中私人园圃中的林业生产内容（附《僮约》原文注释及译文）	张钧成	北京林业大学学报	增刊	1989
王褒《僮约》中"茶"非茶的考证	周文棠	农业考古	4 期	1995
王褒《僮约》散论	王利锁	河南大学学报（社科）	3 期	1998
王褒の《僮約》について——遊戯文学論4	福井佳夫	中京大学文学部紀要	372 号	2002
王褒《僮约》研究	王启涛	四川师范大学学报（社科）	6 期	2004
扬雄の《酒箴》と蘇軾	瀧本正史（赵刚）	集刊東洋学 长春师院学报（社科）	57 号 1 期	1987 1989
扬雄作州箴辨伪	束景南	文献	4 期	1992
扬雄箴文略论	张晓明	社会科学（甘肃）	5 期	1997
论扬雄"连珠"的文学价值	张晓明	青岛大学师范学院学报	2 期	1999
汉《石门颂》在文学史文献学上的价值	汉元	成都大学学报（社科）	1 期	1989
试论《石门铭》的文学艺术特色	左汤泉	成都大学学报（社科）	1 期	1989

续表二

篇、书名	著（译）编者	出处	卷、期	年月日
诸葛武侯全集	张澍辑	江左书林		1918
诸葛孔明全集 附评传	诸葛羲	中国书店		1936
诸葛亮集	段熙仲 闻旭初	中华书局		1960
诸葛亮论法选注	郑州印染厂等	郑州大学学报（哲社）	增刊	1975
诸葛亮集	张 澍	中华书局		1975
诸葛亮文选	天津市编写组	天津人民出版社		1975
诸葛亮文选	南阳酒精厂工人理论组、开封师范学院中文系	编者刊		1975
曹操诸葛亮著作选注	选著小组	湖北人民出版社		1975
诸葛亮著作选注	烟台师专	山东人民出版社		1976
诸葛亮文选译	成都市武侯祠文物保管所	编者刊		1979
论诸葛亮散文的文学史地位	张啸虎	中州学刊	2期	1983
诸葛亮文译注	梁玉文等	巴蜀书社		1988
诸葛亮文选译	袁钟仁	巴蜀书社		1990
诸葛亮著作简评	唐士文	临沂师专学报（社科）	4期	1991
读《诸葛亮文译注》札记	刘廷武	四川师院学报（哲社）	5期	1994
陈寿编《诸葛亮集》二三考	李伯勋	文教资料	1期	1995
诸葛亮集	木石、舒洁标点	时代文艺出版社		1995
诸葛亮全书	房立中	学苑出版社		1996
诸葛亮文集全译	方家常译注	贵州人民出版社		1997
诸葛亮集笺论	李伯勋	陕西人民出版社		1997
试论诸葛亮散文的文学价值	余久春	北京邮电大学学报（社科）	4期	2002
《后出师表》辨伪	谢富礼	现代史学	1卷1期	1933
谁是"后出师表"之作者	傅孟真	文史杂志	1卷8期	1941
"出师表"脱文（千华山馆读史札记）	金毓黻	文史哲季刊	1卷1期	1943
后出师表真伪谈	吴 强	"中央日报"		1958.12.12
后出师表真伪的辨证	张永明	大陆杂志	22卷10期	1961
诸葛后出师表真伪辨	陈作鉴	畅流	27卷6期	1963

续表三

篇、书名	著（译）编者	出处	卷、期	年月日
诸葛亮《前出师表》译注	有 谅	河南省历史研究所集刊	2 期	1974
诸葛亮《前出师表》注译		北京师院学报（社科）	3 期	1974
诸葛亮《出师表》注译	第一冶金建筑公司工人理论组等	华中师院学报（哲社）	3 期	1974
诸葛亮《出师表》注释	中文系《诸葛亮集注》编辑组	开封师院学报	3 期	1974
诸葛亮的《出师表》	师 钟	北京日报		1974.12.11
读诸葛亮的《前出师表》	李新魁	光明日报		1974.12.31
浅评诸葛亮《出师表》	甘肃工业大学力学实验室	甘肃工业大学学报	1 期	1975
诸葛亮的法家形象不容歪曲——读诸葛亮的《前出师表》	宋 力等	天津日报		1975.4.14
浅谈诸葛亮的法治思想——读《前出师表》	刘金昕等	陕西日报		1975.5.29
从《前出师表》看诸葛亮的尊法反儒思想	蔡春兰	河北日报		1975.12.17
诸葛亮《隆中对》《出师表》注译	郑州铁路局洛阳分局工人理论组等	郑州大学学报（哲社）	增刊	1975
诸葛亮向刘禅上《出师表》到底要讨伐谁	徐先檀	语文函授	3 期	1978
《出师表》试析	陈宁安	教学参考	4、5 期	1978
出师一表真名世，千载谁堪伯仲间——读《出师表》	尤 旭	中学语文	6 期	1979
《后出师表》真伪辨	王秀藏	台州师专学报	1 期	1980
漫谈《后出师表》的真实性	郭挺之	湘潭师专学报	2 期	1980
诸葛亮《出师表》评语辑	王震春	语文教学与研究	3 期	1981
忠言不逆耳，辞切见情深——《出师表》的表达艺术	陈知义	语文学习	3 期	1981
情辞恳切 肝胆照人——读诸葛亮《出师表》	吴万刚	语文教学通讯	5 期	1981
《出师表》译文	孙奎英	中学语文	1 期	1982
忠义深情寄翰墨——谈诸葛亮的《出师表》	徐 余 周 洲	名作欣赏	3 期	1982
《出师表》中"南阳"一词注释订误与"诸葛庐"遗址刍议	韩 逊	南都学坛	3 期	1982

续表四

篇、书名	著(译)编者	出处	卷、期	年月日
《出师表》简析	王永龙 张业卫	江苏教育	3 期	1982
出师表		语文学习	4 期	1982
《出师表》补注	黄岳洲	语文教学与研究	11、12 期	1982
浅谈《出师表》的中心思想	刘晋生	晋中师专学报		1982
论《后出师表》非伪作	庞怀清	人文杂志	2 期	1983
从"痛恨"谈起	郭全芝	淮北煤师院学报（社科）	2 期	1983
"不毛"注释辨	杨本祥	昆明师范学院学报（哲社）	3 期	1983
《出师表》在文学史上应占一席位	李 星	文化与生活	6 期	1983
貌分实合 明疏实密——浅谈《出师表》的结构	张若晞	延安大学学报（社科）	1 期	1984
"不毛"亦非"不苗"	杨本祥	语文教学与研究	1 期	1984
"深入不毛"一解	李定与	教学通讯（文科）	4 期	1984
"不毛"考辨	韩星明	许昌学院学报	3 期	1985
《后出师表》的作者是诸葛亮吗	施行舟	解放日报		1985.6.12
《出师表》精讲导读	王元会	语文教学通讯	1 期	1986
《出师表》等篇涉及的职官	史一丁	语文学刊	6 期	1986
出师一表真名世		文史知识	7 期	1986
《出师表》释译	乔 桑	新闻与写作	7 期	1986
"五月渡泸，深入不毛"补考	黄 琴	青海师专学报	1 期	1987
也谈"五月渡泸，深入不毛"	何光浩	贵州民族学院学报（哲社）	4 期	1987
"不毛""八莫"辨	仲跻耀	聊城师范学院学报（哲社）	4 期	1989
《出师表》研究中几个有争议的问题	王学东	语文导报	11 期	1987
关于《出师表》中的一个"以"字	徐祖明	中学语文	1 期	1991
《出师表》中隐含的策略	肖 佳	殷都学刊	3 期	1991
两朝开济老臣心——试析《出师表》结尾语	鲍庆之	安徽教育	7、8 期	1991
字自忠贞出 文从肺腑来——读诸葛亮《前出师表》	王庆堂	娄底师专学报	3 期	1992
《出师表》中的"深入不毛"探迷	王文清	济南大学学报（综合）	4 期	1992
《出师表》中的"试用"作何解	陈 斌 何世英	宁夏教育	6 期	1992
《出师表》的认识价值浅谈	王润泽	理论学习月刊	11、12 期	1992

续表五

篇、书名	著（译）编者	出处	卷、期	年月日
《后出师表》标点商榷一则	徐 澄	古籍整理研究学刊	2期	1993
古代奏章的典范之作——《出师表》	方建斌	殷都学刊	4期	1994
《出师表》注释商榷两则	周达森 郑发健	文教资料	4期	1994
诸葛亮的《出师表》只有一个	杨 柄	甘肃社会科学	5期	1994
读《出师表》浅议公文文风	白文杰	理论导刊	6期	1994
从蜀汉的政治格局谈《前出师表》的真实趣旨	朱维权	四川师范学院学报（哲社）	1期	1995
略谈《出师表》的思想内涵和认识价值	陈俊颜	泉州师专学报	1期	1995
动之以情 晓之以理——析《出师表》与《陈情表》的情感艺术	邹 刚	梧州师专学报	4期	1995
《出师表》人物补释	刘世友	语文世界	7期	1996
《出师表》与《止战疏》之优劣论	胡觉照	理论导刊	9期	1996
		唐都学刊	4期	1997
对《出师表》几处标点的质疑	宋海英	语文知识	10期	1996
言简意赅 发人深思——《出师表》中的成语	才国贤	阅读与写作	11期	1996
"报"与"忠"的含义	方 晴	语文学习	2期	1997
历代文人志士礼赞《出师表》	牛致远等	语文知识	3期	1997
对"不毛"注释的质疑	陈明军 戴 青	黔南民族师专学报	3期	1997
百思之解 存乎一断——《前出师表》一文"先汉""后汉"义析	王 焱 王 森	文史知识	4期	1997
《出师表》中的一个"以"字	巴进玉	中学语文	5期	1997
浅论《出师表》与《陈情表》的情理表达	侯留军 王永长	天中学刊	增刊	1997
评《前出师表》六种译文的得失	仝建国	德州师专学报	1期	1998
《出师表》中"深入不毛"义释辨正	王文清 李希运	临沂师专学报	4期	1998
关于《出师表》中一段名言的断句	才国贤	阅读与写作	4期	1998
析《出师表》的表达艺术	宁胜初 韩恩莲	语文教学通讯	5期	1998
可疑而不应……——与蔡尤臻同志商榷	李 楳	语文知识	6期	1998
《出师表》刍议	张岳伦	语文知识	10期	1998

续表六

篇、书名	著(译)编者	出处	卷、期	年月日
主次矛盾移位的杰作——读诸葛亮《出师表》	郭象	沧州师范专科学校学报	3期	1999
关于"前后出师表"	蔡宏伟	中学语文教学参考	4期	1999
《出师表》"陈情"索微	仇宝华	中学语文教学参考	4期	1999
《出师表》误解三例	王爱明	中学语文教学参考	4期	1999
《出师表》的断句与分段之管见	王家明	中学语文	5期	1999
劝谏委婉 真情充溢	林益	南京师范大学文学院学报	10期	1999
谈《出师表》的潜主题	邹立群	中学语文	1期	2000
诸葛亮《出师表》考释	蔡文锦	北京联合大学学报	3期	2000
《前出师表》浅析	录权成	高等函授学报（哲社）	5期	2000
忠言不逆耳 辞切见情深——《出师表》的表达艺术	陈艳秋	语文天地	5期	2000
《出师表》中的一处注释不够准确	冯振广	语文知识	6期	2000
论《后出师表》应系诸葛亮所作	贯井正	晋阳学刊	2期	2001
《出师表》"秋"字解	徐玉如	江海学刊	3期	2001
《出师表》的结构艺术	张雁影	唐都学刊	4期	2001
由《出师表》说起——诸葛亮人物形象之（一）	刘运好	人民政协报		2001.7.3
《报燕惠王书》和《出师表》比较谈	李瑞河	九江师专学报	2期	2002
《出师表》的潜台词	顾农	阅读与写作	2期	2002
情理交融的传世佳作——《出师表》赏析	韩克亮	初中生辅导	4期	2002
情真意切诉衷肠——《前出师表》赏析	闵庚尧	秘书工作	6期	2002
《出师表》阅读三题	王静旭	语文天地	6期	2002
忠言不逆耳 情深而辞切——浅谈《出师表》的语言特色	程廷洋	语文天地	8期	2002
《出师表》中"先汉""后汉"再解	祝世娜	牡丹江教育学院学报	3期	2003
《出师表》的思想内容和写作特点	骆秀文	康定民族师范高等专科学校学报	4期	2003
一代贤相忧君报国的正气歌——《出师表》解味	王志尧 高梓梅	闽江学院学报	4期	2003
忠言不逆耳 胸中有真情——谈《出师表》的表达艺术	程纪农	语文天地	10期	2003

续表七

篇、书名	著(译)编者	出处	卷、期	年月日
鞠躬尽瘁 死而后已——诸葛亮《出师表》欣赏	赵 宏	本溪冶金高等专科学校学报	增刊	2003
《后出师表》与诸葛亮	罗民介	海南师范学院学报（社科）	2期	2004
臣民有别忠所虑实同——《曹刿论战》与《出师表》对读	赵庚奎	中学课程辅导（初三）	12期	2004
从《出师表》看诸葛亮的论辩艺术	朱庆和	语文教学通讯	35期	2004
诸葛亮与《后出师表》	刘玉玺	沧桑	6期	2005
《出师表》赏析	罗 泽	初中生辅导	6期	2005
论《出师表》中的人、情、理	张占波	语文天地	8期	2005
穿透千年的力量——读《出师表》	薛临风	中学生阅读（初中）	8期	2005
《出师表》补注	李耕拓	中学语文教学	10期	2005
诸葛亮文一篇（附《与群下教》译文）		黑龙江日报		1961.4.23
文启群伦 肝胆相照——介绍诸葛亮的《与群下教》	安维翰	秘书之友	6期	1991
《与群下教》、《诫子书》讲析	张伯元	语文学习	7期	1986
诸葛亮"诫子书"	纪	教学与研究	7期	1959
诸葛亮"诫子书"	王 南	读书	15期	1959
诸葛亮《诫子书》	马晓野	河北日报		1961.12.14
对子女严格要求——读诸葛亮《诫子书》	陈汉楚	光明日报		1979.11.29
诫子书	诸葛亮	父母必读	3期	1983
诫子书	诸葛亮 闻 夫	语文学习	4期	1986
诸葛亮诫子书	林洪文	文史知识	8期	1987
诸葛亮诫子书		古典文学知识	6期	1994
诸葛亮的《又诫子书》是写给谁的	张崇琛	档案	2期	1998
读诸葛亮《诫子书》	李法征	中国公务员	9期	1998
诫子书	余祯祥	语文月刊	3期	1999
从诸葛亮的《诫子书》谈起	姜光斗	团结报		2000.9.2
诫子书	诸葛亮	中文自修	5期	2002
诫子书	诸葛亮 阮 劭	语文教学与研究	6期	2002
诸葛亮《诫子书》中的德育思想及其当代价值	杨玉春 于鹏飞	宁波大学学报（教科）	2期	2003

续表八

篇、书名	著(译)编者	出处	卷、期	年月日
高风亮节 后世楷模——诸葛亮与他的《诫子书》	竺洪波	作文世界（高中）	5期	2003
《诸葛亮集·诫子书》	诸葛亮	海外华文教育	1期	2004
"诫"中的爱与期望——诸葛亮《诫子书》赏析	张学民	中学语文园地	17期	2004
《诫子书》的文化解读	陆祖吉	兰州教育学院学报	2期	2005
诸葛亮《诫子书》的文化解读	陆祖吉	江西广播电视大学学报	3期	2005
《诫子书》：流芳千古的廉政文化	徐宪忠	浙江日报		2005.11.6
诸葛亮《答法正书》注释	中文系二（1）班第三小组	扬州师院学报	1期	1974
诸葛亮《隆中对》、《答法正书》译注	刘仑泽 李之千	四川大学学报（哲社）	2期	1974
诸葛亮《隆中对》《答法正书》《出师表》注释	哲学系七一级学员	武汉大学学报（哲社）	3期	1974
诸葛亮《答法正书》译注	政教系师生写作组	北京师大学报（社科）	4期	1974
诸葛亮《答法正书》注释	南宁市铸造厂等法家著作注释小组	广西民院学报	2期	1975
诸葛亮《答法正书》的一点启示	叶子	人民日报		1982.7.16
诸葛亮《劝将士勤攻己阙教》	原璞	南方日报		1974.9.6
诸葛亮《与兄瑾论白帝兵书》辨疑	田余庆	文史	14辑	1982
跋《诸葛亮与张鲁书》	严耀中	上海师范大学学报（哲社）	3期	1991
魏晋南北朝巴蜀散文史稿（上）	傅正义	渝州大学学报（哲社）	1期	1998
魏晋南北朝巴蜀散文史稿（下）	傅正义	渝州大学学报（哲社）	2期	1998
剑阁铭	张孟阳	旅游天府	1期	1982
《三峡》的作者是郦道元吗	施和金	南京师大学报（社科）	3期	1992
词约意丰状三峡——郦道元《水经注·三峡》首段赏析	杜道明	古典文学知识	5期	1996
《三峡》的作者不是郦道元	李世红	语文学习	4期	1999
《三峡》阅读指要	缪爱国 史梁珍	语文天地	24期	2001
《三峡》美点寻踪	余有	中学语文教学参考	5期	2002
《三峡》探微	李子亭 张港	语文教学通讯	21期	2002
《三峡》是描写四季景色吗	许群益	中学语文教学参考	5期	2004

续表九

篇、书名	著（译）编者	出处	卷、期	年月日
《三峡》的三个美点	冯华章	中学生读写	11期	2004
隋唐五代的巴蜀散文（一）	林心治	渝州大学学报（社科）	4期	1999
隋唐五代的巴蜀散文（二）——陈子昂散文简论	林心治	渝州大学学报（社科）	2期	2000
隋唐五代的巴蜀散文（三）——李白散文简论	林心治	渝州大学学报（社科）	2期	2001
陈子昂的骈文和散文	韩理洲	唐代文学论丛	总6辑	1985
试论陈子昂散文的思想和艺术特色	肖源锦	天府新论	2期	1986
试论初唐散文家革新散文的功绩——从陈子昂、富吴体谈起	杨洁琛	石油大学学报（社科）	3期	2003
试论李白散文的艺术性	战伟华	南充师院学报（哲社）	3期	1981
李白文章管窥	王定璋	四川师院学报（社科）	4期	1983
光明洞彻 句句动人——浅谈李白的散文	刘忆萱	文史知识	12期	1983
"人生不朽是文章"——略述李白文的思想内容	牛宝彤	成都大学学报（社科）	3、4期	1988
清雄奔放李白文	牛宝彤	殷都学刊	3期	1989
李白文选	牛宝彤	学苑出版社		1989
李白的散文和开天时期的文风（文摘）	大江	古典文学知识	1期	1990
以诗为文 以情动人——论李白散文的独特个性	刘汾	湖南第一师范学报	4期	2003
李白骈文论略	陶绍清	柳州师专学报	4期	2003
李太白文集	李白	上海古籍出版社		2003
李太白的自荐书	黎明	"中央日报"		1956.12.16
诗人的自荐	萧文苑	艺谭	2期	1983
读"上三长史书"——李白在安陆诗文研究之一	葛楚英	孝感师专学报	3期	1983
李白《为宋中丞自荐表》质疑	曹方林	成都师专学报（文科）	1期	1988
对《李白〈为宋中丞自荐表〉写作时间考辨》的几点质疑	杨栩生	绵阳师范学院学报	1期	2003
关于李白《任城县厅壁记》之本事与系年	钟振振	文学遗产	2期	1988
任城县厅壁记中之贺公考辨	丁冲 阎秀荣	成都大学学报（社科）	3、4期	1988

续表一〇

篇、书名	著(译)编者	出处	卷、期	年月日
诗人之文——李白《春夜宴诸从弟桃李园序》	胡宝珍	文史知识	11期	1988
《李白旧宅记辩诬》析误	刘友竹	祁连学刊	2期	1992
李白《答和蕃书》考辨	许嘉甫	祁连学刊	4期	1992
"李白草答蕃书"千古之谜破解	王健民 周长庆	辽宁日报		2001.10.26
牛希济的《文章论》与唐末五代倡教化的文学主张	罗宗强	天津社会科学	5期	1984
于"花间"香风中行"教化之道"——论"花间词人"牛希济的散文创作	刘尊明	南京师大学报（社科）	2期	1992
天衣无缝		语言与翻译	1期	1989
趣说"天衣无缝"	封 南	思维与智慧	2期	2005
与成法为无穷计——读宋杨天惠《都大茶马司新建签厅架阁记》	杨冬荃	档案学研究	4期	1996
韩柳欧苏文之起源	胡怀琛	国学	1卷2期	1926
唐宋八大家类选	储 欣	鄂官书处		1912
		吉林大学出版社		1990
分类详注唐宋八大家尺牍		扫叶山房		1930
唐宋八大家古文读本	叶百丰	大连图书供应社		1935
广注唐宋八大家古文	沈德潜选，宋晶如注译	世界书局		1937
		中国书店		1987
唐宋八大家古文读本	茅鹿门著，叶百丰校勘	广益书局		1939
大块文章：唐宋八大家	张 健	时报文化出版事业有限公司		1981
		中国三环出版社		1992
唐宋八大家散文选	冯中一	山东人民出版社		1983
唐宋八大家散文	中央人民广播电台文艺部	百花文艺出版社		1983
唐宋八家文译释	范羽翔	黑龙江人民出版社		1983
唐宋八大家	吴小林	安徽人民出版社		1984
		黄山书社		1984
唐宋八大家文选	牛宝彤	甘肃人民出版社		1984
唐宋八大家散文选译	郭必勋等	贵州人民出版社		1984

续表一一

篇、书名	著(译)编者	出处	卷、期	年月日
"古文运动"与"唐宋八大家"——《唐宋八大家文选》前言	姚奠中	山西大学学报（哲社）	4期	1985
唐宋八大家选译注	陈霞村 阎凤梧	山西人民出版社		1986
试论唐宋八大家散文的美学歧异及其影响	万陆	赣南师范学院学报（哲社）	1期	1987
唐宋八大家是一个流派吗	李云龙	中学语文	9期	1987
唐宋八大家文章精华	刘禹昌 熊礼	荆楚书社		1987
唐宋八大家名篇赏析	韩兆琦等	北京十月文艺出版社		1987
欧曾王苏散文比较	吴小林	文史哲	5期	1988
唐宋八大家散文技法	朱世英 郭景春	长江文艺出版社		1989
唐宋八大家鉴赏辞典	关永礼	北岳文艺出版社		1989
唐宋八大家笔记文选	浦金洲	江苏教育出版社		1990
《唐宋八大家古文修辞偶疏举要》序	郑子瑜	中国人民大学学报	1期	1991
"唐宋八大家"提法不准确	阿敏古	语文学习	2期	1991
唐宋八大家汇评	吴小林	齐鲁书社		1991
唐宋八大家散文鉴赏辞典	吕晴飞	中国妇女出版社		1991
唐宋八大家古文	沈德潜	中国书店		1992
唐宋八大家：脍炙人口的散文	邵航	春风文艺出版社		1992
唐宋八大家古文修辞偶疏举要	郑子瑜	教育科学出版社		1992
谈唐宋八大家的文风	金诤	文史杂志	5期	1993
不平则鸣——唐宋八大家散文卷	张展	陕西人民教育出版社		1994
张伯行与《唐宋八大家文钞》	肖瑞峰	古典文学知识	4期	1995
唐宋八大家散文总集（新版校评本）	郭预衡	河北人民出版社		1995
唐宋八大家散文精品丛书	弓保安	陕西人民出版社		1995
唐宋八大家	鹤鸣	西南师范大学出版社		1995
唐宋八大家：散文精粹	何芸	西南师范大学出版社		1995
唐宋八大家散文精选	任伟	山西古籍出版社		1995
谁之疏——《唐宋八大家古文修辞偶疏》三例辨析	解荣正	名作欣赏	3期	1996
唐宋八大家与《史记》	俞樟华	江苏社会科学	4期	1996

续表一二

篇、书名	著（译）编者	出处	卷、期	年月日
唐宋八大家论	周振甫	文学遗产	6期	1996
唐宋八大家散文全集	韩愈等	今日中国出版社		1996
唐宋八大家散文选	韩愈等	广西民族出版社		1996
唐宋八大家散文详译	张叔宁	重庆大学出版社		1996
唐宋八大家散文精选	谢先模	江西人民出版社		1996
唐宋八大家——古代散文的典范	葛晓音	中国文联出版公司		1996
茅坤《唐宋八大家文钞》述评	黄毅	古典文学知识	4期	1997
唐宋八大家文集	郭预衡	人民日报出版社		1997
唐宋八大家散文选集	沈惠乐	上海古籍出版社、三联书店（香港）有限公司		1997
唐宋八大家书系	王水照等	中国工人出版社		1997
唐宋八大家名篇赏析与译注	王彬	经济日报出版社		1997
唐宋八大家全集	逸凡	新世纪出版社		1997
唐宋八大家全集	余冠英等	国际文化出版公司		1997
唐宋八大家散文集	何积金等	新疆青少年出版社		1997
细心出精品——《唐宋八大家文钞校注集评》序	傅璇琮	中国文化研究	4期	1998
唐宋八大家散文精品导读	刘衍	海南国际新闻出版中心		1997
		南方出版社		2000
《唐宋八大家散文精选丛书》总序	王运熙	书屋	4期	1998
唐宋八大家散文精选丛书	王运熙	东方出版中心		1998
唐宋八大家散文名篇鉴赏	陈友冰	三秦出版社		1998
唐宋八家文读本	沈德潜选评，于石校注	安徽文艺出版社		1998
唐宋八大家文钞校注集评	高海夫	三秦出版社		1998
唐宋八大家文章理论的文化承传	周楚汉	长沙大学学报	1期	1999
论唐宋八大家的文化定位	王德保	周口师范高等专科学校学报	1期	1999
唐宋八大家 苏氏有其三	钟坤杰	云南教育	18期	1999
唐宋八大家散文选赏析	方飞	广西民族出版社		1999
文白对照：唐宋八大家集	韩愈等	天津古籍出版社		1999
唐宋八大家散文：广选·新注·集评	朱明伦	辽宁人民出版社		1999
唐宋八大家新论	崔际银	中国文联出版社		1999
唐宋八大家散文精选	谢先模	江西人民出版社		2000

续表一三

篇、书名	著(译)编者	出处	卷、期	年月日
论唐宋八大家文章美学体系	周楚汉	中州学刊	2期	2001
《唐宋八大家古文修辞偶疏举要》指瑕	雷汉卿	修辞学习	3期	2001
南宋时期集唐宋八大家为古文流派的趋势	黄强 章晓历	扬州大学学报（人文）	5期	2001
唐宋八大家文章论	周楚汉	江汉论坛	7期	2001
唐宋散文八大家	赖新明	广州出版社		2001
唐宋八大家	乔万民 吴永哲	天津人民出版社		2001
唐宋八大家散文精编	韩愈等	时代文艺出版社		2001
唐宋八大家的应用文理论及其意义	周楚汉	应用写作	1期	2002
唐宋八大家文章通变论	周楚汉	贵州社会科学	2期	2002
《唐宋八大家文钞》与明代唐宋派	夏咸淳	天府新论	3期	2002
"唐宋八大家"称名说绎	崔际银	南开学报	4期	2002
论唐宋八大家文章哲学观	周楚汉	云梦学刊	6期	2002
唐宋八大家	张明林等	中央民族大学出版社		2002
中国古典文学名著：唐宋八大家经典	茅坤评著，陈加等校点	沈阳出版社		2002
文白对照：唐宋八大家文钞	郭预衡	广东教育出版社		2002
中华文化经典：唐宋八大家	李建龙	中国言实出版社		2002
唐宋八大家文集	张伯行	远方出版社		2002
中华典藏：唐宋八大家	齐豫生 夏于全	吉林摄影出版社		2002
唐宋八大家散文	吕树坤等	吉林文史出版社		2002
唐宋八大家散文选	方笑一	汉语大词典出版社		2002
唐宋八大家散文集	张作华 王鸿	喀什维吾尔文出版社		2002
论唐宋八大家散文选本经典化与文论的演进	高洪岩	沈阳师范大学学报（社科）	2期	2003
"唐宋八大家"缘起	杜海军	江海学刊	6期	2003
唐宋八大家	李佩尧	远方出版社		2003
唐宋八大家文选	王辉	吉林摄影出版社		2003
墨香斋藏书：唐宋八大家	齐义农	甘肃文化出版社		2003
唐宋八大家	李志敏	京华出版社		2003

续表一四

篇、书名	著(译)编者	出处	卷、期	年月日
推举"唐宋八大家"的重要动力	黄 强 章晓历	扬州大学学报（人文）	1 期	2004
唐宋散文八大家	李 剑 刘道英	青海人民出版社		2004
唐宋八大家与佛教	刘金柱	人民出版社		2004
唐宋八大家文集	金 锋	九州出版社		2004
古文运动、科举与"唐宋八大家"	宋 娟	北方论丛	2 期	2005
茅坤文学思想研究——从《唐宋八大家文钞》谈起	胡晓红	柳州师专学报	2 期	2005
科考经验对当代语文考试改革的启示——从唐宋八大家与科举的关系说起	唐晓敏	湖北招生考试	16 期	2005
中国传统文化导读：唐宋八大家	晓 理	中国言实出版社		2005
唐宋八大家散文鉴赏	语文出版社教材研究中心	语文出版社		2005
唐宋八大家大块文章快读	张 健	海南出版社、三环出版社		2005
三苏策论	张绍龄辑	湖南书局		1902
		上海铸记书局		1915
三苏文集	苏 洵等	上海会文堂		1912
三苏文	叶玉麟选注	商务印书馆		1933
三苏文选	叶玉麟	信成书局		1966
三苏文选评解	陈雄勋	世界书局		1967
三苏文选校笺评	陈雄勋	世界书局		1969
略谈三苏散文中的"论"	王淑均	语文学习	5 期	1982
略谈三苏散文中的"记"	王淑均	语文学习	6 期	1982
略谈三苏散文中的"书"	王淑均	语文学习	9 期	1982
三苏文选	牛宝彤	四川人民出版社		1983
三苏散文之美学观照	万 陆	抚州师专学报	2 期	1988
宋代散文理论的一个高峰——"三苏"浅论之一	余 辛	福建师范大学学报（哲社）	2 期	1990
"三苏"文章理论浅议	刘 溶	黄淮学刊（社科）	1 期	1990
略谈三苏的史论	蔡崇榜	文史杂志	2 期	1991
三苏及其散文之研究	陈雄勋	文史哲出版社		1991
三苏散文美学研究札记	东 麓	盐城师专学报（哲社）	1 期	1992

续表一五

篇、书名	著(译)编者	出处	卷、期	年月日
三苏文校理札记	曾枣庄	历史文献研究	4辑	1993
三苏三篇同名作比较	李 李	"中国文化大学"中文学报	3期	1995
韩愈和三苏干谒书信辨异	李 强 李 霞	山东农业大学学报（社科）	4期	2000
三苏的议论散文研究	朴鲁玹	地域开发研究（尚志岭西专科大学）	8辑	2000
三苏的史论散文比较研究	金钟燮	中国文学理论	3辑	2003
三苏先生文粹	苏 洵等	线装书局		2003
		北京图书馆出版社		2004
论三苏史论文	陈晓芬	第四届宋代文学国际研讨会论文集		2005
"三苏"《六国论》的分析与比较	陈忠义	泉州师专学报	2期	1994
三苏《六国论》比较	陈忠义	中文自修	7、8期	1994
大国争谋 前事后师——三苏《六国论》对读的启示	罗浩波	喀什师范学院学报	5期	2005
珠联璧合 各放异彩——两篇《六国论》对照赏析	李春芳	语文教学通讯	1期	1984
借古鉴今父子篇——《六国论》比较谈	王茂恒	中学语文	5期	1997
两篇《六国论》的比较	刘继印	语文学习	7期	1997
两篇《六国论》之比较	王林玉	语文教学通讯	8期	2002
三苏《六国论》	金桂台	中国语文学论集	25辑	2003
苏洵苏辙散文创作比较论	洪本健	江海学刊	4期	1996
传世散文精品库：似水流年——唐宋八大家之苏洵散文集	堵 军	延边人民出版社		2004
嘉祐集	苏 洵	中华书局		1986
		北京图书馆出版社		2004
从《嘉祐集》看苏洵的人才管理思想	胡建华	史学月刊	1期	1990
嘉祐集笺注	苏洵著，曾枣庄、金成礼笺注	上海古籍出版社		1993
千载文章属此人——苏洵文论初探	金国永	南充师院学报（哲社）	1期	1982
苏洵及其政论	徐琬章	文津出版社		1984
豪杰之文论——苏洵文学理论批评初探	顾易生	阴山学刊	3期	1993

续表一六

篇、书名	著(译)编者	出处	卷、期	年月日
苏洵的论辨文研究	金钟燮	中国文学	25 辑	1996
纵横上下　出入驰骤——论苏洵的散文艺术	张玉璞	枣庄学院学报	1 期	1997
苏洵散文与《战国策》	王水照	宁波大学学报（人文）	2 期	1988
苏洵散文艺术论	韩俐华 魏福惠	社会科学辑刊	2 期	1998
试论苏洵"风水相遭"说对苏轼的影响	王启鹏	惠州大学学报（社科）	3 期	2000
苏洵与"纵横"	熊宪光	西南师范大学学报（人文）	3 期	2002
试论苏洵"风水相遭"说对写作学的启示	王启鹏	韶关学院学报（社科）	5 期	2002
苏洵杂文的艺术特征	周林晶	福建广播电视大学学报	2 期	2004
苏洵散文与"纵横"之风	朱根	沧州师范专科学校学报	3 期	2005
《六国论》解说	余幸清 陈梦白	江西教育	3 期	1962
"奉之弥繁，侵之愈急"——介绍苏洵的一篇反投降主义的论文	王胜泉	中国青年报		1963.1.8
谈苏洵的《六国论》	黄立业	广西师院学报	6 期	1973
《六国论》浅析	王冰	安徽教育	1 期	1979
浅谈《六国论》的写作特点	冯元方	四川师院学报（社科）	3 期	1979
论史·刺时·讽谏——读苏洵的《六国论》	童勉之	语文教学与研究	4 期	1979
《六国论》的"互"与"迁"	陆成祥	语文教学与研究	4 期	1979
读苏洵的《六国论》	胡念五	中学语文	6 期	1979
《六国论》评注	王世贤	语文学习	6 期	1979
《六国论》浅析	徐仲涛	江苏教育	7 期	1979
联合抗霸是维护和平的保障——读苏洵《六国论》有感	霍印章	延边大学学报（哲社）	1 期	1980
《六国论》中几个句子的理解	河野	中学语文	3 期	1980
《六国论》中的"迁灭"和"革灭"	颜景农	南京师大学报（社科）	4 期	1980
怎样看《六国论》中的反秦态度	王尔龄	天津师院学报	6 期	1980
略谈《六国论》的结构	张汝扬	语言战线	7 月号	1980
对《六国论》中一句译文的看法	周国端	中学语文	1 期	1981
浅谈《六国论》的写作	江莓	文科教学	2 期	1981

续表一七

篇、书名	著(译)编者	出处	卷、期	年月日
《六国论》逻辑推理试析	永 绪　健 明	语文学习	11 期	1981
说苏洵的《六国论》		文史知识	1 期	1982
《六国论》的体裁及分段	白平福	延安大学学报（社科）	1 期	1982
《过秦论》与《六国论》比较分析	火 华	中学语文	8 期	1985
《六国论》结构图	谢发宝	语文教学与研究	12 期	1985
《六国论》释译	乔 桑	新闻与写作	1 期	1986
《六国论》"互"字注释质疑	夏麟勉	辽宁教育学院学报（社科）	1 期	1987
持之有故　言之成理——《六国论》第二自然段分析	鲍志伸	语文教学与研究	9 期	1987
苏洵《六国论》非上乘之作	张绪芳	中学语文	2 期	1988
三篇《六国论》洵论居上乘——与张绪芳同志商榷	张文斌	中学语文	7 期	1988
对论证方法系统化的探讨——兼谈《六国论》是使用肯定否定论证法的范例	卢添贵	内蒙古电大学刊	2 期	1991
关于《六国论》中的两个"之"字	樊永源	语文学刊	2 期	1991
析"破灭""迁灭""革灭"	高广丰	南通师专学报（社科）	3 期	1993
讽谕名作　各领风骚——《过秦论》《阿房宫赋》《六国论》之比较	赵书声	周口师专学报（社科）	4 期	1994
《六国论》与《过秦论》写作特色比较	陈丽萍	语文教学通讯	6 期	1994
《过秦论》和《六国论》的比较	刘炎德	语文知识	6 期	1994
"秦人食之不得下咽也"的含义	贾志道	修辞学习	6 期	1994
《六国论》的"中心论点"说	王 曙	语文学习	12 期	1994
谈《六国论》课文的一条注释	郑宝升	福州大学学报（社科）	4 期	1995
《六国论》结构新解	王济凡	中学语文	5 期	1995
重新审视《六国论》中一段文字	陆精康	语文学习	6 期	1995
"六国破灭，弊在赂秦"是《六国论》的中心论点吗	徐应葵　蒋 鹏	语文知识	6 期	1995
《六国论》段落层次的划分	田绍基	语文教学与研究	9 期	1995
试析《六国论》的修辞艺术	成建明	吴中学刊	1 期	1996
《六国论》的中心论点是什么	吕其慜	语文教学通讯	6 期	1996
《过秦论》《六国论》之比较	刘静辉	中学语文教学参考	5 期	1997

续表一八

篇、书名	著(译)编者	出处	卷、期	年月日
"秦人食之不得下咽也"释义质疑	雷延龄	语文教学通讯	3 期	1998
"赂"字压千钧——《六国论》艺术片谈	刘善群 方立平	语文教学通讯	5 期	1998
"食之"就是"吃饭"吗	张怡春	南京师范大学文学院学报	4 期	1999
从《六国论》看苏洵的老辣笔法	王兆生 黎汉春	阅读与写作	8 期	1999
《过秦论》、《师说》、《六国论》之异同	谢健行	甘肃教育	12 期	1999
苏洵《六国论》白璧之瑕	刘宗祥	安徽广播电视大学学报	2 期	2000
小析《六国论》的推论方法	符 成	中学语文教学参考	5 期	2000
苏洵《六国论》篇旨探析	钱玉兰	国文天地	15 卷 10 期	2000
文心和思路的有机联系——《六国论》结构新析	高宏宇等	中学语文教学	2 期	2001
纵横捭阖论古今——苏洵《六国论》导读	沈维荣 陆燕飞	语文天地	5 期	2001
《六国论》读解拾遗	王 曙	语文教学通讯	8 期	2001
瑕瑜互见《六国论》	狄保寿	语文教学通讯	8 期	2001
对《六国论》逻辑关系的再审视	李小农	学语文	1 期	2002
从《六国论》看苏洵史论文风特点	王云江	华夏文化	2 期	2002
博辩宏伟 文采斐然——苏洵《六国论》赏读	杨道麟	阅读与鉴赏(高中)	2 期	2002
《六国论》中"思"之辨	范亚林	语文教学通讯	8 期	2002
读《六国论》杂感	郎毅昭	写作	16 期	2002
求同存异 深入理解——《过秦论》、《阿房宫赋》、《六国论》比较	孙丽华	中学语文园地	10 期	2003
"弊在赂秦"是《六国论》的论点吗	蒋红卫	语文知识	11 期	2003
从《过秦论》、《六国论》看古代史论的特点	杨发清	六盘水师范高等专科学校学报	1 期	2004
《过秦论》与《六国论》的对比艺术	廖昌鹏	语文教学与研究	29 期	2004
是借古喻今 还是借古讽今——对苏洵《六国论》写作意图和艺术特色的探讨	高 炜	延安教育学院学报	1 期	2005
六国论	周鹏等	地图	2 期	2005
同中有异 异中见妙——《过秦论》与《六国论》比较鉴赏	颜辉荣 严德本	现代语文	4 期	2005

续表一九

篇、书名	著(译)编者	出处	卷、期	年月日
《六国论》借古明今缺乏依据	喻 航	语文教学与研究	6期	2005
《辨奸论》与林彪的政变经	施 平	北京师大学报（社科）	2期	1975
评《辨奸论》	王洪楚等	四川师范学院学报（社科）	2期	1974
林彪鼓吹《辨奸论》的反革命用心	谢昭新等	安徽师范大学学报（哲社）	2期	1974
《辨奸论》批注		吉林大学学报（哲社）	2期	1974
苏洵《辨奸论》真伪考	曾枣庄	古典文学论丛	15集	1982
苏洵《辨奸论》的写作时间	曾枣庄	艺文志	3辑	1985
近五十年来《辨奸论》真伪问题研究述评	王 昊	社会科学战线	1期	2002
关于《素食评传》的对话	曾枣庄	古典文学知识	6期	1992
苏老泉尺牍	苏 洵	台北广文书局		1983
音注苏东坡文	储同人选，姚祝萱音注	上海文明书局		1924
		中华书局		1936
		学海出版社		1978
苏东坡文选	吴瑞书编，储菊人校订	中央书店		1935
经进东坡文集事略	庞石帚校订	文学古籍刊行社		1957
（校正）经进东坡文集事略	郎 晔注	世界书局		1960
经进东坡文集事略	郎 晔选注，庞石帚校订	台湾商务印书馆		1965
東坡文抄	藤森大雅古典研究會	汲古書院		1977
苏轼文选	石声淮 唐玲玲	上海古籍出版社		1989
苏轼散文选注	王水照 王宜瑗	建宏出版社		1990
苏轼文选注	周慧珍	山西教育出版社		1990
苏东坡文集导读	徐中玉	巴蜀书社		1990
苏轼文学散文选	孙育华	山西高校联合出版社		1991
苏轼散文选	刘乃昌 高洪奎	三联书店		1991
		上海古籍出版社		1991
苏轼散文选集	崔承运	百花文艺出版社		1994
苏轼散文赏析集	周先慎	巴蜀书社		1994
苏轼散文精品选	姜光斗	陕西人民出版社		1995

续表二〇

篇、书名	著（译）编者	出处	卷、期	年月日
传世藏书.集库.别集 4：苏轼集	张岱年等	海南国际新闻出版中心		1996
超越人生的文学——《苏轼文集》导读	方笑一	四川教育出版社		1997
苏轼散文编年、辨伪拾补	金 诤	四川教育学院学报	4 期	1998
苏文辨伪三题	李寅生	钦州师范高等专科学校学报	3 期	1999
苏轼文集	顾之川	岳麓书社		2000
太学散文选202：成竹在胸	金炳爱	太学社		2001
中国古典文学名著百部：苏轼集	苏 轼	中国戏剧出版社		2002
传世散文精品库：万斛泉源——唐宋八大家之苏轼散文集	堵 军	延边人民出版社		2004
苏东坡散文选	曹圭百	白山出版社		2005
苏东坡笔记	周去病标点	大达图书供应社		1936
苏东坡笔记	萧屏东校注	湖南文艺出版社		1991
中国历代笔记英华：苏轼	任叔宝	京华出版社		1998
苏东坡寓言大全诠释	朱靖华	京华出版社		1998
欧阳永叔 苏氏文集序研究法	唐文治	学术世界	1 卷 4 期	1935
蘇東坡の小說觀	船津富彦	東洋文学研究	9 号	1961
苏轼散文的艺术风格	高海夫	文汇报		1961.8.9
试论苏东坡的散文艺术	赵继武	扬州师院学报	12 期	1961
		江海学刊	1 月号	1962
试论苏轼杂记文的创作艺术	晦 之	江汉学报	4 期	1962
苏轼散文的一些艺术特色	郭预衡	光明日报		1962.1.28
Self and Landscape in Su Shih	A. L. March	Journal of the American Oriental Society	Vol. 86, nos. 4	1966
苏东坡的散文	李汉祚	首尔大学教养课程部论文集	2 辑	1970
苏轼对北宋古文革新运动的贡献	宁 可	四川师范学院学报（社科）	4 期	1978
宋代散文的杰出代表苏轼	张志烈	读书	5 期	1979
苏轼的文论简介	洪瑀钦	中国语文学	1 辑	1980
苏轼散文的艺术特色	薛瑞生	陕西教育	8 期	1980
文理自然，姿态横生——谈苏轼的散文	王达津	散文	1 期	1981
直面人生，积极用世——从苏轼的散文看他人生观中的积极因素	乔国煜	沈阳师院学报（哲社）	2 期	1981

续表二一

篇、书名	著(译)编者	出处	卷、期	年月日
论苏轼的"文理自然，姿态横生"说	徐中玉	社会科学战线	4期	1981
苏轼的散文艺术	陈学超	散文	6期	1981
论苏轼散文的艺术特色	苏利生	下关师专学报（社科）	1期	1982
文理自然，姿态横生——苏轼散文艺术札记之一	丛柯	昭乌达蒙族师专学报	2期	1982
从"系风捕影"到"成竹于胸"——苏轼关于散文中形象思维的一些见解	柯大课	昭乌达蒙族师专学报	3期	1983
苏轼散文的写作艺术	徐惠元	山东师大学报（哲社）	4期	1984
论苏轼议论文的写作特色	李青	文学遗产	2期	1985
论苏轼散文的艺术美	王水照	社会科学战线	3期	1985
苏轼传记文的特色	樊德三	盐城师专学报（社科）	4期	1985
苏东坡散文疏探	陈玉卿	中国语文学	10辑	1985
"文理自然，姿态横生"——苏轼游记散文艺术谈	马承五	华中师范大学学报（人文）	1期	1986
论苏轼的散文艺术	刘乃昌	东岳论丛	5期	1986
略论苏轼"记"体散文的艺术特色	曾子鲁	西北师院学报（社科）	6期	1986
苏轼研究论文集 第四辑：东坡文论丛	苏轼研究学会	四川人民出版社		1986
试论苏轼亭台堂记类散文的笔力	杨明洁	内蒙古民族大学学报（社科）	2期	1987
论苏轼散文的成就	孙兰廷	语文学刊	5期	1987
论苏轼散文的成就（续）	孙兰廷	语文学刊	6期	1987
苏轼"以诗为文"论	赵仁珪	文学遗产	1期	1988
论苏东坡寓言的成就和贡献	朱靖华	枣庄师专学报	3期	1988
试论苏轼散文的立意谋篇	周慧珍	苏州大学学报（哲社）	4期	1988
浅谈苏轼作文思想	肖远骑	语文学刊	6期	1988
The Travel Records [Yu-chi] of Su Shih [1037-1101]	J. M. Hargett	Chinese Studies	Vol. 8, nas. 2	1990
试论苏轼"记"体散文中的道家思想	曾子鲁	宝鸡师院学报（哲社）	4期	1990
论苏轼的散文美学思想	王文龙	宝鸡师院学报（哲社）	4期	1990
苏轼文论及其散文艺术研究	黄美娥	台湾师范大学国学研究所集刊	34号	1990
苏文系年考略	吴雪涛	内蒙古教育出版社		1990
苏轼两杭时期散文中的自我形象	周慧珍	汕头大学学报（人文）	2期	1991

续表二二

篇、书名	著(译)编者	出处	卷、期	年月日
苏轼的散文理论——兼谈其散文风格	孙连琦	求是学刊	5期	1991
论苏轼的散文美学思想	吴小林	中国人民大学学报	3期	1992
《苏轼佚文汇编》疵瑕举要	吴雪涛	文史	35辑	1992
苏轼亭台楼堂记的艺术特色	张智华	安徽师大学报（哲社）	3期	1993
苏轼游记散文的艺术特色	韩国强	语文学刊	4期	1993
苏轼与北宋古文运动	谢桃坊	西南师范大学学报（社科）	4期	1993
论苏轼散文"以诗为文"的艺术特点	雷玉华	写作	6期	1993
苏东坡散文研究（1）	朴鲁玹	论文集（尚志专科大学）	12辑	1993
苏轼"行云流水"说	耿琴	烟台大学学报（哲社）	4期	1994
苏轼散文赏析集	周先慎	巴蜀书社		1994
苏轼居儋散文的艺术风格	钟平	海南史志	4期	1995
苏轼与文章之法	毕熙燕	海南师院学报	1期	1996
论苏轼早期的散文创作思想	白清	西安外国语学院学报（哲社）	2期	1996
东坡文谈	徐季子	宁波大学学报（教科）	3期	1996
苏轼游记散文艺术特色论	何梅琴	平顶山师专学报	3期	1996
"自得"之文——苏轼散文研究之一	何玉兰	乐山师专学报	4期	1996
苏轼散文艺术美管窥	陈曙	江苏商业管理干部学院学报	4期	1996
论苏轼的四六文	尹占华	天府新论	6期	1996
苏东坡的寓言文初探	吴洙亭	中国文学	26辑	1996
文理自然 姿态横生——苏轼散文艺术特色	丁永淮	散文	1期	1997
柳宗元、苏轼与唐宋寓言	刘卓英	中国典籍与文化	3期	1997
苏轼的密州七记	于培杰	昌潍师专学报	3、6期	1997
苏文辨正举隅	王文龙	乐山师范学院学报	4期	1997
苏轼散文的气势美	周晴	语文函授	4期	1997
苏轼散文中的禅		北京师范大学学报（社科）	4期	1997
"水说"——苏轼散文美学观的形象表现	杨文丰	语文月刊	6期	1997
苏轼的散文理论研究	朴鲁玹	中国现代文学研究	6辑	1997
苏轼的文章理论体系及其美学特质	党圣元	人文杂志	1期	1998
苏轼在宋代古文运动中的矛盾心态	沈元林	社会科学研究	2期	1998
试论苏轼寓惠散文	蓝喧岛	惠州大学学报（社科）	2期	1998

续表二三

篇、书名	著(译)编者	出处	卷、期	年月日
论苏东坡的诗词韵体寓言	朱靖华	中国人民大学学报	2期	1998
论苏轼散文中的比喻	徐姝	南京社会科学	6期	1998
东坡书简人物辨	张志烈	社会科学研究	6期	1998
东坡书简人物辨（之二）	张志烈	黄冈师专学报	2期	1999
关于苏轼散文的美的特质之研究	朴鲁玹	论文集（商志专科大学）	17辑	1998
柳宗元、苏诗的讽刺散文比较研究	吴洙亨	中语中文学	23辑	1998
苏文汇评	曾枣庄	文史哲出版社		1998
		四川文艺出版社		2000
洒脱旷逸的人生写照　出尘绝俗的诗心雅韵——论苏轼的黄州散文	孙嘉毅	北京教育学院学报	1期	1999
浅谈苏轼散文中的通感现象	林俊相	修辞学习	2期	1999
苏轼及其散文创作	傅德岷　文成英	渝州大学学报（社科）	2期	1999
论欧阳修对苏轼散文的影响	孙兰廷	内蒙古社会科学	3期	1999
简述苏轼对韩欧古文成就的继承与发展	曾子鲁	江西师范大学学报（哲社）	5期	1999
苏轼散文所表现的治国之道论	朴鲁玹	地域开发研究（尚志岭西专科大学）	7辑	1999
苏轼其人及其散文的说理方式	马永堂	语文教学与研究	11期	1999
试论苏轼的散文风格理论	杜松柏	四川师范学院学报	1期	2000
苏轼散文"辞达"试论	童健	武汉教育学院学报	1期	2000
试论苏轼的散文风格理论	杜松柏	四川师范学院学报（哲社）	1期	2000
苏轼史论文中的人格思考	陈晓芬	吉安师专学报	1期	2000
情胜　理胜——韩、柳、苏议论文及在古文运动中的角色	艾春明	辽宁师专学报（社科）	3期	2000
苏轼与"宋四六"	陈祥耀	文学评论	5期	2000
文理自然　姿态横生——略谈苏轼的散文	钟尚钧	重庆三峡学院学报	增刊	2000
苏轼史论散文研究	谢敏玲	万卷楼图书公司		2000
评苏轼的人物史论	周国林	长沙电力学院学报（社科）	2期	2001
苏轼书简中所论"晁君骚辞"之"晁君"考辨	周小兵	古籍整理研究学刊	2期	2001
苏轼论《文选》顼议	穆克宏	福建师范大学学报（哲社）	2期	2001
诗化现象：苏东坡的创作风格	狄松	中共福建省委党校学报	12期	2001

续表二四

篇、书名	著(译)编者	出处	卷、期	年月日
苏轼散文研读	王更生	文史哲出版社		2001
苏轼短制散文的境界之美	牛芙珍	廊坊师范学院学报	2 期	2002
释苏轼文中的"龟头"	汪化云 梅大圣	民俗研究	2 期	2002
苏轼游记散文艺术特色论	郑金梅	平原大学学报	3 期	2002
苏轼议论文中的历史评论	金桂台	中国语文论丛	23 辑	2002
文的"元"精神与苏轼的再创造	朱靖华	黄冈师范学院学报	1 期	2003
出新意于法度之中 寄妙理于豪放之外——苏轼散文命意特色	罗曼菲	惠州学院学报	2 期	2003
苏轼的散文和唐宋古文运动	王国德	中国人文科学	26 辑	2003
苏轼记文的道家的性向考察	任振镐	中国人文科学	26 辑	2003
论明清散文对苏轼游记的继承	王士君	山东行政学院山东省经济管理干部学院学报	5 期	2004
妙趣横生 自然天成——苏轼山水游记的两大特征	施 静	语文学刊	8 期	2004
苏文贺启受主考二则	张志烈	乐山师范学院学报	11 期	2004
宋代古文运动展开过程上的苏轼地位	金桂台	中国语文论丛	28 辑	2004
苏东坡的记文译注	曹圭百	论文集（济州观光专科大学）		2004
从《送张道士叙》看苏东坡的痛苦彷徨心态	邵明珍	中文自学指导	2 期	2005
苏轼散文的禅道思想与审美追求	李志强	经纪人学报	3 期	2005
试析苏东坡的出入世思想及其散文创作	施肃中	福建省社会主义学院学报	3 期	2005
自由的思想与自由的抒写——论苏轼散文的艺术精神	马茂军	江淮论坛	6 期	2005
东坡龙马砚记	瞻麓斋主人	国艺	1 卷 3、4 期	1940
《石钟山记》的普通话翻译	于在春	江苏教育	15 期	1963
苏轼和《石钟山记》	曾枣庄	四川师范学院学报（社科）	1 期	1978
谈《石钟山记》的"南声"、"北音"	王伟民	徐州师范学院学报	1 期	1979
苏轼《石钟山记》试析	谢邦华	教学参考	1 期	1979
"南声""北音"考	王伟民	四川师院学报（社科）	1 期	1979
《石钟山记》的艺术特点	刘宗德	语文教学与研究	2 期	1979

续表二五

篇、书名	著(译)编者	出处	卷、期	年月日
《石钟山记》分析	徐应佩 周溶泉	辽宁师范大学学报（社科）	3 期	1979
《石钟山记》中的"二疑"、"三笑"	邓耀武	语文教学与研究	3 期	1979
苏轼《石钟山记》评点	叶百丰 翁德森	语文教学通讯	6 期	1979
《石钟山记》疑析	萧德君	四川师院学报（社科）	2 期	1980
谈《石钟山记》的结构特色	镇江师范专科学校七八级中文班古典文学兴趣小组	教学与进修	2 期	1980
"自齐安舟行适临汝"怎么走	黄志中	中学语文	4、5 期	1980
"过其门，而未入其室"——苏轼《石钟山记》中的一个问题	赵继颜	光明日报		1981.1.14
《石钟山记》主题新探	杨开达	昆明师院学报	1 期	1981
《石钟山记》一疑	宋曾华	天津教育	4 期	1981
从苏轼《石钟山记》的失误说起	黄进德	江西社会科学	5、6 期	1981
未入其室，已得其声——谈苏轼《石钟山记》的声论说	牟应杭	语文教学通讯	12 期	1981
浅谈《石钟山记》的艺术特色	肖可	语文学刊	2 期	1982
《琵琶行》、《石钟山记》中几个摹拟词的注释问题	周霁	湘潭师专学报	3 期	1982
《石钟山记》的有关资料	鲁勤	语文教学与研究	6 期	1982
深潭绝壁，月夜观钟——苏轼《石钟山记》的分析	赵庆培	阅读和欣赏·古典文学部分（七）		1983
"临汝"在哪里	郭迦	语文学习	4 期	1984
《石钟山记》中的几个文言虚词	周丹风	教学与研究	4 期	1984
释"咳"——《石钟山记》词语小札	梁杞林	枣庄师专学报	2 期	1986
《石钟山记》精讲导读	曹文趣	语文教学通讯	2 期	1986
读苏轼的《石钟山记》	韩兆琦	名作欣赏	4 期	1986
《石钟山记》中苏轼的三"笑"	罗治武	语文教学与研究	1 期	1987
湖口石钟山山名探考	刘荣喜	江西社会科学	5 期	1987
从石钟山的命名谈起	尤志心	师范教育	7 期	1987
对近版《石钟山记》的两点质疑	黄志鹏	江西大学学报（哲社）	4 期	1988

续表二六

篇、书名	著(译)编者	出处	卷、期	年月日
游记别体　各具特色——《游褒禅山记》、《石钟山记》比较赏析	谢逢江	语文学习	1期	1989
《石钟山记》的一处笔误	张汉清 方　弢	语文教学通讯	8期	1989
《石钟山记》的思想意义	杨清远	语文教学通讯	10期	1989
《石钟山记》浅谈	牛宝彤	北京师范大学学报	2期	1990
关于《石钟山记》注三则	黄强祺	广西师院学报（哲社）	2期	1990
《石钟山记》"其遗踪"辨正	严华银	南京师大学报（社科）	4期	1990
《游褒禅山记》和《石钟山记》文体辨异	王嘉民	青海师专学报	4期	1990
苏轼游石钟山行踪探索	王余成	安徽教育	6期	1990
《石钟山记》中"三笑"之我见	周文志	绥化师专学报	4期	1992
《石钟山记》的思想及艺术价值	聂鸿飞	文史知识	3期	1993
"双石"不是"上、下石钟山"	曾平东	中学语文教学	1期	1994
东坡误断石钟山	陈跃春	政工学刊	4期	1994
走马石钟山	韩朗亭	河南水利	1期	1995
		人民日报（海外）		2003.5.7
"不能（之）鸣"，还是"不能鸣（之）"——试辨"否定句中代词宾语前置"规律	孙　俊	汉字文化	4期	1995
石钟山怎么会"全山皆空"	杜秉庄	中学语文教学	6期	1996
《石钟山记》质疑	张志琦	语文教学与研究	6期	1997
异曲同工　各呈辉煌——《游褒禅山记》与《石钟山记》比较谈	石华鹏	中学语文	11期	1997
一词误释，碍及"舟人"——《石钟山记》中"虽"辨释	朱学军	语文知识	2期	1998
《石钟山记》的悖理之处	张炳嘉	盐城师专学报	1期	1999
从《石钟山记》中"焉""所"谈起	苏世彤	语文天地	7期	1999
叙议各别　相映成趣——《游褒禅山记》《石钟山记》之比较	吴同和	中学语文教学参考	11期	1999
谈《石钟山记》的背景介绍	秦嘉选	教育与职业	2期	2000
层层相生　浑然一体——谈《石钟山记》一文的段间关系	顾正飞	语文知识	2期	2001
《游褒禅山记》与《石钟山记》的比较	陈致新	丽水师范专科学校学报	4期	2001
石钟山上话三绝	蓝　山	对外大传播	6期	2001

续表二七

篇、书名	著(译)编者	出处	卷、期	年月日
莫听穿林打叶声 一生为官只求真——解读《石钟山记》	万仁芳	中学语文	7期	2001
《石钟山记》札记三则	赵爽 赵成德	中学语文园地	12期	2002
《石钟山记》的表述过程与思维过程	张伟然	文史知识	5期	2003
借游言志 各辟蹊径——《游褒禅山记》、《石钟山记》对读	王茂恒	现代语文	10期	2003
		写作	15期	2003
《游褒禅山记》和《石钟山记》的异同	雷乃保	语文教学通讯	15期	2003
因名求实 知行合一——从《石钟山记》看苏轼的探索精神	马启俊	池州师专学报	2期	2004
试论《石钟山记》与"乌台诗案"的联系	魏庆	唐山学院学报	3期	2004
《游石钟山记》断句、译文纠错	杜秉庄	中学语文教学	12期	2004
读《石钟山记》小札	徐从根	语文学习	1期	2005
关于《石钟山记》中的"鹘"和"磔磔"	刘大威	昌吉学院学报	1期	2005
谈谈《石钟山记》中的破绽	陈友珠	文教资料	3期	2005
苏轼也失之于未"目见耳闻"	罗朝坤	四川教育学院学报	4期	2005
李渤未必可笑——兼论苏轼《石钟山记》	许国申	语文学习	5期	2005
画论选注：传神记	秦仲文	美术	8期	1959
《传神记》注译	苏轼撰，俞剑华注译	南艺学报	1期	1979
苏东坡"超然亭"题名小记	徐自强等	文物	6期	1979
苏轼《超然台记》赏析	丕评	名作欣赏	3期	1989
《超然台记》并不"超然"	冯进	陕西广播电视大学学报	2期	2005
苏轼《与滕达道书》是忏悔书吗	曾枣庄	文学评论	4期	1980
关于苏轼《与滕达道书》的系年和主旨问题	王水照	文学评论	1期	1981
苏轼《与滕达道书》系年、主旨之探讨——与王水照先生商榷	张海滨	宁夏大学学报（社科）	2期	1981
再论苏轼《与滕达道书》	曾枣庄	苏轼评传·附录		1984
苏东坡《灵璧张氏园亭记》考	张良元	安徽大学学报（哲社）	4期	1980
笔下天然景，胸中自适情——苏轼《灵璧张氏园亭记》解读	王典馥	阅读与写作	7期	2004

续表二八

篇、书名	著(译)编者	出处	卷、期	年月日
一首清冷的月光曲——读苏轼《记承天寺夜游》	吴战垒	散文	3 期	1981
简洁·清新·隽永——苏轼《记承天寺夜游》赏析	雷富民	中学语文	12 期	1982
清新·凝炼·隽永——读苏轼《记承天寺夜游》	周亚非	新闻爱好者	6 期	1987
信笔抒怀 随物赋形——苏轼《记承天寺夜游》赏析	王立军	语文天地	23 期	1999
散文的精气神——读苏轼《记承天寺夜游》感言	高天星	语文知识	1 期	2001
随物赋形 空灵拔俗——苏轼《记承天寺夜游》赏析	许兆真	古典文学知识	2 期	2001
一首清冷的月光曲——赏析苏轼《记承天寺夜游》	何春雅	阅读与鉴赏（高中）	10 期	2002
怎一个"闲"字了得——苏轼《记承天寺夜游》心绪轨迹探寻	曹津源	语文知识	8 期	2002
		初中生	21、22 期	2002
		语文教学通讯	35 期	2003
		语文知识	1 期	2004
小散文 大境界——赏析苏轼《记承天寺夜游》	戴本刚	中国教师报		2003.12.3
清冷而优美的"月光曲"——苏轼《记承天寺夜游》赏析	宋成永	语文天地	8 期	2005
秋月冬雪两轴画——《记承天寺夜游》与《湖心亭看雪》的写景欣赏	梁 衡	名作欣赏	3 期	1983
苏东坡与《醉翁亭记》	花纯儒	艺谭	3 期	1981
"法寓于无法之中"——读《方山子传》	魏丕一	名作欣赏	1 期	1982
读苏轼《方山子传》	闫笑非	求是学刊	5 期	1991
以奇笔写奇人——读苏轼《方山子传》	张宏生	文史知识	11 期	1993
眉州远景楼记	苏 轼	旅游天府	4 期	1982
闪耀着哲理光辉的论说文——谈苏轼的《日喻》	徐中玉	名作欣赏	4 期	1982
苏轼《议学校贡举状》并非熙宁四年奏上	冀 洁	北京大学学报（哲社）	5 期	1982
苏轼《王大年哀辞》质疑	俞如云 顾吉辰	文史	16 辑	1982

续表二九

篇、书名	著(译)编者	出处	卷、期	年月日
形散神凝的精彩之作——谈苏轼《文与可画筼筜谷偃竹记》	黄松坡 刘翠霄	名作欣赏	1期	1983
苏轼《与鲜于子骏书》系年考辨——兼及苏词风格的若干问题	吴雪涛	河北学刊	4期	1983
快、达、了——苏轼《教战守策》的论述特点	唐嗣德	语文学习	12期	1983
浅近设喻 透彻说理——苏轼《教战守策》的艺术特色	方伯荣	名作欣赏	3期	1984
苏轼《教战守策》管见	王银清	语文教学通讯	4期	1985
政治家的散文——说苏轼《教战守策》	周先慎	写作	5期	1990
亦深责 亦悲惜——读苏轼的《贾谊论》	周慧珍	名作欣赏	1期	1985
评苏轼论圯上老人	周光廉	岳阳师专学报	1期	1985
《艾子》是苏轼的作品	孔凡礼	文学遗产	3期	1985
读苏轼《放鹤亭记》	何水清	名作欣赏	3期	1985
读苏轼的《喜雨亭记》	韩兆琦	云梦学刊	3期	1986
苏轼的写作理论初探——读《答谢民师书》	胡永在	语文学刊	6期	1986
从苏轼《答谢民师书》看其文艺观	大泉	抚州师专学报	4期	1993
苏东坡的《栽松法》	郑发	云南林业	2期	1988
蘇軾《祷祝文》小考	石本道明	国学院大学大学院纪要	19号	1988
苏轼《文说》赏析	张长江	名作欣赏	3期	1989
说苏轼《游白水书付过》	吴小如	名作欣赏	5期	1990
苏轼《论语说》钩沉	马德富	四川大学学报（哲社）	4期	1992
苏东坡的《万石君罗文传》译注	金昌龙	汉城语文学	12辑	1993
《東坡題跋》卷四に於ける二王存在に関する考察（中）	塚本弘	和洋女子大学纪要文系篇	33号	1993
《東坡題跋》卷四に於ける二王存在に関する考察（下）	塚本弘	和洋女子大学纪要文系篇	34号	1994
蘇東坡の《大悲閣記》について	吉井和夫	平野顯照教授退休特集中国文学論叢		1994
苏东坡的《温陶君传》《江瑶柱传》译注	金昌龙	汉城语文学	14辑	1995
对苏轼佚文《叶氏宗谱序》的考证	叶瑞汶	文学遗产	3期	1997
苏轼佚文《叶氏宗谱序》质疑	岳珍	四川大学学报（哲社）	4期	1997

续表三〇

篇、书名	著(译)编者	出处	卷、期	年月日
"强附贤达"的伪托之作——苏轼《叶氏宗谱序》真伪辨	曾枣庄	文学遗产	6期	1997
《叶氏宗谱序》与《像赞》非苏轼、苏洵作辨	薛瑞生	人文杂志	1期	1998
苏轼佚文《叶氏宗谱序》质疑	方建新	杭州大学学报（哲社）	1期	1998
信我人厄非天穷——读苏轼《潮州韩文公庙碑》	曾楚楠	文史知识	9期	1997
朴实中明事理　自然中蕴深情——读苏轼的《喜雨亭记》	祁念曾	名作欣赏	6期	1998
蘇軾《黃州雪堂記》について	湯淺陽子	中國文學論集（興膳教授退官記念）		2000
人敬朝云高品德——读苏轼《朝云墓志铭》	胜成居士	文史杂志	1期	2001
苏轼《论语说》辑补	舒大刚	四川大学学报（哲社）	3期	2001
苏轼《东坡书传》述略	舒大刚	四川大学学报（哲社）	5期	2000
苏轼《东坡易传》考论	谢建忠	文学遗产	6期	2000
苏轼《东坡书传》叙录	舒大刚	西南民族学院学报（哲社）	4期	2001
读苏轼《留侯论》	卞云和	华夏文化	4期	2001
翻空立论　波澜横生——谈苏轼的《留侯论》	张福庆	名作欣赏	2期	2003
苏轼《论语说》流传存佚考	舒大刚	西南民族学院学报（哲社）	6期	2001
戏言浅语道禅趣——苏轼《书焦山纶长老壁》赏析	桑宝靖	世界宗教文化	1期	2002
苏轼《富郑公神道碑》的西夏译文	孙伯君	宁夏社会科学	4期	2002
《历代世变》非苏轼所作考	粟品孝	四川大学学报（哲社）	4期	2003
感情澎湃气势磅礴的散文杰作——苏轼《潮州韩文公庙碑》赏析	姜光斗	名作欣赏	8期	2004
苏长公小品	王圣俞评选，陈宗彝校	正蒙印书局		1914
东坡小品	陈迩冬 郭隽杰	江西人民出版社		1981
		百花洲文艺出版社		1993
中国世情小品大系（三）苏东坡：旷达小品　陆游：雄放小品	陈文新等	长江文艺出版社		1994
苏东坡小品	张　毅 孙艳君	文化艺术出版社		1997
苏轼小品散文浅析	顾克天	盐城师专学报	4期	1998

续表三一

篇、书名	著(译)编者	出处	卷、期	年月日
宋人笔记小说：东坡志林 仇池笔记	华东师大古籍研究所点校注释	华东师范大学出版社		1983
仇池笔记 东坡志林		上海书店		1990
东坡志林		商务印书馆		1919
志林		上海古籍出版社		1988
东坡志林	王松龄点校	中华书局		1981
笔记小说大观第三册：东坡志林		江苏广陵古籍刻印社		1995
才子四书	王雅红等	湖北辞书出版社		1997
东坡志林	韩放主校点	京华出版社		2000
东坡志林	刘文忠评注	学苑出版社		2000
中国古典名著百部：说典 东坡志林	曹臣 苏轼	远方出版社		2001
东坡志林	乔丽华点评	青岛出版社		2002
东坡志林	赵学智校注	三秦出版社		2004
读苏子瞻志林感言	怀葛民	东方杂志	15卷5号	1918
《东坡志林》初探	周先慎	北京大学学报（哲社）	2期	1982
《东坡志林》初探	孙兰廷	内蒙古师大学报（哲社）	2期	1984
《东坡志林》研究三题	何凤奇	齐齐哈尔师范学院学报（哲社）	4期	1986
《东坡志林》《仇池笔记》异同考	修世平	图书馆理论与实践	4期	1997
《仇池笔记》辑析	修世平	古籍整理研究学刊	5期	1999
《东坡志林》初探——苏轼的笔记文写作	唐润熙	中国散文论丛	2辑	2001
关于五卷本《东坡志林》的真伪问题——兼谈十二卷本《东坡先生志林》的可信性	章培恒 徐艳	南京师范大学文学院学报	4期	2002
东坡居士艾子杂说	苏轼	艺文印书馆		1966
《艾子》是苏轼的作品	孔凡礼	文学遗产	3期	1985
"鬼怕恶人"的启示	凌岚	民主与科学	1期	1995
有尾者斩	王宇 尚弓	中华魂	3期	1999
有感于"恐究蝌蚪时事也"	奚延华	基础教育研究	11期	2002
"虾蟆夜哭"与"曹操烧信"	奚延华	班主任	2期	2004
		教书育人	3期	2004

续表三二

篇、书名	著(译)编者	出处	卷、期	年月日
东坡题跋（外一种）	苏 轼	台湾商务印书馆		1965
津逮秘书：东坡题跋	苏 轼	艺文印书馆		1971
东坡题跋	苏 轼	广文书局		1971
东坡题跋	屠友祥校注	上海远东出版社		1996
东坡题跋思想艺术浅论	魏景波	陕西教育学院学报	1 期	2001
苏轼题跋文初探——实用性与个性的发现	唐润熙	中国文学	35 辑	2001
东坡题潭帖	洪 迈	船山学刊	4 期	2002
东坡题跋二则	苏 轼 顾 农	阅读与鉴赏（高中）	4 期	2002
戴嵩画牛		阅读与鉴赏（初中）	4 期	2003
《东坡题跋》"记与蔡君谟论书"证伪	丛文俊	古籍整理研究学刊	5 期	2003
苏轼题跋文考察——宋代文人的"载道"外写作	安芮璿	中国语文论丛	25 辑	2003
秘本东坡尺牍		中华图书馆		1912
苏东坡尺牍	商务印书馆编译所	商务印书馆		1917
苏东坡尺牍	上海文明书局	编者刊		1922
苏东坡尺牍	储菊人校订	中央书店		1936
东坡尺牍		广智书局		
苏东坡尺牍	苏 轼	广文书局		1983
苏东坡、黄山谷尺牍合编	黄始静御笺辑	文益图书馆		1915
评注苏黄尺牍合纂	黄始静御笺辑	会文堂书局		1925
		学海出版社		1980
苏东坡、黄山谷尺牍合册	陶乐勤标点	大中书局		1926
苏东坡、黄山谷尺牍合璧	黄 始辑，薛恨生标点	新文化书社		1933
苏东坡、黄山谷尺牍	陈伯陶标点	大连图书供应社		1935
苏黄尺牍合刊	黄始静御笺辑	泰顺书局		1970
苏东坡、黄山谷尺牍合册	深瀚池	泰顺书局		1970
苏东坡、黄山谷尺牍	沈世伯	正文出版社		1974
文气·文风·文眼——柳宗元、欧阳修、苏东坡山水游记的艺术特色	毛时安 魏 威	名作欣赏	1 期	1980

续表三三

篇、书名	著(译)编者	出处	卷、期	年月日
欧曾王苏散文比较	吴小林	文史哲	5期	1988
		文学遗产	6期	1988
柳宗元、苏轼与唐宋寓言	刘卓英	中国典籍与文化	3期	1997
游记领域中的双子星座	李园	乐山师范学院学报	5期	2003
从柳宗元、欧阳修、苏轼看唐宋山水散文的发展	陈晓兰	温州师范学院学报（哲社）	3期	2004
曾巩、苏轼、苏辙同题作品《刑赏忠厚之至论》的高下比较	黄坤尧	第四届宋代文学国际研讨会论文集		2005
中国古典文学名著百部：苏辙集	苏辙	中国戏剧出版社		2002
传世散文精品库：秋水织锦——唐宋八大家之苏辙散文集	堵军	延边人民出版社		2004
苏辙散文选集	孙虹	百花文艺出版社		2005
触处成春，修然超妙——苏辙记叙文浅析	金成礼	成都大学学报（社科）	1期	1986
苏辙史论散文的舒缓平和之美	徐正英	殷都学刊	2期	1988
苏辙散文简评	沈惠乐	上海教育学院学报	1期	1991
苏辙文论的价值及地位——兼论古代"文气"说	李凯	社会科学研究	1期	1997
浩然之气，一以贯之——苏辙散文特色略论	唐骥	求索	5期	1997
苏辙文章论	周楚汉	长沙大学学报	1期	1998
从人学价值到诗学价值——论苏辙"养气说"的深层含蕴	李春青	社会科学辑刊	3期	1998
"文者气之所形"——苏辙文章论	周楚汉	中国文学研究	4期	1998
论苏辙和他的散文	孙虹	江南学院学报	1期	1999
浅谈苏辙的养气说	张丽君	集宁师范学院学报	2期	2004
苏辙《六国论》评点	柴敦仁	语文教学通讯	6期	1982
六国论	苏辙	人民论坛	10期	1994
六国论	苏辙	阅读与鉴赏（高中）	7、8期	2003
析苏辙《上枢密韩太尉书》	顾伟列	语文学习	5期	1984
答策不堪宜落此——论苏辙的《栾城应诏集》	曾枣庄	四川古籍整理出版通讯	3期	1985
不卑不亢　不骄不纵——苏辙"上枢密韩太尉书"是一封绝妙的自荐信	林鸿荣　吴奎信	秘书之友	1期	1988
青春之美文——读《上枢密韩太尉》书	吴斧平	福建广播电视大学学报	1期	1998

续表三四

篇、书名	著(译)编者	出处	卷、期	年月日
"枢密韩太尉"解	雷汉卿	古汉语研究	2期	2000
《上枢密韩太尉书》	李林	语文教学通讯	23期	2002
苏辙《上枢密韩太尉书》五奇	陈金强	现代语文	3期	2003
《上枢密韩太尉书》导读设计	崔培莲	山西教育	8期	2003
《上枢密韩太尉书》解读	汪茂吾	现代语文	9期	2003
振宕有致　曲表衷肠——《望洞庭湖赠张丞相》与《上枢密韩太尉书》的构思艺术	赵恒仁	语文天地	20期	2003
读苏辙《上韩太尉书》	马玉娟	语文天地	10期	2005
《上枢密韩太尉书》中"百氏"注商	欧阳炎中	中学语文	13期	2005
擒住题面　畅加洗发——苏辙《黄州快哉亭记》赏析	何伍修	名作欣赏	1期	1984
从苏辙《黄州快哉亭记》看苏轼《水调歌头》（落日秀帘卷）	方元珍	空大人文学报	8期	1999
黄州快哉亭记	苏辙	语文新圃	5期	2002
《黄州快哉亭记》赏析	李弗不	考试（高考语文）	9期	2005
"大坡"襟怀"小坡"论——评苏过《论海南黎事书》	杨映琳	哈尔滨市经济管理干部学院学报	3期	2003
苏门学士砚铭初探	卢庆滨	第二届宋代文学国际研讨会论文集		2002
苏门四学士散文特征论	金振华	苏州大学学报	4期	2004
苏门的变相——论晁补之的散文	张剑	文史哲	5期	2005
张耒的散文		文史知识	4期	1989
南宋巴蜀散文（上）（下）	傅正义	渝州大学学报（社科）	2、3期	2000
论宋元之际的"三翁"散文	傅德岷	西南民族学院学报（哲社）	11期	2002
宋明清乐山散文综论	赵章超	乐山师范高等专科学校学报	4期	1999
明代巴渝作家散文创作概观	傅德岷	渝西学院学报（社科）	3期	2003
杨升庵的《游点苍山记》	叶余	滇池	10月号	1982
杨慎的《异鱼图赞》	化一峰 文峰	历史知识	2期	1983
明代巴蜀名儒邹智散文述评	邓海荣	重庆社会科学	6期	2005
新发现的一则公安派研究的重要史料——黄辉《明右春坊右庶子兼翰林院侍读袁公圹志》介绍	孟祥荣	文献	1期	2004
清前中期的巴蜀散文（上）	傅德岷 文成英	渝州大学学报（哲社）	4期	1998

续表三五

篇、书名	著(译)编者	出处	卷、期	年月日
清前中期的巴蜀散文（下）	傅德岷 文成英	渝州大学学报（哲社）	1期	1999
论唐甄的散文艺术	戴峰	广西师范学院学报（哲社）	3期	2005
安酒意斋尺牍	顾印愚	北京财政部印刷局		1926
关于《小说见闻录》中的四川及《天下乐》	戴德源	四川大学学报（哲社）	3期	1980
为学	徐文璞	语文建设	8期	1963
《为学》注释	张茂颐	湖南教育	11期	1983
《为学》浅析	郑克一	中学语文	11期	1985
《为学》中的一句译文	李佳会	语文教学与研究	1期	1987
《为学》导读		现代语文	12期	2003
张船山判牍	襟霞阁主	上海中央书店		1934
曾懿的《女学篇》概览	李润英	教育评论	4期	1990
孕妇与娱乐运动	刘隆炎	家庭医学	24期	1996
弘一法师《悲欣交集》的笔意	兰娟娟	四川文物	5期	1998
陈定华著《散文发微》跋——川人著述简介之一	胡自逢	四川文献	90期	1970
韩非子通论序——川人著作序文简介	姚蒸民	四川文献	168期	1978
蜀贤旧著撮记——读《张钧衡适园藏书志》后辑	封思毅	四川文献	163期	1977
蜀贤旧著撮记——读《陆心源仪顾堂题跋并续》后辑	封思毅	四川文献	164期	1977
刘汉章与《生计篇》	胡朴	成都日报		1982.12.1
论40年代后期重庆杂文的兴衰起落	林彦	史志文汇	2期	1995
抗战时期重庆作家的散文创作	傅德岷	文学与文化	3、4期	1995
回避、顺应与回击——地域性与时代性交融的四川散文	曹家治	宜宾学院学报	3期	1998
四十年代后期的重庆杂文	林彦	重庆市杂文学会		1999
近代巴蜀的"变法"散文	文成英	渝州大学学报（社科）	2期	2000
巴蜀人文天下盛——近代巴蜀散文选读	傅德岷等	中国文史出版社		2004
镜子·策论·画卷·哲理——论近代巴蜀散文的审美时空	傅德岷	重庆社会科学	2期	2005
《山海经》与中国古代小说的萌生	古原	赣南师范学院学报（社科）	4期	1992

续表三六

篇、书名	著（译）编者	出处	卷、期	年月日
唐宋传奇中有关蜀中故实杂述	王文才	四川师范大学学报（社科）	3期	1985
野史小说艺术初探——从有关巴蜀的野史小说谈起	蓝绪成	重庆师范大学学报（哲社）	3期	1992
龙川略志　别志	苏　辙	商务印书馆		1919
龙川略志　龙川别志——唐宋史料笔记	苏　辙撰，俞宗宪校点	中华书局		1982
龙川略志　龙川别志	苏　辙撰，李郁校注	三秦出版社		2003
小说家的苏辙和他的小说	萧相恺	学海	4期	2002
四川公案故事选	四川民间文学丛书编辑委员会	四川民族出版社		1992
试论现代川籍作家"家庭小说"的文化意蕴	张建锋	西华大学学报（哲社）	1期	2005
试析抗战时期重庆中短篇小说的叙事特征	郝明工	重庆社会科学	2期	2005
简论抗战时期重庆小说的史诗建构	郝明工	涪陵师范学院学报	6期	2005
重庆抗战小说中的女性形象	李丹丹	重庆社会科学	9期	2005
灭亡	巴　金	小说月报	20卷1-4号	1929
		开明书店		1929
		商务印书馆		1935
		联合出版社		1946
		南国出版社		1963
		敦煌文艺出版社		1995
房东太太	巴　金	小说月报	21卷1号	1930
		陕西旅游出版社		1999
死去的太阳	巴　金	开明书店		1931
复仇	巴　金	新中国书局		1931
海底梦	巴　金	新中国书局		1932
		开明书店		1936
		平明出版社		1953
		人民文学出版社		1979
春天里的秋天	巴　金	开明书店		1932
		大成书局		1932

续表三七

篇、书名	著(译)编者	出处	卷、期	年月日
春天里的秋天	巴 金（李士俊）	中国报道社（世界语）		1980
	巴 金	中国世界语出版社（世界语）		1982
		中国华侨出版社		1995
	巴 金（赛西提希）	外文出版社（德汉对照）		2005
Autumn in Spring and Other Stories	Ba Jin	《中国文学》杂志社		1981
光明	巴 金	新中国书局		1932
沙丁	巴 金	开明书店		1933
萌芽	巴 金	现代书局		1933
激流三部曲：家	巴 金	开明书店		1933
		启智书店		1941
		人民文学出版社		1953
		平明出版社		1953
	巴 金（权相哲）	民族出版社（朝鲜文）		1957
	巴 金（沙博理）	外文出版社（英文）		1958
	巴 金	锦明出版社		
		南国出版社		1970
		Anchor Books Doubleday & Co. inc		1972
		C&W Publishing Co.		1979
	巴 金（北京语言学院一系改写注释）	商务印书馆（英文译释）		1982
	巴 金	伊犁人民出版社（哈萨克文）		1983
		外文出版社（阿拉伯文）		1984
		青蓝（韩文）		1985
		新疆人民出版社（维吾尔文）		1985
		内蒙古人民出版社（蒙古文）		1986

续表三八

篇、书名	著(译)编者	出处	卷、期	年月日
激流三部曲：家	巴 金	华语教学出版社（汉英）		1987
		学林书店（缩写本）		1989
		学林出版社		1995
	巴 金（魏以达）	中国世界语出版社（世界语）		1999
	巴 金	中国对外翻译出版公司（汉英对照）		1999
		延边人民出版社		2000
		华中师范大学出版社		2001
		上海教育出版社		2001
		时代文艺出版社		2002
		广陵书社		2002
		银声音像出版社		2002
		吉林音像出版社、时代文艺出版社		2003
		陕西旅游出版社		2003
解读《家》	黎 荔	京华出版社		2001
《家》导读	庄锡华	江苏教育出版社		2001
《家》导读	张 杰	辽宁大学出版社		2001
《家》导读	李存光	中华书局		2002
激流三部曲：春	巴 金	开明书店		1938
		启智书店		1941
		平明出版社		1953
		人民文学出版社		1955
		锦明出版社		
		南国出版社		1970
	巴 金（朴相奉）	延边人民出版社（朝鲜文）		1981
	巴 金	新疆人民出版社（维吾尔文）		1985
		内蒙古人民出版社（蒙古文）		1986
		华语教学出版社（汉英）		1987
		学林出版社		1995

续表三九

篇、书名	著(译)编者	出处	卷、期	年月日
激流三部曲：春	巴 金	上海教育出版社		2001
		华中师范大学出版社		2001
		时代文艺出版社		2002
		陕西旅游出版社		2003
激流三部曲：秋	巴 金	开明书店		1940
		启智书店		1941
		平明出版社		1953
		人民文学出版社		1955
		锦明出版社		
		南国出版社		1970
		天地图书有限公司		1983
	巴 金（朴昌植）	黑龙江朝鲜民族出版社（朝鲜文）		1985
	巴 金	新疆人民出版社（维吾尔文）		1985
		内蒙古人民出版社（蒙古文）		1986
		华语教学出版社（汉英）		1987
		人民卫生出版社		1992
		学林出版社		1995
		上海教育出版社		2001
		华中师范大学出版社		2001
		时代文艺出版社		2002
		陕西旅游出版社		2003
家·春·秋	巴 金	黑龙江人民出版社		1995
		内蒙古人民出版社		1997
		作家出版社		2005
爱情三部曲：雾	巴 金	新中国书局		1932
		开明书店		1938
		东方书店		1941
爱情三部曲：雨	巴 金	上海良友图书公司		1933
		开明书店		1938
		东方书店		1941
		青海人民出版社		1998

续表四〇

篇、书名	著(译)编者	出处	卷、期	年月日
爱情三部曲：电	巴金	上海良友图书公司		1935
		开明书店		1938
		东方书店		1941
爱情的三部曲	巴金	上海良友图书公司		1936
雾·雨·电	巴金	平明出版社		1953
		新文艺出版社		1956
		人民文学出版社		1988
		四川人民出版社		1995
		黑龙江人民出版社		1996
		海南国际新闻出版中心		1996
		内蒙古人民出版社		1997
新生	巴金	开明书店		1933
		平明出版社		1953
电椅	巴金	新中国书局		1933
抹布	巴金	星云堂书店		1933
将军	巴金	生活书店		1934
		文化生活出版社		1949
沉默	巴金	生活书店		1934
		南国出版社		
旅途随笔	巴金	生活书店		1934
		开明书店		1939
		平明出版社		1953
		新文艺出版社		1956
		南国出版社		
		浙江人民出版社、浙江教育出版社		2003
巴金自传	巴金	第一出版社		1934
		汇通书店		
		江苏文艺出版社		1995
神·鬼·人	巴金	文化生活出版社		1935
海行杂记	巴金	开明书店		1935
		中国文联出版公司		1993
点滴	巴金	开明书店		1935

续表四一

篇、书名	著(译)编者	出处	卷、期	年月日
雪	巴金	美国旧金山平社		1935
		文化生活出版社		1936
沉落	巴金	商务印书馆		1936
生之忏悔	巴金	商务印书馆		1936
		上海书店		1993
忆	巴金	文化生活出版社		1936
		中国华侨出版社		1994
		敦煌文艺出版社		1995
巴金短篇小说集 第一、二集	巴金	开明书店		1936
巴金短篇小说集 第三集	巴金	开明书店		1942
巴金短篇小说集	巴金	上海书局		1944
发的故事	巴金	文化生活出版社		1936
		南国出版社		1970
		中国文联出版公司		1998
长生塔	巴金	文化生活出版社		1937
		平明出版社		1954
		新文艺出版社		1955
		南国出版社		
		四川少年儿童出版社		1981
		人民文学出版社		2000
雷	巴金	文化生活出版社		1937
控诉	巴金	烽火社		1937
		海峡文艺出版社		1985
梦与醉	巴金	开明书店		1938
		开明出版社		1994
短简	巴金	上海良友复兴图书印刷公司		1939
		文化生活出版社		1949
		河北教育出版社		1994
旅途通讯	巴金	文化生活出版社		1939
		南国出版社		
感想	巴金	烽火社		1939
黑土	巴金	文化生活出版社		1939

续表四二

篇、书名	著(译)编者	出处	卷、期	年月日
利娜	巴　金	文化生活出版社		1940
		南国出版社		
		广东人民出版社		1981
火 1-3 部（一名田惠世）	巴　金	开明书店		1940－1945
		南国出版社		
		福建人民出版社		1985
		人民文学出版社		1991
		中国华侨出版社		1995
无题	巴　金	文化生活出版社		1941
龙·虎·狗	巴　金	文化生活出版社		1942
还魂草	巴　金	文化生活出版社		1942
		平明出版社		1953
		新文艺出版社		1956
		人民文学出版社		1960
		南国出版社		
		花山文艺出版社		1998
废园外	巴　金	烽火社		1942
小人小事	巴　金	文化生活出版社		1943
憩园	巴　金	文化生活出版社		1944
		新文艺出版社		1953
		晨光出版公司		1953
		南国出版社		
		四川文艺出版社		1986
		人民文学出版社		1988
	巴　金(Jock Hoe)	外文出版社（中英对照）		2001
	巴　金	浙江文艺出版社		2003
第四病室	巴　金	晨光出版公司		1946
		新文艺出版社		1955
		南国出版社		
		大方出版社		1966
		敦煌文艺出版社		1995
		浙江文艺出版社		2003

续表四三

篇、书名	著(译)编者	出处	卷、期	年月日
旅途杂记	巴 金	万叶书店		1946
寒夜	巴 金	晨光出版公司		1947
	巴 金（冈崎俊夫、鸟静子）	筑摩书房（日文）		1953
	巴 金	上海文艺出版社		1955
		新文艺出版社		1958
		香港文化书店		
		基本出版社		1966
		南国出版社		
		外文出版社（西班牙语）		1982
		人民文学出版社		1983
	巴 金（李士俊）	中国世界语出版社（世界语）		1990
	巴 金	华语教学出版社		1990
		陕西人民出版社		1995
		海南国际新闻出版中心		1996
		台海出版社		1999
		浙江文艺出版社		2003
手稿珍藏本：寒夜	巴 金	上海文艺出版社		2005
怀念	巴 金	开明书店		1947
		南国出版社		1966
		宁夏人民出版社		1982
		中国青年出版社		1995
巴金文集	巴 金	春明书店		1948
静夜的悲剧	巴 金	文化生活出版社		1948
春雨	巴 金	艺流书店		
《家》《憩园》及其他	巴 金	南华书店		
故都春梦	巴 金	王氏出版社		1973
灭亡·新生	巴 金	人民文学出版社		1989
点滴·怀念	巴 金	开明出版社		1996
巴金文集：家、春、秋、雾、雨、电	巴 金	黑龙江人民出版社		1999

续表四四

篇、书名	著(译)编者	出处	卷、期	年月日
海上的日出	巴　金	伊犁人民出版社		2000
巴金经典作品选：家、海的梦	巴　金	人民教育出版社、当代世界出版社		2002
觉慧的革命精神	王勉之	读书	16期	1958
读《灭亡》	马　健	读书	16期	1958
《家》并不因觉慧出走而解体	李　均	读书	16期	1958
不真实的形象——评巴金《家》里的下层人民	河北北京师范学院中文系劳动者文学社	读书	1期	1959
论觉慧	山东师范学院中文系二年级一班	山东师范学院学报（人文）	1期	1959
谈巴金"激流三部曲"中的几个问题	山东师范学院中文系二年级二班	山东师范学院学报（人文）	1期	1959
一部宣扬无政府主义思想的反现实主义作品	山东师范学院中文系二年级四班	山东师范学院学报（人文）	1期	1959
觉民弟兄是革命者的形象吗	康金铭	山东师范学院学报（人文）	1期	1959
从巴金的《家》到曹禺的《家》	王　正	文学评论	3期	1963
评巴金的《激流三部曲》	巴金创作研究小组	北京师范大学学报（社科）	2期	1959
论巴金的"火"	武汉大学中文系三年级巴金创作研究小组	武汉大学人文科学学报	2期	1959
生活的激流永远向前——重读巴金的《家》	方　铭	安徽大学学报（社科）	1期	1978
略论巴金的《家》	柯文溥	厦门大学学报（哲社）	1期	1978
论巴金及其长篇《家》	孙中田	社会科学战线	2期	1978
封建宗法制度的控诉书——谈巴金的《家》	田惠兰	华中师院学报（哲社）	3期	1978
向封建势力讨还血债的檄文——读巴金的《家》	玉兆文	广西民族大学学报（哲社）	4期	1978
试谈巴金的世界观与早期创作	李多文	延边大学学报（哲社）	4期	1978
		文学评论	2期	1979
也谈巴金的《家》	吴金海	语文学习	5期	1978
从《家》看巴金小说的现实主义特色	韩斌生	宝鸡师院学报（哲社）	2、3期	1979

续表四五

篇、书名	著（译）编者	出处	卷、期	年月日
封建宗法制度的血泪控诉书——谈巴金的《家》	宋贤邦	广西师范大学学报（哲社）	3期	1979
应当承认世界观有一个转变过程——对《试谈巴金的世界观与早期创作》一文的一点意见	王向东	文学评论	1期	1980
试谈巴金《家》的结构艺术	黄川	新疆师范大学学报	1期	1980
要正确评论巴金的《家》	李多文	延边大学学报（哲社）	1期	1980
巴金的早期创作与无政府主义思想	李恺玲	武汉师范学院学报（哲社）	3期	1980
评《爱情的三部曲》	陈丹晨	中国现代文学研究丛刊	3期	1980
巴金谈《海上的日出》		语文学习	4期	1980
巴金小说中的小资产阶级革命党人	韩立群	山东师院学报（哲社）	6期	1980
细致的观察　精当的描写——读巴金的《海上的日出》	杨振昆	云南教育	9期	1980
巴金的《寒夜》及其它	山口守（胡志昂）	名作欣赏	1期	1981
一曲感人肺腑的哀歌——读巴金的中篇小说《寒夜》	陈则光	文学评论	1期	1981
试评巴金的《寒夜》及其他	瞿大炳	固原师专学报（社科）	1期	1981
关于《激流》——《创作回忆录》	巴金	新文学史料	2期	1981
巴金著译作品散记	清秋	上海师范大学学报（哲社）	2期	1981
巴金早期作品思想浅探	潘克明	中国现代文学研究丛刊	2期	1981
读巴金的《寒夜》	李天海	黄冈师专学报	1期	1982
试论觉新形象研究中的几个问题——读巴金《激流三部曲》札记	姚健	中国现代文学研究丛刊	2期	1982
尤利·巴基的《秋天里的春天》与巴金的《春天里的秋天》	黎舟	福建师大学报（哲社）	1期	1982
巴金《寒夜》中的汪文宣形象	陈培爱	厦门大学学报·文学专号		1982
巴金民主革命时期散文的特色	牟书芳	辽宁大学学报（哲社）	1期	1983
巴金早期短篇小说人物形象漫谈	牟书芳	齐鲁学刊	2期	1983
试谈巴金的《灯》	王乃安 李鸿康	绍兴师专学报（社科）	3期	1983
大胆而幼稚的反封建闯将——谈巴金《家》里的觉慧	刘世楚	黄石师院学报（哲社）	3期	1983
巴金《激流三部曲》中的反面人物形象及其塑造	张民权	社会科学研究	5期	1983

续表四六

篇、书名	著(译)编者	出处	卷、期	年月日
自然和生命的赞歌——读巴金的《鸟的天堂》	史承钧	语文学习	5期	1983
巴金谈《灯》	范守纲	语文学习	8期	1983
一首渴求光明的心曲——读巴金的散文《灯》	黄建宏 杨海中	江苏教育	8期	1983
光明的呼唤——读巴金的《灯》	方文德	承德师专学报	增刊	1983
旧制度崩溃途中的牺牲品——谈巴金《寒夜》中的汪文宣形象	臧连明	安庆师院学报（社科）	1期	1984
从《家》和《寒夜》窥巴金小说的艺术风格	张民权	阜阳师范学院学报（社科）	1、2期	1984
从《家》和《寒夜》看巴金小说创作风格的演变	张民权	中国现代文学研究丛刊	2期	1984
《寒夜》的生活原型与故事模式	林 芝	中国现代文学研究丛刊	2期	1984
关于《家》的发表情况及其他——巴金著译杂记	岑 光	中国现代文学研究丛刊	2期	1984
大雪覆盖下的火山——论巴金关于工人题材的创作	陈思和 李 辉	海南大学学报（社科）	2期	1984
谈谈巴金小说《家》里的鸣凤	刘世楚	黄石师院学报（哲社）	3期	1984
一颗长期被冷漠的儿童艺术珍珠——读巴金的童话集《长生塔》	牟书芳	阜阳师范学院学报（社科）	4期	1984
《海上日出》	周中定	湖南教育	10期	1984
一处句号的赏析	林联昌	江苏教育	24期	1984
谈巴金《小人小事》的创作特色	牟书芳	贵州社会科学	3期	1985
《寒夜》对现实主义文学创作的贡献	王开明	四川师范大学学报（社科）	4期	1985
漫谈三个《家》——评巴金的《家》和曹禺、佐临的改编	陶晓卒	当代文坛	5期	1985
巴金《灯》的想象艺术	殷怀仁	山东师大学报（哲社）	5期	1985
一个被文学史忽略的艺术典型——谈巴金《雾》中的周如水形象	高旭东	承德师专学报	1期	1986
试论《寒夜》中汪文宣悲剧的成因	曹建玲	南都学坛	1期	1986
《憩园》和巴金人类爱思想的终结	李晓虹	新疆教育学院学报	1期	1986
在爱情的掩护下——读巴金的《雾》《雨》《电》	小 溪	殷都学刊	1期	1986
一支敲人心扉的心灵交响曲——谈巴金《寒夜》的心理描写	卫奉一	自贡师专	1期	1986
论巴金《神·鬼·人》的无神论思想	董必严	中国文学研究	2期	1986

续表四七

篇、书名	著（译）编者	出处	卷、期	年月日
论巴金《家》的抒情机制	沈光明	荆州师专学报	2期	1986
巴金的家庭题材小说探胜	吴定宇	中山大学学报（哲社）	2期	1986
中国小资产阶级知识分子的"苦难的历程"——巴金小说人物组象谈	徐若男	锦州师院学报（哲社）	3期	1986
"由活动而幻灭、由幻灭而觉悟"——谈巴金《死去的太阳》中的吴养清	宋曰家	齐鲁学刊	3期	1986
从发迹、显荣到空幻、灭亡——谈巴金小说《家》里的高老太爷	刘世楚	湖北师范学院学报（哲社）	4期	1986
从英雄悲剧到小人物悲剧——论巴金小说的人物塑造	宋曰家	文史哲	4期	1986
为情而造文——巴金散文《爱尔克的灯光》赏析	郑富成	名作欣赏	6期	1986
巴金与"小鸟天堂"		江苏教育	15期	1986
《寒夜》悲剧新探	钱 虹 金 辉	兰州大学学报（社科）	1期	1987
"一颗燃烧的心"——论巴金前期散文	冯志伟 孙可中	中国文学研究	2期	1987
《寒夜》探微	贾 鹏	许昌师专学报	2期	1987
论巴金民主革命时期小说的风格特色	张立慧	中国现代文学研究丛刊	2期	1987
在群体的事业里得到新生——谈巴金小说《新生》的主人公李冷	宋曰家	聊城师范学院学报（哲社）	4期	1987
巴金旧家庭题材小说的时代特征	张民权	学术界	5期	1987
试论巴金的《灭亡》	刘志梅 余 强	开封教育学院学报	1期	1988
巴金的《家》与岛崎藤村的《家》	邱 岭	福建师范大学学报（哲社）	1期	1988
排比在巴金《春天里的秋天》中的运用	王金柱	逻辑与语言学习	2期	1988
爱情悲剧的咏叹调——巴金中篇《春天里的秋天》中的反复	王金柱	天津师大学报（社科）	2期	1988
现代意识与传统观念相撞击的火光——论巴金《家》的文化价值	吴定宇	中国现代文学研究丛刊	2期	1988
懦弱者的灵魂悲剧——试论巴金《寒夜》中汪文宣的形象内涵	沈 蓉	青海师专学报	3期	1988
巴金笔下鸣凤形象的悲剧美探因	许厚明	新疆师范大学学报（哲社）	3期	1988
		河南师范大学学报（哲社）	4期	1988

续表四八

篇、书名	著(译)编者	出处	卷、期	年月日
一部反封建孝道的力作——重读巴金的《家》	胡玲玲	承德师专学报（社科）	4期	1988
论巴金《家》中的觉新形象	王振兴	大理师专学报（哲社）	1期	1989
感伤的艺术——论巴金的《憩园》	蔡贻象	温州师范学院学报（哲社）	2期	1989
《鸟的天堂》	陈有树	四川教育	3期	1989
评巴金《激流三部曲》中的青年女性形象	宋桂珍	齐齐哈尔师范学院学报（哲社）	1期	1990
论巴金《家》排比句式的修辞艺术	丁凤珍	天津职业技术师范学院学报	1期	1990
巴金的散文《爱尔克的灯光》和《灯》尝析	邓达森	娄底师专学报	1期	1990
试比较高尔基短篇小说《恶魔》与巴金短篇小说《幽灵》	李 力	广西民族学院学报（哲社）	1期	1990
巴金旧家庭题材小说与《红楼梦》	张民权	绥化师专学报	3期	1990
变态与灭亡——对巴金早期英雄悲剧系列作品的立体考察和透视	吕汉东 殷靖华	宁夏社会科学	4期	1990
由"灯"的主题说到象征的本质	王俊鸣	语文学习	8期	1990
巴金的《雾》与屠格涅夫的《罗亭》	孟建煌	枣庄师专学报	1期	1991
相同的主题 不同的导向——巴金与岛崎藤村同名小说《家》之比较	孔繁娟	佳木斯教育学院学报	4期	1991
一曲"孝"的挽歌——也论巴金的《家》	邓齐平	怀化师专学报	4期	1991
家庭悲剧——比较巴金与尤金·奥尼尔的当代悲剧意识	罗义蕴	乐山师专学报（社科）	4期	1991
		当代文坛	1期	1992
立意新巧 发人深思——读巴金《爱尔克的灯光》	胡素贞	名作欣赏	4期	1991
浅谈《鸟的天堂》的审美教育	周建高	小学教学研究	4期	1991
关于巴金前期小说中的浪漫主义问题	靳丛林	松辽学刊（社科）	1期	1992
岛崎藤村与巴金的《家》比较论纲	常海青	东北亚论坛	2期	1992
《萌芽》·《煤》·《雪》	刘 屏	中国现代文学研究丛刊	3期	1992
重重樊篱中的女性困境——以女权批评解读巴金的《寒夜》	刘慧英	中国现代文学研究丛刊	3期	1992
旧中国知识分子的精神生活编年史——巴金小说人物综论	宋日家	东岳论丛	6期	1992
巴金与福克纳的家庭小说比较	肖明翰	四川师范大学学报（社科）	6期	1992

续表四九

篇、书名	著(译)编者	出处	卷、期	年月日
如椽大笔写"奇观"——《海上日出》艺术笔法透视	张玉坤	小学教学研究	9期	1992
一首精妙隽永的抒情散文诗——谈巴金《春天里的秋天》中的比喻	王金柱	逻辑与语言学习	4期	1993
《家》与巴金的童年		乡镇论坛	4期	1993
现代人格的坦诚展露——论巴金三、四十年代的散文创作	范家进	浙江师大学报（社科）	5期	1993
谈《海上日出》的一句之误	方建斌	宁夏教育	5期	1993
"海上日出"中几组词语的辨析	夏太锋	湖南教育	9期	1993
由果溯因 逆向思维——《海上日出》导读札记	崔进平 姜 萍	安徽教育	11期	1993
《灯》主题辨	成远方	语文教学与研究	11期	1993
浅析觉新的"二重人格"	张建文	山东教育学院学报	1期	1994
谈巴金小说《家》的人物塑造	袁慧生	天津党校学刊	1期	1994
论巴金的历史小说	万慧蓉	西南民族学院学报（哲社）	3期	1994
论巴金在桂林创作的小说	梁卡琳	广西师范大学学报（哲社）	2期	1994
巴金的《灭亡》	阎淑珍	中文自修	2期	1994
巴金的《家》		中文自修	2期	1994
巴金的《寒夜》		中文自修	2期	1994
同曲异工的和鸣——冰心、巴金早期创作中"爱的哲学"比较	李子慧	湖南师范大学社会科学学报	3期	1994
浅谈高觉新性格的悲剧意义	杨 超	新疆教育学院学报	3期	1994
巴金前期小说的浪漫主义	黄 川	新疆社科论坛	4期	1994
《海上日出》导读	崔进平 姜 萍	教师之友	7期	1994
大家族的没落：福克纳和巴金家庭小说比较研究	肖明翰	广西师范大学出版社		1994
论巴金《灯》的主题	马端章 李淑爱	教学与管理	1期	1995
《浮云》与《寒夜》之比较	刘鹤岩	东北亚论坛	1期	1995
试论巴金小说的人物创作	周芳芸	四川师范大学学报（社科）	1期	1995
旨趣相异的艺术世界——析茅盾、巴金笔下的"吴公馆"与"高公馆"	袁振声	南开学报	2期	1995
冰山上的旧梦——读巴金的《憩园》	范家进	名作欣赏	2期	1995

续表五〇

篇、书名	著(译)编者	出处	卷、期	年月日
情感争夺背后的乱伦禁忌——巴金《寒夜》新解	刘艳	东方论坛	2期	1995
比较巴金、唐弢两篇"鲁迅丧仪散文"的异同	董相升	渤海学刊	4期	1995
形为联想意在递进——说《灯》的结构	孙永良	中学语文教学	8期	1995
对散文线索的思考——从《灯》的线索谈起	秦世新	中学语文教学	11期	1995
论巴金建国前的散文创作	姚春树	文学评论	1期	1996
觉惠爱恋鸣凤的心灵轨迹	赵文建	镇江师专学报（社科）	1期	1996
寒梅未必都高洁——巴金《寒夜》中曾树生形象再认识	李景华	滨州教育学院学报	2期	1996
试论巴金"家庭小说"中的悲剧意识	贾岩	江汉大学学报	2期	1996
模仿还是独创——合读巴金的《爱情三部曲》和屠格涅夫的《罗亭》	金宏宇	鄂州大学学报	2期	1996
		贵州社会科学	5期	1996
谈鸣凤与虎妞之死——巴金、老舍创作风格比较	陈立军	贵州师范大学学报（社科）	2期	1996
读巴金《家》有感	合春梅	玉溪师专学报（社科）	2期	1996
浅谈觉新形象的典型意义	曾凡池	抚州师专学报	2期	1996
《灯》的主题质疑	邢荣生	阅读与写作	2期	1996
巴金《家》中女性形象新论	陈宁宁	泰安师专学报	3期	1996
她们用受伤的手捂住了眼睛——重读巴金小说《寒夜》	徐建新	妇女学苑	3期	1996
巴金早期小说的三大思想支柱	杨晓塘	洛阳大学学报	3期	1996
从《爱尔克的灯光》一文说起	明扬	世纪行	12期	1996
《爱尔克的灯光》主题今探	李中阳	中国文学研究	1期	1997
女性的心灵桎梏——重读巴金的《憩园》与《寒夜》	蔡丽敏	宁德师专学报（哲社）	3期	1997
《家》——巴金文学创作的总纲	邓经武	宜宾师专学报（社科）	3期	1997
		西南民族学院学报（哲社）	2期	1999
家族·时间·罪感——巴金《家》与福克纳《喧哗与骚动》的对比阅读	叶世祥	温州师范学院学报（哲社）	4期	1997
一支交织着痛苦思念和强烈憎恶的歌——《爱尔克的灯光》浅论	刘志梅	中州学刊	增刊	1997

续表五一

篇、书名	著(译)编者	出处	卷、期	年月日
从接受美学看《憩园》的意义与价值	韩曦	齐齐哈尔师范学院学报（哲社）	1期	1998
巴金早期小说创作中的诗化倾向	张文娟	昌潍师专学报（社科）	1期	1998
巴金谈《家》中"家"	白峡	同舟共进	1期	1998
巴金《关于觉新的一封信》的影印件	甘运杰	长沙电力学院学报（社科）	1期	1998
巴金与藤村的同名小说《家》中的"长子形象"	于荣胜	国外文学	2期	1998
封建宗法制大家族的崩溃——谈巴金的《家》与岛崎藤村的《家》	郑丽娜	辽宁师范大学学报	2期	1998
巴金《激流三部曲》对中国传统家族文化的表现艺术	李金涛	湖北民族学院学报（社科）	2期	1998
封建家族的最后一位守墓人——觉新性格新论	辜也平	上海大学学报（社科）	2期	1998
屈辱历史的见证——论《家》中的觉新形象	江爱国	长江水利教育	3期	1998
巴金的家庭小说及其影响	杜秀华	辽宁师范大学学报	4期	1998
契诃夫《苦恼》与巴金《寒夜》的比较	方尤瑜	高等函授学报（哲社）	4期	1998
巴金"激流三部曲"中的女性形象	李春兰	求是学刊	4期	1998
巴金的《激流三部曲》与中国传统家族文化	李金涛	江汉论坛	6期	1998
长歌当哭寒夜曲——简论巴金《寒夜》的悲剧意义	王林	安顺师专学报	1期	1999
试论巴金家庭小说的风格	江倩	人文杂志	2期	1999
论《寒夜》人物性格的矛盾冲突	张建忠	兵团教育学院学报	2期	1999
挣扎在寒夜中的职业女性——曾树生形象的再认识	所静	天津大学学报（社科）	3期	1999
圆熟精湛的艺术 深沉悲切的控诉——从《寒夜》看巴金现实主义艺术的发展	王承新	广西梧州师范高等专科学校学报	3期	1999
		广西大学学报（哲社）	增刊	1999
谈悲剧小说《灭亡》的创作	赵洪善	云梦学刊	3期	1999
试论巴金的《灭亡》	刘志梅	河南社会科学	4期	1999
文本解读一种——关于巴金《家》、《寒夜》中"家"情结的文化思考	孙时彬	黑龙江农垦师专学报	4期	1999
论巴金的宗教观与他的《田惠世》	杨剑龙	山西大学学报（哲社）	4期	1999

续表五二

篇、书名	著(译)编者	出处	卷、期	年月日
一部向封建制度发出控诉的好书——试读巴金的《家》	佘斯岚	湖北大学成人教育学报	6期	1999
读巴金的《电》	老舍	语文学习	11期	1999
谈巴金散文《灯》的一个思想闪光点	刘宗敬	湖南教育学院学报	增刊1	1999
谈巴金《灯》的形象塑造	刘宗敬	湖南教育学院学报	增刊2	1999
也谈《灯》的主题	邢荣生	阅读与写作	1期	2000
以《子夜》和《家》为例比较分析茅盾和巴金对外来影响的接受	李标晶 章小英	赣南师范学院学报	1期	2000
浅论巴金代表作《家》的抒情风格	轩群英	新疆石油教育学院学报	2期	2000
步步升华 渐入佳境——巴金《灯》浅析	张超	名作欣赏	2期	2000
流亡者之歌——巴金短篇小说《亡命》、《亚丽安娜》论析	覃育兵	宜宾师范高等专科学校学报	3期	2000
雾浓霜重中的悲剧女性——评《寒夜》中的曾树生	傅松	九江师专学报	4期	2000
"家"的拆解——巴金、张爱玲家庭小说之比较	朱育颖	中国现代文学研究丛刊	4期	2000
自然与生命的赞歌——巴金《鸟的天堂》随想	吴立蔷	小学语文教学	4期	2000
论"激流三部曲"中觉新三兄弟	李颖 张玲	枣庄师专学报	6期	2000
《鸟的天堂》难句试析	韩传民	小学教学研究	8期	2000
前后喻文化视域中的马哈福兹与巴金的家族小说之比较	余嘉	广西师范大学学报(哲社)	增刊2	2000
		扬州大学学报(人文)	1期	2002
巴金 丰子恺的"第一本"		出版史料	1期	2001
青春的赞歌——浅谈巴金的处女作《灭亡》	张来锁	集宁师专学报	1期	2001
瑞宣与觉新形象比较	张立环	天津职业技术师范学院学报	2期	2001
孝子贤孙的伦理情结——谈巴金笔下高觉新双重人格的根由	邓素林	南宁师范高等专科学校学报	3期	2001
巴金家庭小说的创作特色	于振环等	语文学刊	4期	2001
鞭挞黑暗制度 追求光明理想——评巴金的《憩园》	蒋木 周媛	广西财政高等专科学校学报	5期	2001
转折与超越——重读巴金《憩园》	王文云 李斌	语文学刊	5期	2001

续表五三

篇、书名	著(译)编者	出处	卷、期	年月日
论巴金"家庭故事"与"团体故事"的同构性	范 伟	齐鲁学刊	6期	2001
博采众长，化为自己的血肉——《子夜》和《家》接受外来影响比较	袁靖华 李标晶	茅盾研究	8辑	2001
巴金的家和他的《家》	鲁 文	语文天地	16期	2001
试论《寒夜》中女主人公曾树生的"出走"	韩金林 方 春	井冈山师范学院学报	增刊	2001
"寒夜"中的"家"——论巴金小说的文化超越性	孙萍萍	华中科技大学学报（人文）	1期	2002
一曲凄艳的爱情悲歌——评巴金中篇小说《春天里的秋天》	王新玲	张家口职业技术学院学报	1期	2002
重回"五四"——再读巴金的《家》	范 越	图书馆建设	2期	2002
道德教育的艺术展示——重读巴金的《憩园》	金 毅	郑州铁路职业技术学院学报	2期	2002
民国时期的女子教育状况与巴金的《寒夜》	河村昌子	中国现代文学研究丛刊	2期	2002
灵魂堕落过程的写照——评巴金中篇小说《憩园》	刘福泉	张家口职业技术学院学报	3期	2002
福克纳与巴金：对大家族的暴露	王 昕	湖北成人教育学院学报	3期	2002
"家"的破亡与中国现代知识者的窘困——读巴金《寒夜》	林科吉	渝西学院学报（社科）	4期	2002
简论巴金《家》中的觉新性格特征	郭广兰	临沂师范学院学报	4期	2002
论《寒夜》婆媳形象及其关系描写在巴金创作中的意义	江 倩	陕西教育学院学报	4期	2002
《憩园》的启蒙精神与人生矛盾——巴金、鲁迅比较论之一	邵宁宁	西北师大学报（社科）	5期	2002
《憩园》的启蒙精神与伦理矛盾——巴金、鲁迅比较论之三	邵宁宁	中国社会科学院研究生院学报	6期	2003
巴金家族小说探略	宋 坚	广西社会科学	6期	2002
《灯》	韩永胜	语文教学通讯	14期	2002
巴金《家》的奋斗性人格探索	汪太伟	井冈山师范学院学报	增刊	2002
汉乐府《孔雀东南飞》与巴金《寒夜》之比较	宋尔康	华北水利水电学院学报（社科）	2期	2003
零落成泥碾作尘——巴金《家》中的受害三女性	靳新来	济宁师范专科学校学报	2期	2003

续表五四

篇、书名	著(译)编者	出处	卷、期	年月日
结构·主题·情感——巴金《憩园》新论	张 蕾	苏州大学学报	2 期	2003
巴金：离家与回家——巴金作品中的恨世者与现代性时间观念	蒋小波	西南师范大学学报（社科）	3 期	2003
一首追求光明的心曲——谈巴金和他的《灯》	吴 翔	贵州教育学院学报（社科）	3 期	2003
生活激情的喷发迸射——读巴金散文《〈激流〉总序》	钱 虹	名作欣赏	4 期	2003
论巴金家庭小说的主体意识	姚 健	山东师范大学学报（人文）	4 期	2003
从觉慧的形象看巴金的忧患意识	张慧敏	广西青年干部学院学报	4 期	2003
评巴金现实主义处女作《灭亡》的积极意义	薛玉琴	河南商业高等专科学校学报	4 期	2003
巴金、曹禺作品女性形象悲剧成因观——以鸣凤、四凤为例	赖志明	求索	5 期	2003
巴金忧患意识在觉慧的形象上的反映	张慧敏	广西社会科学	9 期	2003
《灯》的意蕴之美	朱水军	中学语文园地	15、16 期	2003
萌芽·煤·雪（上）（下）——谈巴金的小说《雪》	春 雨	当代矿工	11、12 期	2003
近代中日家庭的缩影——岛崎藤村的《家》与巴金的《家》	李 卓	世界近现代史研究	1 辑	2004
《雨》阅读	黄厚江	中学生阅读（高中）	1 期	2004
诗意地栖居在自然中——巴金《鸟的天堂》（节选）赏析	陈孝春	青苹果	1、2 期	2004
开放教学 自主探索——"巴金《家》与莫言《红高粱》审父意识之比较"研究示例	郭 瑞	阴山学刊	2 期	2004
巴金的忧患意识在觉慧形象上的反映——试论《家》中的高觉慧的形象	张慧敏	武警工程学院学报	3 期	2004
童年经验对作家创作动机的影响——巴金小说《家》创作动机简析	刘荣琴	殷都学刊	3 期	2004
巴金前期小说中的男性中心意识	李 玲	太原师范学院学报（社科）	3 期	2004
巴金小说的接受研究（1929－1949）	杨天舒	中国文学研究	4 期	2004
巴金《月》之赏析	张 健	阅读与作文（初中）	4 期	2004

续表五五

篇、书名	著(译)编者	出处	卷、期	年月日
从"家"出走和从"国"出走——巴金前期小说创作的动因分析	李晓江	厦门大学学报（哲社）	5期	2004
"大哥"觉新——转折时代一个身心分裂的悲剧人格	曾永成	成都大学学报（社科）	4期	2004
鸣凤的塑造和巴金的真实	孔惠惠	湖北社会科学	6期	2004
试用主位推进理论对巴金的《灯》进行语篇分析	王双	黑龙江科技信息	10期	2004
读巴金《日》有感	汪佳珺	写作	12期	2004
读巴金的《家》	徐明	青少年日记	23期	2004
社会悲剧的牺牲品——浅析巴金《家》中的觉新形象	代江平	黔东南民族师专学报	1期	2005
"渗透了整个黑夜"的哀叫——我看鸣凤之死	李传璋	安徽商贸职业学院学报（社科）	1期	2005
作为独立意识的主人公和对话的结构——试论巴金小说《寒夜》的复调特征	李洪华	九江学院学报	2期	2005
人到中年——从《憩园》与《寒夜》看巴金40年代小说的特色	曹艳红	东莞理工学院学报	4期	2005
多角度多层面地诠释文学巴金——从《激流三部曲》到《憩园》	胡勇	温州师范学院学报（哲社）	4期	2005
《寒夜》人物塑造中的阴影——论巴金创作的男权意识	邱雪松	天津成人高等学校联合学报	4期	2005
留守与出走的困境——从巴金的《家》与《寒夜》审视女性与家庭的关系	平原	河南机电高等专科学校学报	5期	2005
论巴金家庭题材小说家园意识的变化	栾慧	文艺理论与批评	6期	2005
《家》与巴金的寻根历程	徐强	寻根	6期	2005
从热烈走向深沉——谈巴金解放前创作风格的演变	高爱珍	江西教育学院学报（综合）	6期	2005
浅谈巴金《家》的比拟艺术	于宝娟	内蒙古民族大学学报（社科）	6期	2005
《爱尔克的灯光》：一把开启巴金精神之门的钥匙	黄建国 孙希娟	名作欣赏	7期	2005
曹禺与巴金：《家》的戏剧与小说的比较	李永强	甘肃农业	10期	2005
文本的裂隙与风格的成熟——论巴金的《寒夜》	陈国恩	西南民族大学学报（人文）	11期	2005

续表五六

篇、书名	著(译)编者	出处	卷、期	年月日
革命言说下的精神自语——论巴金"左翼"时期的工人题材创作	张江元	西南民族大学学报（人文）	12期	2005
记忆中的家——献给巴金及《家》	刘晔	语文世界（高中）	12期	2005
论巴金小说《寒夜》的叙述策略和故事内蕴	竺建新	名作欣赏	18期	2005
世界的苦难与心的奴役——解读巴金短篇小说《奴隶的心》	刘复生	名作欣赏	19期	2005
点燃信念之火——巴金《灯》赏读	周文轩	语文天地	21期	2005
精神返乡的历程——重读巴金的《憩园》	石立燕	文教资料	36期	2005
两个世界 一种命运——福克纳和巴金家庭小说中的人物形象对比	唐国卿	广西民族学院学报（哲社）	增刊2	2005
同情	李劼人	中华书局		1924
死水微澜	李劼人	中华书局		1936
		人民文学出版社		1955
		作家出版社		1955
		新文学研究社		1975
		四川文艺出版社		1987
		中国文学出版社		1990
		华夏出版社		1997
		时代文艺出版社		2001
《死水微澜》法译本	李平	读书	7期	1983
暴风雨前	李劼人	中华书局		1936
		人民文学出版社		1956
		作家出版社		1956
大波 上、中、下册	李劼人	中华书局		1937－1940
大波（重写本）1－4部	李劼人	作家出版社		1958－1963
		广角镜出版社		1978
		人民文学出版社		1982
好人家	李劼人	中华书局		1946
在蜀通轮船上——长篇小说"大波"的第一章	李劼人	山花	5期	1957
保路同志会成立的一天——长篇小说"大波"的第二章	李劼人	山花	6期	1957

续表五七

篇、书名	著(译)编者	出处	卷、期	年月日
《大波》第二部书后	李劼人	读书	8期	1960
举棋不定——《大波》第三部第六章	李劼人	山花	5期	1962
略谈郭沫若对李劼人小说的评价	易明善	四川大学学报（哲社）	4期	1980
论李劼人和他的《死水微澜》	伍加伦 王锦厚	社会科学研究	3期	1981
军阀统治下四川社会的缩影图——李劼人短篇小说初探	伍加伦 王锦厚	社会科学研究	6期	1982
略论《死水微澜》中罗歪嘴与顾天成形象的塑造	艾 芦	社会科学研究	6期	1982
微澜、风雨见大波——谈李劼人"三部曲"的历史真实性	简 平	文学评论	2期	1983
李劼人历史小说结构谈	阿 明	四川师院学报（社科）	2期	1983
李劼人的创作在我国长篇历史小说中的地位	谢武军	四川师院学报（社科）	2期	1983
《死水微澜》中若干次要人物的安排和塑造	杨继兴	四川师院学报（社科）	2期	1983
论《死水微澜》里的蔡大嫂	王知农	西南民族学院学报（哲社）	2期	1984
一朵水灵灵的昙花——蔡大嫂——《死水微澜》人物谈	李士文	当代文坛	7期	1984
二十世纪初叶四川社会的人间喜剧——论李劼人的三部曲	张颐武	中国现代文学研究丛刊	1期	1985
军阀时期成都的社会相——略谈李劼人的几个短篇小说	艾 芦	当代文坛	5期	1985
论《大波》	艾 芦	当代文坛	10期	1985
试论李劼人的小说创作	袁世平	文史杂志	1期	1986
谈《死水微澜》的修改	王锦厚	贵州社会科学	4期	1986
《死水微澜》与现代长篇小说的环境描写	陈 奔	福建师范大学学报（哲社）	3期	1987
长篇历史小说传统形式的突破——论李劼人历史小说的独创性及其在文学史上的地位	杨继兴	四川师范大学学报（社科）	3期	1987
思考：嵌在"每个微小的词里"——略谈李劼人三部曲的语言艺术	刘 勇	中国现代文学研究丛刊	4期	1987
李劼人历史小说腋降亩来葱		社会科学研究	5期	1987
写出了人物深层的内心世界——李劼人"三部曲"创造的妇女形象	艾 芦	当代文坛	1期	1988

续表五八

篇、书名	著(译)编者	出处	卷、期	年月日
民俗语言的艺术再创作——李劼人创作风格思考之一	张玉林	成都大学学报（社科）	2期	1988
映照"千奇百怪世相"的多棱镜——论李劼人长篇三部曲的结构特色	刘勇	中国现代文学研究丛刊	3期	1988
李劼人与法国文学	伍加伦	四川大学学报（哲社）	4期	1988
《死水微澜》的艺术生命力	艾芦	西南民族学院学报（哲社）	4期	1989
论李劼人"大河小说"人物塑造特色	胡永修	成都大学学报（社科）	1期	1990
论《死水微澜》的语言美音乐美	刘群	中国现代文学研究丛刊	2期	1990
李劼人长篇小说艺术批评	杨联芬	文学评论	3期	1990
李劼人の成都描写	中裕史	中国文学报	41卷	1990
李劼人与左拉——李劼人创作方法初探	戴定常	社会科学研究	1期	1991
从一个形象看一页历史——《死水微澜》与蔡大嫂形象	李逸英	辽宁师范大学学报（社科）	2期	1991
李劼人语言艺术初探	艾芦	当代文坛	3期	1991
试论李劼人三部曲的史诗性追求	刘晓林	青海师范大学学报（哲社）	1期	1992
李劼人小说的史诗追求	成都市文联、成都市文化局	成都出版社		1992
从女人的品行，写历史的转捩——长篇小说《死水微澜》的深度模式	蓝棣之	文艺研究	1期	1993
叛逆者的自赎与毁灭——李劼人小说女性形象分析	刘晓林	成都大学学报（社科）	1期	1994
"将道德的眼光抛开"——论李劼人的情爱观念和写作姿态	赵洪泽	中国现代文学研究丛刊	1期	1994
李劼人文化心理的形成及其对创作的影响	周华	成都大学学报（社科）	1期	1994
论李劼人创作的巴蜀文化因子	邓经武	四川师范大学学报（社科）	4期	1994
艾芦《李劼人的小说艺术》序	何开四	当代文坛	1期	1995
一部不应忽视的作品——读李劼人的《死水微澜》	贾加林	承德大学	1、2期	1996
李劼人与外国文学	王锦厚	四川大学学报（哲社）	3期	1996
《死水微澜》的艺术特点	贾加林	承德民族师专学报	增刊	1996
李劼人小说语言风格的比较	朝璐 沙汀	渝西学院学报	1期	1999
李劼人"三部曲"的民俗学价值	张建锋	成都师专学报	1期	1999

续表五九

篇、书名	著(译)编者	出处	卷、期	年月日
李劼人"三部曲"语言艺术的独特性	张 勇	成都师专学报	1期	1999
李劼人小说的空间艺术美	张建锋	成都师专学报	3期	1999
李劼人式的妇女形象——李劼人作品的妇女形象研究之一	唐世贵	钦州师范高等专科学校学报	3期	1999
论李劼人小说的文化品格	张建锋	四川师范学院学报(哲社)	5期	1999
李劼人小说的成都情结	张 勇	成都师专学报	1期	2000
浅析蔡大嫂的"川辣子"气质	索晓海	江汉大学学报	1期	2000
简论李劼人历史小说的艺术特色	李 力	河南教育学院学报(哲社)	3期	2000
法国文学对李劼人创作的影响	侯智坚 秦向阳	潍坊高等专科学校学报	3期	2000
《死水微澜》主题的史诗性与法国自然主义	胡 丹	大连理工大学学报(社科)	3期	2000
史诗性小说模式:《死水微澜》	胡 丹	辽宁师范大学学报	4期	2000
论李劼人的三部曲	秦 弓	涪陵师范学院学报	4期	2000
李劼人小说的地方色彩	张 勇	四川教育学院学报	增刊	2000
李劼人"三部曲"的环境描写	张 勇	成都师专学报	3期	2001
《死水微澜》主题史诗性探源	胡 丹	社会科学辑刊	6期	2001
一个独特的艺术形象——蔡大嫂	张 勇	成都师专学报	1期	2001
历史与小说的颉颃与冲突——李劼人的"大河小说"思想艺术成败谈	阎 冰 罗中男	辽宁教育学院学报	1期	2002
李劼人历史小说与川味叙事的独创性	秦 弓	西南师范大学学报(人文)	1期	2002
《死水微澜》的观察艺术	顾全华	成都大学学报(社科)	1期	2001
"小说的近代史"——论李劼人的"大河小说"	张岩泉	高等函授学报(哲社)	2期	2002
李劼人:重建女性神话——"大河小说"情爱叙事的文本阐释	胡玉伟	辽宁师范大学学报(社科)	3期	2002
中西文化的碰撞与交融——《死水微澜》主题新解	胡 丹	鞍山师范学院学报	4期	2002
过去的成都活在他的笔下——从《死水微澜》看李劼人的成都情结	梁 静	巴蜀史志	4期	2002
以人性的扭曲和变异折射出时代与社会的变迁——论史诗性小说《死水微澜》中的蔡大嫂	胡 丹	辽宁师范大学学报	5期	2003
论李劼人长篇三部曲的现代艺术形式	王永兵	四川大学学报(哲社)	5期	2002
从曾朴到李劼人:中国长篇历史小说现代模式的形成	杨联芬	四川大学学报(哲社)	6期	2003

续表六〇

篇、书名	著(译)编者	出处	卷、期	年月日
一个躁动不安的灵魂——论《死水微澜》中的蔡大嫂	陈玮	中山大学学报论丛	4 期	2004
李劼人历史小说与巴蜀文化新说	曾绍义 邓伟	海南师范学院学报（社科）	5 期	2004
李劼人历史小说中的传统审美因素	权绘锦	理论与创作	5 期	2004
想起了《死水微澜》	郜元宝	读书	11 期	2004
边域·村姑·佚史——再看《死水微澜》	丁晨 陆艳	苏州教育学院学报	1 期	2005
影响与偏离——略谈《死水微澜》与《包法利夫人》其他	郜元宝	中国比较文学	1 期	2005
《死水微澜》的结构艺术	王海艳	河北理工学院学报（社科）	3 期	2005
李劼人历史小说叙事艺术论	权绘锦	武汉理工大学学报（社科）	3 期	2005
论李劼人小说的现代意识	王永兵	扬州大学学报（人文）	5 期	2005
现代白话小说第一人辨	贾剑秋	西南民族大学学报（人文）	11 期	2005
论郭沫若抗战时期的杂文	华忱之	四川大学学报（哲社）	4 期	1982
郭沫若抗战时期小说的现实主义特色	杨卫东	四川大学学报（哲社）	4 期	1994
献给抗战文学的蟠桃——简评郭沫若抗战时期的写实小说	钟德慧	郭沫若学刊	4 期	1995
以世相显世道 借人心励民心——郭沫若抗战小说论	税海模	郭沫若学刊	4 期	1995
在困顿与漂流的途中——论郭沫若前期小说创作中的漂泊者形象	王青	乐山师范学院学报	7 期	2004
郭沫若40年代文艺性散文探微	李生滨	郭沫若学刊	3 期	2001
论郭沫若小说与森鸥外《舞姬》的忏悔意识	靳明全	重庆师范大学学报（哲社）	4 期	2001
鲁迅与郭沫若历史小说陌生化特征比较	廖久明	郭沫若学刊	3 期	2004
左联双璧——沙汀、艾芜创作管窥	江秀荣	湖北大学学报（哲社）	6 期	1985
艾芜沙汀异同论	盛子潮	浙江学刊	2 期	1993
沙汀、艾芜小说创作风格比较	浦安彬	江苏教育学院学报（社科）	1 期	1997
南行记	艾芜	文化生活出版社		1935
		作家出版社		1963
		人民文学出版社		1980
		中国文联出版社		1998
		云南人民出版社		2002

续表六一

篇、书名	著(译)编者	出处	卷、期	年月日
南行记 山中牧歌 芭蕉谷	艾 芜	四川文艺出版社		1995
漂泊杂记	艾 芜	生活书店		1935
		云南人民出版社		1982
		河北教育出版社		1994
文学手册	艾 芜	文化供应社		1941
		新文学研究社		1976
		湖南人民出版社		1981
		湖南文艺出版社		1986
烟雾	艾 芜	中原出版社		1948
艾芜短篇小说集	艾 芜	人民文学出版		1953
山峡中——艾芜流浪小说选	艾 芜	新疆大学出版社		1995
茫茫荒漠上的淘金者——读艾芜早期短篇小说	胡玲玲	承德师专学报	1期	1981
典型·质朴·锋芒内敛——谈艾芜抗战时期的几篇讽刺小说	雷 锐	广西师范大学学报（哲社）	3期	1982
黑暗环境中的美好灵魂——试论艾芜《南行记》中劳动人民形象	马小林	中国现代文学研究丛刊	2期	1983
一个中国型的吉卜赛女郎形象——析艾芜小说《山峡中》的野猫子	雷 锐	名作欣赏	3期	1983
艾芜和外国文学	王晓明	中国比较文学	1期	1984
论《南行记》的创作特色	黄振林	抚州师专学报	1期	1984
恶土上的野奇葩——谈艾芜的短篇小说《山峡中》的野猫子形象	郝丕奇	烟台师院学报（社科）	2期	1984
艾芜前期创作艺术风格浅探	雷 锐	社会科学研究	3期	1984
试论艾芜小说中关于少数民族生活的描写	韦学贤	广西民族学院学报（哲社）	1期	1985
艾芜三部"南行记"述评	杨思民	贵州民族学院学报（社科）	1期	1985
浅谈艾芜《南行记》塑造人物的艺术特色	高守亚	六盘水师范高等专科学校学报	2期	1985
透视·构图·设色——谈艾芜"南行"小说的"绘画"美	夏爵蓉	南充师院学报（哲社）	2期	1985
人和自然在作家意识中的交织——《南行记》研究一得	吴 野	当代文坛	8期	1985
从艾芜的《文学手册》看他的文学观	曹万生	重庆师范大学学报（哲社）	1期	1986
《南行记》艺术魅力初探	税海模	乐山师专学报	1期	1986

续表六二

篇、书名	著(译)编者	出处	卷、期	年月日
艾芜早期散文的史料价值和艺术特色	李 味	蒙自师专学报	2期	1986
《石青嫂子》的艺术特色	项文泉	湖州师专学报	2期	1986
南行记的创作及其背景	九尾常喜（陈 凡、陈艾莎）	成都师专学报（文科）	2期	1986
南行记的创作及其背景（续一）	九尾常喜（陈 凡、陈艾莎）	成都师专学报（文科）	1期	1988
试论"中国式的吉卜赛姑娘形象"的塑造——读艾芜的名篇《山峡中》	钟文光	韩山师专学报（社科）	2期	1986
论《南行记》的审美特征	吴 进	云南师范大学学报（哲社）	4期	1986
艾芜南行作品的艺术魅力	冯耘青	南京师大学报（社科）	4期	1986
内外世界的对立统一——论《南行记》总体结构	李以建	天津师大学报	4期	1987
谈艾芜的《山峡中》	刘宗涛	龙岩师专学报	1期	1988
论沈从文与艾芜的边地作品	吴 进	中国现代文学研究丛刊	1期	1988
许地山、艾芜的域外题材小说比较谈片	谢昭新	贵州社会科学	12期	1989
野猫子和嘉尔曼比较论	邓经武	内江师专学报	1期	1990
丰饶原野上的人生探索——论艾芜的《丰饶的原野》三部曲	张效民	四川师范学院学报（哲社）	2期	1990
试论艾芜小说中的流浪者形象——兼论他的生活经历对创作的影响	蒋明玳	镇江师专学报（社科）	4期	1990
		昆明师专学报	4期	1990
残缺寻找对比——艾芜《山峡中》探略	成 才	广西民族学院学报（哲社）	2期	1991
试论艾芜早期创作的审美倾向	蒋明玳	九江师专学报	4期	1991
		南都学坛	1期	1992
艾芜《南行记》中"我"的形象剖析	欧阳忠伟	上海师范大学学报（哲社）	2期	1992
略论艾芜的"流浪汉"小说及其形象在现代文学史上的意义	蒋明玳	齐齐哈尔师范学院学报（哲社）	6期	1992
论艾芜30年代的散文创作	张效民	自贡师专学报	2期	1993
关于艾芜《山峡中》的通信	吴福辉 王晓明	中国现代文学研究丛刊	3期	1993
略论艾芜早期小说的现实主义特征	胡永修	四川师范大学学报（社科）	1期	1994
流浪者·生命·美——艾芜《南行记》艺术世界论	卢慎勇	开封大学学报	4期	1994

续表六三

篇、书名	著(译)编者	出处	卷、期	年月日
试谈艾芜早期两篇小说的艺术特色	钱克健	中文自学指导	11期	1994
一朵馨香的"野菊"——"野猫子"形象小议	陈焕新	中文自修	7、6期	1994
看似寻常最奇崛——论艾芜《南行记》的浪漫主义色彩	张巍	宜宾师专学报	1期	1995
艾芜流浪汉小说与外国同类小说之比较	洪燕	黔东南民族师专学报	2期	1995
匪气与人性的对立——野猫子形象简论	秦林芳	中文自修	10期	1995
山风从《山峡中》来——试论艾芜早期小说的艺术风格	夏东宁	重庆师专学报	1期	1996
试论艾芜《南行记》的现实主义特征	罗华	成都大学学报（社科）	1期	1996
为别一世界的人们立传写照——论艾芜笔下的流浪汉形象	顾琅川	绍兴文理学院学报（哲社）	2期	1996
梅里美的《嘉尔曼》和艾芜的《山峡中》的比较	陆锐	乌鲁木齐职业大学学报	3、4期	1997
沈从文湘西小说与艾芜边地小说比较探析	靳力	济南交通高等专科学校学报	1期	1998
艾芜：漂泊者人生追求之歌——论艾芜"流浪汉小说"的文学价值	蒋明玳	江苏教育学院学报（社科）	2期	1998
论艾芜早期小说创作的审美倾向	蒋明玳	广播电视大学学报（哲社）	2期	1998
梅里美与艾芜比较论	邓经武	成都大学学报（社科）	4期	1998
中外文学园地中的两株奇葩——艾芜与梅里美小说创作比较	蒋明玳	广播电视大学学报（哲社）	3期	1999
沈从文湘西小说与艾芜边地小说比较论	靳力	山东师大学报（社科）	2期	1999
中西两朵"恶之花"——野猫子与嘉尔曼形象之比较	霍小娟	盐城师范学院学报（人文）	1期	2000
《南行记》新文学史上的一座丰碑	廖琴芳	自贡师范高等专科学校学报	1期	2001
《卡门》和《山峡中》比较研究	杜丽琴	曲靖师范学院学报	1期	2001
试论艾芜《南行记》中人物类型及其美学特征	管晓莉	黑龙江农垦师专学报	2期	2001
漂泊 浪漫 传奇——谈艾芜早期小说的艺术美学风格	管晓莉	绥化师专学报	3期	2001
"铁屋子"之外的"别一洞天"——滇缅边境与艾芜《南行记》	沈庆利	中国文学研究	3期	2001
野猫子与卡门比较论	杜庆华	云梦学刊	5期	2001

续表六四

篇、书名	著(译)编者	出处	卷、期	年月日
艾芜小说《山峡中》的人物描写	邓玉久	培训与研究（湖北教育学院学报）	6期	2002
关注底层人的生存状况——艾芜《山峡中》与川端康成《伊豆的歌女》平行研究	金华明	金华职业技术学院学报	1期	2003
透视艾芜《山峡中》人物兽性外壳向内核人性美的回归	安　静	毕节师范高等专科学校学报（综合）	1期	2003
漂泊：对光明与温暖的呼唤——重读艾芜小说《山峡中》	程致中	安徽商贸职业技术学院学报（社科）	3期	2003
野性的四面八方——《山峡中》与《卡门》之比较	高　方 林超然	哈尔滨学院学报	1期	2004
论艾芜《山峡中》的审美个性	朱庆华 陈　昕	兰州学刊	3期	2004
艾芜早期小说的文化想象	赵小琪	文学评论	5期	2004
漂泊的人生　漂泊的文学——《山峡中》与《伊豆的舞女》比较	付金艳	社会科学家	6期	2004
《山峡中》：光明与黑暗之间的心路历程——并以此纪念艾芜百年诞辰	邓　伟	现代中国文化与文学	1期	2005
论艾芜小说《月夜》中的回族女子形象	白　草	回族研究	1期	2005
沧桑与朝气——从《山峡中》走出来的传奇父女	李　艳 周　燕	沧州师范专科学校学报	2期	2005
论艾芜《南行记》的浪漫主义色彩	熊宗迪 熊晶晶	武汉职业技术学院学报	3期	2005
《南行记》：中国的流浪汉小说	刘苏敏	文教资料	24期	2005
艾芜，《南行记》手稿北行去	周　戎 刘丹丹	四川日报		2005.9.10
法律外的航线	沙　汀	上海辛垦书店		1932
土饼	沙　汀	现代	3卷2期	1933
老人	沙　汀	文学	1卷2期	1933
人物小记	沙　汀	文艺电影	1卷1期	1934
赶路	沙　汀	创作	创刊号	1935
凶手	沙　汀	文学	4卷6期	1935
丁跛公	沙　汀	大公报·文艺副刊（天津）	146期	1935.4.7
兽道	沙　汀	光明	创刊号	1936
在祠堂里	沙　汀	文学界	创刊号	1936
苦难	沙　汀	文学	7卷1期	1936

续表六五

篇、书名	著(译)编者	出处	卷、期	年月日
代理县长	沙汀	国闻周报	14卷1期	1936
灾区一宿	沙汀	光明	1卷2期	1936
龚老法团	沙汀	光明	2卷11期	1937
土饼（短篇小说集）	沙汀	文化生活出版社		1937
航线	沙汀	文化生活出版社		1937
苦难	沙汀	文化生活出版社		1937
防空——在"堪察加"的一角	沙汀	文艺阵地	1卷5期	1938
联保主任的消遣	沙汀	文艺战线	1卷2号	1939
在其香居茶馆里	沙汀	抗战文艺	6卷4期	1940
		作家出版社		1959
		新疆大学出版社		1995
随军散记——我所见之一个民族战士的素描	沙汀	知识出版社		1940
		新时代出版社		1950
老烟的故事	沙汀	文艺阵地	6卷1期	1941
这三年来我的创作活动	沙汀	抗战文艺	7卷1期	1941
磁力	沙汀	抗战文艺	7卷2、3期	1941
		三户图书社		1942
模范县长	沙汀	文艺杂志	1卷1期	1942
和合乡的第一场电影	沙汀	文艺杂志	1卷3期	1942
公道	沙汀	十人小说集		1943
淘金记	沙汀	文化生活出版社		1943
		人民文学出版社		1962
小城风波	沙汀	东方书社		1944
奇异的旅程	沙汀	当今出版社		1944
闯关	沙汀	建国书店		1945
替身	沙汀	文哨	1卷3期	1945
困兽记	沙汀	新地出版社		1945
催粮	沙汀	萌芽	1卷1期	1946
呼号	沙汀	中原、文艺杂志、希望、文哨联合特刊	1卷2期	1946
范老老师	沙汀	新华日报		1946.1.9,1946.1.10

续表六六

篇、书名	著(译)编者	出处	卷、期	年月日
播种者	沙 汀	华夏书店		1946
		复兴书店		1946
兽道	沙 汀	群益出版社		1946
烦恼	沙 汀	人世间（复刊）	1 期	1947
意外	沙 汀	大公报·星期文艺	61 期	1947.12.7
还乡记	沙 汀	文化生活出版社		1948
呼嚎	沙 汀	新群出版社		1947
选灾	沙 汀	小说	1 卷 1 期	1948
堪察加小景	沙 汀	文化生活出版社		1948
沙汀的《在其香居茶馆里》	方 白	语文学习	10 期	1957
选材要严 开掘要深——重读沙汀的《在其香居茶馆里》	傅腾霄	安徽大学学报（社科）	2 期	1978
试论沙汀的前期短篇小说	查国华 蒋心焕	山东师院学报（哲社）	6 期	1979
沙汀"左联"时期对现实主义的探索	黄曼君	中国现代文学研究丛刊	3 期	1980
略论沙汀及其短篇小说创作	官晋东	西南师范大学学报（人文）	4 期	1980
试论《淘金记》的思想和艺术	黄曼君	中国现代文学研究丛刊	1 期	1982
试论沙汀短篇小说的艺术特点（上）（下）	谭兴国	成都大学学报（社科）	1、2 期	1982
两朵各呈异姿的玫瑰	曹天熙 王桂华	武汉师院咸宁分院学报	2 期	1982
怎样暴露黑暗——沙汀小说的诗意和喜剧性	吴福辉	文学评论	5 期	1982
深切的反映 精心的描绘——沙汀三、四十年代短篇小说的特色	雷家仲	南充师院学报（哲社）	3 期	1983
论沙汀的《困兽记》	王晓明	文学评论	3 期	1983
谈《还乡记》的人物描写	雷家仲	南充师院学报（哲社）	2 期	1984
活生生的中国农村末代封建阶级群丑图——论沙汀小说的反面形象系列	李庆信	社会科学研究	3 期	1984
《在其香居茶馆里》的艺术特色	卜召林	齐鲁学刊	4 期	1984
论《淘金记》的语言艺术	左 人	当代文坛	8 期	1984
抗战时期大后方农村小镇的杰出世态画——论沙汀的《在其香居茶馆里》	刘扬烈	云南师范大学学报（哲社）	1 期	1985
谈沙汀成名作的内容与主题——与香港学者司马长风先生商榷	官晋东 董 剑	云南教育学院学报	3 期	1985

续表六七

篇、书名	著(译)编者	出处	卷、期	年月日
严峻苦涩的笑——论沙汀小说的讽刺艺术	李庆信	当代文坛	4期	1985
论沙汀讽刺小说的艺术特色	阮航	四川师范大学学报（社科）	2期	1996
论沙汀的报告文学创作	王耀辉	福建师范大学学报（哲社）	1期	1986
《华威先生》与《在其香居茶馆里》比较谈	张云 李文信	昭通师专学报	2期	1986
试论沙汀探索阶段的小说创作——兼及一个被误认的事实	陈开鸣	重庆师范大学学报（哲社）	3期	1986
沙汀小说的叙述方式	李庆信	社会科学研究	3期	1987
沙汀笔下的劳动妇女形象系列新探	雷家仲	南充师院学报（哲社）	1期	1988
评新县长——《在其香居茶馆里》人物新探	钟文光	韩山师专学报（社科）	1期	1988
《闯关》的写作时间	马光裕	中国现代文学研究丛刊	3期	1988
《淘金记》的写作时间	马光裕	中国现代文学研究丛刊	3期	1988
《人物小记》、《意外》的写作时间		中国现代文学研究丛刊	3期	1988
平淡而深邃 冷峻而幽默——试论沙汀小说的讽刺艺术	蒋明玳	扬州师院学报（社科）	3期	1988
结构与语言风格的最初建构——沙汀抗战前小说创作两面观	官晋东	社会科学研究	5期	1988
四川军阀社会的形象缩影——对沙汀抗战前小说创作的多层次透视	官晋东	云南民族大学学报（哲社）	1期	1989
论沙汀小说的讽刺艺术	王富根	许昌师专学报（社科）	1期	1989
火焰式的讽刺——论《淘金记》的讽刺艺术	万书元	中国文学研究	3期	1989
		中国现代文学研究丛刊	1期	1990
"选材要严，开掘要深"——略论沙汀讽刺小说的题材选择	蒋明玳	镇江师专学报（社科）	3期	1989
关于沙汀早期"印象派"小说评价问题	李庆信	当代文坛	2期	1992
试论沙汀的川西北小说	沈光明	中国现代文学研究丛刊	1期	1994
《在其香居茶馆里》的讽刺艺术	宋歌	中文自学指导	1期	1994
论何寡母形象及其巴蜀文化意蕴	邓经武	内江师专学报（社科）	1期	1994
		社会科学研究	3期	1995
《华威先生》与《在其香居茶馆里》讽刺艺术比较谈	李小平	中文自学指导	10期	1994
沙汀《还乡记》的川味儿语言	杨树兰	安顺师专学报（社科）	1期	1995

续表六八

篇、书名	著(译)编者	出处	卷、期	年月日
浅析沙汀短篇小说的艺术特色	刘 跃	江苏教育学院学报（社科）	1 期	1996
《在其香居茶馆里》的审美特征	洪耀辉	电大教学	1 期	1996
论沙汀讽刺小说的艺术特色	阮 航	四川师范大学学报（社科）	2 期	1996
论沙汀小说的反面人物	朱晓镜	吴中学刊	3 期	1996
沙汀与乡土文学	车 辐	今日四川	3 期	1997
浅谈沙汀 30～40 年代短篇小说的讽刺艺术	杨 虹	湖南商学院学报	4 期	1998
《华威先生》和《在其香居茶馆里》讽刺手法的比较	李永欣	天中学刊	增刊	1998
浅谈《在其香居茶馆里》的艺术特征	陈发明	四川师范学院学报（哲社）	4 期	1999
论沙汀的早期创作	刘新华	福州师专学报	5 期	1999
异曲同工各领风骚——评《华威先生》、《在其香居茶馆》、《围城》的讽刺艺术风格	王克勇	语文学刊	5 期	1999
沙汀创作的黄金时期（1940 年～1949 年）	刘新华	福州师专学报	2 期	2000
荒原与旺火——鲁迅、沙汀批判"看客"所持价值立场之分析与比较	王仙花	娄底师专学报	3 期	2000
《华威先生》与《在其香居茶馆里》讽刺个性之比较	朱庆华	盐城师范学院学报（人文）	3 期	2001
一篇暴露国统区抗战痼疾的讽刺文学杰作——读沙汀的讽刺小说《在其香居茶馆里》	赵莲娜	辽宁师专学报（社科）	3 期	2002
沙汀：一位"寓沉痛于幽默"的小说家——论沙汀小说的讽刺艺术	蒋明玳	南京广播电视大学学报	3 期	2003
战争文化心理下的讽刺小说——浅析沙汀和张天翼的讽刺小说	裴德利	沈阳师范学院学报（社科）	4 期	2002
论沙汀短篇小说的审美特征	洪耀辉	益阳师专学报	5 期	2002
争吵的魅力——谈沙汀小说中的"争吵"	卢雪云	濮阳教育学院学报	1 期	2003
论沙汀讽刺小说的语言艺术	丁亚玲	内江师范学院学报	3 期	2003
热衷于描写人物的争吵——沙汀小说创作定势研究之一	陆 衡	钦州师范高等专科学校学报	4 期	2003
沙汀三十年代短篇小说艺术的叙事学研究	郭运恒	中州学刊	6 期	2004

续表六九

篇、书名	著(译)编者	出处	卷、期	年月日
茶馆——一幅鲜活的巴蜀文化景观——论沙汀乡镇小说中"茶馆"的多重文学功用	王利涛	沙洋师范高等专科学校学报	1期	2005
沙汀解放前小说中的现代性光辉	郑建军	重庆科技学院学报（社科）	4期	2005
沙汀、李劼人小说语言风格的比较	朝璐	渝西学院学报	1期	1999
试论阳翰笙的小说创作	凌受勋	宜宾学院学报	1期	1988
追求与失落的永恒矛盾——《米》与《天问》的叙事学研究	宫富	中国历史文学的世纪之旅		2003
时代情绪的礼赞与中国良知的宣泄——马宗融《拾荒》主旨界说	导夫	民族文学研究	2期	1992
生人妻	罗淑	文学月刊	1卷4期	1936
		文化生活出版社		1938
		人民文学出版社		1964
		广东人民出版社		1981
		上海古籍出版社		1997
		中国戏剧出版社		2001
地上的一角	罗淑	文化生活出版社		1939
鱼儿坳	罗淑	文化生活出版社		1941
罗淑选集	罗淑	四川人民出版社		1980
红的日记	冯铿 罗淑	中国社会出版社		1998
罗淑创作简论	翟大炳	成都大学学报（社科）	1期	1982
罗淑创作简论	董剑	社会科学研究	3期	1983
民主的思想 真实的形象——谈《一生》、《祝福》、《为奴隶的母亲》和《生人妻》中的劳动妇女形象	陆莹	中国现代文学研究丛刊	2期	1983
试论《为奴隶的母亲》与《生人妻》	文天行	社会科学研究	3期	1983
论罗淑的《生人妻》	吴建华 汪新旗	上饶师专学报（社科）	3期	1984
读罗淑的两个短篇	艾以	当代文坛	7期	1984
罗淑和她的《生人妻》	沙汀	读书	12期	1995
她的笔触闯进了盐业的领域——评罗淑的四部描写盐工生活作品	王芳	盐业史研究	1期	1989
"她的作品活下去，她的影响长流"——试论罗淑小说的独特贡献	何性尧	自贡师专学报（综合）	1期	1989

续表七〇

篇、书名	著(译)编者	出处	卷、期	年月日
一颗闪亮而早逝的星——罗淑和她的创作	王家伦	江苏大学学报（高教研究）	4期	1989
三十年代文坛的一朵奇葩——谈罗淑的创作个性	周百玉	烟台师范学院学报（哲社）	2期	1989
为底层劳动者的美丽灵魂造影——罗淑创作论	孙自筠	内江师范学院学报	1期	1990
解读《为奴隶的母亲》并兼与《生人妻》比较	蓝棣之	中国现代文学研究丛刊	1期	1990
拳拳女儿心　悠悠笔底情——罗淑小说创作论	谭秀华	辽宁教育学院学报（社科）	2期	1990
描写"偏僻角落"的奇葩——罗淑井盐题材小说的特色及价值	何性尧	自贡师专学报	4期	1990
罗淑罗洪研究资料	艾　以等	北京十月文艺出版社		1990
罗淑小说创作略论	赵　玥	扬州师院学报（社科）	3期	1991
罗淑创作简论	杨国华	四川师范大学学报（社科）	5期	1992
罗淑和她的《生人妻》	洪　流　徐蔚蔚	阅读与写作	5期	1994
"卖草的女人"——谈罗淑《生人妻》中的女主人公	胡赤兵	贵州师范大学学报（社科）	1期	1996
30年代中国文学本土区域化的个案研究——《生人妻》与《为奴隶的母亲》之比较	邓经武	成都大学学报（社科）	1期	2000
"三条同命运的小鱼"——《生人妻》、《桥》、《为奴隶的母亲》妇女形象比较	周春英	丽水师范专科学校学报	1期	2000
异曲同工　交相辉映——柔石《为奴隶的母亲》和罗淑《生人妻》之比较	闫顺玲	甘肃高师学报	4期	2000
论罗淑的小说创作	丁　燕	东南大学学报（哲社）	增刊	2000
论罗淑小说的文化意蕴	贾剑秋	西南民族学院学报（哲社）	7期	2001
现代乡土小说创作园地中的一株奇葩——论罗淑的小说创作	蒋明玳	南京广播电视大学学报	1期	2005
典妻现象再解读——从《为奴隶的母亲》、《生人妻》、《赌徒吉顺》谈起	宁　敏	中共郑州市委党校学报	5期	2005
雪地	何谷天	文学	1卷3号	1933
毁灭	法捷耶夫著，周文改编	光华书局		1933

续表七一

篇、书名	著(译)编者	出处	卷、期	年月日
铁流	绥拉菲摩维支著，周文改编	光华书局		1933
		生活书店		1947
		新华书店		1950
		人民出版社		1951
父子之间	周文	良友图书公司		1935
分	周文	文化生活出版社		1935
多产集	周文	文化生活出版社		1936
在白森镇	周文	良友图书公司		1937
爱	周文	开明书店		1937
		文化生活出版社		1947
烟苗季	周文	文化生活出版社		1937
烟苗季续集	周文	文化生活出版社		1938
周文短篇小说集	周文	文化生活出版社		1940
《周文选集》序	丁玲	读书	6期	1980
周文选集	周文	四川人民出版社		1980
		人民文学出版社		1981
周文代表作	中国现代文学馆	华夏出版社		1998
一个革命作家的独特奉献——浅论周文同志的小说创作	徐永龄	安徽教育学院学报（社科）	2期	1986
川康边境的历史画卷——谈周文小说的特色	刘传辉	康定民族师专学报（文科）		1987
军阀部队的写实 川康民众的呐喊——川籍作家周文创作掠影	万慧蓉	文史杂志	4期	1993
魍魉世界的真实写照——谈周文的《烟苗季》	牛志安	海南师院学报	1期	1994
周文的创作特色——鲁迅编选的《中国杰出小说》作者之一	姚锡佩	鲁迅研究月刊	8期	1994
大众之子——周文——周文作品研讨会文集	中共荥经县委、荥经县人民政府	编者刊		1994
川康边地众生图——周文小说悲剧意蕴探究	山鹰	四川三峡学院学报（社科）	2期	1998
评周文的创作集《父子之间》		文教资料	5期	1998
论周文小说创作的当代意义	夏明钊	绥化师专学报	1期	1999
周文小说漫谈	郭建勋	康定民族师专学报	4期	1999

续表七二

篇、书名	著(译)编者	出处	卷、期	年月日
从周文看左联作家的被生产模式——兼论周文的创作	贺 艳	康定民族师专学报	2期	2002
"时"与"势"的合谋——从周文看左联作家的被生产模式	贺 艳	湛江师范学院学报	2期	2002
啃噬：川康社会的生存观照——论周文小说中的统治者形象	李红秀	重庆交通学院学报（社科）	2期	2003
互相撕咬的川康魔鬼——论周文小说中的统治者形象	李红秀	西南政法大学学报	5期	2002
对川康下层人命运的关注——论周文小说中的被损害者	李红秀	西南政法大学学报	3期	2003
周文小说艺术论	程丽蓉	西南民族大学学报（人文）	11期	2003
论周文小说创作的价值	李红秀	西华师范大学学报（哲社）	2期	2004
略论周文小说的特色	王 莹	小说评论	3期	2004
周文与大众通俗缩写本《毁灭》和《铁流》	周七康	新文学史料	1期	2005
绝地＋弱者：左翼作家中的另类叙述者——细读周文	陈 刚	吉林省教育学院学报	1期	2005
绝地中的绝望者：三十年代的另一种"真"——重读周文小说	陈 刚	石油大学学报（社科）	2期	2005
周文小说风格论	陈 刚	社会科学研究	2期	2005
论周文创作的独特风格	王 莹	当代文坛	4期	2004
巴山夜雨楼随笔	王伯祥	新重庆	1卷1、2期	1947
守玄斋随笔	墨 涵	新重庆	2卷1期	1948
健庐随笔	健 庐	四川文献	93期	1970
楸园随笔——不尽岷江滚滚流	孙 震	四川文献	123期	1972
芝溪集	胡传淮	四川省遂宁市历史文化研究会		2003
对联选	张绍诚 李泽一	四川人民出版社		1981
联语掌故杂谈	陶亮生	历史知识	1期	1981
漫谈对联——莫将联语等闲看	张秀熟	龙门阵	1辑	1982
对联丛话	张其中	四川人民出版社		1983
四川对联故事选	四川民间文学丛书编辑委员会	四川民族出版社		1992
巴蜀名胜楹联大全	张一璠 任启臻	四川人民出版社		1992

续表七三

篇、书名	著(译)编者	出处	卷、期	年月日
四川名胜：楹联精选英译	黄良鉴	巴蜀书社		2000
巴蜀趣联解读	张绍诚	巴蜀书社		2004
夏憩凉亭赏妙联	林长华	龙门阵	9期	2005
妙趣横生的廉政楹联	罗正友	龙门阵	10期	2005
三国名胜楹联选注	张敬朴	成都出版社		1995
纪念苏东坡的楹联	曹思彬	岭南文史	1期	1983
妙联组成东坡传	刘瑞明	文史杂志	1期	1989
苏东坡妙对		河北自学考试	2期	1994
苏轼改对联		广西市场与价格	1期	1999
论苏轼的对联艺术	石涛	淮北煤师院学报（哲社）	3期	2000
东坡赤壁楹联述论	李景新	琼州大学学报	3期	2001
苏轼撰联忆朝云	龚岳青 崔钢兵	对联·民间对联故事	7期	2002
云龙山有苏轼的楹联	张玉舰	对联·民间对联故事	3期	2003
北宋联坛第一家——兼论苏轼楹联的艺术特色	胡吉祥	对联·民间对联故事	7期	2003
云龙山上有苏轼的"楹联"吗？	张聿明	对联·民间对联故事	12期	2003
苏轼改联	肖菁	中国工会财会	11期	2003
苏东坡妙联对名医	樊平旺	山西老年	4期	2005
苏小妹的谜联	裴焕君	咬文嚼字	11期	2001
陆游的一字师	唐成元	龙门阵	1期	2005
余玠诗词楹联初探	王利泽	西南师范大学学报（社科）	4期	1994
成都地区明墓中的对联文化	张茂华	四川文物	4期	2002
杨慎圆觉寺楹联考辨	雁寒	云南日报		2004.3.22
四川全省试院楹帖	蔡振武	刊本		民国
会馆楹联夺魁	刘仁铸	龙门阵	6期	1982
清代四川"考棚"楹联	郭静洲	文史杂志	4期	1992
李调元对联故事	高成芳	秘书之友	2期	1987
李调元的匡山楹联赏析	李戎	四川文物	5期	1995
联写扬雄旷世才	张绍诚	文史杂志	4期	2000
王闿运两位弟子的尊师对联	黄炳麟	文史杂志	6期	1997
杨锐祠（馆）联	萧山	对联·民间对联故事	3期	2000
钟云舫挽卞小吾联	林衫	重庆晚报		1988.1.5

续表七四

篇、书名	著(译)编者	出处	卷、期	年月日
天下第一长联——钟云舫《拟题江津县临江楼联》	颜 林	文史杂志	3期	1991
"长联之冠"应属谁	李新海	修辞学习	4期	1996
中华联圣与他的"天下第一长联"——纪念钟云舫诞辰一百五十周年	林 川	对联·民间对联故事	2期	1999
钟云舫"天下第一长联"集注与审美解析	黄中模等	中央文献出版社		2001
钟云舫以联促生意	徐叔林	对联·民间对联故事	10期	2003
钟云舫天下第一长联解读	董味甘	重庆出版社		2005
联圣钟云舫对联五百副	杨启华	重庆出版社		2005
刘师亮作联嘲军阀	涪翁	重庆日报		1980.8.31
樊敏碑集字联	俞樾	上海扫叶山房		1917
苍溪红军联	何亨金	中国老区建设	5期	2004
成都谐联	新建	龙门阵	1辑	1980
对联选	成都群众艺术馆	四川人民出版社		1981
成都名胜楹联浅释	夏顺均 李思桢	成都群众艺术馆		1982
成都名胜古迹楹联	陈家铨 阚宗仁	四川人民出版社		1985
成都名胜楹联	张少成等	四川人民出版社		1990
武侯祠匾额对联选批	川大中文系工农兵学员等	成都日报		1974.9.22
武侯祠的一副对联		教育革命	2期	1975
武侯祠的一副对联	谭良啸	成都日报		1979.11.22
武侯祠的长联	李金彝	成都日报		1980.2.7
成都武侯祠的一副楹联	肖雪生	成都风物	1辑	1981
《能攻心》联析	李兆成	文明	1期	1981
武侯祠匾额对联注释	成都武侯祠文管处	编者刊		1981
刘咸荣为武侯祠撰联	王泽枋	成都日报		1982.7.24
赵藩与武侯祠的对联	林彬	龙门阵	1辑	1982
武侯祠的名联与岑春煊	市仁	成都风物	3辑	1982
赵藩与武侯祠的名联	周芷颖	成都风物	3辑	1982
武侯祠匾联与塑像	贺游等	武侯祠博物馆		1985

续表七五

篇、书名	著（译）编者	出处	卷、期	年月日
成都武侯祠名联作者赵藩	孙晓芬	四川文物	3期	1987
成都武侯祠匾额对联注释	成都武侯祠博物馆	编者刊		1987
武侯祠楹联集粹	刘奎昭	劳动理论与实践	1期	1994
析"万古云霄一羽毛"	肖友群 肖友爱	阅读与写作	11期	1999
谈赵藩撰诸葛亮殿联语	张志烈	光明日报		1999.3.4
成都武侯祠"攻心"联再研究	罗开玉	四川文物	5期	2001
赵藩与成都武侯祠联	张小平	云南档案	6期	2002
武侯祠名联书法	安安	中国商报		2002.11.7
攻心联与赵藩研究	罗开玉 李兆成	四川科学技术出版社		2002
攻心与审势：中国传统政治经验的概括——从政治文化角度解读赵藩"攻心"联	梁吉元	中共成都市委党校学报（哲社）	2期	2003
成都武侯祠联	吴志荣	中学历史教学	9期	2003
再解"攻心联"	张长	光明日报		2003.10.8
"后来治蜀要深思"——成都武侯祠一副对联的解读	张崇琛	档案	1期	2004
"公本识字"联与王天培	李兆成	四川文物	5期	2004
武侯祠名联的来历	颜林	中国民族报		2004.12.31
赵藩咏赞三国之诗词	李兆成	赵藩纪念文集		2004
妙联规劝	李桥保	对联·民间对联故事	4期	2005
"攻心"联与赵藩	成都武侯祠博物馆	四川科学技术出版社		2005
谈王闿运的杜甫草堂联	雷履平	成都日报		1957.5.5
顾复初的草堂楹联	李谊	成都日报		1980.1.3
何绍基一联赞草堂	李国瑜	成都风物	5辑	1983
草堂楹联语粹	杜甫草堂博物馆	四川人民出版社		1988
成都杜甫草堂楹联	樊荫荪	现代技能开发	10期	1996
句里春风正剪裁——小议杜甫草堂联之隐括	赵隆生	对联·民间对联故事	11期	2002
杜甫草堂名联	张古月	语文知识	11期	2004
顾复初和望江楼的佚联	江苇	成都日报		1979.9.10
古文集锦《望江楼长联》	岱碧译	旅游天府	2期	1982

续表七六

篇、书名	著(译)编者	出处	卷、期	年月日
望江楼楹联	勾承益 冯元	四川大学出版社		1987
佳联同赞女诗人——析望江楼的三副楹联	张绍诚	对联.民间对联故事	2期	1995
中国名园：望江楼楹联选读	张绍成	四川人民出版社		2001
崇丽阁下的佳联	寸草	成都日报		1980.11.6
崇丽阁长联	方北辰	龙门阵	9辑	1982
崇丽阁长联及其作者	钟志海	对联.民间对联故事	3期	1998
给崇丽阁配个下联	李凤能	文史杂志	2期	2002
大慈寺藏经楼楹联管窥	曾咏霞	文物考古研究		1993
青城山楹联集	青城山文管处	编者刊		1979
青城山李善济长联注解（上）	郭祝崧	成都师范高等专科学校学报	1期	1995
青城山李善济长联注解（下）	郭祝崧	成都师范高等专科学校学报	3期	1995
青城山、都江堰名胜楹联选	陈家铨 阚宗仁	四川人民出版社		1986
都江文存：楹联	四川灌县文管所	编者刊		1981
都江堰楹联选集	都江堰市政协文史委	编者刊		1994
东坡胜迹诗联选	朱玉书	海南人民出版社		1985
东坡遗迹楹联集注	余实秋	江苏文艺出版社		1993
三苏祠楹联选注	张忠全 叶权	三苏祠		1980
三苏祠楹联匾额	刘少泉 胡惠芬	四川眉山三苏祠		1983
三苏祠楹联选注	三苏祠	编者刊		1984
三苏祠楹联	刘少泉 胡惠芬	重庆出版社		1985
对《三苏祠楹联》注译的商榷	庚灵	文史杂志	4期	1987
三苏祠楹联简析	四川眉山三苏博物馆	编者刊		1992
苏祠漫步赏楹联	袁大可	风景名胜	4期	1994
四川三苏祠联的"四大家"	王蘭	对联·民间对联故事	12期	2003
宝光寺楹联集	新都宝光寺文管处	编者刊		1981
桂湖古今楹联选	四川新都文管所	编者刊		1983

续表七七

篇、书名	著(译)编者	出处	卷、期	年月日
桂湖古今楹联辑注	冯修齐	杨升庵博物馆		1988
新都历史文化丛书：新都楹联	冯修齐	四川人民出版社		2001
峨眉山楹联选集	峨眉山文管会	西泠印社		1983
峨眉山楹联选集	田家乐	四川人民出版社		1987
峨眉山名联欣赏	田家乐 魏奕雄	西南交通大学出版社		1991
峨眉山寺庙楹联漫谈	骆坤琪	文史杂志	6期	1997
僧猴和谐相处联	魏奕雄	龙门阵	3期	2004
乐山名胜楹联选粹	乐山市图书情报学会	西南交通大学出版社		1990
绵阳名胜楹联	绵阳楹联协会、绵阳市政协文史资料委员会	编者刊		1995
金雁联萃	罗永嵩	广汉市群艺馆		1997
罗江历代楹联精选	何天云等	中国人民政治协商会议罗江县委员会		2002
罗江·庞统祠楹联辑	罗江庞统祠	编者刊		2005
楹联缀珠	四川宜宾《新戎》编辑部	编者刊		1981
杜柴扉的楹联及其他	蔡叔华	宜宾学院学报	1期	1989
姜维祠对联	李金河	龙门阵	1辑	1982
剑门山区楹联选	沧桑			1986
剑门蜀道楹联选	广元市楹联学会	编者刊		1990
剑门蜀道古今楹联选	李金河 何兴明	巴蜀书社		1992
李白纪念馆名联欣赏	陈广福	旅游天府	5期	1982
李白故里楹联集	江油市李白纪念馆	编者刊		1982
李白纪念馆楹联选	江油市李白纪念馆	编者刊		1987
李白纪念馆楹联选	丁稚鸿 敬永谅	江油李白纪念馆		1997
金华山诗歌对联选	蒋均涛	四川省射洪县文物管理所		1984
对联选集	四川射洪县政协文史组	编者刊		1985

续表七八

篇、书名	著(译)编者	出处	卷、期	年月日
乌尤寺楹联集释	遍 能 李中毅	四川人民出版社		1988
泸州名胜楹联萃编	中国楹联学会 四川泸州分会等	编者刊		1990
长联掇拾录	刘永安	泸州市楹联学会		1995
新津名胜楹联选释	新津县文物管理所	编者刊		1991
儒林撷英	新津县文物管理所	编者刊		1997
梓潼七曲山大庙楹联集	谢焕智	梓潼县文物管理所		1997
梓潼县七曲山大庙联文集	谢焕智	梓潼县文物管理所		1997
文昌故里匾联集粹	周朝海	梓潼县文化旅游局		2004
三台古今楹联选注	民盟三台县委文教卫委员会	编者刊		1997
南部县诗词楹联选	南部县委宣传部	编者刊		1997
内江对联集览·漫话	洪 若 邹作圣	中国社会出版社		2000
巴渠对联内有铁 吟对也如在冲锋——达州市革命对联欣赏	曾庆固	巴蜀史志	1期	2002
金堂古今楹联辑注	林德凤	金堂县文物保护管理所		2002
绵竹市历代楹联精选	中国人民政治协商会议四川省绵竹市委员会学习文史资料委员会	编者刊		2002
会理古今名胜楹联诗词选	会理县文学艺术界联合会	编者刊		2002
蓬溪县名胜诗联集	胡传淮	四川省蓬溪县蓬山诗词学会		2003
双流楹联集	石小林	中国文史出版社		2005
漫忆渝州对联	陈 宁	重庆晚报		1987.3.3
重庆城门临江楼联	河 山	重庆晚报		1988.4.25
战时陪都茶馆的一副妙联	刘 萍	重庆晚报		1988.7.15
巧妙的挽联斗争	舍祥明	重庆日报		1988.7.20
重庆人对朱元璋		财会月刊	2期	1994
重庆古今联话	曹明新	重庆市职工文体协会		1994
钓鱼城楹联析赏	王利泽	四川人民出版社		1989

续表七九

篇、书名	著(译)编者	出处	卷、期	年月日
九龙楹联选	辛华	西南师范大学出版社		1998
名人巫山题妙联	向承勇 向承彦	风景名胜	9期	2000
瞿塘峡险 白帝城高——品三峡地区的几副楹联	成绶台	中国三峡建设	9期	2003
四面山"奇联"之谜	张灿彬	对联·民间对联故事	7期	2003
世界一绝 中国之最——重庆丰都县"鬼城"观"鬼联"	夏民安	对联·民间对联故事	3期	2004
		华人时刊	5期	2004
中国对联集成四川卷：资中分卷	重龙诗书画院	编者刊		2005

六、民间文学

篇、书名	著(译)编者	出处	卷、期	年月日
四川古史神话之蠡测	洪钟	风土杂志	2卷5期	1949
四川民间故事选		四川人民出版社		1960
四川谚语（附歇后语）	四川农民日报等	四川人民出版社		1961
四川成语谚语歇后语韵本	成都市群众艺术馆	四川人民出版社		1980
民间文艺资料 一、二、三集	中国民研会四川分会、四川省民间文学集成办	四川省民间文学集成办		1987
中国民间故事集成：四川卷（汉族）	中国民间文学集成四川卷编辑委员会	编者刊		1991
四川神话选	四川民间文学丛书编辑委员会	四川民族出版社		1992
四川风俗传说选	四川民间文学丛书编辑委员会	四川民族出版社		1992
四川笑话选	四川民间文学丛书编辑委员会	四川民族出版社		1992
巴蜀神话始源初探	贾雯鹤	社会科学研究	2期	1996
简论巴蜀神话	袁珂	中华文化论坛	3期	1996

续表一

篇、书名	著(译)编者	出处	卷、期	年月日
四川酒的传说	张武德 张洪流	四川人民出版社		1996
中国民间故事集成：四川卷	中国民间文学集成四川卷编委会	中国 ISBN 中心		1998
中国谚语集成：四川卷	中国民间文学集成四川卷编委会	中国 ISBN 中心		2004
中国民间文学集成四川卷：成都市西城区卷	成都市西城区民间文学集成编写组	编者刊		1989
中国民间文学集成四川卷：成都市东城区卷（文献本）	成都市东城区民间文学集成编写组	编者刊		1989
中国民间文学集成四川卷：成都市金牛区卷（文献本）	成都市金牛区民间文学集成编委会	编者刊		1988
中国民间文学集成四川卷：成都市龙泉驿区卷	成都市龙泉驿区民间文学集成办公室	编者刊		1989
中国民间文学集成四川卷：成都市温江县卷	温江县民间文学集成编委会	编者刊		1988
新都县民间故事谚语歌谣集成第一集	新都县民间文学集成领导小组	编者刊		1986
中国民间文学集成四川卷：成都市新都县卷	新都县民间文学集成领导小组	编者刊		1988
中国民间文学集成四川卷：成都市青白江区卷	青白江区民间文学集成办公室	编者刊		1988
中国民间文学集成四川卷：成都市双流县卷	成都市双流县民间文学集成办公室	编者刊		1988
中国民间文学集成四川卷：成都市郫县卷	郫县民间文学集成办公室	编者刊		1989
中国民间文学集成四川卷：成都市蒲江县卷	蒲江县民间文学集成办公室	编者刊		1988
中国民间文学集成四川卷：成都市大邑县卷	大邑县民间文学集成办公室	编者刊		1988
中国民间文学集成四川卷：成都市金堂县卷	金堂县民间文学集成编委会	编者刊		1989
中国民间文学集成四川卷：成都市新津县卷	新津县民间文学集成编委会	编者刊		1989

续表二

篇、书名	著(译)编者	出处	卷、期	年月日
新津民间故事	新津县社会科学界联合会、新津县文体局	编者刊		
都江堰·青城山的传说	中国民间文艺研究会四川分会、四川文艺出版社	四川文艺出版社		1985
中国民间文学集成四川卷：成都市灌县卷	成都市灌县民间文学集成编委会	编者刊		1987
都江堰民间故事精选	黄能秀	四川民族出版社		2002
中国民间文学集成四川卷：成都市彭县卷	彭县民间文学集成编委会	编者刊		1988
彭县民间故事	彭县民间文学编辑办	编者刊		1988
中国民间文学集成四川卷：成都市邛崃县卷	邛崃县民间文学集成办公室	编才刊		1988
中国民间文学集成四川卷：成都市崇庆县卷	崇庆县民间文学集成编委会	编者刊		1989
成都名物传说	王纯五	西南交通大学出版社		1993
德阳市历史名人故事集	中国人民政治协商会议四川省德阳市委员会	编者刊		1987
中国民间文学集成：德阳市资料集	德阳市民间文学三套集成编委会	编者刊		1991
德阳市民间文学选	德阳市民间文艺家协会	编者刊		1996
中国民间文学集成：德阳市市中区资料集	德阳市市中区民间文学三集成编委会	编者刊		1988
中国民间文学集成：中江县资料集	中江县民间文学三集成编委会	编者刊		1988
中国民间文学集成：广汉市资料集	广汉市民间文学三集成编委会	编者刊		1988
中国民间文学集成：什邡县资料集	什邡县民间文学三套集成编委会	编者刊		1988

续表三

篇、书名	著(译)编者	出处	卷、期	年月日
中国民间文学集成：绵竹县资料集	绵竹县民间文学三套集成编委会	编者刊		1987
民间文学资料1-3辑	绵阳地区文化馆	编者刊		1981-1982
中国民间文学集成四川卷：绵阳资料集	绵阳市市中区民间文学三套集成编委会	编者刊		1987
中国民间文学三套集成：四川绵阳市卷	中国民间文学三套集成绵阳市卷编辑委员会	编者刊		1988
绵阳的传说	黄道德 刘大军	西南交通大学出版社		1990
中国民间文学集成：三台县故事资料集	四川省三台县民间文艺资料四集成领导小组	编者刊		1987
中国民间文学集成：三台县谚语资料集	四川省三台县民间文艺资料四集成领导小组	编者刊		1987
中国民间文学集成：盐亭县资料集	四川省盐亭县民间文学三套集成编委会	编者刊		1988
中国民间故事集成：梓潼县资料集	四川省梓潼县民间文学三套集成编委会	编者刊		1987
中国民间文学集成：安县资料集	安县民间文学三套集成编辑委员会	编者刊		1987
中国民间文学集成：北川县资料集	四川省北川县民间文学三套集成编委会	编者刊		1987
平武民间文学选 第一集	平武县文化馆	编者刊		1982
平武民间故事集	四川省平武县民间文学三集成编委会	编者刊		1986
平武故事	张荣生	四川大学出版社		2004
中国民间文学集成：江油县资料集	四川省江油县民间文学三套集成编委会	编者刊		1987
青川民间故事——青川民间文学集成资料集	青川县民间文学三集成办公室等	编者刊		1986
剑阁民间文学	剑阁县文化馆	编者刊		1985

续表四

篇、书名	著(译)编者	出处	卷、期	年月日
剑阁民间故事集	剑阁县三套集成资料编辑办公室	编者刊		1986
中国民间文学集成（四川卷）：剑阁资料续集	剑阁县民间文学三套集成领导小组	编者刊		1989
剑门的传说	邹振常搜集整理	中国民间文艺出版社		1989
中国民间文学集成：广元市苍溪县故事歌谣卷	三套集成编委会	编者刊		1987
中国民间文学集成：广元市苍溪县歌谣谚语卷	三套集成编委会	编者刊		1987
中国民间文学集成：广元市苍溪县歌谣卷	三套集成编委会	编者刊		1987
米仓山民间传说	旺苍县文艺馆	编者刊		1984
旺苍县民间文学三套集成	旺苍县民间文学三套集成编委会	编者刊		1987
平昌县民间文学资料集成1-8卷	四川省平昌县文化馆、平昌县民间文学集成编委会	编者刊		1986-1988
平昌县民间歌谣资料集成：金宝乡卷	陈永久	平昌县民谣歌资料室		1989
通江县民间文学三套集成	通江县民间文学三套集成办公室	编者刊		1988
中国民间故事集成：四川省达县地区卷	四川省达县地区文化馆	编者刊		1988
中国谚语集成：四川省达县地区卷	四川省达县地区文化局	编者刊		1988
中国民间文学集成四川卷：宣汉县资料集	宣汉县民间文学集成办	编者刊		1988
宣汉民间文学	宣汉县文化馆	编者刊		1988
宣汉历代名人名胜传说	向本林			2002
四川省开江县民间文学资料集	开江县民间文学集成办公室	编者刊		1988
大竹县民间文学集成	四川省大竹县民间文学集成办公室	编者刊		1987
渠县民间谚语资料集（附歇后语）	渠县民间文艺集成领导小组	渠县文化馆		1986

续表五

篇、书名	著(译)编者	出处	卷、期	年月日
渠县民间故事资料集	渠县文化馆、渠县民间文学研究会	编者刊		1987
白沙工农区民间文学资料集	白沙工农区文化馆	编者刊		1988
中国民间文学三套集成：四川省万源县民间故事资料集	万源县民间文学集成编辑委员会、万源县文化馆	编者刊		1988
中国民间文学集成：南充县资料卷	南充县民间文学集成编委会	编者刊		1988
中国民间文学：南充地区歌谣谚语集成	四川省南充地区民间文学三套集成编辑委员会	编者刊		1989
中国民间文学：南充地区故事集成	四川省南充地区民间文学三套集成编委会	编者刊		1989
中国民间文学三套集成：南部县资料卷	南部县文化馆	编者刊		
中国民间文学集成：西充县资料卷	西充县民间文学集成编委会	编者刊		1987
中国民间文学集成：仪陇县资料卷	仪陇县民间文学集成编委会	编者刊		1987
中国民间文学集成：营山县资料集	营山县民间文学集成编委会	编者刊		
岳池县民间故事资料集 第1辑	岳池县文化馆、岳池县文学创作协会	编者刊		1986
民间文学资料集：岳池县罗渡区卷	罗渡区民间文学采风领导小组	编者刊		1986
中国民间文学集成：岳池县资料集	四川省岳池县民间文学集成编委会	编者刊		1987
岳池的传说	金青禾	西南交通大学出版社		1993
太极湖传奇	刁锡浦	重庆出版社		1999
邻水民间文学	邻水民间文学领导小组、邻水县文化馆	编者刊		1988
邻水民间文学资料集成	邻水民间文学领导小组、邻水县文化馆	四川邻水县文化馆		1988

续表六

篇、书名	著(译)编者	出处	卷、期	年月日
华蓥山的传说	杨大矛	西南师范大学出版社		1988
华蓥山传说	中共华蓥市委员会、华蓥市人民政府	编者刊		2002
中国民间文学集成：四川省遂宁市卷	四川省遂宁市民间文学集成领导小组	文化艺术出版社		1990
中国民间文学集成：射洪县资料集	射洪县文化馆、文化局	编者刊		1988
蓬溪民间故事	蓬溪县民间故事集成资料集	编者刊		1987
中国民间文学三套集成：蓬溪民间谚语	四川省蓬溪县文化局、四川省蓬溪县文化馆	编者刊		1989
中国民间文学集成：资阳县资料集	四川省资阳县民间文学三套集成编委会	编者刊		1987
中国民间文学集成：四川省内江市卷	四川省内江市民间文学集成编委会	编者刊		1990
隆昌县歌谣、谚语集	四川省隆昌县文化馆	编者刊		1987
自贡市的传说	毛一波	四川文献	31期	1965
中国民间文学三套集成：四川自贡卷	自贡市文化馆	编者刊		1989
自贡神话与传说（英汉对照）	颜宾	成都科技大学出版社		1992
自贡的传说	扬曲	四川人民出版社		1993
中国民间文学集成：四川荣县卷	四川自贡市荣县民间文学三套集成办公室	编者刊		1991
中国民间文学三套集成：富顺县资料卷	四川省富顺县民间文学三套集成编委会	编者刊		1990
泸州民间故事	泸州市文化馆	编者刊		1982
泸州民间故事集（一）	泸州市群众艺术馆	编者刊		1985
革命家在泸州的故事	陈鑫明	泸州市文化局、泸州市博物馆		1986
泸州名优土特产品传说	陈鑫明搜集整理	泸州市群众艺术馆		1987

续表七

篇、书名	著(译)编者	出处	卷、期	年月日
泸州民间文学集成	陈修伍	四川人民出版社		1992
中国民间文学三套集成：泸县资料集	四川省泸县民文学三套集成编委会	编者刊		1988
中国民间文学集成：合江县资料集	四川省合江县民间文学集成编委会	编者刊		1988
宜宾地区民间故事集	宜宾地区文化馆	编者刊		1982
中国民间文学三套集成：四川宜宾地区卷（一）汉族民间故事分册	四川宜宾地区民间文学集成编委会等	编者刊		1989
中国民间文学三套集成：四川宜宾地区卷（二）苗族民间故事分册	四川宜宾地区民间文学集成编委会等	编者刊		1989
中国民间文学三套集成：四川宜宾地区卷（三）民间故事家民间故事分册	四川宜宾地区民间文学集成编委会等	编者刊		1989
中国民间文学三套集成：四川宜宾地区卷（四）民间歌谣谚语分册	四川宜宾地区民间文学集成编委会等	编者刊		1989
中国民间文学集成：南溪县卷	南溪县民间文学集成办公室	编者刊		1988
中国民间文学三套集成：四川省筠连县卷第一分册筠连苗族民间故事专卷	四川大学中文系赴筠采风队、筠连县民间文学集成办公室	编者刊		1988
中国民间文学三套集成：珙县民间文学集	四川省珙县民间文学集成办公室	编者刊		1989
中国民间文学三套集成：珙县苗族民间故事集	四川省珙县民间文学集成办公室	编者刊		1989
兴文石海洞乡：民间故事集	兴文县文化馆	编者刊		1980
中国民间文学三套集成：四川省兴文县卷	四川省兴文县民间文学集成办公室	编者刊		1989
洞乡风景故事集	周德康等	四川省兴文县石海洞乡风景区管理处		1993
中国民间文学三套集成：四川省屏山县卷	屏山县文化馆	编者刊		1987

续表八

篇、书名	著(译)编者	出处	卷、期	年月日
中国民间文学集成：眉山县资料集	四川省眉山县民间文学三套集成编委会	编者刊		1988
中国民间文学集成：仁寿县资料集	四川省仁寿县民间文学三集成编委会	编者刊		1988
中国民间文学集成：彭山资料集	彭山县民间文学三集成编辑室	编者刊		1989
中国民间文学集成：四川青神卷	青神县民间文学集成编委会	编者刊		1988
中国民间文学集成四川卷：乐山市洪雅卷	洪雅县民间文学集成办公室	编者刊		1988
乐山风物传说	乐山市群众艺术馆	四川文艺出版社		1986
乐山大佛传奇	池 刚等搜集整理	西南交通大学出版社		1988
乐山传说	李吉荣	四川文艺出版社		1991
中国民间文学三套集成：四川乐山市卷	四川省乐山市民间文学集成编委会	编者刊		1990
中国民间文学集成：乐山市市中区资料集	乐山市市中区民间文学编委会	编者刊		1989
中国民间文学三套集成：五通桥区资料集	五通桥区民间文学编委会	编者刊		1989
五通龙：五通桥的传说	雷筱波 胡正荣	西南交通大学出版社		1990
中国民间文学集成：沙湾区资料集	沙湾区民间文学三套集成编辑委员会	编者刊		1988
犍为县民间文学集	犍为县民间文学集成办公室	编者刊		1989
中国民间文学集成：井研县资料集	井研县民间文学编委会	编者刊		1989
中国民间文学集成：峨眉县资料集	峨眉县民间文学编委会	编者刊		1987
中国民间文学集成：峨边彝族自治县资料卷	峨边民间文学编委会	编者刊		1987

续表九

篇、书名	著(译)编者	出处	卷、期	年月日
中国民间文学集成：马边彝族自治县资料卷	马边民间文学三套集成领导小组	编者刊		1988
中国民间故事集成：四川省雅安地区卷	中国民间文学集成雅安地区卷编辑委员会	编者刊		1990
中国民间谚语集成：四川省雅安地区卷	中国民间文学集成雅安地区卷编辑委员会	编者刊		1990
民间故事集萃——浪漫雨城行	四川雅安雨城区文化体育局	编者刊		2005
中国民间文学集成：荥经县资料集	四川省荥经县民间文学三套集成编委会	编者刊		1986
中国民间故事集成：四川省石棉县资料集（彝、藏族部分）	石棉县民间文学三套集成编委会	编者刊		1986
中国民间故事集成：四川省石棉县资料集	石棉县民间文学三套集成编委会	编者刊		1986
乡音话天全	天全县文化工作室	中国三峡出版社		2004
中国民间文学集成：羌族故事集	四川省阿坝藏族羌族自治州文化局	编者刊		1990
中国民间文学集成：藏族故事卷	四川省阿坝藏族羌族自治州文化局	编者刊		1993
中国民间故事集成：若尔盖县资料卷	阿坝藏族羌族自治州若尔盖县集成（志）编委会	编者刊		1988
凉山民间文学集成	凉山州集成编委会	西南交通大学出版社		1993
中国民间文学集成凉山卷：谚语卷（彝、汉语对照）	凉山州民间文学集成编委会	编者刊		1995
中国民间文学集成：四川省西昌市资料集	西昌市民间文学集成办公室	编者刊		1988
四川省德昌县傈僳族民间文学资料集	德昌县民间文学集成办公室	编者刊		1988
中国民间文学集成：四川凉山州德昌县资料集（第一卷）	德昌县民间文学集成办公室	编者刊		1989

续表一〇

篇、书名	著(译)编者	出处	卷、期	年月日
中国民间文学集成：四川凉山州德昌县资料集（第二卷）	德昌县民间文学集成办公室	编者刊		1991
会理民间故事 第1辑	会理县文化馆	编者刊		1980
中国民间文学集成：四川省凉山彝族自治州会理县资料集	会理县民间文学集成编辑委员会	编者刊		1987
宁南县民间文学集成	李万泽	四川人民出版社		1996
中国民间文学凉山彝族自治州：甘洛县彝族民间故事（彝汉对照）	甘洛县集成办、语委	编者刊		1988
中国民间文学凉山彝族自治州：甘洛县民间谚语集（彝汉对照）	甘洛县集成办、语委	编者刊		1988
喜德县民间克则资料集	中国民间文学三套集成喜德卷编委会	编者刊		1986
中国民间文学集成 四川卷：冕宁民间故事（资料集）	冕宁县民间文学艺术集成编委会	编者刊		1988
中国民间文学集成 四川卷：冕宁民间歌谣谚语（资料集）	冕宁县民间文学艺术集成编委会	编者刊		1988
昭觉县民间歌谣谚语 第一集	昭觉县民间文学集成办公室	编者刊		1988
盐源县民间文学资料集（第一分册）	盐源县文化馆	编者刊		1988
中国民间故事集成：木里藏族自治县卷	木里民间文学集成办公室等	编者刊		1987
中国民歌谚语集成：格桑花——木里藏族自治县卷	四川省民间文学集成编委办公室、木里县民间文学集成办公室	西南交通大学出版社		1993
中国民间文学集成：攀枝花市故事卷	中国民间文学集成四川省攀枝花市文艺集成办公室	四川民族出版社		1990
中国民间文学集成：攀枝花市谚语卷	四川省攀枝花市文艺集成办公室	编者刊		1989
中国民间文学集成：盐边县资料集	四川省盐边县民间文学三套集成编委会	编者刊		1989

续表一一

篇、书名	著(译)编者	出处	卷、期	年月日
重庆掌故传说　第一集	蓝前华	重庆市群众艺术馆《艺术广场》编辑部		1981
重庆掌故传说　第二集	聂云岚	重庆市群众艺术馆《艺术广场》编辑部		1982
中国谚语集成：重庆市卷	《中国谚语集成：重庆市卷》编辑委员会	科学技术文献出版社重庆分社		1989
中国民间故事集成：重庆市卷	中国民间故事集成重庆市编纂委员会	科学技术文献出版社重庆分社		1990
重庆传说时代文学初探	马培汶	涪陵师范学院学报	4期	2001
重庆风情幽默画卷——金重庆的传说	张老侃	重庆出版社		2003
巴渝神话传说	熊笃	重庆出版社		2004
中国民间故事集成：四川省万县地区卷	中国民间文学集成万县地区卷编辑委员会	编者刊		1988
中国谚语集成：四川省万县地区卷	中国民间文学集成万县地区卷编辑委员会	编者刊		1989
中国民间故事集成黔江土家族苗族自治县：民间故事资料集	黔江县民间文学三集成编委会	编者刊		1987
中国民间故事集成黔江土家族苗族自治县：民间歌谣谚语	黔江县民间文学三集成编委会	编者刊		1987
中国民间文学集成：涪陵市资料集	四川省涪陵市民间文学三套集成编委会	编者刊		1987
中国民间文学三套集成：涪陵市资料集	四川省涪陵市民间文学三套集成编委会	编者刊		1989
涪陵民间文学集成：民间歌谣、民间故事、民间谚语	《涪陵地区民间文学集成》编委会	四川人民出版社		1992
中国民间故事集成：重庆市市中区卷	重庆市市中区民间文学三套集成编委会	编者刊		1988
中国谚语集成：重庆市市中区卷	重庆市市中区民间文学三套集成编委会	重庆市市中区文化局		1988
中国民间故事集成：重庆市大渡口区卷	重庆市大渡口区民间文学集成编辑委员会	编者刊		1988

续表一二

篇、书名	著(译)编者	出处	卷、期	年月日
中国歌谣谚语集成：重庆市大渡口区卷	重庆市大渡口区民间文学三套集成编委会	编者刊		1988
中国民间故事集成：重庆市江北区卷	重庆市江北区民间文学集成编辑委员会	编者刊		1987
中国歌谣谚语集成：重庆市江北县卷	重庆市江北县三套集成编委会	编者刊		1988
中国民间文学集成：重庆市沙坪坝区卷	重庆市沙坪坝区民间文学集成编委会	编者刊		1988
中国民间故事集成：重庆市九龙坡区卷	重庆市九龙坡区民间文学三套集成编委会	重庆市九龙坡区文化局		1988
中国歌谣谚语集成：重庆市九龙坡区卷	重庆市九龙坡区民间文学三套集成编委会	编者刊		1988
魏显德民间故事集	彭维金 李子硕	重庆出版社		1991
走马镇民间故事	联合国教科文组织等	四川文艺协会		1997
中国民间故事集成：重庆市北碚区卷	重庆市北碚区民间文学三套集成编委会	编者刊		1989
中国民间歌谣谚语集成：重庆市北碚区卷	重庆市北碚区民间文学三套集成编委会	编者刊		1989
中国民间故事集成：重庆市巴县卷	重庆市巴县民间文学三套集成编辑委员会	编者刊		1988
中国谚语集成：重庆市巴县卷	重庆市巴县民间文学三套集成编辑委员会	编者刊		1988
中国民间故事集成：重庆市长寿县卷	长寿县民间文学三套集成编委会	编者刊		1988
中国歌谣谚语集成：重庆市长寿县卷	长寿民间文学三套集成编委会	编者刊		1988
中国民间故事集成：重庆市江津县卷	江津县民间文学集成编委会	编者刊		1989

续表一三

篇、书名	著(译)编者	出处	卷、期	年月日
中国歌谣谚语集成：重庆市江津县卷	江津县民间文学集成编辑委员会	编者刊		1989
中国民间故事集成：重庆市合川县卷	合川县民间文学集成编辑委员会	编者刊		1988
中国歌谣谚语集成：重庆市合川县卷	合川县民间文学集成编辑委员会	编者刊		1988
中国民间故事集成：重庆市永川县卷	永川县民间文学集成编辑委员会	编者刊		1988
中国歌谣谚语集成：重庆市永川县卷	永川县民间文学集成编辑委员会	编者刊		1988
中国民间文学三集成：南川县资料集	南川县民间文学三套集成编委会	编者刊		1987
中国民间故事集成：重庆市南桐矿区卷	重庆市南桐矿区民间文学集成编委会	重庆市南桐矿区文化局		1987
中国歌谣谚语集成：重庆市南桐矿区卷	重庆市南桐矿区民间文学集成编委会	编者刊		1987
中国民间故事歌谣谚语集成：重庆市双桥区卷	重庆市双桥区民间文学集成编委会	编者刊		1988
中国民间故事歌谣谚语集成：重庆大足县卷	重庆大足县民间文学集成编委会	编者刊		1988
中国民间故事集成：重庆市铜梁县卷	铜梁县民间文学集成编委会	编者刊		1988
中国民间歌谣谚语集成：重庆市铜梁县卷	铜梁县民间文学集成编委会	编者刊		1988
中国民间故事集成：重庆市璧山县卷	璧山县民间文学集成编委会	编者刊		1988
中国民间歌谣谚语集成：重庆市璧山县卷	璧山县民间文学集成编委会	编者刊		1988
中国民间故事集成：重庆市潼南县卷	潼南县民间文学集成编辑委员会	编者刊		1988

续表一四

篇、书名	著(译)编者	出处	卷、期	年月日
中国民间故事集成：重庆市荣昌县卷	荣昌县民间文学集成编辑委员会	编者刊		1988
中国歌谣、谚语集成：重庆市荣昌县卷	重庆市荣昌县民间文学集成编辑委员会	编者刊		1988
城口县民间文学三集成	四川省城口县民间文学三集成编委会	编者刊		1988
丰都县民间文学集成	四川省丰都县民间文学集成编委会	编者刊		1987
中国民间文学三套集成：垫江卷	垫江县民间文学三套集成编委会	四川文艺出版社		1992
中国民间文学三套集成：武隆县资料集	武隆县文化局等	编者刊		1987
中国民间故事集成：四川省忠县卷	中国民间文学集成四川省忠县卷编辑委员会	编者刊		1990
中国歌谣谚语集成：四川省忠县资料卷	中国民间文学集成忠县卷编辑委员会	编者刊		1990
中国民间文学集成：四川省开县卷	中国民间文学集成四川省开县卷编辑委员会	编者刊		1987
中国民间文学集成：四川省云阳县卷	四川省云阳县民间文学三集成编辑委员会	编者刊		1990
中国民间文学集成：四川奉节县卷	中国民间文学集成奉节县卷编辑委员会	编者刊		1989
中国民间文学三套集成：巫山县故事集	四川省巫山县民间文学三套集成编委会	巫山县文化局		1987
中国民间文学三套集成：巫山县歌谣谚语集	四川省巫山县民间文学三套集成编委会	巫山县文化局		1987
中国民间文学集成：四川省巫溪县卷	四川省巫溪县民间文学三集成编辑委员会	编者刊		1988

续表一五

篇、书名	著(译)编者	出处	卷、期	年月日
中国民间文学集成：酉阳土家族苗族自治县民间歌谣谚语资料集	酉阳民间文学三套集成领导小组办公室	编者刊		1987
中国民间文学集成：酉阳土家族苗族自治县民间故事资料集	酉阳民间文学三套集成领导小组办公室	编者刊		1987
彭水民间故事	彭水苗族土家自治县筹备委员会	编者刊		1984
中国民间文学三集成彭水苗族土家族自治县资料集之一：彭水民间故事	彭水民间文学集成编委会	编者刊		1988
中国民间文学三集成彭水苗族土家族自治县资料集之二、三：彭水民间歌谣谚语	彭水民间文学集成编委会	编者刊		1988
竹枝词的演变	花萼楼主	中国时报		1958.11.26
竹枝词简谈	楚客	羊城晚报		1959.8.6
漫话竹枝词	张志烈	龙门阵	1辑	1980
凄凉古竹枝	蔡起福	文学遗产	4期	1981
竹枝词的源流	彭秀枢 彭南均	吉首大学学报（社科）	2期	1982
		江汉论坛	12期	1982
论"竹枝歌"	刘红	民族艺术	2期	1990
		艺苑（音乐）	2期	1990
论"竹枝词"	祝注先	西南民族学院学报（哲社）	4期	1988
《竹枝》歌声探微	张汉卿	湖北民族学院学报（社科）	2期	1990
《竹枝曲》寻踪	肖常纬	音乐探索	4期	1992
民歌"竹枝"溯源——竹枝词新论之一	傅如一 张琴	山西大学学报（哲社）	4期	1993
"竹枝"研究	齐柏平	音乐研究	4期	1995
竹枝歌和声考辨	王庆沅	音乐研究	2期	1996
"竹王崇拜"与《竹枝词》	黄崇浩	黄冈师专学报	1期	1999
竹枝词源流考	李良品	重庆教育学院学报	4期	2000
巴人竹枝词的起源与文化生态	向柏松	湖北民族学院学报（哲社）	1期	2004
竹枝词简论	邵文	山东教育学院学报	1期	2005
竹枝词四论	张学敏	西华师范大学学报（哲社）	1期	2005
竹枝词源流考	熊笃	重庆师范大学学报（哲社）	1期	2005

续表一六

篇、书名	著(译)编者	出处	卷、期	年月日
论唐代文人竹枝词	张琴	山西大学师范学院学报（综合）	1期	1993
唐代民歌"竹枝"与文人竹枝词	张琴	山西大学师范学院学报	3期	1999
巴渝《竹枝歌》与文人拟作的《竹枝词》	陈正平	达县师范高等专科学校学报	3期	2002
刘梦得的土风乐府与竹枝词	方瑜	文学评论	2期	1975
刘禹锡的《竹枝词》与民歌	王向东	语文学习	1期	1979
刘宾客竹枝词中的爱情诗	高然其	昭通师专学报（文科）	1期	1981
试论刘禹锡的《竹枝词》	陈思和	复旦学报（社科）	2期	1981
刘禹锡《竹枝词》作于夔州补正	潘昌凡	淮阴师专学报（社科）	2期	1981
谈谈刘禹锡的竹枝词	柯益热	进修	3期	1981
懊恼人心不如石 等闲平地起波澜——介绍刘禹锡的《竹枝词》其六、其七	傅经顺	唐宋文学欣赏		1982
刘禹锡《竹枝词》、《踏歌词》研究	邓小军	安徽师大学报（哲社）	4期	1983
一股清新之风——谈刘禹锡的《竹枝词》	萧文范	语文学刊	3期	1984
刘禹锡和他的《竹枝词》	徐安琪	湖北师范学院学报（哲社）	3期	1986
刚健清新 饶有韵致——刘禹锡《竹枝词》赏析	朱捷	名作欣赏	4期	1986
刘禹锡竹枝词写作地点考辨	陈建中	上海师范大学学报（哲社）	3期	1988
刘禹锡《竹枝词》（其十）探微	杨伯南	曲靖师专学报	4期	1990
刘禹锡词《竹枝》、《浪淘沙》、《杨柳枝》	唐骥	宁夏大学学报（社科）	1期	1991
生命历程与创作情调的暂时转折——刘梦得《竹枝词》再探讨	许丽芳	大陆杂志	89卷3期	1994
清新自然 俊秀潇洒——读刘禹锡《竹枝词九首》	潘羽生	阅读与写作	9期	1996
试析刘禹锡《竹枝词》的艺术美——兼评白居易的《竹枝词》	陈阳	职大学刊	3期	1998
刘禹锡《竹枝词》与三峡文化	吴果中	湖南师范大学社会科学学报	5期	1998
刘禹锡《竹枝词》的艺术特色	冯小萍	益阳师专学报	1期	2000
采撷英华唱《竹枝》——刘禹锡与三峡	孙善齐	中国三峡建设	8期	2000
刘禹锡《竹枝词九首》与《杨柳枝词九首》比较谈	罗莹	辽宁省交通高等专科学校学报	2期	2001

续表一七

篇、书名	著(译)编者	出处	卷、期	年月日
晴空一鹤排云上，便引诗情到碧霄——读刘禹锡《竹枝词》	高 维	滁州师专学报	2期	2001
刘禹锡《竹枝词》一首英译探微	罗春霞 葛秋颖	山东师大外国语学院学报	4期	2001
刘禹锡《竹枝词》（一首）英译探微	罗春霞 唐品芳	湖南轻工业高等专科学校学报	1期	2002
骚怨情怀：刘禹锡《竹枝词》新论	刘铁峰	山东社会科学	6期	2001
"竹枝无限情"——论刘禹锡《竹枝词》的创作	刘铁峰	娄底师专学报	1期	2002
论刘禹锡《竹枝词》的起源和发展	高 月	涪陵师范学院学报	4期	2002
向民歌学习的典范——浅谈刘禹锡的二首《竹枝词》及其表现手法	赵云长	黑龙江社会科学	4期	2003
论刘禹锡《竹枝词》	卢燕平	绍兴文理学院学报（哲社）	6期	2003
刘禹锡《竹枝词》创作地点"建平"考	张福清 温建荣	恩施职业技术学院学报（综合）	1期	2004
刘禹锡和白居易《竹枝词》创作特色之比较	宁登国	重庆三峡学院学报	2期	2004
开朗流畅，含思婉转——刘禹锡《竹枝词》（两首）赏析	廖 文	湖北财经高等专科学校学报	2期	2004
刘禹锡和竹枝词	李春祖	华夏文化	2期	2004
刘禹锡《竹枝词》与巴楚民风	吴思增	天中学刊	4期	2005
歌声盘旋 情思缠绕——刘禹锡《竹枝词》赏析	田 华	阅读与鉴赏（初中）	4期	2005
雾雨阴晴 镜花水月——刘禹锡《竹枝词》与卞之琳《无题》之比较	刘继林	写作	7期	2005
宋代文人竹枝词的变迁	傅如一 张 琴	山西大学学报（哲社）	3期	1994
竹枝词	孙光宪	五台山研究	4期	1993
夔州竹枝歌	范成大	农业考古	4期	1992
《四川竹枝词》选	林孔翼 沙铭璞	龙门阵	2辑	1980
四川竹枝词	林孔翼 沙铭璞	四川人民出版社		1989
简论《竹枝词》——四川乡土文学中的一朵奇花	王重豪	宜宾学院学报	4期	1995
四川竹枝词中的盐业史信息	王慎之 王子今	盐业史研究	4期	2000

续表一八

篇、书名	著(译)编者	出处	卷、期	年月日
四川竹枝词客家文化史料研究	王子今	重庆师院学报（哲社）	1期	2002
保路运动中的竹枝词	无为	成都风物	3辑	1982
成都竹枝词选		龙门阵	1辑	1980
成都竹枝词	林孔翼辑录	四川人民出版社		1982
成都竹枝词（增订本）	林孔翼辑录	四川人民出版社		1986
从《竹枝词》看清末民初成都的体育活动	熊志冲	体育文史	6期	1987
从清代成都竹枝词看成都满城	黄平	文史杂志	6期	2005
蜀中新年竹枝词配画	刘沅 张青	四川烹饪高等专科学校学报	1期	1999
温江竹枝词寻幽	李朝正	成都行政学院学报	2期	1999
清代巴塘藏族风情画——简介《巴塘志略·附竹枝词四十首》	冯有寿	青海民院学报	4期	1981
成亲王书竹枝词	成亲王	巴蜀书社		1986
清代巴塘藏族社会生活的风俗画——读钱召棠巴塘竹枝词四十首	张羽新	西藏研究	2期	1989
钱召棠和他的《巴塘竹枝词》	顾浙秦	中国藏学	2期	2004
谈"竹枝词"和土家族诗人的《竹枝词》创作	祝注先	中央民族学院学报	3期	1989
竹枝词——土家族艺苑里一朵瑰丽的奇葩	杨昌鑫	怀化师专学报	2期	1993
竹枝歌的全面考察——土家族古代音乐史研究	石峥嵘	船山学刊	1期	1999
竹枝歌的音乐人类学研究——土家族古代音乐史研究	石峥嵘	中国音乐	4期	2001
土家族婚嫁竹枝词	刘红	人民政协报		2001.12.15
三峡《竹枝词》	赵贵林	中国三峡建设	7期	1997
长江三峡竹枝词	邵红峰	风景名胜	5期	1999
一朵奇葩映峡江——解读三峡竹枝词	黄华	中国三峡建设	2期	2001
三峡竹枝词琐谈	郑敬东 郑奇颖	写作	3期	2002
三峡竹枝词对历代文人的影响	郑敬东	求索	1期	2003
徜徉在三峡竹枝词的意趣里	巴人	中国旅游报		2003.4.18
"惟闻唱竹枝"——风俗专用诗体之滥觞	刘航	四川大学学报（哲社）	5期	2004

续表一九

篇、书名	著(译)编者	出处	卷、期	年月日
中国三峡竹枝词	王广福等	重庆出版社		2005
两首反映明清之际广东蚕丝贸易的竹枝词	杨宗万	广东蚕丝通讯	4 期	1980
李调元与广东竹枝词	詹杭伦	广东诗词报	11 期	1996
传述历史的古代人物传说——"巴渠民间文学研究"之二	陈正平	川东学刊	1 期	1997
川陕革命根据地的红军将帅传说——"巴渠民间文学研究"之三	陈正平	川东学刊	3 期	1997
神灵活现的巴渠风物传说——"巴渠民间文学研究"之四	陈正平	川东学刊	1 期	1998
巴渠风俗与古代传说——"巴渠民间文学研究"之五	陈正平	川东学刊	3 期	1998
浪漫的幻想：民间童话、寓言（上）——"巴渠民间文学研究"之六	陈正平	达县师范高等专科学校学报	1 期	1999
浪漫的幻想：民间童话、寓言（下）——"巴渠民间文学研究"之七	陈正平	达县师范高等专科学校学报	4 期	1999
阶级对立的写照：长工与地主的故事——"巴渠民间文学、民俗研究"之八	陈正平	达县师范高等专科学校学报	1 期	2000
笑话故事中的讽刺幽默与巴渠人的性格——"巴渠民间文学、民俗研究"之九	陈正平	达县师范高等专科学校学报	4 期	2000
劳动歌谣震山河——"巴渠民间文学、民俗研究"之十	陈正平	达县师范高等专科学校学报	1 期	2001
巴渠民间谚语、歇后语、谜语——"巴渠民间文学与民俗研究"之十一	陈正平	达县师范高等专科学校学报	4 期	2001
巴渝民间文学荟萃	金祥明等	四川文艺出版社		1992
巴渝神话传说	熊笃等	重庆出版社		2004
川东民间故事中的图腾信仰与古族变迁	王倩予	西南师范大学学报（社科）	3 期	1999
伏羲兄妹制人烟	陈均	民间文学	3 期	1964
中国神话传说与蚕丝文化	赵泽祥	丝绸	7 期	1997
我国古代的蛮人与蚕丝起源的传说	榕嘉	四川丝绸	4 期	2001
马头娘传说辨	静闻	民间文艺	6 期	1927
蚕女故事与中国式"原罪"原型	纪永贵	南都学坛	2 期	1999

续表二〇

篇、书名	著(译)编者	出处	卷、期	年月日
马头娘的传说	孙先知	四川蚕业	3期	1999
蚕女故事的文学——文化学解读	纪永贵	民间文化	7期	2000
蚕神马头娘	孙先知	四川蚕业	3期	2001
蚕神：螺祖或马头娘	游修龄	古代文明		2002
蚕神宛窳妇人、寓氏公主考	伏元杰 李新泉	四川职业技术学院学报	3期	2003
"蚕马"杂谭	徐湘霖	西南民族大学学报（人文）	12期	2004
从螺祖传说谈我国蚕桑文化的起源地	高翔	华夏文化	2期	1994
蚕神信仰与螺祖传说	刘守华	高师函授学刊	5期	1995
		寻根	1期	1996
蚕神螺祖	谢文华	河南民间文学集成·西平故事卷		1997
四川盐亭县螺祖传说与"遗迹"引论	祁和晖	中华文化论坛	3期	1998
螺祖传奇	廖仲宣 龙云霞	四川教育出版社		1998
螺祖传说	何天富	中国文史出版社		2005
洪水传说之推测	冯家升	禹贡	1卷2期	1934
古蜀的洪水神话与中原的洪水神话	程仰之	说文月刊	3卷9期	1943
四川治水神话中的夏禹	杨明照	四川大学学报	4期	1959
大禹和鳖灵——兼论治水神话的起源	李恕豪	天府新论	2期	1985
"鳖灵"神话之我见	罗曲	文史杂志	4期	1990
四川上古治水传说的史迹印证	郭发明	文史杂志	4期	1992
"鳖灵"传说真相考	李修松	安徽大学学报	5期	2002
大禹娶亲传说新解	包丽虹 蔡堂根	西南交通大学学报（社科）	6期	2004
关于"纵目人"的传说	郭发明	文史杂志	1期	1987
彭祖长寿的神话和仙话	袁珂	民间文化论坛	2期	1994
彭祖神话考略	刘怀荣	中国文化研究	3期	1996
杜宇开明的故事	杨向奎	责善半月刊	2卷9期	1941
杜鹃啼血	何诚	成都日报		1980.2.25
你归呀，你归——杜宇的传说	湛卢	龙门阵	4辑	1981
杜宇化鹃故事探源	郭发明	文史杂志	3期	1987

续表二一

篇、书名	著(译)编者	出处	卷、期	年月日
古蜀杜宇神话传说新探	张启成	贵州社会科学	6期	1990
五丁拽金牛	承朴	成都日报		1980.1.7
秦灭蜀战争"石牛计"故事的形成	任建库	秦文化论丛	11辑	2004
元剧中二郎斩蛟的故事	卫聚贤	说文月刊	3卷9期	1943
李冰父子擒龙记	袁珂	红岩	2期	1979
伏龙的神——何二流做了菩萨	艾芜	龙门阵	1辑	1981
二郎擒孽龙	于权	旅游天府	4期	1981
高唐神女传说之分析	闻一多	清华学报	10卷4期	1935
附录——"高唐神女传说之分析"补记	闻一多	清华学报	11卷1期	1936
谁先咏唱巫山神女	钟永毅等	重庆日报		1979.3.22
楚巫的致幻方术——高唐神女传说解读	蔡大成	社会科学评论	5期	1988
论高唐神女的原型与神性	张君	文艺研究	3期	1992
"云雨"与巫山神话考释——文学·神话·礼仪	龙耀宏	文学遗产	4期	1990
巫山神女探源	张应斌	湖北民族学院学报（哲社）	4期	1992
清江盐神与巫山神女	张应斌	东南文化	1期	1993
巫山神女原型新探	杨琳	文艺研究	4期	1993
巫山神女庙寻踪	邵红峰	风景名胜	1期	1996
巫山神女庙	陈文	风景名胜	12期	1997
巫山神女故事的起源及其演变	连镇标	世界宗教研究	4期	2001
高唐神女原型与《聊斋志异》中的高唐型神女	黄洽	蒲松龄研究	2期	2002
论巫山神女故事形成过程中的巫术观念演绎历程	桑大鹏	理论月刊	12期	2002
高唐神女传说之再分析	吴天明	云梦学刊	4期	2003
巫山神女：一种文学意向的地理渊源	林涓 张伟然	文学遗产	2期	2004
巫山神女：巴楚民族历史文化融合的结晶	程地宇	三峡大学学报（社科）	3期	2004
巫山神女传说的真相及屈原对怀王的批评	董芬芬	西北师大学报（社科）	3期	2004
巫山意象的演变与意蕴	孙丽娜	柳州师专学报	3期	2005
漫谈巫山神女	言永	光明日报		1958.2.16

续表二二

篇、书名	著（译）编者	出处	卷、期	年月日
巫山神女探源	张应斌	湖北民族学院学报（哲社）	4期	1992
巫山神女原型新探	杨琳	文艺研究	4期	1993
清江盐神与巫山神女	张应斌	东南文化	1期	1993
巫山神女题材文学创作纵览	胡德才	湖北三峡学院学报	2期	1998
盐水神女与巫山神女略说	蔡靖泉	社会科学动态	6期	1999
谁第一个歌咏巫山神女——屈原与三峡	孙善齐	中国职工教育	11期	1998
		中国三峡建设	10期	1999
巫山神女故事的起源及其演变	连镇标	世界宗教研究	4期	2001
神女原型与中国男性的依附心态	王萌	中州学刊	3期	2001
神女：质疑与认同——苏轼诗词中巫山神女题材和典故体现的文化心态及其哲学根源	程地宇	重庆三峡学院学报	1期	2002
神妓、女巫和破戒诱引	萧兵	民族艺术	1期	2002
论中国文人的"巫山神女情结"	李定广 徐可超	复旦学报（社科）	5期	2002
		中国文化	19、20期	2002
论巫山神女故事形成过程中的巫术观念演绎历程	桑大鹏	理论月刊	12期	2002
巫山神女：一种文学意象的地理渊源	林涓 张伟然	文学遗产	2期	2004
巫山神女：巴楚民族历史文化融合的结晶	程地宇	中央民族大学学报	3期	2004
		三峡大学学报（人文）	3期	2004
神女峰的传说		乡镇论坛	5期	1992
巫山神女传说的真相及屈原对怀王的批评	董芬芬	西北师大学报（社科）	3期	2004
巫山意象的演变和意蕴	孙丽娜	柳州师专学报	3期	2005
巴族神话中的生命意识	孙海星	室内设计	1期	1995
张天师传说的历史文化价值	刘守华	中国道教	1期	1995
文君夜奔	承朴	成都日报		1980.1.17
范滂为扬雄平反——子云亭故事之一	余一成	成都风物	2辑	1981
聂敏政创建墨池书院——西蜀子云亭故事之二	张泽一	成都风物	3辑	1982
三国的传说	中共绵阳市委宣传部、绵阳市民间文学工作者协会	编者刊		1988

续表二三

篇、书名	著(译)编者	出处	卷、期	年月日
蜀汉传说故事	仇昌仲	梓潼县三国演义协会		2002
诸葛亮的故事	顾学颉	山西人民出版社		1957
一代奇才诸葛亮故事	姚季农	陈永泰书局		1972
诸葛亮的故事	高敏	河南人民出版社		1980
魏晋南北朝时期的诸葛亮故事传说	陈翔华	河北大学学报（哲社）	2 期	1981
鲍三娘	张正宇搜集整理	民间文学	6 期	1981
诸葛亮的传说	徐东等搜集整理	民间文学	12 期	1982
孔明故事在我国少数民族地区与国外的传播和影响	陈翔华	社会科学研究	4 期	1983
诸葛亮的故事	王凯	襄樊日报社、襄樊市隆中管理处		1984
诸葛亮拜师	张楚北整理	河南少年儿童出版社		1985
诸葛亮的故事	郑孝时	少年儿童出版社		1985
诸葛亮的传说	程景林 李秀春	甘肃人民出版社		1986
诸葛亮的故事	陈文道	人民中国出版社		1999
诸葛亮传说故事	张定亚	陕西美术出版社		1987
诸葛亮的传说	陈文道	湖北人民出版社		1987
诸葛亮传奇	李元悌	陕西美术出版社		1989
诸葛亮三请刘备	袁银波	陕西人民出版社		1989
汉族及西南少数民族传说中的诸葛亮南征	李福清 白嗣宏	民族文学研究	2 期	1992
云南诸葛亮的传说及其崇拜现象	郭汉林	云南民族学院学报（哲社）	3 期	1992
诸葛亮南征传说及其在缅甸的流播	傅光宇	民族艺术研究	5 期	1995
筹笔驿与诸葛亮	冯学敏	旅游天府	4 期	1981
诸葛亮と籌筆驛——英雄伝説とその舞台	竹内眞彥	日本中国学会报	56 集	2004
象明"孔明山"的传说	彦锋	版纳	5 期	2005
两个张飞墓的传说	彭华生等整理	群众文艺	4 期	1982
张飞战羌王	原上草 安玉民	民间传说故事	A 卷 6 期	2004
文昌的传说	仇昌仲	四川省梓潼文昌学会、梓潼县七曲山大庙文昌宫		2002
丝之光泽的月亮：老子与李太白传奇	保罗·吕特	（威斯巴登）林梅斯出版社		1948

续表二四

篇、书名	著(译)编者	出处	卷、期	年月日
李白的故事	郁贤皓 何永康	少年儿童出版社		1981
李白在安陆（民间传说）第一集	安陆县文化馆	编者刊		1983
李白的传说	王和合	河北少年儿童出版社		1987
李白的传说	戎林	江苏少年儿童出版社		1987
李太白骑驴过华阴	宋今	辽宁大学出版社		1993
李白传说故事的意义建构和价值取向	何念龙	广西社会科学	1 期	1995
李白传说故事评说	何念龙	天府新论	3 期	1995
关于李白"捉月"传说——兼及临终传说的传记意义	松浦友久（刘维治）	北京大学学报（哲社）	5 期	1995
李太白的故事	李树芳等	江油李白纪念馆		1997
李白传说故事溯源	陈钧	中国典籍与文化	4 期	1998
李白诗文故事	张庆满等	时代文艺出版社		2004
杜甫学习民歌的一例	侯觉良	四川日报		1962.4.12
陌上石笋双高蹲——杜诗中一段成都民间传说	怿伯	成都晚报		1962.8.13
浣花溪的故事	肇世	工商导报		1952.12.19
同心草——薛涛传奇	刘恩义	四川人民出版社		1997
王小波起义的故事	上海第六电表厂工人理论组	少年儿童出版社		1978
李顺的故事	毛一波	四川文献	145 期	1974
东坡逸事续编	沈宗元	商务印书馆		1919
东坡逸事	沈宗元	商务印书馆		1918，1925
		广文书局		1982
苏东坡故事辑	陈中和	"中央日报"		1960.7.27－1960.7.30
苏东坡和苕菜	张秀熟	四川日报		1961.6.30
苏东坡四逸事	南宫博	今日世界	227 期	1962
苏东坡的传说	刘艺亭整理	民间文学	5 期	1963
苏东坡的逸闻和轶事（上）	味根	古今谈	5 卷 8 期	1968
苏东坡的逸闻和轶事（下）	味根	古今谈	5 卷 9 期	1968
苏东坡轶事	锦堂	生力月刊	5 卷 50 期	1970

续表二五

篇、书名	著(译)编者	出处	卷、期	年月日
东坡事类	梁廷枏	广文书局		1970
	梁廷楠著、汤开建、陈文源点校	暨南大学出版社		1992
东坡逸事	忆 清	四川文献	159期	1976
苏东坡与马券碑	彭泽良	群众文艺	3期	1980
苏东坡谪居海南岛的传说	黎国器	天涯	1期	1980
苏东坡的故事	吴华搜集整理	山海经	创刊号	1981
《水浒传》和苏东坡	颜中其	南充师院学报（哲社）	2期	1981
苏东坡舍命吃河豚	邓佳运	文明	1期	1981
"东坡肘子"与"东坡羹"	张志立	文明	1期	1981
苏东坡在海南岛的故事	朱玉书搜集整理	民间文学	8期	1982
苏轼逸闻与轶事	朱传誉	天一出版社		1982
苏东坡轶事汇编	颜中其	岳麓书社		1984
苏轼在惠州的故事传说	惠州市文联、惠州市博物馆	编者刊		1984
苏东坡的故事	丁永淮 熊文祥	长江文艺出版社		1984
苏东坡的故事	冯 进	四川少年儿童出版社		1985
苏东坡的传说	李秀春 程 景	黄河文艺出版社		1985
苏东坡的传说	丁永淮 熊文祥	中国文联出版公司		1986
苏轼的故事	王元明	新华出版社		1986
苏东坡传奇	新潮社编译小组	新潮社文化事业公司		1988
苏轼的故事	铁 平	少年儿童出版社		1988
苏东坡传奇	苏 凡	可筑书房		1988
		新潮社		1990
苏东坡：中国文学家苏东坡的传说	王和合等	智茂出版社		1989
苏东坡传奇	熊朝东	四川人民出版社		1989
苏东坡	熊朝东	四川人民出版社		1989
苏东坡逸事	凌飞云	可筑书房		1990
苏东坡传奇	姜 涛	庄严出版社		1990
苏东坡的故事	欧少游	可筑书房		1990

续表二六

篇、书名	著(译)编者	出处	卷、期	年月日
苏东坡风云	王兆奎	经世出版社		1992
苏东坡的故事	王元明	可筑书房		1993
中学国文作家趣闻掌故（上）——千古风流苏东坡	宋 裕	国文天地	10卷10期	1995
中学国文作家趣闻掌故（下）——千古风流苏东坡	宋 裕	国文天地	10卷11期	1995
宋代西厢故事と蘇軾——趙令時《商調蝶恋歌》をめぐって	黄冬柏	中国文学論集（九州大学）	24号	1995
名人轶事：千古风流苏东坡	秦汉唐	添翼文化事业公司		1995
苏东坡的故事	王元明	林郁文化事业公司		1997
苏东坡逸事	潘宝余	林郁文化事业公司		1997
苏东坡传奇	李世俊 李学文	中国华侨出版社		1998
苏东坡的故事	吴凤华	汕头大学出版社		1998
苏东坡传记故事	马宪臣	辽宁少年儿童出版社		2001
从乐山的民间传说看苏轼的民间文学形象	杨胜宽	乐山师范学院学报	2期	2003
苏轼、佛印故事在戏曲小说中的流传及演变	胡莲玉	南京师范大学文学院学报	3期	2003
陈抟传奇	刘联群	四川人民出版社		2003
"小桂湖"和诗酒会	陈廷乐	成都晚报		1962.7.7
杨升庵与民歌一则	碎 石	人民日报		1962.5.3
"五通半碑"的来历——杨升庵的故事	陈廷乐	成都晚报		1962.8.8
杨升庵在云南	沈仲常等	四川日报		1961.11.19
杨升庵和民间文学	于 光	滇池	2期	1979
万里长江作澡盆——关于杨升庵的传说	刘先觉	成都日报		1980.5.26
问天——有关杨升庵的传说	曾祥寿	成都日报		1980.8.11
杨升庵与中草药	陈先赋	成都日报		1981.3.30
杨升庵巧答和尚	李泽民	成都日报		1981.7.26
杨升庵在云南的传说	张锡禄等	四川人民出版社		1982
杨升庵与民间文学	冯修齐	桂湖	1期	1986

续表二七

篇、书名	著(译)编者	出处	卷、期	年月日
杨升庵的传说	中国民间文艺研究会四川分会、新都县杨升庵研究学会	四川文艺出版社		1986
杨状元游石宝山	海 星等	山茶	3期	1987
杨慎与民间歌谣	熊秉尧	内江师专学报（社科）	1期	1989
杨慎论民间传说	董晓萍	四川师范大学学报（社科）	6期	1990
杨升庵轶事	白利斌	山茶	5期	1991
巧计谪保山	陶以祥	山茶	5期	1991
杨慎的神话观	董晓萍	思想战线	2期	1992
杨升庵与桂湖荷花	周孟琪	今日四川	3期	1996
君轻、官轻、民贤——浅析杨升庵传说中的民本思想	尹家正	保山师专学报	1期	2004
杨升庵断鸡蛋案	徐同领	科学24小时	1期	2005
张献忠的传说	李宗荣等	民间文学	8、9期	1960
张献忠打地主	笑楚整理	成都日报		1959.3.31
张献忠捉鳝鱼	刘耕收集整理	四川日报		1961.5.18
重庆杨柳街与张献忠	夏 初	重庆地方志	2期	1992
四川张献忠传说选	张武德 张洪流	四川民族出版社		1992
女将秦良玉	张开书	民间文学	5期	1984
女英雄秦良玉的传说	袁代奎 王如阳	民间文学	9期	1992
李调元故事	陈光尧	京报民众	45期	1925.11.10
李调元佳话	聂云岚等	四川省群众艺术馆		1981
漫谈李调元与李调元的传说——与《民间文学》编辑部的通讯	陈子艾	民间文学	8期	1982
李调元棒打巫师	江 苇	成都日报		1980.12.8
李调元佳话	聂云岚 罗良德	群众文艺	1、2期	1981
李调元佳话补遗	聂云岚	群众文艺表演	11、12期	1982
李调元佳话	袁 箴	陕西人民出版社		1985
话说李调元	刘期文搜集编纂	德阳市市中区文管所		1999
石达开逸事	庆 萱	北平世界日报		1935.6.29
石达开未降之传说	庆 萱	北平晨报·艺圃		1935.8.20

续表二八

篇、书名	著（译）编者	出处	卷、期	年月日
大渡河上的悲剧——翼王石达开的传说	孙 固	群众文艺	10－12期	1982
刘三师巧造火神庙	刘西元搜集整理	龙门阵	2辑	1982
字妖包弼臣传奇	钱正杰搜集整理	宜宾地区文化馆		1984
大巴山红军传说	四川省民间文艺研究会	四川人民出版社		1960
四川革命英雄故事选	四川人民出版社	编者刊		1966
千层碑	四川省民间文艺研究会	四川人民出版社		1978
苍溪革命故事：梨乡红霞 第一集	中共苍溪县委党史办公室	编者刊		1984
苍溪革命故事：梨乡红霞 第二集	苍溪县委党史办公室	编者刊		1986
川陕革命根据地红军故事	中共巴中县委党史工委办公室	重庆出版社		1987
雅安党史故事集	周英哲	四川大学出版社		1991
涪江壮歌——绵阳革命故事选	中共绵阳市委宣传部、中共绵阳市委党史研究室	四川大学出版社		1995
川陕苏区红军故事集1	红四方面军战史修改办公室等	编者刊		2002
龙王和天宫	谢开	红岩	6期	1956
双义泉——三峡的民间故事之二	田海燕	解放军文艺	11期	1956
猫洗脸——三峡的民间故事之三	田海燕	解放军文艺	12期	1956
三峡民间故事	田海燕	通俗文艺出版社		1957
漫谈巫山神女	言 永	光明日报		1958.2.16
三峡的传说	湖北省群艺馆	上海文艺出版社		1979
三峡传说	湖北省宜昌地区行署文化局	编者刊		1980
瑶姬	徐廉明 张 力	旅游天府	2期	1981
滟滪草	朱层林	旅游天府	3期	1982
三峡民间传说	徐廉明	四川人民出版社		1982
三峡的传说	中国民间文艺研究会湖北分会	上海文艺出版社		1983
三峡土特产的传说	阎洪章	中国民间文艺出版社		1985

续表二九

篇、书名	著(译)编者	出处	卷、期	年月日
长江三峡与小三峡的传说	徐廉明 郭 梅	湖北人民出版社		1986
长江三峡与小三峡风景名胜故事精选	徐廉明	湖北人民出版社		1986
大宁河传奇	黎 民 刘长贵	重庆人民出版社		1986
三峡风景传说	王光荣	四川人民出版社		1987
长江的传说：三峡传说故事	刘衍林等	中国民间文艺出版社		1987
三峡传说（英文）	梁 杰	中国旅游出版社		1987
巧妹的故事——三峡物产传说	黄濂清 何之祥	电子科技大学出版社		1989
长江土特产的传说	徐廉明	重庆出版社		1991
三峡景观传说美寻	邓新华 张道葵	陕西旅游出版社		1992
三峡民间故事导读	刘月新 王钦峰	陕西旅游出版社		1992
试论三峡景观传说的价值	董诗红	宜昌师专学报	2 期	1994
告别三峡之旅——三峡风物传说选萃	李华章	少年儿童出版社		1994
三峡民间文学初探	郑敬东	职大学刊	3 期	1996
三峡景观传说综论	邓新华	湖北三峡学院学报	4 期	1998
三峡的传说	梁友芳	大众文艺出版社		1999
弘扬三峡传统文化精华 构建三峡当代人文精神——对三峡民间传说的深层透视	陶德宗	重庆三峡学院学报	3 期	2003
论三峡民间传说的自然观与经济观	陶德宗	重庆三峡学院学报	1 期	2004
论三峡神话传说的审美特征	苟世祥	重庆大学学报（社科）	1 期	2004
论三峡民间传说中的自然观与经济观	陶德宗	重庆三峡学院学报	1 期	2004
龙济桥——金佛山下的传说	李南力	山花	3 期	1957
半截桥——金佛山下的传说	李南力	山花	7 期	1957
龙洞通幽——金佛山老龙洞的传说	刘本心	气功与生命科学	1 期	1997
斩龙垭	戴盛昌搜集整理	成都风物	1 辑	1981
南泉仙女	余外半	旅游天府	2 期	1981
峨眉山的传说	许德贵等 搜集整理	山海经	2 期	1981
九老洞的传说——峨眉山散记二则	李金彝	文明	3 期	1981
峨眉山民间故事	峨眉县文化馆	四川人民出版社		1981

续表三〇

篇、书名	著(译)编者	出处	卷、期	年月日
仙姑化琴蛙	巴 男	旅游天地	4期	1982
峨眉山的传说	张承业	中国民间文艺出版社		1982
峨眉山民间故事选（英文版）	张承业（胡 雄）	四川人民出版社		1986
兴文石海洞乡民间故事集	兴文县文化馆	编者刊		1980
神鹰盘旋石宝寨	旅 友	旅游天府	2期	1981
石宝寨的传说——民间文学丛书	中国民间文艺研究会四川分会	四川文艺出版社		1986
观音三试背女汉	唐 突	旅游天府	3期	1981
天子娘娘的传说	李 果	旅游天府	1期	1982
鬼国丰都传奇	李 门	旅游天府	1期	1982
鬼城丰都传说故事集	姚秋云	四川民族出版社		1993
鬼城丰都——中国神曲之乡	阎 刚	四川美术出版社		1995
鬼城丰都传说故事之鬼城奇闻	姚秋云	天地出版社		1996
鬼城丰都传说故事集	兆 禾	四川民族出版社		1999
长寿县名的来历	君 耳	旅游天地	3期	1982
倒立着的塔	李正心	旅游天府	3期	1982
白龙洞的传说——"白娘子"修道之处	王涛光	四川日报		1982.5.7
飞来寺的传说	段云瑾	重庆日报		1983.10.9
潼南大佛的传说	水 成	重庆日报		1983.12.18
大足石刻传说	《大足石刻研究通讯》杂志社	重庆日报		1985
大足石刻之乡的传说——四川民间文学丛书	吴蓉章 毛建华	重庆出版社		1986
论大足石刻民间传说	赵甫华	重庆社联	1期	1987
大足石刻传说	杨大矛	重庆大学出版社		1989
大足石刻传奇	陈先学	重庆出版社		1991
大足石刻的传说	森 栋	城市技术监督	1、2期	1997
江北插旗山传说	杨荣宇	重庆晚报		1985.8.1
珙县僰人悬棺民间故事选	珙县文化馆	编者刊		
合川英台墓及其传说	黄永盛	学习与交流	10期	1986
九寨沟的神话和传说	马铁水	四川人民出版社		1986
五花连花石的传说	海 粟等	重庆晚报		1987.7.8

续表三一

篇、书名	著(译)编者	出处	卷、期	年月日
定惠寺的传说	华青	重庆晚报		1987.10.29
金扁担的传说	黄德燧	重庆晚报		1988.3.22
九峰山风景名胜区民间传说	彭县风景名胜管理办公室	编者刊		1988
缙云山的传说	刘长贵 唐文光	重庆出版社		1988
巴蜀传奇故事：豹子升官记	刘长贵 唐文光	重庆出版社		1991
大佛寺的传说	赵长松	绵阳市民间文艺家协会		1995
万盛石林的故事	杨世福			1996
川东民间故事中的图腾信仰与古族变迁	王倩予	西南师范大学学报（哲社）	3期	1990
安岳石刻传说	郭钟鸣	四川人民出版社		2001
仙隐山传说第一辑	林国良	编者刊		2001
古镇磁器口的传说	魏仲云	重庆出版社		2003
唐家河、阴平古道民间传说故事集	王玉春	青川县文化旅游局		2005
四川少数民族文学漫步	肖崇素	民间文学	3期	1958
采风集——民族·民俗·民间文学论文集	肖崇素	四川省《格萨尔》工作组办公室		1983
谈甘孜州民间文学集成的价值及其它	刘廷忠	康巴文苑	1期	1992
重庆少数民族文学论	彭斯远	涪陵师范学院学报	1期	2000
康巴民族文学的多元性	贺志富	康定民族师专学报	4期	2003
Legends of the Ch'uan Miao	D. C. Graham	Journal of the West China	Vol. 10	1938
Songs and Stories of the Ch'uan Miao	D. C. Graham	Smithsonian Institution		1954
川南鸦雀苗的神话与传说	管东贵	"中研院"历史语言研究所集刊	45本 3分册	1974
苗族民间故事	西南师范学院采风队	四川民族出版社		1987
四川苗族古歌	古玉林	巴蜀书社		1999
川黔滇邻区几首苗族史歌、神话的文化解读	马太江	西南民族大学学报（人文）	3期	2003
哈氏三兄弟	赵景深	民间文学	12期	1956
一个消失民族的史诗："佒人"民间传说试析	刘复生	西南师范大学学报（哲社）	5期	1999

续表三二

篇、书名	著(译)编者	出处	卷、期	年月日
川东南民族资料汇编 总第一辑——文艺（土家族文人作品第一集）	四川省涪陵地区川东南民族资料编辑委员会	编者刊		1986
川东南民族资料汇编 总第二辑——文艺（土家族民歌第一集）	四川省涪陵地区川东南民族资料编辑委员会	编者刊		1986
川东南民族资料汇编 总第三辑——文艺（神话传说故事第一集）	四川省涪陵地区川东南民族资料编辑委员会	编者刊		1986
土家族文学简介	彭南均	吉首大学学报（社科）	1期	1980
		民族文学研究	3期	1981
土家族民间故事——四川民间文学丛书	彭林绪 刘长贵	重庆出版社		1986
土家族民间文学	曹毅	中央民族大学出版社		2002
畏惧与崇拜——从后溪镇土家族民间文学看白虎神崇拜	白俊奎	重庆社会科学	1期	2005
渝东南酉水流域土家族民间文学中的白虎神崇拜研究——以重庆市酉阳县酉水流域后溪镇为例	白俊奎	西南民族大学学报（人文）	1期	2005
渝东南酉水流域民间文学中的龙崇拜与龙征服研究	白俊奎 蒋如洲	重庆社会科学	5期	2005
兔子弟弟——四川羌族故事	戴北辰搜集整理	民间文学	3期	1958
一朵花——四川羌族故事	戴北辰搜集整理	民间文学	3期	1958
干海子——四川羌族故事	戴北辰搜集整理	民间文学	3期	1958
青蛙花——四川羌族故事	戴北辰搜集整理	民间文学	10期	1959
搭桥		岷山报		1980.12.20
牛王会的起源		阿坝报		1981.1.10
试析羌族的古老神话	林忠亮	西南民族学院学报（哲社）	2期	1981
羌族民间故事巡礼	吴贤哲	西南民族学院学报（哲社）	4期	1981
		庆祝建校卅周年学术论文集（西南民院）		1981
羌戈大战	罗世泽	新草地	3、4期	1981
羌族民间故事1-4集	四川省茂汶羌族自治县文化馆	编者刊		1980-1984
木姐珠与斗安珠	罗世泽 时逢春	四川人民出版社		1983
人神分居的起源	李秉中等	新草地（增页）	1期	1985

续表三三

篇、书名	著(译)编者	出处	卷、期	年月日
一种特殊类型的英雄史诗——试论羌族史诗"羌戈大战"	李子贤	民间文学研究	2期	1985
从"羌戈大战"看史诗与神话传说的关系	林忠亮	民族文学研究	增刊	1987
羌族民间文学资料集（一）	西南民族学院图书馆、西南民族学院《羌族文学简史》编写组	西南民族学院图书馆		1987
羌族民间故事集	郑文泽	中国民间文艺出版社		1988
中国民间文学集成：羌族故事集	四川省阿坝藏族羌族自治州文化局	编者刊		1989
羌族神话《燃比娃盗火》的文化意蕴	李 明	文史杂志	1期	1991
羌族神话纵横谈	李 明	西南民族学院学报（哲社）	3期	1992
古羌神话与日本神话传说的比校	徐晓光 徐 冰	日本学刊	6期	1994
羌族民间故事选	孟 燕等	上海文艺出版社		1994
羌族民间长诗选	北川县政协文史委、北川县政府民宗委	编者刊		1994
再论羌族神话与日本神话	徐晓光	中国比较文学	1期	1995
羌族神话与审美观念	李 璞	文史杂志	2期	1996
多彩的世界 美丽的传说——《羌族民间故事选》编后记	孟 燕	文史杂志	6期	1996
风脉树	阙玉兰	草地	5期	1999
根基历史——羌族的弟兄故事	王明珂	时间、历史与记忆		1999
女人、不洁与村寨认同——岷江上游的毒药猫故事	王明珂	"中研院"历史语言研究所集刊	70本3分册	1999
平武羌族民间故事集	周晓钟搜集整理	平武县民宗局		2002
羌族起源神话考	杨建军	西北民族研究	4期	2003
Om Ma Dre Mu Ye Sa Le Dug——A Ballad of the Kin Ch'wan	J. H. Edgar	Journal of the West China Border Research Society	Vol. 5	1932
铜佛异闻		康藏前锋	4期	1933
曲结郎桑的故事	民	康藏前锋	2卷2期	1934
金牛上天	梅	康导月刊	2卷2期	1939

续表三四

篇、书名	著(译)编者	出处	卷、期	年月日
《岭超人格萨尔王传》的序幕	(陈宗祥)	康导月刊	6卷9、10期	1947
岭超人格萨尔王传	(陈宗祥)	西南民族学院民族研究所		1984
世界的大王	G. 费朗	东方和非洲研究学院通报	6卷	1931
格萨尔汗的宝剑	George N. Roerich	教育评论	12月号	1936
Nangsal Obun	R. Cunningham	Journal of the West China Border Research Society	Vol. 12	1940
岭地格萨尔王传	George N. Roerich	皇家亚洲学会孟加拉分会会刊	8卷2期	1942
罗马凯撒与关羽在西藏	韩儒林	中国文化研究所集刊	2卷2期	1942
《蛮三国》的初步介绍	任乃强	边政公论	4卷4-6期	1945
关于"蛮三国"	任乃强	康导月刊	6卷9、10期	1947
"蛮三国"本事	A. H. Framke (彭公侯)	康藏研究	4、6-9期	1947
			12、13、15、16期	1948
关于格萨尔到中国之事	任乃强	康藏研究	12期	1947
格萨尔王传里一个起源于汉地的插曲	G. Legeti	匈牙利科学院东方学报	1卷2、3分册	1951
再论格萨尔史诗	Dm. Moldavskij	星	7卷	1954
格萨尔王传简介与述评	G. J. uixailiv	苏维埃民族志	1期	1955
岭土司版本中的西藏史诗《格萨尔传》	R. A. Stein	吉美博物馆年刊	61卷	1956
Peintures tibétaines de la vie de Gesar	R. A. Stein	Asian Arts	Vol. 5	1958
格萨尔王传	华甲	青海湖	6-12期	1958
藏族史诗"格萨尔传"	徐国琼	文学评论	6期	1959
		读书	3期	1960
关于藏族民间史诗《格萨尔》	徐国琼等	青海湖	10期	1959
不朽的古老战歌——谈《格萨尔王传》的《霍尔入侵》之部	苏谓	青海湖	10期	1959
谈史诗《格萨尔王传》	王亚平	青海湖	12期	1959
格萨尔王传：霍尔侵入之部续	华甲	青海湖	12期	1959
			1期	1960

续表三五

篇、书名	著(译)编者	出处	卷、期	年月日
论格萨尔王传	S. Hummel	人类学	54卷	1959
格萨尔王传：英雄诞生之部	青海省文联民间文学研究组	青海省文联		1959
格萨尔王传：赛马称王之部（资料之一——四川德格印本）	青海省文联	编者刊		1959
格萨尔王传：赛马称王之部（资料之二——四川康定手抄本）	青海省文联	编者刊		1959
格萨尔王传：保卫盐海之部	青海省文联民间文学研究组	青海省文联		1959
格萨尔王传：天岭卜筮之部（资料之一——四川德格印本）	青海省文联	编者刊		1959
格萨尔王传：天岭卜筮之部	青海省文联民间文学研究组	青海省文联		1959
格萨尔王传：霍尔侵入之部	青海省文联民间文学研究组	青海省文联		1959
格萨尔王传：平服霍尔之部	青海省文联民间文学研究组	青海省文联		1959
Recherches sur l'épopée et la barde au Tibet（西藏史诗与说唱艺人的研究）	R. A. Stein（耿昇）	高等汉学研究所丛书	8辑	1959
		西藏人民出版社		1994
		中国藏学出版社		2004
《藏族格萨尔王传与演唱艺人研究》结论	R. A. 石泰安（李砫流、陈宗祥）	民族文学译丛（一）		1983
石泰安《格萨尔王传与演唱艺人传》一书简介	陈宗祥	民族文学译丛（一）		1983
格萨尔王传：北地降魔之部（资料之一西康作庆寺抄本）	青海省文联民间文学研究组	编者刊		1960
关于格萨尔王传的一篇札记	J. Schwbert	远东研究学会	8期	1960
一部伟大的史诗——格萨尔传奇	石开	青海湖	12期	1961
		青海日报		1961.12.18
《格萨尔》序言	黄静涛	青海湖	5、6期	1962
《格萨尔》调查	包发荣等	青海湖	7期	1962
语言、习俗、精神面貌一谈《格萨尔》"霍岭大战"的民族特色	草轩	青海湖	7期	1962
一部世界最长的诗——藏族英雄史诗《格萨尔传奇》	胡济涛	羊城晚报		1962.7.18
藏族人民的英雄史诗《格萨尔》	胡济涛	文汇报		1962.8.16

续表三六

篇、书名	著(译)编者	出处	卷、期	年月日
一枝璀璨的金花	梅俊怀	甘孜报		1962.12.8
格萨尔(4)(霍岭大战上部)	青海省民间文学研究会	上海文艺出版社		1962
格萨尔传奇：霍岭大战上部(藏文)	青海省民间文学研究会	青海民族出版社		1962
爱国英雄的悲壮颂歌——《格萨尔》第4卷读后	卓 如	青海湖	2期	1963
关于格萨尔王传的讨论	S. Hummel	人类学	58卷	1963
格萨尔贤哲	K. X. Orgu D. S. Kuuear	基译尔		1963
婆罗门与TurLdus：格萨尔与英雄罗兰德	M. 艾庭博	国外比较文学研究		1964
西藏巨石文化的石排与格萨尔王传	S. Hummel	人类学	60卷	1965
藏族岭格格萨尔的民族史诗	M. Hermanns	Rigensbing		1965
藏族格萨尔王传的水晶山图案	S. Hummel	宗教史	10册	1971
有关藏族格萨尔王传的一种新资料	P. Kraerne	法兰西远东学院学报	57卷	1971
在格萨尔王传中的三姐妹	S. Hummel	藏学杂志	11卷2期	1974
在格萨尔王传里的吃人巨人	S. Hummel	民族学杂志	2期	1976
格萨尔与黑斑老虎斗争史诗的主题思想	W. Heissig	东方研究		1977
《格萨尔王传》比《摩诃婆罗多》还长	凌 霄	外国文学研究	2期	1978
藏族长篇史诗《格萨尔王传》	王沂暖	民间文学工作通讯	5期	1978
辛巴被削天灵盖——《格萨尔》的一章		青海文艺	6期	1978
格萨尔王传	王沂暖	甘肃文艺	8、12期	1978
《格萨尔王传》的降伏妖魔之部	王沂暖	甘肃日报		1978.10.22
为藏族史诗《格萨尔》彻底平反		青海日报		1978.12.3
救世主格萨尔王	W. Heissig	纪念乔玛讨论会论文集		1978
英雄史诗与传说	J. Oinas	印第安纳大学出版社		1978
试谈《格萨尔王传》(藏文)	祁顺来	青海民族学院学报	1期	1979
关于藏族民间史诗《格萨尔王》——向中国民间文学研究会汇报摘要	徐国琼等	民间文学工作通讯	1期	1979
《格萨尔王传》中的格萨尔	王沂暖	西北民族学院学报	1期	1979
《格萨尔王传》简介	王沂暖	民间文学	2期	1979

续表三七

篇、书名	著(译)编者	出处	卷、期	年月日
为藏族史诗《格萨尔》平反	《民间文学》编辑部	民间文学	2期	1979
《格萨尔王传》		读书	4期	1979
藏族民间史诗《格萨尔》		四川日报		1979.5.8
格萨尔王传：达岭之战（藏文）		西藏人民出版社		1979
格萨尔王传：征服卡契松石国（藏文）		西藏人民出版社		1979
格萨尔王传：征服大食（藏文）		甘肃人民出版社		1979
格萨尔传奇：霍岭大战（藏文）	青海省民间文学研究会	青海民族出版社		1979
藏族史诗的象征：格萨尔王	K. Sagaster	人类学	74期	1979
四川民间文学论丛：《格萨尔王传》资料小辑1辑	中国民间文艺研究会四川分会	编者刊		1980
世界最长的史诗《格萨尔王传》	梁多俊	民族文化	3期	1980
			1-10期	1981
论《格萨尔》史诗的一致性	W. Heissig（陈宗祥、李硊流）	匈牙利东方学院学报	34卷3分册	1980
		民族文学译丛（一）		1983
格萨尔在国外	肖崇素	四川民间文学论丛	1集	1980
		陇苗	2期	1981
世界最长的史诗《格萨尔王传》	梁多俊	民族文化	3期	1980
格萨尔入汉楚妖尸——《藏汉之间的金桥》本事	李兆吉等	民间文学	7期	1980
藏诗《格萨尔》与法国女学者	兀明	世界图书	8期	1980
格萨尔王传——藏族民间史诗连载之一至十三	（王沂暖等）	陇苗	10-12期	1980
埋藏在高原的一颗明珠——漫谈藏族英雄史诗《格萨尔》	李佳俊	西藏日报		1980.3.5
《格萨尔》的故乡及其他	根卡 周里夫	甘孜报		1980.6.7
关于藏族史诗《格萨尔》	洪钟	四川日报		1980.6.11
为《格萨尔》恢复名誉	闻华	西藏日报		1980.6.23
英雄史诗——《格萨尔》	华云	北京日报		1980.6.30
《格萨尔》说唱	折嘎	西藏日报		1980.10.13
格萨尔王传：英雄降生（藏文）		四川民族出版社		1980

续表三八

篇、书名	著(译)编者	出处	卷、期	年月日
格萨尔王传：赛马登位（藏文）		四川民族出版社		1980
格萨尔王传：仙界遣使（藏文）		四川民族出版社		1980
格萨尔王传：门岭之战（藏文）	西藏师范学校搜集	西藏人民出版社		1980
格萨尔王传：霍尔岭之战 上册（藏文）		西藏人民出版社		1980
格萨尔王传：达色施财（藏文）	白玛仁增	西藏人民出版社		1980
格萨尔王传：降伏妖魔之部	（王沂暖）	甘肃人民出版社		1980
格萨尔王传：降伏妖魔（藏文）		甘肃人民出版社		1980
格萨尔王传：世界公桑（藏文）	贡却才旦	甘肃人民出版社		1980
格萨传奇：霍岭大战上部（藏文）		青海民族出版社		1980
关于《格萨尔》历史内涵问题的若干探讨	黄文焕	西藏研究	创刊号	1981
		西藏研究（藏文）	1期	1981
浅谈藏族长篇史诗《格萨尔王传》	王沂暖	甘肃民间文艺丛刊	1期	1981
《格萨尔王传》降伏卡切玉宗之部	王沂暖	甘肃民间文艺丛刊	1期	1981
《格萨尔王传》的故事发源地是何方	尼亚才·索南才让	甘肃民间文艺丛刊	1期	1981
唃厮罗与岭·格萨尔	吴 均	青海民族学会学术论文选集	1集	1981
霍岭大战——藏族民间史诗《格萨尔》第五部	（中国民研会青海分会）	群众艺术	1-6期	1981
《格萨尔王传》世界公桑之部	（王沂暖）	民族文学研究	1、2期	1981
试论"格萨尔王"的形象塑造及"史诗"的时代背景	王映川	民族文学研究	1、2期	1981
林国与林·格萨尔	上官剑壁	民族文学研究	1、2期	1981
四川民间文学论丛：《格萨尔王传》资料小辑2辑	中国民间文艺研究会四川分会	编者刊		1981
藏族史诗《格萨尔王传》初探	七美多吉	西南民族学院学报（哲社）	2期	1981
格萨尔在川西北草地	志 远 达尔基	新草地	2期	1981
英雄降生（1）——《格萨尔王传》之一	彭涛泽	贡嘎山	2期	1981
藏族长篇史诗《格萨尔王传》	陈 超	文献	2期	1981
《格萨尔王传》谈屑	张世勋	四川民间文学论丛	2集	1981
《格萨尔》在草地	葛 艾 达尔基	四川民间文学论丛	2集	1981

续表三九

篇、书名	著(译)编者	出处	卷、期	年月日
林·格萨尔与四川	上官剑壁	四川民间文学论丛	2集	1981
藏族史诗《格萨尔王传》	王沂暖	中央民族学院学报	3期	1981
格萨尔考略	俄合保·昂欠多杰	章恰尔（藏文）	3期	1981
《格萨尔王十八大传》简介	达色	贡嘎山（藏文）	3期	1981
			1期	1982
关于《格萨尔王传》的几个问题	王沂暖	西藏文艺	3期	1981
		民族文学	4期	1982
试论格萨尔与不弄（白兰）部落的关系	陈宗祥	西南民族学院学报（哲社）	4期	1981
		庆祝建校卅周年学术论文集（西南民族学院）		1981
《格萨尔》谚语的艺术价值	土呷	西藏文艺	5期	1981
《格萨尔王传》的神话色彩与现实基础	王映川	西藏文艺	6期	1981
		陇苗	11期	1981
藏族长篇史诗《格萨尔王传》	陈超	文献丛刊	8辑	1981
昌·格萨尔求婚的故事	上官剑壁搜集	民间文学	12期	1981
《格萨尔》简述	段宝林	中国民间文学概要		1981
藏族史诗《格萨尔王传》	吉根	文学报		1981.12.3
格萨尔王传：取阿里金窟（藏文）	更登	四川民族出版社		1981
格萨尔王传：松岭之战（藏文）		西藏人民出版社		1981
格萨尔王传：降岭之战（藏文）	据手抄本整理	西藏人民出版社		1981
格萨尔王传：赛马称王（藏文）		西藏人民出版社		1981
格萨尔：诞生（藏文）	贡却才旦整理	甘肃民族出版社		1981
格萨尔：赛马称王（藏文）	贡却才旦整理	甘肃民族出版社		1981
格萨尔王传——贵德分章本	王沂暖 华甲	甘肃人民出版社		1981
格萨尔传奇：赛马称王（藏文）	青海省民间文艺研究会	青海民族出版社		1981
格萨尔传奇	青海省民间文艺研究会	青海民族出版社		1981
关于格萨尔王传的介绍	R. A. Stein	西藏评论		1981
格萨尔考证	俄合保·昂欠多吉	白唇鹿	1期	1982

续表四〇

篇、书名	著(译)编者	出处	卷、期	年月日
《格萨尔王传》研究述评	开斗山 丹珠昂奔	少数民族文学研究	1期	1982
		甘肃民族研究	1期	1982
史诗《格萨尔王传》及其研究	上官剑壁	西藏研究	1期	1982
从《格萨尔王传》看藏族的文学语言	降边嘉措	甘肃民族研究	1期	1982
浅谈《格萨尔王传》中的谚语	邓珠拉姆	贡嘎山（藏文）	1期	1982
		贡嘎山	3、4期	1982
格萨尔史诗的神话传统与宗教关系	王映川	西藏研究	2期	1982
藏族英雄史诗《格萨尔·岭与米努》	（中国民研会青海分会）	青海湖	2、10、12期	1982
			1-4期	1983
试论格萨尔其人	开斗山 丹珠昂奔	西藏研究	3期	1982
关于《格萨尔王传》的几个问题	健白平措 何天慧	西北民族学院学报	4期	1982
我院《格萨尔王传》研究组同志赴阿坝藏区搜集资料获得可喜成绩	白明	西南民族学院学报（哲社）	4期	1982
格萨尔王传	王沂暖 华甲	民族文学	4期	1982
关于《格萨尔王传》的几个问题	王沂暖	民族文学	4期	1982
藏族英雄史诗《格萨尔》	徐国琼	中国建设	6期	1982
《格萨尔王传》引言	R. A. 石泰安（向红茄）	社会科学参考（青海）	15期	1982
格萨尔王传：征服雪山水晶国（藏文）		四川民族出版社		1982
格萨尔诞生（藏文）		西藏人民出版社		1982
格萨尔王传：征服象雄珍珠宗（藏文）		西藏人民出版社		1982
格萨尔王传：木岭之战（藏文）	根据手抄本整理	西藏人民出版社		1982
格萨尔王传：梅岭之战（藏文）	根据手抄本整理	西藏人民出版社		1982
格萨尔传奇：玛燮扎石窟（藏文）	珠木却搜集整理	青海民族出版社		1982
格萨尔颂	措香吉洛	白唇鹿	1期	1983
《格萨尔王传》中的格萨尔	阿旺	西南民族学院学报（哲社）	1期	1983
《格萨尔王传》的宗教幻想与艺术真实	潜明兹	文学遗产	1期	1983
谈谈藏族长篇史诗《格萨尔王传》	王沂暖	少数民族文学论集	1集	1983

续表四一

篇、书名	著(译)编者	出处	卷、期	年月日
西藏史诗《格萨尔王传》的各种母题和内容索引初探	卢道夫·卡舍夫斯基、白玛次仁（史秀英）	民族文学译丛（一）		1983
西藏民间故事的史诗母题	卢道夫·卡舍夫斯基、白玛次仁（史秀英）	民族文学译丛（一）		1983
史诗英雄的幻变	希克洛（吴岳添）	民族文学译丛（一）		1983
西藏史诗《格萨尔王传》的新版本	白玛次仁（史秀英）	民族文学译丛（一）		1983
卷帙浩繁的长篇英雄史诗《格萨尔王传》	王沂暖	甘肃民族研究	1，2期	1983
藏文古籍中关于格萨尔的记载	齐美多吉（阿雍）	邦锦梅朵	试刊号、2期	1983
《格萨尔王传》简介	唐本·多才	邦锦梅朵	试刊号、2期	1983
格萨尔研究之我见	洛桑	邦锦梅朵	试刊号-3期	1983
格萨尔与岭·格萨尔	吴均	青海文艺界	2期	1983
论岭·格萨尔格达朵	昂欠多吉	青海民族学院学报	2期	1983
读贵德分章本《格萨尔王传》	唐景福	青海民族学院学报	2期	1983
《格萨尔》史诗散论	徐国琼	原野	2期	1983
格萨尔王传	雷廷梓	白唇鹿	2期	1983
《格萨尔》达色施才简介	李朝群	邦锦梅朵	3期	1983
藏族英雄史诗《格萨尔·加岭传奇》之部	阿图等	山茶	3期	1983
格萨尔研究之管见	开斗山 丹珠昂奔	中央民族学院学报	4期	1983
格萨尔搜集整理概况	降边嘉措	民族研究通讯	4期	1983
藏族英雄史诗《格萨尔》——天岭之部	徐国琼	青海湖	8期	1983
卷帙浩繁的长篇英雄史诗《格萨尔王传》	王沂暖	甘肃民族研究	12期	1983
祖国文化的瑰宝《格萨尔王传》	江浪	海南日报		1983.5.7
我国三大史诗介绍	赵仓	青海日报		1983.8.25
为什么说《格萨尔》是世界上最长的史诗	徐国琼	云南日报		1983.11.9

续表四二

篇、书名	著(译)编者	出处	卷、期	年月日
格萨尔王传：甲岭之战（藏文）	强秋僧巴曲吉罗哲	西藏人民出版社		1983
格萨尔王传：世界公桑之部	（王沂暖）	甘肃人民出版社		1983
格萨尔《冈岭之战》（藏文）	余希贤整理	甘肃民族出版社		1983
格萨尔王传：辛丹内讧（藏文）	甘南藏族自治州文联	编者刊		1983
格萨尔传奇：地狱救妻（藏文）	青海省民间文艺研究会	青海民族出版社		1983
格萨尔传奇：歇日珊瑚国（藏文）	青海省民间文艺研究会	青海民族出版社		1983
格萨尔传奇：梅领金国（藏文）	青海省民间文艺研究会	青海民族出版社		1983
夺取雪山水晶城——《格萨尔王传》第四章	（意西泽珠）	贡嘎山	1期	1984
格萨尔其人及降生年代之探讨	邓珠拉姆	贡嘎山	1期	1984
《格萨尔王传》中的格萨尔其人	恰嘎·多吉才让	章恰尔（藏文）	1期	1984
格萨尔王是历史上的藏族英雄	洛珠嘉措（曲江才让）	西南民族学院学报（哲社）	1期	1984
谈《霍岭大战》的人物塑造	索代	民族文学研究	1期	1984
岭·格萨尔论	吴均	民族文学研究	1期	1984
历史的折光，璀璨的明珠——浅谈《格萨尔王传·岭众熏香祈福大法会》之部	马岱川扎西东智	格桑花	1期	1984
从《格萨尔》的词义说起	毛继祖	青海民族学院学报	1期	1984
		民族文学研究动态	1期	1984
格萨尔	罗润昌	旅游天府	1期	1984
略谈史诗中的格萨尔系何历史真实人物	恰格·多吉才让	西藏民族学院学报（藏文）	1期	1984
略谈格萨尔和《格萨尔王传》	洛珠加措	西藏研究（藏文）	1期	1984
略论格萨尔艺术形象的时代意义	许英国	青海社会科学	1期	1984
草地上的格萨尔遗址	肖昶	旅游天府	1期	1984
甘孜藏族自治州《格萨尔》工作小组调查报告	邓珠拉姆	《格萨尔》工作通讯	1期	1984
赴海南、果洛、阿坝州的调查报告	降边嘉措等	《格萨尔》工作通讯	1期	1984
甲察和格萨尔大王——《格萨尔王传》中民族团结之一例	洛桑	邦锦梅朵	2期	1984

续表四三

篇、书名	著（译）编者	出处	卷、期	年月日
格萨尔王传——加岭传奇之部	阿 图等	原野	2 期	1984
英雄史诗《格萨尔》的流传和演变	降边嘉措	山茶	2 期	1984
《岭·格萨尔》是生于九世纪的一个藏族人物	昂欠多吉	贡嘎山（藏文）	2 期	1984
《格萨尔》谚语试评	王兴先	西北民族学院学报	2 期	1984
谈《格萨尔王传》的感吟	贡巴扎西	章恰尔（藏文）	2 期	1984
根据藏文资料谈谈：关于岭·格萨尔的历史、史诗和画像说方面的情况	白玛次仁（史燕生）	民族文学译丛（二）		1984
《格萨尔王》是世界上最长的伟大英雄史诗	王沂暖	西南民族学院学报（哲社）	3 期	1984
论格萨尔王传	昂欠多吉	白唇鹿（藏文）	3 期	1984
岭·杰·格萨尔诺布占堆辨	索南顿珠	西藏研究（藏文）	3 期	1984
《格萨尔王传》与噶伦	恰白·次旦平措（李朝群）	西藏研究	3 期	1984
浅谈格萨尔王的诞生	昂欠多吉	达赛尔（藏文）	3 期	1984
黄河上游岭尕国之形成	昂欠多吉	达赛尔（藏文）	3 期	1984
神奇的《格萨尔》"仲堡"探讨	李朝群	《格萨尔》工作通讯	3 期	1984
杰出的民间艺术家——浅谈《格萨尔》说唱艺人	降边嘉措	西藏研究	4 期	1984
关于《格萨尔》史诗的原作者和整理者	徐国琼	西藏研究	4 期	1984
岭国及岭国王系	张积诚	西南民族学院学报（哲社）	4 期	1984
《格萨尔王传》与"噶伦"的名词	恰白·次旦平措	西藏研究（藏文）	4 期	1984
论珠毛——兼谈《格萨尔王传》的写实倾向	潜明兹	民间文艺集刊	5 期	1984
关于《格萨尔王传》的几个问题	洛珠嘉措（曲江才让）	社会科学参考	17 期	1984
格萨尔王传译文集	（杨元芳）	西南民族学院民族研究所		1984
格萨尔王传：仙界遣使		四川民族出版社		1984
格萨尔：加岭传奇	阿 图等	中国民间文艺出版社		1984
格萨尔谚语选（藏文）	李舞阳 刘大林	民族出版社		1984
格萨尔传：门岭之战	（嘉措顿珠）	西藏人民出版社		1984
格萨尔传奇：象雄珍珠国（藏文）	青海省民间文艺研究会	甘肃民族出版社		1984

续表四四

篇、书名	著（译）编者	出处	卷、期	年月日
格萨尔王传：卡切玉宗之部	（王沂暖、上官剑璧）	甘肃人民出版社		1984
格萨尔王传：香乡药物城（藏文）	仲却	甘肃民族出版社		1984
格萨尔王传：突厥兵器国 1、2（藏文）		甘肃民族出版社		1984
格萨尔王传：突厥兵器国 3、4（藏文）		甘肃民族出版社		1986
试析《格萨尔王传·卡切玉宗之部》"抑本扬佛"的思想倾向	王兴先	西北民族学院学报	1期	1985
藏文史书中的格萨尔	黄颢	西藏研究	1期	1985
浅谈《格萨尔王传》	旦正加	贡嘎山（藏文）	1期	1985
岭·格萨尔的传说	昂久多杰（毛继祖）	青海民族学院学报	1期	1985
国外《格萨尔》研究述评	杨恩洪	民间文学论坛	1期	1985
藏文文献中的格萨尔	降边嘉措	民间文学论坛	1期	1985
格萨尔王与历史人物的关系——格萨尔王艺术形象的形成	佟锦华	民间文学论坛	1期	1985
论格萨尔	东珠旺加 昂久多杰	白唇鹿（藏文）	1期	1985
谈白领族源及格萨尔降生	贡却才旦	西北民族学院学报（藏文）	1期	1985
格萨尔研究集刊1集	中国社会科学院少数民族文学研究所	中国民间文艺出版社		1985
《格萨尔史诗》资料小辑1—11辑	四川省《格萨尔》工作领导小组办	编者刊		1985－1994
谈《霍岭大战》的情节艺术	索代	民族文学研究	2期	1985
从《岭格萨尔·赛马称王》看格萨尔	谢佐	青海社会科学	2期	1985
简论《格萨尔》的人民性	雷廷梓	青海社会科学	2期	1985
岭·格萨尔王的传说	昂久多杰（毛继祖）	青海社会科学	2期	1985
略论《格萨尔王传》的演唱形式与唐代变文的关系	许英国	青海社会科学	2期	1985
再谈《格萨尔》的词义	毛继祖	青海民族学院学报	3期	1985
从《卡勒瓦拉》看《格萨尔王传》	降边嘉措	藏学研究文集	3集	1985

续表四五

篇、书名	著(译)编者	出处	卷、期	年月日
格萨尔王传：《松岭大战》之部	邓珠拉姆 格桑曲批	贡嘎山	3、4期	1985
浅谈《格萨尔王传》中的珠牡形象	邓珠拉姆 志玛拉西	贡嘎山	3、4期	1985
从史诗与史诗研究谈起	降边嘉措	青海社会科学	3期	1985
《朗氏家族史灵犀宝卷》与格萨尔	阿旺 余万治	西南民族学院学报（哲社）	3期	1985
世界上最长的史诗《格萨尔王传》	王德和	文学知识	3期	1985
试析《格萨尔王传》中的王妃珠毛的形象	李梅花	青海民族学院学报	3期	1985
格萨尔其人	毛尔盖·桑木旦（曹晓燕）	章恰尔（藏文）	4期	1985
		西藏民族学院学报	2期	1986
浅谈《岭·格萨尔王传》中的高原面貌	谢佐	攀登	4期	1985
《格萨尔王传》与格萨尔	朵藏	青海民族民间文学资料	5期	1985
试论《岭·格萨尔王传》主题的变异	毛继祖	青海社会科学	5期	1985
从《岭格萨尔·赛马称王》看格萨尔	谢佐	青海社会科学	5期	1985
关于《格萨尔》的产生时代	降边嘉措	青海社会科学	6期	1985
《格萨尔王传》和他的传人	朱小兵	瞭望	8期	1985
格萨尔故事	降边嘉措 吴伟	西藏文学	8、9期	1985
《格萨尔王传》研究简述	李知宝等	邦锦梅朵	9期	1985
《格萨尔王传》简介	李知宝等	邦锦梅朵	9期	1985
说唱《格萨尔王传》的民间艺人	李知宝	邦锦梅朵	9期	1985
《格萨尔王传》简介		西藏日报		1985.7.25
		邦锦梅朵	5期	1985
国内外《格萨尔王传》研究概貌		西藏日报		1985.7.25
《格萨尔王传》研究近况		西藏日报		1985.7.25
《格萨尔王传》与《西游记》	李朝群	西藏日报		1985.10.8
论《格萨尔》原本的作者和整理者	徐国琼	民族文谈		1985
格萨尔王本事	王沂暖 上官剑壁	中国民间文艺出版社		1985

续表四六

篇、书名	著(译)编者	出处	卷、期	年月日
征服雪山水晶国	(意西泽珠、许珍妮)	四川《格萨尔》工作领导小组		1985
格萨尔史诗：赛马登位	(李学琴)	西南民族学院语言文学研究所等		1985
格萨尔王传：花岭诞生之部	(王沂暖、何天慧)	甘肃人民出版社		1985
格萨尔王传：先旦对战（藏文）	次仁彭措	西藏人民出版社		1985
格萨尔王传：亭岭之战（藏文）	次仁顿珠	西藏人民出版社		1985
格萨尔王传：达色施财	(李朝群)	西藏人民出版社		1985
格萨尔传奇：浪日（藏文）	青海省民间文艺研究会	青海民族出版社		1985
格萨尔传奇：阿扎玛瑙国（藏文）	青海省民间文艺研究会	青海民族出版社		1985
格萨尔传奇：日努（藏文）	青海省民间文艺研究会	青海民族出版社		1985
岭·格萨尔王：霍岭战争（上）	王歌行等	中国民间文艺出版社		1985
岭·格萨尔王：霍岭战争（下）	王歌行等	中国民间文艺出版社		1986
1985年《格萨尔》研究概述	杨恩洪	1985年中国文学年鉴		1986
试论《格萨尔》"仲肯"和"博仲"	徐国琼	民间文艺论坛	1期	1986
格萨尔艺人"托梦神授"的实质及其他	杨恩洪	民间文艺论坛	1期	1986
论《格萨尔》史诗的神话色彩	徐国琼	西藏研究	1期	1986
论《格萨尔》说唱艺人	降边嘉措	甘肃民族研究	1期	1986
《格萨尔》的结构艺术	降边嘉措	西藏民族学院学报	1期	1986
《格萨尔》的民族风格和地方特色	降边嘉措	青海民族学院学报	1期	1986
		民族文学研究	3期	1986
历史人物格萨尔	赞拉·阿旺	章恰尔（藏文）	1期	1986
藏族史书中有关岭与格萨尔的记载	东智才让	青海社会科学	1期	1986
格萨尔王的传说	李述唐	凉山文艺	1-7期	1986
《格萨尔王传》研究文集（一）	降边嘉措等	四川民族出版社		1986
《格萨尔王传》研究文集（二）	降边嘉措等	四川民族出版社		1989
《格萨尔王传》中的岭国王室之辨析	王兴先	西北民族研究	试刊号	1986
格萨尔十员大将传略	珠钦 谢芝	阿坝州史志	创刊号	1986
古英雄脚印寻迹	泽旺	阿坝州史志	2期	1986

续表四七

篇、书名	著(译)编者	出处	卷、期	年月日
格萨尔和仲格萨尔	嘉毛周巴	西藏研究（藏文）	2期	1986
《格萨尔王传》岭国三十英雄辨	王兴先	西北民族学院学报	2期	1986
格萨尔王传（十五）霍尔王选妃派四乌珠牡妃用计施三王	降边嘉措	新草地	2期	1986
岭·格萨尔真人真事及其他	洛珠加措（曲江才让）	西藏研究	2期	1986
格萨尔研究2集	中国社会科学院少数民族文学研究所	中国民间文艺出版社		1986
《格萨尔王传》点滴抄	巴兰	四川民间文学论丛（二）		1986
浅析《格萨尔》与宗教的关系（一）（二）	降边嘉措	西藏研究	2、3期	1986
格萨尔名字探析	降边嘉措	民族文学研究	3期	1986
《格萨尔》人物梅乳孜论	吴伟	民族文学研究	3期	1986
论岭·格萨尔的生平及《格萨尔》史诗产生的时代	徐国琼	西藏民族学院学报	3期	1986
《霍岭大战》与《伊利亚特》	潜明兹	国外文学	3期	1986
一曲颂扬民族友谊的赞歌——史诗《格萨尔加岭传奇之部》	徐国琼	山茶	3期	1986
《岭·格萨尔》史诗研究中一些提法的商榷	吴均	青海师范大学学报	3期	1986
一部伟大的史诗	降边嘉措	中国建设	3期	1986
格萨尔故事	降边嘉措 吴伟	西藏群众文艺	3、4期	1986
格萨尔	阎振中	西藏群众文艺	4期	1986
关于《格萨尔》研究的思考	张晓明	西藏民族学院学报	4期	1986
格萨尔的结构艺术	降边嘉措	青海社会科学	5期	1986
		西藏民族学院学报	2期	1987
国外学者研究《格萨尔》史诗若干成果述评	魏英邦	青海社会科学	5期	1986
《格萨尔》的流传与接受论	周炜	民族文学研究	5期	1986
《格萨尔王传·霍岭之战》汉文版译者序	宋晓嵇 肖蒂岩	邦锦梅朵	6、7期	1986
嚓氏绒箭宗选登	李朝群等	西藏文学	8期	1986
四川省《格萨尔》史诗普查搜集近况	古正熙	《格萨尔》工作通讯	16期	1986
《格萨尔》是中国的国宝	沙林	文艺报		1986.5.24

续表四八

篇、书名	著(译)编者	出处	卷、期	年月日
格萨尔王传：打开阿里金窟	罗润苍	四川民族出版社		1986
格萨尔王传：天界篇	（刘立千）	西藏人民出版社		1986
格萨尔王传：地嘎（藏文）	卡察扎巴·阿旺罗桑	西藏人民出版社		1986
格萨尔王传：门岭大战之部	王沂暖	甘肃人民出版社		1986
格萨尔王传 分大食牛、安定三界之部	王沂暖	甘肃人民出版社		1986
《格萨尔》初探	降边嘉措	青海人民出版社		1986
关于格萨尔的传说和遗迹	降边嘉措	西北民族学院学报	1期	1987
《格萨尔》部分民俗的比较研究——《格萨尔王传·分大食牛之部》、敦煌古藏文残卷《没落的时代，机王国和它的宗教》与舟曲《寻运曲》之比较	王兴先	西北民族学院学报	1期	1987
读藏文《格萨尔王传——赛马登位》	李学琴	西南民族学院学报（哲社）	1期	1987
《格萨尔王》说唱艺人神授说浅析	阎振中	西藏研究	1期	1987
《格萨尔王传》中的岭国历代王室之辨析	王兴先	西北民族研究	创刊号	1987
论格萨尔的族属和诞生地	诺尔德	章恰尔（藏文）	2期	1987
我国藏族人民的文学之最——《格萨尔王传》	宋晓嵇	主人	2期	1987
格萨尔史诗与审美接受	周炜	民族文学研究	2期	1987
格萨尔王传是康域之林格萨尔王的历史形象吗	恰嘎·多吉次仁	西藏研究（藏文）	3期	1987
《格萨尔》分部本译名浅议	土登尼玛 周望潮	西藏研究	3期	1987
一部别开生面的英雄史话——试析《格萨尔王传·天岭九藏》之部的艺术特点	马学仁	西北民族学院学报	3期	1987
从《格萨尔》看藏族的文学语言	降边嘉措	少数民族文学论集（三）		1987
关于史诗《格萨尔》研究中的几个问题	魏英邦	青海社会科学	4期	1987
论少年格萨尔——觉如	吴均	青海社会科学	4期	1987
探史诗《格萨尔王传》的神化性和宗教性	旦真嘉	西藏研究（藏文）	4期	1987
平易、细腻、深刻——《格萨尔王传》的语言艺术之一	何天慧	西藏民族学院学报	4期	1987

续表四九

篇、书名	著（译）编者	出处	卷、期	年月日
豪放、生动、传神——《格萨尔王传》的语言艺术之二	何天慧	西北民族学院学报	2期	1988
《格萨尔》版本初析	余希贤	民族文学研究	4期	1987
世界最长的史诗《格萨尔》	王克勤	百科知识	4期	1987
论少年格萨尔——觉如	吴伟	青海社会科学	4期	1987
《格萨尔》工作在四川	土登尼玛 周望潮	四川民族	5期	1987
论几个不同身世的格萨尔	徐国琼	民间文学论坛	6期	1987
藏族文学的珠穆朗玛——《格萨尔王传》评介	朱雄全	刊授指导	12期	1987
不朽的人民艺术创作——《格萨尔王传》典型人物塑造初探	王映川	民族文学研究	增刊	1987
岭朵尔与白兰——格萨尔故乡初探	马岱川 扎西东珠	民族文学研究	增刊	1987
岭·格萨尔与《格萨尔王传》	毛继祖 王振华	民族文学研究	增刊	1987
甘孜州是格萨尔的故乡吗	仁真洛色	四川日报		1987.12.30
格萨知识丛谈	沈格	四川省《格萨尔》工作领导小组办公室		1987
格萨尔王传：征服米努绸缎国（藏文）		四川民族出版社		1987
格萨尔王传：察瓦箭宗	（李朝群、顿珠）	西藏人民出版社		1987
格萨尔王传：恰容粮宗（藏文）	囊索·罗旦	西藏人民出版社		1987
格萨尔王传论文集（藏文）		西藏人民出版社		1987
格萨尔传奇：开天辟地（藏文）	青海省民间文艺研究会	青海民族出版社		1987
格萨尔王全传	降边嘉措 吴伟	宝文堂书店		1987
		作家出版社		1997
论《格萨尔》中的佛苯之争与《打开阿里金窟之部》的颂佛诽苯思想	徐国琼	西藏研究	1期	1988
《格萨尔王传》中藏汉关系的艺术再现	何天惠	西北民族研究	1期	1988
格萨尔王的族属与诞生地考	努尔德	西藏研究（藏文）	1期	1988
试析《格萨尔王传》的产生时代	洛桑扎西	艺研动态	1期	1988
史诗《格萨尔王传》		中国藏学	创刊号	1988

续表五〇

篇、书名	著(译)编者	出处	卷、期	年月日
《格萨尔王传》与宗教	李冀诚	西藏民族学院学报	1、2期	1988
《格萨尔》初探	降边嘉措	章恰尔（藏文）	1、2期	1988
晁通论	吴伟	中国藏学	2期	1988
贾察论	吴伟	青海社会科学	2期	1988
评格萨尔王	伦珠	西藏研究（藏文）	2期	1988
神奇的格萨尔艺人	顿珠	西藏研究	2期	1988
史诗《格萨尔》的"宗"	土登尼玛 周望潮	西藏研究	2期	1988
藏族史诗《格萨尔王传》	杨恩洪	民俗	2期	1988
论《格萨尔》史诗中岭国王室的渊源和繁衍	徐国琼	青海社会科学	2期	1988
《格萨尔王传》的性质——与肖崇素同志商榷	袁珂	思想战线	2期	1988
《格萨尔》民俗特征浅析	王兴先	西北民族学院学报	4期	1988
浅谈《霍岭大战》中的荷马模式	聂珍钊	中南民族学院学报	3期	1988
格萨尔王传及其格萨尔说唱艺人	降边嘉措	章恰尔（藏文）	3期	1988
格萨尔说唱艺人的灵魂观念	降边嘉措	民间文学论坛	3期	1988
再论"格萨尔"艺人的"神授说"	徐国琼	山茶	3期	1988
格萨尔研究3集	中国社会科学院少数民族文学研究所	中国民间文艺出版社		1988
《格萨尔》艺人论析	杨恩洪	民族文学研究	4期	1988
史诗研究与民族文学	降边嘉措	民族文学研究	4期	1988
《格萨尔》民俗特征浅析	王兴先	西北民族学院学报	4期	1988
《格萨尔史诗》概论	诺尔德	西藏研究（藏文）	4期	1988
论《格萨尔》的人物原型	吴伟	民间文学研究	6期	1988
甲岭刀光	（德庆卓嘎、陈辉）	西藏文学	3期	1988
论珠牡的形象美	李学琴	西南民族学院学报（哲社）·民族语音文学研究专辑		1988
《格萨尔》及其说唱艺人	亦虹	人民日报（海外）		1988.3.1, 1988.3.3, 1988.3.4
格萨尔王的传说	泽旺搜集翻译	四川《格萨尔》工作领导小组		1988

续表五一

篇、书名	著（译）编者	出处	卷、期	年月日
松巴与岭国之战	（邓珠拉姆、格桑曲批）	四川《格萨尔》工作领导小组		1988
格萨尔王传：松岭之战	（张积诚）	西藏人民出版社		1988
格萨尔王与嫔妃	（黄文焕）	西藏人民出版社		1988
格萨尔王传：米努绸缎宗（藏文）	益希旺姆整理	西藏人民出版社		1988
格萨尔王传：赛马七宝之部	（王沂暖）	甘肃人民出版社		1988
格萨尔王传：木古骡宗之部	（王沂暖）	甘肃人民出版社		1988
格萨尔降生及少年时代（藏文）	角巴东主	青海民族出版社		1988
格萨尔传奇：霍国悔泪（藏文）	多杰才旦搜集整理	青海民族出版社		1988
《格萨尔》的哲学思想内涵	周炜	西藏研究	1期	1989
试论《格萨尔王传》产生的背景及倾向	索代	西藏研究	1期	1989
关于格萨尔王传说唱艺人	索洛	西藏研究（藏文）	1期	1989
谈格萨尔形象	索代	格桑花	1期	1989
谈《格萨尔王传》的研究方法	嘎娃巴桑	雪域文化（藏文）	1期	1989
谈谈藏族长篇史诗《格萨尔王传》	王沂暖	少数民族文学论集	1辑	1989
格萨尔与岭	王沂暖	藏学研究论丛	1辑	1989
简析民间格萨尔说唱艺人的归类	角巴东主	中国藏学（藏文）	2期	1989
格萨尔王是吐蕃王朝分裂之后出现的历史人物	仁增	西藏研究（藏文）	2期	1989
关于藏族英雄史诗《格萨尔》的产生年代	降边嘉措	攀登	2期	1989
从《伊利亚特》和《格萨尔》的比较研究试论史诗的基本特征	许荣生	青海师范大学学报	3期	1989
《格萨尔》的宗教渗透和其形象思想上的深刻矛盾	张晓明	西藏研究	3期	1989
《格萨尔》原始雏形的形成期	张晓明	中国藏学	3期	1989
《格萨尔王传》研究中的宗教问题	周望潮	西藏研究	4期	1989
岭·格萨尔王生平述略	角巴东主	中国藏学（藏文）	4期	1989
格萨尔研究4集	中国社会科学院少数民族文学研究所	内蒙古大学出版社		1989
论《格萨尔王传》的流传	杨恩洪	民族文学研究	5期	1989
从《格萨尔王传》管窥藏族宗教信仰及民俗	央金卓嘎	民族文学研究	6期	1989

续表五二

篇、书名	著(译)编者	出处	卷、期	年月日
论《格萨尔史诗》中的藏汉友谊	徐国琼	云南社会科学	6期	1989
《格萨尔王传》与藏族文化	降边嘉措	民族文学研究	6期	1989
谈谈《格萨尔》时代精神的不可超越性	王哲一	民族文学研究	6期	1989
《格萨尔》史诗中的婚姻与家庭	李学琴	民族文学研究	6期	1989
我对《格萨尔》的一些浅见	王沂暖	民族文学研究	6期	1989
《格萨尔史诗》论著文摘1、2辑	四川省《格萨尔》工作领导小组办公室	编者刊		1989
格萨尔梗概选	四川省《格萨尔》工作领导小组办公室	编者刊		1989
岭沨·格萨尔传奇	李述唐	四川省《格萨尔》工作领导小组办公室		1989
格萨尔王传：取雪山水晶国	（意西泽珠、许珍妮）	四川民族出版社		1989
格萨尔故事选：赛马称王	降边嘉措、吴伟	四川民族出版社		1989
藏汉双解：格萨尔词典	土登尼玛	四川民族出版社		1989
《格萨尔》的历史命运	降边嘉措	四川民族出版社		1989
格萨尔王传 朱古兵器宗（藏文）	根据昌都手抄本整理	西藏人民出版社		1989
格萨尔王密传（藏文）		西藏人民出版社		1989
格萨尔王传：香香药物宗之部	（王沂暖、何天慧）	甘肃人民出版社		1989
格萨：丹玛青稞宗（藏文）	角巴东主 多吉才郎	青海民族出版社		1989
格萨：白岭之战（藏文）	金迈整理	青海民族出版社		1989
格萨尔遗迹传说（藏文）	角巴东主	青海民族出版社		1989
格萨尔与岭	王沂暖	西北民族研究	1期	1990
《格萨尔王传》中的谚语	项本加	青海群众艺术（藏文）	1期	1990
格萨尔王的称呼之初探	仁增	西藏研究（藏文）	1期	1990
《格萨尔史诗》分章本简介	古今 古正熙	西藏研究	1期	1990
《格萨尔王传》作者的疑问	拉巴曲培	雪域文化（藏文）	1期	1990

续表五三

篇、书名	著（译）编者	出处	卷、期	年月日
《格萨尔集成》序两篇	王沂暖	青海社会科学	1期	1990
岭国社会组织初探	陈宗祥	民族文学研究	1期	1990
甘孜州《格萨尔》工作巡礼	邓珠拉姆	康巴文苑	1期	1990
格萨尔王在亚甬的传说	八若拥之述，杜仁信整理	康巴文苑	1期	1990
试论《格萨尔王传》的语言艺术	角巴顿珠	西藏艺术研究（藏文）	1期	1990
藏族史诗《格萨尔》的部数与行数	王沂暖	中国藏学	2期	1990
《格萨尔》争议浅析	阿旺	中国藏学（藏文）	2期	1990
藏文史书中的林·格萨尔与仲·格萨尔	白玉·白玛次仁	西藏研究（藏文）	2期	1990
略谈《格萨尔王传》作者	仁增	西藏艺术研究（藏文）	2期	1990
论普米族《支萨·甲布》与藏族《格萨尔》的关系	徐国琼	西藏民族学院学报	2期	1990
也谈史诗《昌·格萨尔》与《岭·格萨尔》的渊源关系	徐国琼	青海民族学院学报	2期	1990
《格萨尔王传》与格萨尔	尕藏	青海民族学院学报	2期	1990
人各有貌 形神兼备——谈《格萨尔王传》分部本《征雪山水晶国》人物描写	许珍妮	西南民族学院学报（哲社）	2期	1990
谈《格萨尔王传》的音乐构成	马成富	西藏艺术研究	3期	1990
从玉树烔纳寺的文物看格萨尔其人其事	丹玛·江永慈诚	西藏研究	3期	1990
《格萨尔》传承者之概况	索朗格来	邦锦花	3期	1990
生活的写照，历史的画卷——从《格萨尔王传》看古代藏族社会与宗教	杨恩洪	民族文学研究	3期	1990
从《贵德分章本》管窥早期藏族社会形态——格萨尔时代浅议	朵藏才旦	甘肃民族研究	3、4期	1990
《林格萨尔故事》中的林一词之实初探	诺德	西藏研究（藏文）	3、4期	1990
神奇壮阔的画面 血肉丰满的形象——《格萨尔王传》《赛马七宝》中赛马章节赏析	廖光耀	西藏民族学院学报（哲社）	4期	1990
《格萨尔》"抑佛扬本"论者之根据分析	吴均	中国藏学	4期	1990
略论与《格萨尔》相关的问题	察雅布	中国藏学（藏文）	4期	1990
《格萨尔》中的象征学	扎雅活佛（李学琴）	邦锦花	4期	1990

续表五四

篇、书名	著（译）编者	出处	卷、期	年月日
谈《格萨尔王传》说唱艺人	索南格来	邦锦梅朵（藏文）	4期	1990
试论《格萨尔》诸多分部本产生的原因	何天慧	西北民族学院学报	4期	1990
谈《格萨尔王传》的文化价值	索代	西北民族学院学报	4期	1990
藏文史书中的林·格萨尔与冲·格萨尔	白玛次仁（李学琴）	西藏艺术研究	4期	1990
藏文《格萨尔》分部本浅论	何天慧	兰州大学学报（社科）	4期	1990
试析《格萨尔王传》中的谚语	泽仁德西	藏学研究	6集	1990
从超同看《格萨尔史诗》中的美学	李学琴	藏学研究论丛	9辑	1990
格萨尔论文选集	四川省《格萨尔》工作领导小组办公室	编者刊		1990
中国少数民族英雄史诗《格萨尔》	杨恩洪	浙江教育出版社		1990
格萨尔王传：法宗、七赞、重游天堂（藏文）		四川民族出版社		1990
格萨尔传奇：琼察五兄弟（藏文）	角巴东主	青海民族出版社		1990
格萨尔传奇：匝日药宗（藏文）	昂亲多杰	青海民族出版社		1990
格萨尔学集成1-3卷	青海省社会科学院文学研究所	甘肃民族出版社		1990
格萨尔学集成4卷	青海省社会科学院文学研究所	甘肃民族出版社		1994
格萨尔学集成5卷	青海省社会科学院文学研究所	甘肃民族出版社		1998
林格萨尔王故事的语言风格分析	觉巴顿珠	西藏研究（藏文）	1期	1991
从古籍看格萨尔传历史渊源	何罗追	西北民族学院学报（藏文）	1期	1991
格萨尔历史渊源	何天惠	西北民族研究	1期	1991
《格萨尔》学的丰碑	吴伟	中国西藏	2期	1991
简评《格萨尔王》故事中的艺术塑造之优点	多布杰	雪域文化（藏文）	2期	1991
《格萨尔论要》序	王沂暖	西北民族学院学报	2期	1991
略论《格萨尔》崛起、奋发的民族精神	王兴先	西北民族学院学报	2期	1991
《格萨尔史诗》与佛本斗争	肖崇素	康巴文苑	2期	1991
格萨尔传连载之一——智降南方阿赛彻宗	久美焦巴东珠整理	青海群众艺术（藏文）	2期	1991
		青海群众文艺	1期	1992
格萨尔王传长诗的文体与修辞	恰卡·旦正	中国藏学（藏文）	3期	1991

续表五五

篇、书名	著（译）编者	出处	卷、期	年月日
谈《林格萨尔王传》里的绛域	恰卡·旦正	西藏研究（藏文）	3期	1991
《格萨尔王传》中艺术形象塑造特点浅论	多吉	西藏大学学报（藏文）	3期	1991
藏族英雄史诗《格萨尔》审美价值的思考	曲江才让	青海社会科学	3期	1991
格萨尔王威镇降妖之传	伟色	邦锦梅朵（藏文）	3、4期	1991
战神杂考——据格萨尔史诗和战神祀文对战神威尔玛、十三战神和风马的研究	谢继胜	中国藏学	4期	1991
论《格萨尔》的人物性格	吴伟	中国藏学	4期	1991
		中国藏学研究中心藏学论文选集		1996
从《格萨尔王传》中看远古藏族的图腾崇拜	朗吉	西藏研究	4期	1991
格萨尔说唱形式与苯教	杨恩洪	西藏研究	4期	1991
《格萨尔王传》之概论	恰白·次旦平措	西藏研究	4期	1991
《格萨尔王传》中有关伏藏之初探	诺德	西藏研究（藏文）	4期	1991
		雪域文化（藏文）	4期	1991
《格萨尔地狱救妻》与《但丁〈神曲·地狱篇〉》比较研究	黄文焕	西藏研究	4期	1991
藏族《格萨尔》与白族金鸡崇拜	李源	西藏研究	4期	1991
论《格萨尔》史诗中"十三"数词的象征内涵	徐国琼	西藏研究	4期	1991
《格萨尔》传承方式研究	周炜	西藏研究	4期	1991
《格萨尔》史诗的藏戏文化	郭晋洲	西藏研究	4期	1991
《格萨尔王传》与藏族文化圈——格萨尔之正名	丹珠昂奔	西藏研究	4期	1991
		邦锦花	1期	1992
岭·格萨尔——仙界遣使	诺尔德	章恰尔（藏文）	4期	1991
格萨尔与象征学	（李学琴）	邦锦花	4期	1991
格萨尔与江格尔形象探异	陈晓红	中央民族学院学报	4期	1991
有关格萨尔王传的几个问题	洛珠嘉措	攀登（藏文）	4期	1991
格萨尔·赞帽词（连载）	德庆卓嘎（饶元厚）	西藏艺术研究	4期	1991
			3、4期	1993
			1期	1994

续表五六

篇、书名	著(译)编者	出处	卷、期	年月日
《格萨尔》史诗产生和形成时代之我见	何天惠	甘肃社会科学	4期	1991
世界最长的英雄史诗——《格萨尔王传》	杨健吾	文史杂志	4期	1991
《格萨尔》是藏族人民的英雄史诗	赵秉理	青海社会科学	5期	1991
谈《格萨尔王传》的人物塑造	索 人	西藏青年报		1991.8.17
史诗《格萨尔》保存完好		人民日报		1991.11.17
魂系《格萨尔》		人民日报（海外）		1991.12.27
格萨尔王传：霍岭之战（藏文）	达 色	四川省《格萨尔》工作领导小组办公室		1991
格萨尔王传：姜岭大战	（徐国琼、王晓松）	中国藏学出版社		1991
格萨尔陀岭之战（藏文）	才让旺堆等	青海民族出版社		1991
格萨尔传奇：梅日霹雳宗（藏文）	布特尕 秋君扎西	青海民族出版社		1991
格萨尔：敦氏预言授记（藏文）	格日尖参记述，曲江才让整理	青海民族出版社		1991
《格萨尔》论要	王兴先	甘肃民族出版社		1991
藏文《格萨尔王传》论略	索 代	甘肃民族出版社		1991
文化流程中的《格萨尔》	天涯石	西藏艺术研究	1期	1992
从《格萨尔王传》的艺术形式看它的形成	恰嘎·旦真	西藏艺术研究（藏文）	1期	1992
《格萨尔王传》中的经济思想	李学礼	西藏大学学报	1期	1992
让《格萨尔》说唱艺术从民间走向舞台走向世界	土 登 饶元厚	邦锦花	1期	1992
朱吉与岭国之战（续）	格桑曲批（邓珠拉姆）	康巴文苑	1期	1992
辛巴和典玛（续）	（志玛拉西）	康巴文苑	1期	1992
从德格岭仓《天界篇》谈《格萨尔》与宁玛巴	云公保太	西北民族学院学报	1期	1992
《格萨尔王传》的神灵系统——兼论相关的宗教问题	丹珠昂奔	民族文学研究	1期	1992
格萨尔学与《格萨尔学集成》	谢 佐	攀登	1期	1992
试论《格萨尔》的文化内涵和藏族文化的特点	赤乃曲扎 张 惠	西藏艺术研究	2期	1992
浅谈《格萨尔》中的夸张	李学琴	西南民族学院学报（哲社）	2期	1992

续表五七

篇、书名	著(译)编者	出处	卷、期	年月日
对格萨尔之我见	南拉杰	西藏研究（藏文）	2期	1992
英雄史诗《格萨尔》的研究现状与趋势	周炜	雪域文化	夏季号	1992
岭国三十大将中之七名将简介	角巴顿珠	中国藏学（藏文）	3期	1992
《格萨尔传》文体形成年代	格桑益西	西藏研究（藏文）	3期	1992
《格萨尔》史诗中的藏族婚姻浅析	何天慧	西北民族学院学报（哲社）	3期	1992
论《格萨尔》史诗的二度创作	肖崇素	民间文学论坛	3期	1992
岭·格萨尔史诗的诗律	亚历山大·费多代夫（谢继胜）	民族文学研究	3期	1992
试论天上格萨尔——布朵嘎尔保	马学仁	青海民族研究	4期	1992
格萨尔实有其人	谭玉良	西藏研究	4期	1992
从《格萨尔》看古代藏族部落社会的伦理道德	李学琴	西藏研究	4期	1992
浅谈《格萨尔王传·降魔》	洛绒丁真	贡嘎山（藏文）	5期	1992
《格萨尔》和《摩诃婆罗多》的对比研究	古今	青海社会科学	5期	1992
《格萨尔王传》与藏族文化圈	陶克陶	蒙古语言文学（蒙文）	6期	1992
从《格萨尔王传》看藏族部落武装的战术	何峰	社会科学参考（青海）	12期	1992
格萨尔论文选集2辑	四川省《格萨尔》工作领导小组	编者刊		1992
格萨尔王传：索波马宗（藏文）	根据手抄本整理	西藏人民出版社		1992
《格萨尔》人物研究	吴伟	群言出版社		1992
《格萨尔》点滴谈	肖崇素	四川省民族研究所		1992
格萨尔学的新拓展	耿予方	中国西藏	1期	1993
《格萨尔》产生历史年代考	何天慧	西北民族研究	1期	1993
论《霍岭大战》的悲剧价值	谢发财	青海社会科学	1期	1993
史诗《格萨尔》与藏族民间故事	谈士杰	青海社会科学	1期	1993
试论《格萨尔》的艺术性翻译问题	张积成	青海民族学院学报	1期	1993
《格萨尔王传》中四个疑难问题之我见	王沂暖	安多研究	创刊号	1993
略谈《格萨尔王传》的诗意	索代	安多研究	创刊号	1993
略谈藏史中的岭与岭格萨尔王（上）（下）	热贡·多杰卡	西藏研究（藏文）	1、2期	1993

续表五八

篇、书名	著(译)编者	出处	卷、期	年月日
谈《格萨尔王传》中的书名、人名及其地名等译法问题	角巴东主	中国藏学（藏文）	2期	1993
从史诗《格萨尔》看藏族部落的武器装备	何 峰	西北民族研究	2期	1993
《征服霍尔》与《格萨尔王传》的产生年代	马学仁	青海民族学院学报	2期	1993
《格萨尔》史诗哲学思想浅析	郭海云	中国藏学	2期	1993
《格萨尔王传》中的藏族原始宗教	周锡银 望 潮	西藏研究	2期	1993
藏族传统观念的一面镜子——论《格萨尔王传》与本教的关系	杨恩洪	民间文学研究	2期	1993
从史诗《格萨尔王传》看古代藏族游牧部落的生产资料所有制	何 峰	青海社会科学	2期	1993
略论《格萨尔王传》中有关专用名词的翻译问题	角巴东主	青海民族研究	3期	1993
从《格萨尔王传》的内容角度分析其形成特点	恰嘎·旦真	西藏研究（藏文）	3期	1993
关于格萨尔史诗巫术的研究	周 炜	青海社会科学	3期	1993
《格萨尔》谚语与一般藏族谚语的比较研究	谈士杰	青海民族学院学报	4期	1993
《格萨尔王传》的军事思想研究	许英国	青海民族学院学报	4期	1993
从史诗《格萨尔》看藏族部落战争	何 峰	青海民族学院学报	4期	1993
《格萨尔》与藏族神话	何天慧	西北民族学院学报（哲社）	4期	1993
藏族古代社会的一面镜子——《格萨尔王传》	南拉加	中国藏学（藏文）	4期	1993
《格萨尔王传》艺术特色略论	李志松	湖南师范大学学报	5期	1993
《格萨尔》史诗传承说唱中的三种"神秘"现象之我见	姚周辉	云南师范大学学报	6期	1993
《格萨尔》考察纪实	徐国琼	云南人民出版社		1993
格萨尔：岭国歌舞（藏文）	金 迈 角巴东主	青海民族出版社		1993
格萨尔王传：临终教诫（藏文）	慈成木收集整理	甘肃民族出版社		1993
浅析《格萨尔王传》中的祭祀柴烟与祭龙香之习俗	南 色	西藏艺术研究（藏文）	1期	1994
《格萨尔王传》与藏族文化圈	丹珠昂奔（尖参才让）	西北民族学院学报（藏文）	1期	1994
格萨尔故事中的风俗习惯	热贡·多吉卡	西藏研究（藏文）	1期	1994

续表五九

篇、书名	著(译)编者	出处	卷、期	年月日
从史诗《格萨尔》看藏族部落的血缘制度	何 锋	青海民族研究	1 期	1994
从史诗《格萨尔》看古代藏族部落的兵役制度	周生文 何 锋	青海社会科学	1 期	1994
论《格萨尔》史诗分部本创作上的几种"模式"	徐国琼	西藏民族学院学报（哲社）	1 期	1994
格萨尔箭卦考	降边嘉措	西藏艺术研究	1 期	1994
圆形结构 卵生英雄和神授艺人——《格萨尔王传》之谜（一）	闫振中	西藏艺术研究	1 期	1994
是记忆，还是神授——《格萨尔王传》之谜（二）	闫振中	西藏艺术研究	2 期	1994
说唱艺人与神秘密码——《格萨尔王传》之谜（三）	闫振中	西藏艺术研究	3 期	1994
宇宙人、磁场力、宇宙全息——《格萨尔王传》之谜（四）	闫振中	西藏艺术研究	4 期	1994
论《格萨尔》中的箭卦	降边嘉措	中国藏学（藏文）	2 期	1994
记著名"格萨尔"说唱艺人桑珠对《格萨尔王传》产生的看法	达 杂	西藏艺术研究（藏文）	2 期	1994
考《格萨尔王史诗》中的"觉如"一名	仁 增	西藏研究（藏文）	2 期	1994
朱古与岭国之战	（格桑曲批、邓珠拉姆）	康巴文苑	2 期	1994
论《格萨尔王传》故事与民俗	岗·坚赞次仁	攀登（藏文）	2 期	1994
《格萨尔》说唱艺人探秘	何天慧	西北民族学院学报（哲社）	2 期	1994
从《格萨尔王传》和《罗摩衍那》的比较看东方史诗的发展	李 郊	四川师范大学学报（社科）	2 期	1994
浅析《格萨尔王传》中的婚俗事象	索南卓玛	青海民族学院学报	2 期	1994
试论《格萨尔王传·赛马称王》中的"集体无意识"痕迹	高 宁	青海民族学院学报	2 期	1994
《格萨尔王传》中的魔域	恰卡丹真	西藏研究（藏文）	3 期	1994
论《格萨尔王传》中的岭国	旦 正	中国藏学（藏文）	3 期	1994
浅谈《格萨尔王传》中"宗"的内涵	高 宁	青海民族研究	3 期	1994
试论《格萨尔王传》的艺术成就	赵远文	西藏研究	3 期	1994
《格萨尔》史诗中的信仰民俗初探	平 措	西藏艺术研究	3 期	1994
《格萨尔仲》的概念	张康林	西藏艺术研究	4 期	1994

续表六〇

篇、书名	著(译)编者	出处	卷、期	年月日
远古东部藏族的民情风俗——"霍岭大战"管窥之一	朵藏才旦	甘肃民族研究	4期	1994
远古东部藏族的军事艺术——"霍岭大战"管窥之二	朵藏才旦	甘肃民族研究	3期	1995
世界上最早研究《格萨尔》的学者考	赵秉理	青海社会科学	4期	1994
依据四部医典分析《格萨尔王故事》中所载的有关医学常识	拉毛加	西藏研究（藏文）	4期	1994
《格萨尔王传》中的藏医知识	拉毛加	中国藏学（藏文）	4期	1994
《格萨尔》曲牌的创作艺术	车得驷	西北民族学院学报（哲社）	4期	1994
史诗《格萨尔》中经济思想初探	格桑达吉 昂巴	中央民族大学学报	5期	1994
《格萨尔》工作在四川	王雨顺	民族	10期	1994
格萨尔王传：征服北方古热魔王（藏文）	洛珠嘉措整理	四川民族出版社		1994
藏三国	任乃强	四川省《格萨尔》工作领导小组办公室		1994
《格萨尔》论稿	刘立千	四川省《格萨尔》工作领导小组办公室		1994
论珠牡	邓珠拉姆	四川省《格萨尔》工作领导小组办公室		1994
岭国社会组织初探	陈宗祥	四川省《格萨尔》工作领导小组办公室		1994
论《格萨尔》	王沂暖	四川省《格萨尔》工作领导小组办公室		1994
《格萨尔》与藏族文化	降边嘉措	内蒙古大学出版社		1994
格萨尔王传综述（藏文）	落珠加措	西藏人民出版社		1994
《格萨尔》新探（藏文）	角巴东主 恰嘎·旦正	青海民族出版社		1994
与格萨尔王史诗版名有关的"宗"名及其内涵	索朗格列	西藏研究（藏文）	1期	1995
藏族人民生活的百科全书——《岭·格萨尔王传》	索南卓玛	西藏民族学院学报（哲社）	1期	1995
试探《格萨尔王传》翻译的几个问题	恰嘎旦真	西藏艺术研究（藏文）	1期	1995
谈格萨尔史诗中的"霍域"	恰卡旦真	西藏研究（藏文）	2期	1995
谈《格萨尔》史诗与民俗	徐国琼	西藏民俗	2期	1995

续表六一

篇、书名	著(译)编者	出处	卷、期	年月日
英雄史诗的双璧——《霍岭大战》与《伊利亚特》	徐莉华	西藏民族学院学报（哲社）	2期	1995
试谈《格萨尔》中的藏密文化特征	何天慧	西北民族学院学报（哲社）	2期	1995
《格萨尔王传》的审美价值	谢发财	青海社会科学	2期	1995
从人的七情六欲这一角度来探讨《格萨尔》中的人物塑造	古 今	青海社会科学	2期	1995
法国M.艾尔费《〈藏族格萨尔王传·赛马篇〉歌曲研究》一书评介	王建民 黎 阳	西南民族学院学报（哲社）	2期	1995
藏族民间史诗《格萨尔王传》	降边嘉措 吴 伟	中国西藏	3期	1995
《格萨尔王传》是一部辉煌的民族史诗——兼评谭玉良在格萨尔研究上的突破	唐明剑	川东学刊	3期	1995
对《格萨尔史诗》的几点研究探析	肖崇素	四川藏学研究	3辑	1995
《格萨尔王传》的佛教思想	恰嘎·多吉才让	中国藏学（藏文）	4期	1995
《格萨尔王传论文集》序	桑杰加	中国藏学（藏文）	4期	1995
《格萨尔》的文化心理学思考	高 宁	青海师范大学学报	4期	1995
		西藏研究	4期	1995
论《格萨尔史诗》的故事原形	恰嘎·多吉次仁	西藏研究（藏文）	4期	1995
《格萨尔》的艺术成就谈	旺 扎	攀登（藏文）	4期	1995
《格萨尔》与部落战争二题	赵秉理	青海社会科学	6期	1995
《格萨尔》研究	佟锦华	四川省《格萨尔》工作领导小组办公室		1995
《格萨尔》论文选	齐木道吉	四川省《格萨尔》工作领导小组办公室		1995
民族论丛：格萨尔史诗专辑	四川民族研究所	编者刊		1995
民间诗神：格萨尔艺人研究	杨恩洪	中国藏学出版社		1995
《格萨尔》与藏族部落	何 峰	青海民族出版社		1995
《格萨尔》中的三元象征观念解析	孙 林 保 罗	西藏大学学报（汉文）	1期	1996
		西藏研究	2期	1997
《格萨尔王传》与藏族民歌	谈士杰	青海民院学报	1期	1996
评《格萨尔史诗和说唱艺人的研究》	陈岗龙	中国藏学	2期	1996
析《格萨尔王传》的人物体系	索 代	西藏艺术研究	2期	1996
史诗《格萨尔王传》的禁忌民俗	伦珠旺姆	西藏研究	3期	1996

续表六二

篇、书名	著(译)编者	出处	卷、期	年月日
显形与隐形的交织——格萨尔与白色崇尚	林继富	西藏艺术研究	3期	1996
论英雄史诗的"母题结构"及《格萨尔》中的幻变母题	徐国琼	西藏研究	4期	1996
《格萨尔》——汉藏友谊的颂歌	何峰	西藏研究	4期	1996
"玛桑格萨尔王"及其相关氏族考	孙林 保罗	中国藏学	4期	1996
史诗《格萨尔》中的藏族传统体育	吴宇	中国西藏	5期	1996
雪域高原上的"奥林匹克"——由史诗《格萨尔》看藏族传统体育	吴宇	民族团结	9期	1996
格萨尔论谭	徐国琼	四川省《格萨尔》领导小组办公室		1996
格萨尔文学语言辞典（藏文）	觉巴顿珠 索洛	民族出版社		1996
格萨尔降生史（藏文）	西藏大学《格萨尔》研究室	民族出版社		1996
格萨尔文库	西北民族学院《格萨尔》研究所	甘肃民族出版社		1996
格萨尔论文集（藏文）	扎西泽仁	中国藏学出版社		1996
《格萨尔》论文集（藏文）	角巴东主 黄智	青海民族出版社		1996
从血缘关系向地缘关系转化阶段的真实写照——《格萨尔》所反映的古代藏族部落社会浅析	扎西东珠	西藏研究	1期	1997
《格萨尔》与藏族绘画	丹曲	西藏研究	1期	1997
古代婚姻与《格萨尔王传》的产生时代	马学仁	青海民族研究	2期	1997
《格萨尔》中的三元象征观念解析	孙林 保罗	西藏研究	2期	1997
藏文史籍中的"格萨尔"与史诗《格萨尔》	和建华	中国藏学	3期	1997
《格萨尔》艺人"神授"之谜	高宁	西藏研究	4期	1997
《格萨尔》中的三界及三界神灵信仰	何天慧	青海民族研究	4期	1997
论《格萨尔》所表现的男女地位平等观	兰却加	西北民族学院学报（哲社）	4期	1997
从《格萨尔》巫术层次窥其文艺民俗	潜明兹	西藏民俗	4期	1997

续表六三

篇、书名	著（译）编者	出处	卷、期	年月日
论《格萨尔》与古代藏族部落战争	赵秉理	四川藏学研究	4辑	1997
《格萨尔》映出古代藏族部落战争的四大特点	赵秉理	青海社会科学	6期	1997
藏族文化宝典——《格萨尔王全传》	央金	中华儿女（海外）	12期	1997
格萨尔传奇：陀岭之战（藏文）	才让旺堆等	青海民族出版社		1997
格萨尔大王狮龙宫殿	旦白尼玛 降边嘉措（陈连超）	民族出版社		1997
壮丽的藏族英雄史诗——《格萨尔王传》导读	何敏 周骏	四川教育出版社		1997
谈《格萨尔王传》的心理描写	索代	西藏艺术研究	1期	1998
《格萨尔王传》与藏族原始烟祭	周锡银 望潮	青海社会科学	2期	1998
论超同的反面典型——《格萨尔王传》人物探	马学仁	西北民族学院学报	2期	1998
从《格萨尔》看藏族社会美思想	郭郁烈	西藏研究	3期	1998
谈《格萨尔王传》的语言美	索代	西藏艺术研究	4期	1998
论《岭仲·格萨尔》说唱帽的艺术特色	索次	西藏艺术研究	4期	1998
格萨尔王传：周尕玉宗（藏文）	多杰才旦	甘肃民族出版社		1998
格萨尔：英雄诞生（藏文）	黄智 文才	民族出版社		1998
赛马称王（藏文）	角巴东主	民族出版社		1998
天岭九藏角（藏文）	角巴东主 宁吾才让	民族出版社		1998
阿达拉姆（藏文）	多旦等	民族出版社		1998
关于对格萨尔王的祷祀风俗考	巴雄·强太加	西北民族学院学报（藏文）	1期	1999
略谈《格萨尔王传》中的三元诗体风格	扎西罗吾	阿坝藏学	创刊号	1999
古代藏族女性的典型形象——珠牡艺术形象面面观	索南卓玛	西藏民族学院学报	2期	1999
《格萨尔》史诗的文化起源及传承结构	曼秀·仁青道吉	西北民族学院学报（藏文）	2期	1999
续谈《格萨尔》史诗的产生、流传及音乐特点	马成富	西藏艺术研究	2期	1999
《格萨尔王传》再析	李明	西南民族学院学报（哲社）	2期	1999

续表六四

篇、书名	著(译)编者	出处	卷、期	年月日
试论《格萨尔》戏剧艺术	丹曲	西藏艺术研究	2期	1999
一个令人困惑的现象——藏族英雄史诗《格萨尔》之说唱艺人略析	平措	西藏大学学报	2、3期	1999
试析《格萨尔王传》中部分专用名词的准确写法	旦增平措	中国藏学（藏文）	3期	1999
谈格萨尔史诗《魔域》中的有关藏族哲学思想	魔如·雨拉太	西藏研究（藏文）	3期	1999
英雄史诗《格萨尔王》中远古时吐蕃对魂灵所持观念	索朗达吉	雪域文化（藏文）	4期	1999
岭国早期地域及其相关历史问题新探	保罗	西藏研究	4期	1999
《格萨尔》原始文化特征——动物崇拜	何天慧	西藏艺术研究	4期	1999
史诗《格萨尔》与《罗摩衍那》之比较研究	仁钦洛布	西藏研究（藏文）	4期	1999
《格萨尔》与藏族神话	谈士杰	青海社会科学	6期	1999
岭格萨尔的生活原型	赵秉理	青海社会科学	6期	1999
格萨尔王传	杨恩洪	春风文艺出版社		1999
格萨尔王史诗译丛：朱古兵器宗	（邓珠拉姆、格桑曲批）	四川省格萨尔工作办公室		1999
格萨尔王传：降伏白帐魔王（藏文）	达色	四川民族出版社		1999
格萨尔王传：天岭绵羊宗（藏文）	华旦	四川民族出版社		1999
格萨尔王传：山羊宗（藏文）	仁真·跟桑尼玛	四川民族出版社		1999
格萨尔王传：降伏阿穷格日国（藏文）	朗朱·晋美彭措	四川民族出版社		1999
格萨尔王传（藏文）	阿扎玛瑙宗	西藏人民出版社		1999
关于改编《格萨尔王传》为评书之我见	马宏武	青海民族研究	1期	2000
岭国早期地域及其相关历史问题探讨	保罗	西藏研究（藏文）	1期	2000
神歌《格萨尔》的传承方式	闫振中	西藏民俗	1期	2000
《格萨尔王传》故事情节中的原始神秘性	陈进	西藏民俗	2期	2000
格萨尔史诗的圆形结构	闫振中	西藏民俗	2期	2000
格萨尔遗物实地考察记	索南卓玛	西藏民俗	2期	2000
略论《格萨尔》中仙女"贡玛杰姆"	岗·坚参才让	中国藏学（藏文）	3期	2000

续表六五

篇、书名	著(译)编者	出处	卷、期	年月日
初探《格萨尔王》说唱故事的音韵	米如·玉拉太	西藏研究（藏文）	3期	2000
《格萨尔》中的藏族妇女地位浅析	芦兰花	青海民族研究	3期	2000
析《格萨尔王故事》里的"鲁阿拉拉木阿拉林"和"塔拉拉木塔拉林"两种起首句的含义	扎巴	西藏研究（藏文）	4期	2000
岭·格萨尔形象的三个特点	赵秉理	西藏民俗	4期	2000
藏族英雄史诗与神歌：《格萨尔》研究	土登尼玛 周锡银	四川人民出版社		2000
释《世界公桑》——《格萨尔》史诗点滴谈	土登尼玛	民族研究文集		2000
格萨尔王传：天界篇	（刘立千）	民族出版社		2000
格萨尔王传：觉日的故事（藏文）	巴登	四川民族出版社		2000
格萨尔精选本：英雄降生（藏文）	降边嘉措 单增平措	民族出版社		2000
格萨尔精选本：赛马称王（藏文）	降边嘉措 单增平措	民族出版社		2000
格萨尔精选本：门岭大战（藏文）	降边嘉措	民族出版社		2002
格萨尔精选本：魔岭大战（藏文）	单增平措	民族出版社		2000
格萨尔精选本：霍岭大战（藏文）	角巴东主 恰嘎·旦正	民族出版社		2000
格萨尔传疑难新论（藏文）	角巴东主	中国藏学出版社		2000
史诗格萨尔的藏族远古神话内涵	宁吾才让	攀登（藏文）	1期	2001
《格萨尔王传》摭谈	马成俊	文艺理论与批评	1期	2001
从《格萨尔王传》看神巫文化与藏民族人格心理的关系	丹珍	民族文学研究	1期	2001
藏文《格萨尔》精选本介绍	杨霞	民族文学研究	1期	2001
论宗教与《格萨尔》的关系	角巴东主	青海社会科学	2期	2001
格萨尔诞生地考	索南卓玛	青海民族研究	2期	2001
格萨尔史诗的源头及其历史内涵	尊胜	西藏研究	2期	2001
对《岭国及格萨尔史诗》的重新认识（上）	马成富	西藏艺术研究	2期	2001
对《岭国及格萨尔史诗》的重新认识（下）	马成富	西藏艺术研究	3期	2001
雪域灵魂《格萨尔》	曲成	中国民族	3期	2001
愿随前薪做后薪：我与《格萨尔》	降边嘉措 曲成	中国民族	3期	2001

续表六六

篇、书名	著(译)编者	出处	卷、期	年月日
《罗摩衍那》与《格萨尔王传》	索代	西藏艺术研究	3期	2001
《格萨尔》描写主人公性格的艺术方法	赵秉理	青海民族学院学报（社科）	4期	2001
试论《格萨尔》史诗的六大特征	曼秀·仁青道吉	西北民族学院学报（哲社）	4期	2001
十一世纪的格萨尔——试论格萨尔史诗的成型	曼秀·仁青道吉	西藏艺术研究	4期	2001
格萨尔研究集刊5集	全国《格萨(斯)尔》工作领导小组办公室	民族出版社		2001
格萨尔史诗译丛：霍舍兵器宗	（慈仁翁姆、格桑曲批）	四川格萨尔工作办公室		2001
格萨尔说唱本：贡堆阿穷穆扎（藏文）	桑珠说唱，益西旺姆整理	中国藏学出版社		2001
耕耘与收获——藏文《格萨尔》精选本出版评论集	民族出版社藏文室	民族出版社		2001
神奇的格萨尔艺人（藏文）	角巴东主、恰嘎·多吉才让	民族出版社		2001
格萨尔论要（增订本）	王兴先	甘肃民族出版社		2001
史前社会与格萨尔时代	朵藏才旦	甘肃民族出版社		2001
《格萨尔》史诗中的宗教现象	拉觉杰	西藏研究（藏文）	1期	2002
《霍岭大战》中的鬼神及其捐信功能	索朗多吉	群文天地（藏文）	2期	2002
浅谈《格萨尔传》的藏族婚俗	拉忠吉	群文天地（藏文）	2期	2002
初谈《格萨尔》史诗的地位与价值	扎林洛桑	西藏研究（藏文）	2期	2002
试论《格萨尔王传》古代藏族先民的自然保护意识	索南卓玛	青海民族研究	2期	2002
《格萨尔》神授艺人说唱传统中的认表同达	周爱明	湘潭大学社会科学学报	2期	2002
谈谈《格萨尔》中的生活禁忌	杨本加	西藏研究（藏文）	3期	2002
《格萨尔》中主要经济门类及其管理初探	张延清	西藏研究	4期	2002
简述国外对《格萨尔》史诗的研究	平措 尼玛扎西	邦锦梅朵	4期	2002
东方史诗《格萨尔》	杨嘉铭 赵心愚	西藏旅游	4期	2002
《格萨尔》事典	德吉	中国西藏	6期	2002

续表六七

篇、书名	著(译)编者	出处	卷、期	年月日
格萨尔的故事	巴桑次仁	中国西藏	6期	2002
从不同角度析《岭·格萨尔》	格桑多吉	青海社会科学	6期	2002
格萨尔工作在四川	四川格萨尔工作办公室	编者刊		2002
格萨尔王传：攻克玛拉雅药宗（藏文）	土登尼玛 更登	四川民族出版社		2002
雪域骄子 岭·格萨尔的故乡	杨嘉铭 赵心愚	四川民族出版社		2002
格萨尔研究论文集	仁真旺杰	中国三峡出版社		2002
《格萨尔》学史稿	扎西东珠 王兴先	甘肃民族出版社		2002
格萨尔民俗研究（藏文）	岗·坚赞才让	甘肃民族出版社		2002
格萨尔精选本：大食财宝宗（藏文）	明久	民族出版社		2002
格萨尔王是人而不是神	赵秉理	青海民族学院学报（社科）	1期	2003
浅析民众注重口头传承英雄史诗——《岭·格萨尔王传》的缘由	格桑多杰	青海民族研究	1期	2003
略论《格萨尔》史诗语言的美学特征	庞泽华	西北民族学院学报（哲社）	1期	2003
《格斯尔》与《格萨尔》——关于三个文本的比较研究	扎拉嘎	民族文学研究	1期	2003
史诗格萨尔的美学精神	张央	西藏艺术研究	1期	2003
《格萨尔》的艺术改编及《格》对民间文艺和文学艺术家创作的影响	扎西东珠	西藏艺术研究	1期	2003
《格萨尔》与民间艺术关系研究述评	扎西东珠	西藏民族学院学报（哲社）	2期	2003
《格萨尔》与民间艺术关系研究述评（续）	扎西东珠	西藏民族学院学报（哲社）	3期	2003
《格萨尔》说唱探秘	杨从彪	西藏艺术研究	2期	2003
国外学者对《格萨尔》的搜集与研究	李连荣	西藏研究	3期	2003
谈谈格萨尔王传中所反映的佛苯之争	恰嘎·旦正	中国藏学（藏文）	4期	2003
略谈《格萨尔》史诗中的妇女形象、地位和服饰	娘吾才让	西藏研究（藏文）	4期	2003
献给《格萨尔》千周年纪念的一份厚礼——谈丹巴莫斯卡《格萨尔》岭国人物石刻发掘整理的重大意义	降边嘉措	西南民族大学学报（人文）	6期	2003

续表六八

篇、书名	著(译)编者	出处	卷、期	年月日
非物质文化《格萨尔》的物质化	周爱明	西南民族大学学报（人文）	6期	2003
格萨尔研究集刊6集	全国《格萨（斯）尔》工作领导小组办公室	民族出版社		2003
走进格萨尔	降边嘉措	四川民族出版社		2003
格萨尔精选本：阿札玛瑙宗（藏文）	角巴东主 多吉卡	民族出版社		2003
格萨尔精选本：吉茹珊瑚宗（藏文）	角巴东主 索朗卓玛	民族出版社		2003
格萨尔精选本：大食财宝宗（藏文）	多吉卡	民族出版社		2003
格萨尔精选本：托岭之战（藏文）	角巴东主 宁务才让	民族出版社		2003
格萨尔王传：比热山羊宗（藏文）	索南格列整理	西藏人民出版社		2003
《格萨尔王传》及其说唱艺人	索穷	西藏人民出版社		2003
《格萨尔》史诗中有关保护野生动物的描写	恰嘎·旦正	西藏研究（藏文）	1期	2004
结合民间文学的特点谈《格萨尔王传》	索加本	格萨尔研究	1期	2004
《格萨尔王传》中描述的服饰特征及其价值	才旺多杰	西藏艺术研究（藏文）	1期	2004
《格萨尔王传》是一部现实主义和浪漫主义相结合的作品	拉日·穷达	西藏艺术研究（藏文）	1期	2004
简论《格萨尔王传》总体文化内涵及其历史进程	促布噶德	西藏艺术研究（藏文）	1期	2004
《格萨尔王传》中引申的环保意识	娘吾才让	格萨尔研究	1期	2004
《格萨尔王传》中的军事战略战术探源	旺姆措	格萨尔研究	1期	2004
《格萨尔王传》是反映藏族古代历史的一面多棱镜	索南卓玛	格萨尔研究	1期	2004
浅议《格萨尔王传》中的艺人类型	角巴顿珠（索贝）	格萨尔研究	1期	2004
格萨尔文化大系：格萨尔文集 第一辑（藏文）	兰却加 高瑞	甘肃民族出版社		2004
黄河第一湾与岭国格萨尔渊源考	马成富	西藏艺术研究	2期	2004
一部口头巨著的书面化——考史诗《格萨尔》的书面化	平措	西藏大学学报	2期	2004

续表六九

篇、书名	著(译)编者	出处	卷、期	年月日
略述《格萨尔》史诗中的体育活动方式和马球运动	丁玲辉	西藏民族学院学报（哲社）	2期	2004
从民间文学特征谈《格萨尔》史诗	索加本	西藏研究（藏文）	3期	2004
谈《格萨尔王传》的人物创作	索代	西藏艺术研究	3期	2004
《格萨尔》所体现的古代藏族山水为喻的审美特征	丹曲	西藏研究	3期	2004
西藏史籍中木雅王占卦的汉族故事原型	钟焓	中国典籍与文化	4期	2004
一位旧时在嘉绒藏区说唱《格萨尔王传》的成都人	拉尔吾加	民族	8期	2004
《岭·格萨尔王传》主人公的故乡——德格	泽尔多杰	四川藏学研究	8辑	2004
一部活形态的伟大史诗《格萨尔》	降边嘉措	中国民族报		2004.1.2
格萨尔研究文集：野牦牛山部落与香巴拉武轮王	益邛	四川出版集团·四川民族出版社		2004
《格萨尔》母题研究	韩信	西藏研究	1期	2005
《格萨尔》的程式化结构特点及其传承规律	马都朵吉	西藏研究	1期	2005
《格萨尔王传》中的十三位名将简介	娘吾才让	西藏研究（藏文）	1期	2005
《格萨尔传》谚语思想内容初探	甲央齐珍	西藏研究（藏文）	1期	2005
论《格萨尔》谚语及其内容与形式	索加本	西藏艺术研究（藏文）	1期	2005
细谈《格萨尔》中描述的服饰特点	才航多吉	西藏艺术研究（藏文）	1期	2005
藏族《格萨尔》外向传播的原因初探	韩喜玉	青海民族研究	1期	2005
谈格萨尔传记的舞台演绎	曼秀·仁青道吉	西藏研究（藏文）	2期	2005
格萨尔史诗图像在仪式中的使用及其文化认识	徐斌	中国藏学	2期	2005
《格萨尔》谚语分类小议	里太吉	西藏研究	2期	2005
从《格萨尔》看藏民族的生态观	索朗卓玛	西藏研究	2期	2005
试析《格萨尔王传》中的部落联盟现象	仁欠卓玛	西藏大学学报	3期	2005
浅谈《格萨尔王》谚语的民族特质	陈强	青海民族研究	3期	2005
《格萨尔》史诗中的阿尼贡门与神话中的西王母对比研究	元旦加措	西藏研究（藏文）	3期	2005
《格萨尔》部名上的"宗"	平措	西藏大学学报	4期	2005

续表七〇

篇、书名	著(译)编者	出处	卷、期	年月日
任乃强与《格萨尔》	任新建	康定民族师范高等专科学校学报	5期	2005
格萨尔王传：征服阿彦国、降服如扎魔王（藏文）	四川省《格萨尔》工作领导小组办公室	四川民族出版社		2005
格萨尔王传：玉绒色宗（藏文）	多吉	四川民族出版社		2005
格萨尔精选本：阿里金宗（藏文）	明久	民族出版社		2005
格萨尔故事：赛马称王（汉藏双语）	阿尼	五洲传播音像出版社		2005
《格萨尔》散论	白玛龙·仁增	西藏藏文古籍出版社		2005
岭·格萨尔王传：嘎德智慧宗（藏文）	才让旺堆	青海民族出版社		2005
岭·格萨尔王传：南铁宝藏宗（藏文）	才让旺堆	青海民族出版社		2005
岭·格萨尔王传：阿达夏宗（藏文）	才让旺堆	青海民族出版社		2005
《格萨尔》风物遗迹传说	角巴东主	青海人民出版社		2005
盗牛肠	黄唐	康导月刊	5卷10期	1944
母亲的礼物——一个流传在康藏高原的故事		西南文艺	3期	1951
塔满兹和塔尔查来鲁	萧崇素整理	民间文学	2期	1956
四川藏族民间故事	萧崇素整理	民间文学	2期	1956
聪明的扎尔干	萧崇素整理	民间文学	11期	1956
妹妹鸟		红岩	11期	1956
王子义与戚和达瓦戍的故事	杨强	四川日报		1956.12.1
四川藏族传说故事	萧崇素整理	民间文学	1期	1957
葫豆雀与凤凰蛋——藏族民间故事寓言集	萧崇素	重庆人民出版社		1957
牧羊工的故事——川西北草地藏族故事	双耀等整理	民间文学	3期	1958
姐弟俩——川西北草地藏族故事	庆泉等整理	民间文学	3期	1958
青稞种子的来历（又名"狗皮王子"）——马尔康藏族民间故事	帕金搜集整理	民间文学	3期	1958
读"青稞种子的来历"	前流	民间文学	4期	1958
喀期波勒勒——马尔康藏族民间故事	帕金搜集整理	民间文学	9期	1958

续表七一

篇、书名	著(译)编者	出处	卷、期	年月日
藏族民间故事	西南师院中文系集体采集	人民文学	5期	1959
康定藏族民间故事集	西南师范学院中文系康定采风队	人民文学出版社		1959
在不幸的擦瓦绒	（龙智博、周季文）	民间文学	3期	1960
青蛙智斗兔子	雪 多口述	甘孜报		1980.1.12
阿觉的善心	贡 措口述	甘孜报		1980.6.12
阿叩登巴的故事（汉、藏文）	四川民间文艺研究会	四川民族出版社		1980
阿克登巴的故事二则	何琼英搜集整理	民间文学	12期	1981
		四川文学	12期	1981
五色海的传说	肖崇素整理	四川人民出版社		1981
檀香树——藏族民间故事	编者刊	四川民族出版社		1981
民间文学《阿古登巴的故事》	洪 钟	四川日报		1981.1.13
金银沟	方 国	阿坝报		1982.8.21
四川白马藏族民间文学资料集	中国民间文艺研究会四川分会等	平武县文化馆		1982
增布的宝鸟——藏族民间童话故事集	肖崇素	重庆出版社		1983
白马藏族民间传说——酒歌的传说	周贤中搜集整理	邦锦梅朵	3期	1984
喜鹊找朋友	志玛阿奶	邦锦梅朵	7期	1984
理塘沿河的传说	扎 麦	贡嘎山	1期	1985
阿古登巴的故事	徐丽华	原野	3期	1985
跟阿古顿巴学聪明	扎西顿珠	民间文学	8期	1985
阿克登巴智斗大母狼	魏国昌	格桑花	1期	1986
康区藏族民间故事	程圣民	四川民族出版社		1986
巴塘之争	万德卡	达赛尔（藏文）	1期	1988
藏族谚语初述	达尔基	四川民族史志	2期	1989
话说朵康藏族谜语	俄 邛	四川民族史志	3期	1989
乾隆王打金川小故事	泽 旺	草地	3期	1989
阿西各哇的泪（藏文）	达尔基、奇珠搜集整理	阿坝史志编辑部		1989

续表七二

篇、书名	著(译)编者	出处	卷、期	年月日
藏族民间故事 上集	四川甘孜藏族自治州文学艺术界联合会	编者刊		1990
德格印经院的传说	贺先枣搜集	邦锦花	1期	1991
藏族笑话	普布多吉搜集	邦锦梅朵（藏文）	2期	1991
白马藏族民俗传说	周晓钟	邦锦花	3期	1991
四川藏族民间故事	罗曲	邦锦花	1期	1992
捎去的情歌	达尔基	四川民族出版社		1992
浅谈川西北藏族先民神话	阿强	西藏艺术研究	3期	1995
康定的传说	甘孜州文化局	编者刊		1999
郎木寺传说	尼玛扎西	西藏旅游	6期	2002
郎木寺的仙女传说——三上甘南路之二	彭懿	少年文艺	2期	2002
"大鹏卵生"神话：嘉绒藏族的历史记忆	曾穷石	学术探讨	1期	2004
西藏史籍中木雅王占卜传说的汉族故事原型	钟焓	中国典籍与文化	4期	2004
康巴民间文学集成丛书：藏族民间故事	宋兴富	巴蜀书社		2004
康巴民间文学集成丛书：藏族民间歌谣	宋兴富	巴蜀书社		2004
康巴民间文学集成丛书：藏族民间谚语	宋兴富	巴蜀书社		2004
藏族民间故事精选：跑马山下的传说——青蛙骑手	程圣民	民族出版社		2004
藏族民间故事精选：跑马山下的传说——桑嘎学艺	程圣民	民族出版社		2004
藏族民间故事精选：跑马山下的传说——龙王的客人	程圣民	民族出版社		2004
彝族文学史	李力	四川民族出版社		1994
彝族古代文论	康健等	贵州人民出版社		1997
鹰灵与诗魂——彝族古代经籍诗学研究	巴莫曲布嫫	社会科学文献出版社		2000
从"文化混血"到"文学混血"——论彝族汉语文学的继承、创新、发展	罗庆春 徐其超	天府新论	6期	1998

续表七三

篇、书名	著(译)编者	出处	卷、期	年月日
从"文化混血"到"文学混血"——论彝族汉语文学的文化构成与精神指向	罗庆春	凉山大学学报	12期	2001
倮㑩传说的人种由来	王拱璧	边疆通讯	1卷5期	1943
圣母的故事	岭光电	康导月刊	5卷 7、8期	1943
倮倮的文学	李元福	风土杂志	1卷4期	1944
冕宁拜佛谣	逢辉	康导月刊	6卷 2-4期	1945
从倮倮神话中所见的倮汉同源说	马学良	经世日报		1946.11.29
彝族祖先的神话和历史记载	马学良	历史教学	2卷	1951
邛海——四川西昌传说	一波等	民间文学	11期	1956
彝族洪水故事	陈士林整理	民间文学	12期	1956
阿姆里色	朱叶	民间文学	11期	1957
洋芋王——凉山彝族故事	新克	民间文学	1期	1959
四川凉山彝族动物故事	吴诚等	民间文学	12期	1959
大凉山彝族民间故事选	四川省民间文艺研究会	四川人民出版社		1960
大凉山彝族民间长诗选	四川省民间文艺研究会	四川人民出版社		1960
懒猴是怎样来的——凉山彝族童话故事选	四川省民间文艺研究会	四川民族出版社		1960
倮倮传说中的创世纪	郑康民	大陆杂志	22卷2期	1961
凉山彝族"谚语诗"初探——论彝族口头文学中"尔比"、"格比"的思想内容	肖崇素	凉山彝族奴隶制研究	1期	1978
谈丰富多彩的彝族谚语	李明	西南民族学院学报（哲社）	1期	1980
美丽的幻想 战斗的诗篇——彝族民间童话、故事一瞥	肖崇素	西南民族学院学报（哲社）	3期	1980
盐源县的两则民间传说、神话与生产实际	董华祥等	凉山彝族奴隶制研究	1期	1981
花团卉簇的彝族文学	李明	庆祝建校卅周年学术论文集（西南民族学院）		1981
彝族的神话、传说和史诗	肖崇素	民间文学论丛		1981
彝族民间故事选	李德君等	上海文艺出版社		1981

续表七四

篇、书名	著（译）编者	出处	卷、期	年月日
美丽的传说，丰富的史影——凉山彝族民间传说一瞥	肖崇素	凉山彝族奴隶制研究	1期	1982
		民间文艺集刊	3辑	1982
邛海和泸山的传说	张正宁	民间文学	3期	1982
彝族民间故事	李明	四川民族出版社		1982
凉山彝族谚语	杨植森等	四川民族出版社		1982
原始的探索 童年的幻想——凉山彝族民间神话一瞥	肖崇素	西南民族学院学报（哲社）	4期	1983
凉山彝语的格言谚语	李秀清	民族语文	1期	1985
彝族谚语浅析	沙马拉毅	西南民族学院学报（哲社）	2期	1985
彝族民间故事选2（彝文）	赵洪泽等	四川民族出版社		1986
凉山彝族"尔比"研究之一	瓦西罗曲	民族文学研究	5期	1987
在表象的后面——一则彝族民间故事的探析	罗曲	西南民族学院学报（哲社）	3期	1988
凉山彝族传说中的创世纪	傅懋勣	彝族语言文字论文选		1988
"鹰"的隐喻——对彝族土家族两则神话的探析	罗曲	西南民族学院学报（哲社）	2期	1989
毕摩经书与彝族文学	沈伍己 张余蓉	西南民族学院学报（哲社）	2期	1990
凉山彝族民间故事选	伍精荣	四川民族出版社		1990
中国民间故事三套集成四川省喜德卷——凉山彝族民间故事选	白芝等	四川民族出版社		1990
彝族尔比释义Ⅰ集	凉山州编译局	四川民族出版社		1990
彝族尔比释义Ⅱ集	凉山州编译局	四川民族出版社		1993
彝族尔比释义Ⅲ集	凉山州编译局	四川民族出版社		
彝族尔比释义Ⅳ集	凉山州编译局	四川民族出版社		
神笛阿牛——大凉山彝族童话故	刘平	少年儿童出版社		1991
彝族"刻智"概述	阿鲁斯基	凉山民族研究		1992
原始宗教对彝族传统文学的影响	陈世鹏	凉山民族研究		1993
论彝尔比系统功能	木乃热哈	中央民族学院学报	3期	1995
大凉山美姑县彝族神话与宗教民俗	李子贤	楚雄师专学报	2期	1999
彝族尔比中的常用修辞格	贾银忠	西南民族学院学报（哲社）	4期	1997
彝族尔比与习惯法	吉克·则伙·史伙	西南民族学院学报（哲社）	3期	1998
彝族尔比中辞格的兼用	贾银忠	西南民族学院学报（哲社）	3期	1999

续表七五

篇、书名	著(译)编者	出处	卷、期	年月日
浅析凉山彝谚所反映的妇女地位的多样性	唐黎明	西南民族学院学报（哲社）	增刊3	2000
凉山彝族"克智"概述	阿鲁斯基	凉山大学学报	4期	2000
试析彝族谚语蕴含的文化内涵	钱丽云	彝族文化	3期	2002
凉山彝族机智人物故事选	吉乌阿瑛 吉则利布	四川民族出版社		2002
论彝族毕摩文学	沙马拉毅	贵州民族研究	1期	2003
彝族尔比论	沙马拉毅	西南民族学院学报（哲社）	2期	2003
眼睛的神话——从彝族的一目神话、直目神话谈起	鹿忆鹿	民俗研究	2期	2003
四川省大凉山イ族創世神話調査記録	工藤隆	大修館書店		2003
叙事语境与演述场域——以诺苏彝族的口头论辩和史诗传统为例	巴莫曲布嫫	文学评论	1期	2004
论凉山民间文学产生的背景及其特征	阿牛木支 吉则利布	西昌师范高等专科学校学报	2期	2004
创造万物的巨人尼支呷洛	（蒋汉章）	民间文学	3期	1958
阿日阿妞——凉山彝族抒情长诗	朱叶搜集	民间文学	12期	1958
关于"阿日阿妞"	朱叶	民间文学	12期	1958
我的幺表妹——四川大凉山彝族民间长诗	四川省民间文艺研究会	四川民族出版社		1960
彝族民间抒情长诗《幺表妹》及其艺术特性	孙正华 何刚	凉山大学学报	12期	2001
妈妈的女儿	凉山州编译局	重庆出版社		1984
试论彝族民间长诗《妈妈的女儿》的思想和艺术特色	李德君	少数民族文艺研究	1期	1982
妈妈的女儿	凉山彝族自治州编译局	重庆出版社		1984
妈妈的女儿——彝族民间抒情长诗节选	罗有芬等	山茶	6期	1985
浅论《阿莫尼惹》（妈妈的女儿）	李焰川	凉山大学学报	4期	2000
凉山彝族神话故事：支呷阿鲁	额尔格培 新克	四川民族出版社		1982
从英雄史诗《英雄支格阿龙》看彝族古代社会	罗希吾戈	华夏地理	5期	1983
		毕摩文化论		1993
支格阿鲁（彝文）	（卢占雄）	四川民族出版社		1987

续表七六

篇、书名	著(译)编者	出处	卷、期	年月日
从石头崇拜看"支格阿龙"的本来面目——兼谈中国龙的起源	普学旺	贵州民族研究	2期	1992
彝族英雄史诗《支格阿鲁》初论	罗边木果 罗庆春	西南民族学院学报（哲社）	3期	1999
彝族英雄史诗《支格阿鲁》初探	罗边木果	凉山大学学报	2期	2001
彝族英雄支格阿鲁流传情况概述	洛边木果等	西昌学院学报（人文）	3期	2004
四川地区彝族英雄史诗《支格阿鲁》艺术特色	何刚	西昌学院学报（人文）	4期	2004
各地彝区支格阿鲁及其文学流传情况比较	洛边木果等	中央民族大学学报	1期	2005
析《苏尼与姑娘》的原始宗教形态	洪志强	凉山大学学报	12期	2001
The Story of the Flood in the Literature of the Mo-so（Na-khi）	J. H. Rock	Journal of the West China Border Research Society	Vol. 7	1935
么些族的洪水故事	李霖灿	民族研究所集刊	3期	1957
么些族洪水传说	娄子匡	联合报		1962.3.31
么些族的故事	李霖灿	民族学研究所集刊	26集	1968
摩梭故事四则		山茶	4期	1981
锉冶路一苴——摩梭人的洪水故事	阿啊打把等	山茶	3期	1982
昂姑咪	章天锡等	山茶	3期	1986
现阶段环泸沽湖区域摩梭村寨的口传文学及其民俗文化现象	钟宗宪	湖北民族学院学报（哲社）	2期	2002